担保物権法

民法大系 (3)

石田　穣

担保物権法

民法大系(3)

信山社

はしがき

担保物権法を執筆して感じたのは、解釈論の出発点となる基本的問題が十分に分析・検討されないまま解釈論が先行しているということである。

たとえば、譲渡担保権や所有権留保においては、これらを抵当権などの担保権として把握する見解が多数になりつつある。しかし、譲渡担保権や所有権留保を抵当権などの担保権であると解する場合、その公示として所有権の登記をするのは明らかに虚偽表示に該当するといわざるをえない。また、仮登記担保権においては、所有権は二か月の清算期間が経過しなければ移転せず、債権者への所有権移転の登記は清算金の支払いと引換えに行われこれに反する特約は原則として無効であるとされているのであるが（仮登記担保契約に関する法律二条一項・三条二項三項本文）、譲渡担保権や所有権留保においては、設定の当初から債権者に所有権移転の登記が行われたり所有権の登記が留保されるのであるから、これは仮登記担保契約に関する法律二条一項・三条二項三項本文の趣旨に反するといわざるをえない。そして、これらの問題は譲渡担保権や所有権留保の出発点となる基本的問題であり、これらの問題を十分に解決しなければ譲渡担保権や所有権留保に関する解釈論の全体が不安定なものとなることは明らかである。

さらに、留置権の優先弁済受領権、動産先取特権と第三取得者の関係、物上代位と差押え、質権における占有改定の禁止などの問題、あるいは、転質（転抵当）、根抵当権、流動動産譲渡担保権などの法的性質の問題も十分に分析・検討されているとはいえない。これらの問題も、いずれも解釈論の出発点となる基本的問題である。

本書は、このような問題意識のもとに、担保物権法における基本的問題を分析・検討し、その上に立って解釈論を展開することを試みた。もとより本書の分析・検討が十分なものでないことはいうまでもないが、本書が担保物権法の研究にとってなにがしかの刺激となることができれば幸いである。

本書の出版については、前書『物権法』の場合と同様、信山社の袖山貴社長の絶大な御支援を頂き、本書のような採算のとれない書物の出版を快く引き受けて下さった。ここに記して心から感謝を申し上げる次第である。久保真一氏には校正などの骨の折れる仕事をして頂いた。また、今井守、稲葉文子の両氏にも種々の御援助を頂いている。これらの諸氏にも感謝の意を表する。

私の「民法大系」シリーズは、『物権法』に続き本書が刊行される運びとなった。次は、『民法総則』を刊行すべく、現在、その準備中である。

平成二一年一一月三日（文化の日）

純学者的生活を送りつつ

石田　穣

目次

文　献（ゴシックは略称で引用したもの）

一　立法資料

法典調査会　民法主査会議事速記録一―六巻（日本学術振興会）
法典調査会　民法総会議事速記録一―五巻（日本学術振興会）
法典調査会　民法整理会議事速記録一―七巻（日本学術振興会）
法典調査会　民法議事速記録一―六五巻（日本学術振興会）
法典調査会　民法議事速記録一―一〇巻（昭和五〇年―五六年、法務図書館）
法務大臣官房司法法制調査部監修　日本近代立法資料叢書一―三二巻（昭和五八年―平成元年、商事法務研究会）
日本立法資料全集一巻―（平成二年―、信山社）
日本立法資料全集別巻一巻―（平成五年―、信山社）
広中俊雄編著　日本民法典資料集成一巻―（平成一七年―、信山社）
広中俊雄編著　民法修正案（前三編）の理由書（昭和六二年、有斐閣）
広中俊雄編著　第九回帝国議会の民法審議（昭和六一年、有斐閣）
前田達明編　史料民法典（平成一六年、成文堂）
法典質疑会　法典質疑録一―三巻（平成元年、宗文館書店）
民法修正案理由書

二　概説書

浅井清信　物権法（昭和一三年、三笠書房）
浅井清信　物権法論（昭和三四年、法律文化社）
東　季彦　担保物権法（改訂四版）（昭和一五年、巌翠堂書店）
吾妻光俊　例解民法精義総則・物権法・担保物権法（昭和二九年、白桃書房）
吾妻光俊　担保物権法（昭和三二年、青林書院）
吾妻光俊　物権法・担保物権法（新版）（昭和四一年、弘文堂）
淡路剛久＝鎌田　薫＝原田純孝＝生態長幸　民法Ⅱ（三版補訂版）（平成二二年、有斐閣）
石田喜久夫　物権法（昭和五二年、日本評論社）
石田喜久夫　口述物権法（昭和五七年、成文堂）
石田文次郎　担保物権法論上（昭和一〇年）、下（昭和一一年、有斐閣）↓石田(文)で引用
板橋郁夫＝湯浅道男　物権法（昭和五〇年、成文堂）
伊藤　進　担保法概説（昭和五九年、啓文社）
伊藤　進編著　民法Ⅱ（改訂版）（平成一七年、北樹出版）
井上英治　財産法概論（平成七年、法曹同人）
今泉孝太郎　物権法論（昭和四二年、泉文堂）

入江眞太郎　担保物権法講義（昭和一一年、大同書院）
岩田　新　物権法概論（昭和四年、同文館）
内田　貴　民法Ⅲ（三版）（平成一七年、東京大学出版会）
遠藤浩＝川井健＝原島重義＝広中俊雄＝水本浩＝山本進一編　民法(3)（三版）（昭和六二年、有斐閣）
遠藤浩＝大塚直＝良永和隆＝工藤祐巌＝鎌野邦樹＝花本広志＝長谷川貞之　要論物権法（平成四年、青林書院）
近江幸治　担保物権法（新版補正版）（平成一〇年、弘文堂）
近江幸治　民法講義Ⅲ（二版補訂版）（平成一九年、成文堂）
大澤正男　民法二五講（昭和四五年、早稲田大学出版部）
大村敦志　基本民法Ⅲ（二版）（平成一七年、有斐閣）
奥田昌道＝鎌田薫編　民法3（平成一八年、悠々社）
小野幸二編　民法総則・物権法（昭和五三年、八千代出版）
小野憲昭＝加藤輝夫＝後藤泰一＝庄菊博＝野口昌宏＝山口康夫　講説物権法（二版）（平成一七年、不磨書房）
甲斐道太郎＝石田喜久夫編　民法三〇講(2)（昭和四七年、法律文化社）
甲斐道太郎＝石田喜久夫編　民法教室(1)（昭和五六年、法律文化社）
甲斐道太郎＝乾昭三＝椿寿夫編　新民法概説(1)（平成七年、有斐閣）
加賀山茂　現代民法担保法（平成二一年、信山社）
香川保一　担保（新版）（昭和三六年、金融財政事情研究会）
片山金章　担保物権法講義（昭和一二年、精興社書店）
勝本正晃　担保物権法論（昭和一五年、日本評論社）
勝本正晃　担保物権法上下（改訂新版）（昭和二四年、有斐閣）
勝本正晃　担保物権法（昭和三〇年、評論社）
鎌田薫＝加藤新太郎＝須藤典明＝中田裕康＝三木浩一＝大村敦志編著　民事法Ⅱ（平成一七年、日本評論社）
川井　健　担保物権法（昭和五〇年、青林書院新社）
川井　健　民法概論2（二版）（平成一七年、有斐閣）
川井健＝鎌田薫編　物権法・担保物権法（平成一二年、青林書院）
川添清吉　民法講義（物権）（昭和一〇年、巌松堂書店）
河津八平　民法総則・物権法二三講（昭和六〇年、成文堂）
川名兼四郎　物権法要論（大正四年、金刺芳流堂）
河原　格　入門物権法（平成一六年、八千代出版）
北川善太郎　物権（三版）（平成一六年、有斐閣）
久保　久　物権法要綱（大正一二年、巌松堂書店）
小池隆一　日本物権法論（昭和七年、清水書店）
小池隆一　担保物権法論（昭和一二年、清水書店）
小出廉二　担保物権法（昭和二七年、明治大学出版部）
小林俊三　担保物権法（昭和九年、中央書房）
小林秀之＝山本浩美　担保物権法・民事執行法（平成二〇年、弘文堂）
近藤英吉　物権法論（改訂版）（昭和一二年、弘文堂）
斎藤和夫　民法Ⅲ（平成一九年、中央経済社）
斎藤常三郎　日本民法講義物権（昭和一一年、弘文堂）

佐藤隆夫　物権法・担保物権法概説（昭和四二年、評論社）
篠塚昭次　民法口話２（昭和六一年、有斐閣）
篠塚昭次＝川井健編　講義物権法・担保物権法（昭和五七年、青林書院新社）
資本主義民法研究会　民法講義物権法（昭和三四年、文人書房）
清水　元　プログレッシブ民法（担保物権法）（補訂版）（平成二一年、成文堂）
清水元＝山野目章夫＝良永和隆　新・民法学２（二版）（平成一六年、成文堂）
下山伊三郎編著　担保物権法注解判例集（昭和二九年、布井書房）
末川　博　債権総論と担保物権（昭和二二年、有斐閣）
末弘厳太郎　債権総論（現代法学全集６、８）（昭和三年、日本評論社）
鈴木信次郎　物権法概説（昭和三六年、法務総合研究所民事研修編集室）
鈴木禄弥　物権法講義（五訂版）（平成一九年、創文社）
鈴木禄弥＝清水誠編　金融法（改訂版）（昭和五五年、有斐閣）
宗宮信次＝池田浩一　物権法論（新版）（昭和四四年、有斐閣）
田井義信＝岡本詔治＝松岡久和＝磯野英徳　新物権・担保物権法（二版）（平成一七年、法律文化社）
高木多喜男　担保物権法（四版）（平成一七年、有斐閣）
高木多喜男＝曽田厚＝伊藤眞＝生態長幸＝吉田眞澄＝半田正夫　民法講義３（改訂版）（昭和五五年、有斐閣）
　→高木ほかで引用
高島平蔵　物的担保法論Ⅰ（昭和五二年、成文堂）
高島平蔵　物権法の世界（平成四年、敬文堂）
高橋　眞　担保物権法（平成一九年、成文堂）
田島　順　担保物権法（昭和九年、弘文堂）
田髙寛貴　クロススタディ物権法（平成二〇年、日本評論社）
田山輝明　担保物権法（二版）（平成一六年、成文堂）
田山輝明　通説物権・担保物権法（三版）（平成一七年、三省堂）
月岡利男　物権法講義（補訂版）（平成一八年、法律文化社）
椿　寿夫編　現代民法講義３（平成三年、法律文化社）
道垣内弘人　担保物権法（三版）（平成二〇年、有斐閣）
富井政章　民法原論二（合冊）（大正一二年、有斐閣）
島谷部茂＝橋本恭宏＝松井宏興　導入対話による民法講義（物権法）（平成一三年、不磨書房）
中井美雄　担保物権法（平成一二年、青林書院）
中川　淳編　民法Ⅰ（昭和六一年、法学書院）
中川善之助編　物権法・担保物権法（昭和三五年、青林書院）
中川善之助＝森泉章　民法大要総則・物権法・担保物権法（全訂版）（昭和五六年、勁草書房）
永田菊四郎　新民法要義二（改訂版）（昭和三四年、帝国判例法規出版社）
永田眞三郎＝松本恒雄＝松岡久和＝中田邦博＝横山美夏

エッセンシャル民法2（平成一七年、有斐閣）
長野　潔　物権法（昭和一〇年、非凡閣）
中野哲弘　わかりやすい担保物権法概説（平成一二年、信山社）
中村萬吉＝中村宗雄　民法通論上（修補九版）（昭和一七年、巌松堂書店）
中山知己＝草野元己＝清原泰司＝岸上晴志＝鹿野菜穂子＝鶴井俊吉　民法2（平成一七年、不磨書房）
沼　義雄　民法要論（物権）（大正一五年、巌松堂書店）
野原重隆　民法（総則・物権）（昭和五九年、北樹出版）
野村豊弘　民法Ⅱ（二版）（平成二一年、有斐閣）
鳩山秀夫　担保物権法（昭和三年、国文社出版部）
早川彌三郎　物権法要論（大正一三年、明治堂書店）
林良平＝石田喜久夫＝白羽祐三＝高島平蔵＝高木多喜男　口述担保物権（昭和五六年、有斐閣）
林　良平編　物権法（昭和六一年、青林書院）
半田正夫　物権法（昭和六一年、有斐閣）
半田正夫　やさしい担保物権法（三版）（平成一七年、法学書院）
判例時報編集部編　民法基本問題一五〇講Ⅰ（昭和四一年、一粒社）
平井一雄編　民法Ⅱ（平成一四年、青林書院）
平野裕之　民法Ⅰ（三版）（平成一七年、新世社）
平野裕之　民法総合3（二版、引用は初版）（平成二一年、信山社）
平野裕之＝古積健三郎＝田髙寛貴　民法3（二版）（平成一七年、有斐閣）
船越隆司　担保物権法（三版）（平成一六年、尚学社）
星野英一　民法概論Ⅱ（昭和五一年、良書普及会）
穂積重遠　債権法及び担保物権法（講義案）（改訂三版）（昭和一二年、有斐閣）
本田純一＝湯川益英＝原田剛＝橋本恭宏　ハイブリッド民法2（平成一九年、法律文化社）
槇　悌次　担保物権法（昭和五六年、有斐閣）
松井宏興　担保物権法（補訂版）（平成二〇年、成文堂）
松井宏興＝鈴木龍也＝上谷均＝今村与一＝中山知己　プリメール民法2（三版）（平成一七年、法律文化社）
松尾弘＝古積健三郎　物権法・担保物権法（二版）（平成二〇年、弘文堂）
松岡義正　民法論物権法（昭和五年、清水書店）
松坂佐一　民法提要物権法（四版増訂）（昭和五九年、有斐閣）
三潴信三　担保物権法（全訂版）（大正一四年、有斐閣）
三潴信三　物権法提要下（昭和三年、有斐閣）
水本浩＝遠藤浩編　物権法（昭和六〇年、青林書院）
水本浩＝甲斐道太郎　民法（総則物権）講義（昭和四四年、青林書院新社）
三淵忠彦　日本民法新講総則編物権編（昭和四年、梓書房）
宮川　澄　民法講義物権担保物権（昭和三三年、青木書店）

宮本健蔵編著　マルシェ物権法・担保物権法（改訂二版）（平成一七年、嵯峨野書院）
三和一博＝平井一雄編　物権法要説（平成元年、青林書院）
森泉章＝菅野耕毅＝近江幸治＝竹内俊雄　基本民法学Ⅰ（昭和六一年、法学書院）
森泉章＝新田孝二＝半田正夫＝高木多喜男＝生熊長幸＝森孝三　民法(3)（改訂版）（平成元年、有斐閣）
森泉章＝武川幸嗣　担保物権法（三版）（平成一七年、日本評論社）
森山武市郎編　学理的分類判例物権法（昭和九年、松華堂書店）
矢ヶ崎高康　銀行実務物権担保物権法（昭和四〇年、日本評論社）
薬師寺志光　物権法概論（昭和三六年、法政大学出版局）
安永正昭　講義物権・担保物権法（平成二一年、有斐閣）
柳澤秀吉＝多田利隆編著　物権法・担保物権法（改訂版）（平成一六年、嵯峨野書院）
柳澤秀吉＝妥女博文編著　物権法（平成二〇年、嵯峨野書院）
山川一陽　担保物権法（二版）（平成一六年、弘文堂）
山川一陽＝小野健太郎　民法総則・物権法（新訂版）（平成一七年、法研出版）
山口純夫編　物権法（平成四年、青林書院）
山下博章　担保物権法論（昭和三年、巌松堂書店）
山下博章　物権法概要（昭和六年、有斐閣）
山田卓生＝野村豊弘＝円谷峻＝鎌田薫＝新美育文＝岡　孝＝池田真朗　民法Ⅰ（二版）（平成九年、弘文堂）
山田恒夫＝伊野琢彦　物権法・担保物権法概説（平成二〇年、酒井書店）
山野目章夫　初歩からはじめる物権法（五版）（平成一九年、日本評論社）
山野目章夫　物権法（四版）（平成二一年、日本評論社）
山本進一＝甲斐道太郎＝椿寿夫＝乾昭三＝中川淳編　物権法（昭和四八年、青林書院新社）
湯浅道男編著　担保物権法（新版）（平成一一年、成文堂）
遊佐慶夫　民法概論（物権篇）（全訂四版）（大正一四年、有斐閣）
柚木　馨　判例物権法各論（昭和一一年、巌松堂書店）
柚木　馨　物権法（昭和二三年、眞日本社）
柚木馨＝高木多喜男　担保物権法（三版）（昭和五七年、有斐閣）
横田秀雄　物権法（訂正七版）（明治四二年、清水書店）
横田秀雄　物権法大意（大正四年、清水書店）
横田秀雄　物権法論（大正一〇年、巌松堂書店）
吉田　久　日本民法論物権編（昭和三三年、日本評論新社）
好美清光＝米倉明編　民法読本1（昭和五三年、有斐閣）
我妻栄　担保物権法（新訂三刷）（昭和四六年、岩波書店）
我妻栄＝川井健　民法案内5（平成一九年、勁草書房）
我妻栄＝清水誠＝川井健　民法案内6（平成一九年、勁草書

房）

我妻栄＝有泉亨＝川井健　民法1（三版）（平成二〇年、勁草書房）

三　注釈書

井上英治　詳説民法Ⅲ（平成一二年、法曹同人）

梅　謙次郎　民法要義二（明治二九年、和仏法律学校＝明法堂）

遠藤浩＝田山輝明＝遠藤賢治編　不動産担保（平成二年、青林書院）

大江　忠　要件事実民法(2)（三版）（平成一七年、第一法規）

岡松参太郎　註釈民法理由中（明治三〇年、有斐閣）

梶　康郎　民法釈義総則編・物権編（大正一四年、松陽堂）

亀山貞義　民法物権編講義（明治三一年、講法会）

木下哲三郎　民法講義物権編四、五（明治三一年、講法会）

中島玉吉　民法釈義二下（大正五年、金刺芳流堂）

松波仁一郎＝仁保亀松＝仁井田益太郎　帝国民法正解二（明治二九年、日本法律学校）

我妻栄＝有泉亨＝清水誠＝田山輝明　コンメンタール民法――総則・物権・債権――（二版）（平成二〇年、日本評論社）

基本法コンメンタール物権（五版補訂版）（平成一七年、日本評論社）

条解民法Ⅰ（改訂版）（昭和六二年、三省堂）

逐条民法特別法講座③（平成四年）、④（平成六年、ぎょうせい）

注釈民法(8)（昭和四〇年）、(9)（新版）（平成一〇年、有斐閣）

ポケット注釈全書民法総則・物権法（新版）（昭和六一年、有斐閣）

民法注解財産法2（平成九年、青林書院）

注解判例民法1b（平成一一年、青林書院）

判例コンメンタールⅢ（昭和四三年、コンメンタール刊行会）

新・判例コンメンタール民法4（平成三年、三省堂）

四　その他

石田　穣　物権法（平成二〇年、信山社）→石田(穣)で引用

五　外国法文献

(1)　フランス法

Ancel, Droit des sûretés, 4e éd., 2006.

Aynès-Crocq, Les sûretés, la publicité foncière, 4e éd., 2009.

Cabrillac-Mouly, Droit des sûretés, 2e éd., 1993.

Legeais, Sûretés et garanties du crédit, 6e éd., 2008.

Mazeaud (H.L et J.)-**Chabas**, Leçons de droit civil, t. III, vol.1, Sûretés, publicité foncière, 6e éd., 1988.

Planiol et Ripert, Traité pratique de droit civil français, t. XII et XIII, 2e éd., par Becqué, 1953.

Ripert et Boulanger, Traité de droit civil d'après le traité

de Planiol, t. III, 1958.
Théry, Sûretés et publicité foncière, 1988.

(2) ドイツ法

Baur-Stürner, Sachenrecht, 18. Aufl. 2009.
Juris Praxiskommentar BGB, unterschiedliche Auflagen, die Nachweise beziehen sich aut die laufende Auflage.
Münchener Kommentar zum Bürgerlichen Gesetzbuch, unterschiedliche Auflagen, die Nachweise beziehen sich auf die laufende Auflage.
Prütting, Sachenrecht, 33. Aufl. 2008.
Staudinger, Kommentar zum Bürgerlichen Gesetzbuch mit Einführungsgesetz und Nebengesetzen, unterschiedliche Auflagen, die Nachweise beziehen sich auf die laufende Auflage.
Westermann, Sachenrecht, 7. Aufl. 1998.
Wilhelm, Sachenrecht, 3. Aufl. 2007.

(3) スイス法

Basler Kommentar zum Schweizerischen Privatrecht Obligationenrecht I, 3. Aufl. 2003.
Berner Kommentar zum schweizerischen Privatrecht, unterschiedliche Auflagen, die Nachweise beziehen sich auf die laufende Auflage.
Kommentar zum Schweizerischen Privatrecht Schweizerisches Zivilgesetzbuch II, 1998.
Simonius-Sutter, Schweizerisches Immobiliarsachenrecht II, 1990.
Schmid, Sachenrecht, 1997.
Tuor-Schnyder-Schmid, Das Schweizerische Zivilgesetzbuch, 11. Aufl. 1995.

略語表

一　法　令（民法の条文はカッコ内では常に条文のみで示した。条文と条文は・で結び（一条・二条）、同じ条文の項（号）と項（号）はそのまま並べて表記した（一条一項二項））

旧　平成一五年改正前の民法
民施　民法施行法
一般法人　一般社団法人及び一般財団法人に関する法律
不登　不動産登記法
不登令　不動産登記令
不登規　不動産登記規則
動産債権譲渡特　動産及び債権の譲渡の対抗要件に関する民法の特例等に関する法律
建物区分　建物の区分所有等に関する法律
借地借家　借地借家法
罹処　罹災都市借地借家臨時処理法
立木　立木ニ関スル法律
工抵　工場抵当法
鉄道抵　鉄道抵当法
企業担保　企業担保法
仮登記担保　仮登記担保契約に関する法律
商　商法
会社　会社法
社債株式振替　社債、株式等の振替に関する法律
小　小切手法
旧民訴　平成八年改正前の民事訴訟法
民執　民事執行法
民執規　民事執行規則
非訟　非訟事件手続法
破　破産法
民再　民事再生法
会更　会社更生法

二　判　例

最（大）判（決）　最高裁判所（大法廷）判決（決定）
大（連）判（決）　大審院（連合部）判決（決定）
福岡高裁宮崎支判　福岡高等裁判所宮崎支部判決
鹿児島地判　鹿児島地方裁判所判決
民（刑）集　最高裁判所民事（刑事）判例集および大審院民事（刑事）判例集
民（刑）録　大審院民事（刑事）判決録
裁判集民　最高裁判所裁判集民事
裁判例（一）民　大審院裁判例（一）民事判例
評論一巻民　法律学説判例評論全集一巻民法
下民集　下級裁判所民事裁判例集
新聞　法律新聞
金法　金融法務事情

判時　判例時報
先例集　登記関係先例集

三　雑誌

大阪学院　大阪学院大学法学研究
岡法　岡山大学法学会雑誌
関大法学論集　関西大学法学論集
近大法学　近畿大学法学
金法　金融法務事情
熊法　熊本法学
司研　司法研修所論集
静法　静岡大学法政研究
ジュリ　ジュリスト
上法　上智法学論集
志林　法学志林（法政大学）
新報　法学新報（中央大学）
神院　神戸学院法学
神法　神戸法学雑誌（神戸大学）
西南　西南学院大学法学論集
青法　青山法学論集
曹時　法曹時報
早誌　早稲田法学会誌
早法　早稲田法学
筑法　筑波法学
同法　同志社法学
独法　獨協法学
都法　東京都立大学法学会雑誌
日法　日本法学
判タ　判例タイムズ
判評　判例評論
阪法　阪大法学
広法　広島法学
福法　福岡大学法学論叢
法協　法学協会雑誌（東京大学）
法研　法学研究（慶應義塾大学）
法雑　大阪市立大学法学雑誌
法時　法律時報
法政論究　法学政治学論究（慶應義塾大学）
法叢　法学論叢（京都大学）
法論　法律論叢（明治大学）
北法　北大法学論集
北海学園　北海学園大学法学研究
民研　民事研修
民商　民商法雑誌
明治学院　明治学院論叢法学研究ないし
明治学院大学法学研究
名法　名古屋大学法政論集
洋法　東洋法学

立法　立教法学
立命　立命館法学

第一章　序　論

第一節　担保物権の概念

一　一般的見解

(1)　一般に、担保物権とは、債権の弁済を確保するために認められる物権であるとされている。そして、物権とは、一定の物を直接に支配して利益を受ける排他的な権利であるとされている。

(2)　(イ)　しかし、一般的見解のいう物権の概念に種々の疑問があることは別の機会に述べた通りである。(1)　これを担保物権に即して説明してみよう。

(1)　石田(穣)・三頁以下参照。

(ロ)　第一に、物権の客体は一定の物であるという点であるが、担保物権の場合、その客体は、物自体ではなく、物に対する他人の所有権や、その他の権利である。(1)　たとえば、質権は、動産質権や不動産質権においては、物の占有を取得してその物から優先弁済を受ける権利であるが(三四二条)、ここでは、質権は物の使用価値および交換価値を支配する物に対する他人の所有権を支配しているのであり、質権の客体は物に対する他人の所有権であるといわざるをえない。さらに、権利質権の客体は、物ではなく債権などの財産権である(三六二条一項)。抵当権は、地上権や永小作権を客体とする場合を除き、物の占有を取得することなくその物から優先弁済を受ける権利であるが（三六九条一項）、ここでは、抵当権は物の交換価値を支配する物に対する他人の所有権を支配しているのであり、抵当権の客体は物に対する他人の所有権であるといわざるをえない。さらに、地上権や永小作権の上に設定される抵当権の客体は、物ではなく地上権や永小作権という権利である（三六九条二項）。

一般先取特権は、債務者の総財産から優先弁済を受ける権利であるが（三〇六条）、ここでは、一般先取特権は債務者の総財産、すなわち、債務者の所有権、債権、その他の財産権を支配しているのであり、一般先取特権の客体は他人の所有権やその他の権利であるといわざるをえない。

（1）　フランスにおいても、抵当権の客体は、物自体ではなく、権利、特に所有権であるとする見解が示されている（Mazeaud-Chabas, n° 239）。

(ハ)　第二に、物権は一定の物を直接に支配する権利であるという点であるが、これは、物権は他人の行為（作為・不作為）を介することなく物を直接に支配する権利であるというものである。

しかし、一般に、担保物権は、債務者やその他の者が目的物を滅失・損傷・減少させたり目的債権の価値を損なったりしない（債務者やその他の者が目的債権の目的物や第三債務者の一般財産を滅失・損傷・減少させたりしない）という他人の不作為を介することなしには目的物や目的債権を支配することができないのである。あるいは、担保物権は、原則として裁判所による競売などの担保権の実行手続きという他人の行為を介することなしには目的物や目的債権を支配することができないのである。

(ニ)　第三に、物権は排他的な権利であるという点であるが、これは、物権が存在する場合に同じ目的物や目的債権の上にこれと両立しえない物権の存在を認めないというものであり、たとえば、抵当権に一番抵当権や二番抵当権などの順位があるのは排他性の現れであるとされる。

しかし、同順位の先取特権（三三〇条一項一号三号）や抵当権（抵当権の放棄（三七六条一項）や根抵当権の分割譲渡（三九八条の一二第二項前段）の場合など）も存在するし、質権といくつかの動産先取特権は同順位とされているのである（三三四条・三三〇条一項）。

(3) 以上により、一般的見解のいう担保物権の概念を維持することはできないと考える。

二　私　見

(1) 物権と債権の法的性質を明確に区別することは困難であり、物権と債権の区別は単なる沿革上のものにすぎない場合もある。そこで、私見によれば、物権とは、物や権利を支配する権利で民法や他の法律により物権として規定されたものであると解される（1）。

（1）石田（穣）・一〇頁参照。

(2) 前述したように、担保物権の客体は、他人の所有権やその他の権利である（本書一頁以下参照）。それゆえ、物権の概念に関する前述の私見によれば、担保物権とは、債権の弁済を確保するために他人の所有権やその他の権利を支配することができる権利で民法や他の法律により物権として規定されたものをいうと定義されるのが妥当である。

(3) 右のように定義された担保物権の基本的特色は、おおむね、次の三点である。

第一は、優先弁済受領権である。担保物権者は、原則として他の債権者に優先して目的物や目的債権から債権の弁済を受けることができる（留置権者は、場合により優先弁済受領権を有する（本書五三頁以下参照））。

第二は、担保物権は原則として裁判所の担保権の実行手続きにより実現されるということである。担保物権者は、原則として裁判所による競売などの担保権の実行手続きにより債権の優先弁済を受けることができる（他方、質権者と抵当権者は、目的物や目的債権をもって直ちに弁済に当てることを裁判所に請求することができると解されるし（三五四条参照。本書一七九頁以下、二二六頁以下、二四六頁以下、三五二頁以下参照）、債権質権者は目的債権を直接取り立てることができる（三六六条一項））。

第三は、公示の原則である。担保物権は、原則として優先弁済受領権を伴う。それゆえ、担保物権は、第三者を不当に害さないために原則としてその存在が公示されなければならない（先取特権は、動産については公示されない）。公示の方法は、登記や占有などである。

三　担保物権に準じる権利

(1)　前述のように定義された担保物権そのものではないが、何らかの公示方法を備え、他の債権者に優先して債権の弁済を受けることができる権利がある。仮登記担保権や譲渡担保権、所有権留保がこれである。これらは、民法や他の法律により物権として規定されたものではないが、学説・判例上、担保物権に準じる権利として認められている。

(2)　担保物権は、その実現のために原則として裁判所による競売などの担保権の実行手続きというかなり面倒な手続きを経なければならないが、担保物権に準じる権利は、その実現のために裁判所の担保権の実行手続きによる必要がなく、比較的簡便に実現される場合が多い。そこで、担保物権に準じる権利は、取引上多く用いられ、大きな役割を果たしている。したがって、担保物権に準じる権利を担保物権と関連づけて研究することは極めて重要である。本書においても、担保物権に準じる権利について十分な検討と説明が行われる（本書六一七頁以下参照）。

第二節　担保物権の種類

一　民法の定める担保物権

(1)　序　民法の定める担保物権には、留置権（二九五条）、先取特権（三〇三条）、質権（三四二条）、抵当権（三六九条）の四つがある。

(2)　留　置　権　留置権とは、他人の物の占有者がその物に関して生じた債権を有する場合、その債権の弁済を受けるまでその物を留置することができるという権利である（二九五条）。たとえば、時計の修理業者が他人の時計を修理し修理代金債権が生じた場合、修理業者は修理代金債権が弁済されるまで時計を留置することができるのである。留置権者が目的物を留置することによって債務者に心理的圧迫を加え、被担保債権の弁済を促そうとする制度である。もっとも、留置権者は、目的物の競売申立権を有し（民執一九五条）、一般債権者として、場合により優先権者として配当を受けることができる（本書四八頁以下参照）。それゆえ、留置権は、単なる引渡拒絶権にとどまらず、場合により優先弁済受領権を伴うのである。

(3)　先取特権　先取特権とは、先取特権者が法律の定める一定の要件のもとに他の債権者に優先して債務者から債権の弁済を受けることができる権利である（三〇三条）。たとえば、使用人は給料につき他の債権者に優先して弁済を受けることができるのである（三〇八条）。弱者保護など種々の政策的考慮から認められている。

先取特権には、債務者の総財産の上に成立する一般先取特権（三〇六条）と債務者の特定の財産の上に成立する特別先取特権の二つがあり、特別先取特権には、さらに、特定の動産の上に成立する動産先取特権（三一一条）と特定の不動産の上に成立する不動産先取特権（三二五条）の二つがある。

(4)　質　権　質権とは、動産質権や不動産質権においては、質権者が債権の担保として債務者または第三者から一定の物の占有を取得し、他の債権者に優先してその物から債権の弁済を受けることができる権利であり（三四二条）、権利質権においては、質権者が他の債権者に優先して債務者または第三者の財産権から債権の弁済を受けることができる権利である（三六二条）。たとえば、金銭を貸し付けた者が債務者から担保として宝石を受け取った場合、貸主は他の債権者に優先してその宝石から貸金債権の弁済を受けることができるし、貸主が債務者から債務者の有する債権の上に質権の設定を受けた場合、貸主は他の債権者に優先してその債権から貸金債権の弁済を受けることができるのである。

質権には、動産の上に成立する動産質権（三五二条）と不動産の上に成立する不動産質権（三五六条）、債権などの財産権の上に成立する権利質権（三六二条）の三つがある。

(5)　抵当権　抵当権とは、債務者または第三者が占有を移すことなく不動産を債権の担保に供した場合に抵当権者が他の債権者に優先してその不動産から債権の弁済を受けることができる権利である（三六九条一項）。たとえば、金銭を貸し付けた者が債務者から担保としてその所有の土地に抵当権の設定を受けた場合、債務者は従前通りその土地を使用収益することができるが、抵当権者は債務者が債権の弁済を怠ればその土地の競売を申し立て他の債権者に優先して売却代金から弁済を受けることができるのである。抵当権者は目的物から他の債権者に優先して弁済を受けることができる反面、債務者も抵当権が実行されるまでは目的物の占有を失わずその使用収益が可能である点において、抵当権は、非常に合理的な制度であり、担保物権の中で最も多く利用されている。なお、不動産の外に地上権や永小作権も抵当権の目的とすることができる（三六九条二項）。

抵当権には、特定の債権を担保する通常の抵当権と、一定の範囲で増減変動する不特定の債権を一定の限度額（極度額）まで担保する根抵当権（三九八条の二）がある。

二　民法以外の法律の定める担保物権

民法以外の法律の定める担保物権には、商事留置権（商五二一条）、借地権設定者の先取特権（借地借家一二条）、立木地代の先取特権（立木ノ先取特権ニ関スル法律）、農業経営資金貸付の先取特権（農業動産信用法四条）、海難救助者の先取特権（商八一〇条）、船舶債権者の先取特権（商八四二条）、質屋営業法上の質権（質屋営業法一条一項）、商事質権（商五一五条）、立木抵当権（立木二条二項）、工場財団抵当権（工抵八条）、鉱業財団抵当権（鉱業抵当法一条）、採掘権の抵当権（鉱業法一三条但書）、農業用動産抵当権（農業動産信用法一二条）、自動車抵当権（自動車抵当法四条）、建設機械抵当権（建設機械抵当法六条）、船舶抵当権（商八四八条）、企業担保権（企業担保一条）などがある。

三　担保物権に準じる権利

(1)　序　担保物権に準じる権利には、仮登記担保権や譲渡担保権、所有権留保がある。

(2)　仮登記担保権　仮登記担保権とは、債権者が債務を履行しない場合に債務者または第三者の所有権やその他の権利を取得する旨の停止条件付代物弁済契約などにおいて、この契約上の権利につき仮登記や仮登録をした場合の債権者の権利である（仮登記担保一条参照）。たとえば、金銭を貸し付けた者が債務者において債務を履行しない場合には債務者の不動産の所有権を代物弁済として取得する旨の停止条件付代物弁済契約を結び、停止条件が成就した場合に生じる所有権移転請求権を保全するための仮登記（不登一〇五条二号）をするというのがこれである。

仮登記担保権は仮登記や仮登録によって保全され、仮登記担保権者は、債務者が債務の履行をしない場合、担保権の実行手続きによることなく他の債権者に優先して所有権やその他の権利を取得し、被担保債権の弁済に当てることができる。あるいは、仮登記担保権者は、強制執行手続きや担保権の実行手続きなどにおいても他の債権者に優先して被担保債権の弁済を受けることができる（本書六四一頁以下参照）。

仮登記担保権は、判例によって形成され、昭和五三年には判例の集積の上に立って仮登記担保契約に関する法律が制定されて立法的にも整備されるに至った。

（1）　私見によれば、所有権は登記を経なければ移転しない（石田(穣)・一三七頁参照）。

(3)　譲渡担保権　譲渡担保権は、学説・判例によって認められてきた担保権であり、取引上も多く利用され、重要な意義を有する。譲渡担保権とは、一般に、担保目的のために所有権や債権を譲渡担保権者に移転する形式の担保権であるといわれる。たとえば、金銭を貸し付けた者がその担保として債務者から不動産の所有権の移転を受けるというのがこれである。

しかし、後述するように、担保目的のために所有権や債権を譲渡担保権者に移転するのは、虚偽表示（九四条）に該当するのではないかという疑問があるし、また、所有権は二か月の清算期間が経過しなければ移転せず、所有権移転の登記は清算金の支払いと引換えに行われこれに反する特約は原則として無効であるとする仮登記担保契約に関する法律二条一項・三条二項三項本文の趣旨に反するのではないかという疑問もある（本書六七一頁以下参照）。それゆえ、これらの点についての十分な検討が必要である。

私見によれば、譲渡担保権には、当事者が所有権や債権を移転しないで仮登記担保権に類似の担保権を設定する場合と、当事者が担保目的のために（返還義務を伴って）所有権や債権を移転して仮登記担保権に類似の担保権を設定する場合の二つがある。前者は非権利移転型譲渡担保権であり、後者は権利移転型譲渡担保権である（本書六七五頁以下参照）。いずれのタイプの譲渡担保権も、債務者が債務を履行しない場合に債務者や第三者の目的物の所有権や目的債権が担保権の実行手続きによることなく譲渡担保権者に返還義務を伴わずに移転したり、譲渡担保権者が目的物や目的債権の強制執行手続きや担保権の実行手続きなどにおいて優先弁済を受けることができる仮登記担保権に類似の担保権である。仮登記担保契約に関する法律の規定が基本的に類推適用される。

譲渡担保権には、その目的に応じて、大きく分けて、不動産を目的物とする不動産譲渡担保権、動産を目的物とする動産譲渡担保権、債権を目的とする債権譲渡担保権の三つがある。

(4)　所有権留保　所有権留保とは、一般に、物の売主が代金債権を担保するために物の所有権を自己に留保する形式の担保権であるといわれる。

しかし、後述するように、担保目的のために売主に所有権を留保するのは、虚偽表示（九四条）に該当するのではないかという疑問があるし、また、仮登記担保契約に関する法律二条一項・三条二項三項本文の趣旨に反するのではないかという疑問もある（本書七六六頁以下、七六七頁以下参照）。

私見によれば、所有権留保には、買主が代金を支払うまで売主が買主に目的物の所有権を移転しない場合と、売主が買主に所有権を移転した目的物につき買主から代金債権の担保のために権利移転型譲渡担保権の設定を受ける場合の二つがある。前者は、単なる所有権留保であり、売主の清算義務がないなど通常の売買法理によって処理される。後者は、譲渡担保権としての所有権留保であり、権利移転型譲渡担保権である（本書七六七頁、七六八頁以下参照）。

所有権留保には、不動産に関する場合と動産に関する場合の二つがある。

四　法定担保物権と約定担保物権(1)

法定担保物権とは、法律の定める要件があれば法律上当然に発生する担保物権であり、留置権と先取特権がこれである（もっとも、不動産先取特権は、法律上当然に債権者に設定請求権が生じるが、当事者の登記によって成立する）。約定担保物権(2)とは、当事者の約定によって発生する担保物権であり、質権と抵当権、企業担保権がこれである。なお、担保物権に準じる権利である仮登記担保権、譲渡担保権、所有権留保は、いずれも当事者の約定によって発生する。

(1) 法定担保物権と約定担保物権については、尾崎三芳「法定担保権と約定担保権」高島平蔵教授還暦記念（現代金融担保法の展開）三九頁以下（昭和五七年）参照。

(2) 約定担保物権については、沖野眞已「約定担保物権の意義と機能――UCC第九編の『効率性』に関する議論の素描――」学習院大学法学会雑誌三四巻一号七五頁以下（平成一〇年）参照。

五　典型担保と非典型担保

典型担保とは、民法や他の法律の定める担保物権であり、留置権、先取特権、質権、抵当権、企業担保権がこれである。非典型担保(1)とは、担保物権に準じる権利であり、仮登記担保権、譲渡担保権、所有権留保がこれである。

(1) 非典型担保については、高木多喜男「動産の非典型担保の担保的性格」金融取引と担保二七四頁以下（昭和五五年）、斎藤和夫「非典型担保権の再評価――非典型担保権論の一素描――」法研六八巻一号一一五頁以下（平成七年）、高木多喜男「非典型担保論」金融取引の法理一巻五二頁以下（平成八年）参照。

第三節　担保物権（担保物権に準じる権利を含む）の法的性質

一　目的物や目的債権などから弁済を受ける効力

担保物権は、債権の弁済を確保するために認められる権利であり、担保権者は、債権が弁済されない場合、目的物や目的債権などから弁済を受けることができる。すなわち、担保権者は、債権が弁済されない場合、目的物や目的債権などについて競売や担保権の実行を申し立て、その売却代金などから弁済を受けることができるのである（民執一八〇条以下、企業担保三）。これは、私見によれば、担保物権に準じる権利を含むすべての担保物権に共通した効力である（一般には、担保物権に準じる権利に基づき競売や担保権の実行を申し立てることはできないとされている）。

二　他の債権者に優先して弁済を受ける効力

先取特権者、質権者、抵当権者、企業担保権者、仮登記担保権者、譲渡担保権者、所有権留保者は、他の債権者に優先して目的物や目的債権などから弁済を受けることができる。留置権者は、優先弁済受領権を有しない場合もあるが、被担保債権の成立に関する留置権者の行為により他の債権者が利益を受ける場合には優先弁済受領権を有する（本書五三頁以下参照）。

三　留置的効力

留置権者と質権者（動産質権者、不動産質権者）は、目的物を占有して債務者に心理的圧迫を加え、債務の弁済を促すことができる。

四　他物権性

担保物権は、他人の所有権やその他の権利の上に成立する物権であり、他物権である。自己の所有権の上には混同（一七九条一項但書）の場合を除き担保物権は成立しない。これに対し、ドイツにおいては、自己の所有権の上に成立する抵当権（Eigentümerhypothek 所有者抵当権）や自己の所有権の上に成立する土地債務（Eigentümergrundschuld 所有者土地債務）が認められている（ドイツ民法一一六三条・一一九六条）。また、スイスにおいては、自己の所有権の上に成立する不動産担保権[1]（Eigentümergrundpfandrecht 所有者不動産担保権）や自己の所有権の上に成立する債務証券（Eigentümerschuldbrief 所有者債務証券）が認められている（後者につき、スイス民法八五九条二項）。

（1）　Schmid, Nr. 1194 ff.; Kommentar zum Schweizerischen Privatrecht, Vorbem. zu §§ 793-823 Nr. 8.

五　付従性

(1) 担保物権は、債権の弁済を確保するために認められる物権である。それゆえ、債権＝被担保債権が存在しない場合、担保物権も存在しない。これが、担保物権の付従性である(1)。

(1) 担保物権の付従性については、長谷川隆「被担保債権無効・取消の場合における人的・物的担保の効力について――ドイツ法の考察――」富大経済論集四五巻一号一六五頁以下、四六巻二号二〇七頁以下、三号一四一頁以下(平成一一～一三年)、鳥山泰志「担保権存在条件としての『債権』――付従性の原則の一考察――」一橋法学三巻一号一九一頁以下、二号二〇七頁以下(平成一六年)、長谷川隆「被担保債権無効・取消の場合における人的・物的担保の効力に関する一考察――比較法的検討を踏まえて――」金沢法学四九巻二号二四五頁以下(平成一九年)参照。

(2) 担保物権の付従性は、以下のような形で現れる。

第一は、成立における付従性である。これは、被担保債権が存在しなければ担保物権は成立しないというものである。

第二は、消滅における付従性である。これは、被担保債権が消滅すれば担保物権も消滅するというものである。

第三は、処分における付従性である。これは、被担保債権と担保物権を切り離して処分することはできないというものである。すなわち、担保物権を被担保債権から切り離して処分することはできないし(一般に、存続における付従性といわれる)、被担保債権が処分されれば担保物権も処分されるのである(随伴性)。一般に、随伴性は付従性とは別の性質であるとされているが、担保物権は被担保債権が存在しなければ存在しえないがゆえに被担保債権が処分されれば担保物権も処分されるのであり、随伴性は付従性の一つの場合であると解すべきである(1)。

(1) 同旨、高木・一〇頁。

(3) 担保物権の付従性は、現在、緩和して認められている。すなわち、期限付や条件付債権のように将来成立する債権についても質権や抵当権の成立が認められている。しかし、この場合、後述するように、質権や抵当権も期限付や条件付で成立する（期待権）と解すべきである（本書二六六頁以下参照）。一般に、元本確定前の根抵当権には付従性がないとされているが、この場合にも成立における付従性や消滅における付従性は存在すると解すべきである（本書五一七頁参照）。

六　不可分性

担保物権は、被担保債権が完済されるまで目的物や目的債権などの全部に効力を及ぼす。すなわち、担保物権は、被担保債権の一部が弁済などによって消滅しても目的物や目的債権などの全部を支配し続けるのである。これが担保物権の不可分性である（二九六条・三〇五条・三五〇条・三七二条）。担保物権の不可分性の結果、目的物や目的債権などの価額が被担保債権額に比較し不当に大きくなる場合が生じる。この場合、債務者には減担保請求権が与えられる（本書四〇九頁以下参照）。

七　物上代位性

担保物権は、社会通念上目的物などの価値が体現していると見られるものにも効力を及ぼす。たとえば、担保物権は、目的物が滅失して保険金請求権や損害賠償請求権が発生した場合、これらの請求権にも効力を及ぼすのである。これが担保物権の物上代位性である。わが国の民法は担保物権の物上代位性について包括的な規定を有しているが（三〇四条・三五〇条・三七二条）、このような包括的な規定を持つ国はあまりない(1)。一般に、留置権の物上代位性は否定されているが、しかし、留置権が優先弁済受領権を伴う場合には物上代位性を有すると解すべきである（本書五九頁以下参照）。

(1)　フランス民法には担保物権の物上代位性に関する規定はなく、特別法が保険金請求権などについて物上代位を規定しているにすぎない（フランス保険法典L.一二一—一三条一項など）。ドイツ民法とスイス民法は、賃料債権と保険金請求権などについて物上代位を規定しているにすぎない（ドイツ民法一一二三条・一一二四条・一一二七条以下、スイス民法八〇六条・八二二条一項）。担保物権の物上代位性については、本書一三四頁以下、三二五頁以下参照。

第二章　留置権

第一節　序

一　留置権の意義

(1)　留置権の意義

(イ)　留置権(1)とは、他人の物の占有者がその物に関して生じた債権を有する場合に債権の弁済を受けるまでその物を留置することができるという権利である（二九五条一項本文）。たとえば、時計の修理業者が時計を修理し修理代金債権が生じた場合、修理業者は修理代金債権が弁済されるまで時計を留置することができるのである。債務者は、修理代金債権を弁済しない限り時計を取り戻すことができず、修理代金債権の弁済が促進される。

(1)　留置権については、薬師寺志光・留置権論（昭和一〇年。復刻版（平成二年）。本書の引用は復刻版による）、同・留置権（総合判例研究叢書民法⒆）（昭和三八年）、清水元「留置権『論』への一視角」早誌二五巻二二九頁以下（昭和五〇年）、同「不履行抗弁と留置権との区別について――フランス法を中心として――」早稲田大学大学院法研論集一三号九三頁以下（昭和五一年）、同「留置権の対抗力について――フランス法を参考とした再構成の試み――」同誌一四号八七頁以下（昭和五一年）、田中清「履行拒絶権論――留置権および同時履行の抗弁権――」名法七五号一四五頁以下、八〇号二三五頁以下、八一号二七二頁以下（昭和五三年―五四年）、椿寿夫「同時履行の抗弁権」民法研究Ⅱ一頁以下（昭和五八年）、同「強制執行法案における留置権」同書二一頁以下、生田治郎「留置権の実行をめぐる諸問題」担保法大系2八三一頁以下（昭和六〇年）、西尾信一「銀行取引約定書上の留置的機能を営む諸制度」同書八五八頁以下、松本恒雄「商法上の留置権と民法上の留置権」民商九三巻臨時増刊号⑵一八〇頁以下（昭和六一年）、生田治郎「留置権と倒産法」金融担保法講座Ⅳ一一三頁以下（昭和六一年）、桜井孝一「民事執行法と留置権」同書一四三頁以下、鈴木禄弥「留置権の内容とその効力」民法論文集5五四一頁以下（平成四年）、清水元・留置権（叢書民法総合判例研究）（平成七年）、同・留置権概念の再構成（平成一〇年）、関武志・留置権の研究（平成一三年）、鈴木正裕「留置権小史」河合伸一判事退官・古稀記念（会社法・金融取引法の理論と実務）一九一頁以下（平成一四年）、古積健三郎「留置権の射程および性質に関する一考察——不動産の処遇について——」新報一一一巻三・四号一頁以下（平成一六年）、田高寛貴「個別執行と留置権——抵当権との衝突事例をめぐって——」伊藤進先生古稀記念論文集（担保制度の現代的展開）七一頁以下（平成一八年）、斎藤和夫「『留置権競売』考——民執法一九五条の根本問題の検討——」法研八〇巻一二号七一頁以下（平成一九年）、同「留置権『占有要件』考（民法二九五条論）——最高裁平成一八・一〇・二七／二小決の『問題性』——」慶應義塾創立一五〇年記念法学部論文集四九頁以下（平成二〇年）、山木戸勇一郎「民事執行手続における留置権の処遇——留置権に優先弁済請求権を認める立法をした場合に生じる問題——」慶應法学一四号九九頁以下（平成二一年）参照。

(ロ)　留置権は、公平の見地から認められている。すなわち、修理業者は時計の所有者などに対して時計の返還義務を負うが、時計の返還と修理代金債権の弁済を同時に行わせるのが当事者間の公平に適するからである。修理業者に先に時計を返還させる場合、修理業者が修理代金債権の弁済を受けるのはかなり困難となるが、これでは修理業者にとって著しく不利であり不公平である。

(ハ)　留置権者は、目的物を競売することはできるが（民執一九五条）、優先弁済受領権を有しないとされている。しかし、留置権の被担保債権の成立に関する留置権者の行為により他の債権者が利益を受ける場合、留置権者は優先弁済受領権を有すると解すべきである（本書五三頁以下参照）。

このように、留置権は、目的物の単なる引渡拒絶権にとどまらず、場合により優先弁済受領権を伴うのである。

(2)　留置権の沿革・比較法的状況

(イ)　留置権の沿革

(a)　留置権の沿革は、ローマ法の悪意の抗弁（exceptio doli）に遡る。[1]　ローマ法の悪意の抗弁は、主に次の二つの場合に認められていた。第一は、占有者が目的物の保存に必要な費用を支出したのに相手方がその弁済をすることなく目的物の引渡しを求める場合である。第二は、双務契約の一方の当事者が自己の側の債務の履行をすることなく目的物の引渡しを求める場合である。これらの場合、目的物の引渡しを求める訴訟において被告は免訴とされたのである。

(1) ローマ法の悪意の抗弁については、Mazeaud-Chabas, n° 112.

(b) ローマ法の悪意の抗弁は、種々の形でヨーロッパ各国に受け入れられた。わが国の留置権は、これらのヨーロッパ各国の制度を参考にしているが[1]、これらの各国の制度のうち最も体系的、包括的な内容を有している。

(1) 民法議事速記録一二巻八一頁以下参照。

(ロ) フランス

(a) フランス古法は、ローマ法の悪意の抗弁の解決方法を維持しつつ、これを留置権(droit de rétention)として具体化した。しかし、そこには留置権の一般理論が欠けていた。そのため、フランス民法も、当初は留置権を一般的な形で認めることはしないで、特別な場合にこれを認めるにとどまっていた。たとえば、盗品・遺失物の善意の取得者は支払った代金の償還請求権を有するが、この償還請求権の弁済があるまで目的物を留置することができるとされている場合(フランス民法二二七七条)や、現金売買の売主は代金の支払いがあるまで目的物を留置することができるとされている場合(フランス民法一六一二条)がこれである[1]。これに対し、二〇〇六年の担保権に関する民法改正においては、留置権についての一般的規定が設けられ(フランス民法二二八六条)、留置権の成立する場合と消滅する場合が明らかにされている。

(1) 以上については、Mazeaud-Chabas, n° 112.
フランスの留置権一般については、清水元「フランス法における『留置権』概念」留置権概念の再構成八頁以下(平成一〇年)、関武志「フランス法」留置権の研究一二一頁以下(平成一三年)参照。

(b) フランス民法二二八六条は、留置権の成立と消滅について規定しているが、留置権の一般理論は学説・判例に任されている[1]。

留置権が成立するためには、債権と目的物の間に牽連性(connexité)がなければならないが、これについてフランス民法二二八六条一項は次の三つの場合を規定している。すなわち、ある債権の支払いまでという約束で物の交付を受けた場合(connexité conventionnelle)、ある物を引き渡す債務を負担させる契約から生じた債権の支払いを受けていない場合(connexité juridique)、ある物の保管に際して生じた債権の支払いを受けていない場合(connexité matérielle)がこれである。[2]

留置権は、追及権や優先権を持たないし、目的物の所有権を留置権者に帰属させる権能も有しない。[3] しかし、留置権を物権の一種として認める見解が有力である。[4]

(1) 平野裕之「二〇〇六年フランス担保法改正の概要――改正経緯及び不動産担保以外の主要改正事項」ジュリ一三三五号三八頁（平成一九年）参照。

(2) Legeais, n°s 695 et s.; Aynès-Crocq, n° 447.

(3) Aynès-Crocq, n° 451.

(4) Mazeaud-Chabas, n° 129; Legeais, n° 703; Aynès-Crocq, n° 453.

(ハ) ドイツ

(a) ドイツには、留置権に似た制度として Zurückbehaltungsrecht がある。[1] そして、これは債務者と占有者に認められているが、債務者に認められているものは債権的権利であり、占有者に認められているものは物権的権利である。

(1) ドイツの Zurückbehaltungsrecht 一般については、清水元「ドイツ法における『留置権』概念」留置権概念の再構成九一頁以下（平成一〇年）、関武志「ドイツ法」留置権の研究一四五頁以下（平成一三年）参照。

(b) まず、債務者は、彼に債務を生じさせたのと同一の法律関係から債権者に対して請求権を有する場合、債権者が履行するまで自らの履行を拒絶することができる（ドイツ民法二七三条一項）。目的物の返還義務を負う者が目的物に費用を支出したり目的物から損害を受けた場合も同じである（ドイツ民法二七三条二項）。債務者の Zurückbehaltungsrecht は、ドイツ民法典の債務関係の個所に規定されており、債権的権利である。何らの物権的効力も持たず、破産においては効力を有しない（1）。換価権も認められていない（2）。

（1） Juris Praxiskommentar, § 273 Nr. 26.
（2） Juris Praxiskommentar, § 273 Nr. 1.

(c) 次に、占有者は、目的物に費用を支出した場合、その弁済を受けるまで目的物の引渡しを拒絶することができる（ドイツ民法一〇〇〇条）。これは、目的物の占有者が目的物の所有者による所有権に基づく引渡請求（Vindikationsklage）に対して認められる権限である（1）。この場合、ドイツ民法二七三条二項の適用は排除されるという見解（2）と、ドイツ民法二七三条二項も並んで適用されるという見解（3）に分かれている。占有者の Zurückbehaltungsrecht は、ドイツ民法典の物権法の個所に規定されており、物権的権利であって、占有者は、目的物が譲渡された場合にも新所有者に対してこれを主張することができる（4）（ドイツ民法九九九条二項）。また、換価権も認められている（ドイツ民法一〇〇三条）。破産においては別除権として扱われる（5）（ドイツ破産法五一条二項）。

（1） Staudinger, § 1000 Nr. 3.
（2） Staudinger, a. a. O.
（3） Juris Praxiskommentar, § 273 Nr. 21.
（4） Münchener Kommentar, § 1000 Nr. 13.
（5） Juris Praxiskommentar, § 1000 Nr. 10.

(二) スイス

(a) スイスには、留置権に似た制度として Retentionsrecht がある。そして、Retentionsrecht には債権者が目的物の占有を取得する場合と取得しない場合の二つがあるが、このうち、前者は留置権に相応し、後者は先取特権に相応するものである。

(b) 債務者の意思により動産や有価証券が債権者の占有下にある場合、債権者は請求権がその性質上それらの目的物と関連性を有すれば請求権が満足されるまで目的物を留置することができる(スイス民法八九五条一項)。この Retentionsrecht は、特別の法定質権 Gesetzliches Pfandrecht であり、物権として第三者に対しても効力を有し[1]、また、換価権も認められている[2](スイス民法八九八条一項・八九一条一項)。他方、善意占有者の費用償還請求権につき債務者の意に反して債権者の占有下に入った物に関しては、債権者(善意占有者)は換価権のない Zurückbehaltungsrecht を有するとされる[3](スイス民法九三九条一項)。Retentionsrecht は、被担保債権と運命をともにし、その発生とともに発生し、移転とともに移転し、消滅とともに消滅する[4]。

（1） Kommentar zum Schweizerischen Privatrecht, § 895 Nr. 1 und 7.

（2） Kommentar zum Schweizerischen Privatrecht, § 895 Nr. 1 und 4.

（3） Kommentar zum Schweizerischen Privatrecht, § 895 Nr. 17.
この Zurückbehaltungsrecht は、物権的権利であり、不動産についても生じるとされる(Kommentar zum Schweizerischen Privatrecht, § 939 Nr. 8)。

（4） Kommentar zum Schweizerischen Privatrecht, § 895 Nr. 7.

(c) 債権者は、目的物が債務者の物でなくても善意で占有を取得した場合には Retentionsrecht を有する(スイス民法八九五条三項)。これは、Retentionsrecht の善意取得である。スイスにおいては、盗品や遺失物など債務者の意に反してその占有から離脱した物については離脱の時から五年間善意取得が停止されるが[1](スイス民法九三四条一項)、これらの物については Retentionsrecht も離脱の時から五年が経過した時に善意取得される[2]。

（1） Kommentar zum Schweizerischen Privatrecht, § 934 Nr. 15.

（2） Kommentar zum Schweizerischen Privatrecht, § 895 Nr. 51.

二　留置権の法的性質

(1)　留置権者は、目的物を留置することによって債務者に債務の弁済を促し（留置的効力）、債務者が債権を弁済しない場合には目的物を競売して売却代金などから弁済を受けることができる（民執一九五条）。留置権者は、留置権の被担保債権の成立に関する留置権者の行為により他の債権者が利益を受ける場合、売却代金などから優先弁済を受ける権利を有すると解すべきである（本書五三頁以下参照）。それ以外の場合、留置権者は、売却代金などから一般債権者として弁済を受けるにとどまる。

(2)　留置権は、占有を要素とする物権であり、占有を取得しなければ成立しない。

(3)　留置権は物権であり、留置権者はこれを何人に対しても主張することができる（最判昭四七・一一・一六民集二六巻九号一六一九頁）。それゆえ、留置権者は、債務者ばかりでなく、目的物の譲受人などの第三者に対しても留置権を主張することができる。

(4)　留置権の公示方法は占有である。目的物が不動産の場合であっても、留置権の公示方法は登記でなく占有である。

(5)　留置権は、占有を喪失することによって消滅する。もっとも、占有回収の訴え（二〇〇条）により占有を回復した場合、留置権は消滅しない（本書六四頁参照）。

(6)　AがBの時計をBに無断でCに修理に出した場合、Cは修理代金債権を被担保債権とする留置権を取得するであろうか。後述するように、通説はこれを肯定するが、留置権を善意取得（一九二条）する場合を除き否定するのが妥当である（本書二五頁以下参照）。

(7)　(イ)　留置権は、担保物権の一種として、他物権性、付従性（随伴性を含む。本書一一頁参照）、不可分性（二九六条。最判平三・七・一六民集四五巻六号一一〇一頁参照）、物上代位性の諸性質を有する。

(ロ)　随伴性は、被担保債権の移転とともに目的物の占有が承継された場合に生じる。留置権は、占有を要件として成立する担保物権であるからである。もっとも、被担保債権が移転され占有が承継されても債務者が留置権の移転を承諾しない場合、債務者は留置権の消滅を請求することができると解すべきである（二九八条二項三項参照）。なぜなら、留置権者は債務者の承諾なしに目的物の使用・賃貸・担保供与をすることができないとされており（二九八条二項三項）、債務者の承諾なしに留置権を移転することはなおさらできないと解されるからである。(1)(2)この場合、担保物権の随伴性により留置権は第三者に移転するが、債務者は第三者に対し留置権の消滅を請求することができると解すべきであろう。

(1)　同旨、三潴信三「留置権ノ移転性ニ就テ」志林一二巻八号二六頁以下（明治四三年）。船越・三二頁以下は、債務者と留置権者の間に賃借や寄託の関係がある場合、留置権者が目的物の占有を他に承継させれば留置権の消滅原因になるとする。

(2)　被担保債権の譲渡人が被担保債権は移転したが目的物の占有は承継させない場合、留置権は消滅すると解される。この場合、被担保債権は目的物の占有を伴わないからである。

(ハ)　不可分性については、留置権者は被担保債権の一部が弁済されても残額全部が弁済されるまで目的物の全部を留置することができる。しかし、留置権は公平の原則上認められるものであるから、目的物が可分であれば、留置権者は、残額に相応する目的物についてのみ留置権を行使することができる（他の目的物については留置権は消滅する）と解するのが妥当であろう（大判昭二・六・二九新聞二七三〇号六頁参照）。

(ニ)　一般に、留置権は物上代位性を有しないとされている。しかし、後述するように、留置権者が優先弁済受領権を持つ場合、留置権は物上代位性を有すると解すべきである（本書五九頁以下参照）。

三　留置権と同時履行の抗弁権

(1)　留置権に似た権利に同時履行の抗弁権がある。同時履行の抗弁権とは、双務契約の当事者の一方は他方が債務を履行するまで自己の債務の履行を拒むことができる権利である（五三三条）。たとえば、売買契約の売主は買主が代金を弁済するまで目的物を引き渡さなくてよいし、買主は売主が目的物を引き渡すまで代金を支払わなくてもよいのであ

る。同時履行の抗弁権も、留置権と同様、公平の見地から認められている。(1)

（1） 留置権と同時履行の抗弁権の関係については、清水元「不履行抗弁と留置権との区別について——フランス法を中心として——」早稲田大学大学院法研論集一三号九三頁以下（昭和五一年）、田中清「履行拒絶権論——留置権および同時履行の抗弁権——」名法七五号一四五頁以下、八〇号二三五頁以下、八一号二七二頁以下（昭和五三年—五四年）、椿寿夫「同時履行の抗弁権」民法研究Ⅱ一頁以下（昭和五八年）、関武志「物の引渡拒絶制度の法的構成」留置権の研究五八七頁以下（平成一三年）参照。

(2) 一般に、留置権は物権であり何人に対しても主張することができるが、同時履行の抗弁権は債権的権利であり当事者に対してしか主張することができないとされている。しかし、いずれの権利も基本的には公平の見地から認められる履行拒絶の権能であり、この両者の取扱いを大きく異にするのは妥当でない。それゆえ、同時履行の抗弁権も、それが目的物の占有を伴っている限り、つまり、占有によって公示されている限り、第三者に対しても主張することができると解すべきである。前述したように、物権と債権の法的性質を明確に区別するのは困難であること（本書三頁参照）、借家権や農地の賃借権は、債権ではあるが占有を伴えば第三者に対しても主張することができるとされていること（借地借家法三一条一項、農地法一八条一項）も想起すべきである。

(3) 一般に、AがBの時計をBに無断でCに修理に出した場合、Cは修理代金債権につき留置権と同時履行の抗弁権の双方を取得すると解されている。しかし、後述するように、Cは同時履行の抗弁権を取得するが、善意取得の場合を除き留置権を取得しないと解すべきである（本書二五頁以下参照）。そして、Cは、同時履行の抗弁権を取得するものの、Aが時計について修理に出す権限を有すると無過失で信じた場合を除き同時履行の抗弁権をBに対して主張することはできないと解される（本書二七頁注（3）参照）。

(4) (イ) 留置権と同時履行の抗弁権を発生させる要件がともに備わっている場合、当事者はどのような権利を取得するであろうか。たとえば、Aがその所有の時計をBに修理に出しBが修理代金債権を取得した場合、契約関係は双務契約であるから、Bに留置権と同時履行の抗弁権の双方が発生する要件が備わっている。この場合、Bはどのような権利を取得するであろうか。

(ロ)　通説は、Bは留置権と同時履行の抗弁権の双方を取得し、いずれか一方を選択して行使することができるとする。[1]これに対し、A・B間には契約法理が優先して適用されるからBは同時履行の抗弁権のみを取得し、A・B間に契約関係がない場合にはBは留置権のみを取得するという見解も有力である。[2]

(1)　柚木＝高木・一四頁、船越・一九頁、山川・四三頁、内田・五〇二頁以下、川井・二三四頁、平野・三二九頁、道垣内・一四頁、松尾＝古積・二五五頁以下。

(2)　判例コメ六頁以下(三藤邦彦執筆)、槇・三六頁、鈴木・四三二頁以下。近江・一八頁以下も参照。

(ハ)　この問題は請求権競合論の問題であるが、私見としては、請求権規範競合説が妥当であると考える。[1]請求権規範競合説によれば、留置権と同時履行の抗弁権を発生させる要件がともに備わっている場合、双方の法的性質をかね備えた一個の権利が発生する。そして、設例の場合、目的物の占有を伴うから、私見によれば、留置権はもちろん同時履行の抗弁権も何人に対しても主張することができる履行拒絶の権能として現れる(本書二二頁参照)。それゆえ、設例の場合、双方の法的性質を反映して何人に対しても履行を拒絶することができるとともに、留置権の法的性質を反映して競売を申し立て弁済を受けることができる一個の権利が発生すると解される。なお、以下においては、留置権と同時履行の抗弁権を発生させる要件がともに備わっている場合であっても、叙述の繁雑さを避けるため、単に留置権が発生するとし、必要に応じ同時履行の抗弁権との関係にも言及するにとどめる。

(1)　石田(穣)・五七頁以下参照。請求権競合論については、四宮和夫・請求権競合論(昭和五三年)が基本的文献である。

四　商事留置権

(1)　商事留置権[1]とは、商法や会社法の規定する留置権である。商法は、一般的に商人間の留置権について規定している（商五二一条）外、代理商の留置権（商三一条）、問屋の留置権（商五五七条）、運送取扱人の留置権（商五六二条）、運送人の留置権（商五八九条）などについても規定している。会社法も代理商の留置権について規定している（会社二〇条）。これらが商事留置権といわれるものである。

（1） 商事留置権については、小町谷操三「商事留置権に関する二三の疑点」法学三巻六号二六頁以下（昭和九年）、松本恒雄「商法上の留置権と民法上の留置権」民商九三巻臨時増刊号(2)一八〇頁以下（昭和六一年）、鈴木禄弥「商人留置権の流動担保性をめぐる若干の問題」民法論文集5五七二頁以下（平成四年）、生熊長幸「建築請負代金債権による敷地への留置権と抵当権」金法一四四六号六頁以下、一四四七号二九頁以下（平成八年）、田積司「建築請負工事代金についての不動産留置権と根抵当権」米田實先生古稀記念（現代金融取引法の諸問題）一三三頁以下（平成八年）、古積健三郎「商人留置権の効力について――不動産上の法律関係――」筑法二八号三頁以下（平成一二年）参照。

(2) 民法上の留置権、すなわち、民事留置権は、前述したように、ローマ法の悪意の抗弁(exceptio doli)に由来するが、商事留置権は、中世イタリアの都市法に由来するといわれる（1）。

（1） 薬師寺志光・留置権論四頁（昭和一〇年）参照。

(3) (イ) 商人間の商事留置権においては、被担保債権が目的物に関して生じる必要がない。すなわち、物と被担保債権の間の牽連性は要求されていない。商人間の商事留置権は、この点で、物と被担保債権の間の牽連性が要求される民事留置権（本書三二頁以下参照）と大きく異なる。商人間の商事留置権が物と被担保債権の間の牽連性を必要としないのは、商人間の取引は継続的であり、個々の物と個々の債権の間の牽連性を要求しない方が商人間の円滑な取引の実現に役立つという趣旨のものである。

(ロ) 商人Bが商人Aの抵当地上に建物の建築を請け負った場合、Bは抵当地を占有するから抵当地に請負代金債権を被担保債権とする留置権を取得する。この場合、抵当権の実行による抵当地の買受人はBの請負代金債権を弁済しなければならず（民執一八八条・五九条四項）、Bの留置権が先順位の抵当権に優先するように見える。

この問題については、商事留置権は不動産の上には成立しないという見解もあるが[1]、しかし、商事留置権が不動産の上に成立することにより不当な不利益を受ける者がいなければ、不動産の上の商事留置権の成立を肯定しても問題はない。私見によれば、後述するように、民事執行法五九条四項・一八八条は不動産の上に存する留置権には適用されないと解される（本書五五頁参照）。そして、留置権者は、被担保債権の成立に関する留置権者の行為により抵当権者が利益を受ける場合には抵当権者に優先して弁済を受けるが（本書五三頁以下参照）、抵当地上に建物の建築をするという被担保債権の成立に関する留置権者の行為により抵当権者は利益を受けない。それゆえ、抵当権者が抵当地から優先して配当を受け、留置権者はそれに後れて配当を受けると解される（一般の債権者には優先して配当を受けると解すべきである（破六六条一項参照））。

（1）浅生重機「判例研究」金法一四五二号一六頁以下（平成八年）、高木・二〇頁、近江・二〇頁。

(4)　(イ)　破産の場合、民事留置権は、破産財団に対して効力を失うが（破六六条三項）、商事留置権は、特別先取特権とみなされ（破六六条一項。民法その他の法律の規定による他の特別先取特権には劣後する（破六六条二項））、別除権として扱われる（破二条九項）。もっとも、留置権が優先弁済受領権を伴う場合、すなわち、被担保債権の成立に関する留置権者の行為により他の債権者が利益を受ける場合、民事留置権は効力を失わず、他の担保権に優先する別除権として扱われると解すべきである。

商事留置権者は、破産管財人に対し被担保債権が弁済されるまで目的物の引渡しを拒否することができるが（最判平一〇・七・一四民集五二巻五号一二六一頁）、これは優先弁済受領権を伴う民事留置権についても同じであると解すべきである。

(ロ)　民事再生の場合、商事留置権は別除権として扱われる（民再五三条一項）。また、会社更生の場合、商事留置権の被担保債権は更生担保権として扱われる（会更二条一〇項）。これらについては、優先弁済受領権を伴う民事留置権も同様に扱われると解すべきである。

第二節　留置権の成立

一　序

留置権は、他人の物の占有者がその物に関して生じた債権を有する場合、占有が不法行為によって始まったものでなく、かつ、その債権が弁済期にあれば、法律上当然に発生する（二九五条）。以下、他人の物、占有が不法行為によって始まったものでないこと、目的物＝占有物に関して債権が生じたこと（牽連性）、被担保債権が弁済期にあること、に分けて説明する。

二　他人の物

(1)　留置権は、他人の物の上に成立する（二九五条一項本文）。留置権は、他物権であり、原則として自己の物の上には成立しない。

(2)　(イ)　AがA'の時計をA'に無断でBに修理に出した場合、Bは修理代金債権を被担保債権とする留置権を取得することができるであろうか。

(ロ)　通説は、AがA'の時計について処分権限を有する必要はなく、Bは修理代金債権を被担保債権とする留置権を取得することができるとするが[1]、A'の利益が害されることを理由にBの留置権を否定する見解もある[2]。判例は、通説と同旨である（大判昭一三・四・一九民集一七巻七五八頁、同判昭一四・四・二八民集一八巻四八四頁）。

（1）　注釈民法(8)三一頁以下（田中整爾執筆）、我妻・三五頁、高木ほか・一七頁（曽田厚執筆）、柚木＝高木・二六頁、中井・一八頁、船越・一五頁、山川・三〇頁、川井・二三四頁以下、高橋・一五頁、近江・二九頁、道垣内・一七頁以下。

（2）　梅・三〇四頁、薬師寺志光・留置権論六〇頁以下（昭和一〇年）、石田（文）・六五七頁以下、高島・一一一頁以下、清水・一七七頁。

(ハ)　フランスでは、Aが処分権限を有することが必要であると解されている。(1) スイスでは、明文でそのことが要求されている（スイス民法八九五条一項三項）。

（1）　Mazeaud-Chabas, n° 127.

(ニ)　一般に、物の所有者が処分権限のない者の行為によって所有権を喪失したり所有権に制限を受けるのは善意取得（一九二条）の場合である。担保物権に即していえば、物の所有者は、第三者が先取特権を善意取得したり（三一九条）、質権、譲渡担保権を善意取得した場合（一九二条）に所有権の制限を甘受しなければならない。しかし、物の所有者は、先取特権や質権、譲渡担保権の善意取得が成立しない場合、これらの権利によって所有権が制限を受けることはないのである。

そうだとすれば、留置権についても、物の所有者は、留置権の善意取得が成立する場合を除き、処分権限のない者の行為により留置権による制限を受けることはないと解すべきである。物の所有者が善意取得の有無を問わず留置権による制限を受けるというのは、先取特権や質権、譲渡担保権の場合にくらべアンバランスであり、妥当でない。物の所有者が留置権の成立によって受ける不利益は、先取特権や質権、譲渡担保権の成立によって受ける不利益と大差はないのである。すなわち、物の所有者は、被担保債権が弁済されない限り目的物の占有を回復することができず、目的物の使用収益処分に重大な制約を受けるし、また、私見によれば、留置権者は目的物を競売し売却代金などから弁済（場合により優先弁済）を受けることができるからである（本書四八頁以下、五三頁以下参照）。

それゆえ、Bは、善意取得の要件を具備する場合に限り、すなわち、Aが時計について修理に出す権限を有すると無過失で信じた場合に限り、修理代金債権を被担保債権とする留置権を取得すると解すべきである。(1)(2)(3) 前述したように、スイス民法八九五条三項も Retentionsrecht の善意取得を認めている（本書一八頁参照）。なお、先取特権や質権、譲渡担保権についての善意取得の成立が動産の場合に限られていることに照らし、留置権についての善意取得の成立も動産の場合に限られると考えられる。

（1） 石田（穣）・二七七頁参照。薬師寺志光・留置権論一三一頁以下（昭和一〇年）、石田（文）・六六〇頁、高島・一一一頁以下、清水元「『留置権』概念の再構成」留置権概念の再構成一九〇頁（平成一〇年）も、留置権の善意取得を認める。

（2） Bは、A′の時計を修理し、必要費や有益費を支出したから、民法一九六条や同法七〇三条によりA′に対し費用の償還を請求することができる。それゆえ、Bは、修理代金債権を被担保債権とする留置権を善意取得しない場合であっても、右の費用償還請求権を被担保債権とする留置権を取得することができる。これについては、関武志「物に加えた費用の償還債務者と第三者の関係——請負ケースを中心に——」留置権の研究二四一頁以下（平成一三年）参照。

（3） AとBの間には双務契約関係があり、Bは、修理代金債権を被担保債権とする留置権を善意取得しない場合であっても同時履行の抗弁権を取得する。そして、私見によれば、Bは目的物を占有しているから第三者に対しても同時履行の抗弁権を主張することができるということになりそうである（本書二一頁参照）。しかし、Aは目的物について処分権限を有しないのであり、Bは、Aに対しては同時履行の抗弁権を主張することができるとしても、留置権の善意取得の要件を満たさない限り、すなわち、Aが時計について修理に出す権限を有すると無過失で信じた場合でない限り、A′に対しては同時履行の抗弁権を主張することができないと解すべきである。なぜなら、このように解さないと、留置権の成立を否定しても無意味であり、A′の利益が不当に害されるからである。

(ホ) Bが修理代金債権を取得した時点でAが時計の処分権限を有していなくとも、Aがその後処分権限を取得した場合、Bはその時点で留置権を取得すると解してよいであろう。

三 占有が不法行為によって始まったものでないこと

(1) 占有が不法行為によって始まったものでない限り、占有は直接占有であっても間接占有（一八一条）であってもよい。

(2) 占有が不法行為によって始まった場合、留置権は成立しない[1]（二九五条二項）。留置権は公平を基礎として成立する担保物権であり、占有が不法行為によって始まった場合に留置権の成立を認めるのは公平に反するからである。そこで、たとえば、物の盗人がその物に必要費や有益費を支出しても留置権は成立しない。

（1）　同時履行の抗弁権についても同様に解すべきである（同旨、道垣内・二四頁）。判例は、第三者の詐欺により売主が売買契約を締結するのを知っていた買主であっても、売主により売買契約が取り消された場合に登記の抹消あるいは移転登記と代金返還の同時履行の抗弁権を行使することができるとする（最判昭四七・九・七民集二六巻七号一三二七頁）。

(3)　(イ)　一般に、不法行為とは民法七〇九条の不法行為＝故意過失による不法行為と同義であると解されている。

(ロ)　しかし、占有が単なる過失による不法行為で始まった場合、留置権の成立を否定するのは妥当でない。たとえば、過失により他人の傘を自己の傘と誤信して持ち帰りこれに必要な修繕を加えた場合、占有者の留置権の成立を否定するのは公平に反する。傘の所有者は、留置権が成立すれば占有者の支出した費用を弁済しない限り傘を使用することができなくなるが、しかし、他方、占有者の支出した費用に関し必要費または有益費として償還する義務を負っており（一九六条）、傘を使用したいのであれば本来果たすべき義務を履行すればよいのである。傘の所有者は、留置権が成立するとしても、主として本来果たすべき義務の履行を促されるだけであり、必ずしも不当な不利益を受けるわけではないのである。これに対し、占有者は、傘を返却してしまった場合、費用の償還を受けるのは必ずしも容易ではない。そうだとすれば、占有者の不法行為が過失による不法行為であって不法性が小さいことも考慮し、留置権の成立を認めるのが公平に合致する。

以上により、不法行為とは故意による不法行為を指すと解するのが妥当である。結局、占有が故意による不法行為で始まった場合、留置権は成立しないのである(1)(2)(3)。

（1）　起草者は、民法二九五条二項はことさらに留置権をえるために不当な方法で占有する、欺いて債務者の手から不法に占有を取得するという場合に留置権は生じないという趣旨を定めた規定であると説明している（民法議事速記録一二巻八三頁以下）。

（2）　ドイツ民法も、留置権と似た制度である Zurückbehaltungsrecht は、目的物の返還義務を負う者が目的物に費用を支出したり目的物から損害を受けても故意による不法行為によって目的物を占有した場合（ドイツ民法二七三条二項但書）や目的物の占有者が目的物に費用を支出しても故意による不法行為によって目的物を占有した場合（ドイツ民法一〇〇〇条後段）には発生しないと規定している。そして、その理由として、過失による不法行為の場合に Zurückbehaltungsrecht を否定するのは、一種の罰であり、過酷であって妥当でない、とされている（Motive zu dem Entwurfe eines Bürgerlichen Gesetzbuches für das Deutsche Reich, Bd. II 1888, S. 44）。

（3） 判例コメ四九頁（三藤邦彦執筆）は、民法二九五条二項は占有者が無権原であることを知りながら占有を開始した場合に適用されるとする。四宮和夫「判例評釈」法協九〇巻六号八二頁以下（昭和四八年）は、民法二九五条二項は占有者が無権原で占有を開始し出費時に悪意である場合に適用されるとする。柚木＝高木・二八頁は、無権原であることを過失で知らない占有者は留置権を否定されないとする。

(4) (イ) 民法一九六条は、悪意の占有者であっても留置権を有し、ただ有益費については、裁判所は期限を許与することができる、すなわち、留置権が成立しないこともあると規定しているように見える（裁判所が期限を許与すれば、被担保債権の弁済期が到来せず、留置権は成立しない（本書四三頁参照））。悪意の占有者とは、占有権原を有しないことを知っている占有者であり、不法行為者である。そうだとすれば、占有が不法行為によって始まったものでないという民法二九五条二項の留置権の成立要件と同法一九六条はどのように関係するのであろうか。[1]

（1） この問題については、小川保弘「民法二九五条二項と同一九六条二項との関係について」物権法研究一三二頁以下（昭和六〇年）、土屋良一「不法占有と民法第二九五条二項の類推適用」森泉章教授還暦記念論集（現代判例民法学の課題）三五九頁以下（昭和六三年）、関武志「民法二九五条二項の適用による第三者の制限」留置権の研究四六七頁以下（平成一三年）参照。

(ロ) これについては、占有が不法行為で始まった場合には留置権は成立しないが、はじめ適法だった占有が途中から不法になった場合には民法一九六条の問題になるとする見解が有力に主張されている。[1] これに対し、民法一九六条二項は留置権とは無関係に裁判所による有益費償還請求権の期限許与を定めた規定であり、はじめ適法だった占有が途中から不法になった場合には民法二九五条二項が類推適用されるという見解も同様に有力に主張されている。[2] 判例は、後者の立場に立ち、買主が建物の売買契約の解除後に占有権原がないのを知りながら必要費や有益費を支出しても民法二九五条二項の類推により留置権は生じないとし（最判昭四一・三・三民集二〇巻三号三八六頁）、農地買収・売渡処分が買収計画取消判決の確定により当初に遡って無効になった場合で被売渡人（国から買収に係る農地を売り渡された者）から土地を買った者が土地に有益費を支出しても買収・売渡処分が効力を失うことがあることにつき過失があれば民法二九五条二項の類推により留置権は生じないとしている（最判昭五一・六・一七民集三〇巻六号六一六頁）。

（1）　判例コメ四五頁以下（三藤邦彦執筆）、四宮和夫「判例評釈」法協九〇巻六号八二頁以下（昭和四八年）、鈴木・四二七頁。近江・三一頁は、同旨だが、占有者に著しい不信行為があれば民法二九五条二項が類推適用されるとする。我妻・三六頁も参照。

（2）　薬師寺志光・留置権論九一頁（昭和一〇年）、小川保弘「民法二九五条二項と同一九六条二項との関係について」物権法研究一五七頁以下（昭和六〇年）、川井・二四三頁、高橋・二三頁以下、道垣内・二五頁以下、松尾＝古積・二六二頁、山野目・二〇三頁。

(ハ)　(a)　民法二九五条二項と同法一九六条の関係についての起草者の見解は明確でない。[1] すなわち、起草委員穂積陳重は、一方で、民法一九六条二項但書について留置権に関する規定であるかのように説明しているが、[2] 他方で、占有者の費用償還請求権に関する留置権については民法二九五条の一般原則によるとし、この一般原則によれば悪意の占有者は留置権を有しないと説明している。[3]

以上のように、民法二九五条二項と同法一九六条の関係についての起草者の見解は明確でなく、問題の解決は学説・判例に任されているといってよいであろう。

（1）　民法二九五条二項と同法一九六条の関係についての起草者の見解に関しては、小川保弘「民法二九五条二項と同一九六条二項との関係について」物権法研究一四九頁以下（昭和六〇年）、関武志「民法二九五条二項の適用による第三者の制限」留置権の研究四八九頁以下（平成一三年）参照。

（2）　民法整理会議事速記録三巻四一頁。

（3）　民法整理会議事速記録三巻四三頁。

(b)　(α)　民法一九六条ははじめ適法だった占有が途中から不法になった場合の規定であるとする見解によれば、有益費については裁判所による期限許与により留置権の成立が否定されることもあるが、必要費については常に留置権の成立が認められることになる。しかし、途中から不法になった場合であっても、占有者が目的物を返還しなければならないのを知りながら返還しないまま必要費を支出した場合には原則として留置権を認める必要はないと思われる。故意の不法行為により目的物の占有を始めた者は必要費について留置権を有しないのであるが、途中から不法になった場合であっても、目的物を返還しなければならないのを知りつつ返還しないまま必要費を支出した者は、原則として故意の不法行為により占有を始めた者に匹敵する不法性を有し、留置権を認める必要はないと解すべきである。例外として、たとえば、占有者が目的物を返還しなければならないのを知りこれを返還しようとしたが、所有者が長期の海外旅行中で返還することができないでいる間に必要費を支出したような場合、故意による不法行為で占有を始めた者のような強い不法性はなく、留置権の成立を認めるのが妥当である。

(β) 民法二九五条二項ははじめ適法だった占有が途中から不法になった場合に類推適用されるとする見解については、占有者が途中から過失による不法行為で占有する場合にも民法二九五条二項が類推適用されるとしており、妥当でない。前に述べたように民法二九五条二項は故意による不法行為で占有が始まった場合の規定であり、途中から不法になった場合にはこれに匹敵する程度の不法性がある場合にのみ留置権の成立が否定されるべきである。

(c) 以上の検討により、私見としては次のように考える。

第一に、民法一九六条二項但書は、留置権とは別に有益費償還請求権の履行期限について定めた規定である。

第二に、占有が故意の不法行為で始まった場合には民法二九五条二項により留置権は生じないが、はじめ適法だった占有が途中から不法になった場合であっても、占有者が目的物を返還しなければならないのを知りながらこれを返還しないまま必要費や有益費を支出した場合には、占有が故意による不法行為で始まった場合と同じような不法性を有するから、民法二九五条二項の類推により留置権は原則として生じない(1)。もっとも、占有者が目的物を返還しなければならないのを知りながら必要費や有益費を支出した場合であっても、占有が故意の不法行為で始まった場合のような不法性がない場合には留置権が発生する。

以上によれば、占有が故意の不法行為で始まった場合や途中から不法になった場合であっても占有が故意の不法行為で始まった場合に匹敵するような不法性がある場合、留置権は生じない。したがって、この場合、裁判所が有益費償還請求権の期限を許与するのは留置権の成否とは関係がない。他方、占有が途中から不法になったが故意の不法行為に匹敵する不法性がない場合、原則として留置権が生じるが、裁判所が有益費償還請求権について期限を許与すれば留置権は生じない。

（1）　平野・三四八頁参照。

(5)　(イ)　留置権の行使としての占有は適法な占有である。それゆえ、寄託契約の終了後に受寄者が未払保管料債権を被担保債権として留置権を行使している場合、その間に生じた必要費などについても当然留置権が発生する（大判昭九・六・二七民集一三巻一一八六頁）。

(ロ)　占有が故意の不法行為で始まったものでなく、また、途中から不法になっても占有が故意の不法行為で始まった場合に匹敵する不法性がない場合、不法行為中に目的物に関して債権が生じれば留置権が発生する。この場合、留置権の発生後の占有は適法であるから、不法な占有がその時から適法な占有に変わるということになるであろう。これは、債務者が目的物に関して弁済期の到来した債務を負担しながらそれを履行しないということから生じるのであり、不当であるとはいえない。

四　目的物＝占有物に関して債権が生じたこと（牽連性）

(1)　目的物に関して債権が生じた場合でなければ留置権は発生しない。これが目的物と被担保債権の間の牽連性あるいは牽連関係といわれるものである。

(2) (イ) 一般に、牽連性があるというためには、(i)被担保債権が目的物自体から生じたこと、あるいは、(ii)被担保債権が目的物の返還請求権と同一の法律関係または同一の生活関係から生じたこと、が必要であるとされている。[(1)] そして、(i)被担保債権が目的物自体から生じたこととは、目的物に支出された必要費や有益費の費用償還請求権、目的物から受けた損害の賠償請求権を指し、(ii)被担保債権が目的物の返還請求権と同一の法律関係または同一の生活関係から生じたこととは、たとえば、BがAの委託によりAの時計を修理し修理代金債権が発生した場合や二人の者が互いに傘を取り違えて持ち帰った場合などを指すとされている。

(1) 牽連性については、各国においても似たような表現がされている。

フランスでは、牽連性(connexité)に関し、フランス民法二二八六条一項が、ある債権の支払いまでという約束で物の交付を受けた場合(connexité conventionnelle)、ある物を引き渡す債務を負担させる契約から生じた債権の支払いを受けていない場合(connexité juridique)、ある物の保管に際して生じた債権の支払いを受けていない場合(connexité matérielle)に留置権が成立すると規定している(Legeais, n°s 695 et s. ; Aynès-Crocq, n° 447)。

ドイツでは、牽連性(Konnexität)は、債務者が彼に債務を生じさせたのと同一の法律関係から債権者に対して請求権を有する場合に存在するとされている(ドイツ民法二七三条一項)。そして、二つの対立する請求権が一方だけの実現では信義則に反するような密接な自然的および経済的関連があれば、牽連性があるとされている(Staudinger, § 273 Nr. 38)。

スイスでは、牽連性(Konnexität)は、請求権の性質によれば目的物と関連性がある場合に存在するとされている(スイス民法八九五条一項)。これには二つの場合がある。その一つは、目的物の占有と請求権の間に目的物への費用の支出による償還請求権のように密接な直接的な関連がある場合であり(Kommentar zum Schweizerischen Privatrecht, § 895 Nr. 41)、他の一つは、請求権が占有が生じたのと同一の法的あるいは事実的関連から生じた場合である(Kommentar zum Schweizerischen Privatrecht, § 895 Nr. 42)。

(ロ) これに対し、一般的見解のいう牽連性の規準は明確でないとし、これに代わる新たな規準を提唱する見解もある。たとえば、被担保債権が目的物の価値または反価値の変容物である場合に牽連性があるとする見解がその代表的なものである[1]。

（1）　道垣内・二〇頁以下。

(ハ)　(a)　被担保債権と目的物の返還請求権という二つの対立する請求権の間に一般的見解の主張するような密接な関連がある場合、二つの請求権は同時に実現されるのが公平に合致する。たとえば、他人の物の占有者が目的物に必要費や有益費を支出した場合、目的物の引渡しが先履行であるとすれば、占有者はいつ必要費や有益費の支払いを受けることができるか分からず大きな不利益を受ける。他方、目的物の所有者は、必要費や有益費の償還義務を負っているのであり、目的物の引渡しと引換えに必要費や有益費を支払わなければならないとしても不当に害されない。それゆえ、目的物の引渡請求権と費用償還請求権は同じように扱われるべきであって、一方の請求権が先に実現されるというのは公平に反する。同様に、AとBの有する二つの請求権が同一の法律関係から生じた場合、Aが先に履行をしなければならないとすれば、Aは自己の請求権につきいつ履行を受けることができるか分からないという大きな不利益を負担する。他方、BもAに対し履行義務を負っているのであり、Aの履行と引換えに履行しなければならないとしても不当に害されない。それゆえ、二つの請求権は同じように扱われるべきであって、一方の請求権が先に実現されるというのは公平に反する。

これに対し、二つの請求権の間に一般的見解のいうような密接な関連がない場合、二つの請求権が同じように扱われるべきであるとは必ずしもいえない。たとえば、不動産の質権者（私見によれば、質権者は登記により質権を取得するが（本書二一六頁以下参照）、以下、便宜上、未登記であっても質権者という）が目的物の引渡しを受けたが質権につき未登記のケースで目的物が第三者に譲渡された場合、質権者は第三者に対し質権の被担保債権を被担保債権とする留置権を主張することができない（最判昭三一・八・三〇裁判集民二三号三一頁）。この場合、質権の被担保債権は質権者と質権設定者の契約から生じ、第三者の目的物引渡請求権は第三者と質権設定者の契約および質権者の目的物の占有から生じたから、二つの請求権が同一の法律関係から生じたとはいえない。この場合に留置権の成立

を認めれば、質権者は実質上登記なしに質権を第三者に主張することができるという不都合が生じ、妥当でない。(1)

（1）　私見によれば、質権者は目的物を占有しているから、第三者には質権者の占有権原につき調査義務があり、原則として質権者の質権設定請求権（登記は質権の成立要件）につき悪意者として扱われる（石田（穣）・二二三頁参照）。そこで、質権者は、目的物の譲渡人において第三者の目的物の取得により質権者が害されるのを知っていれば（譲渡人はほとんどの場合に知っている）、質権設定請求権に基づき第三者の所有権のうち質権と両立しない部分を否認し、登記を備えれば第三者に対し質権を主張することができる（石田（穣）・二一七頁参照）。しかし、私見によっても、質権者が常に質権を取得することができるとは限らないのである。

(b)　以上により、比較法的にも広く認められている一般的見解が妥当である（なお、「同一の生活関係」は「同一の法律関係」に包含されると考える）。一般的見解に対する前記の批判説は、被担保債権が目的物の反価値の変容物である場合に牽連性があるとする点において難解であり、また、右の批判説によっても牽連性の規準が一義的に明確になるわけではない。もっとも、一般的見解によっても、それだけで牽連性の規準が一義的に明確になるわけではなく、牽連性に関しては、どのような場合にこれが認められるかを具体的に考察し類型化することが大切である。(1)

（1）　ドイツの判例も類型化によって牽連性の内容を明らかにしているといわれる（Münchener Kommentar, § 273 Nr. 13）。

(3)　牽連性に関しては、一般的見解を前提としつつ、以下のように類型化することが有益であろう。

(イ)　目的物に関し契約関係やこれに準じる関係がない場合　これは、さらに、占有者が目的物に必要費や有益費を支出した場合と占有者が目的物から損害を受けた場合の二つに分けられる。

(a)　占有者が目的物に必要費や有益費を支出した場合　たとえば、他人の傘を自己の傘と誤信して持ち帰った者がその傘に必要費や有益費を支出した場合である。この場合、占有者は費用償還請求権を取得し（一九六条）、傘に関しこの費用償還請求権を被担保債権とする留置権が発生する。

(b)　占有者が目的物から損害を受けた場合　たとえば、Aの庭石がAの不注意によりBの庭に落下しBの花壇が損傷を受けた場合、Bは損害賠償請求権を取得し（七〇九条）、庭石に関しこの損害賠償請求権を被担保債権とする留置権が発生する。

(ロ) 目的物に関し契約関係やこれに準じる関係がある場合

(a) 目的物に関し契約関係がある場合　これには種々の場合があるが、ここでは主として売買と賃貸借を取り上げる。

(α) 売　買

(i) 一般に、売買の目的物と代金債権の間には牽連性があるとされる（最判昭四七・一一・一六民集二六巻九号一六一九頁）。たとえば、売主は買主が代金を弁済するまで留置権に基づき目的物を留置することができるとされる。

私見によれば、登記や引渡しは物権変動の対抗要件ではなく効力要件である(1)。それゆえ、動産については、売主が目的物を引き渡さない限り所有権は移転せず、目的物は他人の物でないから留置権は成立しない（留置権の他物権性。本書二五頁参照）。この場合、同時履行の抗弁権のみが成立する。他方、不動産については、登記が移転されていれば所有権も移転しており、この場合には目的物は他人の物であるから留置権が成立する。

(1) 石田(穣)・一三七頁参照。

(ii) 判例によれば、AがBとCに目的物（不動産）を二重に譲渡し、Bは目的物の引渡しを受けたがCが先に登記を備えた場合、Cが目的物の所有者になり、BはAに対し履行不能による損害賠償請求権を取得するが、目的物と損害賠償請求権の間に牽連性はなく、Bはこの損害賠償請求権を被担保債権とする留置権を取得しないとされる（最判昭四三・一一・二一民集二二巻一二号二七六五頁）。しかし、BのAに対する損害賠償請求権とCのBに対する明渡請求権は、基本的にAのCに対する目的物の譲渡および登記の移転という同一の法律関係から生じており、目的物と損害賠償請求権の間に牽連性がないというのは無理である。

私見によれば、この場合、BのAに対する損害賠償請求権はAがCに目的物の所有権を移転したから発生するのであり、損害賠償請求権が発生する時点で目的物はAの物でなくCの物であってAには処分権限がなく、BのAに対する損害賠償請求権を被担保債権とする留置権は成立しないと解される(1)(2)(3)（本書二五頁以下参照。不動産については、留置権の善意取得も成立しない（本書二六頁以下参照））。

（1）　同旨、薬師寺志光・留置権（総合判例研究叢書民法⒆）二三頁以下（昭和三八年）。

（2）　この場合、BはAに対し留置権を有するが、これをCに対して主張できないとする見解もある（道垣内・二九頁）。しかし、AはBに対し目的物の引渡請求権を有しないのであり、BのAに対する留置権は問題にならない（成立しない）というべきである（同旨、高木多喜男・担保物権法（三版）二七頁（平成一四年））。

（3）　不動産の質権者（登記をすれば質権者になる者）が目的物の引渡しを受けたが質権につき未登記のケースで目的物が第三者に譲渡された場合、質権者は第三者に対し質権の被担保債権（貸金債権）を被担保債権とする留置権を主張することができないとされる（最判昭三一・八・三〇裁判集民二三号三一頁。本書三一四頁参照）。この場合、留置権の被担保債権が質権設定契約の履行不能に基づく損害賠償請求権であるとすれば、損害賠償請求権は第三者が目的物の所有権を取得したために生じたから、損害賠償請求権が発生する時点で質権設定者に目的物の処分権限がなく、留置権は発生しない。

(iii)　判例によれば、AがA'の不動産をBに売り渡しBがこれを占有する場合、A'が同意しない限りBはAに対し履行不能による損害賠償請求権を取得するが、目的物と損害賠償請求権の間に牽連性はなく、Bはこの損害賠償請求権を被担保債権とする留置権を取得しないとされる（最判昭五一・六・一七民集三〇巻六号六一六頁）。しかし、BのAに対する損害賠償請求権とA'のBに対する返還請求権は、AがA'の同意をえないでBに目的物を譲渡したという同一の法律関係から生じており、目的物とBのAに対する損害賠償請求権の間に牽連性がないというのは無理である。

私見によれば、この場合、Aは目的物の処分権限を有せず、BのAに対する損害賠償請求権を被担保債権とする留置権は成立しないと解される（本書二五頁以下参照）。

(β)　賃貸借

(i)　賃借物と賃借人の有する必要費、有益費の費用償還請求権（六〇八条）の間には牽連性がある（大判昭一四・四・二八民集一八巻四八四頁、最判昭三三・三・一三民集一二巻三号五二四頁）。

(ii)　(i)′　一般に、借地上の建物の所有者Aがその建物につき買取請求権を行使した場合（借地借家一三条・一四条）、Aと地主の間に建物の売買契約が成立し、建物と代金債権の間には牽連性があるからAは建物につき代金債権を被担保債権とする留置権を取得するとされる（大判昭一四・八・二四民集一八巻八七七頁、同判昭一八・二・一八民集二二巻九一頁）。私見によれば、建物の登記が移転されるまで建物の所有権はAにとどまるから、Aは、登記移転までは同時履行の抗弁権、登記移転後は留置権を取得すると解される（留置権の他物権性。本書二五頁参照）。

(ii)′　問題は、Aが建物の留置権を行使する場合、Aは敷地である借地の使用を継続することができるかである。一般に、Aが借地の使用を継続できなければ建物につき留置権を認めても無意味であるからAは借地の使用を継続することができるとし、ただAは借地の使用利益に相応する借地使用料を不当利得として地主に償還しなければならないとされている（大判昭一八・二・一八民集二二巻九一頁は、Aは建物の留置権行使の反射的効果として借地の使用を継続できるが、借地の使用利益を不当利得するとする）。

しかし、Aは建物の留置権の行使により借地の使用を継続することができるのであれば、借地の使用は建物の留置権の行使という法律上の原因に起因する正当な使用であり、借地の使用利益を法律上の原因なく不当利得したとはいえないというべきである。

Aは、建物につき留置権を有し、建物の保存のために建物の使用を継続することができる（二九八条二項但書）。それゆえ、Aは、建物の使用に不可欠な借地の使用も継続することができると解すべきである。この場合、Aは建物につき民法二九八条二項但書により使用権を法律上取得し、この使用権の行使に不可欠な借地の使用権も法律上取得すると考えられる。これらの法定の使用権は、留置権の成立とともに成立し、留置権の消滅とともに消滅する。また、この法定の使用権は、当然、無償ではなく、有償であり、Aは使用料を支払わなければならない。使用料の額は、賃料相当額である。

右のように解せば、Aは、建物につき留置権を行使し法定の使用権に基づき借地を使用する場合、その使用料を支払わなければならない。したがって、これは、借地の使用利益に相応する借地使用料の不当利得による償還ではなく、法定の使用権の使用料の支払いである。

以上の場合、建物の留置権の効力は借地にも及ぶとも考えられるが、建物の留置権の効力が借地にも及ぶとすれば、留置権者は建物と借地の双方を競売することができることになり(民執一九五条)、妥当でない。なお、留置権者が建物を競売した場合、民法三八八条を類推し、法定地上権が発生すると解してよいであろう。

(iii) (i)′ 一般に、借家人が借家に取り付けた造作につき買取請求権を行使した場合(借地借家三三条)、借家人と家主の間に造作の売買契約が成立し、造作と代金債権の間には牽連性があるから借家人は造作につき代金債権を被担保債権とする留置権を取得するとされる(大判昭六・一・一七民集一〇巻六頁、最判昭二九・一・一四民集八巻一号一六頁)。私見によれば、造作が引き渡されるまで造作の所有権は借家人にとどまるから、借家人は、同時履行の抗弁権を取得すると解される(留置権の他物権性。本書二五頁参照)。

(ii)′ 問題は、借家人が造作の留置権を行使する場合(私見によれば、借家人が同時履行の抗弁権を行使する場合)、借家人は借家の使用を継続することができるかである。学説は、一般に、借家人が借家の使用を継続することができなければ造作につき留置権を認めてもあまり意味がないから借家人は借家の使用を継続することができるとし、ただ借家人は借家の使用利益に相応する借家使用料を不当利得として家主に償還しなければならないとするが、判例は、借家人は借家の使用を継続することができないとする(大判昭六・一・一七民集一〇巻六頁、最判昭二九・一・一四民集八巻一号一六頁)。

私見によれば、借家人は、造作につき同時履行の抗弁権を有する場合、民法二九八条二項但書を類推し、留置権の場合と同様、造作に関し保存のために必要な法定の使用権を取得すると解される。そして、借家人は、造作についての法定の使用権を行使するために不可欠の借家の使用権も法律上取得すると考えられる(以上につき、右の(ii)(ii)参照)。そこで、借家人は、この法定の借家の使用権を行使する場合、その使用料を支払わなければならない。したがって、これは借家の使用利益に相応する借家使用料の不当利得による償還ではない(1)。

(1)　通説のように造作につき留置権が成立すると解する場合、造作についての留置権の効力は借家にも及ぶとも考えられるが、しかし、造作についての留置権の効力が借家にも及ぶとすれば、留置権者は造作と借家の双方を競売することができることになり、妥当でない。

(iv)　判例は、AがBに不動産を賃貸したがBは賃借権を第三者に主張できない場合、AがCに目的物を譲渡すればBはAに対し履行不能による損害賠償請求権を取得するが、目的物と損害賠償請求権の間に牽連性がなく、Bはこの損害賠償請求権を被担保債権とする留置権を取得することができないとする（大判大九・一〇・一六民録二六輯一五三〇頁）。しかし、BのAに対する損害賠償請求権とCのBに対する明渡請求権は、基本的にAのCに対する目的物の譲渡という同一の法律関係から生じており、目的物と損害賠償請求権の間に牽連性がないというのは無理である。

私見によれば、この場合、BのAに対する損害賠償請求権はAがCに目的物を譲渡したことにより生じたから、Bの損害賠償請求権が発生した時点で目的物はAの物でなくCの物であってAには処分権限がなく、Bの損害賠償請求権を被担保債権とする留置権は発生しないと解される(1)（本書二五頁以下参照）。

(1)　私見によれば、Bは目的物を占有しているからCにはBの占有権原につき調査義務があり、Cは原則として悪意の第三者として扱われる。そこで、AにおいてCの所有権取得によりBが害されるのを知っていれば、Bは賃借権に基づきCの所有権のうち使用収益権能を否認し、Cに対し賃借権を主張することができる（以上につき、石田(穣)・二三頁、二一七頁参照）。それゆえ、私見によれば、原則としてBの留置権の問題はそもそも生じない。

(v)　一般に、BがAから土地を賃借したが借地権を第三者に主張することができる要件を欠いていたところAがこの土地をCに譲渡した場合、Bは借地権がこの土地に関して生じた債権であるとして留置権を取得することはできないとされる（大判大一一・八・二一民集一巻四九八頁）。この場合、Bの賃借権はBとAの間の賃貸借契約から生じたものであり、CのBに対する明渡請求権はCとAの間の譲渡契約およびBの目的物の占有から生じたものであるから、両者は目的物に関し同一の法律関係から生じたものではない。それゆえ、Bが借地権を被担保債権とする留置権を取得することができないのは当然である。[1]

（1） 前述したように（右の(iv)の注（1）参照）、私見によれば、Bは原則としてCに対し借地権を主張することができ、原則としてBの留置権の問題はそもそも生じない。

(γ) その他

(i) 判例によれば、BがAから譲渡担保として提供された目的物を不当にCに譲渡し、その後転々譲渡された目的物をXが取得した場合、AはBに対し損害賠償請求権を取得するが、目的物と損害賠償請求権の間に牽連性はなく、Aはこの損害賠償請求権を被担保債権とする留置権を取得することができないとされる（最判昭三四・九・三民集一三巻一一号一三五七頁）。しかし、AのBに対する損害賠償請求権とXのAに対する明渡請求権は、基本的にはBのCに対する目的物の譲渡という同一の法律関係から生じており、目的物と損害賠償請求権の間に牽連性がないというのは無理である。[1]

以下においては譲渡担保権に関する判例の信託的譲渡説を前提にした検討のみを行うにとどめるが（本書六七一頁以下参照）、信託的譲渡説によれば、目的物の所有権はAからBに移転しているところ、BはAに対しこれを第三者に譲渡しないという義務を負っている。そこで、Bが目的物をCに譲渡した場合、AはBに対し損害賠償請求権を取得する。しかし、AのBに対する損害賠償請求権はBがCに目的物を譲渡したから生じたのであり、Aの損害賠償請求権が生じた時にBは目的物の処分権限を有していないと考えられる。それゆえ、Aの損害賠償請求権を被担保債権とする留置権は、C、したがって、また、Xに対しても生じない。

（1） 柚木馨「判例批評」民商四一巻三号七六頁以下（昭和三五年）参照。

(ii) 判例によれば、AがBに対し目的物を仮登記担保に供した場合、目的物とAのBに対する清算金請求権の間には牽連性があり、Aは清算金請求権を被担保債権とする留置権を取得することができるとされる（最判昭五八・三・三一民集三七巻二号一五二頁）。

私見によれば、Aに所有権がとどまっている場合にはAは同時履行の抗弁権を、Bに所有権が移転した場合にはAは留置権を取得すると解される（留置権の他物権性。本書二五頁参照）。

(b)　目的物に関し契約に準じる関係がある場合

(α)　契約が締結され目的物が引き渡されたが契約が無効であったり取り消されたり解除された場合がこの典型例である。この場合、不当利得に関しては、締結された契約の趣旨に従い契約法理によって処理するというのが一般的傾向である。留置権に関しても契約法理に従って処理するのが妥当である。たとえば、売買契約が締結された場合、売主と買主の双方の権利は対価性が重視されその同時の実現がはかられているのであるから、売買契約が無効であった場合も、契約関係の清算として生じる売主と買主の双方の権利（返還請求権）は対価性が重視されその同時の実現がはかられるべきである。それゆえ、売買契約が無効であった場合、売主の目的物返還請求権と買主の代金返還請求権は、同一の法律関係、すなわち、売買契約の清算という対価性の重視される関係＝契約に準じる関係から生じたというべきである。したがって、目的物と買主の代金返還請求権の間には牽連性があり、買主は代金返還請求権を被担保債権とする留置権を取得すると解される。

(β)　AとBが互いに傘を取り違えて持ち帰った場合、自己の占有する傘と相手に対する傘の返還請求権の間には牽連性があり、AとBは互いに留置権を取得するとされる。(1) この場合、無効な双務契約（交換（五八六条））が有効であると誤信して履行された場合に準じて扱われる、すなわち、目的物に関し契約に準じる関係がある場合として扱われるのが妥当であろう。結局、AとBは、互いに、留置権を取得すると解される。

（1）　我妻・三二頁。

五　被担保債権が弁済期にあること

(1)　留置権は、被担保債権が弁済期になければ成立しない(1)。被担保債権が弁済期にないのに留置権が成立するとすれば、債務者は弁済期にない債権の弁済を余儀なくされ、妥当でないからである。それゆえ、被担保債権に期限を許与するのは、留置権を成立させないことを意味する（一九六条二項但書・二九九条二項但書・六〇八条二項但書）。なお、留置権を除く他の担保物権は、被担保債権が弁済期になくても期限付で成立する（本書二六七頁参照）。

（1）　賃借人は、賃借物に関して敷金返還請求権を有していても、賃借物の返還が先履行であり、敷金返還請求権を被担保債権とする留置権を取得することができないとされる（最判昭四九・九・二民集二八巻六号一一五二頁）。しかし、賃借人が賃借物を返還した後で敷金を取り戻すのは容易でない。それゆえ、公平上、敷金返還請求権は賃貸借の終了時に成立し、賃借人はこれを被担保債権とする留置権を取得すると解すべきである（石田穣・民法Ⅴ二二六頁以下（昭和五七年）参照。そこに引用の文献も参照）。この場合、賃借人は敷金が返還されるまで賃借物を保存のために使用することができ、賃貸人はその使用料と敷金返還債務を相殺するということになるであろう。

(2)　占有者が占有を継続する間に被担保債権の弁済期が到来した場合、その時点で留置権が成立すると解してよいであろう。もっとも、占有が故意による不法行為で始まった場合はもちろん（二九五条二項）、占有の継続が故意による不法行為で占有が始まった場合に匹敵する不法性を有すれば、留置権は成立しないと解すべきである。たとえば、当事者が債権の弁済期を一年後と定めたのに占有者が留置権の取得を目指し債務者による返還請求を無視して目的物の占有を継続し弁済期が到来した場合、留置権は成立しない。

第三節　留置権の効力

一　序

留置権は、主として留置権者が目的物を留置することによって債務者に被担保債権の弁済を促す担保物権であるが、場合により被担保債権の優先弁済受領権も伴う。そこで、以下においては、留置的効力を中心に説明するが、この外に、競売権、優先弁済受領権、果実からの優先弁済受領権、費用償還請求権、留置権者の義務についても説明する。

二　留置的効力

(1)　引換給付の判決

(イ)　留置権者は、被担保債権の弁済があるまで目的物を留置することができる。相手方が目的物の引渡しを訴求し留置権者が留置権を行使した場合、相手方の請求が全面的に排斥されるのではなく、留置権者は相手方による被担保債権の弁済と引換えに目的物を引き渡せという引換給付の判決となる（最判昭三三・三・一三民集一二巻三号五二四頁、同判昭三三・六・六民集一二巻九号一三八四頁など。ドイツ民法二七四条一項もZurückbehaltungsrechtにつき同じ(Erfüllung Zug um Zug)）。引換給付の判決によって留置権の目的は十分に達成されるからである。

(ロ)　弁論主義の建前上、裁判所が留置権者において留置権行使の主張をしないのに引換給付の判決をするのは許されない（最判昭二七・一一・二七民集六巻一〇号一〇六二頁）。

(2)　目的物の使用

(イ)　留置権者は、債務者の承諾がない限り目的物の保存に必要な使用のみを行うことができる（二九八条二項）。目的物の保存に必要な使用の例としては、乗馬用の馬を乗馬に使用することがよく挙げられる。

(ロ)(a) 問題は、借家人が借家に必要費や有益費を支出し借家契約終了後に費用償還請求権を被担保債権とする留置権の行使として借家の居住を継続した場合、あるいは、借地人が借地に必要費や有益費を支出し借地契約終了後に費用償還請求権を被担保債権とする留置権の行使として借地の使用を継続した場合である。

(b) 学説は、一般に、借家人や借地人による借家や借地の使用の継続を認めなければ留置権が無意味になるとし、これを肯定する。判例は、借家のケースにつき、はじめ借家人の居住を認めなかったが（大判昭五・九・三〇新聞三一九五号一四頁）、その後、保存に必要な使用としてこれを認めた（大判昭一〇・五・一三民集一四巻八七六頁、最判昭四七・三・三〇判時六六五号五一頁）。

(c) 借家人や借地人が借家や借地の使用を継続するのは、借家や借地の最も適切な保存行為といえる。借家人や借地人が借家や借地を使用しない場合、借家や借地は傷んでその価値を減少させるおそれがあるからである。それゆえ、借家人や借地人が借家や借地の使用を継続するのは保存に必要な使用に該当すると解するのが妥当である。

(d) 借家や借地を第三者に賃貸していた借家人や借地人が留置権の行使後も従来通り借家や借地を賃貸し続けるのは許されないと解すべきである（大判昭一〇・一二・二四新聞三九三九号一七頁）。借家人や借地人は家主や地主の承諾をえて第三者に賃貸していたとしても、その承諾は借家契約や借地契約の存続を前提としていると考えられ、借家人や借地人が留置権の行使後も第三者に賃貸し続けるのは家主や地主の承諾のない賃貸に該当すると解すべきである。そこで、家主や地主は、借家人や借地人に対し相当期間を定めて賃貸の継続をやめるように催告し、借家人や借地人が応じなければ留置権の消滅を請求することができると解してよいであろう（二九八条二項本文三項。本書六二頁参照）。したがって、借家人や借地人は、留置権を行使する場合、第三者との賃貸借関係を解消し、自ら保存に必要な使用をしなければならない[1]。

（1） 我妻・三九頁、道垣内・三四頁参照。

(e) 借地権者や借地上の建物の譲受人が借地上の建物の買取請求権を行使した場合（借地借家一三条・一四条）、借地権者や建物譲受人は建物に関し代金債権を被担保債権とする留置権を取得し、借地を使用することができるとされる（大判昭一一・五・二六民集一五巻九九八頁（建物譲受人について）、最判昭三五・九・二〇民集一四巻一一号二二二七頁（建物譲受人について））。

私見によれば、この場合、借地権者や建物譲受人は、建物の登記が移転されれば建物の代金債権につき建物に対し留置権を取得する。そして、借地権者や建物譲受人は、建物につき民法二九八条二項但書により建物の保存に必要な使用権を法律上取得し、この使用権の行使に不可欠な借地の使用権も法律上取得すると考えられる。それゆえ、借地権者や建物譲受人は、この法定の使用権に基づき借地を使用することができると解される（以上につき、本書三八頁参照）。

(f)　一般に、借家人や借地人は、留置権に基づき借家や借地の使用を継続する場合、借家や借地の使用利益を不当利得（七〇三条）するとされている[1]（大判昭一三・四・一九民集一七巻七五八頁、同判昭一五・一一・一八新聞四五二八号九頁、最判昭三五・九・二〇民集一四巻一一号二二二七頁など）。

しかし、借家人や借地人は留置権による保存に必要な使用（二九八条二項但書）という法律上の原因に基づき借家や借地の使用を継続するのであり、借家や借地の使用利益を法律上の原因なく不当利得しているとはいえない。それゆえ、前に述べたように、借家人や借地人は、留置権の成立とともに借家や借地に対する有償の使用権を法律上取得し、この法定の使用権の使用料（賃料相当額）を家主や地主に支払わなければならないと解すべきである（本書三八頁以下参照）。

(1)　この問題については、白羽祐三「留置権・同時履行の抗弁権と不当利得」谷口知平教授還暦記念（不当利得・事務管理の研究）(1)九七頁以下（昭和四五年）参照。

(ハ)　判例は、木造帆船の買主が売買契約の解除により代金返還請求権を被担保債権とする留置権を取得し、従来通り遠距離の運送業務に使用して運送賃をえていた場合、保存に必要な使用の限度を超えているとする（最判昭三〇・三・四民集九巻三号二二九頁）。

この場合、本件の木造帆船は二〇トンを超える船舶であり（商六八六条）、解除に関し間接効果説をとる私見によれば[1]、買主が売主に登記を移転すれば木造帆船の所有権は売主に復帰し（商六八七条）、買主は留置権を取得する（留置権の他物権性。本書二五頁参照）。

本件においては、買主は売主に登記を移転していず、それゆえ、買主は同時履行の抗弁権を有することになるが、かりに本件が留置権の問題であるとする場合、危険を伴う遠距離の運送業務という従前通りの木造帆船の使用は保存に必要な使用の限度を超えているといわざるをえないであろう。それゆえ、売主は、相当期間を定めて遠距離の運送業務をやめるように催告し、買主が応じなければ留置権の消滅を請求することができると解すべきである（本書六二頁参照）。

（1） 石田（穣）・二二一頁以下参照。

(3) 留置権と第三者

(イ) (a) 留置権は、物権であり、これを第三者に対しても主張することができる[1]（最判昭四七・一一・一六民集二六巻九号一六一九頁）。たとえば、土地の占有者Bがこの土地に必要費や有益費を支出し費用償還請求権を被担保債権とする留置権を取得した場合、その後土地の所有者Aがこの土地を第三者Cに譲渡しても、BはCに対し留置権を行使することができる。

（1） 留置権の物権的性質については、清水元「『留置権』概念の再構成」留置権概念の再構成一六六頁以下（平成一〇年）、関武志「留置権の対抗領域に関する解明の試み」留置権の研究一七九頁以下（平成一三年）参照。

(b) 右の場合、CはBに対しこの土地の法定の使用権の使用料支払請求権を有するが（一般的見解によれば、土地の使用利益に相応する使用料の不当利得償還請求権）、Cはこの使用料支払請求権によって被担保債権と相殺をすることができるであろうか。判例は、Cが競落人（買受人）である場合につき、Cは被担保債権を弁済する責めに任じるから（旧民訴六四九条三項。民執五九条四項）、不当利得償還請求権によって被担保債権と相殺することができるとしたことがある（大判昭一三・四・一九民集一七巻七五八頁）。Cは、被担保債権につき弁済する利益を有するから（四七四条。第三者弁済）、弁済に準じて相殺をすることができると解してよいであろう。[1]

（1） Cは、Bに対し、目的物の価額を限度とする物的責任を負担し、この責任と不当利得償還請求権を相殺することができるという見解もある（我妻・四一頁以下）。しかし、私見のように解する方が簡明であろう。

(ロ) (a) 前に述べたように、留置権の善意取得の場合を除き、BがAに対しA′の物に関して債権を有しても、Bは

AがA′の物につき処分権限を有しない限り留置権を取得しない（本書二二五頁以下参照）。

(b)　A′の土地を不法に占有したAがこの土地上に建物を建てBにこの建物の修理を委託した場合、Bは、建物につき修理代金を被担保債権とする留置権を取得するが、土地を使用することはできない。なぜなら、Aは土地を占有する権原を有しないから、Bは、留置権による建物の法定の使用権を取得するとしてもAの占有権原を援用することができず、A′に対し建物から退去して土地を明け渡す義務を負うからである。これは、Aから当該建物を借り受けた借家人がAの占有権原を援用することができず、A′に対し建物から退去して土地を明け渡す義務を負うのと同じである。

(c)　借地上のAの建物の賃借人Bがその建物につき工事をし工事費用の償還請求権を被担保債権とする留置権を取得した場合、借地契約終了後にBは土地を使用することができるであろうか。判例は、これを否定する（最判昭四四・一一・六判時五七九号五二頁）。

Bは、借地契約が存在すれば、借家人としての地位に基づき借地契約を援用し土地を使用することができる。同様に、Bは、借家人としての地位を失っても借地契約が存続していれば建物に対する留置権による建物の法定の使用権に基づき借地契約を援用することができると解してよいであろう。それゆえ、借地契約が終了すれば、Bは、借家人としての地位に基づく場合はもちろん、留置権による建物の法定の使用権に基づいても借地契約を援用することができず、土地を使用することはできないと考えられる。

三　競　売　権

(1)　留置権者は、債務者が債権を弁済しない場合、目的物を競売することができる[(1)]（民執一九五条。形式的競売といわれる）。留置権者にいつまでも目的物を留置させておくことは、留置権者の負担になるからである。

（1）　登録された自動車の留置権による競売に関し、被担保債権が当該自動車に関して生じたことが主要事実として認定されている確定判決があれば、占有が主要事実として認定されていなくとも、それは民事執行法一八一条一項一号の「担保権の存在を証する確定判決」に当たるとされる（最決平一八・一〇・二七民集六〇巻八号三二三四頁）。

(2) (イ) 右の競売において配当手続きが行われるかどうかについては争いがある。肯定説は、配当手続きが行われるとするが、そこで留置権者がどのように扱われるのかは必ずしも明確でない(1)。これに対し、否定説は、売却代金や売得金は各債権者に配当されることなく留置権者に交付され、留置権者は被担保債権でもって債務者に対する右の金銭の返還債務と相殺することにより事実上の優先弁済を受けることができるとする(2)。

（1） 三ケ月章・民事執行法四六七頁以下（昭和五六年）。鈴木正裕「留置権小史」河合伸一判事退官・古稀記念（会社法・金融取引法の理論と実務）二二五頁（平成一四年）も、配当手続きが行われるとするが、これが解釈論として主張されているのか、それとも、立法論として主張されているのかは、必ずしも明確でない。

（2） 山川・二四頁以下、中野貞一郎・民事執行法（増補新訂五版）七四二頁（平成一八年）、高橋・二九頁、近江・三五頁、平野・三五三頁、道垣内・三七頁、松井・一五〇頁、松尾＝古積・二六四頁、山野目・二〇五頁、安永・四六〇頁以下。

(ロ) 肯定説は、配当手続きが行われるとする点において妥当である。配当手続きにより、留置権者を含むすべての利害関係人が公平に扱われるからである。否定説は、留置権者は事実上の優先弁済受領権を有するとするが、後述するように、留置権者が優先弁済受領権を有するかどうかは場合により異なると解すべきであり（本書五三頁以下参照）、事実上とはいえ一般的に優先弁済受領権を肯定するのは妥当でない。

四 優先弁済受領権

(1) 序

(イ) 留置権の優先弁済受領権についての実定法上の諸規定は、一定の原則に基づき統一的、整合的に定立されているとはいい難い。

すなわち、民法は、留置権について、被担保債権の弁済を受けるまで物を留置することができる権能であるとしとは規定していない。それゆえ、民法は、留置権は原則として優先弁済受領権を伴わないとしていると考えられる。破産法は、これを受けて、民法上の留置権＝民事留置権は破産において効力を失うと規定し（破六六条三項）、留置権者は一般の破産債権者として扱われるとしている。

しかし、他方、民事執行法五九条四項・一八八条は、不動産の競売の買受人は留置権の被担保債権を弁済しなければならないと規定している。この場合、買受人はまず第一に留置権の被担保債権を弁済して留置権を消滅させる必要に迫られるから、留置権が優先弁済受領権を伴うかのようである。また、民事執行法一二四条・一九〇条一項二号は、留置権の目的物である動産の差押えは留置権者が提出を拒まない場合や差押えを承諾する場合に限り行われると規定しているが、留置権者が提出を拒まなかったり差押えを承諾するのは被担保債権が弁済される場合であるから、留置権が優先弁済受領権を伴うかのようである。

さらに、国税徴収法二一条一項は、滞納処分の場合、留置権の被担保債権は国税債権や他の担保物権の被担保債権に優先して配当されると規定し、留置権は最優先の弁済受領権を伴うとしている。

以上のように、留置権の優先弁済受領権についての実定法上の諸規定は一貫して定立されているとはいい難く、これらの諸規定を一貫して矛盾なく適用するための努力は民法解釈学に課された重要な任務であるといわなければならない。

(ロ)　ここで参考になるのがドイツの学者のいう法律の衝突型欠缺 Kollisionslücke である。(1) これによれば、複数の法律の規定が矛盾している場合、そこには法律の欠缺、すなわち、衝突型欠歓が存在するというのである。そして、私見によれば、この欠缺はどちらか一方の規定の適用ないし類推適用によって補充されるべきである。このように解するのが実定法秩序に最も適合した補充の仕方であると考えられるからである。

（1） 法律の衝突型欠缺については、石田穣「法解釈の方法」法解釈学の方法三二頁（昭和五一年）参照。

(2) 一般的見解　一般的見解は、以上のような実定法の諸規定を反映して、留置権者は優先弁済受領権を有しないとしつつも、他の債権者が目的物について競売手続きをとる場合には、民事執行法五九条四項・一八八条・一二四条・一九〇条一項二号により事実上他の債権者に優先して弁済を受けることができるとしている（1）。さらに、自ら競売手続きをとる場合にも被担保債権でもって債務者に対する売却代金や売得金の返還債務と相殺することにより事実上の優先弁済受領権を有するとする見解が有力である（本書四九頁参照）。

（1） フランスにおいても、留置権者は優先弁済受領権を有しないとされている（Aynès-Crocq, n° 451）。しかし、目的物の価額が被担保債権額を上回るケースで他の債権者が目的物について競売手続きをとる場合、他の債権者は留置権者に損害を賠償して留置権を消滅させる必要があるとされ、留置権は一種の最優先の先取特権になるとされる（Aynès-Crocq, n° 452）。

(3) 検　討

(イ) 留置権は、後述のように、留置権の被担保債権の成立に関する留置権者の行為により他の債権者が利益を受ける場合には優先弁済受領権を伴うが、そうでない場合には優先弁済受領権を伴わないと解すべきである（本書五三頁以下参照）。留置権が優先弁済受領権を伴わない場合、留置権者は、他の債権者と平等に目的物から弁済を受けることができるならば、何ら不当な不利益を負わない。したがって、留置権が優先弁済受領権を伴わないケースで留置権者が他の債権者と平等に目的物から弁済を受けることが保障されている場合、留置的効力を認める必要はなく、留置権はその効力を失うといわざるをえない。破産法六六条三項が目的物の所有者が破産した場合には留置権は効力を失うと規定しているのは、まさにこのことを表しているのである。

(ロ) 民事執行法五九条四項・一八八条は、留置権の目的物である不動産が競売された場合、買受人は被担保債権を弁済しなければならないと規定している。この結果、買受人はまず第一に被担保債権を弁済し留置権を消滅させる必要に迫られるのであり、留置権者が事実上優先弁済受領権を有するように見える。それゆえ、たとえば、先順位の抵当権者が存在する場合であっても、留置権者はこれに優先して弁済を受けることができるように見える。

しかし、第一に、留置権は破産の場合には効力を失い（破六六条三項）、留置権者は一般の破産債権者として扱われるとされているのに、競売の場合には事実上とはいえ優先弁済受領権を伴うというのは矛盾しているといわざるをえない。競売の場合にも目的物に関して破産の場合に類似した清算手続きが行われるのである。

第二に、留置権と同じく留置的効力を持つ質権はそれに優先する権利を有する債権者に劣後するとされている（三四七条但書）。たとえば、不動産質権者は、被担保債権の弁済があるまで目的物を留置することができるが、しかし、先順位の抵当権者に劣後する。それゆえ、留置権者が事実上とはいえ先順位の抵当権者に優先するとすれば、留置権は留置的効力と優先弁済受領権を有する質権よりも強力な担保物権となり妥当でない。留置権者が事実上とはいえ先順位の抵当権者にも優先するというのは、民法三四七条但書の趣旨に反するといわざるをえない。

第三に、民事執行法五九条四項・一八八条は留置権と使用収益をしない旨の定めのない不動産質権は買受人に引き受けられると規定し、民事執行法五九条一項・一八八条は使用収益をしない旨の定めのある不動産質権は競売により消滅すると規定しているが、留置権と使用収益をしない旨の定めのある不動産質権をこのように扱うのは矛盾しているといわざるをえない。使用収益をしない旨の定めのない不動産質権は、質権者の使用収益権を保護するために買受人がこれを引き受けなければならないが、留置権は優先弁済受領権を伴う場合であっても優先弁済を受ければその保護として十分であり、買受人がこれを引き受ける必要はない。留置権者が債務者の承諾をえて目的物を使用収益することができる場合であっても（二九八条二項本文）、留置権の被担保債権の弁済期は到来しており、留置権者の使用収益権を保護する必要はないから（留置権は被担保債権の弁済により消滅する）、買受人がこれを引き受けなくてよいのはもちろんである（使用収益をしない旨の定めのない不動産質権であっても、被担保債権の弁済期が到来していれば、買受人によって引き受けられず、競売によって消滅すると解される）。それゆえ、使用収益をしない旨の定めのある不動産質権（留置的効力はある）は競売により消滅するのに留置権は消滅しないで引き受けられるとする根拠は全くなく、使用収益をしない旨の定めのある不動産質権が競売により消滅するのであれば留置権も競売により消滅するのは当然であるというべきである。以上のように、留置権と使用収益をしない旨の定めのある不動産質権についての民事執行法の取扱いには矛盾があるといわざるをえない。

(ハ) 民事執行法一二四条・一九〇条一項二号は、留置権の目的物である動産の差押えは留置権者が提出を拒まない場合や差押えを承諾する場合に限り行われると規定している。そして、留置権者が提出を拒まなかったり差押えを承諾するのは被担保債権が弁済される場合であるから、留置権者が事実上優先弁済受領権を有するように見える。

しかし、右の場合においても、留置権の目的物が不動産の場合について述べた右の(ロ)の第一と第二の疑問がそのまま当てはまる。

(ニ) 留置権者が自ら競売手続きをとる場合に相殺により事実上優先弁済受領権を有するとする見解についても、破産の場合に留置権が失効し留置権者は一般の破産債権者として扱われるとされるのとバランスを欠くし、さらに、同じ留置的効力を有する質権者が自ら競売手続をとる場合には配当手続きにおいて順位に応じた配当を受けるにとどまるのに、留置権者が競売手続きをとる場合には相殺により事実上他の債権者に優先して弁済を受けるというのは著しくバランスを欠き妥当でないというべきである。

(4) 私見

(イ) 留置権は、被担保債権の弁済を受けるまで目的物の引渡しを拒絶することができるという権利であり、留置権者は、当然には優先弁済受領権を有しない。

(ロ) (a) (α) しかし、留置権の被担保債権の成立に関する留置権者の行為により他の債権者が利益を受ける場合、留置権者は優先弁済受領権を有すると解すべきである。(1) 留置権の被担保債権の成立に関する留置権者の行為により他の債権者が利益を受ける以上、留置権者が被担保債権を他に優先して回収できるとするのが公平に合致するからである。たとえば、抵当地の占有者が抵当地に必要費や有益費を支出した場合、占有者は費用償還請求権を被担保債権とする留置権を取得するが（一九六条参照）、留置権者の費用支出により抵当権者を含む他の債権者は利益を受けており、留置権者は優先弁済受領権を有する(2)（三九一条参照）。

(1) 国税徴収法二一条一項が留置権に優先弁済受領権を認める根拠は、留置権は目的物の価値の保存や増加のために要した費用に認められる場合が多く、また、留置権に優先弁済受領権を認めても徴税上大きな支障はないからであるとされる（吉国二郎＝荒井勇＝志場喜徳郎編・国税徴収法精解（二六版）二一八頁（平成一七年））。鈴木正裕「留置権小史」河合伸一判事退官・古稀記念（会社法・金融取引法の理論と実務）二二三頁（平成一四年）は、被担保債権が目的物の価値の保持や増加のために要した費用についてのものであれば、留置権は最優先順位として扱われるとするが、これが解釈論として主張されているのか、それとも、立法論として主張されているのかは、必ずしも明確でない。田髙寛貴「個別執行と留置権——抵当権との衝突事例をめぐって——」伊藤進先生古稀記念論文集（担保制度の現代的展開）八八頁以下（平成一八年）は、被担保債権が物の価値の増加をもたらす場合、留置権は不動産工事の先取特権と同義であるとする。

(2) 民法三九一条は、抵当不動産の第三取得者は、抵当不動産について必要費や有益費を支出した場合、他の債権者に優先してその償還を受けることができると規定している。この場合、第三取得者の行為により他の債権者は利益を受けており、第三取得者に優先弁済受領権を認めるのが公平に合致すると考えられる。

(β) 留置権が優先弁済受領権を伴う場合、それは、先取特権に類似するが、先取特権と同じではない。すなわち、留置権の優先弁済受領権は次に述べるように占有によって公示されるが、先取特権は占有によって公示されない。また、留置権の優先弁済受領権が成立する場合に先取特権が成立する場合もあるが、常にそうなるわけではない。たとえば、占有者が動産に有益費を支出した場合、共益費用や動産保存の先取特権（三〇七条・三二〇条）は成立しないが、優先弁済受領権のある留置権は成立する。あるいは、占有者が不動産に必要費を支出した場合、直ちに登記をしなければ不動産保存の先取特権は成立しないが（三三七条）、優先弁済受領権のある留置権は成立する。

(γ)　留置権は占有によって公示されるが、留置権の優先弁済受領権も占有によって公示されているといってよい。なぜなら、第三者は、留置権が占有によって公示されている以上、留置権の内容について調査をして目的物に関し取引関係に入らざるをえないのであり、この調査により留置権が優先弁済受領権を伴うことを知ることができるからである。

(δ)　右のような優先弁済受領権を有する留置権者は、留置権成立後の第三者に対してはもちろん、留置権成立前の第三者に対しても優先弁済受領権を主張することができると解される（三二九条二項但書・三九一条参照）。留置権成立後の第三者については占有により留置権の優先弁済受領権が公示されているからであり、留置権成立前の第三者については留置権者の行為により利益を受けるからである。たとえば、抵当不動産の占有者が当該不動産に必要費や有益費を支出した場合、これにより抵当権者も利益を受けており、留置権者は留置権成立前の抵当権者に優先して弁済を受けることができると解される（三九一条参照）。

(b)　民事執行法五九条四項・一八八条については、留置権に関しては民事執行法五九条四項・一八八条は適用されず同法五九条一項・一八八条が類推適用されると解すべきである。前述したように、留置権は買受人によって引き受けられ事実上の優先弁済受領権を有するというのは、同じ留置的効力を有し、しかも、一般的に優先弁済受領権も有する不動産質権は先順位の権利に劣後する（三四七条但書）という取扱いと矛盾しているし、また、使用収益をしない旨の定めのある不動産質権（留置的効力はある）は競売によって消滅する（民執五九条一項・一八八条）という取扱いにも矛盾している（本書五一頁以下参照）。それゆえ、ここには法律の衝突型欠缺が存在するから、留置権を使用収益をしない旨の定めのある不動産質権と同様に扱い、留置権には民事執行法五九条四項・一八八条は適用されず同法五九条一項・一八八条が類推適用されると解するのが妥当である（本書五〇頁参照）。そして、民法三四七条但書を類推適用し、留置権は先順位の権利に劣後すると解すべきである。

(c)　民事執行法一二四条・一九〇条一項二号については、他の債権者は、留置権が優先弁済受領権を伴う場合であっても、留置権者に対し執行官への目的物の提出や差押えの承諾を求めることができると解すべきである（本書一二六頁以下参照）。そして、他の債権者は、留置権者がこれに応じなければ勝訴の判決をえて執行官への目的物の提出を強制し、あるいは、差押えの承諾を命じる判決を提出して、目的物に対し競売手続きをとることができると解される。この場合、留置権者は、配当手続きにおいて順位に応じた配当を受けることになる。留置権者は、順位に応じた配当を受ければ十分に保護されるからである。

もっとも、目的物の売得金の額が手続費用および優先弁済受領権を伴う留置権の被担保債権額の合計額以上となる見込みがない場合、他の債権者は執行官への目的物の提出や差押えの承諾を求めることができないと解すべきであろう（民執一二九条二項・一九二条参照）。

一般に、目的物の占有者が執行官への目的物の提出や差押えの承諾を拒否することができるのは、占有者が目的物の提出や差押えを求める者に優先し、かつ、目的物の売得金の額が手続費用および占有者の債権額の合計額以上となる見込みがない場合、および、動産質権者が目的物の提出や差押えを求める者に優先し、かつ、債務者の承諾をえて目的物を使用収益することができ、しかも、被担保債権の弁済期が未到来の場合である（三五〇条・二九八条二項本文）。後者の場合、質権者の使用収益権を保護する必要があり、質権者は執行官への目的物の提出や差押えの承諾を拒否することができる（本書五二頁参照）。しかし、留置権者は、目的物の使用収益権を有する場合であっても、執行官への提出や差押えの承諾を拒否することはできない（本書五二頁参照）。

(d)　留置権者が自ら競売手続きをとる場合、留置権者は、配当手続きにおいて順位に応じた配当を受けることができる。

(e)　目的物が債務者以外の者の所有に属する場合にも以上の取扱いと同様であると解してよいであろう。このように解する場合、債務者以外の者は、留置権者に対し債務を負担していないものの、目的物の売却代金や売得金が留置権者に配当されるという物上保証人と同様の物的責任を負担することになる。しかし、このように解しても、債務者以外の者の所有物につき留置権が成立するのは、債務者に処分権限がある場合や第三取得者が留置権の成立している目的物を取得した場合、留置権の善意取得が成立する場合（不動産を除く）であり（本書二五頁以下参照）、債務者以外の者が不当な不利益を受けるとはいえないであろう。

(f) 破産の場合に留置権は効力を失うとする破産法六六条三項は、留置権が優先弁済受領権を伴わない一般の場合についての規定である。それゆえ、留置権が優先弁済受領権を伴う場合、破産法六六条三項は適用されず、留置権は破産法二条九項の類推適用により別除権として扱われると解すべきである。そして、この場合、留置権者は、破産管財人に対して留置的効力を主張することができるし（最判平一〇・七・一四民集五二巻五号一二六一頁（商事留置権について）参照）、競売手続きにおいて優先弁済を受けることもできる。

(g) 留置権が国税や他の担保物権に優先するとする国税徴収法二一条一項は、留置権が優先弁済受領権を伴う場合の規定である。留置権が優先弁済受領権を伴わない場合、国税徴収法二一条一項は適用されず、留置権者は一般の債権者として扱われる。

五　果実からの優先弁済受領権

(1) 留置権者は、目的物から生じる果実を収取し他の債権者に先立ってこれを被担保債権の弁済に当てることができる（二九七条一項）。

(2) 留置権者は、本来、目的物を留置することができるのみであり果実を取得する権限を有せず、これを債務者に返還しなければならない。それゆえ、留置権者が果実を収取し被担保債権の弁済に当てるとは、留置権者は被担保債権の代物弁済として果実を取得することができることを意味する(1)。留置権者が他の債権者に先立って果実を被担保債

かったのである。

権の弁済に当てることができることを認めることによって、法律関係を簡易に処理し、あわせて留置権者の保護をは

（1）　判例コメ五二頁（三藤邦彦執筆）は、果実につき清算的代物弁済の効力が生じるとする。

(3)　(イ)　一般に、果実は、天然果実と法定果実の双方を含むとされている。そして、留置権者が債務者の承諾をえて目的物を賃貸した場合、留置権者は賃料を収取して被担保債権の弁済に当てることができるとされる。

しかし、右の場合、留置権者が収取する賃料は留置権者に帰属する留置権者の債権であり、法定果実には当たらないというべきである。それゆえ、どのような法定果実が被担保債権の弁済に当てることができる法定果実であるのか問題であるが、次に述べる使用料がこれに該当すると考えられる。

(ロ)　留置権者は、目的物の保存に必要な使用につき法定の使用権を取得する（本書三八頁参照）。留置権者は、この法定の使用権の使用料を支払ってもよいし、あるいは、被担保債権と使用料を相殺してもよい。さらに、留置権者は、使用料を法定果実として被担保債権の弁済に当てることもできると解してよいであろう（大判大七・一〇・二九新聞一四九八号二二頁参照）。

(ハ)　一般に、使用利益は果実に準じて扱われるとされている。しかし、私見のように、目的物の保存に必要な使用を法定の使用権に基づく使用と解する場合、使用利益は法律上留置権者に帰属し、債務者に帰属すべきであるとはいえない。債務者は、留置権者に帰属した使用利益の対価を使用料として取得するのである。もっとも、右に述べたように、留置権者がこの使用料を法定果実として被担保債権の弁済に当てることは許されるであろう。目的物の保存に必要でない使用の使用利益は債務者に帰属すべきであるといえるが、留置権者がこれを被担保債権の弁済に当てるのを認める必要はない（五〇九条参照）。

(4)　果実が金銭でない場合、被担保債権の弁済に当てるためには、留置権による競売（民執一九五条）によってこれを換価しなければならないとされる。(1)　しかし、これでは、果実は留置権の目的物にすぎないということになり、留置権者が

果実を被担保債権の代物弁済として取得することができるという趣旨に反する。それゆえ、果実が金銭でない場合、留置権者は、自ら評価して被担保債権の弁済に当てることができると解すべきである。(2) 留置権者による評価が正当であるかどうかは、被担保債権額についての争いにおいて裁判所の判断を受ける。

(1) 我妻・四三頁、中井・三三頁、田山・二五頁、内田・五〇六頁以下、高橋・二八頁参照。
(2) 判例コメ五二頁(三藤邦彦執筆)、槇・五〇頁、道垣内・三六頁参照。

(5) 果実は、まず、被担保債権の利息に当て、次いで、元本に当てなければならない(二九七条二項)。まず元本に当てるとすれば、留置権者は、元本のその部分の生み出す利息を取得できなくなり、害されるからである。

六 費用償還請求権

(1) 留置権者が目的物について必要費を支出した場合、留置権者は所有者に対しその償還を請求することができる(二九九条一項)。ここで、必要費とは、目的物の現状を維持するために必要な費用である。留置権者が目的物につき必要費償還請求権を被担保債権とする留置権を取得することができるのは当然である。

(2) 留置権者が目的物に有益費を支出した場合、留置権者は、所有者に対し、その価格の増加が現存する場合に限り、所有者の選択に従い、その支出した金額または増加額の償還を請求することができる(二九九条二項本文)。ここで、有益費とは、目的物の価値を増加させる費用のうち必要費に当たらないものである。

有益費については、裁判所は、所有者の請求により相当の期限を許与することができる(二九九条二項但書)。それゆえ、留置権者は、目的物につき有益費償還請求権を被担保債権とする留置権を取得することができるが、裁判所が期限を許与した場合にはこの限りでないということになる。

七 物上代位

(1) 一般に、留置権に基づき物上代位(三〇四条参照)をすることはできないと解されている。これは、一般に留置権は優先弁済受領権を伴わないとされているからである。

(2) (イ) しかし、私見のように、留置権は場合により優先弁済受領権を伴うと解する場合（本書五三頁以下参照）、留置権に基づき物上代位をすることを否定する理由はない。たとえば、建物の占有者が建物に必要費や有益費を支出した場合、占有者は、費用償還請求権を被担保債権とする留置権を取得し優先弁済受領権を有するが、建物が火災で焼失して保険金請求権が発生すれば、これに物上代位をすることができる。占有者が建物から優先弁済を受けることができる以上、保険金請求権に物上代位しそこから優先弁済を受けることができると解することに支障はない。

(ロ) 留置権の優先弁済受領権の効力が代位物に及ぶことは、目的物の占有によって公示されているといえる。そこで、留置権者は、目的物を占有している限り、代位物である請求権が履行される前に請求権を差し押さえなくても物上代位をすることができる。しかし、留置権者は、目的物が焼失したような場合、目的物の占有を失うから、請求権が履行される前に請求権を差し押さえなければ物上代位をすることができないと解すべきである。この場合、差押えは占有に代わって留置権の優先弁済受領権の効力が請求権に及ぶことの公示になるからである。

(ハ) 以上については、先取特権や抵当権に基づく物上代位についての説明を参照されたい（本書一三四頁以下、三二五頁以下）。

八　留置権者の義務

(1) 留置権者は、善良な管理者の注意（善管注意義務）をもって目的物を占有しなければならない（二九八条一項）。ここで、善管注意義務とは、平均的な留置権者に要求される注意義務をいう。(1)

(1) 石田穣・損害賠償法の再構成一一八頁以下、一七六頁以下（昭和五二年）参照。

(2) (イ) 留置権者は、債務者の承諾なしに、目的物を使用したり、賃貸したり、担保に供してはならない（二九八条二項本文）。もっとも、保存に必要な使用をすることは差し支えない（二九八条二項但書）。前述したように、借家人や借地人が留置権の行使として従来通りに借家や借地を使用するのは保存に必要な使用に該当する（本書四五頁参照）。

(ロ)　債務者でない所有者の物につき留置権が成立する場合、たとえば、債務者が留置権の成立している目的物を第三者に譲渡したり、第三者の物につき留置権の善意取得が成立する場合（本書二五頁以下参照）、留置権者が目的物の使用・賃貸・担保供与をするには所有者の承諾が必要であると解される。

(ハ)　AがBの留置権の成立している不動産をCに譲渡したが登記を移転する前にBに対し使用・賃貸・担保供与の承諾をした場合、Bは承諾の効果をCに対して主張することができ、Cは次に述べる留置権の消滅を請求することができないとされる（最判平九・七・三民集五一巻六号二五〇〇頁）。

しかし、CはBが使用・賃貸・担保供与の承諾を受けていない時点で目的物を譲り受ける旨の契約を結んだのであり、Cが不当に害されるおそれがある。そこで、BがCにおいて目的物を譲り受ける旨の契約を結んだのを知りながら使用・賃貸・担保供与の承諾を受け、かつ、AもBが使用・賃貸・担保供与をすることができるとすればCが害されるのを知りながらこれを承諾した場合、CはBに対し使用・賃貸・担保供与の権限を否認することができると解してよいであろう(1)。したがって、この場合、CはBが目的物の使用・賃貸・担保供与をすれば留置権の消滅を請求することができると解される。これに対し、BがCにおいて目的物を譲り受ける旨の契約を結んだのを知らないで使用・賃貸・担保供与の承諾を受けた場合、CはBの使用・賃貸・担保供与の権限を否認することはできない。したがって、この場合、CはBが目的物の使用・賃貸・担保供与をしても留置権の消滅を請求することはできないと解される。

(1)　石田（穣）・二一六頁以下参照。

(3)　(イ)　留置権者が以上の義務に違反した場合、債務者は留置権の消滅を請求することができる（二九八条三項）。留置権の消滅請求とは、一般に、留置権を消滅させる旨の意思表示であり、これによって留置権は直ちに消滅すると解されている（形成権）。この場合、留置権はその公示方法である占有が失われない限り消滅しないとも考えられるが（三〇二条本文参照）、義務に違反した留置権者を保護する必要はなく、留置権は消滅請求によって直ちに消滅すると解してよいであろう。第三者が留置権が消滅していないと信じて被担保債権を譲り受け目的物の占有を承継した場合であっても、前に述べたように、第三者は債務者による留置権の消滅請求を受けざるをえない立場にあり（本書一九頁以下参照）、留置権は消滅請求によって直ちに消滅すると解して差し支えないであろう。

(ロ)　債務者は留置権者が一度義務に違反すれば債務者に損害がなくても留置権の消滅を請求することができるとされる（最判昭三八・五・三一民集一七巻四号五七〇頁）。しかし、留置権者が債務者の警告を無視して使用・賃貸・担保供与をした場合のように背信性が強い場合を除き、債務者は、留置権者に対し担当期間を定めて義務違反をやめるように催告し、留置権者がこれに応じなければ留置権の消滅を請求することができると解するのが妥当であろう。それゆえ、留置権者が右の催告前に義務違反をやめていた場合、債務者は原則として留置権の消滅を請求することができない。

(ハ)　目的物が債務者とは別の所有者の所有に属する場合、留置権者が目的物の使用・賃貸・担保供与をするには所有者の承諾が必要であるが（本書六二頁参照）、留置権者が所有者の承諾をえないで目的物の使用・賃貸・担保供与をしたり善管注意義務に反すれば、所有者は留置権の消滅を請求することができる（最判昭四〇・七・一五民集一九巻五号一二七五頁は、留置権者の義務違反が第三者による目的物の取得の前であるか後であるかは不明であるが、第三取得者による留置権の消滅請求を認める）。この場合、債務者も留置権の消滅を請求することができると解してよいであろう。(1)　これによって所有者は留置権の負担を免れるし、また、債務者は所有者からの担保責任（五六六条一項）などの追及のおそれを解消することができるからである。所有者あるいは債務者が留置権の消滅請求をした場合、所有者あるいは債務者は、その内部関係に応じて、自己または他方（所有者または債務者）に対し目的物を引き渡せという請求権を取得することになるであろう。

(1)　同旨、注釈民法(8)六六頁（田中整爾執筆）、平井宜雄「判例評釈」法協八三巻三号一一〇頁以下（昭和四一年）、判例コメ六六頁（三藤邦彦執筆）、柚木＝高木・三七頁、中井・三五頁、高橋・二九頁、道垣内・三九頁。

(4)　留置権者が義務に違反しても債務者が留置権の消滅を請求しない場合、留置権者は、目的物の留置を継続することができ、その間に支出した費用の償還請求権を被担保債権とする留置権をさらに取得する（最判昭三三・一・一七民集一二巻一号五五頁）。この場合、債務者は、留置権者が義務違反を継続していれば担当期間を定めて催告の上留置権（さらに取得した留置権を含む）の消滅請求をすることを妨げられない。

第四節　留置権の消滅

一　序

留置権は、他の担保物権と同じく、被担保債権の消滅（付従性）、目的物の滅失、混同、放棄によって消滅する外、留置権に特有の原因、すなわち、占有の喪失、代担保の提供、留置権者の義務違反、目的物所有者の破産によっても消滅する。以下においては、留置権に特有の消滅原因を中心として説明するが、あわせて、被担保債権の消滅時効と被担保債権の弁済の提供についても説明する。

二　占有の喪失

(1)　留置権は、占有の喪失によって消滅する（三〇二条本文）。留置権は、占有を要件として成立する担保物権であるからである。留置権者が間接占有をしている限り占有を喪失したとはいえない。たとえば、留置権者が目的物を他に賃貸した場合、留置権者は賃借人を占有代理人として目的物を間接占有しており、占有を喪失したとはいえない。それゆえ、留置権者が債務者の承諾をえないで目的物を他に賃貸しても、前述したように留置権の消滅請求の原因となるだけであり（本書六〇頁以下参照）、留置権が占有の喪失により消滅するわけではない。民法三〇二条但書は、留置権者が債務者の承諾をえないで目的物を他に賃貸・質入れした場合には留置権は消滅するとも受け取れるように規定しているが、これは留置権の消滅請求の原因になるだけであり（二九八条三項）、留置権が当然に消滅するわけではない。[1]

（1）同旨、我妻・四六頁、高木ほか・三一頁（曽田厚執筆）、柚木＝高木・三七頁、川井・二五一頁、道垣内・四一頁。

(2) 占有者が占有を侵奪された場合、占有回収の訴えにより目的物を回復することができ、この場合には占有を喪失しなかったことになる（二〇三条但書）。それゆえ、占有者が占有回収の訴えにより目的物を回復すれば、留置権も消滅しなかったことになると解される。[1] なお、留置権者は、動産質権者と同じく、留置権に基づいて目的物を回復することはできず、占有回収の訴えによってのみ目的物を回復することができると解すべきであろう（三五三条参照）。

（1）同旨、高木ほか・三〇頁（曽田厚執筆）、柚木＝高木・三八頁、中井・三六頁以下、船越・三八頁、山川・四六頁、田山・二七頁、内田・五〇七頁、川井・二五一頁、高橋・三一頁、平野・三五六頁、松井・一五二頁、山野目・二〇六頁。これに対し、道垣内・四一頁は、目的物が回復されるまで留置権は消滅するとする。

(3) 占有侵奪の場合を除き、留置権者が目的物の占有を喪失したが何らかの事由によりこれを回復した場合、留置権は復活するであろうか。留置権者が留置権を放棄する趣旨で占有を放棄した場合を除き、留置権は将来に向かって復活すると解してよいであろう。[1][2]

（1）同旨、薬師寺志光・留置権論二〇四頁以下（昭和一〇年）、注釈民法(8)八一頁（田中整爾執筆）。

（2）ドイツにおいては、占有者の *Zurückbehaltungsrecht* は、物の返還により消滅し、物が再び以前の占有者の占有するところとなっても復活しないとされている(Prütting, Nr. 558)。

三　代担保の提供

(1) 債務者は、相当の担保を提供して留置権の消滅を請求することができる[1]（三〇一条）。これは、留置権の場合、被担保債権の額が目的物に比較し僅少な場合が多いからであるとされている。他方、代担保による留置権の消滅請求は、留置権者の地位を不安定にするおそれもある。それゆえ、他の担保物権にこの制度を類推することは慎重であるべきであり、他の担保物権については後述する過剰担保の問題として処理するのが妥当である(本書四〇九頁以下参照)。

(1) 代担保の提供による留置権の消滅については、田中清「代担保の提供による留置権の消滅について」秋田経済法科大学論叢三三巻二号八一頁以下(昭和五五年)参照。

(2) 債務者に代担保による留置権の消滅請求が認められるのであれば、留置権者の帰責事由によることなく目的物の価値が下がり被担保債権額に満たなくなった場合、留置権者は増担保を請求することができると解すべきであろう。すなわち、この場合、留置権者は、債務者に対し、従来の目的物に代えて、あるいは、従来の目的物の外に新たな目的物につき留置権の設定を請求することができる。そして、留置権は、留置権者の設定請求によって当然に設定されるのではなく、裁判所の設定を命じる判決と目的物の引渡しにより設定されると解される。この場合、裁判所は、留置権の設定と目的物の引渡しの双方を命じる判決を下すべきである。なお、従来の目的物に代えて新たな目的物につき留置権が設定される場合、留置権の設定と目的物の引渡しは従来の目的物の返還と引換えに命じられるべきである。

(3) 一般に、代担保は、物的担保(担保物権、譲渡担保権など)であっても人的担保(保証など)であってもよいと解されている。しかし、人的担保は留置権のような担保としての確実性がなく、人的担保を代担保として提供するのは許されないと解すべきである(ドイツ民法二七三条三項二段も、保証人を代担保として提供するのは許されないとする)。

(4) 債務者と目的物の所有者が異なる場合、どちらも代担保による留置権の消滅を請求することができる。たとえば、留置権の成立している目的物が債務者から第三者に譲渡された場合、債務者と第三者の双方が代担保による留置権の消滅を請求することができる。

(5) (イ) 代担保による留置権の消滅請求の法的性質についてはいくつかの見解がある。すなわち、留置権の消滅には留置権者の承諾が必要であるが、債務者は承諾を求めて訴えを提起し承諾に代わる判決を求めることができるとする見解(1)、留置権の消滅請求は留置権を消滅させる旨の意思表示であり、これにより留置権は直ちに消滅する(形成権)とする見解(2)、債務者は代担保成立についての承諾を求める訴えを提起し承諾に代わる判決をえた後に留置権を消滅させる意思表示をすれば留置権は消滅するとする見解(3)がこれである。

(1) 富井・三四一頁、川井・二五〇頁、道垣内・四〇頁。
(2) 高木ほか・三一頁(曽田厚執筆)、平野・三五五頁、鈴木・四二八頁以下。我妻・四六頁以下は同旨か。
(3) 柚木＝高木・三八頁、松坂・二四〇頁、高木・三五頁、内田・五〇七頁、高橋・三〇頁、近江・三八頁。

(ロ) (a) 代担保による留置権の消滅請求の場合、留置権の消滅と代担保の成立という二つの問題がある。このうち、留置権の消滅に留置権者の承諾が必要であるかどうかについては右に述べたように争いがあるが、代担保の成立に留置権者の承諾が必要であることには問題がない。

(b) 留置権の消滅には留置権者の承諾が必要であるという見解によれば、債務者は留置権者に対し留置権の消滅の承諾を求めて訴えを提起し、承諾に代わる判決が確定すれば留置権は消滅することになる(四一四条二項但書、民執一七四条一項本文)。しかし、右の見解は留置権者が代担保を取得する方法を示していない。

(c) 留置権の消滅請求により留置権は直ちに消滅するという見解によれば、債務者が相当な代担保を提供しても留置権者がこれに応じない場合、債務者は留置権の消滅の意思表示をして留置権を消滅させることができる。しかし、右の見解も留置権者が代担保を取得する方法を示していない。

(d) 代担保成立についての承諾に代わる判決をえて留置権の消滅の意思表示をするという見解については、留置権者は代担保成立について承諾する義務を負うわけではなく、妥当でない。

(e) (α) 私見のように、占有の取得や喪失は留置権の成立や消滅の要件であると解せば(本書一一九頁参照)、代担保による留置権の消滅請求は、債務者に留置権者に対する留置権消滅のための目的物の引渡請求権を生じさせ、かつ、債務者に留置権者が承諾すれば代担保成立の債務を生じさせる形成権の行使であり、留置権者は代担保の提供が相当であれば債務者に目的物を引き渡して留置権を消滅させる義務を負担すると考えられる。

他方、留置権者は、代担保の成立を承諾するかどうかは自由であるが、承諾すれば債務者に対し物の引渡し（留置権や動産質権の場合）や登記（抵当権の場合など）を求める請求権を取得し、引渡しや登記を受ければ代担保を取得する。留置権者が代担保の成立を承諾しない場合、代担保は成立しないが、代担保の提供が相当である限り、留置権者は目的物を債務者に引き渡して留置権を消滅させる義務を負担することに変わりはない。

(β)　目的物の引渡しと代担保に関する物の引渡しや登記は同時履行の関係に立つと解するのが妥当である。それゆえ、債務者は、留置権の消滅請求に際しては代担保に関する物の引渡しや登記につき口頭の提供（四九三条但書）をすれば足り、留置権者が代担保の成立を承諾すれば目的物の引渡しを受けるのと引換えに代担保に関する物の引渡しや登記をすればよいということになるであろう。したがって、債務者が代担保による留置権の消滅請求に基づき目的物の引渡しを訴求する場合、留置権者は、代担保の提供が相当でないとして留置権の消滅を争う場合にも、予備的に引換給付の判決を求めておくべきである。以上のように解せば、留置権者は代担保を確実に取得することができるということになるであろう。

四　留置権者の義務違反

前述したように、留置権者が善管注意義務を怠ったり、債務者や目的物の所有者の承諾なしに目的物の使用・賃貸・担保供与をした場合、留置権の消滅請求の原因となり、債務者や所有者は、原則として相当期間を定めて義務違反をやめるように催告し、留置権者がこれに応じなければ留置権の消滅を請求することができる（本書六〇頁以下参照）。

五　所有者の破産など

(1)　目的物の所有者が破産した場合、民事留置権は消滅する（破六六条三項）。留置権者は、別除権者として扱われず、一般の破産債権者として扱われるにすぎない。もっとも、民事留置権が優先弁済受領権を伴う場合、民事留置権は別除権として扱われると解すべきである（本書五七頁参照）。この場合、留置権の目的物を任意に売却して留置権を消滅させることが破産債権者の一般の利益に適合するときは、破産管財人は、裁判所に対し、目的物を任意に売却し、一定の金銭を裁判所に納付して留置権を消滅させることの許可の申立てをすることができる（破一八六条一項参照）。

他方、商事留置権は、特別先取特権とみなされ（破六六条一項）、別除権として扱われる（破二条九項）。破産管財人による商事留置権消滅の許可の申立てについては、優先弁済受領権を伴う民事留置権について述べたのと同じである（破一八六条一項）。

(2)　民事再生の場合、民事留置権は、そのまま存続するが、別除権としては扱われない（民再五三条一項）。もっとも、民事留置権が優先弁済受領権を伴う場合、民事再生法五三条一項を類推し、民事留置権は別除権として扱われると解すべきである。この場合、再生債務者等は、民事留置権の目的物が再生債務者の事業の継続に欠くことのできないものであれば、目的物の価額に相当する金銭を裁判所に納付して、民事留置権の消滅の許可を裁判所に申し立てることができると解される（民再一四八条一項参照）。

他方、商事留置権は別除権として扱われる（民再五三条一項）。再生債務者等による商事留置権消滅の許可の申立てについては、優先弁済受領権を伴う民事留置権について述べたのと同じである（民再一四八条一項）。

(3)　会社更生の場合、民事留置権はそのまま存続するが、民事留置権の被担保債権は、更生担保権として扱われず、更生債権として扱われる（会更二条一〇項）。もっとも、民事留置権が優先弁済受領権を伴う場合、会社更生法二条一〇項を類推し、民事留置権の被担保債権は更生担保権として扱われると解すべきである。この場合、裁判所は、更生会社の事業の更生のために必要であると認める場合、管財人の申立てにより、民事留置権の目的物の価額に相当する金銭を裁判所に納付して民事留置権を消滅させることを許可することができると解される（会更一〇四条一項参照）。

他方、商事留置権の被担保債権は更生担保権として扱われる（会更二条一〇項）。管財人による商事留置権消滅の許可の申立てについては、優先弁済受領権を伴う民事留置権について述べたのと同じである（会更一〇四条一項）。

六　被担保債権の消滅時効

(1)　留置権は、被担保債権が消滅時効で消滅すれば消滅する（付従性）。この場合、留置権は目的物の債務者への引渡しなしに消滅すると解される。このように解さないと担保物権の付従性に反するからである。

(2)　これとの関連において、留置権の行使は被担保債権の消滅時効の進行を妨げないとされる（三〇〇条）。これは、留置権者が目的物を留置しているだけでは被担保債権の消滅時効の進行を妨げないというものである。

(3)　債務者が目的物の引渡しを訴求し、留置権者が被担保債権の存在を主張して留置権を行使した場合、留置権者による被担保債権の主張は裁判上の催告に該当し、被担保債権の消滅時効は訴訟終了後六か月の間は完成しないとされる（最(大)判昭三八・一〇・三〇民集一七巻九号一二五二頁）。しかし、裁判上の催告という概念には疑問があり、裁判所が被担保債権の存在を認めた場合には争点効によって被担保債権の消滅時効が中断し、裁判所が被担保債権の存否について判断しなかった場合には民法一五一条を類推し訴訟終了後一か月の間は被担保債権の消滅時効が完成しないと解すべきである。(1)

（1）　石田穣・民法総則五六七頁以下、五七七頁以下（平成四年）参照。

(4)　被担保債権が消滅時効で消滅しても、留置権者は、債務者が目的物の引渡しを求めてきた場合には被担保債権の存在を主張し留置権を行使することができる（抗弁権の永久性）とする見解がある。(1) しかし、この見解によれば、債務者は被担保債権が弁済などにより消滅したことを永久に立証しなければならないことになり疑問である。(2) 消滅時効制度は、債務者を長期間の経過による立証困難から救済することに基本的な存在理由があるからである。(3) 被担保債権が消滅すれば債務者はその時点で目的物の返還を受けているはずだともいえるが、しかし、被担保債権が消滅しても何らかの理由により目的物が留置権者の占有にとどまったままということも種々考えられ（債務者が被担保債権の弁済に際し目的物の返還を一時的に猶予した場合や、留置権者が被担保債権につき免除の意思表示をしたがその際目的物の返還を後回しにした場合など）、債務者が被担保債権の消滅を永久に立証しなければならないとする十分な根拠にはならないと考える。

（1）　槇悌次「判例批評」民商五四巻三号一二四頁以下（昭和四一年）、四宮和夫＝能見善久・民法総則（七版）三四五頁（平成一七年）、道垣内・三二頁。

（2）　石田穣・民法総則五三八頁以下（平成四年）参照。

（3）　ドイツ民法二一五条は、「相殺や履行拒絶が可能であった時点で請求権が消滅時効にかかっていなかった場合、消滅時効は相殺や Zurückbehaltungsrecht の行使を妨げない」と規定している。これは、わが国の民法五〇八条と類似した規定であるが（Vgl. Juris Praxiskommentar, § 215 Nr. 2）、民法五〇八条の立法趣旨は必ずしも明らかではなく、民法五〇八条を根拠に抗弁権の永久性を一般的に承認するのは困難であると考える（石田・前掲五四〇頁以下参照）。

七　被担保債権の弁済の提供

留置権は、被担保債権が弁済によって消滅すれば消滅する（付従性）。

債務者が被担保債権の弁済の提供をしたのに留置権者が正当な理由なくその受領を拒み目的物の返還をしない場合、留置権は消滅するであろうか。判例は、同時履行の抗弁権についてであるが、消滅しないとする（大判昭六・九・八新聞三三一三号一五頁）。設例の場合、債務者が債務を履行すべき義務を負っていることに変わりはなく、目的物の引渡しと被担保債権の弁済を同時に処理し、被担保債権の弁済についての紛争をなるべく後に残さないのが妥当である。それゆえ、留置権者の受領拒絶が特に背信的な場合を除き、留置権は消滅しないと解してよいであろう[1]。なお、引換給付の判決において、債務者は、自己の債務につき履行の提供をすれば、留置権者が受領を拒んでも、目的物の引渡しの強制執行をすることができる（民執三一条一項。ドイツ民法二七四条二項は、明文でその旨を定めている）。

（1）　石田穣・民法Ｖ五三頁以下（昭和五七年）参照。

第三章　先取特権

第一節　序

一　先取特権の意義

(1)　先取特権の意義

(イ)　先取特権とは、債権者が民法やその他の法律の規定により債務者の財産から他の債権者に先立って自己の債権の弁済を受けることができる権利である（三〇三条）。たとえば、使用人は債務者との間の雇用関係に基づいて生じた給料やその他の債権につき債務者の総財産から他の債権者に先立って弁済を受けることができるし（三〇八条・三〇六条二号。雇用関係の先取特権）、動産の売主は買主が支払うべき代金および利息につきその動産から他の債権者に先立って弁済を受けることができる（三二一条。動産売買の先取特権）というのがこれである。あるいは、不動産の工事の設計、施工、監理をする者は債務者の不動産に関してした工事の費用につきその不動産の工事による増加額から他の債権者に先立って弁済を受けることができる（三二七条。不動産工事の先取特権）というのも先取特権の例である。これらの場合、使用人、動産の売主、不動産の工事の設計、施工、監理をする者は、債務者の総財産あるいは特定の財産から他の債権者に優先して弁済を受けることができ、特別の保護がはかられているのである。

(ロ)　(a)　先取特権は、種々の理由から認められている。たとえば、前述した雇用関係の先取特権は、使用人という社会的弱者を保護するために認められているし（本書八七頁参照）、不動産工事の先取特権は、債務者の財産の増加をもたらした者はその増加分から他の債権者に優先して弁済を受けるのが公平に適するという観点から認められている（三二七条二項参照。本書一〇八頁）。先取特権が認められている理由には種々のものがあり、民法やその他の法律が定めるすべての先取特権に共通した理由を見い出すことは困難である。

(b)　しかし、先取特権が認められる理由として、大略、以下の四つの理由を挙げることは可能である。

第一は、国家や地方公共団体などの公的機関がその利益を確保するために認められる場合である。たとえば、国税や地方税に認められる優先権がこれである（国税徴収法八条、地方税法一四条）。

第二は、弱者保護など社会正義を実現するために認められる場合である。たとえば、雇用関係の先取特権（三〇八条）や農業労務、工業労務の先取特権（三二三条・三二四条）がこれである。

第三は、一定の目的物から優先的に債権の弁済を受けることができるという先取特権者の期待、信頼を保護するために認められる場合である。不動産賃貸、旅館宿泊、運輸の先取特権がこれである（三一二条—三一八条）。そのため、これらの先取特権については善意取得も認められている（三一九条）。

第四は、先取特権者の行為により債務者の財産が保存され、あるいは、増加し、そのため他の債権者が利益を受ける場合である。たとえば、共益費用、動産売買、不動産工事の先取特権（三〇七条・三二一条・三二七条）がこれである。

(c)　わが国と同様に先取特権制度を採用するフランスにおいては、先取特権が認められる理由として、大略、以下の点が挙げられている。

第一は、国家が自己の利益を確保するために認められているものであり、これが最も多い。たとえば、先取特権は、国庫の債権や社会保険の負担金の取立てを担保するために認められている。

第二は、社会正義を実現するために認められているものであり、たとえば、賃金についての先取特権（フランス民法二三三一条四号・二三七五条二号）がこれである。

第三は、その他の理由により認められているものであり、これには三つのものがある。すなわち、黙示の質権設定に基づく先取特権（たとえば、不動産賃貸の先取特権（フランス民法二一〇二条一号）は賃借人が賃借物に備え付けた動産の上に成立するが、これは賃貸人と賃借人の間の推定される質権設定の合意に基づく）、債務者の財産の価値の保存をしたことに基づく先取特権（フランス民法二一〇二条三号）、債務者の財産の価値を増加させたことに基づく先取特権（たとえば、動産売買の先取特権（フランス民法二一〇二条四号））がこれである。(1)

(1)　以上については、Legeais, n°s 639 et 673.

(ハ)　先取特権者は、目的物を競売し、売却代金や売得金から他の債権者に優先して弁済を受けることができる。先取特権は、この点で優先弁済受領権を伴わないこともある留置権よりも強力な担保物権である。他方、動産先取特権は、目的物が債務者から第三取得者に引き渡された場合には第三取得者に対してこれを行使することができないとされているが（三三三条）、しかし、後述するように、悪意過失のある第三取得者に対してはこれを行使することができると解すべきである（本書一二一頁以下参照）。

(ニ)　先取特権は、優先弁済受領権を伴うものの、動産に関しては公示方法を備えることを要求されていない。そのため、先取特権は第三者を不当に害するおそれもある。しかし、先取特権は、それにもかかわらず、後述するように、種々の理由から非常に多くの分野で採用されている（本書八三頁以下参照）。それゆえ、先取特権者と第三者の利害を適切に調整するための努力が特に重要である。

(2)　動産先取特権と取引の安全

(イ)　先取特権は、優先弁済受領権を伴うものの、動産に関しては公示方法を備えることを要求されていない。したがって、動産先取特権と取引の安全の関係が検討されなければならない。しかし、これまで学説においてこの関係が十分に検討されてきたとはいい難い。

先取特権と取引の安全については、先取特権が目的物である動産に行使される場合と物上代位により代位物である請求権に行使される場合の二つに分けて検討されるべきである。

(ロ)　(a)　まず、先取特権が目的物である動産に行使される場合について検討する。この場合、先取特権者は公示なしに目的物から優先弁済を受けることができるが、先取特権の目的物でないと信じて取引関係に入った第三者は善意取得(一九二条)あるいは善意取得に準じて保護されると解すべきである。たとえば、先取特権の目的物でないと無過失で信じて質権を取得した者は、先取特権に優先する質権を善意取得するというのがこれである。このように解せば、先取特権者は原則として公示なしに優先弁済受領権を有し保護されるが、善意無過失の第三者には劣後することになり、両者の間の利害が適切に調整されると考えられる。

(b)　一般に、第三取得者が先取特権の目的物につき引渡しを受けた場合、先取特権は消滅すると解されているが(三三三条参照)、以上のような基本的考え方によれば第三取得者が目的物を善意取得した場合に先取特権が消滅すると解すべきである(本書一二一頁以下参照)。

(c)　第一順位の先取特権者が後順位の先取特権者の存在を知りつつ債権を取得した場合、第一順位の先取特権者は後順位の先取特権者に劣後するとされているが(三三〇条二項前段)、これは、第一順位の先取特権者が後順位の先取特権者の存在を無過失で知らずに債権を取得すれば、後順位の先取特権に優先する先取特権を善意取得するという趣旨に解すべきである(本書一二四頁以下参照)。

(d)　債務者の他の債権者が先取特権の目的物を善意無過失で差し押さえた場合、差押債権者は善意取得あるいは善意取得に準じて保護される、すなわち、先取特権による優先権の主張を受けず同一順位として扱われると解すべきである。一般に、差押債権者が善意取得によって保護されるとはされていないようであるが、差押債権者を他の第三者と区別すべき理由はない。差押債権者は、一般に、民法一七七条・一七八条の第三者として、あるいは、民法九四条二項の第三者として保護されているのである。民法一九二条においては、善意取得者が目的物の占有を取得することが要求されているが、他方、先取特権の善意取得（三一九条）の場合には先取特権者による占有の取得は要求されていず、差押債権者が目的物の占有を取得しなくても問題はないと考える。

(ハ) (a) 次に、先取特権が物上代位により請求権に行使される場合について検討する。この場合、先取特権の効力が請求権に及ぶためには、請求権につき弁済が行われる前にこれを差し押さえなければならない（三〇四条一項但書）。これは、後述するように、先取特権は公示なしに目的物である動産から優先弁済を受けることができる権利であり第三者の利益を害するおそれがあるところ、先取特権の効力を請求権にまで及ぼせばますます第三者の利益を害するおそれがあるから、先取特権の効力を請求権に及ぼすためには請求権を差し押さえて先取特権の効力が請求権に及ぶことを公示する必要があるというものである（本書一四一頁以下参照）。このように解する場合、先取特権は、目的物である動産については公示方法を備えなくても物権としての効力を有し第三者に対しても主張することができるが、代位物である請求権については公示方法を備えなければ物権としての効力を有せず、債権的権利（差し押さえれば請求権に物上代位をすることができる権利）として扱われ、原則として第三者に主張することができない。

しかし、私見によれば、債権であっても、公示方法を備えていたり、あるいは、第三者が債権者を害するのを知りながら債務者から権利を取得し、債務者において第三者による権利取得により債権者が害されるのを知っていた場合、物権と同様の効力を有し、第三者に対してもこれを主張することができる。(1) そこで、第三者が先取特権者において請求権を差し押さえれば請求権に物上代位をすることができるのを知りながら請求権を譲り受けたり請求権につき弁済（第三債務者の弁済）した場合、債務者が第三者による請求権の譲受けや弁済により先取特権者が害されるのを知っていれば（ほとんどの場合、知っている）、先取特権者は、請求権の譲受けや弁済の前に差押えをしなくても、請求権の譲受けや弁済を無視し請求権に物上代位をすることができると解すべきである。(2)

(1) 石田(穣)・六頁以下、二二頁以下参照。

（2）　石田(穣)・二一六頁以下参照。

(b)　以上のような基本的考え方によれば、先取特権者は、善意で請求権を譲り受けた者や善意で請求権を弁済した第三債務者に対しては、その前に差押えをしない限り物上代位をすることができない。他方、請求権の譲受人や第三債務者が悪意であれば、債務者も第三者による請求権の譲受けや弁済によって先取特権者が害されるのを知っていることを前提に、先取特権者は、請求権の譲受けや弁済の前に差押えをしなくても物上代位をすることができる（以上につき、本書一四一頁以下参照）。

(c)　先取特権者と請求権を差し押さえた他の債権者との関係も同じである。一般に、差押債権者は民法一七七条・一七八条の第三者に該当するとされている。そこで、先取特権者は善意で請求権を差し押さえた債権者に対してはその前に差押えをしない限り物上代位をすることができないが、悪意で請求権を差し押さえた債権者に対してはその前に差押えをしなくても物上代位をすることができる。この場合、差押債権者による差押えは債務者の関与なく行われるから、債務者の善意悪意は問題にならない（以上につき、本書一四三頁参照）。

(3)　先取特権の沿革・比較法的状況

(イ)　先取特権の沿革

(a)　先取特権の沿革は、ローマ法に遡る(1)。ローマ法の先取特権は、債務者の一般財産から他の無担保債権者に優先して弁済を受けることができる権利である(privilegium inter personales actiones)。ローマ法の先取特権は、債務者の一般財産のみを目的とし特定の財産を目的とせず、無担保債権者には優先したが、担保権者には劣後した。また、ローマ法の先取特権では、第三者への追及権も認められていなかった。フランスの学者は、以上の点で、ローマ法の先取特権は物権でないとしている。

（1）　ローマ法の先取特権については、Mazeaud-Chabas, n° 132.

(b) ローマ法の先取特権は、以下に述べるように、フランスに受け入れられた。そして、日本およびイタリアは、フランス法の影響を受け、先取特権制度を採用している。他方、ドイツおよびスイスは、公示方法がないのに優先弁済受領権のある先取特権制度の合理性を認めず、これを採用していない。ドイツおよびスイスにおいては、先取特権に類似した法定質権や法定不動産担保権が散在しているにすぎない。

(ロ) フランス

(a) 先取特権(privilège)は、フランス古法において、ローマ法の先取特権から大きく変化した。すなわち、フランス古法においては、債務者の一般財産を目的にする先取特権(一般先取特権)の外に、特定の動産や特定の不動産を目的物にする先取特権(動産先取特権、不動産先取特権)が現れたのである。そして、先取特権は抵当権に優先するとされ、さらに、不動産先取特権者は第三者に対し追及権を有するとされたのである。このようなフランス古法の先取特権は、基本的にフランス民法典に受け入れられたが、その後、一九五五年のデクレや一九五九年のオルドナンスおよび二〇〇六年の担保権に関する民法改正によって修正を受けている。(1)

(1) 以上については、Mazeaud-Chabas, n°s 132 et s.
フランスの先取特権一般については、下村信江「フランス先取特権制度論」帝塚山法学三号三五頁以下、四号一一九頁以下(平成一一年—一二年)参照。

(b) (α) 現在のフランスの先取特権は、以下の四つに分けられる。

第一は、債務者のすべての動産、不動産を目的物とする一般先取特権である。この先取特権は、訴訟費用などに関して認められている(フランス民法二三三一条・二三七五条)。

第二は、債務者のすべての動産を目的物とする一般動産先取特権である。この先取特権は、葬式費用などに関して認められている(フランス民法二三三一条)。

第三は、債務者の特定の動産を目的物とする特別動産先取特権である。この先取特権は、動産の売買代金などに関して認められている（フランス民法二三三二条）。

第四は、債務者の特定の不動産を目的物とする不動産先取特権である。この先取特権は、不動産の売買代金などに関して認められている(1)（フランス民法二三七四条）。

（1）　以上については、Mazeaud-Chabas, n°s 131 et s.; Legeais, n°s 637 et s.; Aynès-Crocq, n°s 460 et s., 600 et s.

(β)　先取特権の順位については、かなり複雑であるが、大要、以下の通りである。

特別動産先取特権は、一般動産先取特権に優先する（フランス民法二三三二―一条）。

一般先取特権は、動産によっては十分な満足を受けることができないという条件のもとに不動産先取特権に優先する（フランス民法二三七六条）。

不動産先取特権は、原則として抵当権に優先する（フランス民法二三八六条）。不動産先取特権は、抵当権の登記に後れて登記をしても原則として抵当権に優先する。それゆえ、一般先取特権は、動産によっては十分な満足を受けることができないという条件のもとに不動産先取特権に優先するから、同じ条件のもとに抵当権にも優先する。一般先取特権には公示は要求されない(1)。

（1）　以上については、Mazeaud-Chabas, p. 151 et n°s 203 et s.; Legeais, n°s 594, 668 et 687; Aynès-Crocq, n°s 467, 609 et 702.

(c)　フランスの先取特権が優先弁済受領権を伴う法定の担保権であることに争いはない。また、不動産先取特権が抵当権と同様に第三者に対して追及権を有することや物権であることについても争いはない。

これに対し、その他の先取特権については、先取特権が第三者に対して追及権を有するかどうかや物権であるかどうかについて争いがある。有力な学説は、その他の先取特権の追及権や物権性を肯定し、さらに、不可分性を認めているが、破毀院の判例は、動産先取特権の追及権を否定している(1)。

(1) 以上については、Mazeaud-Chabas, n°s 137 et s.; Legeais, n° 637; Aynès-Crocq, n°s 467 et s., 611.

(ハ) ドイツ

(a) 前述したように、ドイツにおいては先取特権は存在せず、これに類似の権利が散在しているにすぎない(本書七七頁参照)。

(b) ドイツにおいては、法定質権(Gesetzliches Pfandrecht)のうち、質権者による目的物の占有を必要としないものが先取特権に類似する。以下の三つの場合が認められている。すなわち、使用賃貸人は使用賃貸借から生じる請求権について賃借物に持ち込まれた使用賃借人の物に質権を取得するという場合(ドイツ民法五六二条一項一段)、用益賃貸借において同様の場合(ドイツ民法五九二条一段)、旅館の主人は客の宿泊料について客が旅館に持ち込んだ物に質権を取得するという場合(ドイツ民法七〇四条一段)がこれである(1)。いずれも動産についてのみ認められている。

(1) Prütting, Nr. 781 und 787.

(ニ) スイス

(a) 前述したように、スイスにおいても先取特権は存在せず、これに類似の権利が散在しているにすぎない(本書七七頁参照)。

(b) (α) スイスにおいては、Retentionsrecht のうち目的物の占有を必要としないもの、および、法定不動産担保権(Gesetzliches Grundpfandrecht)が先取特権に類似する。

(β) Retentionsrecht のうち目的物の占有を必要としないものとしては、たとえば、使用賃貸人は賃料について使用賃借人によって賃借物に持ち込まれた物などに Retentionsrecht を有する場合(スイス債務法二六八条)、用益賃貸借において同様の場合（スイス債務法二九九条C）、旅館の主人は宿泊料について客が旅館に持ち込んだ物に Retentionsrecht を有する場合（スイス債務法四九一条一項）がこれである。これらは、いずれも、債権者の占有を前提としない異質的な法定質権である。(1)

（1）　Basler Kommentar, §§ 268–268b Nr. 1.

(γ)　法定不動産担保権には、登記なしに成立する直接法定不動産担保権(Unmittelbares gesetzliches Grundpfandrecht)と登記によって成立する間接法定不動産担保権(Mittelbares gesetzliches Grundpfandrecht)の二つがある。前者は、たとえば、債権者は他人の不動産の価値の減少の除去や防止のために支出した費用についてその不動産に登記なしに優先権のある不動産担保権を取得するというのがこれである（スイス民法八一〇条二項）。後者は、たとえば、不動産の売主は売買代金を担保するために売買された不動産につき不動産担保権設定の登記請求権を有し登記がされれば不動産担保権を取得するというのがこれである（スイス民法八三七条一項一号）。直接法定不動産担保権はすでに登記がされている他の権利にも優先するが、間接法定不動産担保権は登記の時に従った順位を有する。(1)

（1）　Tuor-Schnyder-Schmid, S. 827.

二　先取特権の法的性質

(1)　先取特権者は、債務者が被担保債権を弁済しない場合、目的物を競売して売却代金や売得金から他の債権者に先立って弁済を受けることができる（三〇三条、民執一八一条一項三号四号・一九〇条）。先取特権は、全面的な優先弁済受領権を伴うという点において質権や抵当権と同じである。

(2)　(イ)　先取特権は、法律の規定によって当然に成立する。この場合、法律の規定によって当然に成立する仕方には二つのものがある。

第一は、先取特権自体が法律の規定によって当然に成立するものであり、動産先取特権と一般先取特権がこれである。これは、スイスにおける前述の直接法定不動産担保権に類似する。第二は、先取特権設定請求権、したがって、また、先取特権設定登記請求権が法律の規定によって当然に成立するものであり、不動産先取特権がこれである。この場合、先取特権自体は当事者の登記によって成立する。これは、スイスにおける前述の間接法定不動産担保権に類似する。

(ロ) (a) 先取特権は、原則として法律の規定がなければ成立しない[1]。それゆえ、当事者の合意によって先取特権を成立させることはできない。先取特権は、動産先取特権においては、公示されなくても優先弁済受領権を有するし、不動産先取特権においては先順位の抵当権に優先することもあり(三三九条)、他の債権者を不当に害するおそれがあるからである。当事者は、先取特権に類似の優先権を取得したいのであれば、抵当権や譲渡担保権の設定を受ければよい。これに対し、当事者の事前の合意によって先取特権の成立を排除することができるかどうかには問題がある。社会的弱者を保護するための雇用関係の先取特権(三〇八条)や農業労務、工業労務の先取特権(三二三条・三二四条)は当事者の合意によってその成立を排除するのは許されないが[2]、その他の先取特権は当事者の合意によってその成立が排除されるとしつつ、当事者の合意が公序良俗(九〇条)に反しないかどうかを当事者間の関係や合意の際の状況を考慮して慎重に判断するというのが妥当であろう。

(1) フランスにおいても、Pas de privilège sans texte といわれる(Mazeaud–Chabas, n° 137)。

(2) 同旨、我妻・五八頁、柚木＝高木・四三頁。

(b) 先取特権は、原則として法律の規定がなければ成立しないが、しかし、場合により解釈によってこれを認めることは可能であると解すべきである。

たとえば、BがAの金銭を盗取した場合、Aは、金銭がBのもとで特定されていれば金銭所有権に基づきその返還を請求することができる。金銭が特定性を失った場合、AはBに対し不当利得による利益返還請求権を有するが、一般に、Aはこの請求権につき優先権を持たないとされている。しかし、これでは金銭が特定している場合と特定していない場合とで全く相反する取扱いをすることになり、著しくバランスを失し妥当でない。Aは、金銭が特定していなければ他に優先してその返還を求めることができる以上、これとのバランスからいって、金銭が特定していなければそれによってBに生じた一般財産の増加分から他に優先して不当利得による利益返還を求めることができると解すべきである。Bの債権者は、Aの金銭として特定している金銭から弁済を受けるのを期待すべきでないのと同様に、Aに帰属すべきBの一般財産の増加分から弁済を受けるのを期待すべきではないのである。この場合、AがAに帰属すべきBの一般財産の増加分から優先弁済を受けることができるというのは、Aはこの増加分の範囲でBの総財産の上に一般先取特権を有するということを意味する。Aは、Aに帰属すべきBの一般財産の増加分につき一般先取特権を行使することができるのである。これに対し、Bの債権者がAに帰属すべきBの一般財産の増加分につき善意無過失でBの一般財産を差し押さえた場合、Bの債権者は、金銭が特定している場合には善意取得あるいは善意取得に準じて保護されるのと同様（本書七四頁以下参照）、善意取得に準じて保護される（優先権の主張を受けず同一順位になる）と解すべきである。(1)

以上のように、場合により解釈によって先取特権を認めることは可能であると解すべきである。

(1)　以上につき、石田（穣）・七二頁以下参照（同書の説明に多少修正を加えている）。

(3)　先取特権は、物権であるが、これを第三者に主張することには制限がある。すなわち、登記された不動産先取特権は第三者に対して主張することができるが、動産先取特権は債務者が目的物を第三取得者に引き渡した場合にはこの目的物について行使することができないとされている（三三三条）。一般に、民法三三三条は動産先取特権は第三取得者に対して主張することができないことを定めた規定であると解されているが、しかし、後述するように、動産先取特権であっても先取特権の存在につき悪意過失のある第三取得者に対しては主張することができると解すべきである（本書一二一頁以下参照）。

(4)　先取特権の公示方法は、動産が目的物の場合には要求されない。一般先取特権の目的物が不動産の場合と不動産先取特権の場合の公示方法は、登記である（三三六条・三三七条・三三八条一項・三四〇条参照）。

(5) 先取特権は、債務者以外の第三者が所有する物の上には成立しない。もっとも、債権者が先取特権を善意取得する場合は別である（三一九条）。

(6) 種々の先取特権の間の優先関係や先取特権と他の担保物権の間の優先関係は、原則として法律上定められており（三二九条―三三二条・三三四条・三三九条）、必ずしも成立や登記の順序に従わない。

(7) 先取特権は、担保物権の一種として、他物権性、付従性（随伴性を含む。本書一一頁参照）、不可分性（三〇五条・二九六条）、物上代位性（三〇四条）の諸性質を有する。このうち、随伴性については疑問もある。たとえば、雇用関係の先取特権の場合（三〇八条）、これが認められるのは社会的弱者を保護するためであるが（本書八七頁参照）、随伴性があるとすれば、たとえば家事使用人（労働基準法一一六条二項・二四条一項本文参照）が給料債権を第三者に譲渡すれば第三者は先取特権を取得することになり、先取特権を認める趣旨に反しないかという疑問がある。しかし、随伴性がないとすれば、家事使用人は給料債権を第三者に譲渡しても安くしか譲渡できず害されるおそれがある。それゆえ、雇用関係の先取特権についても随伴性を認めるのが妥当であろう。なお、物上代位性については多くの問題があり、後で詳述する（本書一三四頁以下参照）。

第二節　先取特権の種類

一　序

(1) 序　先取特権には、大きく分けて、民法上の先取特権と民法以外の法律上の先取特権の二つがある。

(2) 民法上の先取特権　民法上の先取特権には、債務者の総財産を目的とする一般先取特権と債務者の特定の財産を目的物とする特別先取特権の二つがある。そして、後者には、債務者の特定の動産を目的物とする動産先取特権と債務者の特定の不動産を目的物とする不動産先取特権がある。

(3) 民法以外の法律上の先取特権　民法以外の法律上の先取特権には、商法上の先取特権、建物の区分所有等に関する法律上の先取特権、立木ノ先取特権ニ関スル法律上の先取特権、借地借家法上の先取特権、罹災都市借地借家臨時処理法上の先取特権、農業動産信用法上の先取特権、鉱業法上の先取特権、租税などの公の債権に認められる優先権などがある。

二　一般先取特権

(1) 序　一般先取特権[1]には、共益費用、雇用関係、葬式費用、日用品供給に関する四つのものがある(三〇六条)。

(1) 一般先取特権については、清水誠「一般の先取特権の意義・効力」担保法大系2三四二頁以下(昭和六〇年)、坂本倫城「一般の先取特権の実行」同書三六一頁以下、家近正直「一般の先取特権をめぐる実務上の問題点」同書三九五頁以下、山崎寛「一般先取特権の機能・現状・問題点」金融担保法講座Ⅳ一六七頁以下(昭和六一年)、鈴木禄弥「登記された一般先取特権」民法論文集5五九一頁以下(平成四年)参照。

(2) 共益費用の先取特権

(イ) 共益費用の先取特権は、各債権者の共同の利益のためにされた債務者の財産の保存、清算または配当に関する費用について存在する[1](三〇七条一項)。

(1) 共益費用の先取特権については、薬師寺志光「財産保存の先取特権に関する一考察」国学院法学三巻四号六頁以下(昭和四一年)参照。

(ロ) (a) 共益費用の先取特権の趣旨は、各債権者の共同の利益のために支出された費用は各債権者に優先して償還されるのが公平に合致するというものである。それゆえ、右の費用の支出が総債権者の一部にとってのみ利益になる場合、先取特権は利益を受ける債権者に対してのみ存在する(三〇七条二項)。たとえば、よく挙げられる例であるが、抵当不動産の譲渡が詐害行為として取り消された場合（四二四条）、一般債権者は債務者の一般財産が増加するから利益を受けるが、抵当権者は抵当不動産が第三者に譲渡されても抵当権を実行できるから詐害行為の取消しによって利益を受けない。したがって、この場合、詐害行為取消しの費用の先取特権は、一般債権者に対してのみ存在し、抵当権者に対しては存在しないのである。

(b) 各債権者の利益になるとは、債権者が先取特権者の行為により行為前にくらべて利益を受けること、あるいは、先取特権者の行為がなければ当然受けるべき不利益を先取特権者の行為により免れたことを意味する。それゆえ、先取特権者の行為後に債権者となった者は利益を受けた債権者とはいえない。たとえば、不動産が詐害行為の取消しにより債務者の一般財産に戻った場合、取消前の債権者は、一般財産の増加により（詐害行為後に債権者になった場合）、あるいは、当然受けるべき不利益を免れたことにより（詐害行為前に債権者になった場合）利益を受ける。しかし、取消後の債権者は一般財産が増加したのを前提に金銭を貸し付けるなど一般財産の増加に見合った負担をしており、取消前の債権者のような利益は受けないのである。

右の場合、先取特権は詐害行為の取消しの時点で取消前の債権者に対して成立し、取消後の債権者に対しては成立した先取特権を主張することができるかどうかの問題になる。これについては、一般先取特権は公示なしに一般の債権者にこれを主張することができるとされており（三三六条本文参照）、先取特権者は取消後の債権者に対しても先取特権を主張することができると解される。もっとも、取消後の債権者が先取特権の存在につき善意無過失で一般財産を差し押さえた場合、取消後の債権者は善意取得に準じて先取特権の主張を受けない（先取特権者と同一順位として扱われる）と解すべきである（本書八二頁参照）。この場合、差押財産の競売において、まず、先取特権者と右の善意無過失で差し押さえた取消後の債権者が一般財産の増加分につき同一順位で配当を受け、次いで、この配当で先取特権の消滅した債権者や取消前の債権者、取消後の債権者が同一順位で差押財産につき配当を受けるということになるであろう。

(c)　共益費用の支出によって各債権者に生じた利益は現存していなければならず、共益費用の先取特権はその現存利益の限度で存在する。共益費用の支出者が他の債権者に優先するのは、共益費用の支出によって他の債権者が現在利益を受けているからである。そこで、たとえば、債務者に代位して債権の消滅時効を中断しても（四二三条）、その後その債権が消滅時効によって消滅すれば、共益費用の先取特権も消滅するのである。

(ハ)　財産の保存とは、財産の現状を維持することである。たとえば、債務者に代位して債権の消滅時効を中断したり、債務者の詐害行為を取り消したりするのがこれである。財産の清算または配当とは、財産の整理または債権者への財産の分配である。たとえば、法人の清算手続き（一般法人二〇六条以下）、相続財産法人の清算手続き（九五一条以下）などがこれである。なお、強制執行や担保権の実行としての競売の費用、破産などの倒産手続きに要する費用は、財産の清算または配当に関する費用に該当するが、民事執行法や破産法などに特別の規定がある（民執四二条・一九四条、破一四八条一項一号二号など）。これらの費用は、民事執行法や破産法などの規定上、当該の強制執行や担保権の実行としての競売手続き、破産手続きなどの中で優先して回収される。

(ニ)　特定の動産や不動産を保存するために費用を支出した場合、共益費用の先取特権の外に、動産保存の先取特権（三二〇条）と不動産保存の先取特権（三二六条）が問題となる。この場合、先取特権者は、選択によりいずれの先取特権を行使してもよいと解すべきであろう。

(ホ)　債務者の総財産が目的になる。それゆえ、動産、不動産に限らず、債権や無体財産権なども目的になる。この場合、総財産が一体として目的になるのではなく、総財産を構成する個々の財産が目的になると解されている。したがって、個々の不動産について先取特権の登記をすることが可能である（三三六条、不登三条五号参照）。

(3)　雇用関係の先取特権

(イ)　雇用関係の先取特権（1）は、給料その他債務者と使用人との間の雇用関係に基づいて生じた債権について存在する

（三〇八条）。

（1） 雇用関係の先取特権については、霜島甲一「先取特権と民事執行」金融担保法講座Ⅳ三一九頁以下（昭和六一年）、大山和寿「アメリカ連邦破産法における賃金優先権―雇人給料及び会社使用人の先取特権を改善する立法論を志向して―」早稲田大学大学院法研論集九五号一頁以下、九六号二七頁以下、九七号四五頁以下、九八号一頁以下、一〇〇号四九頁以下、一〇一号二五頁以下（平成一二年～一四年）、同「先取特権諸規定形成過程一斑―民法旧三〇九条（現三〇八条）、三二四条、三二九条、三三〇条、三三四条を中心に―」タートンヌマン七号四七頁以下（平成一五年）、田山輝明「労働債権と先取特権」伊藤進先生古稀記念論文集（担保制度の現代的展開）九五頁以下（平成一八年）参照。

(ロ) 雇用関係の先取特権の趣旨は、使用人の生活の基礎となる給料などの支払いについて使用人に優先権を認め、これによって社会的弱者である使用人を保護しようというものである。雇用関係の先取特権は、はじめ、葬式費用の先取特権に劣後すると規定されていたが、昭和二四年の民法改正により、使用人保護の観点から葬式費用の先取特権に優先するとされるに至った。また、雇用関係の先取特権は、はじめ、雇人給料の先取特権と呼ばれ、被担保債権は雇人の受ける最後の六か月間の給料とされていたが、平成一五年の民法改正により、やはり使用人保護の観点から最後の六か月間の給料という制限も取り除かれ現行法のように改められるに至ったのである。

(ハ) (a) 使用人とは、広く雇用関係によって労務を提供する者をいう（最判昭四七・九・七民集二六巻七号一三二四頁。これに対し、大判昭三・六・二民集七巻四一三頁は、使用者との間に従属的関係が存在し継続して使用される者をいうとしていた）。雇用関係が継続的であるか一時的であるかを問わず、パートタイマーやアルバイトで働く者も含まれる。労働基準法上の労働者は同居の親族のみを使用する事業に雇われる者や家事使用人を含まないが（労働基準法一一六条二項）、使用人はこれらの者も含む。

(b) 被担保債権は、給料その他債務者と使用人との間の雇用関係に基づいて生じた一切の債権である。退職金もここに含まれるのは当然である（最判昭四四・九・二民集二三巻九号一六四一頁）。

(ニ) 債務者の総財産が目的になる。

(4)　葬式費用の先取特権

(イ)　葬式費用の先取特権は、債務者のためにされた葬式の費用のうち相当な額について(三〇九条一項)、および、債務者がその扶養すべき親族のためにした葬式の費用のうち相当な額について(三〇九条二項)存在する。

(ロ)　葬式費用の先取特権の趣旨は、葬式のために費用を支出した者(葬儀社など)に先取特権を認めることにより葬式費用の支出を容易にし、もって、死者のために相応の葬式が営まれるのを容易にしようとするものである。

(ハ)　(a)　民法三〇九条一項の債務者とは、死者本人のことである。民法三〇九条一項は、葬儀社などが死者本人のために葬式費用を支出した場合の規定である。それゆえ、この場合、債務者の総財産とは遺産全体を意味し、葬式費用を支出した葬儀社などは遺産全体の上に先取特権を有するのである。

(b)　民法三〇九条二項の債務者とは、死者を扶養すべき親族(七五二条・八七七条参照)のうち死者のために葬式を営んだ者である。たとえば、死者の子が死者のために葬式を営む場合がこれである。死者の内縁の夫や妻も死者を扶養すべき親族に該当すると解される。民法三〇九条二項は、死者を扶養すべき親族のうち死者のために葬式を営んだ者に葬儀社などが葬式費用を支出した場合の規定である。それゆえ、この場合、債務者の総財産とは死者を扶養すべき親族のうち死者のために葬式を営んだ者の総財産を意味する。

(c)　葬式費用は、いずれの場合であっても、相当な額の限度においてのみ先取特権により担保される。相当かどうかは、社会通念によって判断される。

(ニ)　債務者の総財産が目的になる。

(5)　日用品供給の先取特権

(イ)　日用品供給の先取特権は、債務者またはその扶養すべき同居の親族およびその家事使用人の生活に必要な最後の六か月間の飲食料品、燃料および電気の供給について存在する(三一〇条)。

(ロ) 日用品供給の先取特権の趣旨は、日用品を供給した者に先取特権を与えてその対価の回収に優先権を認め、もって、債務者が日用品の供給を容易に受けられるようにして債務者の生活を保障しようとするものである。

(ハ) (a) 債務者は、自然人であって、法人を含まない（最判昭四六・一〇・二一民集二五巻七号九六九頁）。日用品供給の先取特権の趣旨は、債務者の生活の保障にあるからである。もっとも、法人といっても個人企業であって法人への日用品の供給が実質上個人への日用品の供給と同視できる場合には日用品供給の先取特権が認められるべきである(1)（法人格否認の法理）。

(1) 同旨、道垣内・五一頁。

(b) 債務者の扶養すべき同居の親族の中には、内縁の妻（大判大一一・六・三民集一巻二八〇頁）や事実上の養子も含まれる。

(c) 被担保債権は、債務者や債務者が扶養すべき同居の親族、家事使用人の生活に必要な最後の六か月間の日用品の供給の代価である。債務者などの生活に必要かどうかは、債務者などの社会的地位や身分、常日頃の生活状況などを考慮して決定される。最後の六か月間の起算時は、配当が実施される時であるが（民執八五条・一三九条・一四二条・一八八条・一九二条参照）、その前に日用品の供給が終了していた場合にはその終了した時である。

(ニ) 債務者の総財産が目的になる。

三 動産先取特権

(1) 序 動産先取特権(1)には、不動産賃貸、旅館宿泊、運輸、動産保存、動産売買、種苗肥料供給、農業労務、工業労務に関する八つのものがある（三一一条）。

(1) 動産先取特権については、今中利昭「動産の先取特権の種類とその内容・効力」担保法大系2四七〇頁以下（昭和六〇年）、中沢良和「動産の先取特権の実行と実務上の問題点」同書五二七頁以下参照。

(2) 不動産賃貸の先取特権

(イ) (a) 不動産賃貸の先取特権は、その不動産の賃料やその他の賃貸借関係から生じた賃借人の債務について賃借人の動産の上に存在する（三一二条）。これを具体的にいえば、土地の賃貸人の先取特権は、その土地またはその利用のための建物に備え付けられた動産、その土地の利用に供された動産、および、賃借人が占有するその土地の果実の上に存在する（三一三条一項）。建物の賃貸人の先取特権は、賃借人がその建物に備え付けた動産の上に存在する（三一三条二項）。

(b) 不動産賃貸の先取特権は、地上権や永小作権の場合に準用される（二六六条二項・二七三条参照）。

(ロ) 不動産賃貸の先取特権の趣旨は、賃料などが未払いの場合、賃貸人はまず賃借人の前述のような動産から優先的に回収を受けると期待するのが通常であり、その期待を保護するというものである。

(ハ) (a) 不動産賃貸の先取特権が地上権や永小作権に準用される場合、賃料に当たるのは地上権の地代や永小作権の小作料である（二六六条二項・二七三条）。賃料以外の賃貸借関係から生じた賃借人の債務とは、たとえば、賃借人が賃貸不動産を損傷した場合に生じる賃借人の損害賠償債務などである。

(b) 賃借人の財産の総清算の場合、賃貸人の先取特権は、前期、当期および次期の賃料とその他の債権について存在するが、損害賠償債権に関しては前期と当期に生じた分について存在する（三一五条）。

財産の総清算とは、破産、法人の清算（一般法人二〇六条以下）、相続の限定承認（九二二条以下）などである。

前期、当期、次期は、賃料などの支払期日と総清算の開始時によって定まる。たとえば、賃料が一か月分につき毎月末に支払われるべき場合（六一四条本文参照）で九月一五日に破産手続開始の決定があった場合、九月一五日に最も近接して支払期日が到来している八月分が前期、九月分が当期、一〇月分が次期である。総清算の場合に被担保債権の範囲が限定されるのは、このような場合には、通常、債務者の資力は十分でなく、他の債権者の利益も考慮する必要があるからである。

(c) 賃貸人は、敷金を受け取った場合、その敷金でもって弁済を受けない債権の部分についてのみ先取特権を有する（三一六条）。賃貸人が敷金を受け取った場合、未払賃料などは当然に敷金から充当され、賃貸人はその残額についてのみ債権を有するにすぎない。それゆえ、先取特権もその残額である債権についてのみ存在するのである。

未払賃料などが敷金から充当されるのは原則として賃貸借終了時であるが、賃貸借継続中に先取特権の目的物である賃借人の動産が他の債権者によって差し押さえられた場合、賃貸人は、その当時の未払賃料などについて敷金から弁済を受け、その残額について配当要求をすることができる。これは、賃貸人は敷金を受け取っている以上、まずそれから満足を受けるべきであり、他の債権者を害することは避けるべきだからである。賃貸人が配当要求をした後で賃借人に敷金を返還した場合、賃貸人は敷金で充当されるべき被担保債権の部分につき先取特権を主張することはできない（大判昭一二・七・八民集一六巻一一三二頁）。賃貸人が敷金を返還するのは他の債権者を不当に害するからである。(1)

(1) 槇・六四頁、柚木＝高木・五九頁以下、川井・二五八頁、高橋・四〇頁以下参照。

(二) (a) 土地の賃貸人の先取特権の目的物は、その土地に備え付けられた動産、その土地の利用のための建物に備え付けられた動産、その土地の利用に供された動産、その土地の果実で賃借人が占有するものである。その土地に備え付けられた動産とは、たとえば、排水用のポンプなどである。その土地上の建物に備え付けられた動産もその土地に備え付けられた動産に該当すると解されている。(1)

その土地の利用のための建物に備え付けられた動産とは、たとえば、小作地の利用のために小作地外に建てられた小屋の中に保管されている農耕機などである。その土地の利用のための建物は、その土地外に建てられたものを指し、(2)その土地上のものを含まない。

その土地の利用に供された動産とは、以上とは別の場所におかれてその土地の利用に供された動産であり、たとえば、小作地の隣の更地におかれた農耕機などである。

その土地の果実で賃借人が占有するものとは、たとえば、小作地の農産物で賃借人が保管しているものなどである。果実は天然果実を指し、法定果実は民法三一四条の「転貸人が受けるべき金銭」に該当し同条の問題になる。(3)

（1）梅・三〇七頁。
（2）梅・三〇七頁以下、注釈民法(8)一二四頁（甲斐道太郎執筆）。
（3）同旨、道垣内・五三頁。

(b) (α) 建物の賃貸人の先取特権の目的物は、賃借人がその建物に備え付けた動産である。

判例は、建物に備え付けた動産の意義を広く解し、建物に設置された機械（大判昭一八・三・六民集二二巻一四七頁）はもちろん、一定期間継続して建物の中におくために建物に持ち込まれた宝石、金銭、有価証券（大判大三・七・四民録二〇輯五八七頁）や商品（大判昭八・四・八新聞三五五三号七頁）も含まれるとする。これに対し、学説は、建物に備え付けた動産とは建物の使用に関連して建物に常置される物であるとし、建物の使用に関係のない宝石、金銭、有価証券などは含まれないとする。

(β) 宝石、金銭、有価証券なども建物で生活をする上で必要であるから建物の中におかれているといえる。たとえば、外出時に身に付けるための宝石、生活用品を購入するための金銭、自宅で商売をするために必要な有価証券を建物の中におくというのがそうである。これは、テレビや冷蔵庫などの他の動産が建物で生活をする上で必要であるから建物の中におかれているのと同じである。それゆえ、宝石、金銭、有価証券などが建物の使用に関係がないとはいえず、また、建物の賃貸人がこれらの物から優先的に未払賃料などが回収されると期待していないともいえない。したがって、判例の立場が妥当であると考える。(1)(2)

（1）同旨、星野・二〇一頁、船越・四七頁以下、内田・五一二頁、平野・三六四頁以下。
（2）フランスでは、賃借家屋に備え付けられた一切の物に先取特権が及ぶと規定されており（フランス民法二三三二条一号）、商品を含むなど広く解されているが、個人的な宝石、紙幣、無体財産などは除外される傾向にある(Mazeaud-Chabas, n° 169; Legeais, n° 678)。
ドイツでは、不動産の使用賃貸人は使用賃貸借関係から生じる請求権についてその不動産に持ち込まれた使用賃借人の物に質権を有すると規定されているところ（ドイツ民法五六二条一項一段）、商品を含むとされるが(Münchener Kommentar, § 562 Nr. 12; Staudinger, § 562 Nr. 29; Juris Praxiskommentar, § 562 Nr. 39)、日々の売上金については争いがある(Juris Praxis-

kommentar, a. a. O. は肯定、Staudinger, § 562 Nr. 13 は反対)。

スイスでは、営業所の使用賃貸人は営業所に存在しその設備やそこでの利用に供されている動産に Retentionsrecht を有すると規定されているところ(スイス債務法二六八条一項)、商品を含むが、使用賃借人の個人的な物、たとえば、衣類、スポーツ用具、旅行かばんなどは含まないとされている(Basler Kommentar, § 268 Nr. 3)。

(γ) 建物に備え付けた動産は、建物の中に備え付けられた動産に限定されない。建物の敷地におかれた自動車や自転車、乳母車、庭仕事用の道具なども、建物で生活をする上で必要な物であり、建物に備え付けた動産に該当する。(1)

(1) Vgl. Staudinger, § 562 Nr. 13.

(δ) 賃借人が建物に備え付けた動産が建物の外に出た場合であっても、それが一時的なものであれば先取特権は消滅しない。たとえば、冷蔵庫を修理のために外に出すという場合がこれである。

これに対し、建物に備え付けた動産が建物から外に出るのが一時的なものではない場合、それが賃借人の通常の生活を営む上で必要であったり、賃借人に明らかに十分な資力が残っていれば、先取特権は消滅すると解するのが妥当であろう。(1) 建物に備え付けた動産が建物から外に出るのが賃借人の通常の生活を営む上で必要でなく、かつ、賃借人に十分な資力が残っているかどうか明らかでなければ、先取特権は消滅しない。この場合、動産が第三取得者に引き渡されれば、後述の民法三三三条の問題になる(本書一二〇頁以下参照)。

(1) ドイツ民法五六二条aは、「使用賃貸人の質権は、物が不動産から離脱した場合、使用賃貸人が知らなかったり使用賃貸人が異議を述べた場合を除き消滅する。使用賃貸人は、それが通常の生活関係に相応している場合や残存している物が使用賃貸人の担保として明らかに十分である場合、異議を述べることができない」と規定している。

(c) (α) (i) 賃借権の譲渡転貸の場合、賃貸人の先取特権は、譲受人・転借人の動産や譲渡人・転貸人が受けるべき金銭にも及ぶ(三一四条)。これは、賃貸人の譲渡人・転貸人に対する債権を被担保債権とする先取特権の効力は譲受人・転借人の動産などにも及ぶというものであり、先取特権の目的の範囲を拡大するものである。

(ii)　民法三一四条の趣旨は、一般に、賃借権の譲渡転貸の場合、譲渡人・転貸人の動産が譲受人・転借人に譲渡されることが多く、しかも、動産が第三取得者に引き渡されると先取特権の効力が及ばなくなるため（三三三条）、先取特権の目的の範囲を拡大して賃貸人の保護をはかったとされている。しかし、そうだとすれば、譲受人・転借人が譲渡人・転貸人でない者から譲り受けた動産に先取特権の効力が及ぶとする根拠はなく、先取特権の効力が及ぶのは譲受人・転借人が譲渡人・転貸人から譲り受けた動産に限られるということになるはずである。

先取特権の効力が譲受人・転借人の動産に及ぶのは、賃貸人が賃借権の譲渡転貸を承諾した場合であると解すべきである。なぜなら、賃貸人が賃借権の譲渡転貸を承諾しないのに譲受人・転借人の動産に先取特権の効力を及ぼすことができるとすれば、先取特権の効力が及ぶのは譲受人・転借人が譲渡人・転貸人から譲り受けた動産に限定されるべきであるし、また、賃貸人が譲渡転貸を承諾しないのに譲渡人・転貸人が受けるべき金銭（賃借権譲渡代金請求権、転貸賃料請求権）に先取特権を行使するというのは矛盾した行為であるからである。それゆえ、先取特権の効力が譲受人・転借人の動産に及ぶのは、賃貸人が賃借権の譲渡転貸の承諾という譲受人・転借人にとって有利な行為をしたからであると解すべきである。民法三一四条は、賃貸人が賃借権の譲渡転貸を承諾することを条件にして譲受人・転借人の動産に先取特権の効力が及ぶことを認めているといえるのである。

(iii)　賃貸人の譲受人・転借人に対する賃貸借関係から生じる債権を被担保債権とする先取特権が譲受人・転借人の動産に及ぶのは当然であり（たとえば、賃貸人が譲受人に対して有する賃料債権を被担保債権とする先取特権は譲受人の動産に及ぶ）、それはここでの問題ではない。

(β)　譲受人・転借人の動産の範囲についても民法三一三条が適用される。

(γ)　(i)　譲渡人・転貸人が受けるべき金銭とは、譲渡人・転貸人が譲受人・転借人に対して有する金銭の支払いを求める請求権である。譲渡人・転貸人が賃貸不動産の賃貸借（転貸借を含む）に関連して取得する請求権に限定される。譲渡人の有する賃借権譲渡代金請求権や転貸人の有する転貸賃料請求権がその例である。譲渡人・転貸人が有する賃貸借に無関係の貸金請求権などは含まれない。

(ii) 賃貸人が賃借権の譲渡転貸を承諾しない場合(六一二条)、賃貸人は賃借権譲渡代金請求権や転貸賃料請求権に対し先取特権を行使することができないと解すべきである。なぜなら、賃貸人が賃借権の譲渡転貸の承諾を拒否しつつこれらの請求権に対し先取特権を行使するのは矛盾した行為であるからである(右の(ii)(α)参照)。

(δ) 賃貸人は、譲渡人・転貸人が譲受人・転借人に対して有する請求権に対し先取特権を行使する場合、物上代位に準じて弁済前に請求権を差し押さえなければならない(三〇四条一項但書参照)。これは、右の請求権に先取特権の効力が及ぶことを公示するためである。しかし、譲受人・転借人が右の請求権に先取特権の効力が及ぶことを知っており、かつ、譲渡人・転貸人が譲受人・転借人による請求権の弁済により賃貸人が害されるのを知っている場合、賃貸人は弁済前に差押えをしなくとも弁済を無視して請求権に先取特権を行使することができると解すべきである(本書七五頁以下参照)。

(d) (α) (i) 善意取得の規定が準用され、他人の物の上にも先取特権が成立する(三一九条)。たとえば、土地の賃借人がその土地上に他人の排水ポンプを他人に無断で設置し、賃貸人が排水ポンプは賃借人の物であると無過失で信じた場合、賃貸人は排水ポンプの上に先取特権を取得するのである(三一九条・一九二条)。この場合、賃貸人は未払賃料などが排水ポンプから優先的に回収されると期待するのが通常であり、賃貸人のこの期待を保護するのが妥当であるからである。被担保債権は排水ポンプ設置後の債権に限られるという見解もあるが[(1)]、賃貸人は排水ポンプが設置されればその設置の時期を問うことなく未払賃料などが排水ポンプから優先的に回収されると期待するのであり、そのような制約を課す必要はないというべきである[(2)]。賃借人が自己の排水ポンプを設置した場合にはそのような制約は問題とされていないのである。

(1) 我妻・八二頁。
(2) 同旨、川井・二七五頁、道垣内・五五頁。

(ii)　賃貸人の善意無過失の時期は、賃貸人が賃借物に備え付けられた動産の存在を知った時であるとも考えられる。しかし、借家に備え付けられた動産のように、賃貸人が借家に備え付けられた動産の存在を終始知らないことも少なくない。

賃貸人は、通常、賃借物に備え付けられた動産については、その個別的な内容を知らなくても、概括的に賃借人の所有に属すると考え、概括的にそれから優先的に弁済を受けると期待しているであろう。それゆえ、動産が賃借物に備え付けられた場合、賃貸人がその時点でそれを知ったとすれば他人の物であることを知ったか知ることができたであろう特別の事情がない限り、賃貸人は右の時点で先取特権を善意取得すると解するのが妥当であろう。(1)(2) そして、このように解せば、賃貸人が動産が賃借物に備え付けられた時点でそれを知ったが他人の物であることには善意無過失の場合に先取特権を善意取得するのとバランスがとれるであろう。以上によれば、たとえば、賃貸人が個人的に賃借人の物でないと知っている動産が賃借物に備え付けられた場合、賃貸人が当該動産が賃借物に備え付けられたことを終始知らなかったとしても、先取特権を善意取得しない。

(1)　大判大六・七・二六民録二三輯一二〇三頁は、不動産の賃借人がこの不動産に備え付けた動産を第三者に譲渡し占有改定の方法で引き渡した上で第三者から当該動産を賃借して占有している場合、民法三一九条が適用されるとする。この場合、賃貸人が占有改定の時点で当該動産が不動産に備え付けられているのを知ったとすれば第三者の物であることを知ったか知ることができたであろう特別の事情がない限り、賃貸人は右の時点で先取特権を善意取得すると解される。

(2)　フランスにおいては、不動産賃貸の先取特権は、第三者の所有する物であっても、それが賃借物に備え付けられた時点で賃貸人が善意である限りその第三者の物に及ぶと解されている(Aynès-Crocq, n° 602)。

(iii)　賃貸人が他人の物につき先取特権を善意取得した後で悪意過失を有するに至った場合、賃貸人はそれ以後に取得する未払賃料などについては右の物から優先弁済を受けると期待すべきではない。それゆえ、この場合、賃貸人は悪意過失を有するに至った時点の前に取得した未払賃料などについてのみ右の物から優先弁済を受けることができる

と解すべきである。(1)

(1) 同旨、槇・六五頁。

(β) (i) 民法三一九条は、民法一九二条から同法一九五条までを準用している。

(ii) 民法一九二条については、次の二つの場合が問題になる。

第一は、賃借人が賃借物に備え付けた他人の動産につき賃借人に善意取得が成立する場合である。この場合、賃借人は当該動産の所有権を取得する。それゆえ、この場合、賃貸人は当該動産につき先取特権を取得し、先取特権の善意取得は問題にならない。そして、賃貸人が当該動産が賃借人以外の他人の所有に属していたことにつき悪意過失を有していても、賃貸人は先取特権を取得する。なぜなら、一般に、ある者が善意取得者から動産を譲り受ける際に善意取得者が無権利者から譲り受けたことにつき善意無過失でなければならないとすれば、善意取得者が無権利者から善意取得したことが一般に知れ渡った場合、善意取得者は完全な所有者でありながら動産を他に処分することができなくなるからである。(1) したがって、先取特権の善意取得が問題になるのは、賃借人に善意取得が成立しない場合である。たとえば、賃借人が他人の物であることを知りながらこれを賃借物に備え付けた場合、賃貸人は賃借人の物であると無過失で信じれば先取特権を善意取得するのである。

第二は、賃借人に善意取得が成立しない場合である。この場合、以上に述べたように、賃貸人が善意無過失であれば先取特権を善意取得する。

(1) 石田(穣)・二七九頁参照。そこに引用の文献も参照。

(iii) 民法一九三条については、次の三つの場合が問題になる。

第一は、賃借人が盗品・遺失物につき善意無過失の場合である。この場合、被害者、遺失者は、二年間は先取特権の負担のない動産の回復を請求することができる。被害者、遺失者は、二年が経過すれば民法一九二条の原則により動産の回復を請求することができない。この場合、賃貸人は善意無過失の有無を問わず先取特権を取得する。

第二は、賃借人が盗品・遺失物につき悪意過失を有し、賃貸人が善意無過失の場合である。この場合、被害者、遺失者は二年間は先取特権の負担のない動産の回復を請求することができるが、二年が経過すれば先取特権の負担のある動産の回復しか請求することができない。

第三は、賃借人、賃貸人ともに盗品・遺失物につき悪意過失を有する場合である。この場合、被害者、遺失者は二年間という期間の制限なく先取特権の負担のない動産の回復を請求することができる。

以上のように、賃貸人の先取特権の善意取得が問題になるのは、賃借人に善意取得が成立しないケースにおいて、賃貸人が善意無過失で、かつ、二年が経過した場合である。

(iv)　民法一九四条についても、次の三つの場合が問題になる。

第一は、賃借人が盗品・遺失物につき善意無過失の場合である。この場合、被害者、遺失者は二年間は賃借人に代価を弁償すれば先取特権の負担のない動産の回復を請求することができる(1)。被害者、遺失者は、二年が経過すれば民法一九二条の原則により動産の回復を請求することができない。この場合、賃貸人は善意無過失の有無を問わず先取特権を取得する。

第二は、賃借人が盗品・遺失物につき悪意過失を有し、賃貸人が善意無過失の場合である。この場合、被害者、遺失者は、二年間は賃借人に代価を弁償しなくても先取特権の負担のない動産の回復を請求することができるが、二年が経過すれば賃借人に代価を弁償しなくてよいものの先取特権の負担のある動産の回復しか請求することができない。

第三は、賃借人、賃貸人ともに盗品・遺失物につき悪意過失を有する場合である。この場合、被害者、遺失者は、二年間という期間の制限なく、また、賃借人に代価を弁償することなく、先取特権の負担のない動産の回復を請求することができる。

以上のように、賃貸人の先取特権の善意取得が問題になるのは、賃借人の善意取得が成立しないケースにおいて、賃貸人が善意無過失で、かつ、二年が経過した場合である。

(1) 民法一九四条の代価の弁償を受ける占有者は、盗品・遺失物につき善意無過失でなければならないと解すべきである（石田(穣)・二八九頁参照）。

(v) 民法一九五条については、次の二つの場合が問題になる。

第一は、賃借人が他人の飼育していた家畜以外の動物を善意無過失で占有し（たとえば、他人の飼育していた子タヌキが賃借人の賃借建物にすみつき、賃借人において他人が飼育していたことにつき善意無過失で子タヌキをペットとして占有した場合）、当該動物が飼主の占有を離れて一か月以内に飼主から回復の請求を受けなかった場合である(1)。この場合、賃借人は当該動物の所有権を取得するから、賃貸人は当該動物につき先取特権を取得する。それゆえ、この場合、民法一九五条による先取特権の取得は問題にならない。

第二は、賃借人が右により当該動物の所有権を取得しない場合である。この場合、賃貸人が賃借人の動物であると無過失で信じ、当該動物が飼主の占有を離れて一か月以内に賃借人において飼主から回復の請求を受けなければ、賃貸人は当該動物につき民法一九五条により先取特権を取得する。

(1) 民法一九五条についても、動物の占有者に無過失が要求されると解される（石田(穣)・五四五頁参照）。

(e) 後述するように、借地権設定者は、弁済期の到来した最後の二年分の地代などについて、借地権者が借地上に所有する建物の上にも先取特権を有する（借地借家一二条一項。本書一一〇頁参照）。

(3) 旅館宿泊の先取特権

(イ) 旅館宿泊の先取特権は、宿泊客が負担すべき宿泊料および飲食料についてその旅館にあるその宿泊客の手荷物の上に存在する（三一七条）。

(ロ)　旅館宿泊の先取特権の趣旨は、宿泊料や飲食料が未払いの場合、旅館主はまず旅館内にある手荷物から優先的に回収を受けると期待するのが通常であり、その期待を保護するというものである。

(ハ)　宿泊客が負担すべき宿泊料および飲食料には、宿泊客本人の宿泊料および飲食料の外に、宿泊客の家族や秘書、家事使用人の宿泊料および飲食料が含まれる。自動車の駐車料は、宿泊料に含まれる。

(ニ)　(a)　旅館宿泊の先取特権の目的物は、旅館内にある宿泊客の手荷物である。宿泊客本人の手荷物ばかりでなく宿泊客の家族や秘書、家事使用人の手荷物も目的物に含まれる。

(b)　善意取得の規定が準用され、他人の物の上にも先取特権が成立する（三一九条）。

(4)　運輸の先取特権

(イ)　運輸の先取特権は、旅客または荷物の運送賃と付随の費用について運送人の占有する荷物の上に存在する（三一八条）。

(ロ)　運輸の先取特権の趣旨は、運送賃や付随の費用が未払いの場合、運送人はまずその占有する荷物から優先的に回収を受けると期待するのが通常であり、その期待を保護するというものである。

(ハ)　付随の費用とは、たとえば、運送人が立て替えた荷造り代や保険料などである。

(ニ)　(a)　運輸の先取特権の目的物は、運送人の占有する荷物である。この場合、運送人は留置権（二九五条）も取得する。

(b)　善意取得の規定が準用され、他人の物の上にも先取特権が成立する（三一九条）。この場合、留置権も善意取得により成立する（本書二五頁以下参照）。

(5)　動産保存の先取特権

(イ)　動産保存の先取特権は、動産の保存のために要した費用、または、動産に関する権利の保存、承認、実行のために要した費用についてその動産の上に存在する（三二〇条）。

(ロ)　(a)　動産保存の先取特権の趣旨は、動産の保存は各債権者の共通の利益であり、そのために支出された費用は各債権者に優先して回収されるのが公平に合致するというものである。前述した共益費用の先取特権の趣旨と同じである（本書八四頁参照）。

(b) 動産についての詐害行為の取消しは、保存行為になる。この場合、動産保存の先取特権は、取消しが行われた時点で取消前の債権者に対して成立する。取消後の債権者は、取消しによる債務者の動産の取得を前提にして金銭を貸し付けるなど債務者の取消しによる動産の取得に見合った負担をしており、取消しによって取消前の債権者のような利益を受けない。しかし、先取特権は公示なしに第三者に主張することができるとされており、先取特権者は、取消しの時点で成立した先取特権を公示なしに取消後の債権者に対し主張することができる。これに対し、取消後の債権者は、先取特権の存在につき善意無過失で先取特権の目的動産を差し押さえた場合、善意取得あるいは善意取得に準じて保護され、先取特権による優先権の主張を受けない（同一順位として扱われる）。この場合、目的動産の競売において、まず、先取特権者と右の差押債権者が同一順位で配当を受け、次いで、右の配当により先取特権の消滅した債権者と取消前の債権者、取消後の債権者が同一順位で配当を受ける（以上につき、本書八五頁参照）。

(c) 各債権者に生じた利益は、共益費用の先取特権の場合と同じく現存していなければならず、動産保存の先取特権は、その現存利益の限度で存在する（本書八六頁参照）。

(ハ) (a) 動産の保存のために要した費用とは、たとえば、動産の保管費用がこれである。

(b) 動産に関する権利の保存のために要した費用とは、たとえば、動産が第三者によって時効取得されそうな場合に債務者に代位し時効を中断するために要した費用である。

(c) 動産に関する権利の承認のために要した費用とは、たとえば、第三者が動産の所有権を主張している場合に債務者に代位し債務者に所有権があることの確認を求める訴訟を提起するために要した費用である。

(d) 動産に関する権利の実行のために要した費用とは、たとえば、第三者が動産を占有している場合に債務者に代位し債務者に返還することを求める訴訟を提起するために要した費用である。

(ニ) 動産保存の先取特権の目的物は、その動産である。

(6) 動産売買の先取特権

(イ) 動産売買の先取特権[1]は、動産の代価およびその利息についてその動産の上に存在する（三二一条）。

（1） 動産売買の先取特権については、安藤次男「動産売買の先取特権とその物上代位――主として札幌高裁昭和五十二年七月三十日決定をめぐって――」東北大学教養部紀要三一号二四六頁（昭和五四年）、宗田親彦「破産宣告と動産売買先取特権――公示のない担保権の効力をめぐって――」NBL二一一号六頁以下、二一二号四四頁以下（昭和五五年）、今中利昭＝井原紀昭＝千田適「民事執行法下における動産売買先取特権の実行」NBL二三四号二〇頁以下、二四〇号三八頁以下（昭和五六年）、河野玄逸「動産売買先取特権の射程距離」NBL二九四号八頁以下、三〇三号三〇頁以下、三〇四号四三頁以下（昭和五八年―五九年）、渡部晃「動産売買の先取特権と債務者の破産――破産宣告後に物上代位権行使を認めた最判昭五九・二・二をめぐって――」NBL三一三号一六頁以下、三二一号三三頁以下、三二四号四四頁以下、三二八号三〇頁以下（昭和五九年―六〇年）、山野目章夫「フランス法における動産売主のための担保」法学四九巻二号九〇頁以下、三号九六頁以下（昭和六〇年）、浦野雄幸「最近の動産売買の先取特権の実行をめぐる諸問題」NBL三三四号八頁以下、三三五号一八頁以下、三三六号二三頁以下、三三七号一一頁以下（昭和六〇年）、井上治典＝宮川聡「倒産法と先取特権――動産売買先取特権を中心にして――」金融担保法講座Ⅳ二八一頁以下（昭和六一年）、霜島甲一「先取特権と民事執行」同書三一九頁以下、林田学「動産売主の先取特権による優先的回収の実現」NBL三六一号六頁以下、三八〇号二五頁以下、三八三号三八頁以下（昭和六一年―六二年）、槇悌次「動産売買先取特権の効力とその実現――実体法と手続法上の諸特徴――」金法一一六九号六頁以下、一一七〇号一二頁以下、一一七一号一二頁以下、一一七三号三〇頁以下、一一七四号一五頁以下、一一七八号二八頁以下、一一七九号二七頁以下、一一八〇号三〇頁以下、一一八一号三〇頁以下、一一八三号二九頁以下、一一八四号三三頁以下（昭和六二年―六三年）、野村秀敏「動産売買先取特権とその実行手続をめぐる裁判例の動向」判評三四七号二頁以下、三四八号二頁以下、三四九号二頁以下、三五〇号一一頁以下、三五一号一二頁以下、三五二号一〇頁以下、三五三号二頁以下（昭和六三年）、尾島茂樹「ファクタリングと動産売買先取特権の物上代位の競合」名法一一八号七七頁以下、一二〇号二九一頁以下、一二二号二七七頁以下、一二四号四二九頁以下（昭和六三年―平成元年）、近江幸治「動産売買先取特権をめぐる新たな問題点」森泉章教授還暦記念論集（現代判例民法学の課題）三七四頁以下（昭和六三年）、伊藤進「集合動産譲渡担保と個別動産上の担保権との関係――特に、動産売買先取特権との関係を中心として――」法論六一巻一号五七頁以下（昭和六三年）、中野貞一郎「担保権の存在を証する文書（民執一九三条一項）――動産売買先取特権に基づく物上代位権の行使をめぐる裁判例――」民事手続の現在問題四八四頁以下（平成元年）、伊藤眞「動産売買先取特権と破産管財人――東京高判平元・四・一七をめぐって――」金法一二三九号六頁以下、一二四〇号一二頁以下（平成元年）、中井美雄「動産売買の先取特権の優先弁済力」立命二〇五・二〇六号一頁以下（平成元年）、竹下守夫「動産売買先取特権の実行」担保権と民事執行・倒産手続一三五頁以下（平成二年）、宇佐見大司「動産売買先取特権の実行をめぐって」石田喜久夫＝西原道雄＝高木多喜男先生還暦記念論文集下（金融法の課題と展望）一頁以下（平成二年）、林田学「動産売買先取特権再考」三ケ月章先生古稀祝賀（民事手続法学の革新）下三一五頁以下（平成三年）、古積健三郎「『流動動産譲渡担保』と他の担保権の関係」彦根論叢二八七・二八八号三八一頁以下、二八九号一一三頁以下（平成六年）、今尾真「動産売買先取特権による債権の優先的回収の再検討序説――フランスにおける動産売買先取特権制度の史的考察――」早誌四五巻一頁以下（平成七年）、徳田和幸「倒産処理と動産売買先取特権――破産の場合を中心として――」今中利昭先生還暦記念論文集（現代倒産法・会社法をめぐる諸問題）三頁以下（平成七年）、林錫璋「動産売買先取特権と担保的機能」債権と担保一六九頁以下（平成九年）、今尾真「流動動産譲渡担保と動産売買先取特権との優劣に関する一試論」明治学院六五号一九七頁以下、六六号一七九頁以下、六七号二六一頁以下（平成一〇年―一一年）、同「動産売買先取特権の『物上代位』のあり方に関する一考察――最高裁平成一〇年一二月一八日決定を契機として――」志林九九巻一号一七七頁以下、三号四三頁以下（平成一三年―一四年）、同「請負契約・製作物供給契約と動産売買先取特権」内山尚三先生追悼（現代民事法学の構想）一一五頁以下（平成一六年）、清原泰司「動産売買先取特権の物上代位と相殺との優劣」今中利昭先生古稀記念（最新倒産法・会社法をめぐる実務上の諸問題）一二二頁以下（平成一七年）、徳田和幸「破産手続における動産売買先取特権の処遇」同書一五〇頁以下、清原泰司「動産売買先取特権の物上代位権行使と代位目的債権譲渡の優劣」南山法学二九巻二号一頁以下（平成一七年）、今尾真「動産売買先取特権に基づく物上代位とその目的債権の譲渡――最高裁平成一七年二月二二日判決をめぐって――」明治学院七九号三七頁以下（平成一八年）、荒木新五「動産売買先取特権の現状と課題」伊藤進先生古稀記念論文集（担保制度の現代的展開）一一七頁以下（平成一八年）、今中利昭・動産売買先取特権に基づく物上代位論（平成二〇年）、川地宏行「動産売買先取特権に基づく物上代位と債権譲渡の優劣」名法二二七号三一一頁以下（平成二〇年）、清原泰司「動産売買先取特権の物上代位論――相殺との優劣を通して――」南山法学三二巻三・四号三七頁以下（平成二一年）参照。

(ロ)　(a)　動産売買の先取特権の趣旨は、債務者の一般財産は動産を取得することによってその分増加しているから、代金などが未払いの場合、売主にその動産から優先的な回収を認めるのが公平に合致するというものである。

(b)　動産の売買前の債務者＝買主の債権者は、動産の売買により債務者の一般財産が増加するから利益を受ける。しかし、動産の売買後の債権者は、債務者の一般財産の増加を前提にして金銭を貸し付けるなど一般財産の増加に見合う負担をしており、動産の売買前の債権者のような利益を受けるわけではない。

これについては、先取特権は動産の売買の時点で動産の売買前の債権者に対して成立し、動産の売買後の債権者に対してはその先取特権を主張することができるかどうかの問題になると考える。そして、先取特権は公示なしにこれを第三者に主張することができるから、動産売買の先取特権も動産の売買後の債権者に対し公示なしに主張することができると解してよいであろう。もっとも、動産の売買後の債権者が先取特権の存在につき善意無過失で動産を差し押さえた場合、差押債権者は善意取得あるいは善意取得に準じて先取特権による優先権の主張を受けない（先取特権者と同一順位として扱われる）と解される（本書一〇一頁参照）。この場合、動産の競売において、まず、先取特権者と右の差押債権者が同一順位で配当を受け、次いで、動産の売買前の債権者と売買後の債権者が同一順位で配当を受けることになるであろう。

(ハ)　代金債務の支払いのために約束手形が振り出され、その後、この約束手形債務を目的とする準消費貸借（五八八条）が結ばれた場合、先取特権は代金債権については存在するが準消費貸借上の債権については存在しないとされる（大判昭一一・一〇・二民集一五巻一七五六頁）。しかし、代金債権と準消費貸借上の債権は一方が満足されれば他方は消滅するという密接な関係にあり、先取特権は両者について存在すると解すべきである。[1]

(1)　東京大学判例研究会・判例民事法昭和一一年度四四五頁以下（田中耕太郎執筆）、我妻・八五頁参照。

(ニ)　動産売買の先取特権の目的物は、その動産である。

(7)　種苗肥料供給の先取特権

(イ)　種苗肥料供給の先取特権は、種苗または肥料の代価とその利息についてその種苗または肥料を用いた後一年以内にこれを用いた土地から生じた果実の上に存在する（三二二条）。この果実には、蚕種または蚕の飼養に供した桑葉の使用によって生じた物も含まれる（三二二条）。

(ロ) 種苗肥料供給の先取特権の趣旨は、種苗・肥料の供給によって農業者が農産物や繭などを取得しその分だけ農業者の一般財産が増加したから、代金などが未払いの場合、供給者は右の農産物や繭などから優先的に回収を受けるのが公平に合致するというものである（動産売買の先取特権についての本書一〇三頁参照）。また、供給者に先取特権を認めることによって種苗・肥料の供給を容易にし、もって農業者を保護するという趣旨もある。

(ハ) (a) 土地から生じた果実とは、主として農産物である。

(b) 蚕種または蚕の飼養に供した桑葉の使用により生じた物とは、繭や生糸などである。

(ニ) 種苗肥料供給の先取特権の目的物は、農産物や繭などである。

(8) 農業労務の先取特権

(イ) 農業労務の先取特権(1)は、農業労務者の最後の一年間の賃金についてその労務によって生じた果実の上に存在する（三二三条）。

(1) 農業労務の先取特権については、大山和寿「先取特権諸規定形成過程一斑――民法旧三〇九条（現三〇八条）、三二四条、三二九条、三三〇条、三三四条を中心に――」タートンヌマン七号四七頁以下（平成一五年）参照。

(ロ) 農業労務の先取特権の趣旨は、農業労務者の労務によって果実が生じその分だけ使用者の一般財産が増加したから、賃金が未払いの場合、農業労務者は右の果実から優先的に回収を受けるのが公平に合致するというものである（動産売買の先取特権についての本書一〇三頁参照）。また、社会的弱者である農業労務者を保護するという趣旨もある。

(ハ) (a) 農業労務者とは、広く雇用関係によって農業に関し労務を提供する者をいう。

(b) 果実とは、主として農産物である。

(c) 最後の一年間の起算時は、配当が実施される時であるが、その前に労務の提供が終了していた場合にはその終了した時である（本書八九頁参照）。

(d)　農業労務者は、雇用関係の先取特権（三〇八条）も有する。農業労務者は、農業労務の先取特権を行使してもよいし、雇用関係の先取特権を行使してもよい。農業労務者は、農業労務の先取特権を行使する場合、最後の一年間の賃金という制約を受けるが、これで満足を受けない賃金について、さらに雇用関係の先取特権を行使することができる。

(ニ)　農業労務の先取特権の目的物は、農産物などである。

(9)　工業労務の先取特権

(イ)　工業労務の先取特権(1)は、工業労務者の最後の三か月間の賃金についてその労務によって生じた製作物の上に存在する（三二四条）。

(1)　工業労務の先取特権については、大山和寿「先取特権諸規定形成過程一斑――民法旧三〇九条（現三〇八条）、三二四条、三二九条、三三〇条、三三四条を中心に――」タートンヌマン七号四七頁以下（平成一五年）参照。

(ロ)　工業労務の先取特権の趣旨は、工業労務者の労務によって製作物が生じその分だけ使用者の一般財産が増加したから、賃金が未払いの場合、工業労務者は右の製作物から優先的に回収を受けるのが公平に合致するというものである（動産売買の先取特権についての本書一〇三頁参照）。また、社会的弱者である工業労務者を保護するという趣旨もある。

(ハ)　(a)　工業労務者とは、広く雇用関係によって工業に関し労務を提供する者をいう。

(b)　製作物とは、主として工業製品である。

(c)　最後の三か月間の起算時は、配当が実施される時であるが、その前に労務の提供が終了していた場合にはその終了した時である（本書八九頁参照）。

(d)　工業労務者は、雇用関係の先取特権（三〇八条）も有する。工業労務者は、工業労務の先取特権を行使してもよいし、雇用関係の先取特権を行使してもよい。工業労務者は、工業労務の先取特権を行使する場合、最後の三か月間の賃金という制約を受けるが、これで満足を受けない賃金について、さらに雇用関係の先取特権を行使することができる。

(ニ) 工業労務の先取特権の目的物は、工業製品などである。

四 不動産先取特権

(1) 序 不動産先取特権[1]には、不動産保存、不動産工事、不動産売買に関する三つのものがある（三二五条）。

（1） 不動産先取特権については、尾崎三芳「不動産の特別先取特権の内容・効力」担保法大系2四一八頁以下（昭和六〇年）、藤谷定勝「不動産の特別先取特権の登記と登記実務上の問題点」同書四四三頁以下参照。

(2) 不動産保存の先取特権

(イ) 不動産保存の先取特権は、不動産の保存のために要した費用、または、不動産に関する権利の保存、承認、実行のために要した費用についてその不動産の上に存在する（三二六条）。

(ロ) (a) 不動産保存の先取特権の趣旨は、すでに述べた動産保存の先取特権の趣旨と同じように、不動産の保存は各債権者の共通の利益であり、そのために支出された費用は各債権者に優先して回収されるのが公平に合致するというものである（本書一〇〇頁以下参照）。

この場合、不動産保存の先取特権は不動産の保存によって利益を受けた債権者に対し登記の時に成立する（三三七条）。登記後の債権者は、たとえば詐害行為の取消しにより不動産が取り戻され債務者の一般財産が増加した場合、その一般財産の増加を前提として債務者に対し金銭を貸し付けるなど一般財産の増加に見合う負担をしており、保存行為前の債権者のような利益を受けないが、登記により先取特権の主張を受けるのである。

(b) 各債権者に生じた利益は、動産保存の先取特権の場合と同じく現存していなければならず、不動産保存の先取特権はその現存利益の限度で存在する（本書一〇一頁参照）。

(ハ) 不動産の保存のために要した費用や不動産に関する権利の保存、承認、実行のために要した費用の意義についても、動産保存の先取特権について述べたのと同じである（本書一〇一頁以下参照）。

(ニ) 不動産保存の先取特権の目的物は、その不動産である。

(3) 不動産工事の先取特権

(イ) 不動産工事の先取特権(1)は、工事の設計、施工、監理をする者が債務者の不動産に関してした工事の費用についてその不動産の上に存在する（三二七条一項）。この先取特権は、工事によって生じた不動産の価格の増加が現存する場合に限りその増価額についてのみ存在する（三二七条二項）。

（1） 不動産工事の先取特権については、坂本武憲「建築代金債権の確保」金融担保法講座Ⅳ三八四頁以下（昭和六一年）、荒井八太郎＝織田晃子「不動産工事の先取特権に関する一考察——請負代金の確保について——」駒澤大学法学部研究紀要四七号一頁以下（平成元年）、田中清「不動産工事の先取特権の公示」朝日法学論集一二号一四九頁以下（平成六年）、義之敬伸「メカニクス・リーエンと我が国の不動産工事の先取特権に関する一考察——建築下請負人の債権担保をめぐって——」近大法学四九巻四号九一頁以下（平成一四年）、執行秀行「不動産工事の先取特権——アメリカ合衆国における統一建設リーエン法の検討——」伊藤進先生古稀記念論文集（担保制度の現代的展開）一三八頁以下（平成一八年）参照。

(ロ) 不動産工事の先取特権の趣旨は、工事の設計、施工、監理をする者の工事によって不動産の価格が増加しその分だけ債務者の一般財産が増加したから、工事の費用が未払いの場合に右の者は右の増価額から優先的に回収を受けるのが公平に合致するというものである（不動産保存の先取特権についての本書一〇七頁参照）。

(ハ) (a) 工事の設計をする者とは、測量や製図などに携わる者である。工事の施工をする者とは、大工や左官、棟梁などである。工事の監理をする者とは、請負人などである。

(b) 工事とは、不動産の価格を増加させる工事であり、不動産の現状を維持する工事を含まない。後者は、不動産保存の先取特権の対象となる。

不動産工事の先取特権は、工事を始める前にその費用の予算額を登記しなければならないが（三三八条一項前段）、不動産保存の先取特権は、保存行為の完了後直ちに登記をすればよい（三三七条）。これとの関係で、建物の建築において、工事の費用とは上棟までの費用であるとし、上棟後の費用を保存費として建築完成後に不動産保存の先取特権の登記をするのは許されない。この場合、不動産工事の先取特権の問題であり、工事を始める前にその登記をしなければならない。

(ニ) 不動産工事の先取特権の目的は、不動産の価格の現存する増価額である。増価額は、配当加入の時に裁判所が選任した鑑定人が評価する（三三八条二項）。鑑定人の評価は民事執行法五八条に規定する評価人の評価であるが、不動産の増価額が不動産競売手続きにおける評価人の評価やこれに基づく売却基準価額の決定（民執六〇条一項）に反映されているかどうかは不動産工事の先取特権の優先弁済受領権に影響するものではなく、先取特権者は不動産の増価額の有無を配当異議訴訟で争うことができる（最判平一四・一・二二判時一七七六号五四頁）。

(4) 不動産売買の先取特権

(イ) 不動産売買の先取特権は、不動産の代価とその利息についてその不動産の上に存在する（三二八条）。

(ロ) 不動産売買の先取特権の趣旨は、動産売買の先取特権の趣旨と同じく、債務者の一般財産は不動産を取得することによってその分増加しているから、代金などが未払いの場合、売主にその不動産から優先的な回収を認めるのが公平に合致するというものである（本書一〇三頁参照）。

(ハ) 不動産売買の先取特権の目的物は、その不動産である。

五 民法以外の法律上の先取特権

(1) 商法上の先取特権　商法上の先取特権には、海難救助者の先取特権（商八一〇条）、船舶先取特権（商八四二条）などがある。

(2) 建物の区分所有等に関する法律上の先取特権

(イ) 区分所有者は、共用部分や建物の敷地などに関し他の区分所有者に対して有する債権などについて、債務者の区分所有権や建物に備え付けた動産の上に先取特権を有する（建物区分七条一項前段）。これは、たとえば、区分所有者が他の区分所有者が負担すべき共用部分の管理費用を立替払いした場合、区分所有者はこの債権について債務者の区分所有権や建物に備え付けた動産の上に先取特権を有するというものである。

(ロ)　この先取特権は、優先権の順位と効力については共益費用の先取特権（三〇七条）とみなされる（建物区分七条二項）。

(ハ)　この先取特権には善意取得の規定が準用される（建物区分七条三項）。もっとも、善意取得は先取特権の目的物が動産の場合にのみ成立すると解すべきであろう（本書二六頁以下参照）。

(3)　立木ノ先取特権ニ関スル法律上の先取特権

(イ)　他人の土地上に立木を有する者が土地の所有者に対し樹木の伐採の時期においてその樹木の価格の一定割合を地代として支払う旨の契約を結んだ場合、土地の所有者は地代についてその立木の上に先取特権を有する（立木ノ先取特権ニ関スル法律一項）。

(ロ)　この先取特権は、共益費用の先取特権を除き他の権利に優先する（立木ノ先取特権ニ関スル法律二項）。

(4)　借地借家法上の先取特権

(イ)　借地権設定者は、弁済期の到来した最後の二年分の地代などについて、借地権者がその土地に所有する建物の上に先取特権を有する（借地借家一二条一項）。借地権とは、建物の所有を目的とする地上権または土地の賃借権である（借地借家二条一号）。不動産賃貸の先取特権の目的物は賃借人の動産であるが（三一二条）、借地借家法上の先取特権の目的物は借地権者の不動産にまで拡大されたわけである。

(ロ)　この先取特権は、地上権または土地の賃貸借の登記をすることによって効力を保存する（借地借家一二条二項）。効力を保存するとは、効力を生じるという意味である。

(ハ)　この先取特権は、共益費用、不動産保存、不動産工事の各先取特権、および、地上権または土地の賃貸借の登記より前に登記された質権、抵当権を除き他の権利に優先する（借地借家一二条三項）。

(5)　罹災都市借地借家臨時処理法上の先取特権

(イ)　罹災建物が滅失した当時におけるその建物の借主は、その建物の敷地の所有者から敷地の借地権の設定を受けたり、その建物の敷地の借地権者から借地権の譲渡を受けることができるが、これらの場合、賃貸人または借地権の譲渡人は、借賃の金額または借地権の譲渡の対価について、借地権者がその土地に所有する建物の上に先取特権を有する（罹処八条一項）。

(ロ)　この先取特権は、借賃の額の登記や、借地権の譲渡の対価が弁済されないことなどの登記によって効力を保存する（罹処八条二項）。効力を保存するとは、効力を生じるということである。

(ハ)　この先取特権は、借地借家法上の先取特権と同じく、共益費用、不動産保存、不動産工事の各先取特権、および、(ロ)の登記の前に登記された質権、抵当権を除き他の権利に優先する（罹処八条三項）。

(6)　農業動産信用法上の先取特権

(イ)　農業協同組合などが農業者に対し農業用動産の保存や購入などのために必要な資金の貸付けをした場合、農業協同組合などはその債権と利息について債務者の農業用動産などの上に先取特権を有する（農業動産信用法四条）。これは、農業協同組合などの資金貸付けに先取特権を認めることによって農業者が資金をえるのを容易にし、もって、農業の振興と農業者の保護をはかろうとしたものである。

(ロ)　先取特権の順位については、農業用動産の保存のための資金貸付けの先取特権は動産保存の先取特権とみなされるということなどが定められている（農業動産信用法一一条）。

(7)　鉱業法上の先取特権

(イ)　石炭または亜炭を目的とする鉱業権者または租鉱権者は、損害の賠償を担保するために毎年一定額の金銭を供託しなければならないが（鉱業法一一七条一項）、被害者は、損害賠償請求権に関し、この供託された金銭から他の債権者に優先して弁済を受ける権利を有する(鉱業法一一八条一項)。

(ロ)　この先取特権の実行に関する手続きは政令(鉱害賠償供託金配当令)で定められているが(鉱業法一一八条二項)、経済産業省経済産業局長が作成する配当表に従って配当が行われる。

(8)　租税などの公の債権に認められる優先権

(イ)　租税は、国税であると地方税であるとを問わず、他の債権に対し優先権が認められている(国税徴収法八条、地方税法一四条)。租税は、国や地方公共団体の存立の基礎であるからである。

(ロ)　その他、公の債権に優先権が認められている場合が多い。たとえば、地方公共団体の分担金、使用料、加入金、手数料、過料(地方自治法二三一条の三第三項後段)、社会保険の保険料(健康保険法一八二条、国民健康保険法八〇条四項、厚生年金保険法八八条、労働保険の保険料の徴収等に関する法律二八条)、土地改良区の徴収金(土地改良法三九条七項)などがこれである。

第三節　先取特権の効力

一　先取特権の順位

(1)　序　先取特権の順位とは、先取特権相互間における優先弁済受領権の順位である。先取特権は、法律の規定に基づき成立する法定の担保物権であるが、先取特権相互間の優先順位も法律の規定により定められている。物権の優先順位は、一般に、成立の時間的前後によるが[(1)]、先取特権については、成立の時間的前後によることなく、法律の定めた順位によるのである。これは、先取特権を認めた理由に応じてその順位も定めるのが妥当であるという考えによるものである。

(1)　私見によれば、物権は、一般に、登記や引渡しの時に成立する(石田(穣)・一三七頁参照)。

(2)　一般先取特権相互間の順位　一般先取特権相互間の順位は、民法三〇六条に掲げる順序による（三二九条一項）。すなわち、共益費用、雇用関係、葬式費用、日用品供給の先取特権の順序による。これは、それぞれの先取特権が認められる理由を考慮したものである。

(3)　一般先取特権と特別先取特権の間の順位　特別先取特権は、一般先取特権に優先する（三二九条二項本文）。ただし、共益費用の先取特権は、その利益を受けた総債権者に優先する（三二九条二項但書）。

たとえば、動産売買の先取特権は、雇用関係の先取特権に優先する。雇用関係の先取特権は、債務者の総財産を目的としており、売買の目的物である動産について動産売買の先取特権に劣後するとしても必ずしも害されないが、動産売買の先取特権は、その動産以外に目的物がなく、雇用関係の先取特権に劣後するとすれば害されるからである(1)。また、たとえば、ある者が動産売買の先取特権の目的物である動産を修理し共益費用の先取特権を取得した場合、動産売買の先取特権者もそれによって利益をえているから、一般先取特権である共益費用の先取特権が特別先取特権である動産売買の先取特権に優先するのである。この場合、共益費用の先取特権者は、動産保存の先取特権も取得し、これによっても動産売買の先取特権者に優先する（三三〇条一項二号三号）。

(1)　フランス民法二三三二条一号は、動産につき特別先取特権は原則として一般先取特権に優先すると規定しているが、この規定につき同様の理由が示されている(Legeais, n° 687; Aynès-Crocq, n° 609)。

(4)　動産先取特権相互間の順位

(イ)　同一の動産の上に複数の動産先取特権が競合する場合、その順位は以下の通りであるとされている（三三〇条一項前段）。

第一順位は、不動産賃貸、旅館宿泊、運輸の先取特権である（三三〇条一項一号）。

第二順位は、動産保存の先取特権である（三三〇条一項二号）。保存者が複数いる場合、後の保存者が前の保存者に優先する（三三〇条一項後段）。これは、後の保存行為によって前の保存者も利益を受けるからである。

第三順位は、動産売買、種苗肥料供給、農業労務、工業労務の先取特権である（三三〇条一項三号）。

(ロ) (a) 第一順位の先取特権者が債権取得の当時第二順位または第三順位の先取特権者がいることを知っていた場合、これに対して優先権を行使することができない（三三〇条二項前段）。第一順位者のために物を保存した者に対しても同じである（三三〇条二項後段）。

(b) 第一順位の先取特権者Aが後順位の先取特権者Bを知っていた場合にBに優先しないという趣旨は、AはBの先取特権の存在につき善意無過失であればその先取特権に優先する先取特権を善意取得（三一九条）するというものであると解すべきである。その理由は、以下の通りである。

第一に、Aが第一順位の先取特権を有する理由は、債務者の一定の動産から優先弁済を受けることができるというAの期待である（本書九〇頁、一〇〇頁参照）。そのため、Aが他人所有の動産を債務者所有の動産であると無過失で信じた場合（その動産から優先弁済を受けることができると期待した場合）に先取特権の善意取得が認められているのである（三一九条）。そうだとすれば、AがBの先取特権の存在する動産につきそれが存在しないと信じた場合（その動産から優先弁済を受けることができると期待した場合）にBの先取特権に優先する先取特権を取得するというのは、Aが無過失でそのように信じた場合にBの先取特権に優先する先取特権を善意取得するという趣旨に解すべきである。他人所有の動産の場合と他人の先取特権が存在する場合を区別して扱う理由はないのである。このいずれの場合においても、Aは物の交換価値に対する優先的な支配権を取得し、所有者や他の先取特権者は物の交換価値に対する優先的な支配権を失うのである。

第二に、質権者が先取特権の存在する動産に質権の設定を受けた場合、質権者が先取特権の存在につき善意無過失であれば先取特権に優先する質権を善意取得する。それゆえ、第一順位の先取特権についても、先取特権者が後順位の先取特権の存在につき善意無過失であればその先取特権に優先する先取特権を善意取得すると解すべきである。第一順位の先取特権は、質権と同一順位とされており（三三四条）、質権よりも有利に扱われる理由はないのである。

以上のように、AがBの先取特権を知っていた場合にBに優先しないという趣旨は、AはBの先取特権が存在しないと無過失で信じた場合にそれに優先する先取特権を善意取得するというものであると解するのが妥当である。

(c) (α) 第三者の先取特権を知って、あるいは、過失で知らないで債権を取得した者(第一順位の先取特権者)は、第三者の先取特権に優先しない先取特権を取得するが、これは、第三者の先取特権と同一順位になるということではなく、第三者の先取特権に劣後することを意味すると解すべきである。[1] 第一順位の先取特権者が第三者の先取特権を知って、あるいは、過失で知らないで債権を取得した場合、物権の優先順位はその成立の順序によるという一般原則に照らし、先に成立した先取特権を優先させるのが妥当であるからである。

(1) 同旨、我妻・九〇頁、柚木＝高木・七一頁、高木・五二頁、川井・二六八頁、道垣内・七三頁。

(β) 不動産賃貸の先取特権において、賃貸人が当初は第二順位者または第三順位者を無過失で知らなかったが途中からこれを知ったか知らないことにつき過失を有するに至った場合、賃貸人は悪意過失後に生じた賃料などについてのみ第二順位者または第三順位者に劣後すると解すべきことになるであろう。

(γ) 第一順位者が一般先取特権者の存在を知って、あるいは、過失で知らないで債権を取得した場合、一般先取特権の目的は第一順位の先取特権の目的物に限定されないことを考慮し、第一順位者が一般先取特権者に劣後するとする必要はないであろう。民法も第一順位の動産先取特権は第二順位または第三順位の動産先取特権に劣後するとのみ規定している。

(δ) 第二順位者(動産保存の先取特権者)が第三順位者を知って、あるいは、過失で知らないで保存行為をしても、第二順位者は第三順位者に劣後しない。動産保存の先取特権は善意取得の対象とされていないし(三三九条)、また、第三順位者は保存行為によって利益を受けるからである。民法も第一順位者は第二順位者または第三順位者に劣後するとのみ規定している。

(d)　第一順位者のために物を保存した者に対しても、第一順位者は優先権を行うことができない。第一順位者のために物を保存するとは、第一順位者のために先取特権が成立した後で物の保存行為を行うことである(1)。この場合、第一順位者による動産保存の先取特権に優先する先取特権の善意取得は問題にならないし、また、第一順位者は物の保存行為によって利益を受けるからである。

これに対し、第一順位者は、第一順位者のために先取特権が成立する前に成立した動産保存の先取特権につき悪意過失がない限り動産保存の先取特権者に劣後しない。なぜなら、第一順位者が動産保存の先取特権が存在しないと無過失で信じた場合、第一順位者は、動産保存の先取特権に優先する先取特権を善意取得するからである（本書一一四頁参照）。

（1）　我妻・九〇頁、川井・二六八頁参照。起草者もそのように解していたようである（民法議事速記録一四巻二六頁以下参照）。

(e)　フランス民法は、特別動産先取特権の順位につき、第一順位は他の先取特権が発生後の動産保存の先取特権、第二順位は他の先取特権を知らない場合の不動産賃貸の先取特権、第三順位は他の先取特権が発生前の動産保存の先取特権、第四順位は動産売買の先取特権、第五順位は他の先取特権を知っている場合の不動産賃貸の先取特権、と規定している（フランス民法二三三二―三条一項）。

(ハ)　目的物が果実の場合、以上とは別の順位が定められている。すなわち、第一順位は農業労務者の先取特権であり、第二順位は種苗肥料供給者の先取特権であり、第三順位は土地賃貸人の先取特権である（三三〇条三項）。

(5)　不動産先取特権相互間の順位

(イ)　同一の不動産について複数の不動産先取特権が競合する場合、その順位は民法三二五条に掲げる順序による（三三一条一項）。すなわち、第一順位は不動産保存の先取特権、第二順位は不動産工事の先取特権、第三順位は不動産売買の先取特権である。同一の不動産について売買が順次行われた場合、売主相互間の順位は売買の前後による（三三一条二項）。

(ロ)　同一の不動産について複数の不動産保存の先取特権や複数の不動産工事の先取特権が競合する場合、後の先取特権が優先する[1](三三〇条一項後段参照)。後の保存行為や工事によって前の先取特権者も利益を受けると考えられるからである。

(1) 同旨、我妻・九一頁、柚木＝高木・七二頁、川井・二六八頁。

(ハ) 先順位の先取特権者が債権取得の当時後順位の先取特権者がいることを知っていたか過失で知らなくても、動産先取特権の場合と異なり、先順位者が後順位者に劣後することはないと解される。なぜなら、不動産先取特権については善意取得は認められていないし、また、不動産の保存行為によって不動産工事と不動産売買の先取特権者は利益を受け、不動産の工事によって不動産売買の先取特権者は利益を受けるからである。なお、不動産保存の先取特権が成立した後に不動産工事の先取特権が成立した場合、不動産保存の先取特権者は不動産の工事によって利益を受けるから、不動産工事の先取特権が優先すると解すべきである。

(ニ) 同一の不動産について売買が順次行われた場合、先の売主が後の売主に優先するとされる(三三一条二項)。同一の動産について売買が順次行われた場合に関しては規定がないが、やはり同様に解するのが妥当であろう(フランス民法二三三二—三条二項後段も同様に規定している)。もっとも、動産については第三取得者に引き渡されれば先取特権を行使することができないとされており(三三三条)、順次の売買が問題となる場合はあまりないが、後述するように、第三取得者に悪意過失がある場合には先取特権を行使することができると解されるから(本書一二一頁以下参照)、先の売主は、後の買主に悪意過失がある場合には先取特権を行使することができ、しかも、後の売主に優先するということになるであろう。

(6) 同一順位の先取特権の取扱い

同一の目的物について同一順位の先取特権者が数人いる場合、それぞれの先取特権者はその被担保債権の額の割合に応じて弁済を受ける(三三二条)。

二　先取特権と他の担保物権との関係

(1) 先取特権と留置権との関係　すでに述べたように、留置権者は、留置権の被担保債権の成立に関する留置権者の行為により他の債権者が利益を受ける場合には優先弁済受領権を有するが、そうでない場合には優先弁済受領権を有しない（本書五三頁以下参照）。そこで、留置権は、留置権の被担保債権の成立に関する留置権者の行為により先取特権者が利益を受ける場合には先取特権に優先する。たとえば、AがBの動産売買の先取特権の成立している物を占有しこれに必要費や有益費を支出した場合、AがBに優先する。

(2)　先取特権と動産質権との関係

(イ)　先取特権と動産質権が競合する場合、動産質権者は民法三三〇条に掲げる第一順位の先取特権者と同一の権利を有する（三三四条）。すなわち、不動産賃貸、旅館宿泊、運輸の先取特権と動産質権は同一順位として扱われる。

(ロ)　しかし、動産質権が不動産賃貸、旅館宿泊、運輸の先取特権と同一順位として扱われる場合は実際上あまりないと思われる。たとえば、動産質権者が不動産賃貸の先取特権が存在する動産に先取特権の存在につき善意無過失で質権の設定を受けた場合（質権の設定が賃借人の通常の生活を営む上で必要でなく、かつ、賃借人に十分な資力が残っているかどうか明らかでないとする（本書九三頁参照））、質権者は先取特権に優先する質権を善意取得し、質権が先取特権に優先する。質権者に悪意過失がある場合、質権者は先取特権に劣後する質権を取得し、質権は先取特権に劣後する。このように、質権は第一順位の先取特権と同一順位にあるとされるが、実際上そのような場合はあまり考えられないのである。

(ハ)　動産質権者が質権取得当時に目的物に関し、たとえば、動産売買の先取特権の存在を知っていたが不動産賃貸の先取特権の存在を過失なく知らなかった場合、動産質権は、不動産賃貸の先取特権に優先するが動産売買の先取特権に劣後する。この場合、動産売買の先取特権、動産質権、不動産賃貸の先取特権という変則的な優先順位になるが、やむをえないであろう。

(3)　先取特権と不動産質権との関係　不動産質権には、原則として抵当権に関する規定が準用される（三六一条）。それゆえ、先取特権と不動産質権との関係は、次に述べる先取特権と抵当権との関係と同じである。

(4) 先取特権と抵当権との関係

(イ) (a) 不動産保存と不動産工事の先取特権が民法の規定に従って登記された場合、それは抵当権に優先する（三三九条）。

(b) すなわち、不動産保存の先取特権は、保存行為の完了後に直ちに登記をすれば（三三七条）、抵当権に優先する。ここで、直ちにとは、遅滞なくの意味である。不動産工事の先取特権は、工事を始める前にその費用の予算額を登記すれば（三三八条一項前段）、抵当権に優先する。

(c) 抵当権に優先するとは、先取特権の登記が抵当権の登記に後れても先取特権が優先するということであり、物権の順位は登記の順序によるという一般原則の例外をなすものである。これは、不動産の保存や工事によって抵当権者も利益を受けるということを根拠にしている。[1] そこで、不動産の保存によって抵当権者が利益を受けない場合、先取特権は抵当権に優先しないと解される。たとえば、抵当不動産の譲渡が詐害行為として取り消された場合（四二四条）、抵当権者は第三者に対しても権利を行使することができるから、右の取消しによって利益を受けない。それゆえ、この場合の不動産保存の先取特権は抵当権に優先しないと解すべきである（三〇七条二項参照。本書八四頁以下参照）。

(1) フランス民法においても、不動産先取特権は法定の期間内に登記をすれば、先取特権の登記前に登記がされていた抵当権に優先するとされているが（フランス民法二三八六条一項）、その理由は、先取特権者によってすべての債権者が利益を受けるからであるとされる（Aynès-Crocq, n° 702）。

スイスにおいては、他人の不動産の価値の減少の除去や防止のために費用を支出した者はその不動産につきすでに登記のされている他の権利に優先する法定不動産担保権を登記なしに取得するとされている（スイス民法八一〇条二項。本書八〇頁参照）。その理由は、あまり説明されていないが、すべての債権者が利益を受けるからであると思われる。

(ロ) 不動産売買の先取特権と抵当権の関係については、先に登記をした方が優先すると解される。

(ハ) (a) 一般先取特権と抵当権の関係については、一般先取特権は以下のような三つの要件が満たされた場合に抵当権に優先する。すなわち、第一に、一般先取特権は抵当不動産について抵当権より先に登記をされなければならない。第二に、一般先取特権者は、原則として、まず、不動産以外の財産から弁済を受けなければならない（三三五条一項）。第三に、一般先取特権者は、原則として、まず、特別担保（抵当権も入る）の目的となっていない不動産から弁済を受けなければならない（三三五条二項）。

(b) 一般先取特権も抵当権も登記がされていない場合、一般先取特権は成立するが、抵当権は成立せず、両者の間に優劣関係は生じない。これは、私見によれば、一般先取特権は登記なしにも成立するが（三三六条本文）、抵当権は登記なしには成立しないからである[1]。

(1) 私見によれば、物権は、原則として登記なしには成立しない（石田(穣)・一三七頁参照）。民法三三六条本文は、一般先取特権は登記なしにも成立することを定めた例外的規定であると解される。

三　先取特権者と第三取得者との関係

(1) 動産先取特権について

(イ) 先取特権は、債務者がその目的物である動産を第三取得者に引き渡した場合にはその動産について行うことができない（三三三条）。

(ロ) 第三取得者とは、動産の譲受人をいう。動産の質権者や賃借人、保管者（大判昭一八・三・六民集二二巻一四七頁。大判昭一六・六・一八新聞四七一一号二五頁も参照）は含まれない。

判例は、譲渡担保権者は第三取得者に含まれるとするが（最判昭六二・一一・一〇民集四一巻八号一五五九頁）、しかし、譲渡担保権の担保的性質に照らし、譲渡担保権者は、第三取得者に含まれず、動産質権者と同じく第一順位の動産先取特権者と同一順位として扱われると解すべきである[1]（三三四条参照）。もっとも、動産質権についても述べたように、譲渡担保権者が先取特権の存在につき善意無過失であれば先取特権に優先する譲渡担保権を善意取得するし[2]、譲渡担保権者が先取特権の存在につき悪意過失を有すれば先取特権に劣後する譲渡担保権を取得するから、譲渡担保権と第一順位の先取特権が同一順位になる場合はあまり考えられない（本書一一八頁参照）。

（1） 同旨、田原睦夫「動産の先取特権の効力に関する一試論」林良平先生還暦記念論文集（現代私法学の課題と展望）上九五頁（昭和五七年）、近江幸治「動産売買先取特権をめぐる新たな問題点」森泉章先生還暦記念論集（現代判例民法学の課題）三八五頁（昭和六三年）。

（2） 私見によれば、占有改定によっても善意取得は成立する（石田（穣）・二七五頁以下参照）。

(ハ) (a) (α) 一般に、第三取得者は先取特権について善意である必要はないと解されている。起草者は、民法三三三条は取引安全のための規定であり、「即時時効ノ規定杯ト同シヤウニ見テ総テ第三取得者ニハ及ハヌト云フコトヲ第一ニ規定ヲシタ」としつつも、[1] 第三取得者の善意悪意を問わないとしている。[2] しかし、民法三三三条が取引安全のための規定であるとすれば第三取得者の善意悪意を問わないのは矛盾しているし、また、民法三三三条を即時時効（善意取得）の規定と同じように見るとしながら第三取得者の善意悪意を問わないのも一貫していない。

（1） 民法議事速記録一四巻三七頁。

（2） 民法議事速記録一四巻三八頁。

磯部四郎委員は、法典調査会において、第三取得者には善意が要求されるべきであり、善意の第三取得者は民法一九二条によって保護されるから、民法三三三条は削除されるべきであるという提案をしたが、賛成者がいなかった（民法議事速記録一四巻三九頁以下）。

(β) 起草者は、右に述べたように、民法三三三条は同法一九二条と同じように取引安全のための規定であるとしている。私見としては、これを踏まえ、第三取得者は、善意取得の要件を備える場合、すなわち、先取特権の存在について善意無過失の場合にのみ先取特権の負担のない所有権を取得すると考える。フランスにおいては、先取特権は、第三者に対し追及権を有するとしても、第三者の善意取得によって阻止されるという見解が有力である。[1] 以下、第三取得者は先取特権の存在について善意無過失の場合にのみ先取特権の負担のない所有権を取得するとする理由を述べてみよう。

（1） Aynès–Crocq, n°s 468 et 611.

(b)　第一に、質権者や譲渡担保権者は、先取特権の存在につき善意無過失の場合、先取特権に優先する質権や譲渡担保権を善意取得する。前述したように、第一順位の先取特権者も、後順位の先取特権者の存在につき善意無過失の場合、後順位の先取特権に優先する先取特権を善意取得する（本書一一四頁以下参照）。そうだとすれば、動産の第三取得者も、先取特権の存在につき善意無過失の場合に先取特権の負担のない動産を善意取得すると解するのが妥当である。第三取得者の方が質権者や譲渡担保権者、先取特権者にくらべて特に保護すべき理由はないのである。すなわち、第三取得者は、先取特権の負担のある動産を取得するとする場合、動産の交換価値に対する優先的支配権を持たないが、これは、質権者や譲渡担保権者、先取特権者にとっても全く同じであり、特に第三取得者の場合にだけ保護されるべきであるとはいえないのである。

(c)　第二に、立木抵当権や工場抵当権においては、伐採された樹木や工場の用に供された物などが第三取得者に引き渡されても抵当権の効力はそれに及ぶが、第三取得者による善意取得を妨げないとされている（立木四条一項五項、工抵五条。その他、工場財団抵当権については、工抵五条の類推適用を認める最判昭三六・九・一五民集一五巻八号二一七二頁、農業用動産については、農業動産信用法一三条二項も参照）。動産先取特権についても、これらの場合と同様に扱われるべきである。

立木抵当権や工場抵当権の場合、目的物は登記されるから公示されない先取特権の場合とは異なるとも考えられる（工場抵当権については、工場の用に供された物も登記事項とされ目録が作成される（工抵三条一項二項））。しかし、たとえば、立木が登記されていても、伐採された樹木が取引に出された場合、それが登記のされた立木が伐採されたものであるかどうかは多くの場合に不明であろう。すなわち、取引に出された樹木に関する限り立木登記はほとんど公示の機能を有していないといってよい。このことは、工場の用に供された物が工場から分離され取引に出された場合にも多かれ少なかれ当てはまる（以上については、本書三一九頁以下参照）。したがって、先取特権は公示されないから立木抵当権や工場抵当権の場合と同様に扱うことはできないというのは根拠がないといわざるをえない。なお、建物に設定された抵当権の効力は建物から分離された建物の構成部分や従物が第三者に善意取得されるまでそれらに及ぶと解する場合にも（本書三一七頁以下参照）、以上に述べたことが当てはまる。

抵当権の方が先取特権より強力な権利であるとも考えられる。しかし、先取特権は公示なしに優先権が認められる場合があるという意味では抵当権より強力な権利であるし、また、先取特権が先に成立した抵当権に優先する場合すらあるから（三三九条）、先取特権が抵当権より弱い権利であるとはいえないのである。

以上により、動産先取特権を立木抵当権や工場抵当権、あるいは、建物に設定された抵当権の場合と同様に扱うのが妥当である。

(d) 第三に、動産先取特権は、公示されなくても優先弁済受領権を伴うとされている。そこで、一般に、目的物の差押債権者は先取特権者に劣後するとされている。しかし、第三取得者の方が差押債権者よりも保護に値するとはいえない。一般に、差押債権者は第三取得者と並んで民法一七七条や一七八条の第三者に該当するとされているのである。それゆえ、第三取得者が先取特権者に優先するとするならば、差押債権者も先取特権者に優先するとしなければ一貫しない。

しかし、これでは先取特権者が優先弁済受領権を有するといっても無意味である。そこで、差押債権者や第三取得者が先取特権の存在につき善意無過失の場合、差押債権者や第三取得者は善意取得（一九二条）あるいは善意取得に準じて保護されると解するのが妥当である（本書七四頁以下参照）。民法三三三条は、このうち第三取得者の善意取得について定めた規定であると解すべきである。

(e) 以上により、民法三三三条は第三取得者が先取特権の存在につき善意無過失の場合に先取特権の負担のない動産を善意取得する旨定めた規定であると解すべきである。

(二) (a) 引渡しは、現実の引渡し（一八二条一項）はもちろん、簡易の引渡し（一八二条二項）、占有改定[1]（一八三条。大判大六・七・二六民録二三輯一二〇三頁）、指図による占有承継[2]（一般にいわれる指図による占有移転。一八四条）を含む。

（1）　占有改定によっても善意取得が成立することについては、石田(穣)・二七五頁以下参照。
（2）　指図による占有承継については、石田(穣)・二四五頁以下参照。

(b)　不動産賃貸の先取特権において、賃借人が賃借物に備え付けた動産を占有改定により第三取得者に譲渡し、第三取得者が善意取得により先取特権の負担のない動産を取得しても、賃貸人が当該動産を賃借人の所有の物であると無過失で信じれば、賃貸人は不動産賃貸の先取特権を善意取得する[1](三一九条)。すなわち、賃貸人が占有改定の時点で当該動産が賃借物に備え付けられているのを知ったとすれば第三取得者の物であることを知ったか過失で知らなかったといえる特別の事情がない限り、賃貸人は占有改定の時点で先取特権を善意取得する(本書九六頁参照)。

（1）　同旨、石田(文)・七一九頁注一七、星野・二〇九頁、近江・六九頁、鈴木・三三八頁以下、道垣内・六七頁。

(ホ)　(a)　第三取得者が先取特権の目的物を善意取得した後で債務者が第三取得者から目的物を譲り受けた場合、先取特権は復活するであろうか。判例は、債務者が第三取得者との契約を合意解除して目的物を取り戻した場合につき、先取特権は復活するとするようである(最判平九・一二・一八民集五一巻一〇号四二一〇頁)。

(b)　一般に、Aの動産をBがCに譲渡しCが善意取得した場合、その後BがCから動産を取得しても、AのBに対する所有権に基づく請求は認められないと解される。なぜなら、AのBに対する所有権に基づく請求が認められるとすれば、Cは善意取得により完全な所有権を取得しておきながら実際上これをBに処分することができなくなるからである(CはBから追奪される)。もっとも、BがCを利用し所有権を取得しようとしたり、B・C間の合意によりB・Cの契約が解除されCがBに目的物を返還したような場合は別である[1]。前者の場合、BがCから所有権を取得する行為をすれば、所有権は当然にCからAに移転し、しかも、BはCに追奪をすることができないと解すべきである。後者の場合、Cは善意取得の利益を放棄したと考えられ、所有権は当然にCからAに移転すると解すべきである。

（1）　石田(穣)・二七九頁注(3)参照。

(c) 以上によれば、債務者が第三取得者から目的物を取得した場合、先取特権は原則として復活しない。しかし、債務者が第三取得者を利用して先取特権の負担を免れようとしたり、第三取得者が合意により債務者との間の契約を解除し目的物を返還したような場合、先取特権は復活する。

(2) 一般先取特権について

(イ) 一般先取特権の目的物が動産の場合、動産の第三取得者への引渡しが債務者の通常の生活を営む上で必要であったり、債務者に十分な資力が残っていることが明らかであれば、当該動産は先取特権の目的物の範囲から離脱し、先取特権者は第三取得者に対し先取特権を行使することができないと解すべきである（本書九三頁参照）。そこで、動産の第三取得者への引渡しが債務者の通常の生活を営む上で必要でなく、かつ、債務者に十分な資力が残っているかどうか明らかでない場合、第三取得者が先取特権の負担のない動産を善意取得したかどうかの問題になる。

(ロ) (a) 一般先取特権の目的物が不動産の場合、一般先取特権者は登記をしなければ登記をした第三取得者に対し先取特権を主張することができない（三三六条但書）。

(b) 第三取得者は、登記をしない場合、私見によれば所有権を取得せず[(1)]、一般先取特権者は、登記をしなくても第三者（登記をすれば第三取得者になる者）に対し先取特権を主張することができる（三三六条本文参照）。

（1） 私見によれば、登記は所有権移転の効力要件である（石田（穣）・一三七頁参照）。

(c) 一般先取特権者と第三取得者がともに登記を備えた場合（当然、一般先取特権者が先に登記を備えた場合が前提になる）、一般先取特権者は原則として民法三三五条一項二項の要件を満たさない限り第三取得者に先取特権を主張することができないと解される。すなわち、一般先取特権者は、原則として、まず、不動産以外の債務者の財産から弁済を受けなければならない（三三五条一項）。次に、一般先取特権者は、原則として、債務者所有の不動産から弁済を受けなければならない。民法三三五条二項は、一般先取特権者はまず特別担保の目的となっていない不動産から弁済を受けると規定しているが、第三取得者が所有する不動産は特別担保の目的となっている不動産と同様に一般先取特権から保護されるべきであるから、一般先取特権者はまず債務者所有の不動産から弁済を受けるべきである。債務者所有の不動産が特別担保の目的となっている場合、一般先取特権者は、第三取得者に対し先取特権を主張することができると解してよいであろう（一般先取特権者は、債務者所有の特別担保の目的となっている不動産についても先順位の登記をしている場合、その不動産について先取特権を行使してもよいし、第三取得者の不動産について先取特権を行使してもよいと解される）。

(3)　不動産先取特権について

(イ)　不動産先取特権は、登記によって成立する（本書一三〇頁、一三一頁、一三三頁参照）。それゆえ、不動産先取特権と第三取得者の優先関係は、原則として登記の前後による。

(ロ)　しかし、たとえば、不動産保存の先取特権者が遅滞なくその登記をする前に第三取得者が保存行為を知りながら所有権取得の契約を結んでその登記をし、債務者も第三取得者による所有権取得により先取特権者が害されるのを知っていた場合、先取特権者は、第三取得者に対し、先取特権設定登記請求権に基づき遅滞なく先取特権の登記を求め、登記をすれば先取特権の成立を主張することができると解すべきである（本書七五頁以下参照）。

四　優先弁済受領権

(1)　先取特権者は、他の債権者に先立って目的物から弁済を受ける（三〇三条）。すなわち、先取特権者は優先弁済受領権を有する。

(2)　動産先取特権について

(イ)　先取特権に基づく動産に対する担保権の実行としての競売は、先取特権者が執行官に対し動産を提出した場合（民執一九〇条一項一号）や先取特権者が執行官に対し動産の占有者が差押えを承諾することを証する文書を提出した場合（民執一九〇条一項二号）、執行裁判所が先取特権者の申立てに基づき動産競売の開始を許可した場合（民執一九〇条一項三号二項）に行われる[1]。

先取特権者は、債務者が被担保債権につき履行遅滞に陥った場合、先取特権を実行するために、動産の占有者に対し、動産の執行官への引渡しや差押えの承諾を求め訴訟を提起することができると解するのが妥当である。(2) 先取特権者が先取特権を実行するために動産の占有者に対し執行官への引渡しや差押えの承諾を求めることができないとすれば、先取特権者が動産から優先弁済(あるいは、順位に応じた弁済)を受けることができるといっても無意味になる。先取特権者が動産から優先弁済を受けることができる権能を有する以上、その占有者は、当然、執行官への提出義務や差押えの承諾義務を負うと解すべきであり、また、そのように解しても動産の占有者が不当に害されるとはいえないのである。

もっとも、先取特権に優先する動産質権者が目的物の使用収益権を有しその被担保債権の弁済期が未到来の場合、動産質権者の使用収益権が害されるから先取特権者の右の請求は認められないし、また、目的物の売得金の額が手続費用および先取特権者に優先する債権者の債権の額の合計額以上となる見込みがない場合(民執一九二条・一二九条二項参照)、先取特権者の右の請求を認める必要はないと解される。

(1) 先取特権者は、被担保債権の債務名義を取得してこれに基づき動産を差し押さえ、先取特権を証する文書を提出しても優先弁済を受けることができる(同旨、船越隆司・担保物権法(初版)七五頁(平成一二年))。

(2) 先取特権者は動産の占有者に対し自己への動産の引渡しを求めることができるとするのは、三ケ月章・民事執行法四五九頁(昭和五六年)、河野玄逸「動産売買先取特権の射程距離」NBL三〇四号四四頁(昭和五九年)。先取特権者は動産の占有者に対し差押えの承諾を求めることができるとするのは、田原睦夫「動産の先取特権の効力に関する一試論」林良平先生還暦記念論文集(現代私法学の課題と展望)上八三頁以下(昭和五七年)。先取特権の実行の種々の方法については、野村秀敏「動産売買先取特権とその実行手続をめぐる裁判例の動向」判評三五〇号一二頁以下(昭和六三年)参照。

(ロ) 他の債権者が目的物である動産について競売手続きを行った場合、先取特権者は配当要求をして優先弁済を受けることができる(民執一三三条・一九二条)。

(ハ) 債務者が破産した場合、先取特権者は別除権者として保護されるが(破二条九項一〇項)、先取特権の目的物を任意に売却して先取特権を消滅させることが破産債権者の一般の利益に適合するときは、破産管財人は、裁判所に対し、右の目的物を任意に売却し、一定の金銭を裁判所に納付して先取特権を消滅させることについての許可の申立てをすることができる（破一八六条一項）。民事再生の場合にも先取特権者は別除権者として扱われるが（民再五三条）、再生債務者等は、先取特権の目的物が再生債務者の事業の継続に欠くことができない場合、目的物の価額に相当する金銭を裁判所に納付して先取特権の消滅の許可を裁判所に申し立てることができる（民再一四八条一項）。会社更生の場合、先取特権者は更生担保権者として扱われるが（会更二条一〇項一一項）、裁判所は、更生会社の事業の更生のために必要であれば、管財人の申立てにより、先取特権の目的物の価額に相当する金銭を裁判所に納付して先取特権を消滅させることを許可することができる（会更一〇四条一項）。

(ニ)　先取特権には、抵当権に関する規定が準用される（三四一条）。民法三七〇条や同法三七五条などの準用が重要である。そこで、たとえば、先取特権は目的物である動産の構成部分に及ぶし（三七〇条本文）、利息については満期となった最後の二年分についてのみ先取特権を行使することができるのである（三七五条一項本文）。

(3)　一般先取特権について

(イ)　一般先取特権の目的物が動産の場合、その優先弁済受領権は、債務者の破産、民事再生、会社更生の場合を除き動産先取特権について述べたのと同じである（本書一二六頁以下参照）。

(ロ)　(a)　(α)　一般先取特権の目的物が不動産の場合、先取特権は登記をしなくても一般債権者に優先する（三三六条本文）。これは、私見によれば、物権は登記がなければ成立しないという原則の例外をなすものである（本書一二〇頁参照）。他方、登記をしない一般先取特権は、登記をした他の担保権には劣後する（三三六条但書）。

(β)　一般先取特権の登記がされていない場合、民法三三五条は、一項および四項（「不動産以外の財産の代価に先立って不動産の代価を配当し」の部分）のみが適用される。すなわち、一般先取特権は、まず、不動産以外の財産から弁済を受け、不足がなければ不動産から弁済を受けることができない（三三五条一項）。もっとも、不動産以外の財産の代価に先立って不動産（特別担保の目的になっていない不動産）の代価を配当する場合、一般先取特権は当該不動産から弁済を受けることができる（三三五条四項）。次に、一般先取特権は、不動産から弁済を受けることができる場合であっても、特別担保の目的となっているものからは弁済を受けることができない（三三六条但書）。

(b) 一般先取特権は、登記をした場合であっても、その優先弁済受領権に一定の制約を受ける。すなわち、第一に、一般先取特権は、まず不動産以外の財産から弁済を受け、不足がなければ不動産から弁済を受けることができない（三三五条一項）。第二に、一般先取特権は、不動産から弁済を受けることができる場合であっても、まず特別担保の目的となっていないものから弁済を受けなければならない（三三五条二項）。一般先取特権者は、以上の手続きに従って配当に加入することを怠った場合、その配当加入をしたならば弁済を受けることができた額については、登記をした第三者に対して先取特権を行うことができない（三三五条三項）。ここで登記をした第三者とは、一般先取特権の登記に後れて登記をした第三者である。第三者が一般先取特権より先に登記をした場合、一般先取特権者は、右の配当加入を怠ったか否かを問わず、第三者に対して先取特権を行うことができない。それゆえ、民法三三五条三項は第三者が一般先取特権より先に登記をした場合には適用されない。

民法三三五条一項から三項は、不動産以外の財産の代価に先立って不動産の代価を配当する場合や、他の不動産の代価に先立って特別担保の目的である不動産の代価を配当する場合には適用されない（三三五条四項）。なお、ここでも、第三者が一般先取特権よりも先に登記をした場合、一般先取特権者は第三者に対し先取特権を行うことはできない。

(ハ) 債務者が破産した場合、一般先取特権者は、別除権者としてではなく、優先的破産債権者として扱われる（破九八条一項）。民事再生の場合、一般先取特権者は、別除権者としてではなく、一般優先債権者として扱われる（民再一二二条一項）。会社更生の場合、一般先取特権者は、更生担保権者としてではなく、一般の優先権がある更生債権者として扱われる（会更一六八条一項二号）。

(ニ) その他、抵当権に関する規定が準用される（三四一条）。

(4)　不動産先取特権について

(イ)　不動産保存の先取特権

(a)　不動産保存の先取特権は、保存行為の完了後直ちに登記をすることによってその効力を保存する（三三七条）。

(b)　(α)　登記によって効力を保存するとは、一般原則に従って登記が対抗要件になるという趣旨であるとする見解が一般的であるが、登記が物権の効力要件＝成立要件であるとする私見[1]によれば、先取特権は登記によって成立するという趣旨である。保存行為の完了後直ちにとは、保存行為の完了後遅延なくという意味である。

（1）　石田（穣）・一三七頁参照。

(β)　一般に、保存行為の完了後直ちに行われなかった登記は無効であると解されている[1]。しかし、登記が保存行為の完了後直ちに行われなくても、登記が行われた時点で先取特権は成立し、ただ、先取特権の登記前に登記のされていた抵当権には劣後すると解すべきである[2][3]（三三九条参照）。このように解しても、第三者が不当に害されることはないのである。一般的見解によれば、直ちに登記をすることを怠った債権者は必要以上の不利益を負うことになり、妥当でない。

（1）　保存行為の完了後直ちに行われなかった登記は無効であるとすれば、登記官は、直ちに行われなかったことが明らかな登記申請を不適法として却下しなければならない（不登二五条一三号、不登令二〇条八号）。

（2）　高島・二一三頁、槇・七二頁、山川・二一九頁以下、平野・三七六頁、鈴木・三二一頁参照。星野・高木・五七頁は、第三取得者に対する関係では民法三三七条は適用されず、一般原則により登記の前後によるとする。二一六頁も参照。しかし、第三取得者に限らず、一般に、先取特権は登記が遅滞しても登記が行われた時点で成立し、その後の第三者に対しこれを主張することができると解すべきである。

（3）　フランス民法においては、一般に、不動産先取特権は、法定の期間内に登記がされれば、先取特権の登記前に登記がされていた抵当権に優先するとされている（フランス民法二一三八六条一項）。そして、先取特権者が法定の期間内に登記をしなくても、それは通常の抵当権として扱われ、登記の時から優先権を持つとされている（フランス民法二三八六条二項。Mazeaud-Chabas, n° 423; Aynès-Crocq, n° 702）。

(c) (α) 破産、民事再生、会社更生の場合における先取特権の取扱いについては、動産先取特権について述べたのと同じである（本書一二七頁以下参照）。

(β) 不動産保存の先取特権にも抵当権に関する規定が準用されるが（三四一条）、民法三七〇条や同法三七五条の準用がその主要な例である。

(ロ) 不動産工事の先取特権

(a) 不動産工事の先取特権は、工事を始める前にその費用の予算額を登記することによってその効力を保存する（三三八条一項前段）。工事の費用が予算額を超えた場合、先取特権はその超過額については存在しない（三三八条一項後段）。工事によって生じた不動産の増価額は、配当加入の時に裁判所が選任した鑑定人に評価させなければならない（三三八条二項）。

(b) (α) 不動産工事の先取特権も登記によって成立する。

一般に、工事を始める前に登記をしなければならず、工事を始めた後で登記をしてもその登記は無効であるとされている（大判大六・二・九民録二三輯二四四頁、同判昭九・五・二一新聞三七〇三号一〇頁）。しかし、工事開始後に登記をしても登記の時点で先取特権は成立し、ただ、先取特権の登記前に登記のされていた抵当権には劣後すると解すべきである(1)(2)（三三九条参照）。このように解しても第三者が不当に害されることはないのである。一般的見解によれば、工事を始めた後で登記をした債権者は必要以上の不利益を負うことになり、妥当でない。

（1） 鈴木・三二一頁、安永・四七五頁参照。
高木・五七頁は、第三取得者に対する関係では一般原則により登記の前後により優劣を決めるとする。星野・二一六頁も参照。これに対する私見については、本書一三〇頁注（2）参照。

（2） フランス民法においては、不動産工事の先取特権（フランス民法二三八二条）について特に次のような取扱いがされている。不動産工事の先取特権は、工事を始める前と工事の完了後に二度登記がされなければならないが、このうち先取特権の優先順位に関係するのは工事を始める前の登記である。以下においては、工事を始める前に行われるべき登記を一回目の登記という。

まず、一回目の登記が原則通り工事を始める前に行われた場合、先取特権者は、工事によって不動産に生じた増価額について、工事開始前の債権者を含むすべての債権者（抵当権者を含む）に優先する。次に、一回目の登記が工事の過程で行われた場合、先取特権者は、登記の後に工事によって不動産に生じた増加額についてのみ工事開始前の債権者を含むすべての債権者に優先する。次に、一回目の登記が工事の完了後に行われた場合、先取特権は、目的である増加額を持たず存在しない（Mazeaud–Chabas, n° 423）。以上については、田中清「不動産工事の先取特権の公示」朝日法学論集一二号一七〇頁以下（平成六年）も参照。

(β)　不動産保存の先取特権を更正登記によって不動産工事の先取特権に改めるのは許されないとされている（大判大四・一二・二三民録二一輯二一七三頁）。

この場合、不動産工事の先取特権につき工事を始めた後に不動産保存の先取特権の登記（実体関係に符合せず無効）をしてこれを不動産工事の先取特権に更正登記をすることになると思われる（右の判例の事案は明確でない）。この更正登記については、登記上利害関係を有する第三者の承諾があればこれを認めて差し支えないし、登記上利害関係を有する第三者がいなければこれを認めてよいことに問題はないと考える（不登六六条）。不動産保存の先取特権の登記前に登記をした抵当権者は登記上利害関係を有する第三者に該当しないが（不動産保存の先取特権の登記後に登記をした者が登記上利害関係を有する第三者に該当する）、不動産保存の先取特権は工事を始めた後に登記をされており、更正登記に係る不動産工事の先取特権も工事を始めた後に登記をされたことになるから、更正登記に係る不動産工事の先取特権は右の抵当権に優先しない（三三九条参照）。

(c)　破産、民事再生、会社更生の場合における先取特権の取扱いや抵当権に関する規定が準用されることについては不動産保存の先取特権と同じである（本書一三一頁参照）。

(ハ)　不動産売買の先取特権

(a)　不動産売買の先取特権は、売買契約と同時に、不動産の代価またはその利息の弁済がされていない旨を登記することによってその効力を保存する（三四〇条）。

(b) (α) 不動産売買の先取特権も登記によって成立する。売買契約と同時に登記をしなければならないと規定されているが、売買契約による所有権移転の登記がされない限り先取特権の登記をすることはできない。それゆえ、所有権移転の登記と同時に登記をすれば足りると解すべきである。

(β) 不動産売買の先取特権は、登記の時に成立する。不動産売買の先取特権については、先に登記をした抵当権にも優先する旨の民法三三九条のような規定はない。これは、所有権移転の登記と同時に先取特権の登記が行われる場合、先取特権よりも先に抵当権の登記をした抵当権者が不動産の売買により利益を受けることはないからである。

(γ) 不動産売買の先取特権の登記が所有権移転の登記後に行われた場合、先取特権が成立しないとする必要はなく、先取特権は登記の時に成立し、他の権利との優先順位は登記の時によると解すべきである(1)(2)。

(1) 高木・五七頁は、売買契約と不動産売買の先取特権の登記の同時性は、第三取得者との関係では必要でないとする。

(2) フランスにおいては、法定の期間（売買契約から二か月）内に登記をした不動産売買の先取特権（フランス民法二三七九条・二三八〇条）は先に登記をした抵当権に優先するとされ、法定の期間経過後に登記をした先取特権はその登記の時から優先権を持つとされている（フランス民法二三八六条）。実務においては、通常、先取特権の登記は売買の登記と同時に行われ、原則として先取特権が抵当権に優先するとされる（Aynès-Crocq, n° 704）。

(c) 破産、民事再生、会社更生の場合における不動産売買の先取特権の取扱いや抵当権に関する規定が準用されることについては不動産保存の先取特権と同じである（本書一三一頁参照）。

五　物上代位

(1) 序

(イ) 先取特権は、その目的物の売却、賃貸、滅失または損傷によって債務者が受けるべき金銭やその他の物に対しても行使することができる(1)（三〇四条一項本文）。債務者が先取特権の目的物の上に設定した物権の対価についても同じである（三〇四条二項）。もっとも、先取特権者は、その払渡しや引渡しの前に差押えをしなければならない（三〇四条一項但書）。

(1) 物上代位（抵当権に関するものも含む）については、横田秀雄「物上代位ノ本質ヲ論ス」法学論集二六二頁以下（大正一三年）、小林俊三「物上代位の本質に関する一考察」新報四三巻九号二一頁以下（昭和八年）、石田文次郎「物上代位」法叢三三巻一号一七頁以下（昭和一〇年）、鈴木禄弥「物上代位制度について」抵当制度の研究一一五頁以下（昭和四三年）、安藤次男「動産売買の先取特権とその物上代位――主として札幌高裁昭和五十二年七月三十日決定をめぐって――」東北大学教養部紀要三一号二四六頁（昭和五四年）、宗田親彦「破産宣告と動産売買先取特権――公示のない担保権の効力をめぐって――」NBL二一一号六頁以下、二一二号四四頁以下（昭和五五年）、新田宗吉「物上代位に関する一考察――抵当権の物上代位を中心として――」明治学院二五号一頁以下、二六号一四五頁以下、二八号八三頁以下、三〇号三一頁以下、三一号一五七頁以下（昭和五五年―五九年）、吉野衛「物上代位に関する基礎的考察」金法九六八号六頁以下、九七一号六頁以下、九七二号六頁以下（昭和五六年）、河野玄逸「動産売買先取特権の射程距離」NBL二九四号八頁以下、三〇三号三〇頁以下、三〇四号四三頁以下（昭和五八年）、吉野衛「物上代位に関する手続上の二、三の問題」担保法大系1三六六頁以下（昭和五九年）、渡部晃「動産売買の先取特権と債務者の破産――破産宣告後に物上代位権行使を認めた最判昭五九・二・二をめぐって――」NBL三一三号一六頁以下、三二一号三三頁以下、三二四号四四頁以下、三二八号三〇頁以下（昭和五九年―六〇年）、新田宗吉「物上代位」民法講座3一〇五頁以下（昭和五九年）、浦野雄幸「最近の動産売買の先取特権の実行をめぐる諸問題」NBL三三六号二三頁以下、三三七号一一頁以下（昭和六〇年）、新田宗吉「物上代位と差押え」金融担保法講座Ⅰ一八一頁以下（昭和六〇年）、田中ひとみ「物上代位権行使と差押」慶應義塾大学大学院法学研究科論文集二四号五五頁以下（昭和六一年）、生熊長幸「物上代位における差押えについて――民法と民事執行法との両面から――」広中俊雄教授還暦記念論集（法と法過程――社会諸科学からのアプローチ――）七八一頁以下（昭和六一年）、同「民法三〇四条の差押えの趣旨について――竹下教授の見解をふまえて――」民研三六三号一三頁以下（昭和六二年）、尾島茂樹「ファクタリングと動産売買先取特権の物上代位の競合」名法一一八号七七頁以下、一二〇号二九一頁以下、一二二号二七七頁以下、一二四号四二九頁以下（昭和六三年―平成元年）、斎藤和夫「『抵当権の物上代位』の法構造――ドイツ法上の『元物型』物上代位における『支払異議』の機能の解明――」慶應義塾大学法学部法律学科開設百年記念論文集法律学科篇二七七頁以下（平成二年）、道垣内弘人「抵当不動産の売却代金への物上代位」神法四〇巻二号四〇一頁以下（平成二年）、大島俊之「民法三〇四条の沿革――イタリア法を継受したわが民法規定――」神院二二巻一号一頁以下（平成四年）、徳田和幸「倒産処理と動産売買先取特権――破産の場合を中心として――」今中利昭先生還暦記念論文集（現代倒産法・会社法をめぐる諸問題）三頁以下（平成七年）、山本克己「債権執行・破産・会社更生における物上代位権者の地位」金法一四五五号三四頁以下、一四五六号二三頁以下、一四五七号二九頁以下、一四五八号一〇五頁以下（平成八年）、同「物上代位権の『保全』のための差押えと物上代位権を被保全権利とする保全処分」米田實先生古稀記念（現代金融取引法の諸問題）一〇三頁以下（平成八年）、下村信江「フランスにおける物上代位の本質論に関する一考察――抵当権の物上代位を中心に――」阪法四六巻三号三七頁以下、四号五九頁以下（平成八年）、秦光昭「抵当権に基づく物上代位を巡る最近の判例と今後の課題」白鴎法学六号七七頁以下（平成八年）、林錫璋「動産売買先取特権に基づく物上代位権の行使」債権と担保一六九頁以下（平成九年）、清原泰司・物上代位の法理――金融担保法の一断面――（平成九年）、高橋智也「抵当権の物上代位に関する一考察――フランス subrogation réelle 理論の歴史的展開からの示唆――」都法三八巻二号四三一頁以下、三九巻一号六九七頁以下、二号七五九頁以下（平成九年―一一年）、生熊長幸「民法三〇四条・三七二条（先取特権・抵当権の物上代位）」民法典の百年Ⅱ五三七頁以下（平成一〇年）、中井美雄「物上代位制度の法目的――歴史的解釈・目的論的解釈・政策的判断の錯綜――」奈良法学会雑誌一一巻三号五九頁以下、一二巻二号四五頁以下（平成一〇年―一一年）、直井義典「抵当権の物上代位と物的代位」本郷法政紀要八号三八三頁以下（平成一一年）、清原泰司「抵当権の物上代位に関する基礎的考察――最高裁平成一〇年一月三〇日判決を踏まえて――」損害保険研究六二巻三号一六三頁以下（平成一二年）、今尾真「動産売買先取特権の『物上代位』のあり方に関する一考察――最高裁平成一〇年一二月一八日決定を契機として――」志林九九巻一号一七七頁以下、三号四三頁以下（平成一三年―一四年）、小川浩三「担保権の物上代位と債権譲渡」NBL七二六号六頁以下、七三一号三七頁以下（平成一三年―一四年）、古積健三郎「抵当権の物上代位と差押え――滅失と売却の場合――」新報一〇八巻五・六号二三頁以下（平成一三年）、今尾真「所有権移転型担保に基づく物上代位に関する基礎的考察――フランス法における物的代位 subrogation réelle を手掛かりとして――」明治学院七三号一頁以下（平成一四年）、高橋智也「抵当権の物上代位制度の現代的位相――抵当権の価値把握範囲に関する判例及び学説のパラダイム転換を中心として――」熊法一〇〇号六七頁以下、一〇二号一九一頁以下（平成一四年―一五年）、並木茂「抵当権の物上代位の目的となる債権に対する転付命令の効力」金法一六六二号四二頁以下、一六六三号六七頁以下（平成一四年―一五年）、生熊長幸・物上代位と管理収益（平成一五年）、清原泰司「物上代位の法的構造」新報一一〇巻一・二号一七五頁以下（平成一五年）、松井宏興「転機に立つ抵当権の物上代位」同誌二九九頁以下、清原泰司「物上代位論――二つの最高裁判決を素材として――」桃山法学二号一頁以下（平成一五年）、水津太郎「抵当権に基づく物上代位における『公示』の要否とその基礎付け――ドイツ法における dingliche Surrogation の制度構造からの示唆――」法政論究五九号四五九頁以下（平成一五年）、同「所有権移転型担保に関する物上代位論の基礎――ドイツ法における dingliche Surrogation の制度目的の解明――」同誌六〇号三九三頁以下（平成一六年）、小林資郎「抵当権に基づく物上代位と目的債権の包括的譲渡」北海学園四〇巻四号七七頁以下（平成一七年）、斎藤和夫＝水津太郎「『物上代位と相殺の優劣』における適用規範論――その存在理由に対する疑念を起点として――」法研七八巻四号三三頁以下（平成一七年）、清水恵介「物的担保に基づく物上代位と債権譲渡担保――その競合と再構成――」日法七一巻一号一六七頁以下（平成一七年）、清原泰司「動産売買先取特権の物上代位と相殺の優劣」今中利昭先生古稀記念（最新倒産法・会社法をめぐる実務上の諸問題）一二二頁以下（平成一七年）、同「動産売買先取特権の物上代位権行使と代位目的債権譲渡の優劣」南山法学二九巻二号一頁以下（平成一八年）、一藁幸「明治民法における物上代位制度の実務的理解――大審院時代の判例分析――」岡法五五巻二号六三頁以下（平成一八年）、今尾真「動産売買先取特権に基づく物上代位とその目的債権の譲渡――最高裁平成一七年二月二二日判決をめぐって――」明治学院七九号三七頁以下（平成一八年）、平井一雄「抵当権に基づく物上代位権行使における『差押』の意義」中京法学四〇巻一・二号二三頁以下（平成一八年）、水津太郎「ドイツ法における物上代位の理論的基礎」法研八〇巻三号二一頁以下、四号四五頁以下、五号二五頁以下、六号三三頁以下（平成一九年）、米倉明「売却代金債権に対する物上代位の可否――抵当権にもとづく場合――」タートンヌマン九号一頁以下（平成一九年）、山田誠一「抵当権者の物上代位と転付債権者」平井宜雄先生古稀記念（民法学における法と政策）二四七頁以下（平成一九年）、高橋眞「物上代位による差押えについて」抵当法改正と担保の法理八〇頁以下（平成二〇年）、今中利昭・動産売買先取特権に基づく物上代位論（平成二〇年）、直井義典「UCCにおける代償物に対する担保権の効力について」徳島大学社会科学研究二一号一頁以下（平成二〇年）、川地宏行「動産売買先取特権に基づく物上代位と債権譲渡の優劣」名法二二七号三一一頁以下（平成二〇年）、山田創一＝長谷川真也「抵当権に基づく物上代位の再構成」専修ロージャーナル四号六九頁以下（平成二一年）、清原泰司「動産売買先取特権の物上代位論――相殺との優劣を通して――」南山法学三二巻三・四号三七頁以下（平成二一年）参照。

(ロ)　(a)　物上代位の目的＝代位物は、一般に、賃料債権や保険金請求権のような金銭やその他の物に対する債務者の請求権であるとされる。しかし、後述するように、請求権が物上代位の目的になるのは当然であるが、これに限定されるわけではなく、弁済された特定物や替地（土地収用法一〇四条）、弁済された金銭により債務者の一般財産が増加した場合の増加分も物上代位の目的になると解すべきである（本書一四三頁以下参照）。

(b)　物上代位の趣旨は、先取特権を含む担保物権は債権を担保するために目的物の価値（交換価値）を把握するから、社会通念上目的物の価値の全部あるいは一部が請求権などの形で実現されていると見られる場合にはそれに担保物権の効力を及ぼすというものである。目的物の価値の全部あるいは一部が請求権などの形で実現されているかどうかは、社会通念によって判断されるが、これは、社会通念上目的物の価値の全部あるいは一部が請求権などの形で実現されていると見られる場合には、担保権者は通常担保物権の効力が請求権などに及ぶと期待するし、債務者や他の債権者も通常担保物権の効力が請求権などに及ぶことを前提に行為するからである。それゆえ、保険金請求権は、保険料の対価とも考えられるが、しかし、社会通念上は目的物の価値が実現したものと見られるから、物上代位の目的になると解するのが妥当である。

(ハ)　民法三〇四条は、先取特権の物上代位を広く認めているが、比較法的に見れば、民法典の中にこのような物上代位についての包括的な規定を有する国は少ない。すなわち、フランスにおいては、フランス民法には担保物権の物上代位に関する規定はなく、保険法典などの特別法が保険金請求権などへの抵当権の物上代位を規定しているにすぎない（フランス保険法典L.一二一―一三条一項など）。ドイツとスイスにおいては、ドイツ民法とスイス民法が賃料債権と保険金請求権などへの抵当権の物上代位を規定しているにすぎない（ドイツ民法一一二三条・一一二四条・一一二七条以下。スイス民法八〇四条・八〇六条・八二二条一項）。なお、民法三〇四条一項但書は請求権の差押えが物上代位の要件になると規定しているが、フランス、ドイツ、スイスにおいては差押えが物上代位の要件とはされていない。

(2)　一般先取特権と物上代位

民法三〇四条は、一般先取特権には適用されない。一般先取特権の目的は、債務者の総財産である（三〇六条）。そして、債務者の総財産を構成する財産の売却、賃貸、滅失、損傷によって債務者が受けるべき金銭やその他の物も債務者の総財産を構成する。たとえば、債務者の総財産に属する財産が火災で焼失し、債務者が保険金請求権を取得した場合、保険金請求権は債務者の総財産を構成する。それゆえ、保険金請求権は、物上代位を待つまでもなく、当然に一般先取特権の目的になるのである。また、一般先取特権者は、保険金請求権が支払われる前にこれを差し押さえる必要もない。なぜなら、支払われた保険金は債務者の総財産を構成し、当然に一般先取特権の目的物になるからである。以上、要するに、民法三〇四条は一般先取特権に適用されないのである。

(3)　動産先取特権と物上代位

(イ)　序

(a)　民法三〇四条は、動産先取特権に適用される。特に、先取特権の目的物である動産が第三者に譲渡され引き渡された場合、先取特権は第三取得者が善意無過失の場合にはこれに対して行うことができないから(三三三条。本書一二一頁以下参照)、債務者が第三取得者に対して有する代金請求権への物上代位は重要な意義を有する。第三取得者に悪意過失がある場合、先取特権者は第三取得者の取得した目的物に対し先取特権を行使することができるから、代金請求権への物上代位を認める必要はないようにも見える。しかし、第三取得者に悪意過失があるかどうかを先取特権者が判断するのは容易でなく、第三取得者の善意悪意、過失無過失を問わず代金請求権への物上代位を認めるのが妥当であろう。

(b)　建築の請負人に建築材料を売り渡した者は、請負人が注文者に対して有する請負代金債権の全部または一部が右の建築材料の転売による代金債権と同視できる特別の場合には動産売買の先取特権に基づき請負代金債権のうち代金債権と同視できる部分に物上代位をすることができるとされる(最決平一〇・一二・一八民集五二巻九号二〇二四頁。大判大二・七・五民録一九輯六〇九頁は、物上代位を否定していた)。

請負代金債権は、建築材料の価額を含んでいる。そして、建築材料の価額はその転売による代金額と同視してよく、その算定は可能である。それゆえ、請負代金債権のうち建築材料の価額部分を算定し、それが物上代位の対象になると解するのが妥当であろう。

(c) 物権の対価への物上代位は、不動産先取特権の場合に限定され、動産先取特権の場合には行われない。物権の対価とは、地上権の地代や永小作権の小作料などであり、不動産についてのみ問題となるからである。

(ロ) 差押え

(a) 序　差押えについては問題が多い。差押えとは、物上代位の要件として金銭やその他の物に対する請求権をその支払いや引渡しの前に差し押さえるということである。

(b) 学説　差押えが要求される根拠については、いくつかの見解がある。

第一は、請求権の目的物が支払われたり引き渡されて債務者の一般財産に混入した場合、物上代位を認めれば債務者の一般財産の上に先取特権の行使を認めることになり、他の債権者が害されるから差押えが必要だというものである[1]。この見解によれば、差押えは先取特権者が行う必要はなく、請求権の目的物が債務者の一般財産に混入するのを防止する以上他の者が差し押さえてもよいとされる。なお、請求権が第三者に譲渡されても、弁済される前であればこれに物上代位をすることができるとされている。この見解が通説である。

第二は、請求権の差押えにより先取特権を公示し第三者の保護をはかる必要があるというものである[2](最判平一七・二・二二民集五九巻二号三一四頁は、公示方法のない動産先取特権においては、差押えは第三者の利益を保護する趣旨を含むとする)。この見解によれば、先取特権者は自ら差押えをしなければならないということになる。

第三は、請求権について支払いをした第三債務者が物上代位により二重払いを強いられることがないように差押えが必要だとするものである[3](最判平一〇・一・三〇民集五二巻一号一頁は、抵当権による物上代位につきこのように判示する)。この見解によれば、請求権が譲渡されても第三債務者が支払いをするまでは先取特権者は請求権を差し押さえこれに物上代位をすることができるということになる。

(1) 我妻・六一頁、二八八頁、高木ほか・四〇頁(伊藤眞執筆)、柚木＝高木・四六頁、二七〇頁以下、船越・一五五頁、川井・二七一頁。石田(文)・七八頁以下、道垣内・六四頁も参照。

(2) 宗田親彦「破産宣告と動産売買先取特権──公示のない担保権の効力をめぐって──」ＮＢＬ二一二号四九頁以下（昭和五五年）、中井・一六一頁、山川・一一二頁以下、清水・一九九頁。内田・四一四頁、高橋・五二頁以下、近江・六四頁以下、松井・四六頁以下も参照。

(3) 清原泰司・物上代位の法理──金融担保法の一断面──七二頁以下（平成九年）、平野・一〇八頁注一五〇。松尾＝古積・三二八頁以下も参照。

(c) 判　例　判例は、当初、差押えが必要なのは請求権の特定性を維持するためであり、自ら差し押さえなくてもよいとしていた（大判大四・六・三〇民録二一輯一二五七頁）。しかし、その後、これを変更し、物上代位は抵当権者を保護するための特別の措置であるから抵当権者が自ら差し押さえ物上代位の目的の消滅を防止する必要があるとしたり（大(連)判大一二・四・七民集二巻二〇九頁）、請求権の目的物が一般財産に混入するのを防止するとともに抵当権の効力が物上代位の目的に及ぶことを公示するために差押えが必要であるとするに至った（大決昭五・九・二三民集九巻九一八頁）。さらに、判例は、その後、差押えが必要なのは第三債務者の二重弁済を防止するためであるとしているが（最判平一〇・一・三〇民集五二巻一号一頁）、これが以前の判例とどのように関係するのかは明確でない。

(d) 検　討

(α) 前述の学説の第一の見解については、第一に、請求権を差し押さえても請求権の目的物が債務者の一般財産に混入するのを防止することはできないというべきである。たとえば、金銭債権が差し押さえられても、第三債務者がこれを事実上弁済することが禁止されるわけではなく、第三債務者が弁済すれば弁済金は債務者の一般財産に混入してしまうのである。それゆえ、金銭債権の差押えは、弁済金が債務者の一般財産に混入するのを防止するためではなく、第三債務者が弁済しても差押債権者はこれを無視し第三債務者にさらに自己に弁済することを請求することができるようにするためである（四八一条一項）。すなわち、差押えは、第三債務者に対し債務者に弁済してもこれを差押債権者に主張することができなくするために行われるのであり、請求権の目的物が債務者の一般財産に混入するのを防止するために行われるのではないのである。

第二に、請求権の目的物が債務者の一般財産に混入すれば、その分だけ債務者の一般財産は増加するから、請求権について優先権を有していた先取特権者が右の増加分から優先弁済を受けるとしても他の債権者は必ずしも害されない。

第三に、請求権が第三者に譲渡されてもそれが弁済されるまでは物上代位をすることができるとするが、しかし、先取特権の目的物である動産が第三取得者に引き渡されれば先取特権を行使することができないとする民法三三三条とバランスを失する(1)(本書一一〇頁以下参照)。

(1) 最判平一七・二・二二金法一七四〇号二八頁のコメント(同誌二九頁以下)参照。

(β) 第二の見解については、後述するように基本的には正当であると考える。

(γ) 第三の見解については、第一に、差押えは第三債務者を保護するために必要であるとするが、請求権の譲受人も第三債務者と同じように保護に値するのであり、第三債務者を保護し請求権の譲受人を保護しないというのはバランスを欠く。また、悪意の第三債務者も保護されるのかどうか不明である。

第二に、請求権が第三者に譲渡されてもそれが支払われるまでは物上代位をすることができるとするが、民法三三三条とバランスを失するのは第一の見解と同じである。

(e) 私見——その一

(α) 私見としては、次のように考える。

(β) 動産先取特権は、公示なしに優先権が認められている。この場合、第三者は善意取得あるいは善意取得に準じて保護されるが(本書七四頁以下参照)、しかし、取引の安全が害されるおそれがあることに変わりはない。それゆえ、先取特権の効力が公示なしに請求権に及ぶとすれば、取引の安全がますます害されるおそれがある。そこで、請求権については、それに先取特権の効力が及ぶことを公示し第三者を保護するために差押えが要求されていると考える。

(γ)　したがって、先取特権者は、差押えをしなければ請求権に先取特権の効力が及ぶことを主張することはできない。先取特権は、請求権については差押えがない限り債権的権利として扱われるにすぎない（本書七五頁参照）。しかし、私見によれば、債権であっても、一定の場合には物権と同様の効力を有する。すなわち、第三債務者や請求権の譲受人が差押えがあれば請求権に先取特権の効力が及ぶことを知っており、債務者において第三債務者の弁済や第三者による請求権の譲受けにより先取特権者が害されるのを知っている場合（ほとんどの場合、知っている）、先取特権者は、弁済や譲受けの前に差押えをしなくても、請求権に先取特権の効力が及ぶことを主張し物上代位をすることができると解すべきである（本書七五頁以下参照）。

(δ)　右に述べたように、先取特権者は、債務者が悪意であることを前提に（以下同じ）、悪意の第三者に対し差押えなしに請求権に先取特権の効力が及ぶことを主張することができるが、しかし、物上代位を実行するためには差押えが必要である。

たとえば、悪意の第三債務者が請求権を弁済した場合、先取特権者は、その前に請求権を差し押さえなくとも弁済を無視し請求権に先取特権の効力が及ぶことを主張することができるが、物上代位を実行するためには民事執行法の債権差押手続きに従い請求権を差し押さえなければならない（民執一九三条・一四三条以下）。これに対し、善意の第三債務者が請求権を弁済した場合、先取特権者は、その前に請求権を差し押さえていない限り請求権に先取特権の効力が及ぶことを主張することができず、弁済後に物上代位を実行するために請求権を差し押さえることはできないのである。

このように、差押えには、物上代位の要件としての差押え（請求権が弁済される前の差押え）と物上代位の実行としての差押えの二つがあるのである。民法三〇四条一項但書の差押えは、物上代位の要件としての差押えである。物上代位の要件としての差押えは、物上代位の実行としての差押えを兼ねるが、物上代位の実行としての差押えは、必ずしも物上代位の要件としての差押えを兼ねないのである(1)。

(1) この問題については、趣旨は異なるが、生熊長幸「物上代位権行使の保全のための差押えと物上代位権の行使としての差押え」物上代位と収益管理一三三頁以下(平成一五年)も参照。

(f) 私見——その二

(α) 以上のような私見によれば、次のようになるであろう。

(β) 先取特権者が請求権を差し押さえる前に請求権が善意の第三者に譲渡された場合、先取特権者は請求権に物上代位をすることができない。善意の他の債権者が差押えの前に請求権について差押えをしたり(一般に、差押債権者は一七七条・一七八条の第三者に該当するとされている。なお、他の債権者の差押えの場合、それは債務者の関与なしに行われるから、債務者の悪意は要求されない(本書七六頁参照))転付命令(民執一五九条)を取得した場合も同じである。

判例は、先取特権者は債務者が破産宣言を受けたり(最判昭五九・二・二民集三八巻三号四三一頁)請求権について仮差押えを受けたりしても(最判昭六〇・七・一九民集三九巻五号一三二六頁)請求権に物上代位をすることができるが、請求権が第三者に譲渡され対抗要件が備えられれば物上代位をすることができないとする(最判平一七・二・二二民集五九巻二号三一四頁)。しかし、破産債権者の中に善意者がいたり仮差押・差押債権者が善意であれば物上代位は認められないし、請求権の譲受人が悪意であれば(債務者が悪意であることを前提に。以下、同じ)物上代位は認められると解すべきである。

(γ) 先取特権者が請求権を差し押さえる前に善意の第三債務者が弁済したり目的物を引き渡した場合、先取特権者は請求権に物上代位をすることができない。

(δ) 先取特権者が請求権を差し押さえる前に請求権が第三者に譲渡されたり第三債務者が請求権について弁済した場合、第三者や第三債務者の善意悪意を問わず、債務者の一般財産の中で請求権の対価や弁済された請求権の目的物(弁済金を含む)が特定されていれば、先取特権者はその対価や目的物に物上代位をすることができると解される。この場合、先取特権者は請求権の対価や目的物を差し押さえ、先取特権の効力がこれらに及ぶことを公示しなければならないと解すべきであろう。このような前提に立てば、請求権を差し押さえればこれに優先権を行使することができた先取特権者が請求権の対価や目的物に物上代位をすることができるとしても、他の債権者は不当に害されない。

(ε)　右の請求権の対価や目的物が債務者の一般財産の中で特定されない場合、債務者の一般財産はその分だけ増加している（一般財産の増加分は、その減少・消滅が立証されない限り存続するものとして扱われる（最判平三・一一・一九民集四五巻八号一二〇九頁参照））。それゆえ、先取特権者は、債務者の一般財産の増加分を構成する動産や不動産、債権などを差し押さえ、これらの財産に先取特権の効力が及ぶことを公示した場合にこれらの財産に物上代位をすることができると解してよいであろう。このような前提に立てば、請求権を差し押さえればこれに優先権を行使することができた先取特権者が債務者の一般財産の増加分に物上代位をすることができるとしても、他の債権者は不当に害されない。

先取特権者が債務者の一般財産の増加分に物上代位をすることができるというのは、先取特権者は、この増加分の範囲で債務者の総財産の上に優先権を有することを意味する。それゆえ、この場合、先取特権者は一般先取特権者と同様に扱われることになるであろう（本書八一頁以下参照）。

結局、先取特権者は、第三者や第三債務者が悪意の場合、その選択により、請求権に物上代位をしてもよいし、請求権の対価や目的物（これらの物が特定している場合）、あるいは、債務者の一般財産の増加分（請求権の対価や目的物が特定していない場合）に対し物上代位をしてもよいということになるであろう。

(g)　その他

(α)　先取特権者は、自ら請求権を差し押さえなければならない。なぜなら、差押えは先取特権の効力が請求権に及ぶことの公示のために要求されるから（本書一四一頁以下参照）、先取特権者が自ら差し押さえなければならないのである。

(β)　先取特権者は、被担保債権に関し債務名義を取得し、これに基づき請求権を差し押さえる場合、その差押えの際に担保権の存在を証する文書（民執一九三条一項後段）を提出する必要はない。しかし、先取特権者が請求権から優先弁済を受けるためには、第三債務者が民事執行法一五六条一項二項による供託をする時など同法一六五条に定める時までに担保権の存在を証する文書を提出しその旨を記載した文書が第三債務者に送達されなければならない(1)（民執一五四条二項参照）。これにより先取特権の効力が請求権に及ぶことが公示される。それゆえ、この文書の送達の前に他の債権者が善意で請求権を差し押さえた場合、先取特権者は請求権から優先弁済を受けることができないと解される。

(1) 判例は、先取特権者は、被担保債権の債務名義に基づき強制執行として請求権を差し押さえた場合、配当要求の終期までに担保権の存在を証する文書を提出しなければならないとする（最判昭六二・四・二判時一二四八号六一頁）。

(γ) 判例は、動産売買の先取特権者が物上代位の目的である請求権について一般債権者として仮差押えをしたが、他の債権者が同一の請求権について差押えをしたため第三債務者が供託したケースで、先取特権者が物上代位権の行使として同一請求権について差押えをしても、その差押命令が供託前に第三債務者に送達されない限り、先取特権者は供託金の配当において優先弁済を受けることはできないとする（最判平五・三・三〇民集四七巻四号三三〇〇頁）。この場合、先取特権者は一般債権者として仮差押えをしただけでは先取特権の効力が請求権に及ぶことを公示したとはいえない。それゆえ、先取特権者は、他の債権者の差押えの前に物上代位の要件としての差押え（本書一四二頁以下参照）をしない限り、供託金の配当において優先弁済を受けることはできないと解される。もっとも、他の差押債権者が悪意であれば、先取特権者は、物上代位の実行としての差押命令（本書一四二頁以下参照）が供託前に第三債務者に送達される限り、供託金から優先弁済を受けることができると解してよいであろう。

(4) 不動産先取特権と物上代位

(イ) 物上代位の目的

(a) 一般に、先取特権の目的物が売却された場合、先取特権者は売却代金に物上代位をすることができるとされている。しかし、先取特権者は第三者が取得した目的物に対し先取特権を行使することができるから、売却代金への物上代位を認める意義に乏しい。また、第三者が被担保債務を引き受ける趣旨で目的物を安く譲り受けた場合、売却代金への物上代位を認めると債務者を不当に害するおそれもある。この場合、債務者は第三者に求償することができるとも考えられるが、第三者が無資力であれば害される（本書一七四頁参照）。それゆえ、売却代金への物上代位を否定するのが妥当であろう。[1]

（1）　同旨、内田・五一五頁、鈴木・三二一頁、松尾＝古積・二七八頁以下。

(b)　不動産先取特権においては、保険金請求権への物上代位が重要な意義を有する（抵当権による保険金請求権への物上代位についての本書三三九頁参照）。なお、土地の公用収用などにおいては、補償金請求権などへの物上代位が認められている（土地収用法一〇四条、農地法五二条三項、森林法三七条など）。

(c)　不動産先取特権においても、請求権の対価や目的物は物上代位の目的になる。その具体的な内容については、抵当権の物上代位の所で説明する（本書三三八頁以下参照）。

(ロ)　差押え

(a)　(α)　一般に、不動産先取特権にも民法三〇四条一項但書が適用され、先取特権者は請求権を差し押さえなければならないとされている。

しかし、不動産先取特権には登記が要求され、先取特権が請求権に及んでいることは登記によって公示されているというべきである。それゆえ、先取特権者は、請求権が弁済される前に請求権を差し押さえる、すなわち、物上代位の要件としての差押えをする必要はない（本書一四二頁参照）。したがって、民法三〇四条一項但書は不動産先取特権に適用されず、先取特権者は請求権が弁済される前に差押えをしなくとも請求権に物上代位をすることができると解すべきである。フランス、ドイツ、スイスにおいても、差押えは物上代位の要件とはされていないのである。

(β)　右に述べたことは、物上代位の要件としての差押えについてであり、物上代位の実行としての差押えは不動産先取特権についても必要である（本書一四二頁参照）。たとえば、先取特権者が差押えをする前に保険者が先取特権の目的建物の保険金請求権を支払っても、先取特権の効力が保険金請求権に及んでいることは登記によって公示されているから、先取特権者は、保険者による支払いを無視し、保険金請求権に物上代位をすることができるが、この場合、先取特権者は、民事執行法の債権差押手続きに従い保険金請求権を差し押さえなければならないのである（民執一九三条・一四三条）。

(b)　判例は、抵当権者による物上代位についてであるが、抵当権の効力が物上代位の目的である請求権に及んでいることは登記により公示されているから、抵当権者は請求権が第三者に譲渡されても物上代位をすることができるが、第三債務者が請求権について弁済すれば物上代位をすることができないとする（最判平一〇・一・三〇民集五二巻一号一頁）。しかし、抵当権の効力が物上代位の目的である請求権に及んでいることは登記により請求権の譲受人はもちろん第三債務者にも公示されているのであり（最判平一三・三・一三民集五五巻二号三六三頁）、譲受人と第三債務者の取扱いを区別するのは妥当でない。それゆえ、先取特権者（抵当権者も同じ）は、譲受人に対しては請求権の譲受けの前の差押えなしに請求権に物上代位をすることができるし、第三債務者に対しては請求権の弁済前の差押えなしに請求権に物上代位をすることができると解すべきである。この結果、第三債務者は、請求権について弁済してもこれを先取特権者に対して主張することができず、二重払いを強いられることになるのである。以上につき、詳細は抵当権による物上代位に関する本書三三九頁以下参照。

第四節　先取特権の消滅

先取特権は、他の担保物権と同じく、被担保債権の消滅（付従性）、目的物の滅失、混同、放棄によって消滅する外、不動産先取特権については、代価弁済（三七八条）と消滅請求（三七九条以下）によっても消滅する（三四一条。代価弁済については本書四一三頁以下、消滅請求については本書四一五頁以下参照）。

第四章　質　権

第一節　序

一　質権の意義

(1)　質権の意義

(イ)　質権とは、動産質権と不動産質権の場合、債権者が債権の担保として債務者または第三者から受け取った物を占有し、その物につき他の債権者に先立って自己の債権の弁済を受けることができる権利である（三四二条）。権利質権の場合、質権とは、債権者が債務者または第三者の財産権につき他の債権者に先立って自己の債権の弁済を受けることができる権利である（三六二条）。

(ロ)　(a)　質権は、その目的が動産か不動産か財産権かによって、動産質権（三五二条以下）、不動産質権（三五六条以下）、権利質権（三六二条以下）の三つに分かれる。

(b)　動産質権は、質権の目的物が動産の場合であり、たとえば、AがBから債権の担保として宝石を受け取った場合、Aは債権の弁済を受けるまでその宝石を占有し、弁済がなければその宝石から他の債権者に優先して弁済を受けることができるというのがこれである。

(c)　不動産質権は、質権の目的物が不動産の場合であり、たとえば、AがBから債権の担保として土地の引渡しを受けた場合、Aは債権の弁済を受けるまでその土地を占有し、弁済がなければその土地から他の債権者に優先して弁済を受けることができるというのがこれである。

(d)　権利質権は、質権の目的が財産権の場合であり、たとえば、AがBから債権の担保としてBのCに対する債権に質権の設定を受けた場合、Aは自己の債権の弁済がなければBのCに対する債権から他の債権者に優先して弁済を受けることができるというのがこれである。

(ハ)　留置権や先取特権は、法律上当然に成立するが（法定担保物権。なお、先取特権が法定担保物権であるという意味については、本書八〇頁以下参照）、質権は、抵当権と同じく、当事者の約定によって成立する（約定担保物権）。そして、質権は、権利質権の場合を除き、質権者が目的物の占有を取得する点において、債権者が目的物の占有を取得しない抵当権と異なる。質権は、権利質権の場合を除き、留置権と同様、質権者が目的物の占有を取得することによって債務者に心理的圧迫を加え債権の弁済を促す点に特色を有する（留置的作用）。しかし、不動産質権においては、質権者が不動産の占有を取得することは質権者の負担となることが多く、不動産質権はあまり利用されていない。これに対し、動産質権は、特に目的物が家具や指輪、時計、衣類などの日用品の場合に多く用いられ、庶民金融としての役割を果たしているが、これも消費者金融などの出現によりかつてのようには利用されなくなっている。

(ニ)　質権者は、目的物を競売し、売却代金や売得金から他の債権者に優先して弁済を受けることができる（民執一八一条以下・一九〇条以下。権利質権の場合には財産権を目的とする担保権の実行（民執一九三条））。質権は、この点で先取特権や抵当権と同じであり、優先弁済受領権を伴わないこともある留置権よりも強力な担保物権である。

(2)　質権の沿革・比較法的状況

(イ)　質権の沿革

(a)　質権の沿革は、ローマ法に遡る[1]。ローマ法においては、担保のための所有権移転、すなわち、信託（fiducia）が担保権の端緒的形態であった。この信託においては、債務者は目的物の所有権を失うという大きな不利益を受けた。そこで、債務者は目的物の占有を債権者に移転するものの所有権を留保するという質権（pignus）が登場したのである。二世紀頃には、質権者は、一般に債務者が債権の弁済をするまで目的物を留置し、期限に弁済がなければ目的物の所有権を取得したり（lex commissoria）目的物を売却する（pactum vendendi）ことができたが、lex commissoria は後にコンスタンティヌス帝によって禁止された。質権の目的物は動産と不動産であり、不動産の場合には、しばしば、そこから生じる収益を債権の利息に充当する旨の条項が伴っていた。

（1）ローマ法の質権については、Mazeaud-Chabas, n° 61.

(b) ローマ法の質権は、以下に述べるように、フランスやドイツ、スイスなどのヨーロッパ諸国に受け入れられた。もっとも、フランスにおいては、動産質権と不動産質権の両方が存在しローマ法の影響が強く見られるが、ドイツやスイスにおいては、不動産質権は存在せずローマ法の影響はフランスほど強くない。わが国においては、フランス民法の影響もあり、動産質権と不動産質権の両方が存在する。

(ロ) フランス

(a) フランスにおいては、従来、質権（nantissement）として、動産質権（gage）と不動産質権（antichrèse）の二つが認められていたが、二〇〇六年の担保権に関する民法改正において無体動産質権（nantissement）の制度が導入され、質権は有体動産質権（gage）、無体動産質権、不動産質権の三つに分かれたのである。[1]

有体動産質権は、従来、不動産を有しない債務者にとって重要な役割を果たしてきたが、二〇〇六年の担保権に関する民法改正により占有の移転を必要としない非占有質権の設定が認められ、今後ますます重要なものとなっていくことが予想される。また、無体動産質権（債権質権など）も、かなり発達しており、重要な意義を有する。これに対し、不動産質権は抵当権の発達とともに重要性を失っている。不動産質権は、従来、質権の一種と考えられてきたが、二〇〇六年の担保権に関する規定が多く準用され（フランス民法二三八八条）、質権と抵当権の双方の性質をあわせ持つものとなっている(2)。

(1) フランスの質権については、Mazeaud-Chabas, n°s 59 et s.; Legeais, n°s 442 et s. et n°s 625 et s.; Aynès-Crocq, n°s 498 et s.

(2) Legeais, n°s 625 et s.

(b) 質権は、当事者の約定によって生じる。質権は、債権に付従する。質権の設定において質権者による目的物の占有取得が必要とされるかどうかは、場合により異なる。有体動産質権においては、占有取得が必要とされる場合（フランス民法二三三七条二項）とされない場合（フランス民法二三三七条一項。登記が必要（フランス民法二三三八条））がある。不動産質権においては、占有取得が必要とされている（フランス民法二三八七条）。

(c) 個々の有体動産の外に有体動産の集合体(un ensemble de biens mobiliers corporels)も有体動産質権の目的物になる（フランス民法二三三三条一項）。有体動産の集合体とは、現在および将来の複数の動産から構成される在庫品などの総体をいうとされる(1)。債務者に占有がとどまる有体動産質権の目的物が消費物である場合、債務者は、質権者との合意によりその物を他に譲渡することができるが、その場合には同等同量の物で補填しなければならない（フランス民法二三四二条）。

(1) Aynès-Crocq, n° 504.

(d) 個々の無体動産の外に無体動産の集合体(un ensemble de biens meubles incorporels)も無体動産質権の目的になる（フランス民法二三五五条一項）。したがって、将来発生する債権群も無体動産質権の目的になるが、この場合、債権の特定が可能でなければならない（フランス民法二三五六条三項）。

(e) 不動産質権においては債務者の占有喪失を伴うが（フランス民法二三八七条）、質権者は占有を喪失することなく債務者に対して不動産を賃貸することができるとされる（フランス民法二三九〇条）。この場合、債務者は質権設定と同時に不動産を賃借して従前通りにこれを使用することができる。これは、判例により認められていた実質上の非占有不動産質権を立法化したものであり、antichrèse-bail と呼ばれる(1)。

(1) Legeais, n° 629; Aynès-Crocq, n° 499.

(ハ) ドイツ

(a) ドイツにおける質権(1)(Pfandrecht)は、動産の上に成立する動産質権（Pfandrecht an beweglichen Sachen. ドイツ民法一二〇四条）と権利の上に成立する権利質権（Pfandrecht an Rechten. ドイツ民法一二七三条）の二つに分かれる。不動産質権は存在しない。権利質権には原則として動産質権に関する規定が準用される(2)（ドイツ民法一二七三条二項）。

(1) ドイツの質権については、伊藤進「ドイツ債権担保制度概観」私法研究著作集4七八頁以下（平成六年）参照。

(2) 以上については、Prütting, Nr. 780 ff. und 826 ff.

(b) ドイツにおける質権は、さらに、その成立原因により三つに分かれる。すなわち、契約により成立する契約質権(Vertragspfandrecht)、法律上成立する法定質権(Gesetzliches Pfandrecht)、差押えや仮差押えにより成立する差押質権(Pfändungspfandrecht)や仮差押質権(Arrestpfandrecht)がこれである。

契約質権は、当事者の合意により成立する質権であり、通常見られる質権である。

法定質権は、法律上成立する質権であるが、これには質権者が目的物の占有を取得するものと取得しないものの二つがある。前者は、たとえば、請負人は、請負人によって製作されたり修繕された注文者の動産が請負人の占有下にある場合、注文者に対する債権につきその動産の上に質権を取得するというのがこれである（ドイツ民法六四七条。用益賃借人の占有を伴う法定質権については、ドイツ民法五八三条一項が規定している）。後者は、すでに述べたように先取特権に類似の権利である（本書七九頁参照）。法定質権には契約質権に関する規定が準用される（ドイツ民法一二五七条）。

差押質権、仮差押質権は、動産や債権の差押え、仮差押えによって成立する民事訴訟法上の質権である(1)（ドイツ民事訴訟法八〇四条・九三〇条）。

（1）　以上については、Prütting, Nr. 780ff.

(c)　ドイツの質権のうち大部分を占める契約質権は、当事者の合意と目的物の引渡しにより（動産質権）、あるいは、当事者の合意と権利の移転に関する規定に従って（権利質権）設定される（ドイツ民法一二〇五条・一二七四条）。通常の債権を目的とする権利質権は、当事者の合意と質権設定者から第三債務者への通知によって設定される（ドイツ民法一二八〇条）。被担保債権が移転されれば質権もそれに伴って移転されるし（随伴性。ドイツ民法一二五〇条一項一段）、被担保債権が消滅すれば質権も消滅する[1]（付従性。ドイツ民法一二五二条）。

（1）　以上については、Prütting, Nr. 784, 818, 820 und 827f.

(二)　スイス

(a)　スイスにおける質権（Pfandrecht）には、動産の上に成立する動産質権（Faustpfand. スイス民法八八四条）と権利の上に成立する権利質権（Pfandrecht an Forderungen und andern Rechten. スイス民法八九九条）の二つがある[1]。不動産質権は存在しない。権利質権には原則として動産質権に関する規定が準用される（スイス民法八九九条二項）。

（1）　スイスの質権については、Schmid, Nr. 1863ff.

(b)　スイスにおける質権は、さらに、その成立原因により二つに分かれる。すなわち、契約により成立する契約質権（Vertragliches Pfandrecht）と法律上成立する法定質権（Gesetzliches Pfandrecht）がこれである。契約質権は、当事者の合意により成立する質権であり、通常見られる質権である。法定質権は法律上成立する質権であるが、これには質権者が目的物の占有を取得するものと取得しないものの二つがある。前者は、すでに述べたように留置権に類似の権利である（本書一七頁参照）。後者は、すでに述べたように先取特権に類似の権利である（本書七九頁参照）。

(c)　スイスの質権のうち大部分を占める契約質権は、当事者の合意と目的物の引渡しにより（動産質権）、あるいは、当事者の書面による質権設定契約の締結と債務証書があればその引渡しにより（権利質権）設定される（スイス民法八八四条・九〇〇条一項）。

被担保債権が移転されれば質権もそれに伴って移転されるし（随伴性。スイス債務法一七〇条一項）、被担保債権が消滅すれば質権も消滅する（付従性。スイス債務法一一四条一項）。

二　質権の法的性質

(1)　質権者は、債務者が被担保債権を弁済しない場合、目的物を競売して売却代金や売得金から他の債権者に優先して弁済を受けることができる（三四二条、民執一八一条以下・一九〇条以下）。権利質権の場合、質権者は、財産権を目的とする担保権の実行により他の債権者に優先して弁済を受けることができる（三四二条、民執一九三条）。なお、動産質権の場合、質権者は、一定の要件のもとに目的物をもって直ちに弁済に当てることを裁判所に請求することができるし（三五四条。不動産質権や権利質権においても同様に扱われる（本書二二六頁以下、二四六頁以下参照））、権利質権の場合、質権者は、質権の目的である債権を直接に取り立てることができるが（三六六条）、このような方法によっても質権者は他の債権者に優先して弁済を受けることができるのである。質権は、一般的に優先弁済受領権を有するという点において先取特権や抵当権と同じである。

(2)　質権は、当事者の約定によって成立する（約定担保物権）。質権は、この点で抵当権と同じであり、法律上当然に成立する留置権や先取特権（法定担保物権）と異なる。

(3)　質権は、物権であり、これを第三者に対しても主張することができる。

(4)　(イ)　質権は、動産質権と不動産質権の場合、目的物の占有を伴う。質権は、この点で留置権と同じであり、目的物の占有を伴わない先取特権や抵当権と異なる。

(ロ)　(a)　動産質権の場合、質権は、質権者が占有改定以外の方法で目的物の占有を取得することにより成立する（三四四条・三四五条）。そして、私見によれば、後述するように（本書一六五頁以下参照）、質権者が目的物の占有を継続することが質権の存続要件である（三五二条。一般的見解によれば、占有の継続は質権の対抗要件とされる）。

(b)　質権者による目的物の占有の意義は、第一に、質権の公示である。質権は、動産質権の場合、目的物に対する独占的な支配権であるが、これが占有改定以外の占有によって公示される（本書一六一頁以下参照）。第二に、質権の留置的作用である（三四七条）。質権者による目的物の占有は、債務者に心理的圧迫を加え、被担保債権の弁済を促進するのである。

㈧　(a)　不動産質権の場合、質権は、後述するように（本書二一五頁以下参照）、質権の登記をすることによって成立する。質権者が目的物の占有を取得することは、質権の成立要件ではない（一般的見解によれば、質権は目的物の占有取得によって成立し、質権の登記は質権の対抗要件とされる）。

(b)　質権者は、目的物の引渡請求権を有し目的物を占有することができるが、目的物の占有の意義は、動産質権の場合と異なり、質権の公示の点にはなく、質権の留置的作用の点にある。質権の公示は、登記によって行われるのである。なお、質権者は、動産質権の場合と異なり、目的物の使用収益を行うことができる（三五六条）。

㈡　(a)　権利質権の場合、質権の目的である財産権が地上権や永小作権のような不動産の使用収益を伴う物権であっても、質権は登記によって成立する。財産権の目的物の占有取得は、質権の成立要件ではない（本書二五〇頁参照。一般的見解によれば、質権は財産権の目的物の占有取得によって成立し、質権の登記は質権の対抗要件とされる）。質権者は、財産権の目的物の引渡請求権を有し財産権の目的物を占有することができるが、占有の意義は、質権の留置的作用の点にある。質権の公示は、登記によって行われるのである。質権者は、財産権の目的物の使用収益を行うことができると解される。

(b)　質権の目的が目的物の占有を伴わない債権や無体財産権などの場合、質権者による目的物の占有は意味をなさない。質権の公示方法は、質権の目的である権利の種類によって異なるが、質権の目的が指名債権の場合、第三債務者への質権設定の通知や第三債務者による質権設定の承諾である（三六四条）。質権の目的が指図債権の場合、質権の公示方法はその証書に質権設定の裏書をして証書を質権者に交付することである（三六三条・三六五条）。

⑸　質権は、債務者や質権設定を承諾する第三者（物上保証人）に帰属する目的物や目的財産権、あるいは、質権の目的物や目的財産権を取得した第三者（第三取得者）のその目的物や目的財産権の上に成立する。もっとも、質権者が質権を善意取得する場合は別である（一九二条）。

(6) (イ) 質権は、担保物権の一種として、他物権性、付従性（随伴性を含む。本書一一頁参照）、不可分性（三五〇条・二九六条）、物上代位性（三五〇条・三〇四条）の諸性質を有する。期限付債権や条件付債権については、質権は期限付や条件付で成立する（期待権。詳細は抵当権について述べる（本書二六六頁以下参照））。

(ロ) もっとも、質権の随伴性については制約がある。動産質権や不動産質権において被担保債権が譲渡された場合、随伴性によって質権も移転するとすれば目的物が引き渡されることになる。しかし、後述するように、質権者は善管注意義務をもって目的物を保管しなければならないのであり（三五〇条・二九八条一項。本書二一一頁参照）、質権者が被担保債権の譲受人に目的物を引き渡すのはこの保管義務に違反するといわざるをえない。また、債務者が被担保債権の譲受人の質権、したがって、また、譲受人による目的物の占有を認容しなければならない理由もない。そこで、被担保債権の譲渡に伴って質権も移転し目的物が引き渡されるが、債務者は、質権の移転を承諾しない限り、新質権者に対し質権の消滅を請求することができると解すべきであろう（三五〇条・二九八条一項三項参照）。新質権者は、旧質権者の保管義務違反に加担しており、右のように解しても不当な不利益を受けるとはいえない。

三　叙述の順序

以下においては、動産質権、不動産質権、権利質権の順序で説明するが、これらのうち二者あるいは三者に共通する事項も少なくない。そこで、まず、動産質権において、三者に共通する事項および動産質権に特有な事項を説明する。次に、不動産質権と権利質権において、それぞれに特有な事項を説明し、必要に応じ他の質権と共通する事項についても言及することにする。

第二節　動産質権

一　動産質権の設定

(1)　動産質権設定契約

(イ)　序

(a)　動産質権[1]は、約定担保物権である。すなわち、動産質権は、当事者の約定、つまり、動産質権設定契約によって設定される。

(1)　動産質権については、薬師寺志光「動産質」総合判例研究叢書民法⒆六一頁以下（昭和三八年）、新田宗吉「動産質権の機能と効用」担保法大系2六三四頁以下（昭和六〇年）、近藤實「動産質権の設定・管理上の問題点」同書六五三頁以下、布施聰六「動産質権と民事執行手続上の問題点」同書六九一頁以下参照。

(b)　動産質権設定契約の当事者は、質権者と質権設定者である。質権者は債権者であるが、質権設定者は債務者に限定されない。第三者も質権設定者になることができる（三四二条）。たとえば、債務者の親族が債務者の債務を担保するために自己の物につき質権者と質権設定契約を締結するというのがこれである。

第三者が債務者の債務を担保する場合、第三者は物上保証人といわれる。物上保証人は、質権者に対して質権の目的物につき物的責任を負担するが、債務を負担するわけではない[1]。物上保証人は、債務者の債務を弁済したり（第三者弁済。四七四条）質権の実行によって質権の目的物の所有権を失った場合、保証債務に関する規定に従い債務者に対し求償権を取得する[2]（三五一条）。そこで、保証債務に関する民法四五九条から同法四六五条までが準用される。

以下においては、債務者が質権設定者になる場合を中心に説明し、必要に応じ物上保証人について言及することにする。

（1） 鈴木禄弥『債務なき責任』について——担保物権法総論断章——」法学四七巻三号一頁以下（昭和五八年）は反対である。物上保証人の責任については、さらに、山野目章夫「物上債務論覚書」亜細亜法学二三巻一号四九頁以下、二号三一頁以下、二四巻二号二一頁以下（昭和六三年〜平成二年）、同「物上保証人の法律的地位に関するフランスの立法・判例の展開——物上債務論解題——」鈴木禄弥先生追悼論集（民事法学への挑戦と新たな構築）二九九頁以下（平成二〇年）参照。

（2） 債務者の委託を受けた物上保証人は、質権の実行前に求償権を行使することはできないとされる（最判平二・一二・一八民集四四巻九号一六八六頁（抵当権について参照））。すなわち、目的物の売却代金や売得金による被担保債権の消滅の有無やその範囲は配当等によって確定するから、求償権の有無やその範囲をあらかじめ確定することはできず、事前求償権を認めることはできないとされる。

しかし、通常の保証においても、保証人の求償権の有無やその範囲は、保証人が保証債務を履行する時点における債務者の債務の額によるのであり、これを事前に確定することはできないというべきである。それにもかかわらず保証人には事前求償権が認められているのであるから（四六〇条）、保証人と実質的に同じ立場に立つ物上保証人にも事前求償権が認められるべきである。この場合、事前求償権の額は被担保債権額と目的物の価額によって定まる。なお、物上保証人は債務を負担せず物的責任のみを負担するとされるが、しかし、物上保証人の財産の出捐により債務者の債務が履行されたことになるのであり、これは、保証債務の履行という保証人の財産の出捐により債務者の債務が履行されたことになるのと何ら変わりはないのである。

(c) 質権の設定は目的物の処分であるから、質権設定者である債務者は目的物の処分権限を有していなければならない。債務者が目的物の処分権限を有しない場合、債権者は目的物の質権を取得することができない。もっとも、債権者が質権を善意取得（一九二条）する場合は別である（大判昭七・二・二三民集一一巻一四八頁、最判昭四五・一二・四民集二四巻一三号一九八七頁）。

(ロ) 動産質権設定契約と目的物の引渡し

(a) 質権の設定は、質権者に目的物の引渡しをすることによって効力を生じる（三四四条）。

(b) (α) 一般に、民法三四四条を根拠として動産質権設定契約は要物契約であると解されている。しかし、これに対しては、動産質権設定契約は諾成契約であり、ただ質権の成立には目的物の引渡しが必要であるとする見解もあ

る。(1)

(1) 高木ほか・六四頁（曽田厚執筆）、内田・四八九頁、道垣内・八一頁以下、山野目・二二四頁。鈴木・三二四頁、清水・一三九頁も参照。

(β) 一般的見解によれば、動産質権設定契約が結ばれても、それは目的物の引渡しがなければ効力が生じない。それゆえ、債務者が目的物を引き渡さない場合、動産質権設定契約は効力を生じず、債権者は、目的物引渡請求権を有しないから質権を取得する方法がないということになりそうである。

しかし、債務者は動産質権設定契約により債権者に質権を設定する旨の合意をしているのであり、債務者に目的物引渡義務が生じないとするのは妥当でない。それゆえ、動産質権設定契約は、債権者に目的物引渡請求権を生じさせ、債務者に目的物引渡義務を生じさせるところの諾成契約であると解すべきである。質権は、目的物の引渡しによって成立する。これは、私見によれば、動産売買契約は当事者の合意によって効力が生じ（所有権移転請求権が生じる）、目的物の引渡しによって所有権が移転するというのに類似している。(1)(2)

(1) 石田（穣）・一三七頁参照。動産売買契約における目的物の引渡しは、一般的見解によれば所有権移転の対抗要件であるが、私見によれば所有権移転の効力要件である。

(2) フランスにおいては、目的物の引渡しは質権設定契約の効力要件であり、引渡しがなければ質権設定契約の効力は生じないが、質権設定契約の予約としての効力は生じるとする見解もあった（Mazeaud-Chabas, n°66）。しかし、二〇〇六年の担保権に関する民法改正において、目的物の引渡しは第三者に対する対抗要件であり（フランス民法二三三七条二項）、引渡しがなくても質権設定契約は有効に成立するとされた（フランス民法二三三六条）。それゆえ、質権設定者が目的物の引渡しを拒否する場合、質権者はその引渡しを求めて法的手段をとることができるとされる（Legeais, n°451）。

スイスにおいては、質権設定契約は質権を設定するという債務を生じさせる債権行為であり、質権は目的物の引渡しという物権行為によって成立するとされている（Tuor-Schnyder-Schmid, S. 882; Kommentar zum Schweizerischen Privatrecht, § 884 Nr. 13 f.）。スイス民法九〇〇条一項は、債務証書しかない債権についての質権の設定においては書面による質権設定契約と債務証書の引渡しが必要であると規定するが、この場合、書面による質権設定契約が債権行為、債務証書の引渡しが物権行為であるとされる。債務証書がなければ、書面による質権設定契約だけが必要であるが、この場合、書面による質権設定契約は債権行為であると同時に物権行為であるとされる（以上につき、Schmid, Nr. 1951）。

ドイツにおいては、質権設定には質権設定の合意と目的物の引渡しが必要であるとされるが（ドイツ民法一二〇五条一項一段）、この場合の質権設定の合意は質権設定を義務づける債権契約とは別のものであり、質権設定はそのような債権契約を前提としていないとされている（Münchener Kommentar, § 1205 Nr. 6）。この場合、質権設定の合意は、目的物の引渡しとあいまって質権を成立させるが、目的物引渡請求権を発生させないということになるであろう。他方、当事者は質権設定を義務づける債権契約を前提として質権設定の合意をすることも可能であり、この場合、債権契約が無効であっても質権は成立するが（物権行為の無因性）、不当利得になるとされている（Westermann, Sachenrecht, 7. Aufl. 1998, S. 895 f.）。

(c) (α) 目的物の引渡しは、現実の引渡し（一八二条一項）に限定されない。簡易の引渡し（一八二条二項）や指図による占有承継（一八四条。一般にいわれる指図による占有移転）であってもよい。

債務者が他に賃貸中の目的物を質入れする場合、目的物の引渡しは指図による占有承継によって行われる。この場合、目的物の引渡しに伴って賃貸人たる地位も質権者に移転すると解すべきである[1]（大判昭九・六・二民集一三巻九三一頁（不動産質権について））。なぜなら、債務者が賃貸人たる地位にとどまっている場合、債務者は、指図による占有承継により目的物の占有を失うはずであるのに、賃借人を介して目的物を占有することになり、矛盾するからである。

(1) 同旨、我妻・一三〇頁、鈴木・三二六頁、道垣内・八七頁。

(β) (i) 占有改定（一八三条）により目的物の引渡しをすることは許されない（三四五条）。質権における占有改定の禁止である。これは、比較法的にも広く認められている[1]（ドイツ民法一二〇五条、スイス民法八八四条三項）。

(1) 従来、フランス民法二〇七六条は同旨を規定していたが（Mazeaud-Chabas, n° 68）、二〇〇六年の担保権に関する民法改正において削除された。しかし、民法改正後においても同様に解されている（Aynès-Crocq, n° 508）。

(ii)　一般に、質権における占有改定の禁止の理由は、質権の持つ留置的作用（三四七条）を全うするためであるといわれる。すなわち、債務者に心理的圧迫を加え債務の履行を促進するためであるといわれる。

一般の見解によれば、質権における占有改定の禁止は質権者の利益のためのものであるということになるであろう。債務の履行が促進されれば質権者にとって利益になるからである。そうだとすれば、質権者が自らの意思で占有改定により質権の設定を受ける場合、これを禁止して無効にする必要は全くない。質権者が欲しない以上、占有改定を禁止して質権者のために債務の履行を促進する必要は全くないのである。それゆえ、一般の見解に根拠がないことは明らかであるといわざるをえない。(1)

(1)　道垣内・八二頁以下参照。

なお、債務者に心理的圧迫を加えるという点についても、債務者が債務を履行しなければ目的物の所有権を失うということが主な心理的圧迫になるのであり、留置的作用を強調するのは妥当でない（道垣内・九二頁参照）。

(iii)　民法三四六条は、他の担保物権にくらべて被担保債権の範囲を非常に広く認めている。抵当権の場合には利息などは満期となった最後の二年分あるいは通算して二年分に制限されているが（三七五条）、質権（動産質権）についてはこのような制限はない。質権者は、目的物を独占的に支配しているといってよい。

そこで、後順位の担保権者や差押債権者などの利害関係人が不当に害されないために目的物の占有改定による引渡しが禁止されていると考えられる。目的物が占有改定以外の方法で質権者に引き渡された場合、質権者が目的物を独占的に支配していることは明確に公示されるし、また、後順位の担保権者や差押債権者などが出現すること自体が非常に困難であり稀であって、利害関係人が不当に害されるおそれは極めて小さいのである。

これに対し、質権者が占有改定により目的物の引渡しを受けることができるとすれば、質権者が目的物を独占的に支配していることは明確には公示されないし、また、後順位の担保権者や差押債権者などが出現するのは容易である。したがって、この場合、質権によって広い範囲の債権が担保されるとすれば、後順位の担保権者や差押債権者などの利害関係人が不当に害されるおそれが強い。

以上のように、質権における占有改定の禁止の主な理由は、質権者が目的物を独占的に支配することを明確に公示し利害関係人が不当に害されないようにするためであると考えるべきである。

もっとも、目的物に対する独占的支配権である所有権の取得の公示方法は占有改定であっても差し支えないと解されている。しかし、この場合、利害関係人は善意取得(一九二条)によって保護される。これに対し、占有改定による質権における後順位の担保権者や差押債権者などが先順位の質権を知っていたがその被担保債権額を知らなかった場合、善意取得によって適切に保護されるかは疑問であるし、また、善意取得による処理は、後順位の担保権者や差押債権者などの保護は先順位の担保権者の被担保債権の範囲を制限することによって行われるとする一般の準則に反し妥当でない(1)。すなわち、先順位の担保権者から後順位の担保権者や差押債権者などを保護する手段としては、一般に、先順位の担保権の被担保債権の範囲を制限することが行われているのであり(三七五条・三四一条・三六一条)、この一般の準則により占有改定による質権の被担保債権の範囲を制限することが行われるべきである。

それゆえ、後順位の担保権者や差押債権者などを適切に保護するためには、占有改定による質権の設定を認める場合には被担保債権の範囲を制限するか、被担保債権の範囲を広く認める場合には占有改定による質権の設定を禁止するかのいずれかの方法をとる必要がある。民法三四五条は、後者の方法をとっていると考えられる。以上のように、占有改定による所有権の取得を認めるのは質権における占有改定の禁止の妨げとなるものではないのである。

(1) たとえば、占有改定により質権が設定されるとした場合、第一順位の質権の被担保債権額一〇〇万円を八〇万円であると無過失で信じて第二順位の質権の設定を受けた者は、善意取得に準じて、八〇万円の額の限度で第一順位の質権の優先権を受忍すべき第二順位の質権を取得すると考えることは可能であるように見える(私見によれば、善意取得は占有改定によっても可能である(石田(穣)・二七五頁参照))。しかし、被担保債権額はその後の利息などにより変動するから、八〇万円と信じたことがどこまで保護に値するかは疑問であるし、また、右のような処理は民法三七五条・三四一条・三六一条の一般の準則に反し妥当でない。

(d)　当事者が動産質権設定契約と引渡しを仮装した場合、民法九四条二項は適用されるであろうか。判例は、不動産質権に関してであるが、善意で被担保債権と質権を譲り受けた第三者につき民法九四条二項が適用されるとしている（大判昭六・六・九民集一〇巻四七〇頁）。

仮装の動産質権設定契約を信じて取引関係に入った第三者の保護を否定する理由はなく、民法九四条二項が適用されると解すべきである。(1) たとえば、仮装の質権者から善意で質権と被担保債権を譲り受けた者は、目的物の引渡しを受ければ質権を取得する。もっとも、債務者は、前に述べたように、質権が実際に成立した場合であっても、質権の移転を承諾しない限り、新質権者に対し質権の消滅を請求することができると解されるから（本書一五七頁参照）、仮装の質権の場合にも、第三者による質権の取得を承諾しない限り、質権取得者に対し質権の消滅を請求することができるといってよいであろう。それゆえ、第三者が質権を取得することができるといってもそれほど意味があるわけではない。

(1)　石田穣・民法総則三二四頁（平成四年）参照。

(e)　質権者が目的物を債務者に返還した場合、質権はどうなるであろうか。

判例は、質権者が目的物の占有を継続することは質権の対抗要件にすぎないとし（三五二条）、質権者が目的物を債務者に返還しても質権は消滅しないとする（大判大五・一二・二五民録二二輯二五〇九頁（不動産質権について））。(1) しかし、後述するように、民法三五二条は質権者が目的物の占有を継続することを質権の存続要件としていると解すべきであり（本書一六六頁参照）、質権者が目的物を債務者に返還すれば質権は消滅するというべきである。(2) 質権者が目的物を債務者に返還しても質権が消滅しないとすれば、質権は占有改定によって成立しているのと同じことになり、質権における占有改定の禁止の趣旨に反するおそれがある。ドイツ民法（一二五三条一項）やスイス民法（八八八条二項）も、質権者が目的物を債務者に返還した場合、質権が消滅するとしている。[3]

質権者が目的物を返還した場合、動産質権設定契約の合意解除と見られる場合が多いであろうが、そうでない場合には質権は消滅するものの動産質権設定契約はそのままであり、債権者は目的物引渡請求権を失わないと解される。[4] そして、債権者が目的物の占有を回復した場合、質権は将来に向かって回復すると解すべきである。この場合、利害関係人は不当に害されない。

（1） 判例と同旨なのは、石田(文)・四五一頁以下、注釈民法(8)二五九頁(石田喜久夫執筆)、槇・八八頁、川井・二八二頁、高橋・六八頁以下、平野・二二〇頁、松井・一三三頁、山野目・二二五頁、安永・三六五頁。

（2） 結果的に同旨なのは、判例コメ一二八頁(三藤邦彦執筆)、我妻・一三一頁、高木ほか・八〇頁(曽田厚執筆)、柚木＝高木・一〇一頁、中井・六六頁、船越・八二頁、高木・六三頁、近江・九〇頁、道垣内・八三頁以下、松尾＝古積・二八四頁、清水・一三九頁。

（3） 従来、フランス民法二〇七六条は同旨を規定していたが(Mazeaud-Chabas, n°s 68 et 85)、二〇〇六年の担保権に関する民法改正において削除された。そして、目的物の引渡しは質権の成立要件ではなく対抗要件であるとされたから(フランス民法二三三七条二項)、質権者による目的物の返還は、質権の放棄の場合を別とすれば、質権の消滅をもたらさないと思われる。

（4） 同旨、高木ほか・八〇頁(曽田厚執筆)、道垣内・八三頁以下。

(ハ) 質権者による目的物の占有の継続

(a) 質権者は、継続して目的物を占有しなければ質権をもって第三者に対抗することができないとされる[1](三五二条)。

（1） 民法三五二条と三五三条については、薬師寺志光「動産質の対抗力」国学院法学二巻二号四五頁以下(昭和四〇年)、石川美明「動産質権の対抗力と継続占有」中央学院大学法学論叢九巻二号八七頁以下(平成八年)参照。

(b) (α) 一般的見解によれば、民法三五二条は質権者による目的物の占有の継続を質権の対抗要件とした規定であるとされ、質権者が目的物の占有を喪失しても質権は消滅せず、第三者に対抗することができなくなるにすぎないとされている。

しかし、質権が単に第三者に対し対抗することができなくなるだけであれば、対抗要件についての一般的見解によれば、第三者が目的物の占有を奪った場合には質権者は不法行為者である第三者に対し対抗要件なしに質権を主張することができ、質権者は質権に基づき目的物を取り戻すことができるはずである。ところが、民法三五三条は、質権者は目的物の占有を奪われた場合には占有回収の訴えによってのみ目的物を取り戻すことができるとしているのであり、一般的見解は民法三五三条に反するといわざるをえない(1)。

(1) 同旨、北川・二四三頁、道垣内・八三頁注(8)。

(β) 民法一七八条の動産の引渡しを所有権移転の効力要件と解する私見によれば(1)、民法三五二条も質権者による目的物の占有の継続を質権の効力要件＝存続要件とした規定であると解される(2)。すなわち、質権者が目的物の占有を失った場合、質権は消滅するのである。

もっとも、質権が消滅しても動産質権設定契約の効力は原則として失われず、債権者は原則として目的物引渡請求権を保持すると解される。そこで、債務者が目的物を占有していれば、債権者は原則としてこの目的物の引渡しを請求することができる。また、債権者は、第三者が目的物を不法に占有している場合、原則として、債務者に対する目的物引渡請求権という特定債権に基づき第三者に対し目的物の引渡しを請求することができるし(3)、また、債権者代位権(四二三条)に基づき債務者の第三者に対する所有権による目的物引渡請求権(第三者は債権者に目的物を引き渡せという請求になるであろう)を代位行使することもできる(4)。そして、債権者が目的物の占有を回復した場合、質権は将来に向かって回復すると解される。

(1) 石田(穣)・一三七頁参照。
(2) 道垣内・八六頁参照。
(3) 私見によれば、特定債権にも第三者に対する妨害排除請求権や妨害予防請求権、引渡請求権が認められる(石田(穣)・九六頁以下参照)。
(4) 同旨、道垣内・九〇頁。

(c)　質権者は目的物を継続して占有しなければならないが、その占有は、直接占有に限らず間接占有であってもよい。たとえば、質権者が目的物をさらに質入れしたり(転質)賃貸したりするのがこれである。もっとも、質権者が債務者に無断で目的物を賃貸した場合、債務者は質権の消滅を請求することができる(三五〇条・二九八条二項本文三項)。

(d)　(α)　質権者が目的物の占有を奪われた場合、質権者は占有回収の訴えによってのみ目的物を回復することができる(三五三条)。そして、質権者が占有回収の訴えによって目的物の占有を回復した場合、占有は継続していたとみなされるから(二〇三条但書)、質権ははじめから消滅しなかったことになると解される。それゆえ、目的物の占有が奪われた場合、質権者が占有回収の訴えにより占有を回復すれば占有を失ったことにならないから質権は消滅しないが、質権者が占有回収の訴えにより占有を回復しなければ占有を失うから質権は消滅するのである。

(β)　(i)　民法三五三条は、質権者が占有回収の訴えによってのみ目的物の占有の回復をはかることを許容しているように見える。しかし、これでは質権者の保護として十分でない。ドイツ民法も質権自体による目的物の占有の回復を認めている(一二二七条)。

(ii)　そこで、次のように解すべきである。まず、目的物の侵奪者が債務者である場合、債権者は、占有回収の訴えの外に、動産質権設定契約上の目的物引渡請求権に基づき目的物の占有の回復をすることができる。次に、目的物の侵奪者が第三者である場合、債権者は、占有回収の訴えの外に、債務者に対する目的物引渡請求権という特定債権に基づき第三者に対し目的物の引渡しを請求することができるし(1)、債権者代位権に基づき債務者の第三者に対する所有権による目的物引渡請求権を代位行使することもできる(2)。

債権者が動産質権設定契約上の目的物引渡請求権や債権者代位権に基づき目的物の占有を回復した場合、占有回収の訴えの場合のように占有が継続していたとはみなされず、質権は、いったん消滅し、目的物の占有の回復の時から将来に向かって回復すると解すべきである。この場合、利害関係人は不当に害されない。

（1）石田（穣）・九六頁以下参照。
（2）同旨、道垣内・九〇頁。

(iii)　結局、民法三五三条は、質権者が目的物の占有を奪われた場合、占有回収の訴えにより占有を回復すれば質権は消滅しなかったことになる旨を定めた規定である。それゆえ、民法三五三条は、債権者が動産質権設定契約上の目的物引渡請求権や債権者代位権に基づき目的物の引渡しを求めることができ、この場合にはいったん消滅した質権が引渡しの時点で将来に向かって回復するという解釈を妨げるものではないというべきである。

(e)　(α)　質権者が目的物を遺失したり詐取された場合、質権者は目的物を奪われたわけではないから占有回収の訴えにより目的物の占有を回復することはできない。そして、一般的見解によれば、質権者は、目的物の占有を失えば第三者に対して質権を対抗することができないから、質権に基づいても第三者から目的物の占有を回復することはできないとされる（債務者に対しては質権を対抗できるから、質権に基づき目的物の占有を回復できるとされる）。

(β)　しかし、これでは質権者の保護として極めて不十分である。ドイツ民法は、このような場合に質権に基づく目的物引渡請求権を認めているのである（一二二七条）。

私見によれば、質権者が遺失や詐取により目的物の占有を失った場合、質権は消滅する。しかし、動産質権設定契約上の目的物引渡請求権は、消滅しない。それゆえ、債務者が目的物を占有している場合、債権者は、右の目的物引渡請求権に基づき債務者に対し目的物の引渡しを請求することができる。第三者が目的物を占有している場合、債権者は、債務者に対する目的物引渡請求権という特定債権に基づき目的物の引渡しを請求することができるし[1]、また、債権者代位権（四二三条）に基づき債務者の第三者に対する所有権による目的物引渡請求権を代位行使することもできる[2]。債権者が目的物の占有を回復した場合、質権はその時から将来に向かって回復する。この場合、利害関係人は不当に害されない。

（1） 石田(穣)・九六頁以下参照。
（2） 同旨、道垣内・九〇頁。

(2) 動産質権の目的物

(イ) (a) 質権は、譲渡することのできない物をその目的物とすることができない（三四三条）。

(b) 動産質権の目的物は、譲渡可能な物でなければならない。そこで、禁制物、たとえば、偽造通貨（刑法一四八条以下）、あへん煙（刑法一三六条以下）、わいせつ物（刑法一七五条）などは動産質権の目的物にならない。

(c) 差押禁止動産（民執一三一条）、たとえば、債務者の生活に欠くことのできない衣服、寝具、家具、台所用具、畳、建具（民執一三一条一号）などは、譲渡を禁止されるわけではなく、動産質権の目的物になる。なぜなら、差押禁止動産は、強制執行による差押えが禁止されるにとどまり、当事者が任意にこれを処分することは禁止されないからである。民事執行法も、差押禁止動産の規定を担保権の実行の場合に準用していない（民執一九二条）。

(ロ) 法政策的理由から動産質権の目的物となることが禁止されている物もある。たとえば、登記をした船舶（商八五〇条）、登録をした自動車（自動車抵当法二〇条）、登記をした建設機械（建設機械抵当法二五条）などがこれである。これらの物は、抵当権の目的物とすることはできるが、質権の目的物とすることはできない。債務者が担保のためにこれらの物の使用をすることができなくなるのを避けようとする趣旨である。

(3) 動産質権の被担保債権

(イ) 動産質権の被担保債権には特に制限がない。金銭債権に限らず、物の引渡請求権のような特定債権であっても金銭債権に変わることができるものであればよい。特定債権の場合であっても、質権者による目的物の留置により債務の履行の促進が期待されるし、また、特定債権の債務者が債務を履行せず損害賠償請求権という金銭債権が発生した場合、この金銭債権が質権により担保されるからである（三四六条本文）。

(ロ)　一般に、被担保債権は、現に存在する債権に限らず、将来発生する債権である期限付債権や条件付債権であってもよいとされている。ドイツ民法（一二〇四条二項）やスイス民法（八二四条一項）も同様に規定しているし、フランス民法（二一三三条二項）も将来の債権について質権が成立すると規定している。しかし、詳細は抵当権の所で述べるが（本書二六六頁以下参照）、被担保債権が期限付や条件付の場合、質権は期限付や条件付で成立すると解すべきである（期待権）。

(ハ)　増減変動する不特定の債権を担保する質権、すなわち、根質も認められている（最決昭四一・九・六刑集二〇巻七号七五九頁、同決昭四五・三・二七刑集二四巻三号七六頁は、有価証券の信用取引や商品市場における売買取引の委託において、顧客から業者に保証金や委託証拠金の代用として有価証券が預託された場合に根質の成立を認めている）。根抵当権（三九八条の二以下）や根保証（四六五条の二以下）については明文の規定があるが、根質についてもこれを認めるべきことに問題はない。

根抵当権や根保証については、被担保債権の範囲や極度額が定められなければならないが（根保証で法人が保証人の場合を除く）、占有改定による質権設定が禁止されている質権については、これらを定めなくても利害関係人が不当に害されるおそれはなく（本書一六二頁参照）、これらを定めなくてもよいと解すべきである(1)（大判大六・一〇・三民録二三輯一六三九頁は、動産に設定された根担保権につき極度額の定めがなくても有効であるとする）。債務者が不当に害される場合は、民法九〇条によって処理される。

（1）　同旨、道垣内・八六頁、松尾＝古積・二八六頁。

二　動産質権の効力

(1)　動産質権の被担保債権の範囲

(イ)　質権は、元本、利息、違約金、質権実行の費用、質物保存の費用、および、債務不履行または質物の隠れた瑕疵によって生じた損害の賠償を担保する（三四六条本文）。ただし、設定契約に別段の定めがある場合は別である（三四六条但書）。

(ロ)　利息については、抵当権の場合のような満期となった最後の二年分といった制限（三七五条一項本文）はない。質権においては、質権者が目的物を独占的に支配することは占有改定以外の占有によって公示されており、利息について制限をしなくても第三者が不当に害されるおそれはないからである。

(ハ) 違約金は、損害賠償額の予定と推定されるが(四二〇条三項)、この推定を受けない違約金も質権によって担保される。

(ニ) (a) 質権実行の費用は、多くの場合、担保権の実行としての競売手続きの中で回収される(民執一九四条・四二条)。動産質権の簡易な実行(三五四条)に要する費用も質権実行の費用に含まれる。

(b) 後順位質権者(本書一七八頁参照)や転質における原質権者(本書一九八頁以下参照)が質権を実行する場合、先順位質権者や転質権者はそれによって優先的に配当を受け利益を受ける。それゆえ、この場合の質権実行の費用は共益費用の先取特権により実行者に優先的に配当されると解すべきである(1)(三〇七条・三二九条二項但書)。

(1) 抵当権の実行費用についての東孝行「抵当権実行費用について——被担保債権説の検討——」判タ四五〇号六〇頁以下(昭和五六年)、高木・一五六頁以下参照。本書三〇二頁参照。

(ホ) 質物保存の費用は、質権者が目的物の保存のために支出した費用である。質物の保存のために支出した費用は必要費であるが、質権者は債務者に対し必要費の償還請求権を有し(三五〇条・二九九条一項)、これが質権によって担保されるのである。質権者が目的物について有益費を支出した場合、質権者は債務者に対し有益費の償還請求権を有するが(三五〇条・二九九条二項)、これも必要費に準じて質権によって担保されると解するのが妥当であろう。このように解しても、有益費償還請求権が質権で担保されることは占有改定以外の占有で公示されるから、第三者は不当に害されない。

(ヘ) 債務不履行によって生じた損害の賠償については、前述の利息についてと同様に、抵当権の場合のような最後の二年分といった制限(三七五条二項本文)はない。

(ト) (a) 質物の隠れた瑕疵によって生じた損害の賠償は、質権者が知らなかった目的物の瑕疵によって蒙った損害の賠償である。たとえば、質権者が債務者のペットを質に取ったところ、ペットが質権者の気がつかない病気にかかっており、質権者の他のペットに感染して質権者が損害を受けたというのがこれである。

(b) 一般に、隠れた瑕疵とは質権者に容易に知りえない瑕疵をいうとされ、質権者が瑕疵を知らないことに過失がないことをいうと解されているようである。しかし、質権者の無過失を要求するのは疑問であり、質権者に過失があっても差し支えないと解すべきである。そして、質権者に過失があれば損害賠償額が過失相殺（四一八条）によって減額されると解するのが妥当である。(1)

(1)　石田穣・民法Ｖ一四四頁以下（昭和五七年）参照。

(c)　一般に、債務者は目的物の瑕疵から生じた損害につき無過失責任を負うと解されているようである。これは、売主の瑕疵担保責任（五七〇条本文）は無過失責任であるという一般的見解を前提としている。しかし、別の機会に述べたように、売主の瑕疵担保責任を無過失責任とすることには疑問があり、一般の債務不履行責任（四一五条）と同じく過失責任と解するのが妥当である。(1)このような前提に立つ場合、債務者は目的物の瑕疵から質権者に生じた損害について過失責任を負うと解すべきである。

(1)　石田穣・民法Ｖ一四五頁以下（昭和五七年）参照。

(チ)　当事者は、以上に説明した被担保債権の範囲と異なる範囲を定めることができる。以上に説明した被担保債権の範囲を制限してもよいし、拡大してもよい。(1)質権者は占有改定以外の方法で目的物を占有しており、被担保債権の範囲を拡大しても第三者は不当に害されない。債務者が不当に害される場合は、民法九〇条によって処理される。

(1)　同旨、道垣内・八八頁。

(2)　動産質権の目的物の範囲

(イ)　目的物の範囲

(a)　(α)　動産質権の目的物の範囲については、抵当権の目的物の範囲に関する民法三七〇条のような規定はないが、抵当権の場合と同様に考えてよい。すなわち、質権の目的物の範囲は目的物の構成部分と従物である（詳細は抵当権についての本書三〇三頁以下参照）。

(β) 目的物の構成部分は、動産質権の目的物になる。目的物の構成部分かどうかは、社会通念により決定される(本書三〇六頁参照)。目的物に添付、すなわち、付合・混和・加工が生じた場合(二四三条—二四八条)に債務者が取得する共有持分や償金請求権も動産質権の目的になる。

一般に償金請求権については物上代位によって差押えをしなければならないと解されているが、質権者が合成物などを占有している限り、その占有によって質権が償金請求権に及ぶことは公示されているというべきである。それゆえ、この場合、質権者は償金請求権が弁済されたり譲渡されたりする前に差押えをしなくても償金請求権から優先弁済を受けることができると解すべきである(本書一四六頁参照)。

(γ) 目的物に従物が存在する場合、それが質権設定時のものであるか否かを問わず、質権者がその占有を取得する限り動産質権の目的物になる。

(b) (α) 目的物から果実が生じた場合、質権者は、これを収取し他の債権者に先立って被担保債権の弁済に当てることができる(三五〇条・二九七条)。

ここで、果実を収取し被担保債権の弁済に当てるとは、質権者は、留置権の場合と同様、自己の評価で果実を被担保債権の代物弁済として取得することができるということである(本書五七頁参照)。その評価が正当であるかどうかは、被担保債権額の争いにおいて裁判所の判断を受ける。質権者は、果実に対し質権実行の手続きをとる必要はない。質権者が果実に対し質権実行の手続きをとらなければならないとすれば、果実は質物にすぎないことになり、質権者は果実を被担保債権の代物弁済として取得することができるとする趣旨に副わないからである(1)。

(1) 高木ほか・六七頁以下(曽田厚執筆)は、果実は質物にすぎないとする。

(β) 果実は、天然果実であると法定果実であるとを問わないとされる。天然果実の例としては、質にとったペットが子を生んだ場合が挙げられる。法定果実の例としては、一般に、質権者が債務者の同意をえて目的物を他に賃貸した場合の賃料が挙げられているが、しかし、この場合の賃料は質権者に帰属する質権者の債権であり、法定果実ではないというべきである。それゆえ、どのような法定果実が被担保債権の代物弁済に当てられるのか必ずしも明確でない。

(γ)　質権者は、被担保債権の弁済期が到来しなくても、果実を被担保債権の代物弁済として取得することができると解してよいであろう[1]。質権者が被担保債権の弁済期の到来まで果実を保管しなければならないとすれば質権者の負担が大きい。他方、果実は、少額な場合が多いし、また、まず被担保債権の利息に充当されるから（三五〇条・二九七条二項）、右のように扱っても質権者に不当な利益を与えることにはならない。

(δ)　果実は、まず被担保債権の利息に充当し、残余があれば元本に充当する（三五〇条・二九七条二項）。

（1）　道垣内・九八頁参照。

(ロ)　物上代位

(a)　質権についても、先取特権の物上代位に関する規定が準用されている（三五〇条・三〇四条）。

(b)　一般に、動産質権の目的物が売却された場合、質権者は売却代金に物上代位をすることができるとされている。しかし、質権者は第三者の取得した目的物に質権を行使することができるのであり、売却代金への物上代位を認める意義に乏しい。また、第三者が被担保債務を引き受ける趣旨で目的物を安く譲り受けた場合、売却代金への物上代位を認めると債務者を不当に害するおそれもある。すなわち、売却代金への物上代位を認めると第三者による実質上の債務引受けにもかかわらず債務者が被担保債権の支払いをすることになる。債務者は第三者に求償することはできるが、しかし、第三者が無資力の場合に害される。それゆえ、売却代金への物上代位はこれを認めないのが妥当であろう[1]。

（1）　同旨、高木・六五頁、近江・一〇二頁、道垣内・八七頁、松尾＝古積・二八六頁。

(c) (α) 動産質権の目的物の賃貸については問題がある。

(β) 前述したように、債務者が他に賃貸中の目的物を指図による占有承継(一八四条)によって質権者に引き渡した場合、賃貸人たる地位は質権者に移転する(本書一六一頁参照)。それゆえ、この場合、賃料は、質権者に帰属し、質権の目的、すなわち、物上代位の対象にならない。(1)

(1) 同旨、鈴木・三二六頁。

(γ) 質権者が債務者の同意をえて目的物を他に賃貸した場合、質権者が賃貸人であって賃料は質権者に帰属する。それゆえ、この場合も賃料は物上代位の対象にならない。(1)

(1) 同旨、我妻・一三九頁、高木ほか・六七頁(曽田厚執筆)。

(d) 動産質権の目的物が滅失・損傷し、損害賠償請求権や保険金請求権が発生した場合、質権者はこれらの請求権に物上代位をすることができる。そして、質権者は目的物を占有している限り質権がこれらの請求権に及ぶことを公示しているといえるから、これらの請求権が弁済されたり譲渡される前に差押えをしなくてもこれらの請求権に物上代位をすることができると解すべきである(本書六〇頁参照)。これに対し、質権者は、目的物の滅失によりその占有を失った場合、これらの請求権が弁済されたり譲渡される前にこれらの請求権を差し押さえて質権がこれらの請求権に及ぶことを公示しない限り、これらの請求権に物上代位をすることはできないと解される。もっとも、弁済をした第三債務者や請求権を譲り受けた第三者が請求権が差し押さえられれば質権がこれらの請求権に及ぶことを知っており、かつ、債務者においてこれらの請求権の弁済や譲受けにより質権者が害されるのを知っている場合(ほとんどの場合、知っている)、質権者はこれらの請求権が弁済されたり譲渡されたりする前に差押えをしなくてもこれらの請求権に物上代位をすることができると解すべきである(本書一四二頁参照)。

(3) 動産質権の留置的効力

(イ)　質権者は、被担保債権の弁済を受けるまで目的物を留置することができる（三四七条本文）。ただし、この権利は質権者に対し優先権を有する債権者に主張することができない（三四七条但書）。

(ロ)　質権者は、債務者が被担保債権を完全に弁済するまで目的物を留置することができる（三五〇条・二九六条。担保物権の不可分性）。一般に、債務者が被担保債権を完全に弁済しないで目的物の引渡しを請求する場合、留置権の場合と異なり、引換給付の判決になるのではなく請求棄却の判決になるとされている（本書四四頁参照）。しかし、留置権の場合と異なって処理する理由はなく、引換給付の判決になると解するのが妥当である[(1)]。このように解するのが債務者にとって好都合であり、また、このように解しても質権者が不当に害されることはないのである。

(1)　同旨、末弘厳太郎・債権総論（現代法学全集八巻）一五頁（昭和三年）、判例コメ一三二頁（三藤邦彦執筆）、船越・七九頁。

(ハ)　(a)　質権者は、質権者に対し優先権を有しない債権者に対しては留置的効力を主張することができるとされているが、そこには以下のような問題がある。

(b)　質権者に対し優先権を有しない債権者が強制執行や担保権の実行としての競売によって目的物から満足をえようとしても、質権者が目的物の提出を拒否したり目的物の差押えを承諾することを拒否する場合、執行官は目的物を差し押さえることができないように見える（民執一二四条・一九〇条一項一号二号）。

しかし、質権者が目的物の提出を拒否したり目的物の差押えの承諾を拒否することができるのは、目的物に関し使用収益をしてもよい旨の特約があり、かつ、被担保債権の弁済期が未到来の場合（三五〇条・二九八条二項本文参照）や、目的物の売得金の額が手続費用および質権の被担保債権額の合計額以上となる見込みがない場合（民執一二九条二項・一九二条参照）であると解すべきである。前者の場合、質権者の使用収益権を保護する必要があるし（不動産質権においても、使用収益をしない旨の特約のない質権は目的物の競売により消滅しないとされている（民執五九条四項・一八八条））、後者の場合、債権者が目的物の提出や差押えの承諾を求めるのを認める必要はないからである。

右の場合を除き、質権者は、目的物の提出を拒否したり目的物の差押えの承諾を拒否することはできない。質権者は、目的物から優先的な弁済を受ければそれで十分保護されるからである。債権者は、質権者が目的物の提出を拒否したり目的物の差押えの承諾を拒否する場合、質権者に対し目的物の執行官への提出や差押えの承諾を求めて訴えを提起することができ、勝訴すれば、強制執行により目的物を執行官へ提出させて、あるいは、承諾を命じる判決を承諾を証する文書として提出して、目的物に対し強制執行や担保権の実行としての競売を行うことができると解される（本書一二六頁以下参照）。それゆえ、動産質権の留置的効力はその限りで制約を受けると考えられる。

(ニ) 質権者は、質権者に対し優先権を有する債権者に対しては留置的効力を主張することができない。質権者に対し優先権を有する債権者とは、たとえば、目的物について先取特権者がいることを知りつつ質権を取得した質権者に対するその先取特権者である（本書一一八頁参照）。これらの者が強制執行（先取特権者が強制執行手続きにおいて優先権を主張する場合については、本書一二七頁注(1)参照）や担保権の実行としての競売によって目的物から満足をえようとする場合、質権者は目的物の提出を拒否したり目的物の差押えの承諾を拒否することができない。この場合、質権者が売得金から順位に応じた配当を受けることができるのは当然である。

(ホ) (a) 動産質権の留置的効力に関連して民法二九七条から同法二九九条までが準用されている（三五〇条）。

(b) 質権者は、目的物から生じる果実を収取して他の債権者に先立ち被担保債権の弁済に当てることができる（二九七条。本書一七三頁以下参照）。

(c) 質権者は、目的物に関し債務者の承諾をえることなく保存に必要な使用をすることができる（二九八条二項但書。本書四四頁参照）。

(d) 質権者は、目的物に関し必要費や有益費を支出した場合、債務者に対しその償還を請求することができる（二九九条。本書五九頁参照）。

(4) 動産質権者の優先弁済受領権

(イ)　他の債権者との関係

(a)　質権者は、他の一般債権者に優先する(三四二条)。

(b)　同一の目的物につき複数の質権が設定された場合、その順位は設定の前後によるとされる(三五五条)。そして、その例として、債務者AがXを占有代理人として占有している目的物につきBのために指図による占有承諾(一八四条。一般にいわれる指図による占有移転)によって質権を設定し、次いで同様にしてCのためにも質権を設定した場合や、AがBのために質権を設定した後でCのためにもBをCの占有代理人として質権を設定した場合が挙げられている。

しかし、前者の場合、AがBに指図による占有承継を行えば、Aは、目的物に対するXを占有代理人とする占有を失い、その後にCに対しXを占有代理人とする指図による占有承継を行うことはできないというべきである。この場合、AがCと質権設定契約を結び、CとXの間でCがXを占有代理人として占有を取得する旨の合意が成立すれば、Cは質権を取得すると解すべきである(XがBとCの双方の占有代理人として目的物を占有することは可能である)。後者の場合、CがBを占有代理人として目的物の占有を取得するにはBの承諾が必要である。そこで、AがCと質権設定契約を結び、CとBの間でCがBを占有代理人として占有を取得する旨の合意が成立すれば、Cは質権を取得すると解すべきである(Bが自己の質権とCの質権のために目的物を占有することは可能である)。これらの場合、民法三五五条が適用され、その順位は質権設定の前後によるのである。

(c)　質権者は、先取特権者と競合する場合、民法三三〇条の第一順位の先取特権者と同一の権利を有する(三三四条。本書一一八頁参照)。

(d)　債務者が破産した場合、質権者は別除権者として扱われるが(破二条九項・一〇項)、目的物を任意に売却して質権を消滅させることが破産債権者の一般の利益に適合するときは、破産管財人は、裁判所に対し、目的物を任意に売却し、一定の金銭を裁判所に納付して質権を消滅させることについての許可の申立てをすることができる(破一八六条一項)。

民事再生の場合にも、質権者は別除権者として扱われるが(民再五三条)、目的物が再生債務者の事業の継続に欠くことができないときは、再生債務者等は、裁判所に対し、目的物の価額に相当する金銭を裁判所に納付して質権を消滅させることについての許可の申立てをすることができる（民再一四八条一項）。

会社更生の場合、質権者は更生担保権者として扱われるが（会更二条一〇項一一項）、更生会社の事業の更生のために必要であるときは、裁判所は、管財人の申立てにより、目的物の価額に相当する金銭を裁判所に納付して質権を消滅させることについての許可をすることができる（会更一〇四条一項）。

(ロ)　優先弁済受領権

(a)　序

(α)　質権者が目的物から優先弁済を受けることができる要件は、債務者が履行を遅滞していること、および、被担保債権が金銭債権であること（特定債権などの場合には金銭債権に変わっていること）である。

質権の簡易な実行（三五四条）や流質契約（本書一八三頁以下参照）の場合、質権者は目的物の所有権を取得するから、被担保債権が金銭債権である必要はないようにも見える。しかし、これらの場合であっても、質権者に清算義務があると解すべきであり（本書一八〇頁、一八三頁以下参照）、被担保債権が金銭債権であることが必要であると解すべきである。

(β)　質権者が目的物から優先弁済を受ける方法は、主として担保権の実行としての競売である（民執一九〇条以下）。また、質権者は他の債権者による目的物に対する強制執行や担保権の実行としての競売手続きにおいて優先弁済受領権を主張してもよい（民執一三三条・一九二条）。

質権者は、目的物の所有権を取得することにより優先的に被担保債権の満足を受けることもできる。これには、質権の簡易な実行と流質契約がある。以下においては、質権の簡易な実行について説明し、流質契約については後述することにする（本書一八三頁以下参照）。

(b)　質権の簡易な実行

(α)　質権者は、被担保債権の弁済を受けない場合、正当な理由があれば、鑑定人の評価に従い目的物をもって直ちに弁済に当てることを裁判所に請求することができる（三五四条前段）。この場合、質権者は、あらかじめその請求をする旨を債務者に通知しなければならない（三五四条後段）。裁判所は、非訟事件手続法により請求を許可するか否かを決定する（非訟八三条ノ二）。

(β)　質権者は、質権の簡易な実行手続きにおいて、目的物の価額が被担保債権額を上回る場合、その差額を清算金として債務者に支払わなければならないと解すべきである(1)。そして、このように処理する場合、正当な理由を狭く解する必要はなく、質権者は必要があると認めれば質権の簡易な実行の申立てをすることができるというべきである。質権者に清算義務があるとする場合、質権の簡易な実行を認めても債務者は不当に害されないからである。そして、質権の簡易な実行の申立てがあった場合、裁判所は、裁判の時を規準にして鑑定人の評価に従い清算金を決定し、債務者への清算金の支払いを条件として質権者による目的物の所有権の取得を許可すべきである。それゆえ、債務者は、裁判所の右の裁判があっても、質権者が清算金の支払いをするまでは被担保債権を弁済して目的物の返還を請求することができる。

(1)　同旨、高木・六七頁。

(γ)　(i)　裁判所は、質権の簡易な実行の申立てがあった場合、質権者と債務者を訊問する（非訟八三条ノ二第一項・八一条二項）。この訊問において後順位担保権者の存在が判明した場合、裁判所は、後順位担保権者が清算金請求権に物上代位をしたり目的物に対し担保権の実行の手続きをとることができるように、以下のような裁判をすべきである。

(ii)　担保権者が目的物の所有権を取得する場合の担保権者と債務者、後順位担保権者の関係については、仮登記担保契約に関する法律が基本的な準則を定めており、質権者が目的物の所有権を取得する場合もこの準則に従って行われるのが妥当である。それゆえ、この場合の裁判は、質権者が仮登記担保契約に関する法律の定める準則に基づき目的物の所有権を取得することを許可する、という内容になるべきである。

(iii) そこで、質権者は、右の裁判があった場合、清算金の見積額を債務者に通知し、その通知が債務者に到達した日から二か月（清算期間）が経過すれば、清算金の支払いと引換えに目的物の所有権を取得することができる（仮登記担保二条一項・三条二項参照）。質権者が目的物の所有権を取得するためには二か月の清算期間の経過が必要であるが、これは後順位担保権者を保護するためであり、質権者の質権実行を不当に制約するものではない。

(iv) 質権者は、清算金の見積額を債務者に通知した場合、裁判で判明した後順位担保権者に対し遅滞なく清算金の見積額などを通知しなければならない（仮登記担保五条一項参照）。後順位担保権者は、清算金請求権に物上代位をしてもよいし（仮登記担保四条一項参照）、清算金の見積額に不満があれば、清算期間内に目的物に対する担保権の実行の手続きをとってもよい（仮登記担保一二条参照）。

質権者が後順位担保権者に対し右の通知をしなかった場合、後順位担保権者は、清算金が支払われていても、右の清算金の見積額を知ってから一定期間（質権者が仮登記担保契約に関する法律の定める準則により目的物の所有権を取得する場合に後順位担保権者が清算金請求権に物上代位をしたり目的物に対し競売の申立てをするために認められている期間。質権者による清算金の見積額の通知が債務者に到達した日から質権者による後順位担保権者への遅滞のない清算金の見積額などの通知が到達する日までの期間を算定し、これを二か月の清算期間から差し引いた残りの期間）内であれば、清算金の支払いを無視し、清算金請求権に物上代位をしたり（仮登記担保六条二項後段参照）、目的物に対し担保権の実行の手続きをとることができると解してよいであろう（仮登記担保一二条参照）。

(v) 後順位担保権者がいるのに質権者が清算金の支払いと引換えに目的物の所有権を取得することを許可する旨の裁判が行われた場合（後順位担保権者の存在が裁判で判明していたかどうかを問わない）、後順位担保権者は抗告をすることができる（非訟二〇条一項）。後順位担保権者は、右の裁判を知らなかったため抗告をすることができなかった場合、清算金が支払われていても、右の裁判を知ってから前記の一定期間（右の(iv)参照。後順位担保権者が右の裁判を知った日を質権者による債務者への清算金の見積額の通知が到達した日とし、それから質権者が後順位担保権者へ清算金の見積額などを遅滞なく通知したとすれば到達する日までの期間を算定し、これを二か月の清算期間から差し引いた残りの期間）内であれば、清算金の支払いを無視し、清算金請求権に物上代位をしたり、目的物に対し担保権の実行の手続きをとることができると解される（右の(iv)参照）。もっとも、質権者が後順位担保権の存在につき善意無過失であれば、善意取得（一九二条）により後順位担保権の負担のない目的物の所有権を取得し、後順位担保権者は、清算金請求権に物上代位をしたり、目的物に対し担保権の実行の手続きをとることができないと解してよいであろう。

(δ)　フランス民法も、質権者は目的物をもって債務の弁済に当てることを裁判所に請求することができるとし（フランス民法二三四七条一項）、その際、質権者は、目的物の価額が被担保債権額を上回れば、その差額を債務者に返還するか、他に質権者がいれば供託をしなければならないと規定している（フランス民法二三四七条二項）。目的物の価額は、当事者の合意により選任された鑑定人あるいは裁判所によって選任された鑑定人により所有権移転時を規準にして決定される。(1)　目的物を債務の弁済に当てる旨の裁判により、目的物の所有権は質権者に移転し、被担保債権は目的物の価額の限度で消滅する。(2)

（1）　Legeais, n° 460.

（2）　Legeais, op. cit.

(c)　債務者は、設定行為または債務の弁済期前の契約において、質権者に弁済として目的物の所有権を取得させたり、その他法律に定める方法によらないで目的物を処分させることを約束することはできないとされる（三四九条）。いわゆる流質契約の禁止である。これについては、種々の問題があるので後述する（左の(5)参照）。

(ハ)　債務者の一般財産からの弁済

(a)　一般に、質権者が債務者の一般財産から弁済を受けることには何らの制限もないと解されている。すなわち、質権者は、目的物から弁済を受けてよいのはもちろん、目的物から弁済を受けずに一般財産から弁済を受けてもよいとされている。

(b)　しかし、質権者は、目的物を占有しそこから優先弁済を受けることができるのであるから、原則として、まず目的物から弁済を受け、不足があれば一般財産から弁済を受けると解するのが妥当であろう。このように解さないと後述するように他の債権者が害されるし（本書三四九頁参照）、また、このように解しても質権者が不当に害されるわけではないからである。抵当権については右のように扱われており（三九四条）、これが不動産質権に準用されているが（三六一条）、動産質権についてもこれと異なって扱う理由はないのである。

(c) 以上のように、民法三九四条は動産質権に類推適用されるべきであるが、その詳細は抵当権の所で説明する（本書三四六頁以下参照）。

(5) 流質契約の禁止

(イ) 流質契約の禁止の意義

(a) 債務者は、設定行為または債務の弁済期前の契約において、質権者に弁済として目的物の所有権を取得させたり、その他法律に定める方法によらないで質権者に目的物を処分させることを約束することができない（三四九条）。

(b) これは、流質契約（lex commissoria）の禁止といわれ、ローマ法以来各国において採用されている（ドイツ民法一二二九条、スイス民法八九四条。フランスにおいては、従来は流質契約が禁止されていたが、二〇〇六年の担保権に関する民法改正において流質契約が認められた（フランス民法二三四八条））。流質契約の禁止の趣旨は、質権者が債務者の窮状に乗じ不当な利益をえる（暴利行為）のを防止するというものである。

(ロ) 流質契約の禁止の緩和

(a) (α) 一般に、弁済期到来後に流質契約を結ぶのは債務者の窮状に乗じた行為とはいえないから許されると解されている（三四九条の反対解釈）。しかし、この場合であっても、質権者は目的物の価額と被担保債権額の差額、すなわち、清算金があればこれを債務者に支払わなければならないと解するのが公平に合致する。

(β) 質権者が弁済期到来後に結ばれた流質契約により目的物の所有権を取得するのは、競売手続きによらない質権の私的実行である。そして、担保権の私的実行については仮登記担保契約に関する法律がその基本的な準則を定めている。それゆえ、流質契約による目的物の所有権の取得は、基本的に仮登記担保契約に関する法律の定める準則に従って行われるべきである。

(γ)　(i)　そこで、質権者は、流質契約において所有権を取得するとされる日以後に債務者に対し清算金の見積額を通知し、その通知が到達した日から二か月（清算期間）が経過すれば、清算金の支払いと引換えに目的物の所有権を取得することができると解される（仮登記担保二条一項・三条二項参照）。後順位担保権者がいるかどうかを問わない。流質契約による目的物の所有権の取得は、質権の簡易な実行の場合と異なり、裁判所の関与しない質権の私的実行であり、仮登記担保契約に関する法律の定める準則が全面的に適用されるべきである。そして、目的物の所有権の取得に清算期間の経過が必要であるとしても、質権者が競売手続きにより被担保債権の満足を受ける場合も相当程度の期間の経過が必要であり、質権の実行を不当に制約するとはいえないのである。

質権者は、清算金の見積額の通知が債務者に到達した場合、質権者に知れている後順位担保権者（債務者に照会して知ることができた後順位担保権者を含む。質権者には照会義務がある）がいれば、これに対し遅滞なく清算金の見積額などを通知しなければならない（仮登記担保五条一項参照）。後順位担保権者は、清算金請求権に物上代位をしてもよいし（仮登記担保四条一項参照）、清算金の見積額に不満があれば、清算期間内に目的物に対する担保権の実行の手続きをとってもよい（仮登記担保一二条参照）。

(ii)　質権者が知れている後順位担保権者に清算金の見積額を通知しなかった場合、後順位担保権者は、清算金が支払われていても、右の清算金の見積額を知った時から前述の一定期間（本書一八一頁参照）内であれば、清算金の支払いを無視し、清算金請求権に物上代位をすることができるし（仮登記担保六条二項後段参照）、目的物に対する担保権の実行の手続きをとることもできる（仮登記担保一二条参照）と解される。

(iii)　質権者に知れていない後順位担保権者は、清算金が支払われていても、右の清算金の見積額を知った時から前述の一定期間内であれば、清算金の支払いを無視し、清算金請求権に物上代位をしたり、目的物に対する担保権の実行の手続きをとることができると解すべきである。

これに対し、質権者は、後順位担保権の存在につき善意無過失の場合、後順位担保権の負担のない目的物の所有権を善意取得（一九二条）し、後順位担保権者は、清算金請求権への物上代位や目的物に対する担保権の実行の手続きをとることができないと解される。

(δ) 流質契約が結ばれた場合であっても、質権者は、原則として、目的物の所有権の取得を義務づけられるわけではなく、競売手続きにより優先弁済を受けることもできると解すべきである。

(b) 一般に、弁済期到来前に結ばれた流質契約であっても、質権者が清算金を支払う限り有効であると解すべきであろう(1)（大判明三七・四・五民録一〇輯四三一頁は、清算金に触れることなく、弁済期到来前に債務者が債務の弁済に代えて任意に質物の所有権を質権者に移付するのは流質契約の禁止に反しないとする）。なぜなら、質権者が清算金を支払う限り不当な利益をえているとはいえず、民法三四九条の趣旨に反しないと考えられるからである。民法三四九条は、質権者が清算金を支払わないことを前提にした規定である。それゆえ、弁済期到来前に結ばれた流質契約は、前述の弁済期到来後に結ばれた流質契約と同様に扱われるべきである。

（1） 同旨、柚木＝高木・一二三頁、高木・六八頁、川井・二八六頁。松尾＝古積・二八八頁も参照。

(c) フランス民法は、当事者は質権設定時あるいはその後に流質契約を結ぶことができるが（フランス民法二三四八条一項）、その場合、質権者は、公定価格がない限り、当事者の合意により選任された鑑定人あるいは裁判所により選任された鑑定人が所有権移転時を規準にして決定した目的物の価額が被担保債権額を超える場合にその差額を債務者に返還するか、他に質権者がいれば供託をしなければならない、と規定している（フランス民法二三四八条二項三項）。

フランスにおいても、従来は流質契約が禁止されていたが、それは債務者を高利貸から保護するためであった。しかし、流質契約の禁止は行き過ぎであると感じられるようになり、破毀院は、一九九六年、種類質権(gage-espèces)について流質契約の禁止は適用されないとしていた。二〇〇六年の担保権に関する民法改正は、このような趨勢のもとに前記のような規定を新設したのである。債務者を保護するために必ず鑑定人による目的物の評価が必要であると

されている。(1)

(1)　以上については、Legeais, n° 461; Aynès-Crocq, n° 515.

(d)　商行為によって生じた債権を担保するための質権については流質契約が許されている（商五一五条）。これは、商行為の当事者の間に大きな力の差はなく、流質契約を許容しても質権者が不当な利益をえることはないという趣旨のものである。しかし、仮登記担保権においては当事者の力の差を問わず仮登記担保権者の清算義務が認められているのであり（仮登記担保三条一項三項本文）、質権者は清算金があればこれを債務者に支払わなければならないと解すべきである。(1)その他、この流質契約も、前述の民法上の流質契約と同様に扱われるべきである（本書一八三頁以下参照）。なお、商法五一五条は、当事者は商行為によって生じた債権を担保するための質権については流質契約の特約をすることができるという趣旨の規定であり、商行為によって生じた債権を担保するための質権設定契約は当然に流質契約になるという趣旨の規定ではない（大判昭八・一〇・七新聞三六二二号九頁）。

(1)　船越・九六頁は、弁済期前の合意で、しかも、目的物の価額が被担保債権額を合理的均衡を失するほど上回る場合、質権者に清算義務があるとする。

(e)　(α)　質屋は、質屋営業法上、被担保債権の弁済期が経過した時に目的物の所有権を取得するとされている（質屋営業法一九条一項本文）。

(β)　一般に、質屋の清算義務は認められていない。

しかし、流質契約において一般的に質権者の清算義務を肯定する私見によれば、質屋について清算義務を否定する理由はない。むしろ、動産質権設定契約を営業として締結する質屋は、質権者として不当な利益をえることが他の質権者の場合よりも強く否定されるべきであり、質屋が行政当局の監督に服するのもそのためであると考えられる。それゆえ、質屋についても清算義務が認められるべきである。

(γ)　そこで、質屋は、清算金を支払うことを条件に被担保債権の弁済期に目的物の所有権を取得することができると解すべきである。質屋が清算金を支払わない場合、質屋は目的物の所有権を取得することができず、債務者は被担保債権を弁済して目的物を取り戻すことができる。清算金がない場合、質屋は被担保債権の弁済期に目的物の所有権を取得する。

質屋営業法一九条一項但書は、質屋は目的物を処分するまでは債務者が被担保債権を支払った場合には目的物の返還に努めるものとすると規定する。これは、質屋が清算金を支払って目的物の所有権を取得した場合には、債務者が被担保債権額と清算金の合計額に相当する金銭を支払えば目的物を返還しなければならないというものであり、質屋が清算金を支払わないで目的物の所有権を取得した場合（清算金がない場合）には、債務者が被担保債権額に相当する金銭を支払えば目的物を返還しなければならないというものである。目的物の返還に努めるとは、返還する義務があるというものであり、返還に努力すればよいというものではない。このように解しても質屋が不当な不利益を受けるとはいえない。

以上のように、質屋は、清算金を支払う限り、清算期間の経過を待つことなく被担保債権の弁済期に目的物の所有権を取得することができる。しかし、債務者は、清算金の支払いを受けても質屋が目的物を処分するまでは目的物を受け戻すことができるから（仮登記担保権においては、債務者は清算金の支払いを受ければ目的物を受け戻すことができない（仮登記担保一一条本文））、不当な不利益を受けるとはいえないであろう。

(δ)　質屋に知れている後順位担保権者がいる場合（質屋は、後順位担保権者の有無につき債務者に照会する義務がある）、質屋は清算金を支払っても被担保債権の弁済期に目的物の所有権を取得することはできないと解すべきである。後順位担保権者の清算金請求権への物上代位や目的物に対する担保権の実行の利益を否定すべきではないからである。それゆえ、後順位担保権者がいる場合、通常の流質契約の場合と同様に扱われるべきである（本書一八四頁以下参照）。

(ε)　一般に、質屋は、目的物から十分な満足を受けることができなくとも、債務者の一般財産から満足を受けることはできないと解されているようである。しかし、質屋に清算義務を認める以上、質屋が目的物から十分な満足を受けない場合に債務者の一般財産から満足を受けるのを否定する理由はない。質屋営業法上にこのような解釈を妨げる規定はない。

(6)　転　質

(イ)　転質の意義

(a)　質権者は、その権利の存続期間内において自己の責任をもって目的物について転質をすることができる[1]（三四八条前段）。この場合、質権者は、転質をしたことによって生じた損失については不可抗力によるものであっても責任を負担する（三四八条後段）。

(1)　転質については、神戸寅次郎「転質」権利質論五一頁以下（大正元年）、中島玉吉「転質ニ就テ」続民法論文集一〇五頁以下（大正一一年）、石田文次郎「転質と転抵当」民法研究一巻二九八頁以下（昭和九年）、宮崎孝治郎「転質および転抵当の法的性格について」民商三二巻二号一頁以下、六号一四頁以下、三三巻四号三〇頁以下（昭和三〇年―三一年）、石田喜久夫「転担保論」高島平蔵教授還暦記念（現代担保法の展開）一八五頁以下（昭和五七年）参照。

(b)　転質の例としては、たとえば、AがBに対し一〇〇万円の債権を有しこの担保としてBから宝石を受け取ったが、AがA′に対する債務の担保としてこの宝石をA′に引き渡した場合が挙げられる。この場合、AのBに対する質権が原質権であり、A′のAに対する質権が転質権である。

(c)　転質には、原質権設定者（原則として原質権の債務者）の承諾のある承諾転質と原質権設定者の承諾のない責任転質の二つがある[1]。このうち、民法三四八条が対象としているのは責任転質である。かつては、責任転質を認めないとする判例もあったが（大判明四四・三・二〇刑録一七輯四二〇頁）、今日、民法三四八条が責任転質について定めていることには異論がない（大（連）判大一四・七・一四刑集四巻四八四頁）。

（1） スイス民法は転質（Weiterverpfändung）につき承諾転質のみを認めており（スイス民法八八七条）、原質権設定者の承諾がなければ転質権は成立しないとされている（Kommentar zum Schweizerischen Privatrecht, § 887 Nr. 5 f.）。承諾転質においては、質物が質入れされ、質権（原質権）が質入れされるのではないとされる（Kommentar zum Schweizerischen Privatrecht, § 887 Nr. 3）。なお、オーストリア民法は被担保債権から切り離された質権の質入れを認めているが（Afterpfandといわれる）、これはスイスにおいては質権の付従性に照らし認められないとされる（Kommentar zum Schweizerischen Privatrecht, § 887 Nr. 3）。

(ロ) 責任転質の法的性質

(a) 学　説

(α) 責任転質の法的性質については、大きく分けて二つの見解がある。

第一は、責任転質においては、原質権の目的物（質物）が質入れされるとする見解である[1]（質物質入説）。質物質入説においては、民法三六四条が類推適用され、原質権者が原質権の債務者に転質権設定の通知をしたり原質権の債務者が転質権設定の承諾をすれば原質権の被担保債権も転質権によって拘束され、原質権の債務者は原質権者に弁済することによって原質権を消滅させることができず、転質権者は保護されるとされる。

第二は、責任転質においては、原質権とその被担保債権の両者が質入れされるとする見解である[2]（共同質入説）。共同質入説においては、原質権とその被担保債権の両者が質入れされるから、原質権の債務者は原質権の被担保債権を原質権者に弁済することによって原質権を消滅させることができず、転質権者は保護されるとされる。

（1） 我妻・一四九頁以下、星野・二三一頁、槇・九五頁、石田喜久夫「転担保論」高島平蔵教授還暦記念（現代金融担保法の展開）一八六頁（昭和五七年）、山川・八七頁、川井・二九〇頁、高橋・七四頁、道垣内・九六頁以下。

（2） 神戸寅次郎「転質」権利質論一〇三頁（大正元年）、中島玉吉「転質ニ就テ」続民法論文集一二一頁以下（大正一一年）、石田文次郎「転質と転抵当」民法研究一巻三一三頁以下（昭和九年）、柚木＝高木・一一四頁以下、船越・八八頁以下、近江・九六頁以下、松尾＝古積・二九〇頁。

(β)　質物質入説と共同質入説の間に大きな差があるわけではないが、後説によれば、原質権の被担保債権も質入れされるから、転質権者は原質権の債務者から直接原質権の被担保債権を取り立てることができるが[1]（三六六条一項）、前説によれば、これができないことになる。

(1)　同旨、注釈民法(8)二七七頁（林良平執筆）、柚木＝高木・一一八頁、松尾＝古積・二九二頁。

(b)　検　討

(α)　まず、質物質入説について検討する。

第一に、原質権の被担保債権が転質権によって拘束されるとすれば、原質権の債務者は、本来、原質権の被担保債権を弁済して原質権を消滅させることができたのであるから、少なくとも原質権の被担保債権につき供託をすることができなければ不当に害される。そこで、質物質入説によれば、原質権の債務者は原質権の被担保債権につき供託をすることができ、その場合、原質権の被担保債権は消滅し、原質権と転質権も消滅するとされる。そして、転質権者は、原質権者が取得する供託金還付請求権の上に質権を取得するから、転質権が消滅しても害されないとされる（三六六条三項後段参照）。しかし、転質権者が原質権者の供託金還付請求権の上に質権を取得するのは転質権者が原質権の被担保債権の上に質権を取得していた場合に認められるというべきである（三六六条三項参照）。原質権者が取得する供託金還付請求権は、原質権の被担保債権が形を変えたものであるからである。すなわち、原質権者は、供託により、原質権の被担保債権を失う代わりにそれと同一内容の供託金還付請求権を取得するのであり、原質権の被担保債権と供託金還付請求権の間には同一性があるのである。それゆえに、一般の債権質権において、質入債権につき供託が行われれば、質入債権が消滅して代わりに供託金還付請求権が発生し、質入債権上の質権は供託金還付請求権上の質権として扱われるのである（三六六条三項参照。仮登記担保契約に関する法律七条二項は、清算金請求権が差し押さえられたり仮に差し押さえられた場合、清算金が供託された場合の供託金還付請求権が差し押さえられたり仮に差し押さえられたものとみなすと規定している）。しかし、質物質入説によれば、原質権の被担保債権は質入れされないのであるから、原質権の債務者が原質権の被担保債権につき供託をした場合、転質権者は供託金還付請求権の上に質権を取得することができないはずである。ここに質物質入説の大きな問題点があると考える。

第二に、右の点に関し、質物質入説は、転質権設定の通知・承諾が行われれば、債権質権に関する民法三六四条が類推適用されるとし、さらに、転質権者は原質権の被担保債権につき供託が行われた場合に原質権者が取得する供託金還付請求権の上に質権を取得するとする。しかし、第一で述べたように、原質権者が取得する供託金還付請求権は原質権の被担保債権が形を変えたものであり、転質権者は原質権の被担保債権の上に質権を取得していない限り原質権者の供託金還付請求権の上に質権を取得することはできない。そうだとすれば、質物質入説のいう転質権設定の通知・承諾は、原質権の被担保債権上の質権設定の通知・承諾に外ならないというべきである。

第三に、質物質入説によれば、原質権の目的物＝質物につき原質権に優先する質権＝転質権が新たに設定されることになる。そして、質物につき質権を設定することができるのは原質権設定者(所有者)である。それゆえ、原質権者が原質権設定者を代理して、あるいは、授権により、転質権者に対し転質権を設定することになり、原質権設定者にとっては転質権者の原質権者に対する債権のために物上保証をするということになるであろう。すなわち、転質の場合、原質権者は、法律上原質権設定者のために転質権設定についての代理や授権の権限を与えられているということになるであろう。そして、転質権は、質物の上に設定され原質権の上には設定されないから、原質権の消滅によって消滅せず、原質権の被担保債権を拘束する必要もないということになりそうである。しかし、質物質入説はそのようにはいっていない。それゆえ、転質権は質物の上に設定されるが、原質権が消滅すれば消滅するという条件がついていると考えられる。しかし、これは、実質的に見て原質権の上に設定された質権というべきである。原質権の上に設定された質権であれば、原質権が消滅すれば消滅し、原質権の被担保債権を拘束する必要があるからである。それゆえ、質物が質入れされるという質物質入説にはこの点でも疑問がある。

第四に、転質権が質物の上に設定されるとすれば、不動産質権の場合にその公示が困難である。不動産質権には抵当権に関する規定が準用されるから（三六一条）、不動産質権においては、転質権設定の公示は原質権の登記の付記登記によって行われるということになるであろう（三七六条二項）。しかし、原質権の登記の付記登記によって、原質権の上の質権は公示されるが、質物（不動産）の上の質権を公示するのは困難である。他方、転質権設定の公示を原質権の登記の付記登記によってではなく直接質物に転質権を設定する旨の登記によって行うという場合、すでに登記のされている原質権に優先する質権であることをどのようにして公示するのか明らかにされていない。

以上のように、質物質入説には多くの疑問がある。

(β)　次に、共同質入説について検討する。

第一に、共同質入説は、転質は原質権の質入れと原質権の被担保債権の質入れの両者が行われた場合に効力を生じると考えているといえよう。それゆえ、原質権の質入れは行われたが、原質権の被担保債権の質入れは行われなかった場合、原質権の質入れの効力は生じないということになるであろう。しかし、原質権の質入れは原質権の被担保債権の質入れがなくても効力を生じ、転質権者は、転質権を実行する、すなわち、転質権に基づき原質権を行使することは可能である。もちろん、この場合、原質権の債務者が原質権の被担保債権を弁済すれば、原質権が消滅し、転質権も消滅する。しかし、原質権の債務者が原質権の被担保債権を弁済しない限り、転質権者が転質権を実行することができることに変わりはないのである。それゆえ、転質権者がこのような質権でもよいという場合に、それを認めず、そのような質権は効力を生じないとする必要は全くない。根抵当においても、抵当権を被担保債権から切り離し、抵当権のみを担保に供すること（転抵当）が認められている（三九八条の一一第一項但書第二項）。この場合、転抵当権者は、原抵当権（根抵当権）の債務者による原抵当権の被担保債権の弁済などにより原抵当権につき元本として確定すべき被担保債権が不存在とならない限り、転抵当権を実行することができるのである。それゆえ、転質権は、原質権の質入れのみによって成立するといわざるをえない。原質権の質入れとともに原質権の被担保債権も質入れされることが多いし、また、その場合に転質権者の地位は格段に強化されるが、しかし、原質権の被担保債権の質入れは転質権の成立の要件ではないのである。

第二に、共同質入説によれば、不動産質権において、まず転質権の付記登記が行われ、その後に原質権の被担保債権につき質権設定の通知・承諾が行われた場合、転質権は後者が行われた時に効力を生じるということになるであろう。しかし、これでは、転質権の順位は付記登記の前後によるとする民法三六一条・三七六条二項と調和しないように思われるが、この点の説明はされていない。

以上のように、共同質入説にもかなり疑問がある。

(c) 私　見　以上の検討を踏まえ、私見としては次のように考える。

第一に、転質は、原質権をその被担保債権から切り離して質入れすることである[1]。それゆえ、転質権、つまり、原質権の上の質権は、原質権の被担保債権とは独立に成立し、転質権者は、原質権の被担保債権の質入れがなくても転質権を取得する。転質権者は、転質権を実行し、つまり、転質権に基づき原質権を行使し、原質権の目的物から優先弁済を受けることができる。なお、民法三四八条は「質物について転質をすることができる」と規定しており、以上の解釈は民法三四八条の文言に反するようにも見える。しかし、他方、民法三七六条一項は転抵当について「抵当権を他の債権の担保と」すると規定しているのである。このように、非常に類似した制度である転質と転抵当において条文上の文言が異なっているのであり、文言に拘泥することなく両者に共通した適切な解釈に努力することが重要である。

第二に、転質権は原質権の被担保債権とは独立に成立するから、原質権の被担保債権には何らの効力も及ぼさない。転質権は、間接的にも原質権の被担保債権を拘束しない。それゆえ、原質権の債務者は原質権者に対し原質権の被担保債権を自由に弁済することができる。この場合、原質権は消滅し、転質権も消滅する。

第三に、原質権の被担保債権の上の質権設定につき原質権の債務者に対する通知や同人による承諾が行われた場合、原質権の被担保債権の上に質権が設定される。この場合、原質権の債務者は原質権の被担保債権を弁済することができない（三七七条二項参照）。しかし、転質権は原質権が質入れされれば成立するから、原質権の被担保債権の質入れは転質権の成立の要件ではない。もっとも、原質権の被担保債権が質入れされれば、転質権者の立場は格段に強化される。

第四に、原質権の被担保債権の質入れにより、原質権の債務者はそれを弁済することができなくなる。しかし、原質権の債務者は、本来、原質権の被担保債権を弁済してそれから解放されるという利益を有していたのであり、供託をすることにより原質権の被担保債権から解放されることは否定されない。原質権の債務者が原質権の被担保債権につき供託をした場合、原質権の被担保債権は消滅し、したがって、原質権と転質権も消滅する。この場合、原質権者は供託金還付請求権を取得し、転質権者はこの供託金還付請求権の上に質権を取得する（三六六条三項後段参照）。

第五に、転質権者は、原質権の被担保債権が質入れされた場合、原質権の被担保債権を直接に取り立てたり（三六六条一項）、右に述べたように原質権者の供託金還付請求権の上に質権を取得することができる。転質権者は、原質権の被担保債権の質入れを受ける場合が多いであろうが、これは転質権の成立の要件ではなく、転質権は原質権の被担保債権の質入れがなくても成立する。

第六に、転質権と原質権の被担保債権上の債権質権は、別個に成立し、別個の優先順位を有する。転質権の優先順位は質物の引渡しの前後により、債権質権の優先順位は確定日付ある証書による通知の到達時・承諾時の前後による（本書二四三頁参照）。この結果、転質権者の転質権は第一順位であっても債権質権は第二順位の場合、他の第一順位の債権質権が実行されて原質権の被担保債権が消滅すれば、原質権が消滅し、第一順位の転質権も消滅するということがありうる。それゆえ、第一順位の転質権者は第一順位の債権質権を取得しなければ安心できないということになるであろう。転質権者は、債権質権を取得した場合、担保権の付従性により原質権の上に質権を取得するが、この質権は転質権に吸収されると考えられる。第一順位の債権質権者は、第一順位の転質権者が別にいる場合、担保権の付従性によっても第一順位の転質権を取得することはできず、それに劣後した転質権を取得するということになるであろう。第一順位の転質権者が第二順位の債権質権者の場合、あるいは、第一順位の債権質権者が第二順位の転質権者の場合、第一順位の転質権者と第一順位の債権質権者の間においては先に自己の権利を実行した方が優先する。

(1) 清水・一四三頁参照。

(ハ) 責任転質の要件

(a) (α) 責任転質の要件は、転質権設定契約と目的物の引渡しである。原質権の債務者に対する転質権設定の通知や同人によるその承諾は不要である。

(β) 転質権設定契約は、動産質権設定契約の場合と同じく、諾成契約であって要物契約ではない(本書一五九頁以下参照)。しかし、転質権が成立するためには、目的物の引渡しが必要である。目的物の引渡しは、転質権の公示のために要求される(本書一六二頁以下参照)。

(γ) 質権者が目的物を第三者に引き渡すのは、善管注意義務をもって自ら目的物を保管するという義務に違反する行為であり、質権の消滅請求の事由になる(三五〇条・二九八条。本書一五七頁参照)。しかし、転質権設定契約により目的物を引き渡すのは、責任転質が認められている以上、右の義務に違反しない。

(b) (α) 民法三四八条によれば、責任転質の要件として、転質権の存続期間が原質権の存続期間内にあることが要求されているように見える。すなわち、原質権が存続期間の経過によって消滅したのに転質権が存続しているとすれば原質権の債務者が不当に害されるように見える。

(β)　しかし、転質権の存続期間が原質権の存続期間より長くても、転質権は成立すると解すべきである。通説的見解も同様である(1)。

まず、原質権の被担保債権が質入れされない場合、原質権の存続期間が満了前であることを前提に、転質権者は、転質権と原質権の両方の被担保債権の弁済期が到来すれば(期限の利益の放棄(一三六条二項)や喪失(一三七条)のような場合を含む)、原質権の債務者が原質権の被担保債権を弁済しない限り、転質権を実行することができる。このような可能性がある以上、転質権の成立を認めるべきであり、これによって原質権の債務者は害されない。もちろん、原質権の存続期間が満了すれば転質権は消滅する。

次に、原質権の被担保債権が質入れされた場合、原質権の存続期間が満了前であることを前提に、転質権者は、転質権と原質権の両方の被担保債権の弁済期が到来すれば、転質権を実行することができる。あるいは、転質権者は、転質権の被担保債権の弁済期が到来しなくても、原質権の被担保債権の弁済期が到来すれば、原質権の債務者に対し弁済金の供託を求めることができ(三六六条三項前段)、この場合に原質権者が取得する供託金還付請求権の上に質権を取得することができる(三六六条三項後段)。そして、転質権者は、転質権の被担保債権の弁済期が到来すれば、右の質権を実行することができる。このような可能性がある以上、転質権の成立を認めるべきであり、これによって原質権の債務者は害されない。もちろん、原質権の存続期間が満了すれば転質権は消滅する。

(1)　柚木＝高木・一一七頁、高木・七一頁、高橋・七五頁、松尾＝古積・二九一頁、安永・三七二頁は、存続期間についての要件は原質権が不動産質権の場合に限られるとする。しかし、本文に述べたところからすれば、原質権が不動産質権の場合であっても存続期間の要件は不要であるというべきである。

(c)　転質権の被担保債権額が原質権の被担保債権額を超過しないことが責任転質の要件であるように見える。しかし、転質権の被担保債権額が原質権の被担保債権額を超過する場合であっても、転質権は原質権の被担保債権額の範囲で成立すると解するのが一般的であり、それが妥当である。この場合の転質権は、一部質権であると解される（一部抵当権についての後述の説明（本書二八六頁以下）参照）。

㈡　責任転質の効果

(a)　序　責任転質においては、原質権が質入れされる。この外に、責任転質の設定の際に、原質権の被担保債権も質入れされることが多い。これは責任転質の要件ではないが、原質権の被担保債権が質入れされた場合についても言及する。

(b)　責任転質の原質権者および原質権の債務者に対する効果

(α)　(i)　責任転質においては、原質権がその被担保債権から切り離されて質入れされる。原質権者は、原質権を放棄したり、原質権設定契約を原質権の債務者との合意で解除したりすることはできない。他方、原質権の債務者は、原質権の被担保債権を自由に弁済することができる（三七七条二項参照）。原質権者は、この弁済を受けることはできるが、しかし、原質権の債務者の意に反して取り立てたり供託を求めることはできないと解される。原質権者は、原質権を質入れした以上、原則として原質権を消滅させるべきではないからである。

(ii)　原質権の被担保債権が質入れされた場合、原質権者および原質権の債務者は、弁済などによって原質権の被担保債権を消滅させることができない。原質権の債務者が原質権の被担保債権を弁済しても、この被担保債権は消滅せず、転質権者は転質権を実行することができるのである。

原質権の債務者は、原質権の被担保債権の弁済期が到来した場合、転質権の被担保債権の弁済期が到来したと否とを問わず、弁済金を供託することができると解してよいであろう(1)。この場合、原質権と転質権は消滅し、目的物は原質権と転質権の拘束から離脱して原質権の債務者に返還される。他方、転質権者は原質権者が取得する供託金還付請求権の上に質権を取得する（三六六条三項後段）。

（1）　同旨、我妻・一五三頁、柚木＝高木・一一七頁、船越・九三頁、高木・七五頁、道垣内・九七頁以下。

(β)　(i)　原質権者は、原質権の被担保債権額が転質権の被担保債権額より大きい場合にその差額を原質権の債務者から一部弁済として受領することができることに問題はない。原質権の債務者は、原質権の被担保債権の全額を自由に弁済することができるからである。

しかし、原質権の被担保債権が質入れされた場合、右の一部弁済はできないと解すべきである。なぜなら、右の債権質権の効力は、質権の不可分の原則上、原質権の被担保債権額の全部に及んでいるからである（三六二条二項・三五〇条・二九六条）。また、一部弁済を認めれば、原質権の債務者の一般財産がそれだけ減少し、転質権者が害されるおそれがあるからである。それゆえ、転質権者が明らかに目的物から十分な満足を受けることができる場合や原質権の債務者に明らかに十分な一般財産がある場合を除き、右の一部弁済は認められない。

(ii)　転質権の被担保債権額が原質権の被担保債権額より大きい場合、原質権者が転質権者に対し原質権の被担保債権額の弁済の提供あるいは供託をしても転質権は消滅しないと解すべきである[1]。なぜなら、転質権が消滅するとすれば、転質権者は一部弁済の受領を余儀なくされるからである。原質権者は、転質権者に対し、債務の本旨に従って（四九三条本文参照）転質権の被担保債権の全額の弁済の提供あるいは供託をすべきである。

（1）　同旨、我妻・一五三頁。

(iii)　原質権者は、目的物につき質権を実行することができるであろうか。実行できないとする見解が有力であるが[1]、実行する場合、売得金はまず転質権者に配当され、残額が原質権者に配当されるのであるから、原質権者が質権の実行をすることができるとしても転質権者が不当に害されるわけではない。原質権者による質権の実行は、後順位の担保権者による担保権の実行と異ならないのである。それゆえ、原質権者は質権を実行することができると解すべきである[2]（大決昭七・八・二九民集一一巻一七二九頁）。原質権者は、転質権者が目的物を占有しているから、転質権者に対し、目的物の執行官への提出や目的物の差押えを承諾することを請求することができる（民執一九〇条一項一号二号参照）。この場合、原質権の実行において売得金の額が手続費用および転質権と原質権の被担保債権額のうちいずれか少ない額の合計額以上となる見込みがない場合、原質権者の右の請求は退けられるとも考えられる（民執一九二条・一二九条二項参照。本書一七六頁参照）。しかし、転質権者に配当される配当金は、原質権者が原質権の実行により原質権の債務者から弁済された弁済金を転質権の被担保債権の弁済に当てたのと同視されるから、転質権者への配当金の限度で原質権の被担保債権は弁済により消滅すると解される[(3)]。それゆえ、右の原質権の実行により原質権者も利益を受けるのであって、原質権者の右の請求を退けるべきではないと解するのが妥当である。

（1） 我妻・一五二頁、松坂・二七五頁、山川・八九頁、川井・二九一頁、近江・九八頁、松井・一四〇頁。
（2） 同旨、注釈民法(8)二七九頁（林良平執筆）。
（3） 注釈民法(8)二七九頁（林良平執筆）参照。

(γ) (i) 原質権者は、転質をしたことによって原質権の債務者に生じた損失については、不可抗力によるものであっても責任を負担する（三四八条後段）。たとえば、質権の目的物が転質権者のもとで大地震により損傷したが、目的物が原質権者のもとにとどまっていれば損傷しなかった場合、原質権者は、目的物の損傷によって原質権の債務者に生じた損害を賠償しなければならないのである。原質権者は、原質権の債務者の承諾なしに転質をすることができる代わりに、このような厳格な責任を負担するわけである。

この場合、原質権者は、原質権の債務者に対し、増担保請求権を有しないのはもちろんであるが、被担保債権を失うわけではない。そこで、原質権の債務者は、損害賠償金と原質権の被担保債権額の差額を請求するということになるであろう（大判昭一四・六・二〇民集一八巻六八五頁参照）。なお、原質権の債務者に損害がなければ損害賠償の問題が生じないのは当然であり、たとえば、原質権者が株式を転質して不可抗力により受け戻すことができなくなっても、同種同額の株式で填補すれば損害賠償義務を負担しない（大判昭九・三・九民集一三巻二五六頁参照）。

(ii)　右のように、原質権者は原質権の債務者に対し増担保請求権を有しないが、転質権者は、自己の帰責事由なく目的物の担保価値が低下したのであるから、原質権者に対し増担保を請求することができると解される（本書四〇六頁以下参照）。

(c)　責任転質の転質権者に対する効果　転質権者は、転質権の被担保債権と原質権の被担保債権の両方の弁済期が到来すれば転質権を実行することができる。この場合、転質権者は、転質権に基づき原質権を行使し、原質権の目的物につき担保権の実行としての競売をすることになる（民執一九〇条以下）。

原質権の被担保債権が質入れされた場合、転質権者は原質権の被担保債権を直接に取り立てることができる（三六六条一項）。なお、転質権者は、転質権の被担保債権の弁済期が到来しなくても、原質権の被担保債権の弁済期が到来すれば、原質権の債務者に対し原質権の被担保債権の弁済金の供託を請求することができる（三六六条三項前段）。原質権の被担保債権の弁済金が供託された場合、原質権と転質権が消滅するが、転質権者は、原質権者が取得する供託金還付請求権の上に質権を取得する（三六六条三項後段）。

(ホ)　責任転質の消滅

(a)　転質権は、転質権の被担保債権の弁済によって消滅する。原質権者が弁済してもよいし、原質権の債務者が第三者弁済（四七四条）をしてもよい。転質権が消滅すれば、原質権は転質権の負担のない状態に復帰し、原質権の目的物も原質権者のもとに復帰する。

(b)　転質権は、原質権の被担保債権の消滅によっても消滅する。原質権の債務者は、原質権の被担保債権が質入れされない限り、原質権の被担保債権を弁済によって消滅させることができる。原質権の被担保債権が質入れされた場合、原質権の債務者が原質権の被担保債権につき弁済金を供託すれば、原質権の被担保債権は消滅する。それゆえ、原質権と転質権も消滅し、転質権者は原質権者が取得する供託金還付請求権の上に質権を取得する。そして、原質権の目的物は、原質権と転質権の拘束から離脱し、原質権の債務者に返還される。

(ヘ) 承諾転質

(a) 承諾転質の意義

(α) 承諾転質とは、原質権の債務者が承諾した転質である。原質権の債務者が承諾する以上、原質権者と転質権者が転質をすることができるのは当然である。承諾転質の要件や効果は、原質権の債務者の承諾の内容によって定まる。

(β) 承諾転質には、大きく分けて二つのものがある。

第一は、原質権者が原質権の債務者の承諾のもとに原質権を転質権者に質入れするというものである。この場合、承諾転質の法的性質は基本的に責任転質と変わるところはなく、ただ原質権者が転質をしたことによって原質権の債務者に生じた損失について不可抗力によるものであれば責任を負わない点が責任転質と大きく異なる。

第二は、原質権者が原質権の債務者の承諾のもとに原質権とは独立に目的物に転質権者のために原質権に優先する質権を設定するというものである。この場合、原質権者は、原質権の債務者を代理して、あるいは、授権により、転質権者と原質権に優先する質権を目的物に設定する旨の契約を結ぶということになるであろう。原質権の債務者は、転質権者の原質権者に対する債権を物上保証することになる。(1) 原質権者は、原質権につき転質権者を占有代理人として目的物を占有することになるであろう。転質権は、原質権に遅れて設定されるが、原質権に優先する。これは、質権の順位は設定の前後によるとする民法三五五条の例外であるが、原質権者が欲し、債務者が承諾するものであるから、原質権者と債務者については問題はないであろう。しかし、転質権は原質権とは独立に設定されるから、他の担保権者は不当な不利益を受けるおそれがある(たとえば、先取特権に優先する質権者が自己の質権に優先する承諾転質を行う場合)。それゆえ、他に不当な不利益を受ける担保権者がいれば、第二のタイプの承諾転質は他の担保権者の承諾がない限り行うことができないと解すべきである。転質権が原質権の消滅によって影響を受けないのはもちろんである。

以上の二つのタイプについて、転質を承諾する原質権の債務者の通常の意思は、原質権の範囲で転質を認めるというものであり、第一のタイプの転質を承諾するというものであろう。それゆえ、承諾転質は、原則として第一のタイプであり、第二のタイプは原質権の債務者のその旨の意思が明確な場合に限られると解するのが妥当である。

そこで、以下においては、第一のタイプを中心に説明し、必要に応じ第二のタイプについて言及することにする。

(1)　道垣内・九八頁参照。

(b)　承諾転質の要件　承諾転質の要件としては、転質権設定契約と目的物の引渡し、原質権の債務者による転質権設定の承諾が必要である。なお、責任転質の場合と同様、転質権の存続期間が原質権の存続期間内にあることや転質権の被担保債権額が原質権の被担保債権額を超過しないことは要求されない（本書一九六頁以下参照）。

(c)　承諾転質の効果

(α)　承諾転質においても、責任転質の場合と同様、原質権がその被担保債権から切り離されて質入れされる（本書一九七頁参照）。しかし、原質権の債務者は、転質を承諾した以上、原質権の被担保債権を弁済し転質権を消滅させることはできないと解すべきである。原質権の債務者は、原質権の被担保債権につき供託し転質権を消滅させることもできないと解してよいであろう。転質権者は、原質権の被担保債権が質入れされない限り、供託により原質権者が取得する供託金還付請求権の上に質権を取得することはできないからである。

第二のタイプの転質においては、原質権とは独立に目的物に質権が設定され、原質権は質入れされない。したがって、原質権者および原質権の債務者が弁済などによって原質権の被担保債権を消滅させるのは自由である。転質権は、これによって影響を受けない。

(β)　原質権の被担保債権が質入れされた場合、原質権の債務者は、責任転質の場合と同様、原質権の被担保債権の弁済期が到来すれば、転質権の被担保債権の弁済期が到来したと否とを問わず、原質権の被担保債権の弁済金を供託することができると解される。以下に述べるように、これによって転質権者は害されないからである。供託がされた場合、原質権の被担保債権は消滅し、したがって、原質権および転質権もまた消滅する。原質権の目的物は、原質権や転質権の拘束から離脱し、原質権の債務者に返還される。転質権者は、原質権者が取得する供託金還付請求権の上に質権を取得する（本書一九七頁参照）。なお、第二のタイプの転質においては、原質権の消滅によって転質権は影響を受けない。

(γ) 転質権の被担保債権額が原質権の被担保債権額より大きい場合、責任転質の場合と同様、原質権者が転質権の被担保債権につき転質権者に対し原質権の被担保債権額の弁済の提供あるいは供託をしても転質権は消滅しない（本書一九八頁参照）。

(δ) 原質権者は、責任転質の場合と同様、原質権の被担保債権額が転質権の被担保債権額より大きいかどうかを問わず、目的物につき質権を実行することができると解される（本書一九八頁以下参照）。この場合、売得金はまず転質権者に配当され、残額が原質権者に配当される。なお、第二のタイプの転質においては、原質権者は、転質権者の後順位質権者となり、質権を実行することができる。もっとも、売得金が手続費用と転質権者の被担保債権額の合計額以上となる見込みがない場合、原質権者は目的物の占有者である転質権者に対し目的物の執行官への提出や差押えの承諾を求めることができない（本書一七六頁参照）。売得金はまず転質権者に配当され、残額が原質権者に配当されるのは当然である。

(ε) 原質権者は、転質をしたことによって原質権の債務者に生じた損失について不可抗力によるものであれば責任を負担しない。原質権の債務者が転質について承諾しているからである。

(ζ) 転質権者は、転質権の被担保債権と原質権の被担保債権の両方の弁済期が到来すれば転質権を実行する、すなわち、転質権に基づき原質権を行使することができる。転質権者は、転質権の被担保債権の弁済期が到来しても原質権の被担保債権の弁済期が到来しなければ転質権を実行することはできない。原質権の債務者の承諾も転質権者によるそのような転質権の実行の承諾まで含んでいるとは考えられないからである。他方、原質権の被担保債権が質入れされた場合、転質権者は、転質権の被担保債権の弁済期が到来していると否とを問わず、原質権の被担保債権の弁済期が到来すれば、原質権の債務者に対し原質権の被担保債権の弁済金の供託を請求することができる（三六六条三項前段）。原質権の債務者がこの供託をした場合、原質権と転質権が消滅するが、転質権者は、原質権者が取得する供託金還付請求権の上に質権を取得する（三六六条三項後段）。なお、第二のタイプの転質においては、転質権者は転質権の被担保債権の弁済期が到来すれば原質権の被担保債権の弁済期が到来しなくても転質権を実行することができる。また、転質権者は、原質権の被担保債権が質入れされその弁済期が到来すれば、原質権者の債務者に対し原質権の被担保債権の弁済金の供託を求めることができる。この場合、原質権とその被担保債権は消滅するが、転質権は影響を受けない。転質権者は、転質権を有するとともに原質権者の供託金還付請求権の上に質権を有することになる。

(d)　承諾転質の消滅　承諾転質の消滅については、責任転質の消滅について述べたのと同じである（本書二〇〇頁以下参照）。なお、第二のタイプの転質においては、転質権は転質権の混同や放棄、被担保債権の消滅などによって消滅する。原質権やその被担保債権の消滅によっては影響を受けない。

(7)　侵害に対する動産質権の効力

(イ)　序　動産質権は物権であり、質権者は物権的請求権を有する。それゆえ、動産質権が侵害されれば、質権者は、物権的請求権に基づき、その侵害の排除を求めることができる。もっとも、質権者は、前述したように、目的物の占有を奪われた場合、物権的請求権としては占有回収の訴えによってのみその目的物の回復をすることができる（三五三条。本書一六七頁以下参照）。他方、質権者は、動産質権が侵害され損害を受けた場合、損害賠償請求権を取得する(1)（七〇九条）。

（1）　担保物権の侵害一般については、加藤雅信「担保権侵害とその救済——代担保提供請求権説構築のために——」現代民法学の展開二一五頁以下（平成五年）、道垣内弘人「担保の侵害」新・現代損害賠償法講座2二八五頁以下（平成一〇年）、田高寛貴「担保権侵害による損害賠償請求に関する一考察――所有権侵害に対する救済との調整の見地から――」名法二二七号三四一頁以下（平成二〇年）参照。

(ロ)　物権的請求権

(a)　動産質権が侵害された場合、質権者は、物権的請求権に基づき、妨害の排除を請求することができる（妨害排除請求権）。たとえば、目的物を保管していた倉庫に隣地の土砂が流入し目的物がこれに埋没した場合、質権者は、隣地所有者に対し土砂の除去を請求することができる。なお、動産質権が侵害されるおそれがある場合、質権者が物権的請求権に基づき妨害の予防を請求することができるのは当然である（妨害予防請求権）。

(b)　動産質権の侵害が目的物の占有の侵奪である場合、質権者は、物権的請求権としては占有回収の訴えによってのみ目的物の回復をすることができる（三五三条）。質権者が占有回収の訴えにより目的物の占有を回復した場合、質権は消滅しなかったものとみなされる（二〇三条但書参照）。

他方、債権者は、目的物の占有の侵奪の場合、債務者に対しては動産質権設定契約に基づき目的物の引渡しを求めることができるし、第三者に対しては債務者に対する目的物引渡請求権という特定債権や債権者代位権（四二三条）に基づき目的物の引渡しを請求することができる。この場合、質権は、いったん消滅し、引渡しを受けた時点で将来に向かって回復する（以上につき、本書一六七頁参照）。

(ハ)　損害賠償請求権

(a)　(α)　(i)　被担保債権が期限付で債務者が目的物を損傷させた場合、債務者に故意があれば債務者は期限の利益を失い、質権者は直ちに債務の履行を求めたり質権の実行をすることができる（一三七条二号）。この場合、質権者は、直ちに債務の履行を求めたり質権の実行をすることなく、相当期間を定めて増担保を請求し、債務者がこれに応じなければ債務の履行を求めたり質権の実行をすることもできる。

債務者に故意がない場合（無過失の場合を含む）、質権者は、相当期間を定めて増担保を請求することができる。債務者がこれに応じなければ同人は期限の利益を失い、質権者は直ちに債務の履行を求めたり質権の実行をすることができる（一三七条三号。以上についての詳細は、抵当権についての本書四〇四頁以下参照）。

これらの場合、私見によれば、質権は、期限付で成立するが（期待権。一二八条参照）、債務者が期限の利益を失えば本来の質権となり、質権者はこの本来の質権を実行するということになるのである（本書二六六頁以下参照）。

(ii) 債務者が目的物を滅失させた場合、質権者は債務者に故意があるかどうかを問わず相当期間を定めて増担保を請求することができるが、債務者がこれに応じなくても目的物が滅失している以上、滅失した目的物についての質権の実行は問題にならない（提供された増担保についての担保権の実行という問題になる）。

(iii) 以上の場合、質権者が損害賠償請求権を有するかどうかは、質権者が目的物の滅失により精神的苦痛を受けたような場合を除き疑問である（大判明三三・九・二七刑録六輯八巻一八頁は、損害賠償請求権を否定する）(1)。質権者は被担保債権を有しており、損害賠償請求権を有するといっても意味がないからである。

(β) (i) 被担保債権が条件付で、債務者が故意に目的物を損傷させた場合、質権者は直ちに質権の実行をすることができるが（一二九条。一三〇条も参照）、売得金は供託されると解すべきである（民執一九二条・一四一条一項一号参照）。この場合、条件が成就するまで質権の実行を認めないのは質権者の地位を非常に不安定なものとし妥当でなく、他方、債務者は故意に目的物を損傷させた以上質権を実行されてもやむをえないし、また、売得金が供託されるとすれば質権者に不当な利益を与え債務者に不当な不利益を与えることにはならないからである。質権者は、条件が成就した時点で供託金から満足を受けることができる（民執一九二条・一四二条・九二条一項参照）。この場合、質権者は、直ちに質権の実行をすることなく、相当期間を定めて増担保を請求することもできる。債務者がこれに応じなければ、質権者は、質権を実行し、条件が成就した時点で供託金か

(1) 同旨、我妻・一五七頁、内田・四四五頁。

ら満足を受けることになる。

債務者に故意がない場合（無過失の場合を含む）、質権者は、相当期間を定めて増担保を請求し、債務者がこれに応じなければ、質権を実行して条件が成就した時点で供託金から満足を受けることができると解される。

以上の場合、私見によれば、質権は条件付で成立し（期待権。一二八条）、質権者は、期待権を保存するために目的物の競売を求めることができると解される（一二九条）。そして、質権者は、条件が成就した時点で成立する本来の質権により供託金から優先弁済を受けることができると解されるのである。

(ii) 債務者が目的物を滅失させた場合、質権者は債務者に故意があるかどうかを問わず相当期間を定めて増担保を請求することができるが、債務者がこれに応じなくても目的物が滅失している以上、滅失した目的物についての質権の実行は問題にならない（提供された増担保についての担保権の実行という問題になる）。

(iii) 以上の場合、被担保債権が期限付の場合と同様、質権者が損害賠償請求権を有するかどうかは、質権者が目的物の滅失により精神的苦痛を受けたような場合を除き疑問である。

(b) (α) (i) (i)′ 被担保債権が期限付で、物上保証人が故意に目的物を損傷させた場合、債務者は期限の利益を失わないが、物上保証人は債務者であれば期限の利益を失うから、質権者は、直ちに質権の実行をすることができると解してよいであろう[1]（期限付質権は、本来の質権になる）。質権者が質権を実行する場合、配当に関しては弁済期が到来したとみなされる。しかし、これは配当に関してだけの措置であり、被担保債権が配当によって一部しか満足を受けなかった場合、質権者は残額について本来の弁済期が到来した時点で債務者に対しその弁済を求めることができると解される。なお、質権者は、直ちに質権を実行することなく、相当期間を定めて増担保を請求し、物上保証人がこれに応じなければ、質権を実行してもよいと解すべきであろう。
物上保証人が故意なく目的物を損傷させた場合（無過失の場合を含む）、質権者は、相当期間を定めて増担保を請求し、物上保証人がこれに応じなければ質権の実行をすることができると解される。

（1）　同旨、我妻・一五七頁。

(ii)′　物上保証人が目的物を滅失させた場合、質権者は物上保証人に故意があるかどうかを問わず相当期間を定めて増担保を請求することができるが、目的物についての質権の実行は問題にならない。

(ii)　(i)′　被担保債権が条件付で、物上保証人が故意に目的物を損傷させた場合、質権者は、条件付質権を保存するために直ちに目的物の競売を求めることができると解してよいであろう（一二九条。一三〇条も参照）。この場合、売得金は供託される（民執一九二条・一四一条一項一号参照）。そして、質権者は、条件が成就した時点で成立する本来の質権に基づき供託金から優先弁済を受けることができる（民執一九二条・一四二条・九二条一項参照）。なお、質権者は、直ちに質権を実行する（目的物の競売を請求する）ことなく、相当期間を定めて増担保を請求し、物上保証人がこれに応じなければ質権を実行してもよいと解すべきであろう。

物上保証人が故意なく目的物を損傷させた場合（無過失の場合を含む）、質権者は、相当期間を定めて増担保を請求し、物上保証人がこれに応じなければ質権の実行をすることができると解される。この場合、売得金は供託され、質権者は、条件が成就した時点で供託金から優先弁済を受けることができる。

(ii)′　物上保証人が目的物を滅失させた場合、質権者は物上保証人に故意があるかどうかを問わず相当期間を定めて増担保を請求することができるが、目的物についての質権の実行は問題にならない。

(β)　(i)　目的物の滅失・損傷につき物上保証人に故意過失がある場合、質権者は、精神的苦痛を受けたような場合を除き目的物によって満足を受けることができなくなった額（被担保債権額を限度とする）につき物上保証人に対し損害賠償請求権を有すると解される。結局、この場合、質権者は、債務者に対する被担保債権と物上保証人に対する損害賠償請求権の両者を有するが、原則としてどちらか一方で満足を受けた限度で他方は消滅する。

(ii)　もっとも、損害賠償請求権の行使については、被担保債権の性質に応じて原則として次のように考えられるべきである。

まず、被担保債権が期限付で目的物の滅失・損傷につき物上保証人に故意がある場合、質権者は、目的物の損傷の場合に期限が到来したものとして直ちに目的物の売得金の配当を受けることができることとのバランス上（本書二〇七頁参照）、物上保証人に対し直ちに損害の賠償を求めることができる。なお、質権者は、直ちに損害の賠償を求めることなく、相当期間を定めて増担保を請求し物上保証人がこれに応じなければ損害の賠償を求めることもできると解してよいであろう。

次に、被担保債権が期限付で目的物の滅失・損傷につき物上保証人に過失がある場合、質権者は、目的物の損傷の場合に相当期間を定めて増担保を請求し物上保証人がこれに応じなければ期限が到来したものとして目的物の売得金の配当を受けることができることとのバランス上（本書二〇七頁以下参照）、相当期間を定めて増担保を請求し物上保証人がこれに応じなければ損害の賠償を求めることができる。

次に、被担保債権が条件付で目的物の滅失・損傷につき物上保証人に故意がある場合、質権者は、目的物の損傷の場合に直ちに目的物の競売を求めることができ、この場合に売得金が供託されることとのバランス上（本書二〇八頁参照）、直ちに損害賠償金の供託を求めることができる（一九九条参照）。なお、質権者は、直ちに損害賠償金の供託を求めることなく、相当期間を定めて増担保を請求し物上保証人がこれに応じなければ損害賠償金の供託を求めることもできる。

次に、被担保債権が条件付で目的物の滅失・損傷につき物上保証人に過失がある場合、質権者は、目的物の損傷の場合に相当期間を定めて増担保を請求し物上保証人がこれに応じなければ目的物の競売を求めることができ、この場合に売得金が供託されることとのバランス上（本書二〇八頁参照）、相当期間を定めて増担保を請求し物上保証人がこれに応じなければ損害賠償金の供託を求めることができる。

損害賠償金が供託された場合、質権者は、条件が成就した時点で供託金から満足を受けることができる。

(iii)　質権者は、物上保証人に対して損害賠償請求権を、債務者に対して被担保債権を有するが、原則としていずれか一方が満足を受けた限度で他方も消滅するのは当然である。

(c)　(α)　第三者が故意過失をもって目的物を滅失・損傷させた場合、質権者は、精神的苦痛を受けたような場合を除き目的物によって満足を受けることができなくなった額（被担保債権額を限度とする）につき第三者に対し損害賠償請求権を有すると解される。結局、質権者は、ここでも、第三者に対する損害賠償請求権と債務者に対する被担保債権を有し、原則としていずれか一方が満足を受けた限度で他方は消滅するのである。

(β)　質権者が故意過失をもって目的物を滅失・損傷させた第三者に対し増担保請求権を有するかについては、質権者の不利益は増担保によって適切に除去されるし、第三者も原則として増担保により損害賠償義務を免れるから、これを肯定してよいであろう。

このような前提に立つ場合、質権者による損害賠償請求権の行使の仕方は、物上保証人に対する損害賠償請求権の行使の仕方と同じであると考えてよいであろう（本書二〇八頁以下参照）。

(8)　減担保請求権

(イ)　減担保請求権とは、抵当権の所で詳述するが（本書四〇九頁以下参照）、目的物の価額が被担保債権額に比較し不当に大きい場合、債務者や物上保証人は担保の減少を求めることができる請求権である。

(ロ)　目的物の価額が高騰したり被担保債権額が弁済などによって小さくなったりして目的物の価額が被担保債権額に比較し不当に大きい場合、債務者や物上保証人は、目的物の交換や目的物が複数ある場合（共同質権）にその一部につき質権の消滅請求などをすることができる。その詳細は、抵当権の場合と同じである。

(9)　動産質権者の義務

(イ)　序　質権者は、目的物を保管し、質権が消滅した場合には原則として目的物を債務者に返還する義務を負う。

(ロ)　目的物保管義務　目的物保管義務については、留置権の規定が準用されている（三五〇条・二九八条）。すなわち、質権者は、善管注意義務をもって目的物を保管し（三五〇条・二九八条一項）、目的物の保存に必要な使用を別とすれば債務者の承諾なしに目的物を使用したり賃貸したり担保に供することができない（三五〇条・二九八条二項）。これに対し、転質が可能であることはすでに説明した通りである（三四八条。本書一八八頁以下参照）。質権者が以上の義務に反した場合、債務者は質権の消滅を請求することができる（三五〇条・二九八条三項）。

(ハ)　目的物返還義務　後述するように、質権の消滅には原則として目的物の返還や占有の放棄が必要である（本書二一二頁参照）。それゆえ、たとえば当事者が動産質権設定契約を合意解除する場合、質権者は目的物を返還して質権を消滅させる義務を負担する。

質権が消滅したのに債権者（旧質権者）が目的物を占有している場合、債権者は原則として目的物を債務者に返還する義務を負う。たとえば、被担保債権の弁済により質権が消滅した場合（この場合、質権は付従性の原則により目的物の返還なしに消滅する。本書二一二頁参照）、債権者は目的物を債務者に返還する義務を負う。もっとも、質権が消滅することによってすべての場合に債権者に返還義務が生じるわけではない。たとえば、前述したように、質権者が目的物を遺失した場合、質権は消滅する（本書一六八頁参照）。しかし、この場合、債権者は動産質権設定契約上の目的物引渡請求権や債権者代位権（四二三条）に基づき目的物の占有を回復し質権を将来に向かって回復させることができるのであり（本書一六八頁参照）、質権が消滅したからといって直ちに目的物の返還義務が生じるわけではないのである。

物上保証人がいる場合には物上保証人に対して目的物を返還すべきである（大判昭一〇・五・三一民集一四巻一〇三七頁参照）。

三　動産質権の消滅

(1)　(イ)　(a)　動産質権は、他の物権と同様、混同、放棄、目的物の滅失によって消滅する。また、動産質権は、他の担保物権と同様、被担保債権の消滅によって消滅する（付従性）。

(b)　引渡しは動産の物権変動の効力要件であると解する私見によれば[1]、放棄による動産質権の消滅については債務者への目的物の引渡しや占有の放棄が必要であると考えられる。

他方、混同の場合にはその性質上引渡しや占有の放棄は問題にならないし、目的物の滅失の場合にも引渡しや占有の放棄は問題にならない。被担保債権の消滅の場合には、担保物権の付従性の原則により引渡しや占有の放棄なしに動産質権が消滅すると解される。

(1)　石田(穣)・一三七頁参照。

(ロ)　質権の行使は被担保債権の消滅時効の進行を妨げない(三五〇条・三〇〇条)。この趣旨は、留置権の場合と同様、質権者が目的物を占有しているだけでは被担保債権の消滅時効の進行を妨げないというものである(本書六九頁参照)。これに対し、債務者が目的物の返還を訴求し質権者が質権の存在を主張して争った場合、留置権の場合と同様、裁判所が被担保債権の存在を認めたときには被担保債権の消滅時効は争点効によって中断し、裁判所が被担保債権の存否について判断しなかったときには民法一五一条を類推し訴訟終了後一か月の間は被担保債権の消滅時効が完成しないと解すべきである(本書六九頁参照)。

(2)　動産質権は、留置権の場合と同様、目的物の占有を失うことによって消滅する(本書六三頁参照)。また、動産質権は、留置権の場合と同様、債務者による質権の消滅請求によって消滅する(三五〇条・二九八条三項。本書六一頁以下参照)。

(3)　前述したように、質権者は、動産質権設定契約が合意解除されたような場合には債務者に対し目的物を返還して質権を消滅させる義務を負うし、また、質権が消滅した場合には原則として債務者に対し目的物を返還する義務を負う(本書二一一頁参照)。

四　証券による動産質権

(1)　序　証券によって表象される動産は、証券によって質入れすることができる。すなわち、倉庫証券や貨物引換証、船荷証券によって表象される動産は、これらの証券によって質入れされる。これによって、倉庫に保管中の動産や運送中の動産は簡易に質入れされることができるのである。証券による動産質権は商取引上重要な意義を有するが、商法上の問題であり、ここでは簡単に触れるにとどめる。

(2) 証券による動産質権の設定　証券による動産質権の設定は、証券への質入裏書と証券の交付によって行われる。倉庫証券（倉庫証券に関し預証券と質入証券が発行された場合には質入証券）や貨物引換証、船荷証券は、法律上当然の指図証券であり、裏書という方式によって質入れが行われる（商六〇三条一項本文・六二七条二項・五七四条本文・七七六条）。そして、これらの証券の交付はこれらの証券によって表象される動産の引渡しと同視されるから（商六〇四条・六二七条二項・五七五条・七七六条）、これらの証券の質入裏書と交付によってこれらの証券で表象される動産の質入れが行われるのである。

(3) 質権者と債務者の地位

(イ) 質権者は、債務者が被担保債権を弁済期に弁済しない場合、質権を実行することができる。この場合、質権者は、証券を執行官に提出して証券の競売を求めることになる（民執一九〇条一項一号。民執一二二条一項も参照）。なお、倉庫証券に関し預証券と質入証券が発行された場合、質権者は、倉庫営業者に対し寄託物の競売を請求することになる（商六一〇条以下）。

(ロ) 債務者は、倉庫証券に関し預証券と質入証券が発行された場合を除き、証券を質権者に交付しているから証券によって表象される動産の処分をすることができない（商六二七条二項・六〇四条・五七三条・七七六条）。倉庫証券に関し預証券と質入証券が発行された場合、質権者に交付されるのは質入証券のみであり、債務者は預証券により証券によって表象される動産を処分することができる（商六〇四条・五七三条）。この場合、質入動産の処分ということになる。

(4) 荷為替　荷為替とは、遠隔地の売買で売主が代金を回収するために買主または買主が指定する銀行を支払人とする為替手形を振り出し、その手形上の債権の担保として貨物引換証や船荷証券を添付することをいう。この場合、売主は銀行で為替手形の割引を受けて代金を回収し、銀行は買主に為替手形の提示をして手形金の支払いを受け、買主はその支払いの際に銀行から受け取った貨物引換証や船荷証券で売買の目的物を受領するのである。遠隔地の売買においてよく行われている。

銀行が貨物引換証や船荷証券を取得するのは、売主に対する手形上の債権の担保のためであり、証券による動産質権の設定（大判明四一・六・四民録一四輯六五八頁、同判大九・三・二九民録二六輯四一一頁参照）あるいは譲渡担保権と解されている。

第三節　不動産質権

一　不動産質権の設定

(1) 不動産質権設定契約

(イ) 序

(a) 不動産質権(1)は、当事者の不動産質権設定契約と登記によって設定される。すなわち、債権者は、不動産質権設定契約が結ばれれば、債務者に対し不動産質権設定請求権と登記請求権を取得する。そして、質権は登記によって成立する。一般に、質権が成立するためには目的物の引渡しが必要であるとされているが、後述するように、目的物の引渡しは必要でないと解すべきである（左の(ロ)参照）。不動産質権設定契約は、動産質権設定契約と同じく、諾成契約であって要物契約ではない。

(1) 不動産質権については、山田二郎「不動産質権の設定・管理上の問題点」担保法大系2六〇〇頁以下（昭和六〇年）、浦野雄幸「不動産質権と民事執行手続上の問題点」同書六二〇頁以下、伊藤進「不動産質権の内容・効力」私法研究著作集4二六七頁以下（平成六年）参照。

(b) 不動産質権設定契約の当事者は、質権者（債権者）と質権設定者であり、質権設定者は、債務者および物上保証人である。

(c)　質権設定者である債務者は、目的物について処分権限を有していなければならない。債務者が目的物の処分権限を有しない場合、目的物は不動産であるから、動産質権の場合と異なり、債権者は質権を善意取得することができない（本書一五九頁参照）。

(ロ)　不動産質権設定契約と目的物の引渡し、登記

(a)　一般に、不動産質権にも民法三四四条が適用され、不動産質権が成立するためには質権者への目的物の引渡しが必要であるとされている。(1)

(1)　フランス民法二三八七条は、不動産質権は設定者の占有喪失(dépossession)を伴うと規定しているが、これは不動産質権の効力要件であるとされる。そして、登記は不動産質権の対抗要件であるとされている（以上については、Legeais, n°s 628 et 630）。

他方、不動産質権においては、設定者が質権設定と同時に質権者から目的物を賃借し従来通りに占有を継続することが認められており（フランス民法二三九〇条。antichrèse-bail）、不動産質権者による占有の意義は著しく弱められている（本書一五二頁以下参照）。

(b)　しかし、民法三四四条は不動産質権には適用されないと解すべきである。

第一に、質権は登記によって公示されるから（不登九五条）、質権を公示するために目的物を引き渡す必要は全くない。

第二に、目的物の引渡しにより債務者に債務の履行を促すということについては、動産質権において述べたように、質権者の利益のためであり、質権者がそれを欲せず目的物を債務者の占有下において質権の設定を受ける場合にこれを無効とする必要は全くない（本書一六二頁参照）。

このように、民法三四四条を不動産質権に適用する根拠は全くない。そうだとすれば、民法三四四条は不動産質権には適用されず、質権は後述するように登記によって成立し（本書二一六頁以下参照）、目的物の引渡しは質権の成立のためには要求されないと解するのが妥当である。それゆえ、質権における占有改定の禁止に関する民法三四五条も適用の余地が

ない。

(c)　このように、質権は目的物の引渡しがなくても成立するが、質権者は目的物の引渡請求権を有すると解される。すなわち、質権者は、目的物の引渡しを求め、目的物を占有することにより債務者に対し債務の履行を促すことができる。また、質権者は、原則として目的物を使用収益することができる（三五六条。収益質）。これが抵当権と大きく異なる点である。

当事者が特約により質権者による目的物の引渡請求権を否定した場合、それは、原則として抵当権として扱われるべきである。質権者による目的物の引渡請求権が否定されれば、質権と抵当権の間の差がなくなるからである。

(d)　以上のように解する場合、質権者は、目的物の占有を喪失しても原則として質権を失わない。質権者は、目的物の占有を奪われても、質権を失わず、質権に基づき目的物の占有の回復を求めることができる（三五三条は、不動産質権に類推適用されない）。質権者は、目的物を債務者に返還しても、それが質権を消滅させる趣旨でない限り、質権を失わない（大判大五・一二・二五民録二二輯二五〇九頁）。目的物の返還が質権を消滅させる趣旨であれば、質権は登記の抹消によって消滅する。

(e)　一般に、質権の登記は質権の対抗要件であるとされ（一七七条）、質権の優先順位は登記の時であるとされる（三六一条・三七三条）。しかし、一般に、目的物の引渡しが質権の成立要件とされる関係上、目的物が引き渡されていない時点で登記がされても登記の効力は生じず、目的物が引き渡された時点で登記の効力が生じ、この時点が優先順位の規準時になるとされる。

一般の見解によれば、質権の優先順位は、結局、登記と引渡しの両方が行われた時によるということになり、質権の優先順位は登記による（引渡しは留置的効力のみに関係する）とする一般[1]の見解に反するといわざるをえない。

私見によれば、登記は物権変動の効力要件であり、また、質権の成立に目的物の引渡しは要求されない。それゆえ、質権は登記によって効力を生じ（成立し）、その優先順位は登記の時による。不動産質権においては、債権者は、不動産質権設定契約が結ばれれば債務者に対し不動産質権設定請求権と登記請求権を取得し、登記がされた時に質権を取得するということになる。不動産質権設定契約は、諾成契約であり要物契約ではない。

（1） 石田（穣）・一三七頁参照。

(2) 不動産質権の目的物　質権の目的物は、不動産、すなわち、土地およびその定着物である（八六条一項）。建物は、土地とは別個の不動産として質権の目的物になる（三七〇条本文参照）。立木法上の立木や工場財団、鉱業財団、漁業財団は、法律上一個の不動産とみなされている（立木二条一項、工抵一四条一項、鉱業抵当法三条、漁業財団抵当法六条）。しかし、これは、これらの不動産につき譲渡や抵当権の設定を可能とするためであり（立木二条二項、工抵一四条二項本文、鉱業抵当法三条、漁業財団抵当法六条）、これらの不動産に質権を設定することはできない。

(3) 不動産質権の被担保債権

(イ) 不動産質権にはその性質に反しない限り抵当権の規定が準用される（三六一条）。それゆえ、後順位担保権者や目的物の第三取得者などの利害を考慮し、民法三七五条が準用されると解すべきである。したがって、利息などは満期となった最後の二年分に制限される。民法三七五条が準用される以外は動産質権の場合と同じである（本書一七〇頁以下参照）。

(ロ) 被担保債権は、期限付債権や条件付債権であってもよい（本書一七〇頁参照）。もっとも、この場合、質権は期限付や条件付で成立する（期待権。一二八条参照。本書二六六頁以下参照）。また、根質も認められるのは当然であり、根抵当権に関する規定（三九八条の二以下）がその性質に反しない限り準用される（三六一条）。

(ハ) 登記との関係において、一定の金額を目的としない被担保債権についてはその価額が登記事項となり（不登八三条一項一号）、また、外国の通貨をもって債権額を指定した被担保債権についてはその債権額（不登八三条一項一号）の外に日本の通貨をもって表示した担保限度額が登記事項になるとされる（不登八三条一項五号）。これは、後順位担保権者や目的物の第三取得者などの保護をはかるためである。

(4) 不動産質権の存続期間

(イ) (a) 質権の存続期間は、一〇年を超えることができない（三六〇条一項前段）。設定行為でこれより長い期間を定めた場合、存続期間は一〇年に短縮される（三六〇条一項後段）。質権の存続期間は更新することができるが（三六〇条二項本文）、その期間は更新の時から一〇年を超えることができない（三六〇条二項但書）。民法施行前からの質権は、民法施行の日から右の存続期間の規制に服する（民施三六条。大判大元・一二・二〇民録一八輯一〇七一頁）。

(b) 当事者が質権の存続期間を定めなかった場合、その期間は一〇年とみなされるとされている（大判大六・九・一九民録二三輯一四八三頁）。

しかし、一〇年という期間は当事者が定めることができる存続期間の上限であり、一〇年とみなすのは質権者に有利にすぎると思われる。そこで、質権者と債務者の双方の利害を考慮し、中間の五年と解するのが妥当であろう。

(c) 存続期間の起算時は、質権成立の時、すなわち、登記が行われた時である。存続期間の更新の場合は、更新の時、すなわち、更新前の質権の存続期間が満了した時である。

(d) (α) 存続期間の定めは、登記事項である（不登九五条一項一号）。それゆえ、約定の存続期間は、登記がされなくても当事者間では債権的効力を有するが、第三者に対しては原則として存続期間が約定されなかったものとして扱われ、五年ということになる。約定期間の登記がされれば、それは物権的効力を有し、第三者に対しても主張することができる。

(β) たとえば、存続期間が三年と定められたが登記がされないケースで質権が第三者に譲渡された場合、第三者は存続期間が五年の質権を取得する。しかし、第三者が三年の約定された存続期間を知っていた場合、譲渡人において第三者の質権（存続期間五年）取得により債務者が害されるのを知っていれば（ほとんどの場合、知っている）、債務者は第三者に対し約定の存続期間が三年であることを主張することができる[1]。

（1）石田（穣）・二一六頁以下参照。

(γ) 右のケースで第三者が目的物を取得した場合、第三者は質権者に対し存続期間が三年であることを主張することができる。これによって質権者は何ら害されないからである。

(ロ) 不動産質権には動産質権や権利質権の場合と異なり存続期間の定めがあるが、これは、不動産の所有者から不動産の使用収益の機会を長期間奪うのは妥当でないという趣旨のものである。

(ハ) 質権の存続期間が経過した場合、質権は消滅するとされる（大決大七・一・一八民録二四輯一頁）。そして、質権の消滅は抹消登記をしなくても第三者に対抗することができるとされる（大判大六・一一・三民録二三輯一八七五頁）。しかし、登記をもって物権変動の効力要件と解する私見によれば[1]、質権は、存続期間の経過が登記上明確である場合を除き、存続期間の経過と登記の抹消によって消滅すると考えられる。

（1）石田（穣）・一三七頁参照。

(ニ) 質権の存続期間は、これを更新することができる（三六〇条二項本文）。存続期間の更新は、登記事項である（不登九五条一項一号の「存続期間の定め」に該当する）。それゆえ、存続期間の更新は、当事者が存続期間の更新の登記をしなければ当事者間で債権的効力を有するにとどまるが、登記がされれば第三者に対しても主張することができる物権的効力を有する。

そこで、たとえば、第三者が存続期間の更新の合意はされたがその登記のされていない目的物を取得した場合、第三者は質権の存続期間が更新されない目的物を取得する。しかし、第三者が質権の存続期間の更新を知って目的物を取得し、債務者（譲渡人）が第三者による質権の存続期間の更新されない目的物取得により質権者が害されるのを知っている場合（ほとんどの場合、知っている）、質権者は第三者に対し存続期間の更新を主張することができる[1]。

（1）石田（穣）・二一六頁以下参照。

(ホ)　(a)　質権の存続期間と被担保債権の弁済期の関係は以下の通りである。

(b)　被担保債権の弁済期が質権の存続期間の経過前に到来する場合、質権者は、弁済期の到来後に質権の実行をすることができる。

債務者が質権の存続期間が経過する前に被担保債権の弁済期が到来したのに債務を履行しないで存続期間の経過を主張するのは妥当でない。それゆえ、質権者は、この場合、債務者が債務を履行しないことに正当な理由がある場合を除き、質権の存続期間が経過した後であっても質権の実行をすることができると解してよいであろう。質権者が質権の実行に着手したがその完了前に存続期間が経過した場合、質権者が質権の実行を続行することができるのはもちろんである。

(c)　被担保債権の弁済期の到来と質権の存続期間の経過が同時の場合、質権者は弁済期の到来後遅滞なく質権の実行に着手すれば質権の消滅を阻止することができると解してよいであろう(1)。

この場合、質権者は、弁済期が到来しても存続期間の経過によって質権の実行をすることができないとすれば質権設定契約を結んだ意味がないから、弁済期の到来後遅滞なく質権の実行に着手すればよいと解するのが妥当である。

(1)　同旨、我妻・一七一頁以下、高木ほか・八六頁(曽田厚執筆)、船越・一〇二頁、川井・二九七頁、山野目・二三二頁。

(d)　被担保債権の弁済期が質権の存続期間の経過後に到来する場合、質権者は、債務者が質権の存続期間の経過前に期限の利益を放棄したり失ったりすれば質権を実行することができる。しかし、それ以外の場合、質権者は質権を実行することができないと考えられる。

(e)　被担保債権の弁済期と質権の存続期間のいずれも定められなかった場合、存続期間は、前述したように、五年とみなされる(本書二一八頁参照)。他方、質権者が債務者に対し履行の請求をすれば債務者は履行遅滞になる(四一二条三項)。それゆえ、質権者は、五年の存続期間が経過する前に債務者に対し履行の請求をして債務者を履行遅滞に陥らせればよいと解される。この場合、質権者は、前述したように、原則として存続期間が経過した後であっても質権の実行をすることができる(右の(b)参照)。

二　不動産質権の効力

(1)　不動産質権の被担保債権の範囲

(イ)　被担保債権の範囲に関する民法三四六条は、不動産質権にも適用される。そこで、元本、利息、違約金、質権実行の費用、質権保存の費用、債務不履行または質物の隠れた瑕疵によって生じた損害の賠償が被担保債権になる。もっとも、これらの債権のうち、元本が登記をされなければならないのはもちろん(不登八三条一項一号)、利息、違約金、損害の賠償額については定めがあればその定めが登記をされなければならず(不登九五条一項二号三号)、登記をされない場合にはこれらの債権は無担保の債権になると解される(債務不履行によって生じた損害の賠償金が法定利率により算定される場合、損害の賠償額が登記をされる必要はない(本書三〇〇頁参照))。なお、民法三四六条但書により特に被担保債権とされる債権も登記をされなければならず(不登九五条一項五号)、登記をされなければこれも無担保の債権にとどまると解すべきである。

(ロ)　前述したように、利息も被担保債権になるが、質権者は設定行為で定められた場合を除き利息を請求することができない(三五八条・三五九条)。それゆえ、利息は、設定行為で定められ、かつ、登記をされた場合にのみ被担保債権になると解される。設定行為で定められても、登記をされなければ無担保の債権にとどまる。なお、利息は、抵当権の場合と同じく、満期となった最後の二年分に限り被担保債権になる(三六一条・三七五条一項本文)。その他の定期金や債務不履行によって生じた損害の賠償金についても同様であり、しかも、利息、その他の定期金、および、債務不履行によって生じた損害の賠償金は通算して二年分を超えることができない(三七五条)。

(2)　不動産質権の目的物の範囲

(イ)　目的物の範囲

(a)　目的物の範囲は、民法三七〇条によって定まる（三六一条）。その内容は、動産質権について述べたのと同じである（本書一七二頁以下参照）。

(b)　質権者は、目的物の使用収益権を有する（三五六条）。そして、質権者が目的物の使用収益権を有するとは、目的物の果実は質権者に帰属するということを意味する。それゆえ、目的物の果実は質権の目的にならないというべきである。[(1)] 債務者に帰属するものが質権の目的になるからである（質権の他物権性）。また、質権者が目的物を他に賃貸してえる賃料は質権者の賃料であり、それが質権の目的にならないのは当然である。

（1）　同旨、高木ほか・八二頁（曽田厚執筆）。

(ロ)　物上代位

(a)　不動産質権にも物上代位が認められる（三五〇条・三〇四条）。

(b)　一般に、質権者が物上代位をする場合、代位物である請求権が支払われる前にこれを差し押さえなければならないと解されている（三〇四条一項但書参照）。しかし、質権の効力が代位物に及ぶことは登記によって公示されているというべきであり、質権者は請求権が支払われる前にこれを差し押さえなくても物上代位をすることができると解すべきである（詳細は、先取特権や抵当権についての本書一四六頁以下、三三九頁以下参照）。

(c)　質権者が目的物を他に賃貸した場合、質権者が賃貸人であり、賃料は質権者に帰属する。それゆえ、賃料が物上代位の対象にならないのは当然である。

(3)　不動産質権者の目的物の使用収益権

(イ)　質権者は、設定行為に別段の定めがある場合を除き、目的物の用法に従いその使用収益をすることができる（三五六条・三五九条）。したがって、質権者は目的物から生じる果実（天然果実であるか法定果実であるかを問わない）を取得することができる。民法二九七条は準用されない（三五〇条参照）。民法三七一条も準用されない（三六一条参照）。

(ロ) 目的物の使用収益の例としては、目的物を他に賃貸したり、目的物に地上権を設定したりすることが挙げられる。質権者によって目的物に設定された賃借権や地上権などは、質権の消滅によって消滅すると解される。(1) なぜなら、これらの権利は質権に基づいて設定されているからである。

(1) 同旨、我妻・一七四頁。

(ハ) 質権者は、目的物を使用収益することができる反面、目的物の管理費用や租税などを負担し(三五七条)、利息を請求することができない(三五八条)。これは、使用収益によってえられる利益は管理費用などの負担に利息をプラスしたものとほぼ等しいという考え方に立脚するものである。もっとも、設定行為で以上と異なる取扱いをすることは可能である(三五九条)。

(4) 不動産質権の留置的効力

(イ) 不動産質権も、動産質権の場合と同じく、留置的効力を有する(三四七条)。不動産質権は、前述したように、目的物の引渡しがなくても成立するが(本書二一五頁以下参照)、質権者は、目的物の引渡請求権を有し、目的物を占有することができる。質権者が目的物を占有する場合、質権には留置的効力が生じる。

(ロ) 債権者は目的物を占有していても質権の登記をしない限り質権を取得せず(本書二一六頁以下参照)、この場合、質権の留置的効力は生じない(最判昭三一・八・三〇裁判集民二三号三一頁は、この場合、質権者は留置的効力を第三者に対抗できないとする)。

(ハ) (a) 質権者は自己に対し優先権を有しない債権者に対しては留置的効力を主張することができるとされているが(三四七条)、そこには以下のような問題がある。

(b) まず、当事者間に目的物の使用収益をしない旨の特約がない場合、質権者は、後順位担保権者による担保権の実行としての競売や一般債権者による強制執行において質権の留置的効力を主張し、買受人に対し質権を主張することができる(民執五九条四項・一八八条)。これは、競売の際に被担保債権の弁済期が到来していない場合であり、質権者の使用収益権を保護するためである（この場合、弁済期の到来していない債権につき弁済期が到来したものとみなす旨の民執八八条一項は適用されない）。これに対し、競売の際に被担保債権の弁済期が到来していた場合、質権者は、質権の留置的効力を主張することができず、買受人に対し質権を主張することができない（民執五九条一項・一八八条参照）。この場合、質権者の使用収益権を保護する必要はないから、質権者に順位に応じた優先弁済受領権を認めればその保護として十分であり、留置的効力は認められないのである（以上については、本書五二二頁参照）。

(c)　次に、当事者間に目的物の使用収益をしない旨の特約がある場合、質権は担保権の実行としての競売や強制執行において消滅し（民執五九条一項・一八八条）、質権者は、後順位担保権者による担保権の実行としての競売や一般債権者による強制執行において質権の留置的効力を主張することができない。この場合、質権者は、売却代金からその順位に応じた配当を受けることができるにとどまる。当事者間に目的物の使用収益をしない旨の特約がある場合、質権者の使用収益権は問題にならず、質権者に順位に応じた優先弁済受領権を認めればその保護として十分であり、留置的効力を認める必要がないからである（最(大)判昭四〇・七・一四民集一九巻五号一二六三頁は、電話加入権の質権者は電話加入権の利用関係に関与せず、質権に留置的効力がないから、質権付電話加入権への強制執行、換価により質権は消滅するとする）。

(ニ)　(a)　質権者は、自己に対し優先権を有する債権者に対しては留置的効力を主張することができない（三四七条但書）。

(b)　たとえば、目的物に一番抵当権、不動産質権、二番抵当権の順位で担保物権が設定された場合、質権者は、一番抵当権が実行されるときには質権の留置的効力を主張することができない。この場合、質権は一番抵当権の実行によって消滅し（民執一八八条・五九条二項。大判大一四・六・一二民集四巻三五四頁）、質権者は順位に応じた配当を受けることができるにとどまる。

(c)　右の設例で二番抵当権が実行された場合、質権者は、二番抵当権者には優先するが、留置的効力を主張することができない。なぜなら、質権は一番抵当権には劣後するところ、二番抵当権の実行により一番抵当権は消滅し、質権も消滅するからである（民執一八八条・五九条二項）。

(ホ)　(a)　強制管理・担保不動産収益執行と質権の留置的効力の関係については、以下のように解される。

(b)　(α)　質権者に対し優先権を有しない債権者、担保権者が強制管理・担保不動産収益執行を申し立てた場合、質権者は、使用収益をしない旨の特約がなく、被担保債権の弁済期が到来していなければ、強制管理・担保不動産収益執行の開始決定に対し執行抗告をすることができる（民執九三条五項・一八八条）。右の場合、質権者は、優先権を有しない債権者、担保権者に対し質権の留置的効力を主張することができるからである。他方、質権者は、質権の留置的効力を主張しないで、右の強制管理・担保不動産収益執行手続きにおいて優先弁済を受けることもできる。この場合、質権者は、担保不動産収益執行の申立てをしなければならない（民執一〇七条四項一号ハ・一八八条）。

(β) 使用収益をしない旨の特約がある場合やその特約がなくても被担保債権の弁済期が到来している場合、質権者は、質権の留置的効力を主張することができず（民執五九条一項・一八八条参照。本書二二三頁以下参照）、強制管理・担保不動産収益執行手続きにおいて優先弁済を受けることができるにとどまると解すべきである。この場合、管理人は質権者に対し目的物の引渡しを求め訴えを提起することができると解される。他方、質権者は、強制管理・担保不動産収益執行手続きにおいて優先弁済を受けようとする場合、担保不動産収益執行の申立てをしなければならない（民執一〇七条四項一号ハ・一八八条）。なお、質権者が質権の実行として競売の申立てをすることができるのはもちろんである（質権者は、担保不動産収益執行の申立てと競売の申立ての双方をすることもできる）。質権者が競売の申立てをした場合、強制管理・担保不動産収益執行手続きと競売手続きの双方が平行して行われる。

(c) 質権者に対し優先権を有する担保権者が担保不動産収益執行を申し立てた場合、質権者は担保不動産収益執行の開始決定に対し執行抗告や執行異議の申立てをすることができない。質権者は、優先権を有する担保権者に対し質権の留置的効力を主張することができないからである。この場合、質権者は目的物の使用収益権を失うが、担保不動産収益執行の申立てをして順位に応じた弁済を受けることができる。あるいは、質権者は、質権の実行として競売の申立てをすることもできる。

(5) 不動産質権者の優先弁済受領権

(イ) 質権者は、目的物を競売し、売却代金から他の債権者に優先して配当を受けることができる（三四二条、民執一八一条一項一号―三号）。不動産質権には抵当権に関する規定が準用されるから（三六一条）、質権者は、原則として、まず目的物の代価から弁済を受け、不足する部分について一般財産から弁済を受けなければならない（三九四条）。

(ロ)　質権者は、担保不動産収益執行の申立てをすることにより、担保不動産の収益から優先弁済を受けることもできる（民執一八〇条二号）。

(ハ)　不動産質権が他の不動産質権や抵当権と競合する場合、その優先順位は登記の先後による。不動産質権と不動産先取特権が競合する場合、抵当権と不動産先取特権が競合する場合と同様に扱われる（三六一条。本書一一八頁以下参照）。

(ニ)　質権の簡易な実行手続き

(a)　一般に、不動産質権には、動産質権におけるような質権の簡易な実行手続き（三五四条）は認められないとされている。

しかし、質権者の清算義務を前提とする限り、不動産質権に質権の簡易な実行手続きを認めても何ら不都合はないと思われる。それゆえ、質権者の清算義務を前提に、民法三五四条を類推し、不動産質権にも質権の簡易な実行手続きを認めるのが妥当である。

フランスにおいても、二〇〇六年の担保権に関する民法改正において、質権者は弁済として目的物の所有権取得を裁判所に請求することができるが（フランス民法二三八八条二項・二四五八条）、その際、質権者は、当事者の合意により選任された鑑定人あるいは裁判所により選任された鑑定人の評価に従い、債務者に清算金を支払うか、他に担保権者がいる場合にはそれを供託しなければならないとされている（フランス民法二三八八条二項・二四六〇条）。

(b)　(α)　その具体的な内容は、動産質権の簡易な実行手続きとほぼ同じである（本書一七九頁以下参照）。

(β)　まず、後順位担保権者がいない場合、裁判所は、裁判の時を規準にして鑑定人の評価に従い清算金を決定し、質権者による債務者への清算金の支払いを条件として目的物の所有権取得を許可すべきである。質権者は、右の裁判があれば、清算金の支払いと引換えに所有権移転の登記を求め、登記を備えれば目的物の所有権を取得することができる。後順位担保権者がいるかどうかは、登記により判断される。

(γ) 次に、後順位担保権者がいる場合、裁判所は、質権者が仮登記担保契約に関する法律の定める準則に基づき目的物の所有権を取得することを許可すべきである。

そこで、質権者は、右の裁判があった場合、清算金の見積額を債務者に通知し、その通知が債務者に到達した日から二か月（清算期間）が経過すれば、清算金の支払いと引換えに所有権移転の登記を求め、登記を備えれば目的物の所有権を取得することができる（仮登記担保二条一項・三条二項参照）。

質権者は、清算金の見積額を債務者に通知した場合、登記上判明する後順位担保権者に対し遅滞なく清算金の見積額などを通知しなければならない（仮登記担保五条一項参照）。後順位担保権者は、清算金請求権に物上代位をしてもよいし（仮登記担保四条一項参照）、清算金の見積額に不満があれば、清算期間内に目的物に対する競売の申立てをしてもよい（仮登記担保一二条参照）。

質権者が右の通知をしなかった場合、後順位担保権者は、清算金が支払われていても、右の清算金の見積額を知ってから一定期間（質権者が仮登記担保契約に関する法律の定める準則により目的物を取得する場合に後順位担保権者が清算金請求権に物上代位をしたり目的物に対し競売の申立てをするために認められている期間。質権者による清算金の見積額の通知が債務者に到達した日から質権者による後順位担保権者への遅滞のない清算金の見積額などの通知が到達する日までの期間を算定し、これを二か月の清算期間から差し引いた残りの期間）内であれば、清算金の支払いを無視し、清算金請求権に物上代位をしたり、目的物に対し競売の申立てをすることができると解される（仮登記担保六条二項後段参照。本書一八一頁参照）。

(ホ) 流質契約の禁止

(a) 流質契約の禁止に関する民法三四九条は不動産質権にも適用されるが、しかし、動産質権において述べたように、質権者が清算金を支払えば流質契約も許されると解すべきである[1]（本書一八三頁以下参照）。

フランスにおいても、二〇〇六年の担保権に関する民法改正において、質権者は債務者との合意により目的物の所有権を取得することができるが（フランス民法二三八八条二項・二四五九条）、その際、質権者は、当事者の合意により選任された鑑定人または裁判所により選任された鑑定人の評価に従い、債務者に清算金を支払うか、他に担保権者がいる場合にはそれを供託しなければならないとされている（フランス民法二三八八条二項・二四六〇条）。

（1）　同旨、柚木＝高木・一三七頁。

(b)　流質契約により質権者が目的物の所有権を取得する手続きは、仮登記担保契約に関する法律の定める準則に従って行われるべきである。その具体的な内容は、不動産質権の簡易な実行手続きにおいて後順位担保権者がいる場合について述べたのと同じである（本書二二七頁参照）。流質契約による目的物の所有権取得は、質権の簡易な実行手続きとは異なり裁判所の関与しない質権の私的実行であり、後順位担保権者の有無を問わず仮登記担保契約に関する法律の定める準則が全面的に適用されるべきである。

(6)　転　質

(イ)　質権者は、不動産質権においても転質をすることができる（三四八条）。転質の要件としては、転質権設定契約と登記が必要である。さらに、承諾転質においては原質権の債務者による転質権設定の承諾が必要である。

(ロ)　登記は、責任転質および原質権が質入れされる承諾転質においては、原質権の登記の付記登記によって行われる（三六一条・三七六条二項）。他方、原質権の目的物の上に原質権に優先する新たな質権が設定される承諾転質においては、いったん後順位の質権の設定登記が行われ、次に質権の順位変更の登記が行われるべきである（三六一条・三七四条）。それゆえ、利害関係人がいれば、その承諾が必要なのは当然である（三六一条・三七四条一項但書）。

(ハ)　原質権の目的物の引渡しは転質権の成立要件ではないが、転質権者は目的物引渡請求権を有する（本書二一六頁参照）。その他、転質については動産質権について述べたのと同じである（本書一八八頁以下参照）。

(7)　侵害に対する不動産質権の効力　侵害に対する不動産質権の効力については、動産質権について述べたのとほぼ同じである（本書二〇四頁以下参照）。ただ、不動産質権は、質権者が目的物の占有を失っても原則として消滅せず（本書二一六頁参照）、質権者は目的物の占有を失っても原則として質権自体による物権的請求権を有する点に注意を要する。

(8) 減担保請求権　減担保請求権については、動産質権について述べたのと同じである(本書二一〇頁参照)。

(9) 不動産質権者の義務

(イ) 質権者は、目的物の使用収益をすることができるが、その際、目的物の用法に従わなければならない(三五六条)。たとえば、質権者は、畑を質に取った場合、これを水田にして使用することはできない。質権者に用法違反があれば、債務者は質権の消滅を請求することができると解される(二九八条三項参照)。

(ロ) 質権者は、質権を消滅させる義務が生じた場合や質権が消滅した場合、目的物を債務者に返還しなければならない。たとえば、質権者は、質権の存続期間が経過した場合、目的物を債務者に返還しなければならないし、被担保債権の弁済により質権が消滅した場合、目的物を債務者に返還しなければならない。

三　不動産質権の消滅

(1) 質権の消滅は、基本的には動産質権について述べたのと同じである(本書二一一頁以下参照)。以下においては、不動産質権の消滅に特有な点を説明する。

(2) (イ) 質権は、抵当権に関する規定が準用される結果(三六一条)、代価弁済(三七八条)や質権消滅請求(三七九条以下)によっても消滅する(抵当権の代価弁済による消滅については、本書四一三頁以下参照)。

(ロ) 質権消滅請求については、場合を分けて考察する必要がある(抵当権消滅請求については、本書四一五頁以下参照)。第一は、使用収益をしない旨の特約がない場合である。この場合、質権者による目的物を使用収益する利益を無視すべきでない。それゆえ、この場合、第三者の質権消滅請求は認められない。もっとも、質権の被担保債権の弁済期が到来していれば、質権は弁済によって消滅するから、質権者による目的物を使用収益する利益は問題にならない。また、第三者の質権消滅請求を認めても質権者の優先弁済受領権は害されない。したがって、この場合、第三者の質権消滅請求を認めてよいと解される。

第二は、使用収益をしない旨の特約がある場合である。この場合、質権者による目的物を使用収益する利益は問題にならない。また、第三者の質権消滅請求を認めても質権者の優先弁済受領権は害されない。それゆえ、この場合、第三者の質権消滅請求が認められる。

(3)　質権は、質権者が目的物の占有を喪失しても原則として消滅しない（本書二一六頁参照）。

(4)　質権は、存続期間の経過が登記上明らかな場合には存続期間の経過により、それが登記上明らかでない場合には存続期間の経過と登記の抹消により消滅する。目的物が返還されなくとも消滅する（本書二一九頁参照）。

第四節　権利質権

一　序

(1)　権利質権の意義　権利質権(1)とは、財産権を目的とする質権である（三六二条一項）。動産質権や不動産質権は有体物を目的物にするが、権利質権は財産権という非有体物を目的にする。財産権には一般の債権の外に株式や無体財産権などが含まれるが、これらの財産権は現在の取引において極めて重要であり、権利質権は動産質権や不動産質権にも増して重要性を帯びつつある。権利質権には、民法三六三条以下に特別の定めがある外、その性質に反しない限り、質権の総則、動産質権、不動産質権に関する規定が準用される（三六二条二項）。

(1)　権利質権については、神戸寅次郎・権利質論（大正元年）、薬師寺志光「権利質」総合判例研究叢書民法(19)一一九頁以下（昭和三八年）、石田喜久夫「債権・その他の財産権の質権の内容、効力」担保法大系2七〇八頁以下（昭和六〇年）、中島晧「債権・その他の財産権の質権と金融取引」同書七四一頁以下、同「債権・その他の財産権の質権と民事執行手続上の問題点」同書七六九頁以下、濱崎恭

生「民事執行法と質権」金融担保法講座Ⅳ四五頁以下（昭和六一年）参照。

(2) 権利質権の種類　権利質権には、債権を目的とする債権質権、不動産物権を目的とする不動産物権上の質権、株式を目的とする株式上の質権、無体財産権を目的とする無体財産権上の質権などがある。これらの質権については、以下のそれぞれの該当個所で説明する。

(3) 無記名債権について　切符、商品券、各種催し物の入場券などの無記名債権は、法律上動産とみなされている（八六条三項）。それゆえ、これらの無記名債権の質入れは一種の権利質権であるが、動産質権として扱われる。そこで、以下においては、特に必要な場合に限って無記名債権に言及するにとどめる。

二　債権質権

(1) 債権質権の設定

(イ) 債権質権設定契約

(a) 債権質権設定契約と要物性

(α) 民法三六三条は、債権であってこれを譲り渡すにはその証書を交付することを要するものを質権の目的とするときは、質権の設定はその証書を交付することによって効力を生じると規定している。譲渡するにはその証書を交付しなければならない債権とは、たとえば、無記名債権や手形などである。

(β) 一般に、(α)で述べた債権については、債権質権設定契約は要物契約であるとされているようである。しかし、動産質権の場合と同じく、債権質権設定契約は当事者の合意のみによって効力が生じる諾成契約であるが、質権が成立するためには証書の交付が必要であると解するのが妥当である（本書一五九頁以下参照）。債権者は、債権質権設定契約を締結すれば、債務者に対し証書の引渡請求権を取得する。

(γ) 譲渡するためにその証書の交付を必要としない債権については、債権質権設定契約は当事者の合意のみで効力が生じるのは当然である。そして、質権は、後述するように、第三債務者に対する質権設定の通知や第三債務者による質権設定の承諾によって成立する（左の(b)(α)参照）。債権者は、債権質権設定契約を締結すれば、債務者に対し第三債務者へ質権設定の通知をすることを求めることができる。

(δ)　判例は、賃借権の質入れの場合、質権設定を債務者（賃貸人）に通知するか債務者による質権設定の承諾があればよく、賃借地を質権者に引き渡す必要はないとする（大判昭九・三・三一新聞三六八五号七頁）。これに対し、学説は、後述するように地上権や永小作権の質入れには目的土地の引渡しが伴うという前提に立ち（本書二五〇頁参照）、これとのバランスからいって賃借地の引渡しが必要であると解している(1)。

私見としては、不動産質権において目的物の引渡しは質権の成立要件にならないと解する以上（本書二一五頁以下参照）、地上権や永小作権、賃借権の質入れの場合にも質権は目的土地の引渡しなしに成立すると考える。

(1)　我妻・一八四頁、船越・一一〇頁、道垣内・一〇五頁、山野目・二三七頁。

(b)　債権質権設定の通知・承諾・裏書などについて

(α)　指名債権

(i)　指名債権とは、権利が証券に化体していない普通の債権であり、証書が作成されてもそれは単なる証拠方法にとどまる。たとえば、AがBに金銭を貸した場合の貸金債権、AがBから動産を買い受けた場合の動産の引渡請求権がこれである。指名債権をもって質権の目的とした場合、民法四六七条の規定に従い、第三債務者に質権設定を通知するか第三債務者がこれを承諾しなければ第三債務者やその他の第三者に対抗することができないとされる（三六四条）。

(ii)　一般に、民法三六四条は指名債権質権の対抗要件を定めた規定とされ、指名債権質権は質権設定の通知・承諾がなくても効力を生じると解されている。

(iii)　しかし、詳細は債権総論に譲るが、民法一七七条を物権変動の効力要件と解する私見(1)によれば、民法三六四条も質権の効力要件を定めた規定であると解される。すなわち、指名債権質権は質権設定の通知・承諾によって効力を生じる（成立する）のである。ドイツ民法も質権設定の通知をもって指名債権質権の効力要件としている（ドイツ民法一二八〇条）。

（1） 石田（穣）・一三七頁参照。

(iv) 質権設定の通知・承諾は、確定日付ある証書をもってしなければならない（四六七条二項参照）。

一般に、指名債権の譲渡に関しては、確定日付ある証書によらない債権譲渡の通知・承諾であっても債務者には対抗することができるが、確定日付ある証書による債権譲渡の通知・承諾でなければ債務者以外の第三者には対抗することができないと解されている（大判大八・八・二五民録二五輯一五一三頁参照）。これは、債権者が確定日付ある証書によらないで債権を譲渡し債権が移転しても、さらに確定日付ある証書によって債権を二重に他に譲渡し移転することができるという前提に立っている。

しかし、詳細は債権総論に譲るが、一度他に債権を譲渡し移転した債権者は債権者でなくなるのであり、この者がさらに債権を二重に他に譲渡し移転することはできないというべきである（1）。それゆえ、民法四六七条全体の解釈としては、債権者は確定日付ある証書による債権譲渡の通知・承諾によってのみ債権を譲渡することができると解するのが妥当である。そして、確定日付ある証書によらない債権譲渡の通知・承諾があっても、債権は移転せず、譲受人に債権移転請求権が生じるにとどまると解すべきである。このような前提に立つ場合、確定日付ある証書によらない質権設定の通知・承諾があっても、質権は成立せず、債権者に質権設定請求権が生じるにとどまるというべきである。

（1） 民法一七七条に関しては、一般に、所有者は二重に所有権を他に譲渡し移転することができるとされている。しかし、一度所有権を譲渡し他に移転した所有者は所有者でなくなるのであり、この者がさらに所有権を譲渡し移転することはできないというべきである（石田（穣）・一二二頁以下参照）。

(v) 質権設定の通知は、質入債権者（質権設定者）から第三債務者に対して行わなければならない（大判大一一・六・一七民集一巻三三二頁）。質入債権者からの通知は、質権が実際に設定される場合に行われるのが通常だからである。質権設定の承諾は、第三債務者から質権者または質入債権者に対して行う。

(vi)　質権設定の通知・承諾は、質権者を特定して行わなければならない（最判昭五八・六・三〇民集三七巻五号八三五頁）。質権設定の法律関係を明確にするためである。

(vii)　銀行が自己に対する定期預金債権を質に取った場合、銀行は第三債務者であり質権設定を承諾したことになるが、質権設定契約書に確定日付があれば、質権設定の承諾も確定日付ある証書によって行われたといえる。

(viii)　質権設定の通知・承諾については、民法四六八条が類推適用されると解される。

まず、第三債務者は、質権設定の通知を受けた場合、通知を受けるまでに質入債権者に対して生じた事由を質権者に主張することができる（四六八条二項。大判大七・一二・二五民録二四輯二四三三頁）。たとえば、第三債務者が質権設定の通知を受けるまでに質入債権者に対して債権を弁済した場合、第三債務者は質権者に対して質入債権の消滅を主張することができる。

次に、第三債務者は、質権設定に対して異議をとどめない承諾をした場合、質入債権者に対して主張できる事由があってもこれを質権者に対して主張することができない（四六八条一項前段。大判昭一八・三・三一新聞四八四四号四頁）。たとえば、第三債務者は、質入債権者に対して債権の弁済をしていても、質権設定に異議をとどめない承諾をすれば、質権者に対して質入債権の消滅を主張することができないのである。もっとも、第三債務者が債権の弁済をしたのを知りつつ異議をとどめない承諾をすれば、質権者は債権の弁済につき善意無重過失でなければならないし[1]（九四条二項参照）、第三債務者が債権の弁済をしたのを知らないで（失念したり、代理人が弁済したのを知らないでいたような場合）異議をとどめない承諾をすれば、質権者は債権の弁済につき善意無過失でなければならないと解される。

(1)　民法九四条二項の第三者は、善意無重過失でなければならないと解される（石田穣・民法総則三二〇頁（平成四年）参照。そこに引用の文献も参照）。

(ix)　(i)′　法人が金銭債権を質入れした場合には動産及び債権の譲渡の対抗要件に関する民法の特例等に関する法律

によって特例が設けられている。

(ii)′　すなわち、法人が金銭債権を質入れした場合、この質入れにつき債権譲渡登記ファイルに質権設定登記が行われれば、第三債務者以外の第三者については確定日付ある証書による通知があったものとみなされる（動産債権譲渡特一四条一項・四条一項前段）。この場合、登記の日付が確定日付となる（動産債権譲渡特一四条一項・四条一項後段）。そして、質入債権者または質権者が第三債務者に登記事項証明書を交付して質権設定および質権設定登記の通知をしたり、第三債務者が質権設定および質権設定登記を承諾した場合、第三債務者に対しても確定日付ある証書による質権設定の通知があったものとみなされるとされる（動産債権譲渡特一四条一項・四条二項。第三債務者の承諾については、質権設定の承諾と質権設定登記がされたことの承諾であり、それゆえ、確定日付（登記の日付）ある証書による質権設定の通知があったものとみなされると考えられる）。

(iii)′　質権の成立が第三債務者に対する場合と第三者に対する場合とで異なるのは妥当でない。それゆえ、質権は、第三債務者に対する場合であると第三者に対する場合であるとを問わず、質権設定登記と、第三債務者に対する登記事項証明書を交付しての質権設定および質権設定登記の通知、または、質権設定登記と、第三債務者による質権設定および質権設定登記の承諾によって効力が生じるということになるであろう。そして、質権の優先順位は登記の時によると解される。この場合、質権の成立時と優先順位の規準時が異なることになるが、このように解しても、次の(iv)′で述べるように不当な不利益を受ける者はなく、特に問題はないと考える。

(iv)′　質権の登記をした質権者Ａ、Ｂのうち、Ａは登記の日付ではＢに優先するが、Ｂの方が先に通知・承諾の要件を備えた場合、法律関係はどうなるであろうか。Ｂが先に通知・承諾の要件を備えた時点ではＢの質権のみが成立する。そこで、Ｂは第三債務者に対し質入債権の取立てを行うことができる。しかし、Ａがその後に通知・承諾の要件を備えればＡがＢに優先する。そこで、ＡはＢに対し取り立てた金銭につき不当利得として返還を請求することができる。ＡとＢの両者が通知・承諾の要件を具備した後で質権者による取立てが行われる場合、第三債務者は、いずれの質権も成立しておりしかもいずれが先に登記を備えたかを知ることができるから、Ａに弁済しなければならない。

通知は登記事項証明書によって行われるし、承諾は質権設定と質権設定登記の承諾であるからである。

(β)　指図債権

(i)　指図債権とは、権利が証券に化体し証券上に債権者として表示された者あるいはその者から債権者として指図（指名）された者が債権者となる債権であって、債権の成立には証券の作成が必要であり、また、債権の譲渡には証券への裏書とその交付が必要である。たとえば、手形、小切手などがこれである。

指図債権をもって質権の目的とした場合、その証書（指図証券）に質権設定の裏書をしなければ第三者に対抗することができないとされる（三六五条）。

(ii)　しかし、一般に対抗要件を効力要件と解する私見[1]によれば、ここでも証書＝指図証券への裏書は質権の効力要件であると考えられる。それゆえ、指図債権質権は、指図証券への質入裏書とその交付によって効力を生じるのである[2]。ドイツ民法一二九二条、スイス民法九〇一条二項も同様に規定している。

（1）　石田(穣)・一三七頁参照。

（2）　同旨、注釈民法(8)三四六頁（林良平執筆）、我妻・一八二頁以下、抽木＝高木・一四六頁、中井・九二頁、山川・九八頁、田山・六四頁、川井・三〇五頁。

(γ)　記名式所持人払債権　記名式所持人払債権とは、証券上に表示された者または証券の正当な所持人に支払うべき債権である。たとえば、記名の小切手で「又ハ持参人ニ」という文言が記載されているものは記名式所持人払債権である（小五条二項）。記名式所持人払債権は、実質上、次に述べる無記名債権と差がないのであり、動産とみなされる無記名債権と同様、質権は証券の交付によって成立し、民法三六四条は適用されないと解すべきである（大判大九・四・一二民録二六輯五二七頁）。

一般に、質権者による証券の占有の継続は質権の対抗要件であるとされている。しかし、動産とみなされる無記名債権と同様、質権者による証券の占有の継続は質権の効力要件＝存続要件と解するのが妥当である。

(δ) 無記名債権　無記名債権は、動産とみなされる（八六条三項）。それゆえ、質権は証券の交付によって成立し、質権者による証券の占有の継続が質権の効力要件＝存続要件になる（三六三条・三六二条二項・三五二条。本書一六六頁参照）。

(ε) 株　式　株式上の質権については後述する（本書二五〇頁以下参照）。

(ζ) 社　債　社債上の質権については、社債券が発行される場合と発行されない場合とで異なる。

社債券が発行される場合、質権は社債券の交付（会社六九二条）によって成立し、質権者による社債券の占有の継続（会社六九三条二項）が質権の効力要件＝存続要件になると解される（会社六九三条二項は、社債券の占有の継続を対抗要件とするが、動産質権の場合と同様、質権の効力要件＝存続要件と解すべきである（本書一六六頁参照））。社債券が発行される場合、社債原簿への質権者の記載・記録は要求されない（会社六九四条二項）。

社債券が発行されない場合、質権は社債原簿への質権者の記載・記録によって成立する（会社六九三条一項。詳しくは、株式上の質権についての本書二五一頁以下参照）。

社債券が発行されない社債で振替機関が取り扱うものは振替社債と呼ばれるが（社債株式振替六六条・六七条一項）、振替社債上の質権は、質権者の振替口座簿の質権欄に質入れに係る金額の増額が記載・記録されることにより成立する（社債株式振替七四条）。この場合、社債券が発行された場合と同様、社債原簿への質権者の記載・記録は要求されない。

(η) 記名国債　記名国債とは、債権者の名が国債証券上に表示された国債である。記名国債については民法三六四条は適用されない（記名ノ国債ヲ目的トスル質権ノ設定ニ関スル法律）。それゆえ、記名国債については、動産質権の場合と同じく、証券の交付によって質権が成立し、質権者による証券の占有の継続が質権の効力要件＝存続要件になると解される（三六三条・三六二条二項・三五二条参照）。登録国債の質入れは、質権設定の登録をしなければ効力を生じない（国債ニ関スル法律三条は、登録をしなければ第三者に対抗できないと規定するが、これは、他の場合と同じく、質権の効力要件であると解すべきである）。国債証券が発行されない国債で振替機関が取り扱うものは振替国債と呼ばれるが（社債株式振替八八条）、振替国債上の質権は質権者が振替口座簿における質権欄に当該質入れに係る金額の増額の記載・記録を受けることによって成立する（社債株式振替九九条）。

(ロ)　債権質権の目的

(a)　債権質権の目的となるのは、譲渡をすることができる債権である（三六二条二項・三四三条）。そして、債権は原則として譲渡性を有するから（四六六条一項）、債権は原則として債権質権の目的になる。

(b)　法律によって譲渡や担保に供することが禁止されている債権は質権の目的にならない。たとえば、扶養を受ける権利は譲渡することが禁止され（八八一条）、恩給を受ける権利は譲渡や担保に供することが禁止されており（恩給法一一条一項本文）、これらの債権は質権の目的とならない（もっとも、恩給を受ける権利は、例外的に日本政策金融公庫および別に法律で定める金融機関に対しては担保に供することができるとされている（恩給法一一条一項但書））。

賃金などの差押禁止債権（民執一五二条）は、差押禁止動産と同じく、差押えが禁止されるにとどまり当事者による処分が禁止されるわけではないから、質権の目的になることを妨げられない（本書一六九頁参照）。民事執行法も、差押禁止債権の規定を担保権の実行の場合に準用していない（民執一九三条二項）。もっとも、労働基準法の適用を受ける賃金（労働基準法一一条）は直接労働者に支払わなければならず（労働基準法二四条一項本文）、質権者などの労働者以外の者がこれを直接に取り立てることはできないから（最判昭四三・三・一二民集二二巻三号五六二頁参照）、これに質権を設定しても意味がないというべきである。(1)

電話加入権については、質入れが禁止されているが（公衆電気通信法三八条四項）、例外として日本政策金融公庫や信用協同組合などの公共的金融機関に限り質権の取得が認められている（電話加入権質に関する臨時特例法一条・二条）。

(1)　船越・一一三頁参照。

(c)　一般に、賃借権は、その譲渡には債務者の承諾が必要であり（六一二条）、債務者の承諾がなければ質権の目的にならないとされている。

しかし、賃借権は賃貸人の承諾がなくても抵当権の目的になるとされている（本書二八四頁、三一二頁参照）。賃借権を質権の場合と抵当権の場合で異なって扱う理由はなく、賃借権は賃貸人の承諾がなくても質権の目的になると解すべきである。結局、抵当権の所で述べるように、賃借権は賃貸人の承諾を条件として譲渡することが可能であり、このような条件付の賃借権（賃貸人が承諾すれば買受人において取得できる賃借権）という期待権が質権の目的になると考えられる（本書二八四頁、三一二頁参照）。この場合、質権の実行は条件付の賃借権の売却命令などにより行われ、買受人は条件付の賃借権を取得するということになるであろう（民執一九三条・一六一条）。条件付の賃借権が質権の目的になるとしても、全く不都合はないのである。

(d) 債権者と債務者の間で譲渡禁止の特約のある債権（四六六条二項本文）は、質権の目的にならない。もっとも、質権者が善意無過失の場合には質権の目的になると解される（四六六条二項但書参照。大判大一三・六・一二民集三巻二七二頁（質権者が悪意のケース）参照）。民法四六六条二項但書は、債権の善意取得ともいうべき規定であり、第三者に善意無過失が要求されると解すべきである。

(e) 質権者自身に対する債権も質権の目的になる(1)（大判昭一一・二・二五新聞三九五九号一二頁、同判昭一一・七・三一新聞四〇七七号一四頁、最判昭四〇・一〇・七民集一九巻七号一七〇五頁）。たとえば、銀行が自己に対する預金債権を質に取ったり、保険会社が自己に対する保険金請求権を質に取るというのがこれである。

(1) この問題については、石田文次郎「自己の債務に対する質権」民商二巻三号一頁以下（昭和一〇年）参照。

(f) (α) 一定の範囲に属する増減変動する不特定の債権を質権の目的とすることは可能であると解すべきである（流動債権質権）。たとえば、日々増減変動する商人の売掛代金債権を質にとるというのがこれである。このような流動債権質権を認めることに消極的な見解もあるが(1)、流動債権譲渡担保権も認められており（本書七三六頁以下参照）、流動債権質権を認めることに支障はないと考える(2)。

(1) 我妻・一八八頁、柚木＝高木・一四三頁。
(2) 同旨、高木ほか・九二頁（曽田厚執筆）。

(β) 流動債権質権においては、流動債権譲渡担保権の場合と同じく、流動債権は一定の時点＝目的債権確定期日において確定（固定）する。質権は、目的債権確定期日前には同期日に目的債権が存在すればそれから優先弁済を受けることができるという期待権＝期待権的質権として存在し、目的債権確定期日以後には目的債権として確定した債権（同期日に存在した債権）から優先弁済を受けることができるという質権＝確定質権として存在する。質権の優先順位は、流動債権の上に質権が成立した時（公示された時）である。質権者は、目的債権確定期日前には質入債権者および第三債務者に対し包括的あるいは概括的に流動債権の処分を認めていると考えられる。以上については、流動債権譲渡担保権の個所を参照されたい（本書七三六頁以下参照）。

(γ)　預金額の変動する預金債権の上に質権を設定するのは、流動債権質権に類似の債権質権であり、認められると解すべきである[1]（最判昭四〇・一〇・七民集一九巻七号一七〇五頁）。この場合、質権は、質権実行前には質権実行時における預金額から優先弁済を受けることができるという期待権として存在し、質権実行時以後には確定した預金額（質権実行時における預金額）から優先弁済を受けることができるという確定質権として存在する。質権の優先順位は、預金額の変動する預金債権の上に質権が成立した時（公示された時）である。質権者は、質権実行前には質入債権者および第三債務者に対し包括的あるいは概括的に預金債権の処分を認めていると考えられる。フランスにおいては、預金額の変動する預金債権に設定された質権は担保実行時における預金残高を対象とするとされている[2]（フランス民法二三六〇条一項）。

（1）　預金債権の質権については、神戸寅次郎「預金ニ対スル質権」権利質論二三一頁以下（大正元年）、道垣内弘人「普通預金の担保化」金融取引と民法法理四三頁以下（平成一二年）、森田宏樹「普通預金の担保化・再論」信託取引と民法法理二九九頁以下（平成一五年）参照。

（2）　Legeais, n° 513.

(ハ)　債権質権の被担保債権　動産質権の場合と同じく、質権の被担保債権には特に制限がない（本書一六九頁以下参照）。被担保債権は、期限付債権や条件付債権であってもよい。もっとも、この場合、質権も期限付あるいは条件付で成立する（期待権。一二八条参照）。根質も認められる。

(2) 債権質権の効力

(イ) 債権質権の被担保債権の範囲　債権質権の被担保債権の範囲は、民法三四六条によって定まる（三六二条二項）。利息その他の定期金、遅延損害金は、満期となった最後の二年分あるいは通算して二年分に制限される（三六二条二項・三六一条・三七五条）。

(ロ) 債権質権の目的の範囲

(a) 債権質権の目的は、質入債権の全部、質入債権の利息債権、質入債権に付随する担保権である。被担保債権の額が質入債権の額より小さくとも、質入債権の全額が質権の目的になる（質権の不可分性）。

(b) 質入債権に変更が加えられても基本的に同一であると判断される限り、それは質権の目的であることに変わりはない。たとえば、定期預金債権が質入れされた場合、証書が書き替えられたが現実に預金が払い戻されたことがなければ、書き替えられた後の定期預金債権は質権の目的になる（最判昭四〇・一〇・七民集一九巻七号一七〇五頁）。

(c) 質入債権の利息債権は、質権の目的になるというより（八七条二項参照）、質権者の果実収取権の対象になると解してよいであろう（三六二条二項・三五〇条・二九七条）。そこで、質権者は、被担保債権の弁済期が到来しなくても、利息債権を取り立て、これを被担保債権の利息に、次いで被担保債権に充当することができると解してよいであろう（本書一七四頁参照）。(1)

(1) 同旨、道垣内・一〇九頁、九八頁。

(d) 質入債権に担保権がついている場合、担保権の随伴性によりこれも質権の目的になる。たとえば、質入債権に質権や抵当権がついている場合、これらも質権の目的になる。質権が質権の目的になる場合、転質に類似するが、転質は質権をその被担保債権から切り離して質入れすることであり（本書一九三頁以下参照）、転質と同じではない。質権が質権の目的になる場合、目的物の引渡しや登記が必要である。抵当権が質権の目的になる場合、転抵当に類似するが、転抵当は抵当権をその被担保債権から切り離して質入れすることであり（本書四三七頁以下参照）、転抵当と同じではない。抵当権が質権の目的になる場合、登記が必要である。以上の場合、登記は質権や抵当権の登記の付記登記によって行われる（三六一条・三七六条二項参照）。

(e)　債権質権にも物上代位の規定が準用されている（三六二条二項・三五〇条・三〇四条）。たとえば、質権は、質入債権が第三者によって侵害された場合に生じる損害賠償請求権の上に効力を及ぼす。この場合、質入債権についての質権設定の通知・承諾によって代位物に質権の効力が及ぶことは公示されているというべきであり、代位物である請求権が支払われる前にそれを差し押さえる必要はないと解される（本書一七五頁、二二二頁参照）。

(ハ)　債権質権の質入債権に対する効力

(a)　債権質権が設定された場合、質権は質入債権を拘束し、質入債権者と第三債務者は質入債権に関して質権者を害する一切の行為をすることができないと解される（四八一条一項参照）。たとえば、第三債務者が質入債権者に質入債権を弁済したり、第三債務者が質入債権者に対し質権設定の通知・承諾後に取得した反対債権で質入債権と相殺することはできない(1)（大判大五・九・五民録二二輯一六七〇頁。大判大七・一二・二五民録二四輯二四三三頁は、第三債務者は質権設定の通知までに弁済期の到来しない反対債権で質入債権と相殺することはできないとする）。質入債権者も質入債権で第三債務者に対する債務と相殺する（大判大一五・三・一八民集五巻一八五頁）ことなどはできない。また、質入債権者は質入債権に基づき第三債務者の破産の申立てをすることができないとされる（最判平一一・四・一六民集五三巻四号七四〇頁）。第三債務者が破産すれば、質権者は、第三債務者から直接に取り立てることはできず、破産手続上で満足を受けることができるにとどまるからである。

(1)　この点については、民法五一一条参照。第三債務者は債権差押後に取得した反対債権によっては差し押さえられた債権と相殺することができないとする最(大)判昭四五・六・二四民集二四巻六号五八七頁も参照。

(b)　他方、質入債権者が質入債権の消滅時効を中断するために第三債務者に対し質入債権の確認訴訟を提起することは許される（大判昭五・六・二七民集九巻六一九頁。大判昭一二・七・七民集一六巻一一二頁も参照）。これによって質権者の利益にはなっても何ら不利益にはならないからである。

(c)　後述するように、質入債権者の他の債権者が質入債権に対して強制執行や担保権の実行をすることは妨げられない（本書二四五頁以下参照）。

(二)　債権質権者の優先弁済受領権

(a)　質権者は、質入債権から他の債権者に優先して弁済を受けることができる（三六二条二項・三四二条）。指名債権について質権と他の質権が競合した場合、優先順位は、確定日付ある証書による質権設定の通知の到達時や確定日付ある証書による質権設定の承諾時の前後による（最判昭四九・三・七民集二八巻二号一七四頁参照）。

(b)　質権者による優先弁済受領権の実行方法としては、民法による質入債権の直接取立て（三六六条）や民事執行法による質権の実行（民執一九三条）などがある。このうち、民法による質入債権の取立てが通常用いられる。

(c)　民法による質入債権の取立て

(α)　質権者は、質入債権を直接に取り立てることができる（三六六条一項）。この場合、被担保債権と質入債権の両方の弁済期が到来していなければならないのはいうまでもない。質権者は、質入債権の目的物が金銭の場合、取り立てた金銭を被担保債権の弁済に当てることができ、被担保債権は、弁済に当てられた限度で消滅する。質入債権の目的物が金銭でない場合、質権者は、取り立てた物の上に質権を取得する（三六六条四項）。この場合、被担保債権は消滅しない。

質権者が質入債権を直接に取り立てた場合、それは、質入債権者が第三債務者から弁済を受けた金銭で被担保債権を弁済するというのと同視されるし、あるいは、質入債権者が第三債務者から弁済を受けた物を質権者に質入れするというのと同視される。それゆえ、金銭については、質権者が取り立てた限度で質入債権が消滅し、金銭でない物については、質権者が取り立てれば質入債権が消滅する。

第三債務者が質権者の取立てに応じない場合、質権者は第三債務者に対し取立訴訟を提起することになるであろう。

(β)　質入債権の目的物が金銭の場合、質権者は自己の債権額に対応する部分に限り取り立てることができる（三六六条二項）。

質権者としては、このような取立てで十分であるからである。

(γ)　(i)　金銭債権である質入債権の弁済期が被担保債権の弁済期前に到来した場合、質権者は第三債務者に対し弁済金の供託を求めることができる（三六六条三項前段）。この場合、質権は供託金の上に存在する（三六六条三項後段）。質権が供託金の上に存在するとは、質入債権者が有する供託金還付請求権の上に質権が存在するということである。すなわち、供託によって質入債権は消滅し、質入債権者が質入債権に代わって取得する供託金還付請求権の上に質権が成立するのである。

(ii)　質入債権者も第三債務者に対し弁済金の供託を求めることができる。第三債務者は、質権者や質入債権者に求められなくても弁済金を供託することができると解される（四九四条前段の「債権者が弁済…を受領することができないとき」に該当する）。第三債務者としては、本来、質入債権の弁済期が到来すれば弁済してそれを消滅させることができたのであり、自己の関与しない質入れによって不当な不利益を受けるのは妥当でないからである。つまり、第三債務者は、質入債権を弁済によって消滅させることはできないが、供託によって消滅させることはできるのである。この場合、質権者は、供託金還付請求権の上に質権を取得し、不当に害されない。

(δ)　前述したように、質入債権の目的物が金銭でない場合、質権者は取り立てた物の上に質権を取得する（三六六条四項。本書二四三頁参照）。そこで、たとえば、質入債権が不動産の買主による不動産の引渡しと移転登記請求権である場合、質権者は、自己への不動産の引渡しと質入債権者への移転登記を求めることができ（大判昭六・七・八新聞三三〇六号一二頁、大決昭七・一・二二民集一一巻四一頁参照）、さらに、質入債権者に対して質権設定登記を求めることによって不動産の上に質権を、すなわち、不動産質権を取得すると解されるのである（本書二一六頁以下参照）。質権者は、通常、第三債務者に対する自己への不動産の引渡しおよび質入債権者への移転登記の請求訴訟と、質入債権者に対する質権設定登記の請求訴訟を同時に起すことになるであろう。なお、質入債権が動産の引渡請求権である場合、質権者が動産を取り立てれば当然に動産質権が設定されると解してよいであろう。

(d) 民事執行法による質権の実行　民事執行法による質権の実行は、質権の存在を証する文書が提出されたときに開始する（民執一九三条一項前段）。質権の実行としては、質入債権の取立て（民執一九三条二項・一五五条）、質入債権の転付命令（民執一九三条二項・一五九条）、質入債権の譲渡命令や売却命令など（民執一九三条二項・一六一条）がある。質入債権が期限付や条件付で取立てが困難である場合、民法による質入債権の取立ては困難であり、民事執行法上の質入債権の譲渡命令や売却命令など（民執一九三条二項・一六一条）が便宜である。

(e) 他の債権者による質入債権の差押えと債権質権の関係

(α) 一般に、質入債権者の他の債権者は質入債権を差し押さえることができるが、質権者は、これに影響されず、第三債務者からの直接取立て（三六六条一項）など独自に質権を実行することができるとされている。そして、質権者はそのために配当要求権を有しないとされている（民執一五四条参照）。

しかし、他の債権者が質入債権を差し押さえた場合に質権者がこれを無視し独自に質権の実行をすることができるとするのは他の債権者を害し著しく不当であるというべきである。質権者としては、他の債権者による差押手続きにおいて優先弁済を受けることができれば全く問題がないからである。それゆえ、他の債権者が質入債権を差し押さえた場合、質権者は、その差押手続きにおいて優先弁済を受けることができるにとどまり、第三債務者からの直接取立てなどの独自の質権の実行をすることはできないと解すべきである。

(β) このような前提に立てば、第三債務者は、質入債権が差し押さえられた場合、民事執行法一五六条二項を類推し、質入債権額を供託しなければならないと解すべきである。質権者は、質入債権を差し押さえているのと同視されるから、右の場合、質入債権につき二重の差押えが行われているのに準じて処理するのが妥当であるからである。そして、第三債務者が供託をした場合、第三債務者は執行裁判所に対し事情の届出を行うから（民執一五六条三項参照）、執行裁判所は質権者の存在を知ることができ、質権者は配当要求をすることなく優先弁済を受けることができるのである（質権者は、民執一六五条の差押債権者に準じて扱われる）。

(γ)　差押債権者が質入債権につき転付命令（民執一五九条）を取得した場合、それは質権によって制約された債権の取得にとどまるとされる（最判平一二・四・七民集五四巻四号一三五五頁）。しかし、質入債権に転付命令が発せられても、それはすでに他の債権者により差し押さえられていた債権に転付命令が発せられたのと同視されるから、転付命令の効力は生じないと解すべきである（民執一五九条三項参照）。この場合、質入債権は第三債務者により供託され、供託金につき配当が行われる。

(f)　質権の簡易な実行手続き

(α)　民法三五四条を類推し、債権質権にも質権の簡易な実行手続きを認めることは可能である。この場合、質権者の清算義務が当然の前提になる。もっとも、質権者には質入債権の直接取立て（三六六条）や転付命令（民執一九三条二項・一五九条）が認められており、質権の簡易な実行手続きを認める意義はあまりない。

フランスにおいても、質権者は、判決により質入債権を取得することができるが（フランス民法二三六五条一項）、質入債権により被担保債権を超える金額の支払いを受けた場合にはその差額を債務者に返還しなければならないとされている(1)（フランス民法二三六六条）。

（1）　Legeais, n° 510; Aynès-Crocq, n° 536.

(β)　(i)　債権質権における質権の簡易な実行手続きの具体的な内容は、動産質権の簡易な実行手続きとほぼ同じである（本書一七九頁以下参照）。

(ii)　まず、後順位担保権者がいない場合（裁判所が第三債務者を訊問して判断する（非訟一二条））、裁判所は、質権者による債務者への清算金（裁判所が裁判の時を規準にして鑑定人の評価に従い決定する）の支払いを条件として質入債権の取得を許可すべきである。この場合、質権者は、清算金の支払いと引換えに、債務者に対し第三債務者に債権移転の通知をすることや第三債務者から債権移転の承諾をえることを求め、この通知・承諾が行われれば債権を取得することができると解してよいであろう（私見によれば、第三債務者への通知や第三債務者の承諾は債権移転の効力要件である（本書二三二頁以下参照））。

(iii)　(i)′　次に、後順位担保権者がいる場合、裁判所は、質権者が仮登記担保契約に関する法律の定める準則に基づき質入債権を取得することを許可すべきである。

(ii)′　そこで、質権者は、右の裁判があった場合、清算金の見積額を債務者に通知し、その通知が債務者に到達した日から二か月（清算期間）が経過すれば、清算金の支払いと引換えに債権移転の意思表示および第三債務者への債権移転の通知や第三債務者から債権移転の承諾をえることを求め（仮登記担保二条一項・三条二項参照）、債権移転の意思表示と第三債務者への債権移転の通知や第三債務者の債権移転の承諾があれば質入債権を取得することができる。

(iii)′　質権者は、清算金の見積額を債務者に通知した場合、裁判で判明した後順位担保権者に対し遅滞なく清算金の見積額などを通知しなければならない（仮登記担保五条一項参照）。後順位担保権者は、清算金請求権に物上代位をしてもよいし（仮登記担保四条一項参照）、清算金の見積額に不満があれば、清算期間内に質入債権に対する担保権の実行の申立てをしてもよい（仮登記担保一二条参照）。後者の場合、質権者は、担保権の実行手続きにおいて優先弁済を受けることができるが、第三債務者から直接に被担保債権を取り立てるなど独自に質権の実行をすることはできないと解される（本書二四五頁参照）。

(iv)′　質権者が裁判で判明した後順位担保権者に対し右の通知をしなかった場合、後順位担保権者は、清算金が支払われていても、右の清算金の見積額を知ってから一定期間（質権者が質入債権を取得する場合に後順位担保権者に清算金請求権への物上代位や質入債権に対する担保権の実行の申立てをするために認められている期間。質権者による債務者への清算金の見積額の通知が到達した日から質権者による後順位担保権者への清算金の見積額などの遅滞のない通知が到達する日までの期間を算定し、これを清算期間から差し引いた残りの期間）内であれば、清算金の支払いを無視し、清算金請求権に物上代位をしたり（仮登記担保六条二項後段参照）、質入債権に対し担保権の実行の申立てをすることができる（仮登記担保一二条参照）。

(iv)　後順位担保権者がいるのに質権者が清算金の支払いと引換えに質入債権を取得することを許可する旨の裁判が

行われた場合、後順位担保権者は、抗告をすることができる（非訟二〇条一項）。後順位担保権者は、右の裁判を知らなかったため抗告をすることができなかった場合、清算金が支払われていても、右の裁判を知ってから前述の一定期間（本書二四七頁参照。後順位担保権者が右の裁判を知った日を質権者による債務者への清算金の見積額の通知が到達した日とし、それから質権者が後順位担保権者へ清算金の見積額などを遅滞なく通知したとすれば到達する日までの期間を算定し、これを二か月の清算期間から差し引いた残りの期間）内であれば、清算金の支払いを無視し、清算金請求権に物上代位をしたり、質入債権に対し担保権の実行の申立てをすることができると解される（本書二四七頁参照）。もっとも、質権者が後順位担保権の存在につき善意無過失であれば、善意取得に準じて（四六六条二項但書参照。四六六条二項但書は、善意取得に類似の規定である）後順位担保権の負担のない質入債権を取得し、後順位担保権者は、清算金請求権に物上代位をしたり、質入債権に対し担保権の実行の申立てをすることができないと解してよいであろう。

(g)　流質契約の禁止

(α)　流質契約の禁止に関する民法三四九条は債権質権にも準用される（三六二条二項）。そこで、たとえば、無尽講持口債権の上に質権を設定し、被担保債権が弁済されない場合には無尽講持口債権の名義を質権者に変更する契約は無効であるとされる（大判昭六・一一・一四新聞三三四四号一〇頁）。しかし、動産質権や不動産質権の場合と同じく、質権者が清算金を支払えば流質契約も許されると解すべきである（本書一八三頁以下、二二七頁以下参照）。

フランスにおいても、質権者は、債務者との合意のもとに質入債権を取得することができるが（フランス民法二三六五条一項）、質入債権により被担保債権を超える金額の支払いを受けた場合にはその差額を債務者に返還しなければならないとされている(1)（フランス民法二三六六条）。

（1）　Legeais, n° 510; Aynès-Crocq, n° 536.

(β)　質権者が清算金を支払って質入債権を取得する手続きの具体的な内容は、債権質権の簡易な実行における後順位担保権者がいる場合とほぼ同じである（本書二四七頁参照）。若干注意すべき点を挙げると以下の通りである。

質権者は、知っていた後順位担保権者および第三債務者に照会して知ることができた後順位担保権者に対して清算金の見積額などを通知する義務を負うと解される。

質権者から清算金の見積額などの通知を受けなかった後順位担保権者は、清算金の見積額を知ってから一定期間（本書二四七頁参照）内であれば、清算金が支払われていてもこれを無視し、清算金請求権に物上代位をしたり、質入債権に対し担保権の実行の申立てをすることができる。しかし、質権者が後順位担保権の存在につき善意無過失で質入債権を取得した場合は別である（本書二四八頁参照）。

(ホ) 転　質

(a) 債権質権者は、承諾転質はもちろん、責任転質（三六二条二項・三四八条）をすることができる。

(b) 転質においては、前に説明したように、原質権がその被担保債権から切り離されて質入れされる（本書一九三頁以下参照）。それゆえ、債権質権においても、原質権がその被担保債権から切り離されて質入れされる。転質権者は、原質権の被担保債権額と転質権の被担保債権額のいずれか小さい方の額の範囲で転質権を実行することになる。

(c) 原質権の質入債権がこれを譲り渡すにはその証書を交付することを要するものである場合、転質権の設定にはその証書の交付が必要である。その他の点については、動産質権や不動産質権の転質の場合とほぼ同じである（本書一八八頁以下、二一二八頁参照）。

(ヘ) 侵害に対する債権質権の効力　債権質権の侵害に対しては、質権者は、動産質権や不動産質権の場合と同じく、物権的請求権や損害賠償請求権を行使することができる（本書二〇四頁以下、二二八頁以下参照）。たとえば、第三者が質入債権の債務者の重要な財産を滅失・損傷・減少させようとする場合、質権者は、第三者に対し質権に基づきその行為の停止を請求することができる。私見によれば、債権にも妨害排除請求権が認められるから[(1)]、右の場合、質入債権者も右の行為の停止を求めることができる。それゆえ、質入債権者が有しない権限を質権者が有するというのではない。

(1) 石田(穣)・九六頁以下参照。

(ト)　減担保請求権　減担保請求権については、動産質権について述べたのと同じである（本書二一〇頁参照）。

(チ)　債権質権者の義務　質権者は、たとえば、指図債権証書を質物に準じて善管注意義務をもって保管し（三六二条二項・三五〇条・二九八条一項参照）、質権が消滅すればこれを債務者に返還する義務を負う。

(3)　債権質権の消滅　債権質権は、動産質権や不動産質権の場合と同じく、放棄、混同、被担保債権の消滅などによって消滅する。

三　不動産物権上の質権

(1)　序　不動産物権、すなわち、地上権（二六五条）と永小作権（二七〇条）も質権の目的になる。もっとも、設定行為によって譲渡を禁止された永小作権（二七二条但書）は、譲渡性がなく、質権の目的にならない（三六二条二項・三四三条）。

(2)　質権の成立　質権が成立するためには、登記が必要である。登記は、地上権や永小作権の登記の付記登記によって行う。一般に、質権が成立するためには地上権や永小作権の目的物の引渡しが必要であるとされているが、これは、不動産質権の場合と同じく要求されないと解すべきである（本書二二五頁以下参照）。

(3)　質権の効力　質権者は、不動産質権の場合と同じく、地上権や永小作権の目的物の引渡請求権を有し、地上権や永小作権の目的物の使用収益をすることができる（三六二条二項・三五六条―三五九条参照）。質権の実行は、不動産質権の場合と同じく、抵当権の実行に準じて行う（三六二条二項・三六一条参照）。

四　株式上の質権

(1)　序

(イ)　株式が今日譲渡性のある重要な財産権であることはいうまでもない（会社一二七条参照）。それゆえ、株式上に質権を設定することができるのはもちろんであり（会社一四六条以下）、株式上の質権は今日の取引上重要な意義を有している。

(ロ)　株式の譲渡に会社の承認が必要な場合（会社一〇七条一項一号・一〇八条一項四号）であっても株式上に質権を設定することは可能であ

る。この場合、質権による競売によって株式を取得した者は、会社に対し、取得を承認するか否か、承認しない場合には会社あるいはその指定する買取人が買い取るべき旨を請求することができる（会社一三七条・一三八条二号ハ）。会社は、取得を承認しない場合、自ら株式を買い取るか、買取人を指定しなければならない（会社一四〇条一項四項）。このようにして、質権による競売によって株式を取得した者は、会社が承認しない場合であっても、会社あるいはその指定した買取人に対して株式を売却し、株式取得費用の全部あるいは一部を回収することができるのである。

(2) 株式上の質権の成立

(イ) 株式上の質権には、略式質と登録質の二つがある。略式質とは、質権者の氏名を株主名簿に記載・記録しない質権であり、登録質とは、質権者の氏名を株主名簿に記載・記録する質権である（会社一四七条一項参照）。

(ロ) (a) 略式質は、株券が発行された場合に、その株券の交付によって成立し（会社一四六条二項）、株券の占有の継続によって存続する（会社一四七条二項）。会社法一四七条二項は、株券の占有の継続を対抗要件とするが、動産質権の場合と同様、効力要件＝存続要件と解すべきである（本書一六五頁以下参照）。

後述の振替株式（本書二五二頁参照）についても、略式質が成立する。

(b) 登録質は、株券が発行された場合には、その株券の交付（会社一四六条二項）と株主名簿への質権者の記載・記録（会社一四七条一項）によって成立し、株券の占有の継続（会社一四七条二項）によって存続する。会社法一四七条一項は、株式上の質権は、株主名簿に質権者を記載・記録しなければ会社その他の第三者に対抗することができないと規定しているが、ここでいう「対抗」とは民法一七七条・一七八条でいう「対抗」と同じく成立要件として理解されるべきである(1)。たとえば、一般の見解によれば、株式上の質権が二重に設定された場合、排他性のない二つの同一順位の質権が成立し、先に株主名簿に記載・記録された質権が優先することになると思われる。しかし、株式上の質権を成立させた質権設定者がさらに同一順位の質権を二重に成立させることは不可能であり、これは所有権を二重に譲渡するのは不可能であるのと同じである。それゆえ、株式上の質権の設定を受けた者は、質権設定請求権を取得し、株主名簿への記載・記録によって質権を取得すると考えられるのである。

株券が発行されない場合には、質権は株主名簿への質権者の記載・記録によって成立する（会社一四七条一項）。

次に述べる振替株式についても、登録質が成立する。

（1）　石田（穣）・一三七頁参照。

(ハ)　振替株式の質入れ　株券の発行されない株式で振替機関が取り扱うもの（振替株式。社債株式振替一二八条一項）の質入れについては、質権者の振替口座簿の質権欄に質入れに係る数の増加の記載・記録が行われる（社債株式振替一四一条）。この場合、会社に質権設定者（株主）が通知されるのが略式質であり（社債株式振替一五一条二項二号）、質権者が通知され（社債株式振替一五一条三項）株主名簿に質権者が記載・記録されるのが登録質である。

(3)　株式上の質権の効力

(イ)　株式上の質権は、質権設定者である株主が受け取ることのできる株式や、剰余金の配当・残余財産の分配などにおける金銭などについて存在する（会社一五一条）。

(ロ)　略式質においては、質権が会社に公示されていない。それゆえ、質権者は株主の剰余金配当請求権などを差し押さえ質権を公示すればその限度で質権を行使することができる（三六二条二項・三五〇条・三〇四条一項但書）。質権を行使するためには株券の提出が要求されている場合（会社二一九条二項など）には、株券の提出により質権が公示されるから、その限度で差押えは要求されない。

(ハ)　登録質においては、質権者が株主名簿に記載・記録されており、質権は会社に公示されている。それゆえ、質権者は、差押えをすることなく剰余金の配当などにおける金銭を受領し被担保債権の弁済に当てることができる（会社一五四条一項）。

(ニ) 質権の実行方法は、株券が発行されているかどうかで異なる。

株券が発行されている場合、質権の実行方法は動産質権の実行方法と同じである。すなわち、質権者は、株式の競売を申し立て、その売得金から他の債権者に優先して弁済を受けることができるのである（民執一九二条・一二二条以下。株式は、民執一二二条一項にいう「裏書の禁止されている有価証券以外の有価証券」に該当する）。株券が発行されていない場合、振替株式の場合も含めて、質権の実行は民事執行法一六七条の「その他の財産権」に対する実行として行われる(1)（民執一九三条・一六七条）。

(1) 中野貞一郎・民事執行法（増補新訂五版）六〇〇頁（平成一八年）参照。

五 無体財産権上の質権

(1) 無体財産権上の質権の成立

(イ) 無体財産権、すなわち、特許権（専用実施権と通常実施権を含む。実用新案権、意匠権についても同じ。商標権については専用使用権と通常使用権を含む）、実用新案権、意匠権、商標権、著作権、出版権の上にも質権を設定することができる(1)（特許法九五条、実用新案法二五条、意匠法三五条、商標法三四条、著作権法六六条・八七条）。これらの権利は、今日の社会において重要性を増しつつあり、これらの権利の上の質権の意義も重要なものとなっている。

(1) 無体財産権上の質権については、鎌田薫編著・知的財産担保の理論と実務（平成九年）参照。

(ロ) 無体財産権上の質権が効力を生じるには、それぞれの権利について設けられている帳簿への登録が必要である（特許法九八条一項三号、実用新案法二五条三項、意匠法三五条三項、商標法三四条三項）。特許権、実用新案権、意匠権のそれぞれの通常実施権、商標権の通常使用権、著作権、出版権については、帳簿への登録は質権の対抗要件であると規定されているが（特許法九九条三項、実用新案法二五条四項、意匠法三五条四項、商標法三四条四項、著作権法七七条二号・八八条一項二号）、これは、民法一七七条・一七八条の場合と同じく、質権の効力要件であると解すべきである(1)。

(1) 石田（穣）・一三七頁参照。

(2) 無体財産権上の質権の効力

(イ)　質権者は、質権設定者との特約がある場合を除き、無体財産権を行使して収益を上げることができない(特許法九五条、実用新案法二五条一項、意匠法三五条一項、商標法三四条一項、著作権法六六条一項)。

(ロ)　質権の実行は、原則として民事執行法による債権質権の実行の例による(民執一九三条・一六七条・一四三条以下)。

第五章　抵当権

第一節　序

一　抵当権の意義

(1)　抵当権の意義

(イ)　抵当権とは、債権者が債務者または第三者において占有を移さないで債務の担保に供した不動産につき他の債権者に先立って自己の債権の弁済を受けることができる権利である(三六九条一項)。地上権や永小作権も抵当権の目的とすることができる(三六九条二項)。

(ロ)　抵当権は、質権と同じく、当事者の約定によって成立する(約定担保物権)。そして、抵当権は、抵当権者が目的物の占有を取得しない点において、目的物の占有を取得する動産質権や不動産質権と異なる。抵当権においては、債務者が従来通り目的物の使用収益をすることができる反面、抵当権者は目的物の管理という負担を負うことなく目的物から優先弁済を受けることができるのである(現在の主たる融資者である金融機関は、自らの負担となる不動産の管理に関心を示さない)。このように、抵当権は、抵当権者と債務者の双方の利害関係にマッチした制度であり、現在の取引において最もよく利用されている担保物権である。

(ハ)　抵当権者は、目的物を競売し、売却代金から他の債権者に優先して弁済を受けることができる(民執一八一条以下。地上権や永小作権が目的の場合には財産権を目的とする担保権の実行(民執一九三条))。抵当権は、この点で先取特権や質権と同じであり、優先弁済受領権を伴わない場合がある留置権よりも強力な担保物権である。

(2) 抵当権の沿革・比較法的状況

(イ) 抵当権の沿革

(a) 抵当権の沿革は、ローマ法に遡る[1]。ローマ法においては、質権の持つ債務者にとっての不便さ、すなわち、目的物が債務者から質権者に引き渡されるという不便さを回避するために、債権者が目的物の占有を債務者のもとにとどめるということがしばしば行われた。これは、最初、不完全な質権と考えられていたが、やがて、これに追及権が与えられ、二世紀には売却権が与えられて、抵当権の誕生につながったのである。ローマ法の抵当権は、不動産に限らず動産をも目的物とし、また、特定の財産に限らず一般財産をも目的とした。そして、抵当権は公示されなくても第三者に対し主張することができるとされ、抵当権者は隠れた先順位の抵当権者によっていつその地位を覆されるか分からないという危険を負っていたのである。

(1) ローマ法の抵当権については、Mazeaud-Chabas, n° 227.

(b) 以上のようなローマ法の抵当権制度は、フランス、ドイツ、スイスなどのヨーロッパ諸国に伝わった。そして、これらの諸国の中でも、フランスが最も大きな影響を受けた。わが国の抵当権制度は、付従性などの点において、ドイツ法やスイス法よりもフランス法の影響を強く受けている。

(ロ) フランス

(a) フランスの抵当権は、約定抵当権(hypothèque conventionelle)と法定抵当権(hypothèque légale)に区分される。

(b) 約定抵当権は、当事者の約定によって成立する抵当権であり(フランス民法二三九六条三項)、特定の不動産の上に成立し(フランス民法二四一八条)、登記によって第三者に対する対抗力を取得する。

(c) 法定抵当権[1]は、法律上当然に成立する抵当権であり(フランス民法二三九六条一項)、裁判によって成立する裁判上の抵当権(hypothèque judiciaire. フランス民法二三九六条二項)を含む。法定抵当権の主なものは、未成年者や被後見人、妻のための法定抵当権であるが(フランス民法二四〇〇条一号二号）、これらの抵当権は、後見人や夫の一切の不動産を目的物とし、しかも、当初は登記なしに第三者に対抗することができるとされていた。この隠れた抵当権制度が改められたのは、一九五五年一月四日のデクレによってであり、法定抵当権が債務者の一切の不動産を目的物とする場合であっても個々の不動産について登記をしない限り第三者に対抗することができないとされたのである（フランス民法二四二六条一項二号）。

（1） フランスの法定抵当権については、Mazeaud-Chabas, nos 276 et s.; Aynès-Crocq, nos 707 et s.

(d) 以上のように、フランスにおいては、法定抵当権が債務者の一切の不動産の上に成立する場合もあるが、この場合であっても個々の不動産につき登記をしない限り第三者に対抗することができないとされており、抵当権は現在では取引の安全と十分にマッチした制度になっている。

しかし、他方、フランスにおいては、抵当権の滌除[1]（purge des hypothèques. フランス民法二四七四条以下）という制度があり、抵当権者の地位が不安定なものとなっているとも考えられる。滌除においては、すべての登記をした抵当権者が債務者との間で抵当不動産の売却に際しその代金を被担保債権の全部または一部の弁済に当てることに合意すれば、抵当権は滌除される（フランス民法二四七五条一項二項）。この合意が成立しない場合、抵当不動産の第三取得者は取得代金（無償で取得した場合には申告した額）を上限として被担保債権を支払うことを抵当権者に申し出ることができる。抵当権者がこの申出を承諾すれば抵当権は滌除される。抵当権者がこの申出を拒否すれば、抵当権者は右の額にその一〇分の一の額をプラスした額の増価競売の申立てをしなければならず（フランス民法二四八〇条一項二号）、この増価した額以上の額による競買人がいない場合には自ら増価した額で抵当不動産を買い取らなければならない。それゆえ、抵当権者はその意に反して第三取得者の申出を承諾せざるをえない場合もあるのであり、抵当権者の地位は不安定なものとなっているとも考えられる。もっとも、滌除が利用されるのは稀であるといわれる[2]。

（1） 滌除については、Mazeaud-Chabas, nos 503 et s.; Aynès-Crocq, no 693.

（2） Aynès-Crocq, p. 330.

(e) (α) 二〇〇六年に担保権に関しフランス民法の大幅な改正が行われたが(1)、特に重要なのは、現在の債権および将来生じる債権を一定の限度額で担保する抵当権（フランス民法二四二一条）と充塡抵当権（hypothèque rechargeable. フランス民法二四二二条）の新設である。

（1） 担保権に関するフランス民法の改正については、山野目章夫＝平野裕之＝片山直也「二〇〇六年フランス担保法改正の概要」ジュリ一三三五号三二頁以下（平成一九年）、平野裕之＝片山直也「フランス担保法改正オルドナンス（担保に関する二〇〇六年三月二三日のオルドナンス二〇〇六―三四六号）による民法典等の改正及びその報告書」慶應法学八号一六三頁以下（平成一九年）、同「フランス担保法改正予備草案――フランス司法省担保法改正作業グループ報告書及び条文訳――」慶應法学九号二〇三頁以下（平成二〇年）、シンポジウム「二〇〇六年フランス担保法改編の概要とその思想的含意」比較法研究六九号一四三頁以下（平成二〇年）、山野目章夫＝平野裕之＝片山直也「フランス（担保法二〇〇六年改正）」日仏法学二五号九頁以下（平成二一年）参照。フランス民法の訳文については、平野＝片山・前掲「フランス担保法改正オルドナンス（担保に関する二〇〇六年三月二三日のオルドナンス二〇〇六―三四六号）による民法典等の改正及びその報告書」を参照した。

(β) 現在の債権および将来生じる債権を一定の限度額で担保する抵当権は、後述するように、わが国の根抵当権に近いものである(1)（本書五一三頁以下参照）。

(γ) 充塡抵当権は、一定の限度額で当初予定された債権とは別の債権をも担保することができる抵当権である。これには二つの場合がある。

第一は、抵当権者が当初の債権とは別の自己の債権のために抵当権を利用する（当初の債権が消滅した場合に別の債権のために利用するなど）場合であり、わが国の根抵当権にやや類似する。当初の債権が消滅しても、充塡抵当権は存続する（フランス民法二四二二条一号）。これは、債権のない抵当権を認めるものであり、ドイツの土地債務（本書二六一頁参照）に近づくものであって、フランス民法にとって大きな改革である(2)。

第二は、抵当権者が第三者のために抵当権を利用させる（抵当権者が自己の債権を放棄し代わって第三者に抵当権を利用させるなど）場合である。この場合、第三者の債権は抵当権者の抵当権により担保されるが、抵当権者も債権を有する場合には抵当権者が第三者に優先するとされる。[3]

（1） 充塡抵当権については、Legeais, n°s 546 bis et 547; Aynès-Crocq, n° 664.
（2） Aynès-Crocq, op. cit.
（3） Aynès-Crocq, op. cit.

(ハ) ドイツ

(a) ドイツにおいては、不動産担保権(Grundpfandrecht)として、抵当権(Hypothek)、土地債務(Grundschuld)、定期土地債務(Rentenschuld)の三つがある。[1] 抵当権は、被担保債権を前提とする不動産担保権であるが、土地債務と定期土地債務は被担保債権を前提としない。定期土地債務は、土地債務の特別な場合である。

（1） ドイツの抵当権については、鈴木禄弥「ドイツ抵当法の発達」抵当制度の研究一頁以下(昭和四三年)、高島平蔵「ドイツ抵当法の発達について――『従属性から独立性へ』の図式を中心として――」比較法学七巻二号一二一頁以下(昭和四七年)、鈴木禄弥「近代ドイツにおける抵当権法発達史補論――信用抵当制度の生成について――」民法論文集５一五四頁以下(平成四年)、伊藤進「ドイツ債権担保制度概観」私法研究著作集４九〇頁以下(平成六年)、田中克志「比較抵当権法」抵当権効力論一七頁以下(平成一四年)参照。

(b) 抵当権は、流通抵当権(Verkehrshypotek)と保全抵当権(Sicherungshypothek)に分かれる。

(α) 流通抵当権とは、被担保債権についても公信の原則が適用される抵当権であり(ドイツ民法一一三八条)、抵当権の原則的形態であって、通常の抵当権(Gewöhnliche Hypothek)といわれる(ドイツ民法一一八六条参照)。

被担保債権にも公信の原則が適用されるという意味は、抵当権の譲受人は被担保債権が存在しなくてもそれが存在すると信じて譲り受ければ抵当権を取得するが被担保債権は取得しないというものであり、抵当権の譲受人は被担保債権の取立てを行うことはできないのである。この場合、抵当権の譲受人は土地債務を取得するのか、それとも、請求権をまとわない抵当権(Forderungsentkleidete Hypothek)を取得するのかについては争いがある。[1]

流通抵当権は当事者の合意と登記によって成立し(ドイツ民法一一一五条参照)、その際、原則として抵当証券が発行される(ドイツ民法一一一六条一項）。

被担保債権が消滅した場合、所有者が抵当権を取得する（ドイツ民法一一六三条一項後段）。これは、土地債務＝所有者土地債務である(2)。それゆえ、先順位抵当権の被担保債権の消滅によって後順位抵当権の順位が当然に上昇することはない（順位確定の原則）。もっとも、この場合、後順位抵当権者は所有者に対し土地債務の消滅を請求することができるとされており（ドイツ民法一一七九条a一項）、順位確定の原則は空洞化している(3)。

（1）　抵当権の譲受人は土地債務を取得するとするのは、Prütting, Nr. 693. 請求権をまとわない抵当権を取得するとするのは、Münchener Kommentar, § 1138 Nr. 16; Juris Praxiskommentar, § 1138 Nr. 16 f.

（2）　所有者抵当権（Eigentümerhypothek）と所有者土地債務（Eigentümergrundschuld）の違いは、被担保債権の有無にある。所有者が自己の不動産の上に被担保債権（自己に帰属する債権）を伴う担保権を有すればそれは所有者抵当権であり、被担保債権を伴わない担保権を有すればそれは所有者土地債務である（Prütting, Nr. 735）。所有者抵当権が成立する場合は、非常に少ない。たとえば、AのBに対する債権を担保するために抵当権の設定された不動産をBから譲り受けたCがAのBに対する債権を弁済した場合、CはAのBに対する債権と抵当権を取得するが（債権の取得につき、ドイツ民法一一四三条一項一段）、これは所有者抵当権である（Prütting, Nr. 722 und 714）。

（3）　Juris Praxiskommentar, § 1179 Nr. 4.

(β)　保全抵当権とは、被担保債権の立証について登記を援用することができない抵当権であり（ドイツ民法一一八四条一項）、被担保債権について公信の原則が適用されない抵当権である。保全抵当権は、保全抵当権である旨の登記がされなければならない（ドイツ民法一一八四条二項）。

保全抵当権は原則として当事者の合意と登記によって成立するが（ドイツ民法一一一五条・一一八四条二項参照）、抵当証券は発行されない（ドイツ民法一一八五条一項）。

被担保債権が消滅した場合の法律関係は、流通抵当権の場合と同じである。

保全抵当権には、当事者の合意と登記によって成立するものの外に、強制執行や仮差押えによって成立する強制抵当権(Zwangshypothek)や仮差押抵当権(Arresthypothek)もある(ドイツ民事訴訟法八六六条・八六七条・九三二条)。

(c) 土地債務 土地債務とは、被担保債権を前提とすることなく一定の金額が土地から支払われるべき担保権である(ドイツ民法一一九一条・一一九二条一項)。土地債務は、抵当権と比較し、現在、ますます重要性を増している。(1) 土地債務には、被担保債権を前提としないことにより抵当権とは別の結論が出る場合を除き抵当権に関する規定が準用される(ドイツ民法一一九二条一項)。それゆえ、土地債務は、当事者の合意と登記によって成立し、その際、原則として証券が発行される(ドイツ民法一一九二条一項・一一一六条)。

土地債務は、被担保債権を前提としないが、しかし、ほとんどすべての場合、債権を担保するために設定される(2)(Sicherungsgrundschuld)(保全土地債務)といわれる)。この場合、債務者が債権を弁済すれば債権は消滅するが土地債務は消滅せず、債務者による土地債務の返還請求権が発生する。(3) 土地債務が弁済されれば、所有者土地債務が発生する。(4)

(1) Prütting, Nr. 758.
(2) Prütting, Nr. 767.
(3) Prütting, Nr. 772.
(4) Prütting, Nr. 765.

(d) 定期土地債務 定期土地債務とは、土地債務のうち土地から支払われるべき金額が定期金の場合のものである(ドイツ民法一一九九条一項)。定期土地債務の設定においては、定期土地債務の償還金額(Ablösungssumme. 土地債務の元本に相当する)を定め、これを登記しなければならない(ドイツ民法一一九九条二項)。定期金については抵当権の利息に関する規定が、償還金額については土地債務の元本に関する規定が、それぞれ準用される(ドイツ民法一二〇〇条一項)。当事者の合意と登記によって成立し、その際、原則として証券が発行される。所有者は、一方的に償還金額を支払うことができ(ドイツ民法一二〇一条一項)、その場合、定期土地債務を取得する(1)

（債権者は、償還金額を請求できない（ドイツ民法一二〇一条二項一段））。

（1）　Prütting, Nr. 774.

㈡　スイス

(a)　スイスにおいては、不動産担保権（Grundpfandrecht）として、登記担保権（Grundpfandverschreibung）、債務証券（Schuldbrief）、ギュルト（Gült）の三つがある。[1] 登記担保権は、被担保債権を前提とする不動産担保権である。債務証券も被担保債権を前提とするといってよいが、ギュルトは被担保債権を前提としないと考えられる。なお、法定不動産担保権（Gesetzliches Grundpfandrecht）は、わが国の不動産先取特権に類似した担保権である（本書七九頁以下参照）。

（1）　スイスの不動産担保権については、松井宏興「スイス抵当制度の歴史的展開」抵当制度の基礎理論——近代的抵当権論批判——六四頁以下（平成九年）参照。

(b)　登記担保権は、ドイツの保全抵当権に類似する。当事者の合意と登記によって成立し（スイス民法七九九条）、担保証券は通常発行されない。

被担保債権について公信の原則は適用されない（スイス民法八六五条・八六六条参照）。

先順位不動産担保権が消滅しても、後順位不動産担保権の順位は上昇しない（順位確定の原則。スイス民法八一四条）。もっとも、当事者の合意による順位の上昇がよく行われており、[1] 順位上昇に関する当事者の合意は仮登記により保全することができる（スイス民法八一四条三項）。

担保不動産の第三取得者は、カントン法の授権があれば、取得価格あるいは無償取得の場合には自ら評価する額を不動産担保権者に支払って不動産担保権を滌除（Einseitige Ablösung, Purgation）することができるが（スイス民法八二八条）、不動産担保権者が競売を申し立ててこれよりも高く競落されればそれが滌除額になり（スイス民法八二九条一項二項）、第三取得者が競売費用を支払う（スイス民法八二九条三項）。第三取得者の支払う額よりも高く競落されなければ競売は不成立となり、[2] 不動産担保権は第三取得者の支払う額で滌除され、不動産担保権者が不成立となった競売費用を支払う（スイス民法八二九条三項）。以上のように、スイスの滌除はフランスの滌除とわが国の抵当権消滅請求（三七九条以下）の間に位置している。

（1） Schmid, Nr. 1574ff.

複数の同順位の不動産担保権の一つが消滅した場合、スイス民法八一四条の順位確定の原則が類推適用される。そこで、他の同順位の不動産担保権者はその順位を単独で占めることを請求することができない。所有者は、他の不動産担保権者の同意なしに消滅した不動産担保権と同順位・同額の不動産担保権を設定することができる（Schmid, Nr. 1571）。

（2） Kommentar zum Schweizerischen Privatrecht, § 829 Nr. 7.

(c) 債務証券とは、有価証券と一体化された流通不動産担保権である（スイス民法八四二条）。ドイツの流通抵当権に類似する。

債務証券の設定においては、登記簿に登記がなされ、担保証券が発行される（スイス民法八五六条一項）。被担保債権は、担保証券と一体化され、その処分は担保証券によって行われる（スイス民法八六八条・八六九条）。登記簿や担保証券の記載には公信力があり（スイス民法八六五条・八六六条）、被担保債権にも公信の原則が適用される[1]。債務者は、被担保債権につき担保不動産ばかりでなく全財産をもって責任を負わなければならない[2]。

（1） Kommentar zum Schweizerischen Privatrecht, § 865 Nr. 1 und § 866 Nr. 1.

（2） Schmid, Nr. 1492.

(d) ギュルトとは、被担保債権を前提とすることなく不動産が一定の負担を負う担保権であり（スイス民法八四七条）、ドイツの土地債務に類似する[1]。ギュルトの設定、処分、公信の原則の適用については、被担保債権に関する部分を除き債務証券と同じである。

債務者は、債務証券と異なり、担保不動産のみで責任を負い、それ以外の財産による責任を負わない[2]（スイス民法八四二条一項三項）。

ギュルトは、スイスにおいてほとんど行われていない(3)。

(1)　Kommentar zum Schweizerischen Privatrecht, § 847 Nr. 2.
(2)　Schmid, Nr. 1493; Kommentar zum Schweizerischen Privatrecht, § 847 Nr. 1.
(3)　Schmid, Nr. 1854; Kommentar zum Schweizerischen Privatrecht, § 847 Nr. 2.

二　抵当権の法的性質

(1)　(イ)　抵当権者は、債務者が債権を弁済しない場合、目的物を競売して売却代金から他の債権者に優先して弁済を受けることができる（三六九条、民執一八一条以下）。抵当権は、優先弁済受領権を有するという点において留置権の一部や先取特権、質権と同じである。

(ロ)　一般に、抵当権者は、目的物に対し換価権(1)を有し、この換価権に基づき競売を申し立てることができるとされている。

抵当権者は、抵当権設定契約に基づき抵当権を取得した場合、目的物を換価してそれから優先弁済を受けることができる権限を取得し、債務者はそれを受忍する義務を負う。この場合、目的物の換価は、裁判所による競売手続きによって行われる。それゆえ、目的物を換価する権限、すなわち、換価権は、競売申立権と置き換えることができる。換価権に基づき競売申立権が生じるというのはトートロジーであると思われる。このように解する場合、競売申立権は抵当権設定契約に基づき抵当権者に生じる権限であり、このため民事執行法は抵当権者が競売申立権を有するのを前提にその行使についての具体的な手続きを定めていると考えられる。

以上、要するに、抵当権者は、抵当権設定契約に基づき競売を申し立てて優先弁済を受ける権限を取得するのであり、換価権は競売申立権と同義であって、競売申立権は換価権に基づき生じるのではないというべきである(2)。

仮登記担保権や譲渡担保権などにおいては、担保権者は私的実行により目的物の所有権を取得して優先弁済を受けることができる。これを換価権という場合、この換価権は競売申立権と同義ではない。これは、担保権が競売手続きによらずに実行されるからであり、抵当権が競売手続きにより実行される場合とは全く異なるのである。

（1） 換価権については、太矢一彦「抵当権の性質について――抵当権価値権論への一疑問――」独法四六号四四七頁以下（平成一〇年）参照。

（2） 生熊長幸「執行権と換価権――担保権の実行としての競売をめぐって――」岡山大学創立三十周年記念論文集（法学と政治学の現代的展開）二六三頁以下（昭和五七年）参照。

競売申立権は換価権に基づき生じるとするのは、田中康久・新民事執行法の解説（増補改訂版）四〇一頁（起草者の考え方であるとする）（昭和五五年）、中野貞一郎「担保執行の基礎」民事手続の現在問題四五九頁以下（平成元年）、高木・九三頁以下、近江・一一一頁。

(2) 抵当権は、当事者の約定によって成立する（約定担保物権）。抵当権は、この点で質権と同じであり、法律上当然に成立する留置権や先取特権（法定担保物権。法定担保物権としての先取特権については、本書八〇頁以下参照）と異なる。

(3) 抵当権は、物権であり、これを第三者に対しても主張することができる。

(4) 抵当権は、目的物の占有を伴わない。抵当権は、目的物の占有を債務者のもとにとどめたままでそれから優先弁済を受ける点に基本的な特色がある。抵当権は、この点で先取特権と同じであり、目的物の占有を伴う留置権や動産質権、不動産質権と異なる。

(5) 一般に、登記は抵当権の対抗要件であって効力要件ではないとされている。しかし、民法一七七条の登記を物権変動の効力要件と解する私見[1]によれば、登記は抵当権の効力要件であると解すべきである（本書二八〇頁参照）。

それゆえ、抵当権は、原則として、登記制度が用意されている不動産や不動産物権（地上権、永小作権）を目的とするが、登記・登録制度が用意されている限り動産を目的物とする場合や企業の不動産、動産、地上権、特許権などが構成する財団を目的とする場合もある。動産を目的物とする場合は、農業用動産、自動車、航空機、建設機械などを目的物とする場合であり（動産抵当権。本書六〇三頁以下参照）、財団を目的とする場合は、工場財団、鉱業財団、漁業財団、道路交通事業財団、港湾運送事業財団、観光施設財団などを目的とする場合である（財団抵当権。本書五八七頁以下参照）。

（1）石田（穣）・一三七頁参照。

(6) 抵当権は、債務者や抵当権設定を承諾する第三者（物上保証人）が所有する物、あるいは、抵当権の目的物を取得した第三者（第三取得者）のその目的物の上に成立する。もっとも、目的物が動産の場合には抵当権の善意取得を認める余地がある。[1]

（1）石田（穣）・二六七頁注（1）参照。

(7) (イ) 抵当権は、担保物権の一種として、付従性[1]（随伴性を含む。本書一一頁参照）を有する。

（1）抵当権の付従性については、高木多喜男「抵当権の付従性と特定性」金融取引と担保一〇五頁以下（昭和五五年）参照。

(ロ) (a) そこで、抵当権は、被担保債権が存在しない場合、成立しない。

しかし、一般に、被担保債権が期限付や条件付の場合であっても抵当権は成立するとされている。不動産登記法八八条一項三号は、条件付債権を被担保債権とする抵当権の登記を認めている。ドイツ民法[1]（一一一三条二項）、スイス民法[2]（八二四条一項）、フランス民法[3]（二四二一条一項）は、いずれも明文で被担保債権が期限付や条件付の場合であっても抵当権が成立することを認めている。判例は、当初否定的であったが（大判大一三・七・一七新聞二三〇三号七頁）、現在ではこれを認めている（大判昭一四・五・五新聞四四三七号九頁、最判昭三三・五・九民集一二巻七号九八九頁）。

（1）将来発生する債権についての抵当権は、所有者に帰属する土地債務＝所有者土地債務である。債権が発生すると同時に自動的に他物権になる。それまでは、債権者にとっては期待権にとどまる（Juris Praxiskommentar, § 1113 Nr. 99）。しかし、将来発生する債権についても無条件の抵当権（所有者土地債務）が設定、登記され、その順位は登記の時による（Prütting, Nr. 637）。

（2）抵当権が成立するといっても、それは、多分に形式的であり、登記は順位を保全する意味しか有しないとされる（Kommentar zum Schweizerischen Privatrecht, § 749 Nr. 9）。

（3）将来発生する債権のための抵当権については、Aynès–Crocq, n° 663.

被担保債権に期限や条件が付いていても直ちに登記をすることができ、抵当権は登記の日に従った順位を有するとされる(Mazeaud-Chabas, n° 235)。

(b) しかし、抵当権が成立するといっても、被担保債権の期限が到来したり条件が成就しない限り、抵当権者は抵当権を実行し優先弁済を受けることはできない。それゆえ、抵当権は、被担保債権の期限が到来したり条件が成就するまでは、期限が到来したり条件が成就すればこれを実行し優先弁済を受けることができるという期待権として存在するといわざるをえない。(1) また、抵当権の登記は、被担保債権の期限が到来したり条件が成就するまでは、抵当権の順位を保全するための順位保全の仮登記(不登一〇六条)と同じ機能を有するにすぎない。

(1) 抵当権者(期待権者)は、期待権を保存するために、場合により期待権のままで競売を申し立てることができるが、その場合であっても優先弁済を受けることはできないと解すべきである。たとえば、被担保債権が条件付で、債務者が故意に抵当権の目的物を損傷させた場合、抵当権者は、期待権を保存するために(一二九条)、目的物の競売を申し立てることができると解される(一三〇条・一三七条二号参照。本書二〇六頁以下参照)。しかし、この場合、売却代金は供託され、抵当権者は、条件が成就した時点で供託金から優先弁済を受けるにとどまると解すべきである(民執一八八条・九一条一項一号・九二条一項参照)。

(c) 以上により、被担保債権が期限付や条件付の場合、抵当権も期限付や条件付で成立し、期待権として存在すると解すべきである。(1) 不動産登記法八八条一項三号は、被担保債権に条件が付いている場合に抵当権の登記を認めているが、この抵当権の法的性質は期待権であるといわざるをえない。

(1) 同旨、石坂音四郎「根抵当論」民法研究四巻二八八頁以下(大正六年)、富井・四五〇頁以下(質権について)。

(ハ) 被担保債権が消滅すれば、抵当権も消滅する。これに関連して、一般に、先順位の抵当権が消滅すれば後順位の抵当権の順位が上昇すると解されている。しかし、後述するように、抵当権の順位は設定時の順位に固定されると解すべきであり(順位確定の原則)、先順位の抵当権が消滅しても後順位の抵当権の順位は上昇しないというべきである(本書二七〇頁以下参照)。

ドイツでは、先順位の抵当権の被担保債権が消滅すれば土地債務（所有者土地債務）が成立し、後順位の抵当権の順位が当然に上昇するわけではないが、後順位の抵当権者は土地債務の消滅を請求することができるとされている（本書二六〇頁参照）。スイスでは、順位確定の原則が明文で認められているが（スイス民法八一四条）、当事者の合意による順位の上昇がよく行われている（本書二六二頁参照）。フランスでは、後順位の抵当権の順位が上昇するとされている。

(ニ)　抵当権の付従性の性質からいえば、抵当権を被担保債権から切り離して処分することは原則として許されない。例外として認められているのは、後述する転抵当、抵当権またはその順位の譲渡や放棄である（本書四三一頁以下参照）。

(ホ)　(a)　抵当権は、被担保債権に随伴する。すなわち、被担保債権が譲渡されれば、抵当権もそれに伴って移転する。ここには、質権の場合のような随伴性を困難にする問題はない（本書一五七頁参照）。

(b)　一般に、抵当権の随伴性は、物上保証人や抵当不動産の第三取得者の同意がない限り認められないとされている。しかし、抵当権の随伴性を認めても、物上保証人や第三取得者が不当な不利益を負うわけではない。物上保証人や第三取得者は、抵当権者が誰であっても被担保債権が弁済されない場合に抵当不動産が競売されるという不利益を負うにすぎない。それゆえ、物上保証人や第三取得者が同意しない場合であっても抵当権の随伴性は認められると解するのが妥当である。

(ヘ)　根抵当権、すなわち、一定の範囲内で増減変動する不特定の債権を一定の額（極度額）の限度で担保する抵当権（三九八条の二以下。本書五一三頁以下参照）の場合、一般に、付従性は、元本として確定した債権についてのみ存在し、元本として確定しない債権については存在しないとされている。しかし、後で述べるように、元本として確定しない債権についても、成立と消滅における付従性は存在すると解すべきである（本書五一七頁参照(1)）。

(8)　抵当権は、不可分性（三七二条・二九六条）の性質を有する。そこで、被担保債権の全部が弁済されない限り抵当権の登記は抹消されない（大判昭一五・八・五評論三〇巻民一三三頁）。

（1） 抵当権の不可分性については、柴原宏昭「抵当権の不可分性について――フランス法における理論的考察――」民商一三二巻三号三二頁以下（平成一七年）、同「抵当権の不可分性に関する一考察――日本法の分析と総合的判断――」同誌一三三巻六号五二頁以下、一三四巻一号三二頁以下（平成一八年）参照。

(9) 抵当権は、その他、担保物権として、他物権性、物上代位性（三七二条・三〇四条）の諸性質を有する。物上代位性については後述する（本書三二五頁以下参照）。

三 近代抵当権の特質

(1) 序 有力な学説は、近代抵当権の特質として、公示の原則、特定の原則、順位確定の原則、独立の原則、流通性の確保という諸点を指摘している。(1) そこで、以下において、これらの諸点について検討してみよう。

（1） 我妻・二一四頁以下参照。我妻栄「近代法における債権の優越的地位」近代法における債権の優越的地位八三頁以下（昭和二八年）も参照。

(2) 公示の原則

(イ) 公示の原則とは、抵当権は登記によって公示されなければならないという原則であるとされる。

(ロ) たしかに、公示の原則は、フランス、ドイツ、スイスなどのヨーロッパ各国、および、わが国において採用されている。ローマ法においては公示の原則は採用されず、また、フランス法においても、当初、公示されない隠れた抵当権の存在が認められていたが、一九五五年にすべての抵当権は登記されなければならないとされたのである（本書二五六頁以下参照）。抵当権が公示されない場合、取引の安全に重大な脅威を与える。それゆえ、各国においても共通して公示の原則が採用されているのであり、公示の原則は近代抵当権の特質の一つであるということができる。

(ハ) 公示の原則が採用されている場合、登記は抵当権の効力要件かそれとも対抗要件かという問題がある。ドイツやスイスにおいては、登記は抵当権の効力要件であるとされているが、フランスやわが国においては、登記は抵当権の対抗要件であるとされている。私見としては、後述するように、登記は抵当権の効力要件であると考える（本書二七九頁以下参照）。

(3)　特定の原則

(イ)　特定の原則とは、抵当権は特定の目的の上にのみ成立するという原則であるとされる。

(ロ)　ドイツやスイスにおいては、特定の原則が採用されている。わが国においても同様である。これに対し、フランスにおいては、前述したように、債務者の一切の不動産を目的物とする法定抵当権の存在が認められているが、しかし、個々の不動産について登記をしない限り第三者に対抗することができないとされており、実質上特定の原則が採用されているといえる（本書二五六頁以下参照）。以上のように、近代の各国においては、共通して特定の原則が採用されているといってよく、特定の原則は近代抵当権の特質の一つであるといって差し支えない。

(4)　順位確定の原則

(イ)　順位確定の原則とは、抵当権の順位は登記の前後により決定され、そして、一度決定された順位はその後の状況において変わることはなく、先順位の抵当権が消滅しても後順位の抵当権の順位は上昇しないという原則であるとされる。

(ロ)　抵当権の順位は登記の前後によるということは、フランス、ドイツ、スイスの各国において認められ、また、わが国においても採用されている。それゆえ、この点は近代抵当権の特質の一つであるといってよい。

(ハ)　(a)　抵当権の順位は登記の前後によって確定されるということは、スイスにおいては明文で認められている（本書二六二頁参照）。ドイツにおいては、一応この原則は認められているが、空洞化している（本書二六〇頁参照）。他方、フランスやわが国においては、この原則は認められていない。すなわち、フランスやわが国においては、先順位の抵当権が消滅すれば後順位の抵当権の順位が上昇するとされている。

(b)　しかし、先順位の抵当権が消滅した場合に後順位の抵当権の順位が上昇するということは、わが国において、明文の規定などの確たる根拠があるわけではない（フランスにおいても明文の規定はない）。そして、後順位の抵当権の順位が上昇するとすれば後順位の抵当権者に予期しない利益を与え不当である。また、債務者としては一番抵当権より重要ではない二番抵当権として抵当権を設定したのに、二番抵当権の順位が上昇すれば目的物をより重要な債権のための一番抵当権に利用することができなくなり、妥当でない。それゆえ、わが国においては、先順位の抵当権が消滅しても後順位の抵当権の順位は上昇しないと解すべきである。もっとも、当事者が順位上昇の合意をすることができるのはもちろんであり、この場合、後順位抵当権者は、債務者に対し、先順位の抵当権の消滅を条件とする先順位の抵当権への変更登記請求権を有し、この順位を保全するために仮登記（不登一〇五条二号）をすることができると解してよいであろう。順位確定の原則をとる場合、先順位の抵当権が消滅した場合にそこに土地債務が生じるとするか（ドイツ）、それとも、そこを空位(Leere Pfandstelle)とするか（スイス）という問題があるが、土地債務という制度のないわが国においては空位として扱うのが妥当である。

(c)　以上によれば、抵当権の順位は登記の前後によって確定されるということは、各国において取扱いが異なり、必ずしも近代抵当権の特質の一つであるとはいえないが、近代抵当権の望ましい特質の一つであるといってよいであろう。

(5)　独立の原則

(イ)　独立の原則とは、抵当権は債権から独立に存在し（付従性の否定）、また、抵当不動産の第三取得者によってその存在を脅かされない（滌除の否定）という原則であるとされる。そして、付従性の否定は、債権の存在を前提としない抵当権を認めることと、債権の存在を前提とする抵当権であっても債権の瑕疵によって影響を受けないことを意味するとされる。

(ロ)　(a)　付従性の否定のうち、債権の存在を前提としない抵当権については、フランスやわが国においては原則として認められていない。これに対し、前述したように、ドイツでは債権の存在を前提としない担保権として土地債務や定期土地債務が認められ、また、スイスでは同様の性質を持つギュルトが認められている（本書二六一頁以下、二六三頁以下参照）。しかし、ドイツにおいては土地債務がかなり行われているものの、スイスにおいてはギュルトはほとんど行われていない。それゆえ、債権の存在を前提としない抵当権は、基本的にドイツにおいてのみかなり行われているにすぎないということができる。したがって、債権の存在を前提としない抵当権が近代抵当権の特質の一つであるとはいえないであろう。

(b)　付従性の否定のうち、抵当権は債権の瑕疵によって影響を受けないということについては、付従性を全く否定するわけではなく、付従性を前提としつつも、債権の存在を信じて抵当権を取得する行為をした者は債権が存在しなくても抵当権を取得するというものである。この点は、フランスやわが国においては認められていない。これに対し、ドイツにおいては、前述したように、抵当権の原則的形態である流通抵当権の場合に債権の存在を信じて抵当権を取得する行為をした者は債権が存在しなくても保護される（土地債務か請求権をまとわない抵当権を取得する）とされている（本書二五九頁以下参照）。また、スイスにおいても、前述したように、債務証券の場合に債権の存在を信じて債務証券を取得した者は保護されるとされている（本書二六三頁参照）。しかし、ドイツにおいても保全抵当権の場合には債権の存在を信じて抵当権を取得しても保護されないし、スイスにおいても登記抵当権の場合には同様である（本書二六〇頁、二六二頁参照）。以上のように、抵当権が債権の瑕疵によって影響を受けないということは、これを認める国もあるが全面的ではなく、また、フランスや日本においては認められていず、近代抵当権の特質の一つであるとは必ずしもいえないであろう。

また、抵当権が債権の瑕疵によって影響を受けないとすれば、抵当権の取得者は保護されるが、不動産の所有者の利益は害される。それゆえ、抵当権が債権の瑕疵によって影響を受けないとすべきかどうかは、抵当権がどの程度流通の対象になっているかという取引状況に大きく依存するのであり、この取引状況を無視して抵当権は債権の瑕疵によって影響を受けるべきでないというのは妥当でない。したがって、抵当権は債権の瑕疵によって影響を受けないということが近代抵当権の望ましい特質の一つであるとも必ずしもいえない。

(ハ) 滌除の否定については、ドイツにおいては滌除が否定されているが、スイスにおいては厳しい要件のもとで滌除が認められている（本書二五七頁以下参照）。フランスにおいては、ほとんど利用されないものの滌除が認められている（本書二六二頁以下参照）。わが国においては、従来、これが認められてきたが、近年、廃止されるに至った。このように、滌除については、これを否定する国もあるが、肯定する国もあり、滌除の否定が近代抵当権の特質の一つであるとは必ずしもいえない。

他方、滌除においては、抵当権者はその意に反して抵当権の消滅を強いられるから抵当権者の利益は害されるが、抵当不動産の第三取得者は抵当権の負担のない不動産を取得する可能性があり同人にとって利益である。しかし、第三取得者は登記によって抵当権の存在が公示されている不動産を取得したのであるから、抵当権者を犠牲にして第三取得者に右のような利益を与える必要はない。そうだとすれば、滌除の否定は、近代抵当権の特質の一つであるとは必ずしもいえないが、近代抵当権の望ましい特質の一つであるとはいえるであろう。

(ニ) 以上によれば、独立の原則が近代抵当権の特質の一つであるとはいえず、ただ、滌除の否定が近代抵当権の望ましい特質の一つであるといえるにとどまる。

(6) 流通性の確保

(イ) 流通性の確保とは、抵当権の流通が公信の原則によって保護されることと、抵当権が証券に化体して迅速な取引の客体にされることであるとされる。

(ロ) (a) 抵当権の流通が公信の原則によって保護されるという場合、抵当権の流通が抵当権自体に付着する瑕疵から保護される場合と債権に付着する瑕疵から保護される場合の二つがある。

(b)　まず、抵当権の流通が公信の原則によって抵当権自体に付着する瑕疵から保護されるという場合であるが、これは、抵当権の登記を信じて抵当権を取得する行為をした者は抵当権が存在しなくても保護されるというものであり、ドイツやスイスにおいて認められている。他方、フランスやわが国においては認められていない。それゆえ、各国においてその取扱いが分かれており、抵当権の流通が公信の原則によって抵当権自体に付着する瑕疵から保護されるということが近代抵当権の特質の一つであるとは必ずしもいえない。

さらに、抵当権の流通が公信の原則によって抵当権自体に付着する瑕疵から保護されるとすれば抵当権の取得者は保護されるが、不動産の所有者の利益は害される。したがって、抵当権の流通が公信の原則によって抵当権自体に付着する瑕疵から保護されるとすべきかどうかは抵当権がどの程度流通の対象になっているかという取引状況に大きく依存しているのであり、この取引状況を無視して抵当権の流通が公信の原則によって抵当権自体に付着する瑕疵から保護されるべきであるというのは妥当でない。そうだとすれば、抵当権の流通が公信の原則によって抵当権自体に付着する瑕疵から保護されるということが近代抵当権の望ましい特質の一つであるとも必ずしもいえない。

(c)　次に、抵当権の流通が公信の原則によって債権に付着する瑕疵から保護されるという場合であるが、前述したように、ドイツやスイスにおいて認められる場合があるだけであり、近代抵当権の特質の一つであるとは必ずしもいえず、また、近代抵当権の望ましい特質の一つであるとも必ずしもいえない（本書二七二頁以下参照）。

(ハ)　抵当権が証券に化体し迅速な取引の客体になるということについては、ドイツにおいては抵当権の原則的形態である流通抵当権や土地債務、定期土地債務の場合に行われている。スイスにおいては、債務証券やギュルトの場合に行われている。しかし、ドイツにおいては保全抵当権の場合には行われていず、スイスにおいては登記抵当権の場合には通常行われていない。他方、フランスにおいては、抵当権を証券に化体する立法は行われていないようである(1)。わが国においては、昭和六年に抵当証券法が制定されているものの実際にはあまり行われていない。以上によれば、抵当権が証券に化体し迅速な取引の客体になるということは、ドイツやスイスにおいて行われているが全面的ではない。また、フランスにおいてはそのような立法は行われていないようであり、日本においては立法はされているが実際にはあまり行われていない。それゆえ、この点が近代抵当権の特質の一つであるとは必ずしもいえない。

また、抵当権が証券に化体し迅速な取引の客体になるべきかどうかは、抵当権がどの程度流通の対象になっているかという取引状況に大きく依存しているのであり、この取引状況を無視して抵当権が証券に化体し迅速な取引の客体になるべきであるというのは妥当でない。そうだとすれば、抵当権が証券に化体し迅速な取引の客体になるということが近代抵当権の望ましい特質の一つであるとも必ずしもいえない。

(ニ) このように、流通性の確保は、近代抵当権の特質の一つであるとは必ずしもいえないし、また、近代抵当権の望ましい特質の一つであるとも必ずしもいえない。

(1) フランスにおいては、被担保債権が証券化された場合(copie exécutoire à ordre)、被担保債権は証券の裏書によって移転される。この場合、無記名証券の発行は許されず、また、裏書は原則として公正証書によって確認されなければならない。債務者は、債権者の前者に対する人的抗弁を主張することができない(以上につき、Legeais, n°s 603 et s.; Aynès-Crocq, n° 697)。

(7) 結び

以上のように、有力な学説が主張する近代抵当権の特質は、妥当する場合もあるが、妥当しない場合もあり、必ずしも全面的に妥当するわけではない(1)。

(1) 鈴木禄弥「ドイツ抵当権法と資本主義の発達」抵当制度の研究三頁以下(昭和四三年)、松井宏興・抵当制度の基礎理論——近代的抵当権論批判——(平成九年)参照。

四 民法典制定後の抵当権制度の発展

(1) 序

(イ)　民法は、当初、抵当権の目的として、個々の不動産や地上権、永小作権を想定し、また、被担保債権として個々の債権を想定していた。しかし、民法典制定後のわが国のめざましい経済発展は、抵当権の目的と被担保債権の両方の範囲の拡大を要請した。そこで、この要請に応えるため、民法の改正が行われ、また、多くの特別法が制定された。(1)さらに、この過程で抵当権の流通性を促進するために抵当証券法も制定された。

（1）　この問題については、近江幸治「日本民法の展開(2)特別法の生成――担保法」民法典の百年Ⅰ一八一頁以下（平成一〇年）参照。

(ロ)　民法典制定後の抵当権制度の発展は、次のように大別される。すなわち、財団抵当権に関するもの、立木抵当権に関するもの、動産抵当権に関するもの、根抵当権に関するもの、証券抵当権に関するものがこれである。そこで、以下においてはこれらの抵当権について簡単に概観する（詳細は、本書五八〇頁以下参照）。

(2)　財団抵当権

(イ)　財団抵当権とは、企業の土地、建物、機械、地上権、特許権などが一つの財団を構成する場合にこの財団を目的として設定される抵当権である。財団抵当権としては、工場財団抵当権（工場抵当法）、鉱業財団抵当権（鉱業抵当法）、鉄道財団抵当権（鉄道抵当法）、軌道財団抵当権（軌道ノ抵当ニ関スル法律）、運河財団抵当権（運河法）、漁業財団抵当権（漁業財団抵当法）、港湾運送事業財団抵当権（港湾運送事業法）、道路交通事業財団抵当権（道路交通事業抵当法）、観光施設財団抵当権（観光施設財団抵当法）がある。

(ロ)　財団抵当権に類似したものに、工場抵当権と企業担保権がある。工場抵当権は、財団を構成しない工場の土地、建物、機械などを抵当権の目的物とするものであり（工場抵当法）、企業担保権は、企業の総財産を担保の目的とするものであって、抵当権よりも弱い担保権である（企業担保法）。

(3)　立木抵当権　立木抵当権とは、立木を目的物とした抵当権である（立木ニ関スル法律）。立木をその地盤である土地とは別個独立の不動産として独自の登記簿を備え、その立木に抵当権を設定するのである。

(4)　動産抵当権　動産抵当権とは、動産を目的物とした抵当権である。特定の動産につき登記簿や登録簿を備え、その動産に抵当権を設定するのである。動産抵当権としては、船舶抵当権（商八四八条）、農業用動産抵当権（農業動産信用法）、自動車抵当権（自動車抵当法）、航空機抵当権（航空機抵当法）、建設機械抵当権（建設機械抵当法）がある。

(5) 根抵当権　根抵当権とは、一定の範囲内で増減変動する不特定の債権を一定限度額（極度額）まで担保する抵当権である。以前から取引実務上行われ、判例により認められていたが、昭和四六年に民法典自体により認められるに至った（三九八条の二以下）。

(6) 証券抵当権　証券抵当権とは、抵当権が証券に化体し取引の客体にされる場合の抵当権である（抵当証券法）。

第二節　抵当権の設定

一　抵当権設定契約

(1) 序

(イ) 抵当権は、約定担保物権である。すなわち、抵当権は、当事者の約定、つまり、抵当権設定契約によって設定される。(1) 抵当権設定契約が物権契約であるか債権契約であるかについては後述する（本書二七八頁以下参照）。

（1） 抵当権の設定については、満田忠彦「抵当権の設定をめぐる判例上の問題点」担保法大系Ⅰ一七五頁以下（昭和五九年）、高木多喜男「抵当権設定の理論上の問題点」金融取引の法理二巻二二四頁以下（平成八年）参照。

(ロ) 抵当権設定契約の当事者は、抵当権者と抵当権設定者である。抵当権者は、原則として債権者であるが、担保付社債の発行の場合には債権者以外の者が抵当権者になる。すなわち、担保付社債の発行においては、抵当権者は、社債権者ではなく、信託会社になるのである（担保付社債信託法三六条）。他方、抵当権設定者は、債務者と物上保証人である。物上保証人については、質権の物上保証人について述べたのと同じである（本書一五八頁以下参照）。以下においては、これまでの説明と同様、抵当権設定者が債務者である場合を中心にして説明する。

(2) 抵当権設定契約の法的性質

(イ) 物権契約か債権契約か

(a) 一般に、抵当権設定契約は、物権契約であり、抵当権設定契約によって直ちに抵当権が発生すると解されている。そして、債務者は目的物について処分権限を有していなければならず、債務者が目的物の処分権限を有しない場合、抵当権設定契約は無効であり、抵当権は発生しないと解されている。

(b) しかし、債務者が目的物の処分権限を有しない場合であっても、抵当権設定契約を無効とする必要はない。すなわち、この場合、抵当権は発生しないとしても、債務者は目的物の処分権限を取得して抵当権を発生させる義務を負い、債務者が目的物の処分権限を取得して抵当権設定登記をした時点で抵当権が発生すると解するのが妥当である(1)(後述するように、登記は抵当権の効力要件である(本書二八〇頁参照))。そうだとすれば、抵当権設定契約は、債務者に抵当権を発生させる義務を負担させる債権契約であるというべきである。

(1) 道垣内・一二二頁以下参照。

(c) 以上によれば、債務者が処分権限を有しない他人の不動産について抵当権設定契約を結んだ場合、抵当権は発生せず、債権者は抵当権を取得しない。抵当権の目的は不動産や地上権、永小作権であり、善意取得の対象にもならない。しかし、抵当権設定契約は無効ではなく、債務者は目的物の所有権を取得するなど処分権限を取得して抵当権を発生させる義務を負い、債務者が処分権限を取得して抵当権設定登記をした時点で抵当権が発生し債権者は抵当権を取得するのである。債務者は、目的物の処分権限を取得しない場合、債務者が目的物の処分権限を有しないことを知らなかった債権者に対して損害賠償責任を負担する(五六一条後段・五六二条参照)。

(d) 将来取得する予定の不動産について抵当権設定契約を締結することができるのは当然である。この場合、抵当権は、債務者が不動産を取得して抵当権設定登記をした時点で発生する（大決大四・一〇・二三民録二一輯一七五五頁参照）。フランス民法二四一九条は、抵当権は原則として現在の不動産について設定されるとするが、フランス民法二四二〇条は、その例外として、債務者が取得予定の不動産についても一定の場合に抵当権を設定することができるとしている。そして、この場合、不動産が取得された時にその不動産について当然に抵当権が発生するとされる。(1)

(1) Aynès-Crocq, n° 666.

(ロ) 諾成契約　抵当権設定契約は、諾成契約である。もっとも、後述するように、抵当権は登記を経なければ効力を生じない（本書二八〇頁参照）。抵当権設定契約が結ばれた場合、債権者は、債務者に対して抵当権設定登記請求権を取得し、登記によって抵当権の効力が生じるのである。

(ハ) 従たる契約　抵当権設定契約は、債権に付従して締結される契約である（抵当権の付従性（本書二六六頁以下参照））。

二　抵当権の登記

(1) 抵当権の登記の意義

(イ) 一般に、登記は抵当権の対抗要件であり、登記がなくても抵当権は効力を生じ競売の申立てもすることができると解されている。

(ロ) しかし、第一に、抵当権が対抗力を有しない場合、抵当権者は他の債権者に対抗できず優先弁済受領権を持たないのであり、これは抵当権の基本的性質に反するというべきである。すなわち、抵当権は優先弁済受領権を伴う点に基本的特色があるのであり（三六九条一項）、優先弁済受領権の伴わない権利を抵当権というのは背理であるといわざるをえない。優先弁済受領権のない抵当権は単なる債権と基本的に異ならないのである。

第二に、登記のない抵当権の設定されている不動産に、背信的悪意者であるAが一番抵当権を、善意者であるBが二番抵当権を取得した場合、一般的見解によれば、抵当権者は、Aに対しては抵当権を対抗することができるが、B

に対しては抵当権を対抗することができない。そこで、抵当権者はAに優先し、AはBに優先する。しかし、Bは抵当権者に優先するのである。この場合、配当がどのように行われるのか不明である。

(ハ)　民法一七七条の登記を物権変動の効力要件と解する私見によれば[1]、登記は抵当権の効力要件であると考えられる[2]。すなわち、抵当権は登記なしには効力を生じないのである。そして、このように解して、はじめて前述の一般的見解の背理を解消することができるのである。

(1)　石田(穣)・一三七頁参照。

(2)　米倉明「抵当権と登記——登記ははたして対抗要件か——」民法研究二巻一七九頁以下(平成九年)参照。

(ニ)　抵当権設定契約が結ばれた場合、債権者は債務者に対して抵当権設定登記請求権を取得する(大判昭三・一〇・一六民集七巻七九二頁)。一般に、抵当権について登記をしない旨の合意は有効であるとされているが(大判昭一一・一二・二八法学五巻七号二三頁)、登記を抵当権の効力要件と解する私見によれば、このような合意は効力のない抵当権を発生させるという合意であって無意味であり、このような合意を前提とする抵当権設定契約は無効であると解すべきである。

(ホ)　一般に、登記を経ていない抵当権に基づき競売の申立てをすることができるとされている(大判大一二・七・二三民集二巻五四五頁、最判昭二五・一〇・二四民集四巻一〇号四八八頁)。しかし、前述したように、登記を経ていない抵当権は効力を有せず、右のような競売申立ては不適法であり却下されるべきである。民事執行法一八一条一項一号二号は、競売開始決定は抵当権の存在を証する確定判決や公正証書などの謄本に基づき行われると規定するが、ここでいう抵当権は登記のされた抵当権を指すと解すべきである。たとえば、抵当権の登記が不実登記であるかどうかに争いがあり、不実登記でないとして抵当権の存在が確定判決で確認された場合などに問題になる。

(2)　登記事項

(イ)　登記事項は、被担保債権の額(不登八三条一項一号)などであるが、以下の事項について定めがある場合には、利息に関する定め、債務不履行による損害の賠償額に関する定め、債権に付した条件に関する定め、民法三七〇条但書に関する定め、抵当証券の発行に関する定めも登記事項になる（不登八八条一項）。

(ロ) 登記官の過誤により申請された事実と異なった登記がされた場合、そのことが登記簿上容易に分かる場合には申請された事実がそのまま登記されたのと同一の効力が生じる（大判大一四・一二・二一民集四巻七二三頁）。

(ハ) 一度登記された抵当権が、登記官の過誤により抹消されたり、新登記簿への移記などに際し遺脱された場合、判例は、抵当権の効力に消長をきたさないとする（大(連)判大一二・七・七民集二巻四四八頁など）。基本的には妥当であるが、抵当権の消滅や不存在を信じた者を保護するために民法九四条二項が類推適用されるべきである[1]。

(1) 石田(穣)・一六五頁以下参照。

(3) 登記の流用

(イ) 登記の流用とは、被担保債権が消滅し抵当権の登記を抹消すべきであるのに、これを抹消しないで新たな抵当権のために利用することである[1]。たとえば、AのBに対する被担保債権一、〇〇〇万円がBの弁済によって消滅したのに抵当権の登記が抹消されないでいた場合、AがBに対し新たに一、〇〇〇万円の被担保債権を取得し新たな抵当権の登記として抹消されないでいた登記を利用したり、CがBに対し一、〇〇〇万円の被担保債権を取得し抵当権の登記として抹消されないでいた登記を利用する（CはAから一、〇〇〇万円の債権を譲り受けAの抵当権の登記に抵当権移転の付記登記をするという形式をとる）というのがこれである。

(1) この問題については、森永淑子「後順位抵当権者の地位について——先順位抵当権の被担保債権につき消滅原因が生じた場合を中心に——」福法四六巻二・三・四号一頁以下（平成一三年）参照。

(ロ) (a) 一般に、第三者の利益を害さない限り登記の流用を行ってもよいと解されている。すなわち、登記の流用までに目的物につき担保権者や第三取得者が登場しなかった場合、登記の流用が認められるとされる。これに対し、登記の流用までに目的物につき担保権者や第三取得者が登場した場合、登記の流用を認めるとこれらの者が害されるから、登記の流用は認められないとされる（担保権者が登場した場合には、後順位の抵当権者としての流用ならば差し支えない）。そして、たとえば、Aが一番抵当権を有し、Bが二番抵当権を有していた場合、Aの被担保債権の消滅によってBの二番抵当権は一番抵当権に順位が上昇するところ、Aが登記を流用すればBの一番抵当権が二番抵当権に順位を下げBを害するから、Bも第三者に該当し、Aによる登記の流用は認められないとされる（二番抵当権者としての流用は可）。

(b)　判例は、登記の流用を認めないものもあるが（大判昭六・八・七民集一〇巻八七五頁など）、これを認める傾向にある。すなわち、判例は、登記の流用の合意をした抵当権設定者はその無効を主張できないとし（最判昭三七・三・一五裁判集民五九号二四三頁）、登記を流用した抵当権につきその抵当権の存在を前提として代金を定め不動産を取得した第三取得者はその抵当権の登記の欠缺を主張する正当な利益を有しないとする（大判昭一一・一・一四民集一五巻八九頁）。また、判例は、担保仮登記（仮登記担保権）の流用後に利害関係を有するに至った者は流用に係る仮登記の無効を主張することができないとしている（最判昭四九・一二・二四民集二八巻一〇号二一一七頁）。

(ハ)　私見としては、登記の流用は第三者の利益を害さない限り認めてよいと考える。[1]　しかし、前述したように、順位確定の原則が採用されるべきであり（本書二七〇頁以下参照）、抵当権消滅当時の後順位の抵当権者は第三者に入らない。以上によれば、たとえば、抵当権が消滅した後で抵当権の設定を受けることになった債権者や抵当権が消滅した後で目的不動産を取得した第三取得者に対しては抵当権の登記の流用を主張することができないが、一番抵当権が消滅した当時の二番抵当権者の順位は上昇せず、これに対して一番抵当権の登記の流用を主張することは差し支えない。

(1)　石田(穣)・一七四頁以下参照。

三　抵当権の目的

(1)　序　抵当権の目的には、大きく分けて、民法上の抵当権の目的と民法以外の法律上の抵当権の目的の二つがある。民法上の抵当権の目的は、不動産と地上権、永小作権であり、民法以外の法律上の抵当権の目的は、不動産や動産、財団などである。

(2) 民法上の抵当権の目的

(イ) 不動産

(a) (α) 不動産とは、土地およびその定着物である(八六条一項)。建物は、土地とは別個の不動産として扱われる(三七〇条本文)。

(β) 一筆の土地の一部であっても分筆登記をすれば抵当権の目的物になる。(1) 一個の建物の一部であっても分割(不登五四条一項一号)や区分(不登五四条一項二号)の登記をすれば抵当権の目的物になる。区分所有建物の専有部分も抵当権の目的物になるが、共用部分は専有部分と切り離して抵当権の目的物とすることはできない(区分所有一五条二項)。

(1) 抵当権の設定されている土地と設定されていない土地を合筆することはできない(不登四一条六号)。抵当権の設定されている土地を分筆することは可能である。この場合、抵当権は分筆された各土地につき設定されたことになり、共同抵当権(三九二条)ということになる。

(b) (α) 譲渡をするには第三者の許可や承諾が必要な不動産についても抵当権を設定することができるが、この場合、抵当権は第三者が許可や承諾をすれば買受人は所有権を取得することができるという期待権の上に設定されていると考えられる。それゆえ、買受人は、買受けによりこのような期待権を取得し、第三者が許可や承諾をすれば所有権を取得すると解される(第三者が買受人による買受けの前に許可や承諾をすれば、買受人は買受けにより所有権を取得する)。

(β) たとえば、農地の譲渡には農業委員会や都道府県知事の許可が必要であるが(農地法三条)、農地に抵当権を設定する場合にはこの許可は必要でない。この場合、農地に設定された抵当権は、右の許可があれば買受人は所有権を取得することができるという期待権の上に設定されていると考えられる。それゆえ、買受人は、買受けによりこの期待権を取得し、右の許可があれば所有権を取得する。買受人の買受けの前に右の許可があれば、買受人は買受けにより所有権を取得する。

(γ) 判例は、処分するには大林区署長の許可が必要である部分林共有持分上の抵当権は許可を条件として成立するとするが（大判大一二・三・六民集二巻八五頁）、この抵当権は、許可があれば買受人は部分林共有持分を取得することができるという期待権の上に無条件に成立していると解すべきである。

(δ)　一般に、借地上の建物の抵当権の効力は賃貸人の承諾がなくても借地権に及ぶとされるが、借地上の建物の抵当権は、建物所有を目的とする地上権の場合を除き、賃貸人が承諾すれば買受人は借地権を取得することができるという期待権に及ぶというべきである（六一二条参照。本書三一二頁も参照）。

(ロ)　地上権、永小作権　地上権、永小作権も抵当権の目的になる（三六九条二項）。地上権の設定されている土地上の建物に抵当権が設定された場合、抵当権の効力は地上権にも及ぶ。すなわち、この場合、地上権も当然に抵当権の目的となる。賃借権の場合と異なり、地上権の移転のための地主の承諾は不要である。

(3)　民法以外の法律上の抵当権の目的

(イ)　不動産（立木）　立木が地盤から独立して抵当権の目的物になるのは、立木が地盤とは別個の不動産とされ、それに抵当権が設定される場合である（立木二条一項二項）。

(ロ)　動　産　動産が抵当権の目的物になるのは、船舶（商八四八条）、農業用動産（農業動産信用法）、自動車（自動車抵当法）、航空機（航空機抵当法）、建設機械（建設機械抵当法）の場合である。

(ハ)　財　団　財団が抵当権の目的になるのは、工場財団（工場抵当法）、鉄道財団（鉄道財団抵当法）、軌道財団（軌道ノ抵当ニ関スル法律）、運河財団（運河法）、漁業財団（漁業財団抵当法）、港湾運送事業財団（港湾運送事業法）、道路交通事業財団（道路交通事業抵当法）、観光施設財団（観光施設財団抵当法）の場合である。

(ニ)　特別な権利　特別な権利が抵当権の目的になるのは、採石権（採石法四条三項）、採掘権（鉱業法一三条但書）、一定の漁業権（漁業法二四条）の場合である。

四　抵当権の被担保債権

(1) 被担保債権の不存在

(イ) 抵当権は、被担保債権が存在しない場合には成立しない（付従性）。そこで、法律行為の無効や取消しにより被担保債権が存在しない場合、抵当権は成立しない。たとえば、利息制限法による制限を逸脱した利息債権を被担保債権として抵当権を設定した場合（最判昭三〇・七・一五民集九巻九号一〇五八頁。大判昭五・一二・二七評論二〇巻民一二七頁も参照）や、公序良俗に反する取引所外の株式の差金取引を委任しその保証金代用として抵当権を設定した場合（大判昭八・三・二九民集一二巻五一八頁）がこれである。

(ロ) 判例は、労働金庫の員外貸付上の債権を被担保債権として設定された抵当権に関し、設定者である債務者が員外貸付けの無効を理由に抵当権ないしその実行手続きの無効を主張するのは信義誠実の原則に反し許されないとする（最判昭四四・七・四民集二三巻八号一三四七頁）。これは、員外貸付けが無効であっても、労働金庫は不当利得による返還請求権を有し、前記の抵当権はこの請求権をも担保する意義を持つからであるという理由による。そうだとすれば、抵当権は、不当利得による返還請求権をも被担保債権とし、当然有効であって、信義誠実の原則を援用する必要はないということになるであろう(1)。

(1) 星野英一・民事判例研究二巻三七頁以下（昭和四六年）、高木・一一二頁、内田・三九二頁、松井・二五頁参照。

(2) 被担保債権の額

被担保債権の額は、登記事項である（不登八三条一項一号）。登記された額が実際の額より大きい場合、実際の額が被担保債権の額になる。

これに対し、実際の額が登記された額より大きい場合、登記された額が被担保債権の額になる。これは、後順位担保権者や第三取得者などの第三者を保護するためであり、抵当権の効力は登記された額に制限される。それゆえ、抵当権者は、債務者に対する関係においても、登記された額の限度でしか抵当権を実行することができず、この額を超える額については一般債権者として配当を受けることになる（三七五条についての本書二九四頁参照）。

(3)　被担保債権の種類

(イ)　被担保債権は、金銭債権に限らず特定債権であってもよい。たとえば、不動産引渡請求権も被担保債権になる。もっとも、抵当権の実行の時点で金銭債権に変わっていなければならないのは当然である。

(ロ)　一定の金額を目的としない債権が被担保債権となる場合、債権の価額を登記しなければならない（不登八三条一項一号）。これによって後順位担保権者や第三取得者などの第三者の便宜に供するためである。登記された債権の価額が実際の価額より大きい場合、抵当権は実際の価額の限度で効力を有する。これとは逆に、登記された価額が実際の価額より小さい場合、抵当権は登記された価額の限度で効力を有する（本書二八五頁参照）。

(ハ)　外国の通貨で債権額を指定した債権が被担保債権となる場合、その債権額の外に日本の通貨で表示した担保限度額も登記しなければならない（不登八三条一項五号）。この場合、抵当権の実行は、実行の時点における為替相場により日本の通貨によって行われる（四〇三条参照）。登記された担保限度額が日本の通貨で表示した実際の額より大きい場合、抵当権は日本の通貨で表示した実際の額の限度で効力を有する。これとは逆に、登記された担保限度額が日本の通貨で表示した実際の額より小さい場合、抵当権は登記された担保限度額の限度で効力を有する（本書二八五頁参照）。

(4)　将来の債権　期限付債権や条件付債権のような将来成立する債権については、抵当権も期限付や条件付で成立する（期待権。本書二六六頁以下参照）。

(5)　その他

(イ)　一つの債権を被担保債権として複数の不動産の上に抵当権を設定することは可能である。これは、共同抵当権といわれるものであり（三九二条・三九三条）、後で説明する（本書四八二頁以下参照）。

(ロ)　一部抵当権

(a)　(α)　ある債権の一部を担保するために抵当権を設定することも可能である。たとえば、一、〇〇〇万円の債権のうち五〇〇万円を担保するために抵当権を設定するというのがこれであり、一部抵当権といわれる。

(β) (i) 右の設例で五〇〇万円が弁済提供されたが、抵当権者が受領を拒否したのでそれが供託された場合、抵当権は消滅するであろうか。抵当権が消滅するとすれば、五〇〇万円の弁済提供は債務の本旨に従った適法な弁済提供となり(四九三条本文)、抵当権者は五〇〇万円の受領を強いられる。しかし、抵当権者は一、〇〇〇万円の債権を有しているのであり、五〇〇万円の弁済提供を拒否し、一、〇〇〇万円を支払えといえるはずである。抵当権者は、一、〇〇〇万円をまとまって受領することに大きな利益を有するのである。五〇〇万円の一部抵当権に関する当事者の意思は、抵当権者は目的物の売却代金から五〇〇万円を限度として配当を受けることができるというものにすぎず、五〇〇万円の弁済提供を債務の本旨に従った弁済提供として認めるというものではない。それゆえ、五〇〇万円の弁済提供は債務の本旨に従った適法な弁済提供とはいえず、抵当権は消滅しないと解すべきである(1)(2)(供託は、債務消滅の効力を生じない)。

他方、抵当権者が五〇〇万円を受領した場合、当事者の通常の意思は五〇〇万円の弁済によって抵当権を消滅させるというものと考えられ、抵当権は原則として消滅する(3)。

(1) 同旨、船越・一三六頁。

(2) この場合、弁済の充当に関する民法四八八条・四八九条が類推適用され、原則として抵当権が消滅するとするのは、高木・一五七頁、道垣内・二二八頁。

(3) 我妻・二四四頁、船越・一三五頁以下は、抵当権は残額の五〇〇万円を担保するとする。

(ii) (i)′ 一部抵当権において、登記されるべき債権額(不登八三条一項一号)は、担保される債権額である。そして、登記原因において〇〇円のうちの〇〇円と表示される(昭三〇・四・八民事甲第六八三号民事局長通達・先例集追I三二七頁)。

(ii)′ 被担保債権額が一、〇〇〇万円のうちの五〇〇万円であるのに単に五〇〇万円として登記された場合、抵当権者は債務者に対し一、〇〇〇万円のうちの五〇〇万円である旨の更正登記を求めることができる。

登記上利害関係を有する第三者がいる場合にはその承諾が必要であるが（不登六六条。たとえば、抵当不動産の第三取得者は、被担保債権額が五〇〇万円であれば五〇〇万円を第三者弁済して抵当権の登記の抹消を求めることができるが、被担保債権額が一、〇〇〇万円のうちの五〇〇万円であれば一、〇〇〇万円を第三者弁済しなければ抵当権の登記の抹消を求めることができない）、第三者が承諾義務を負うかどうかは民法九四条二項の類推によって判断されるべきである。[1]

そこで、抵当権者が故意に、あるいは、重過失により、被担保債権額が五〇〇万円の登記を放置し、第三者が被担保債権額が五〇〇万円の通常の抵当権であると無重過失で信じたり（抵当権者が故意に放置していた場合）、無過失で信じた場合（抵当権者が重過失で放置していた場合）、民法九四条二項を類推し、抵当権者は第三者に対し承諾を求めることができないと解される。この場合、被担保債権額が五〇〇万円の通常の抵当権として扱われる。右以外の場合、抵当権者は第三者に対し承諾を求めることができ、抵当権は、更正登記を経れば被担保債権額が一、〇〇〇万円のうちの五〇〇万円という一部抵当権として扱われる。

（1）　石田（穣）・一六三頁以下参照。

(iii)　根抵当権においては、元本確定後の債権額が極度額を超える場合、物上保証人や抵当不動産の第三取得者は極度額に相当する金額を支払ったり供託して根抵当権の消滅を請求することができるとされる（三九八条の二二第一項）。これは、一部抵当権における債権の一部弁済に類似する。この規定の趣旨は、根抵当権においては、債権額がしばしば多額に達し、しかも、事前にその額を予測するのは困難であるから、自ら債務を負担するわけではない物上保証人や第三取得者は極度額に相当する金額を支払ったり供託して根抵当権の消滅を請求することができるというものである（本書五七八頁以下参照）。

しかし、一部抵当権においては、債権額として〇〇円のうちの〇〇円と表示されるから（本書二八七頁参照）、物上保証人や第三取得者が予想外に高額の債権額を弁済提供しない限り抵当権を消滅させることはできないということはない。それゆえ、根抵当権に関する右の規定は一部抵当権には類推適用されないと解してよいであろう。[1]

（1） 鈴木・二三四頁は類推適用を認める。

(b) 一部抵当権を全部抵当権に改めることは可能である。この場合、その旨の変更登記をしなければならず（たとえば、債権額が一、〇〇〇万円の債権のうちの五〇〇万円という登記を債権額が一、〇〇〇万円という登記に変更）、変更登記の時点から全部抵当権としての効力が生じる。なお、たとえば変更登記の前に二番抵当権者が生じた場合、その承諾がなければこれを行うことはできない（不登六六条）。

(ハ) 抵当権の準共有について

(a) (α) 第三者が被担保債権の一部を代位弁済した場合、一般に、債権者と第三者は抵当権を準共有し、第三者は債権者と共同してのみ抵当権を行使することができ、しかも、第三者は抵当権者に劣後するとされている(1)。

（1） 我妻栄・新訂債権総論二五四頁以下（昭和三九年）、我妻・二四五頁参照。

(β) しかし、第一に、債権者が被担保債権の一部の代位弁済を承諾した場合、第三者が弁済額に応じて債権および債権者と同順位の分割された抵当権を取得するとしても、債権者は一部の代位弁済を承諾している以上不当に害されない。もっとも、たとえば、第三者（保証人）が被担保債権の全額の支払いにつき保証した場合、第三者が自らの債務（保証債務）の全部を履行することなく債権者と同順位の分割された抵当権を取得するとするのは、債権者がそこまで承諾したと見られる場合を除き、第三者が被担保債権の全額の支払いを保証した趣旨に反し認められない。

第二に、保証人が数人いる場合、保証人は被担保債権の分割された一部について義務を負う（分別の利益（四五六条・四二七条））。この場合、保証人が保証債務を履行すれば被担保債権につき一部弁済をしたのと同じくなるが、一般の見解によれば保証人の分別の権利が不当に害される(1)。保証人は、自らの債務を全部履行しているのである。また、保証人に分別の利益が生じるのは、債権者が自ら複数の保証人と保証契約を結んだ場合である。それゆえ、この場合に保証人が債権者と共同してのみ抵当権を行使することができ、しかも、抵当権者に劣後するとするのは、保証人の分別の利益を不当に害し妥当でない。

（1）　起草委員梅謙次郎は、法典調査会において、代位弁済により一部弁済が行われるのは、債権者が任意に受領した場合と保証人に分別の利益がある場合であり、後者は保証人の権利であるから、いずれの場合にも債権者は害されないと説明している（民法議事速記録二〇巻一六一頁）。一部代位についての起草過程については、前田達明・口述債権総論（三版）四七五頁以下（平成五年）が詳しい。

が妥当である。

(γ)　第三者は、その弁済額に応じて債権を取得し（五〇二条一項参照）、債権額に応じて抵当権も分割して取得すると解するの

第三者が被担保債権の一部につき弁済提供するのは、債務の本旨に従った弁済提供とはいえず（四九三条本文）、債権者はこれを受領する義務を負わない（本書二八七頁参照）。それゆえ、第三者は、債権者が承諾する場合にのみ一部弁済によって債権者に代位することができると解すべきである（四九九条一項・五〇〇条参照）。なお、分別の利益を有する保証人が保証債務を履行する場合、被担保債権の一部を弁済するのと同じくなるが、これは保証人の権利であり、この場合に保証人が債権者に代位することができるのは当然である。

以上のような前提に立つ場合、債権者と第三者は、弁済額に応じてそれぞれ債権を有し、これらの債権を担保するために原則としてそれぞれ債権額に応じて分割された同順位の抵当権を有すると解すべきである（大決昭六・四・七民集一〇巻五三五頁）。(1) 第三者に債権者と抵当権を共同して行使させるという制約を課す必要はない。このように解しても、債権者は不当に害されないのである。もっとも、たとえば保証人が被担保債権の全額の支払いを保証した場合、保証人が自らの債務を全部履行することなく債権者と同順位の抵当権を取得するとするのは、債権者がそれにも同意したと見られる場合を除き、被担保債権の全額の支払いを保証した趣旨に反する。それゆえ、このような場合には、第三者の分割された抵当権は債権者の抵当権に劣後すると解すべきである。(2)

以上のように解する場合、債権者と第三者はそれぞれ他方の抵当権の実行によって自らの抵当権の消滅を強いられることになるが（他方の抵当権の実行手続きにおいて自らの抵当権は消滅する（消除主義。民執一八八条・五九条一項））、しかし、一般に先順位の抵当権であっても後順位の抵当権

の実行によって消滅を強いられるのであり、やむをえないと考えるべきである。

（1） 被担保債権が複数あり、そのうちの一つが保証人によって保証されている場合、保証人は保証債務の履行により債権者と抵当権を準共有し債権額に応じて弁済を受けるとされる（最判平一七・一・二七民集五九巻一号二〇〇頁）。しかし、保証人と債権者は、債権額に応じて分割された同順位の抵当権を取得すると解すべきである。保証人は、自らの債務を全部履行しており、また、債権者は、自ら被担保債権の一つにつき保証契約を結んだからである。この問題については、斎藤和夫「抵当権の複数の被担保債権中の一個債権の保証人による代位弁済と抵当不動産売却代金の配当」法研八一巻一二号一四一頁以下、八二巻一号四九頁以下（平成二〇年—二一年）参照。

（2） 債権者が債務者と物上保証人に対し共同抵当権を有し、物上保証人に対する抵当権の実行により被担保債権の一部の弁済を受けた場合、物上保証人は債権者とともに抵当権を実行することができるが、配当において債権者が優先するとされる（最判昭六〇・五・二三民集三九巻四号九四〇頁）。この場合、物上保証人は、弁済額に応じて抵当権を分割して取得するが、債権者が被担保債権の全額の弁済を受けるのを容認すべき立場にあり、配当において債権者が優先すると解すべきである（本書五〇八頁以下参照）。

(b) 被担保債権の一部が譲渡された場合、一般に、債権者と譲受人が抵当権を準共有し、両者は共同して抵当権を行使すると解されているようである[1]（大判大一〇・一二・二四民録二七輯二一八二頁）。しかし、債権者と譲受人が共同してのみ抵当権を行使することができるという制約を課す必要はなく、債権者と譲受人は、反対の特約がない限り、一部譲渡の額に応じて同順位の抵当権を分割して取得すると解するのが妥当である。債権者は、自ら被担保債権の一部を譲渡したのであり、このように解しても害されない。

（1） 我妻・二四五頁参照。

(c) (α) 抵当権付債権が共同相続された場合、一般に、被担保債権も抵当権も共同相続人に合有的に帰属すると解されている。

(β) しかし、別の機会に述べたように、一般に共同相続財産を合有と解するのは妥当でなく、共有であると解すべきである[1]。もっとも、被担保債権は、抵当権が実行される時点では金銭債権でなければならず、金銭債権は可分債権であるから、金銭債権になった時点で共同相続人に分割して帰属すると解すべきである（最判昭二九・四・八民集八巻四号八一九頁）。それゆえ、抵当権も共同相続人に分割して帰属すると解するのが妥当である。一般の見解によれば、共同相続人は被担保債権と抵当権を合有するから、これらを共同してのみ行使することができるということになるが、そのような制約を課す必要はない。なお、共同相続人の抵当権はそれぞれ同順位であると解される。

（1）石田（穣）・三七五頁参照。

(d)　数人が同一の債務者に対してそれぞれ債権を有する場合に一個の抵当権を設定することは可能である。この場合、各債権者は、特約により一個の抵当権を準共有すると解される。各債権者が抵当権を準共有するとする場合、抵当権の実行は各債権者の共同によってのみ行われると解される（二五一条。債権者の一人が抵当権の持分を実行することができるとする場合、他の債権者の抵当権の持分も実行されることになり（消除主義）、結局、全部の債権者の抵当権の持分が処分されることになるが、これは共有物の変更に該当する）。各債権者は一個の抵当権の設定という点で合意しており、このように解しても不当に害されない。各債権者の抵当権の持分は、それぞれの債権額に応じて定まる。なお、登記実務は、このような抵当権の設定登記の申請を受理していないが（昭三五・一二・二七民事甲第三二八〇号民事局長通達・先例集追Ⅲ四一九頁）、妥当でない。

第三節　抵当権の効力

一　抵当権の被担保債権と目的物のそれぞれの範囲

(1)　抵当権の被担保債権の範囲

(イ)　序　抵当権の被担保債権の範囲については民法三七五条に規定がある。民法三七五条は、質権の被担保債権の範囲に関する民法三四六条とは異なり、利息などの定期金や損害賠償請求権について被担保債権となる範囲を一定の範囲に制限している。これは、後順位担保権者や抵当不動産の第三取得者、差押債権者などの第三者を保護するためである。すなわち、利息などの定期金や損害賠償請求権はその額がいくらになるか第三者には分からず、第三者が不測の不利益を受けるおそれがあり、その範囲を一定の範囲に制限することによって第三者の保護をはかったのである。

(ロ)　元　本　元本が被担保債権になるのは当然である。元本の額は登記されなければならない（不登八三条一項一号）。登記を抵当権の効力要件と解する私見によれば（本書二八〇頁参照）、元本の額は登記された限度で被担保債権になると考えられる（本書二八五頁参照）。

(ハ)　利　息

(a)　利息も被担保債権になる。もっとも、利息に関する定めがあればこれを登記しなければならず（不登八八条一項一号）、また、満期となった最後の二年分についてのみ抵当権を行使することができるとされている（三七五条一項本文）。

(b)　(α)　利息付の約定のある消費貸借の場合、貸主は利息付であることを登記しなければ利息につき抵当権を行使することができない。これに対し、商人間の消費貸借の場合、貸主は利息付の約定がなくても利息を請求することができるから（商五一三条一項）、貸主は利息につき登記がなくても抵当権を行使することができるように見える。しかし、これでは、第三者は利息に関する定めの登記がなくても利息が被担保債権になっていないと速断することはできず、取引の安全が著しく害される。それゆえ、商人間の消費貸借の場合、商人間の消費貸借である旨を利息に関する定めに準じて登記しなければならないと解すべきであろう（登記官は、このような登記の申請を利息に関する定めに準じて受理すべきである）。

(β)　利息付の約定の外に利率に関する約定があれば、それも利息に関する定めとして登記しなければならない。利率に関する約定がない場合やその約定があっても登記しない場合、利率は法定利率により算定される（四〇四条）。

(c)　(α)　一般に、民法三七五条一項本文の制限は、第三者に対する関係では優先して弁済を受けることができないということのみを意味し、抵当権の効力自体を制限したものではなく、第三者がいない場合には、抵当権者は満期となった最後の二年分に制限されることなく利息につき抵当権を行使することができるとされている（大判昭一二・六・一四民集一六巻八二六頁）。

(β)　しかし、抵当権は第三者に優先して弁済を受けることができる点に基本的性質があるのであり（三六九条一項）、一般の説明は抵当権のこの基本的性質に反するというべきである。優先弁済受領権のない抵当権は、基本的に単なる一般債権と異なる点はないのである。たとえば、抵当権者は、満期となった最後の二年分を超える利息については、他の一般債権者と全く平等に配当を受けなければならないのであり、単なる一般債権者と異なる点はないのである。

それゆえ、満期となった最後の二年分を超える利息については、第三者の有無を問わず抵当権の効力が及ばず、抵当権者は一般債権者として満足を受けることができるにとどまると解すべきである。

(γ)　抵当権者が抵当権の実行手続きにおいて満期となった最後の二年分を超える利息について一般債権者として満足を受ける場合、債務名義は不要であると解すべきである。なぜなら、抵当権者は満期となった最後の二年分の利息については債務名義がなくても抵当権の登記などがあれば抵当不動産から満足を受けることができるのであるが（民執一八一条一項二号―三号）、これは抵当権の登記などが満期となった最後の二年分の利息の存在について債務名義に匹敵する高度の蓋然性を示すからであるところ、抵当権の登記などは満期となった最後の二年分を超える利息の存在についても債務名義に匹敵する高度の蓋然性を示すと考えられるからである。それゆえ、抵当権者は、抵当権の実行手続きにおいて、抵当権の登記などがあれば、満期となった最後の二年分を超える利息について、債務名義なしに一般債権者として満足を受けることができると解すべきである。

(d)　(α)　物上保証人の責任の範囲は、当然、被担保債権によって画定される。それゆえ、抵当権者は、物上保証人に対し、満期となった最後の二年分の利息についてのみ抵当権を行使することができる。抵当権者は、物上保証人に対し、最後の二年分を超える利息については一般債権者としても権利を行使することはできない。

(β) 抵当不動産の第三取得者も物上保証人と同様に扱われる（1）。すなわち、抵当権者は、第三取得者に対し、満期となった最後の二年分の利息についてのみ抵当権を行使することができる。抵当権者は、満期となった最後の二年分を超える利息については一般債権者としても権利を行使することはできない。

（1） 我妻・二四九頁は、第三取得者は債務者の負担をそのまま承継し債務者と同様に扱われるとする。しかし、後順位担保権者は先順位の抵当権者の満期となった最後の二年分を超える利息を無視して目的物に担保権を取得することができるのであり、これとのバランス上、第三取得者も右の利息を無視して目的物を取得することができると解すべきである。この両者を区別して扱う理由はない（鈴木・二三六頁、道垣内・一五九頁以下参照）。

(e) (α) 前述したように、一般に、民法三七五条一項本文は第三者に対する関係で抵当権の優先弁済受領権を制限するにとどまり、抵当権の効力自体を制限するものではないとされている（本書二九三頁以下参照）。そこで、債務者・物上保証人は、満期となった最後の二年分を超える利息を含む延滞利息の全部を弁済しない限り、抵当権を消滅させることはできないとされている（大判昭一五・九・二八新聞四六二七号九頁）、抵当不動産の第三取得者（大判大四・九・一五民録二一輯一四六九頁、同判昭九・一〇・一〇新聞三七七一号七頁）、後順位抵当権者（大判昭一二・三・一七裁判例（一一）民七一頁）。また、競売申立てによって延滞利息の全部につき時効が中断するとされている（大判大九・六・二九民録二六輯九四九頁）。

(β) (i) しかし、前述したように、民法三七五条一項本文は抵当権の効力自体を制限した規定であると解すべきである（本書二九四頁参照）。それゆえ、満期となった最後の二年分を超える利息がある場合、抵当権によって担保されるのは最後の二年分の利息であり、一部抵当権になると解される。したがって、債務者が満期となった最後の二年分の利息のみを弁済する場合の法律関係は、一部抵当権について述べたのと同じである（本書二八七頁参照）。すなわち、債務者が満期となった最後の二年分の利息のみにつき弁済提供しても、それは債務の本旨に従った弁済提供とはいえず、抵当権は消滅しない。

これに対し、物上保証人や抵当不動産の第三取得者、後順位抵当権者は、根抵当権の消滅請求に関する民法三九八条の二二第一項を類推し、満期となった最後の二年分の利息につき弁済または供託して抵当権の消滅を請求することができると解してよいであろう。民法三九八条の二二第一項の根抵当権の消滅請求は、抵当権者に対し債務を負担していない物上保証人や抵当不動産の第三取得者が事前に予測が困難で、しかも、しばしば多額になる被担保債権を弁済または供託しなければ抵当権を消滅させることはできないというのは妥当でないという趣旨のものであるが（本書五七八頁参照）、これは、利息についても当てはまるからである。物上保証人などは、抵当権者に対し債務を負担していないし、また、事前に満期となった最後の二年分を超える利息がいくらになるかを予測するのは困難であり、しかも、それはしばしば多額になるからである。

(ii)　時効中断に関しては、競売の申立てにより目的物が差し押さえられれば申立ての時に時効が中断する[(1)]（一五四条参照）。私見によれば、この場合、満期となった最後の二年分の利息については抵当権に基づく差押えが行われ、満期となった最後の二年分を超える利息については一般債権に基づく差押えが行われていると考えられる（債務名義は不要（本書二九四頁参照））。いずれにせよ、利息全額について差押えが行われているから、利息全額について時効が中断するのである[(2)]。

（1）　石田穣・民法総則五七九頁（平成四年）参照。
（2）　この問題については、伊藤進「抵当不動産に対する競売申立と確定的時効中断効」玉田弘毅先生古稀記念論文集（現代民法学の諸問題）一五頁以下（平成一〇年）参照。

(f)　満期となった最後の二年分の利息は、配当期日から遡った満期となった二年分の利息である。執行裁判所は、配当期日において利息の額を定める（民執一八八条・八五条一項本文）。それゆえ、執行裁判所は配当期日から遡った満期となった二年分の利息を算出しその額を定めるべきである。なお、たとえば、年末払いの利息で配当期日が平成二二年六月三〇日の場合、平成二二年一月から六月までの利息も弁済期が到来したとみなされ（民執一八八条・八八条一項）、満期となった最後の二年分の利息に算入される。

(g) (α) 満期となった最後の二年分を超える利息についても、満期後に特別の登記をすればその登記の時から抵当権を行使することができる（三七五条一項但書）。

(β) 特別の登記とは、満期となった利息につき最後の二年分を超えても被担保債権となる旨の登記である。登記の時点で満期となった利息であればよく、満期後二年を経過しなくても登記をすることができる（大決大四・六・二四民録二一輯一〇一八頁）。そこで、たとえば、満期となった利息が四年分あり、そのうち最初の一年分をその満期後一か月の時点で登記をした場合、満期となった最後の二年分プラス特別の登記の一年分、すなわち、三年分の利息が被担保債権になるのである。

(γ) 抵当権者は、特別の登記の前に登記をした抵当権者に劣後し、特別の登記の後に登記をした抵当権者に優先する（大判昭三・八・二五新聞二九〇六号一二頁）。

(h) (α) 重利については、登記実務は重利の登記を認めていない（昭三四・一一・二六民事甲第二五四一号民事局長通達・先例集追Ⅱ五六四頁）。これに対しては、元本額を規準にして二年分の重利計算をすれば第三者にも延滞額が分かるから重利の登記を認めるべきだという見解も有力である(1)。有力説は、元本額を規準にして二年分の重利計算をして出した額は実際の延滞額に含まれるから、少なくともその額は被担保債権にしてよいという趣旨であろう。重利の特約が認められる以上、その登記も認められるべきであり（大決大二・六・二一民録一九輯四六六頁）、有力説のように、元本額を規準とした重利計算で満期となった最後の二年分の延滞額を算出し、これが被担保債権になると解するのが妥当である。

(1) 判例コメ三四六頁（清水誠執筆）、我妻・二五一頁。

(β) 満期となった最後の二年分を超える利息につき特別の登記がされても、最後の二年分を超える利息の重利については抵当権を行使することはできないとする見解が有力である(1)。しかし、満期となった最後の二年分を超える利息については特別の登記によって被担保債権になることが公示されているのであり、この利息の重利について抵当権の行使を認めても第三者が不当な不利益を受けるおそれはない。満期となった最後の二年分の利息と特別の登記をした最後の二年分を超える利息を重利の点で異なって扱うのは妥当でないと考える。そして、最後の二年分を超える利息の場合も、元本額を規準として重利計算により算出した額が被担保債権になると解される。

（1）　判例コメ三四六頁（清水誠執筆）、我妻・二五三頁。

(i)　(α)　均等年賦償還債務の場合であっても利息を含まない単純な割賦払債務については問題がない。たとえば、一、〇〇〇万円を毎年二〇〇万円ずつ五年間で返済するという割賦払債務がこれである。この場合、通常の債務の場合と同様、満期となった最後の二年分の利息が被担保債権になる。なお、何回かの割賦払いが行われた場合には、残額を元本として利息の計算をすべきであるのは当然である。

(β)　利息を含んだ均等年賦償還債務については、次の二つの場合がある。

第一は、元本と利息の合計額が元本として登記され、これを毎年均等に返済していく場合である。この場合、満期となった最後の二年分の利息という制約は適用されず元本と利息の合計額が被担保債権になる[(1)]（大判大九・一二・一八民録二六輯一九五一頁）。元本と利息の合計額が登記されており、このように解しても第三者は害されないからである。抵当権者が右の合計額の外に満期となった最後の二年分の利息を請求することができないのは当然である。

第二は、元本につき利息を含まない額が登記されている場合である。この場合、通常の債務と同様、満期となった最後の二年分の利息が被担保債権になる。もっとも、何回かの年賦償還が行われた場合には、元本に充当された額の残額を元本として利息の計算をしなければならないのは当然である。

（1）　同旨、柚木＝高木・二八〇頁、高木・一五四頁。

(二)　定期金

(a)　利息以外の定期金、たとえば、終身定期金（六八九条）、地代、家賃なども利息と同様に扱われる（三七五条一項）。すなわち、満期となった最後の二年分のみが被担保債権になる。もっとも、それを超える定期金であっても満期後に特別の登記をすれば被担保債権になる。以上の扱いは、被担保債権額がいくらになるか分からない第三者を保護するためである。

(b)　当事者が定期金の総額を登記した場合、これが被担保債権になるとしても第三者は害されない。それゆえ、この場合には満期となった最後の二年分という制約は適用されないと解するのが妥当であろう。(1) 当事者が定期金の総額の一部を登記した場合にも、それが被担保債権になり満期となった最後の二年分という制約は適用されないと解してよいであろう。なお、当事者が定期金の総額を登記したわけではないが登記事項から総額が分かる場合も同様に解してよいであろう。たとえば、定期借地権で一か月の賃料と借地権の存続期間の登記がされている場合がこれである（借地借家二二条、不登八一条一号二号八号）。

（1）　同旨、我妻・二五四頁、中井・一三三頁、川井・三三二頁以下、近江・一五六頁。

(ホ)　遅延損害金

(a)　債務者が元本の弁済を遅滞した場合には遅延損害金（遅延利息）を支払わなければならないが、これも利息と同様に扱われる（三七五条二項本文）。すなわち、満期となった最後の二年分の遅延損害金が被担保債権になる。もっとも、利息その他の定期金と通算して二年分を超えることはできない（三七五条二項但書）。

(b)　民法三七五条二項は、民法施行の当時は存在せず、明治三四年に設けられた規定である。この規定が設けられるまでは、遅延損害金は被担保債権にならないとされていた（大判明三三・五・一九民録六輯五巻六四頁、同判明三八・二・二五民録一一輯二〇四頁）。

(c)　(α)　遅延損害金は、原則として年五分の法定利率により算定される（四一九条一項本文・四〇四条）。もっとも、約定利率が法定利率を超える場合には約定利率による（四一九条一項但書）。これに対し、約定利率が法定利率を超えない場合には法定利率によると解される。すなわち、債権者は少なくとも法定利率により算定した遅延損害金を保障されていると解される。それゆえ、法定利率を超えない約定利率が登記された場合であっても、そのような登記は無効であり、遅延損害金は法定利率により算定されると解すべきである。第三者は、遅延損害金が法定利率により算定されることを当然の前提にして行為すべきである。

(β)　遅延損害金が法定利率により算定される場合、損害の賠償額の定め（不登八八条一項二号）を登記する必要はない。第三者は、遅延損害金が法定利率により算定されることを当然の前提にして行為すべきだからである。

これに対し、遅延損害金が法定利率を超える約定利率により算定される場合、その約定利率は登記されなければならない。すなわち、約定利率が利息に関して定められ遅延損害金に関して定められなかった場合、それは、遅延損害金に関する利率にもなると解すべきであるが、利息に関する定めとして登記されなければならない（不登八八条一項一号。本書二九三頁参照）。約定利率が遅延損害金に関して定められた場合、それは損害の賠償額の定めとして登記されなければならない（不登八八条一項二号）。以上のいずれの場合にも約定利率の登記をしなければ年五分の法定利率により算定された遅延損害金が被担保債権になる。(1)

（1）　高木・一五五頁参照。

(d)　(α)　当事者が利率による形でなく一定額を損害の賠償額として定めることがある。たとえば、一、〇〇〇万円の消費貸借において期限に履行がされなければ五〇万円を支払うというのがこれである（損害賠償額の予定（四二〇条））。この五〇万円は、損害の賠償額の定めとして登記をすれば被担保債権になる（不登八八条一項二号）。この場合、満期となった最後の二年分という制約はない。損害の賠償額が明確にされており、第三者が害されるおそれはないからである。したがって、利息その他の定期金と通算して二年分を超えることができないという制約もない。

(β)　前述したように、約定利率が法定利率を超えない場合には損害の賠償額は法定利率により定められると解されるのであるが（本書二九九頁以下参照）、これとのバランス上、当事者の定めた一定額の損害の賠償額が法定利率により算定された損害の賠償額（満期となった最後の二年分の遅延損害金を限度とする）を超えない場合、後者が損害の賠償額になると解される。この場合、当事者の定めた一定額の損害の賠償額が登記されても、そのような登記は無効であり、法定利率により算定された損害の賠償額が被担保債権額になると解してよいであろう（この場合、裁判所は予定された損害賠償額を増減できないとする四二〇条一項後段は適用されない）。第三者は、損害の賠償額が法定利率により算定された額を下回らないことを当然の前提にして行為すべきである。

(γ)　一定額の損害の賠償額が定められたがこれが登記されなかった場合、前述したように、債権者は少なくとも法定利率により算定された損害の賠償額を請求することができるという観点から、法定利率により算定された損害の賠償金が被担保債権になると解される（本書二九九頁以下参照）。この場合、満期となった最後の二年分という制約や利息その他の定期金と通算して二年分という制約があるのは当然である。

(ヘ)　違約金

(a)　違約金も被担保債権になる。質権については明文の規定があるが（三四六条）、抵当権についても同様に解してよい。

(b)　違約金は、損害賠償額の予定と推定される（四二〇条三項）。損害賠償額の予定と推定される違約金については、前述の損害賠償額の予定について述べたことがそのまま当てはまる（右の(d)参照）。

(c)　損害賠償額の予定と推定されない違約金、たとえば、損害賠償とは別に債務不履行に対する制裁として課される違約金についても、遅延損害金について述べたことがほぼ当てはまるが、当事者が法定利率を超えない利率で違約金を定めても法定利率によるとはされないと解される。そして、当事者が一定の利率で違約金を定めた場合には満期となった最後の二年分という制約や利息その他の定期金と通算して二年分という制約があるが、当事者が一定額で違約金を定めた場合にはそのような制約はないと考えられる。違約金の登記は、損害の賠償額の定めに準じて行うことができると解すべきである[1]（不登八八条一項二号参照。登記の実務は、違約金の登記を認めない（昭三四・七・二五民事甲第一五六七号民事局長通達・先例集追Ⅱ五一九頁））。違約金の登記をしなかった場合、違約金は遅延損害金と異なり被担保債権にならない。なぜなら、遅延損害金は、当事者の約定がなくても債務不履行があれば法定利率により当然に生じるが、違約金は、当事者の約定がなければ生じないからである。

(1)　川井・三三四頁は、債権額（不登八三条一項一号）として登記をすることができるとする。

(ト)　抵当権の実行の費用

(a)　抵当権の実行の費用については、質権の場合（三四六条）のような明文の規定はない。しかし、一般に、抵当権の実行の費用も当然被担保債権になると解されている。そして、抵当権の実行の費用は、民事執行法上、競売手続きの中で回収されるが（民執一九四条・四二条）、これは抵当権の被担保債権に対する配当として行われ、たとえば、二番抵当権者が抵当権を実行した場合、抵当権の実行の費用は一番抵当権者に劣後して二番抵当権者に配当されると考えられているようである。

(b)　しかし、抵当権の実行においては、抵当権を実行する抵当権者の外に他の抵当権者や差押債権者なども配当という形で利益を受ける。それゆえ、抵当権の実行の費用は共益費用の先取特権により配当を受けるすべての債権者に優先して抵当権を実行する者に支払われると解するのが妥当である[1]（三〇七条・三二九条二項但書）。そこで、たとえば、二番抵当権者が抵当権を実行した場合、抵当権の実行の費用は一番抵当権者に優先して二番抵当権者に支払われるべきである。

(1)　民事執行法六三条一項・五五条一〇項・五六条二項などの趣旨から同様の結論を導くのは、東孝行「抵当権実行費用について——被担保債権説の検討——」判タ四五〇号六〇頁以下（昭和五六年）。これを支持するのは、高木・一五六頁以下。

(c)　第三者が競売手続中に被担保債権を代位弁済する場合、第三者はその時までに要した抵当権の実行の費用も代位弁済しなければならない（大判昭二・一〇・一〇民集六巻五五四頁）。このように解さなければ抵当権者が害されるし、また、このように解しても第三者は抵当権の実行の費用を売却代金から最優先で回収することができ不利益を受けないからである（第三者は、抵当権者を承継し競売手続きを続行する）。

(2) 抵当権の目的物の範囲

(イ) 序

(a) 抵当権の目的物の範囲(1)は、抵当不動産の構成部分(付加物)、抵当不動産の従物、被担保債権が履行遅滞に陥った後の抵当不動産の果実、抵当不動産の構成部分や従物から離脱した分離物である。このうち、最も問題が多いのが抵当不動産の構成部分であり、民法三七〇条がこれについて規定している。

(1) フランスにおいては、抵当権の目的物の範囲は、抵当不動産および不動産とみなされる抵当不動産の付属物(フランス民法二三九七条一項一号)、抵当不動産に生じた改良(フランス民法二三九七条二項)である。不動産とみなされる抵当不動産の付属物は、性質による不動産(支えの上に固定され、建物の一部とされた風車または水車による製粉施設(フランス民法五一九条)や分離されていない果実(フランス民法五二〇条)など)および用途による不動産(土地の使用収益のために土地におかれた土地所有者の農耕具(フランス民法五二四条)など)である(Mazeaud-Chabas, n° 240)。抵当不動産に生じた改良は、非常に広い概念であり、抵当地上に建築された建物を含む(Mazeaud-Chabas, op. cit.)。性質による不動産か用途による不動産かを問わない。以上のように、フランスにおいては、ドイツにおけるような不動産の構成部分と従物という区別をしていない。

ドイツにおいては、抵当権の目的物の範囲は、抵当不動産の構成部分、産物、従物である(Prütting, Nr. 654 ff.)。構成部分は、本質的構成部分(構成部分の一方あるいは他方が損傷されたりその本質において変えられることなしには分離できない構成部分(ドイツ民法九三条))であるか否かを問わない(Prütting, Nr. 654)。抵当不動産の構成部分、産物は、抵当不動産から分離しても不動産の所有者の所有に属していれば抵当権の目的物の範囲に属する(ドイツ民法一一二〇条)。所有者は、抵当権者による差押えの前であれば抵当不動産の構成部分、産物、従物を処分し抵当不動産から搬出することができる(ドイツ民法一一二一条一項)。ドイツ民法一一二〇条については、占部洋之「ドイツ法における抵当不動産従物の処分」民商一一一巻三号五九頁以下、四・五号一九五頁以下(平成六年―七年)参照。

スイスにおいては、抵当権の目的物の範囲は、あらゆる構成部分と従物を包含した不動産である(スイス民法八〇五条一項)。構成部分は、分離されれば単なる一時的な分離の場合を除き抵当権の目的物から離脱する(Kommentar zum Schweizerischen Privatrecht, § 805 Nr. 9)。天然果実は、分離されるまでは物の構成部分であり(スイス民法六四三条三項)抵当権の目的物の範囲に入るが、分離とともにそれから離脱する(Kommentar zum Schweizerischen Privatrecht, § 805 Nr. 11)。従物は、担保権設定契約における特別の言及や登記がなくても抵当権の目的物の範囲に入る(Kommentar zum Schweizerischen Privatrecht, § 805 Nr. 12)。

(b)　抵当権は、抵当地の上に存在する建物を除く外抵当権の目的物である不動産に付加して一体となっている物に及ぶ(1)(三七〇条本文)。ただし、設定行為に別段の定めがある場合や民法四二四条の規定により債権者が債務者の行為を取り消すことができる場合は別である(三七〇条但書)。

(1)　法典調査会に提出された民法三七〇条本文の原案は、「抵当権ハ其目的タル不動産ニ附加シテ之ト一体ヲ成シタル物ニ及フ」(原案三六五条本文)となっており(民法議事速記録一六巻八頁)、「抵当地の上に存する建物を除」く(三七〇条本文)とはされていなかった。しかし、法典調査会においては、建物は土地と異なる不動産であるという意見が強く、現行法のように改められたのである(民法議事速記録一六巻一二六頁以下)。この問題については、三好登「わが国における土地・建物間の法的構成の淵源について」土地・建物間の法的構成八一頁以下(平成一四年)参照。

(c)　不動産に付加して一体となっている物、すなわち、付加物とは何であろうか(1)。

通説は、付合物(二四二条)と従物(八七条)の両方を含む概念であるとし、抵当権設定当時の従物はもちろん抵当権設定後の従物も含まれるとする(2)。しかし、これに対しては、付加物とは付合物のみを意味し従物を含まないとしつつ、民法八七条二項により抵当権は抵当権設定当時の従物にはもちろん抵当権設定後の従物にも効力を及ぼすという見解も有力である(3)(4)。

(1)　この問題については、於保不二雄「抵当権の及ぶ目的物の範囲」総合判例研究叢書民法(5)九三頁以下(昭和三二年)、我妻栄「抵当権と従物の関係について」民法研究Ⅳ二七頁以下(昭和四二年)、瀬川信久「抵当権と従物」北法三一巻三・四号一三〇五頁以下(昭和五六年─)、湯浅道男「抵当権の効力の及ぶ範囲」民法講座3四七頁以下(昭和五九年)、田中克志「土地の抵当権の効力の及ぶ範囲」金融担保法講座Ⅰ一七一頁以下(昭和六〇年)、鎌野邦樹「抵当権の目的物の範囲」森泉章教授還暦記念論集(現代判例民法学の課題)三九〇頁以下(昭和六三年)、同「抵当権と従物論」早法六四巻三号七九頁以下(平成元年)、川井健「抵当権従物判決について」幾代通先生献呈論集(財産法学の新展開)二九五頁以下(平成五年)、香山高広「近代抵当論における『目的物拡張』論の意義」都法三六巻二号五三七頁以下、三七巻一号二七三頁以下(平成七年─一八年)、角紀代恵「民法三七〇条・三七一条(抵当権の効力の及ぶ目的)」民法典の百年Ⅱ五九三頁以下(平成一〇年)、於保不二雄「附加物及び従物と抵当権」民法著作集Ⅰ三三五頁以下(平成一二年)、田中克志「附加物・従物への抵当権の効力と公示」抵当権効力論二六一頁以下(平成一四年)、同「抵当目的物の分離と抵当権の効力」同書三一一頁以下参照。

(2) 我妻・二五八頁以下、星野・二四九頁、於保・前掲「附加物及び従物と抵当権」、山川・一三五頁、内田・三九七頁、川井・三三七頁、高橋・一一五頁、平野・五一頁、鈴木・二三九頁、松尾＝古積・三一五頁、山野目・二四八頁、安永・二五一頁以下。
(3) 柚木＝高木・二四七頁以下、二五四頁以下。
(4) 以上の外に、道垣内・一三八頁は、付加物とは付合物、従物、分離物（抵当不動産から分離した物）であって原則として抵当不動産の上に存在するものを指し、付加の時期を問わないとする。船越・一七二頁は、付加物とは付合物の外に抵当権設定後の従物であっても分離すれば著しく価値が減じるものを含むとする。

(d) (α) 民法三七〇条本文は、旧民法債権担保編二〇〇条一項本文の「抵当ハ……不動産ニ生スルコト有ル可キ増加又ハ改良ニ当然及フモノトス」と実質上同趣旨の規定であるが(1)、この旧民法債権担保編二〇〇条一項本文は、付合物と従物を区別しないで抵当不動産に付属した物を「不動産とみなされる不動産の付属物」（フランス民法二一一八条一号。現行二三九七条一項一号）あるいは「抵当不動産に生じた改良」（フランス民法二一三三条一項。現行二三九七条二項）として抵当権の目的物としたフランス民法に由来すると考えられる(2)。

(1) 民法議事速記録一六巻九頁。
(2) 民法三七〇条の沿革については、我妻栄「抵当権と従物の関係について」民法研究Ⅳ二七頁以下（昭和四二年）、角紀代恵「民法三七〇条・三七一条（抵当権の効力の及ぶ目的）」民法典の百年Ⅱ五九三頁以下（平成一〇年）参照。

(β) (i) 通説は、付加物とは付合物と従物の両者を含む概念であるとする。そして、抵当不動産の所有者が自己の物をこれに付属させた場合も付合物であるとする。

しかし、第一に、民法三七〇条本文は旧民法債権担保編二〇〇条一項本文を通してフランス民法に由来するとしても、わが国の民法はフランス民法にはない従物に関する規定を有しているのであり（八七条）、従物に関する規定を無視した解釈を行うのは、妥当でない。法典調査会においては、民法三七〇条と従物の関係については特に議論がなく、起草者が抵当権の目的物については民法三七〇条のみが適用され同法八七条二項は適用されないとまで考えていたのかどうかは明らかでない(1)。

第二に、工場抵当法は、付加物と従物を区別しつつ両者が抵当権の目的物になると規定している(工抵二条)。すなわち、ここでは付加物は従物を含まないとされている。それゆえ、民法三七〇条において付加物は従物を含むとするのは工場抵当法二条と調和しない。

第三に、付合物とは、他人の物が抵当不動産に付合した場合に付合した物の所有権の帰属を決定するための概念であって(二四二条)、抵当不動産の所有者が自己の物をこれに付属させた場合にこれを付合物というのは妥当でない。

(1)　民法議事速記録一六巻八頁以下参照。

(ii)　以上により、付加物とは、抵当権の目的物を構成する物、すなわち、目的物の構成部分(1)で、他人の所有に属さないものをいうと解するのが妥当である。目的物の構成部分かどうかは、社会通念により決定される。目的物の構成部分となったことが付合であるかどうかを問わない。目的物の構成部分であっても他人の所有に属することを妨げないから(2)(たとえば、他人から庭石を借り、それを自己の庭に庭石としておく場合、庭石は庭(土地)の構成部分であるが、庭石の所有権は他人に属する)、付加物であるためには目的物の構成部分となった物が他人の所有に属してはならない。

(1)　柚木＝高木・二四七頁以下参照。

(2)　石田(穣)・一四頁以下参照。

(γ)　付加物は従物を含まない。従物は、民法三七〇条ではなく、民法八七条二項により抵当権の目的物になるのである。後述するように、抵当権設定当時の従物はもちろん、設定後の従物も抵当権の目的物になる(本書三一〇頁以下参照)。

(δ)　抵当権の設定後に当事者が当初予想していなかったような高額な物が目的物の付加物や従物となった場合、抵当権の効力がそれにも及び、債務者が不当な不利益を受けるおそれもある(1)。これについては、減担保請求権の問題として処理するのが妥当である(詳しくは、本書四〇九頁以下参照)。

すなわち、抵当権設定後に当事者が当初予想していなかったような高額な物が目的物の付加物や従物になり目的物の価額が被担保債権額と比較し不当に大きくなった場合、債務者は、抵当権者に対し、目的物の一部分の抵当権からの解放や目的物全体の差換えを請求することができると解される。目的物の一部分が抵当権から解放された場合、債務者は、民法三七〇条但書の別段の定めに準じて右の部分が抵当権の目的物でないことを登記することができると解してよいであろう（不登八八条一項四号参照）。この場合、抵当権から解放された部分が目的物から分離される必要はない。

（1）近江・一三四頁以下参照。注釈民法(9)五九頁以下（山崎寛執筆）は、抵当権者は目的物の売却代金のうち抵当権設定後の高価な従物の価額分については優先弁済受領権がないとし、清水・二八頁は、旧従物が高価な従物に交換された場合には旧従物の価額の範囲で優先弁済受領権があるとする。平野・一五三頁は、抵当権設定後の高価な従物は付加一体物に入らないとする。

(ロ) 抵当不動産の構成部分

(a) 序　抵当権の効力は、目的物の構成部分に及ぶ。構成部分になった時期を問わない。他方、権原によりある物を他人の目的物に付属させた者はその付属物の所有権を失わない（二四二条但書）。この場合、付属物は、目的物の構成部分になるが、目的物の所有者がこれを所有するわけではなく、付加物ではない。

(b) 土地の構成部分

(α) 稲立毛　稲立毛は、土地の構成部分であり、付加物である。しかし、天然果実であるから民法三七〇条は適用されず（三七一条）、土地の抵当権の効力は債務者の債務不履行後に生じた稲立毛にのみ及ぶ。

(β) 立　木

(i) 立木について、判例は、債務者が抵当地に所有する立木は抵当権設定当時に存在するものか抵当権設定後に植栽したものかを問わず抵当権の目的物になるとする（大判昭一三・一二・一三新聞四三六二号一三頁）。学説でも、立木は半独立的存在を有するから、天然果実ではなく、抵当権の目的物になるとする見解が有力である（1）。

（1）　我妻・二六二頁。

(ii)　民法三七一条の天然果実については、抵当目的物の産出物であってもそれが大きな経済的価値を有し、産出物を除外しては抵当目的物の経済的価値はあまりなく、そのため、当事者が通常産出物を抵当権の目的物にすることを予定し、産出物が抵当権の目的物とならなければ抵当権者が大きな不利益を受ける場合、その産出物は天然果実に該当しないと解すべきである。

立木は、大きな経済的価値を有し、立木を除外してはその地盤である土地（山林）の経済的価値はあまりないため、山林に抵当権を設定した当事者が通常立木を抵当権の目的物とすることを予定し、立木が抵当権の目的物とならなければ抵当権者が大きな不利益を受けるものである。それゆえ、立木は、天然果実に該当せず、また、抵当地の構成部分、つまり、付加物であるから、山林の抵当権の目的物になると解するのが妥当である。当事者が特約で立木を抵当権の目的物から除外した場合には民法三七〇条但書の「設定行為に別段の定めがある場合」に該当し、抵当権の目的物にならない。

(iii)　(i)′　第三者が権原に基づき抵当地に立木を植栽した場合、立木は抵当地の構成部分になるが付合は成立せず、第三者が立木の所有権を有する（二四二条但書）。この場合、一般に、第三者が権原につき登記や明認方法を備えなければ、第三者は立木の所有権を利害関係人に対抗することができないとされている（一七七条）。しかし、この場合、立木の所有権は原始的に第三者に帰属するのであり、一般的見解によれば第三者は対抗要件を具備する必要がないはずである。私見としては、この問題は民法九四条二項の類推によって処理されるべきであると考える。(1)

（1）　石田（穣）・三五三頁およびそこに引用の文献参照。道垣内・一三九頁も参照。

(ii)′　そこで、第一に、第三者が抵当権が設定される前に抵当地に権原に基づき立木を植栽し登記や明認方法を備えた場合、抵当権の効力は立木に及ばない。第二に、右の場合で第三者が登記や明認方法を備えないで抵当地に立木を植栽した場合、第三者が故意に、あるいは、重過失でもって登記や明認方法を備えず、抵当権者が立木が抵当地の所有者に属すると無重過失で（第三者に故意がある場合）、あるいは、無過失で（第三者に重過失がある場合）信じ抵当権の設定を受ければ、抵当権者は民法九四条二項の類推により立木に対しても抵当権を行使することができる。第三に、第三者が抵当権設定後に抵当地に権原に基づき立木を植栽した場合、第三者が登記や明認方法を備えたと否とを問わず第三者の権原は抵当権に劣後するから、抵当権者は第三者に立木の除却を求め抵当地を競売することができる。なお、抵当権者は、民法三八九条一項を類推し、抵当地とともに立木を競売することもできる（優先権は抵当地の代価についてのみ存在する）と解してよいであろう。このように解しても、除却義務を負う第三者は立木の代価を取得することができるから不当に害されるわけではないのである。

(γ) その他　庭石（最判昭四四・三・二八民集二三巻三号六九九頁は、取り外しのできる庭石を宅地の従物とする）や土地に定着した機械なども土地の構成部分であり、立木と同様に扱われる。

(c) 建物の構成部分

(α) 建物の抵当権の効力は建物の構成部分に及ぶ。たとえば、雨戸や戸扉などは建物の構成部分であり（大判昭五・一二・一八民集九巻一一四七頁）、建物の抵当権の効力はこれらの物に及ぶ。

(β) 建物の増築された茶の間や、主たる建物と接合した付属建物なども建物の構成部分であり、建物の抵当権の効力はこれらの物に及ぶ(1)(2)（大決大一〇・七・八民録二七輯一三一三頁（茶の間）。大決昭九・三・八民集一三巻二四一頁は、付属建物（主たる建物と接合していない模様）が主たる建物と同一用紙に登記されている場合に主たる建物の付加物であるとする）。

(1) 付属建物（物置、湯殿、便所など）は、主たる建物と接合していれば主たる建物の構成部分であるが、接合していなければ主たる建物の従物であると考えてよいであろう。

(2) マンションにおける隣接した二つの区分所有建物甲、乙が隔壁を除去するなどして合体し区分所有建物丙になった場合（不登四九条）、甲、乙に存在していた抵当権は、丙の持分（甲、乙の価額の割合による）の上に存続すると解される。これは、甲、乙が同一の所有者に属していた場合（最判平六・一・二五民集四八巻一号一八頁）であると甲、乙が別々の所有者に属していた場合であるとを問わない。後者の場合、丙は甲、乙の価額の割合による共有になり、抵当権はその持分の上に存続することになる。この問題については、高木・一三三頁以下参照。

(γ)　第三者が権原に基づき建物に備え付けた物が建物の構成部分になっても、付合は成立せずこれらの物は建物所有者の所有に属さない（二四二条但書）。したがって、建物の抵当権の効力はこれらの物に及ばない。たとえば、建物の賃借人が権原により建物に備え付けた精米用機械がこれである（大判大六・四・一二民録二三輯六九五頁）。もっとも、私見によれば、第三者が権原につき登記や占有、明認方法を備えない場合、民法九四条二項の類推によりそれらの物に抵当権の効力が及ぶ場合もある（本書三〇八頁以下参照）。

(ハ)　抵当不動産の従物

(a)　前述したように、不動産の従物は、付加物ではなく、民法八七条二項により抵当権の目的物になる（本書三〇六頁参照）。従物の例としては、主たる建物に接合しないで建てられた物置、湯殿、便所などが建物の従物として挙げられる。

(b)　(α)　抵当権設定当時の従物に抵当権の効力が及ぶのは当然である。

(β)　(i)　抵当権設定後の従物に抵当権の効力が及ぶかどうかについては、判例の態度は明確でない。すなわち、判例は、民法八七条二項により従物にも抵当権の効力が及ぶとしつつ（大(連)判大八・三・一五民録二五輯四七三頁）、抵当権設定後の従物には抵当権の効力が及ばないとしたり（大判昭五・一二・一八民集九巻一一四七頁）、抵当権設定後に造られた茶の間を建物の従物としつつ抵当権の効力が及ぶとしたりしている（大決大一〇・七・八民録二七輯一三一三頁）。

(ii)　抵当権設定後の従物にも民法八七条二項が適用され、抵当権の効力は設定後の従物にも及ぶと解すべきである。民法八七条二項の趣旨は、主物と従物は一体となってはじめて本来の効用を発揮することができることにかんがみ、主物と従物を一体として処分するのが当事者の通常の意思であるというものである。抵当権の設定においても、抵当権の効力は設定後の従物にも及び、抵当権者は主物と従物を一体として競争手続きに付しその売却代金から優先弁済を受けることができるというのが当事者の通常の意思であると思われる。抵当権者としては、その方が目的物を高く競売することができるし、債務者としても、従物のみが自己の財産に残ってもあまり利益にはならず、むしろ、目的物が高く競売されて被担保債権が少しでも多く弁済され残余金があればその交付を受けることの方が利益になるのである。抵当権者が予想外の不当な利益をえる場合には、後述するように減担保請求権の問題として是正される(本書四〇九頁以下参照)。それゆえ、反対の特約がない限り、抵当権設定後の従物にも抵当権の効力が及ぶと解するのが妥当である(1)。

(1) ドイツ民法(一一二〇条)やスイス民法(八〇五条一項)は、抵当権は目的物の従物にも及ぶと規定しているが、いずれにおいても抵当権設定後の従物にも及ぶとされている(ドイツ民法につき、Münchener Kommentar, § 1120 Nr. 30. スイス民法につき、Kommentar zum Schweizerischen Privatrecht, § 805 Nr. 6)。

(c) (α) 抵当権者は、従物についてのみ抵当権を実行することは許されないと解される。なぜなら、従物は主物と一体となってはじめて本来の効用を発揮することができるからである。それゆえ、抵当権者は主物と従物を一体として抵当権を実行しなければならない。

(β) 第三者も従物のみを差し押さえることはできないと解される(工抵七条二項参照)。第三者が従物を差し押さえた場合、抵当権者は第三者異議の訴え(民執三八条)を提起することができ(大判昭六・三・二三民集一〇巻一一六頁(工抵七条二項に関する)参照)、従物について配当を受けた者に対しては不当利得による返還を請求することができる(大判昭四・一一・七裁判例(四)民七頁)。

(d) 従物が動産売買先取特権や所有権留保の目的物である場合、抵当権と先取特権、所有権留保の間の関係はどうなるであろうか(1)。従物が動産の場合に主として問題になるので、その場合について検討する。

原則として先に成立した方が優先するのは当然である。しかし、抵当権と同様目的物の占有を伴わない先取特権や譲渡担保権においては、それが後に成立しても善意取得により先に成立した担保権に優先すると解される場合もある(本書一一四頁以下、七三四頁注(2)参照)。それゆえ、抵当権においても、不動産賃貸先取特権や流動動産譲渡担保権の場合と同様、抵当権者が従物が抵当権の目的物になった時点でそれに気がついたとしても先取特権や所有権留保の存在を過失なく知らなかったであろう場合、抵当権が善意取得により先取特権や所有権留保に優先すると解するのが妥当である(本書九六頁、七二六頁以下照参）。抵当権者が右の時点で先取特権や所有権留保の存在を知ったか知ることができたであろう場合、先取特権や所有権留保が抵当権に優先すると解される。(2)

（1）この問題については、古積健三郎「従物上に存在する複数の担保権の優劣関係——所有権留保における期待権構成への疑問——」奥田昌道先生還暦記念（民事法理論の諸問題）下二二一頁以下（平成七年）参照。
（2）古積・前掲は、抵当権は動産売買先取特権に優先するが所有権留保に劣後するとする。しかし、動産売買先取特権と所有権留保をこのように区別するのは疑問である。

㈡　抵当不動産の従たる権利

(a)　抵当不動産の従たる権利は、抵当不動産の従物に準じて扱われる。

(b)　たとえば、地上権の設定されている土地上の建物に抵当権が設定されている場合、抵当権の効力は地上権に及ぶ。そこで、建物が競売された場合、地上権も買受人に移転する。

(c)　賃借権の設定されている土地上の建物に抵当権が設定されている場合、一般に、抵当権の効力は賃借権に及ぶとされている。そして、建物が競売されれば賃借権も買受人に移転するが、買受人は賃貸人の承諾がない限り賃貸人に対抗することができないとされている（大判昭七・三・七民集一一巻二八五頁、同判昭八・一〇・一四新聞三六二二号一二頁）。これは、賃借権は買受人に移転しても賃貸人の承諾がない限り賃貸人に対する関係では賃借権は債務者に帰属するという前提に立つのであるが、債務者から買受人に移転したとしつつ賃貸人に対する関係では賃借権が債務者に帰属するということが理解できない。賃借権が買受人に移転したとすれば債務者は賃貸人に対する関係でも賃借人でなくなるはずである。(1)

それゆえ、前に説明したように、買受人は、賃貸人の承諾があれば賃借権を取得することができるという期待権を取得し、賃貸人が承諾すれば賃借人になると解すべきである（本書二八三頁以下参照）。

（1）石田（穣）・一二三頁以下参照。

(ホ) 付加物、従物に対して抵当権の効力が及ばない場合

(a) 序　民法三七〇条但書は、抵当権の目的物の付加物であっても、設定行為に別段の定めがある場合や民法四二四条により債権者が債務者の行為を取り消すことができる場合、抵当権の効力は付加物に及ばないと規定している。この規定は、抵当権の目的物の従物にも類推適用されると解すべきである。付加物と従物を異なって取り扱う理由はないからである。

(b) 設定行為に別段の定めがある場合

(α) 抵当権は、付加物、従物であっても設定行為に別段の定めがある場合には効力を及ぼさない（三七〇条但書）。たとえば、当事者が山林について立木を除外して抵当権を設定するというのがこれである。

(β) 設定行為で別段の定めをした場合、これを登記しなければならない（不登八八条一項四号）。

登記をしなかった場合にどうなるかについては、一般に、債務者は第三者に対し別段の定めを対抗することができないとされている（一七七条）。しかし、別段の定めは、付加物、従物が抵当権の目的物にならない旨の合意であり、すなわち、付加物、従物について抵当権を設定しない旨の合意であり、物権変動についての合意とはいえない。別段の定めを付加物、従物について法律（三七〇条本文）上いったん成立した抵当権を消滅させる旨の合意であるとすれば物権変動についての合意であるということができるが、抵当権を何に設定するかは当事者の合意によって定まるのであり、そのように解するのは妥当でない。民法三七〇条本文は、当事者の意思が明確でない場合の規定であり、当事者の意思が明確な場合には適用されないと解すべきである（大判昭九・七・二民集一三巻一四八九頁参照）。

(γ) (i) 前述したように、どのような目的物に抵当権を設定するかは当事者が決定することであり、当事者が設定行為で別段の定めをすれば、登記がなくても付加物、従物に抵当権の効力は及ばない、すなわち、抵当権は設定されないと解すべきである。しかし、これでは付加物、従物に抵当権の効力が及ぶと信じた第三者が害されるおそれがあ

る。

これについては、抵当権の効力が付加物、従物に及ぶと信じて転抵当権の設定を受けたり抵当権を譲り受けたりした者は民法九四条二項の類推により保護され、抵当権の効力が付加物、従物に及ぶと信じて競売手続きに関与した者は民事執行法一八四条によって保護されると解すべきである。

(ii)　たとえば、抵当権の効力が付加物、従物に及ぶと信じて抵当権を譲り受けた者は、債務者が故意または重過失によって別段の定めを登記せず、譲受人が無重過失（債務者が故意に登記をしない場合）あるいは無過失（債務者が重過失で登記をしない場合）で抵当権の効力が付加物、従物に及ぶと信じた場合、民法九四条二項を類推し、付加物、従物に効力の及ぶ抵当権を取得すると解すべきである(1)。

（1）　石田(穣)・一六三頁以下参照。

(iii)　民事執行法一八四条については後述するが（本書三六〇頁以下参照）、これは抵当権が存在すると思って（三七〇条但書に関しては、付加物、従物に抵当権が存在すると思って）競売手続きを信頼した利害関係人を保護するための規定である。そこで、買受人が付加物、従物に抵当権の効力が及ぶと無過失で信じて買い受けた場合、付加物、従物を取得することができるが、付加物、従物に抵当権の効力が及ばないのを知っていたか過失で知らなかった場合、付加物、従物を取得することができない。抵当権者が自ら買い受けた場合に付加物、従物を取得することができないのは当然である。その他、詳細については、民事執行法一八四条についての説明を参照されたい。

(δ)　(i)　債務者と抵当権者が民法三七〇条但書の別段の定めをしても、それは抵当権の目的物の範囲を画定するにとどまり、一般債権者による差押えの目的物の範囲を画定するものではない。それゆえ、一般債権者が抵当不動産を差し押さえた場合、差押えの効力は、債務者と抵当権者の間の別段の定めにもかかわらず、抵当不動産の構成部分である付加物に及ぶし、また、民法八七条二項により従物にも及ぶ。他方、一般債権者が抵当権の目的物の範囲外とされた付加物や従物のみを差し押さえるのは差し支えないと解してよいであろう。このように解しても、債務者と抵当権者は、抵当不動産とその付加物、従物を分離して抵当不動産にのみ抵当権を設定しており、不当に害されないからである。

(ii) 一般債権者が債務者と抵当権者の間で付加物、従物を除くという別段の定めがある抵当不動産を差し押さえた場合、抵当不動産とその付加物、従物の全体が競売される。この場合、抵当権者は、付加物、従物の売却代金部分からは優先弁済を受けることができない（1）。

（1） 道垣内・一四二頁参照。

(c) 民法四二四条により債権者が債務者の行為を取り消すことができる場合

(α) 抵当権は、民法四二四条により債権者（一般債権者）が債務者の行為を取り消すことができる場合にも付加物、従物に対し効力を及ぼさない（三七〇条但書）。たとえば、債務者が一般債権者を害することを知りつつ抵当地に一般財産である機械を容易に移動できないような態様で備え付け、抵当権者も機械に抵当権の効力が及ぶことにより一般債権者が害されるのを知っているという場合がこれである。

債務者が一般債権者が害されるのを知りつつある物を購入して付加物、従物とし、抵当権者もそれを知っていた場合、抵当権の効力は同様にして付加物、従物に及ばないと解してよいであろう。

(β) (i) 民法四二四条の要件がなければならないから、抵当権の効力が付加物、従物に及ぶことによって一般債権者が害されるのを債務者および抵当権者の双方が知っていなければならない。

(ii) 債務者、抵当権者以外の利害関係人がいる場合、たとえば、転抵当権の設定を受けたり抵当権を譲り受けたりした者がいる場合、債務者および抵当権者の双方が悪意であり、かつ、転抵当権者や抵当権の譲受人が抵当権の効力が付加物、従物に及ぶことによって一般債権者が害されるのを知っていれば、一般債権者は抵当権の効力が付加物、従物に及ばないと主張することができる。これに対し、転抵当権者や抵当権の譲受人が善意であった場合、一般債権者は抵当権の効力が付加物、従物に及ばないと主張することはできない。

(iii)　抵当権が実行され買受人が生じた場合、買受人の保護は民法四二四条によって行われる。すなわち、債務者および抵当権者が抵当権の効力が付加物、従物に及ぶことによって一般債権者が害されるのを知っていても買受人が善意の場合、買受人は付加物、従物を取得することができる。この場合、一般債権者は債務者と抵当権者に対し不法行為による損害賠償を求めることができると解される（七〇九条）。これに対し、買受人が悪意の場合、買受人は付加物、従物を取得することができない。一般債権者は、付加物、従物が債務者に属するとしてこれを差し押さえることができる。

(γ)　民法三七〇条但書は「債権者が債務者の行為を取り消す」と規定しているが、その趣旨は、一般債権者は付加物、従物に抵当権の効力が及ばないことを主張することができるというものである。これは、債務者による付加物、従物を目的物に付属させる行為が法律行為である場合であっても同じである。たとえば、債務者が一般債権者が害されるのを知りながら抵当建物に付属建物としての物置を設置する旨の請負契約を結んだ場合、一般債権者は、請負契約を取り消すことなく、抵当権の効力が物置に及ばないことを主張することができるのである。

(δ)　民法三七〇条但書の「取消し」も、抵当権の目的物の範囲を画定するにとどまり、一般債権者による差押えの目的物の範囲を画定するものではない（本書三一四頁以下参照）。そこで、一般債権者が抵当不動産を差し押さえた場合、差押えの効力は付加物、従物に及ぶ。この場合、抵当不動産と付加物、従物の全体が競売されるが、抵当権者は付加物、従物からは優先弁済を受けることができない。他方、一般債権者は付加物、従物のみを差し押さえてもよい。

(へ)　抵当不動産から分離した付加物、従物

(a)　付加物、従物が抵当不動産から分離した場合、抵当権の効力はその分離物に及ぶであろうか。

(b) 抵当権の効力は、第三者が分離物を善意取得するまで及ぶと解する見解が多数であるが(1)、分離物が抵当不動産の上に存在し登記により公示に包まれている場合には抵当権の効力が分離物に及び第三者に対抗することができるものの、抵当不動産の上から搬出された場合には第三者に対抗することができないとする見解も有力である(2)。判例は、工場抵当権に関するものであるが、抵当権は第三者が善意取得するまで分離物に及ぶとしている（最判昭五七・三・一二民集三六巻三号三四九頁）。

（1） 星野・二五二頁、船越・一九八頁以下、田山・八〇頁、高木・一三二頁、川井・三四一頁以下（分離物が抵当不動産の上にある場合にはその付加物として抵当権の効力が及ぶとする）。

（2） 我妻・二六八頁、高橋・一八六頁、近江・一三九頁、松尾＝古積・三一八頁以下。平野・七三頁以下、道垣内・一八一頁、安永・二五七頁以下も参照。

(c) スイスにおいては、従物が第三者に善意取得されるまで不動産担保権の効力は従物に及ぶとされている(1)。

ドイツにおいては、抵当不動産の産物、構成部分、従物が差押えの前に譲渡され搬出された場合（ドイツ民法一一二一条一項）、および、これらの物の譲渡を受けた者がその後に行われた差押えを知らずにそれらを搬出した場合（ドイツ民法一一二一条二項）に抵当権の効力から解放されるとされている。さらに、産物、構成部分が差押えの前に通常の経済活動の範囲内で抵当不動産から搬出された場合、一時的な目的の場合を除き、譲渡されなくても抵当権から解放されるし（ドイツ民法一一二二条一項）、従物も差押えの前に通常の経済活動の範囲内で主物従物関係から離脱した場合、譲渡されなくても抵当権から解放されるとされている(2)（ドイツ民法一一二二条二項）。

フランスの実務においては、産物が売却されても抵当地に付着している限り抵当権者はそれを差し押さえることができるし、また、用途による不動産（農地に備え付けられた農耕具など）が売却されてもそれが買主に引き渡されない限り抵当権者はそれを差し押さえることができるとされている(3)。

（1） Kommentar zum Schweizerischen Privatrecht, § 805 Nr. 15. この見解が通説であるが、従物が主物から分離されれば従物に対し不動産担保権が消滅し、第三者は不動産担保権の負担のない従物を取得するという見解も有力である（Kommentar zum

Schweizerischen Privatrecht, a. a. O.)。

（2）　搬出といえるためには、抵当不動産の産物、構成部分、従物が単に抵当不動産から分離されただけでは足りず、抵当不動産からの現実の空間的な、かつ、持続的な移動でなければならないとされている（Juris Praxiskommentar, § 1121 Nr. 11）。

（3）　Mazeaud-Chabas, n° 435. 占部洋之「フランス法における抵当権の効力の及ぶ動産の処分」石田喜久夫先生古稀記念（民法学の課題と展望）三七七頁以下（平成一二年）も参照。

(d)　(α)　付加物、従物が抵当不動産から分離するというのは、付加物については抵当不動産の構成部分から離脱することであり、従物については主物従物関係から離脱することである（1）。

この場合、離脱が一時的なものであれば分離とはいえない。たとえば、畳や襖が修理のために一時的に建物外に持ち出された場合、分離とはいえない。他方、離脱が通常の生活を営む上で必要な場合、抵当権は分離物について消滅すると解すべきである。たとえば、和室を洋間に替えるために畳を処分した場合、抵当権は畳について消滅する。この場合、抵当権が畳について存続するとすれば、通常の生活を営むのが困難になるからである。

以上により、抵当権の効力が分離物に及ぶかどうかは、抵当不動産の構成部分や主物従物関係からの離脱が一時的なものではなく、また、通常の生活を営む上で必要でない場合に問題になると解すべきである。このような前提に立って、以下、抵当権の効力が分離物に及ぶかどうかを検討してみよう。

（1）　抵当不動産の構成部分から分離したといえるかどうかは、社会通念により判断される。たとえば、山林の地盤に抵当権が設定され、そこに生育していた立木が売却のために伐採されて搬出の前に抵当地上におかれている場合、伐採された樹木を抵当地の構成部分というのは妥当でない。伐採された樹木は、抵当地と物理的に結びついているわけではなく、また、抵当地と一体として使用されているわけでもないからである。さらに、伐採された樹木は抵当地の従物であるともいえない。伐採された樹木は、いずれ搬出され、材木などとして使用されることが予定されており、抵当地の常用に供するためこれに付属されているとはいえないからである。抵当不動産の上に存在する分離物も抵当不動産の付加物であるとする見解もあるが（川井・三四一頁、道垣内・一三八頁）、賛成できない（同旨、松尾＝古積・三一八頁）。

(β)　工場抵当法五条は、工場抵当権の効力は第三者が善意取得するまで分離物に及ぶと規定している。この規定の趣旨は、工場抵当権の目的物である物が工場から分離され第三者に引き渡された場合、それに対し工場抵当権の効力が及ばないとすれば抵当権者が害される反面、第三者が工場抵当権の目的物であることを知っているか知ることができる場合には第三者を保護する必要がなく、工場抵当権の効力は第三者が善意取得しない限り分離物に及ぶというものである。立木ニ関スル法律四条一項五項も類似の規定をしている。通常の抵当権において工場抵当権や立木抵当権のこのような取扱いと異なって取り扱うべき根拠はないと思われ、一般に、工場抵当法や立木ニ関スル法律を類推し、第三者が善意取得するまで抵当権の効力は分離物に及ぶと解するのが妥当である。

(γ)　(i)　もっとも、工場に属する土地や建物の付加物、従物は登記事項とされているから（工抵三条一項。付加物は、土地や建物の構成部分であり、土地や建物の登記により登記されたことになる）、抵当権の効力が付加物、従物に及んでいることは登記によって公示されており、工場抵当法五条の規定を他の付加物、従物に一般化することはできないとも考えられる(1)。

(1)　我妻・二六九頁参照。

(ii)　しかし、第一に、工場に属する土地や建物の付加物、従物が登記事項とされていても、それはあまり実質的な意義を有するものではない。すなわち、分離物としての付加物、従物の所有権移転の公示方法は、登記ではなく引渡しとされている。それゆえ、第三者は、付加物、従物を取得する場合、相手方の占有を調査しそれを信頼して引渡しを受ければ、登記を調査しなくても抵当権の負担のない付加物、従物を善意取得することができると解されるのである（工抵五条二項）。このように、第三者には登記を調査する義務がなく、付加物、従物が登記事項とされていても、それはあまり実質的な意義を有するとはいえないのである(1)。

(1)　石田（穣）・二六六頁参照。

(iii)　第二に、工場に属する土地や建物の付加物、従物が工場に属する土地や建物から分離された場合、第三者から見てそれが工場に属する土地や建物の付加物、従物であるかどうかを知るのは多くの場合困難であり、それゆえ、それに抵当権の効力が及んでいるかどうかを知るのも多くの場合困難であると思われる。

このことは、立木抵当権の場合にはより明瞭であろう。すなわち、立木抵当権の場合、抵当権の効力は第三者が善意取得するまで伐採された樹木にも及ぶのであるが（立木四条一項五項）、立木が伐採され地盤から搬出されれば、第三者から見てそれが立木登記の対象である立木が伐採されたものかどうかを知るのは多くの場合困難であり、それゆえ、それに抵当権の効力が及んでいるかどうかを知るのも多くの場合困難であるといえよう。

(iv)　以上のように、工場抵当権や立木抵当権において抵当権の効力が分離物に及ぶとされる根拠を抵当権の公示に求めるのは妥当でないと考える。前述したように、工場抵当権や立木抵当権においては、付加物、従物が抵当不動産から分離した場合、それに対し抵当権の効力が及ばないとすれば抵当権者が害される反面、抵当権の効力がそれに及んでいることを知っているか知ることができる第三者（登記を調査する義務は負わない）を保護する必要はなく、このような第三者に対しては抵当権の効力が分離物に及ぶとされていると解すべきである（本書三二一九頁参照）。

(e)　(α)　抵当権者が分離物に対して抵当権を実行する方法は、原則として動産競売である。すなわち、抵当権者は、分離物を動産として競売する。立木ニ関スル法律四条二項は、抵当権者は立木抵当権につき伐採された樹木を競売することができると規定しているが、これは伐採された樹木を動産として競売するということである。分離物が第三者の手中にある場合であっても、抵当権者は、第三者が分離物を善意取得しない場合、第三者に対し、分離物の執行官への提出や差押えを承諾することを求め、競売を行うことができる（民執一九〇条）と解すべきである（本書一二六頁以下参照）。すなわち、抵当権者は、第三者に対し分離物の執行官への提出や差押えを承諾することを求め、第三者がこれに応じなければ、勝訴判決をえて分離物の執行官への提出を強制し、あるいは、勝訴判決を差押えを承諾することを証する文書として提出して、分離物の競売を行うことができる。

(β) 分離物が抵当不動産の上に存在する場合（搬出されなかった場合と搬出されたが抵当不動産の上に戻った場合の両方を含む）、両者が一括して不動産として競売されるのが抵当権者にとって便宜であり、また、これによって債務者も不当な不利益は受けない。そこで、抵当権者は、この場合、分離物を動産として競売してもよいが、抵当不動産と一体として競売してもよいと解するのが妥当であろう[1]。

(1) 同旨、松尾＝古積・三一九頁以下。

(f) (α) 抵当建物が崩壊し材木になった場合、抵当権の効力は材木に及ぶであろうか。この場合、抵当建物は滅失しているから、抵当建物の上の抵当権は消滅している。それゆえ、抵当権の効力は材木に及ぶかということは、抵当建物の抵当権は材木の上の抵当権として存続しているかという問題である。

(β) 前述したように、抵当権の効力は、原則として抵当建物の付加物、従物が抵当建物から分離した後にも及ぶ（本書三一九頁以下参照）。これによれば、抵当建物の抵当権の効力は材木に及ぶと解するのが妥当であろう[1]（大判大五・六・二八民録二二輯一二八一頁は反対）。抵当建物から分離した抵当建物の付加物、従物である畳や襖などには抵当建物の抵当権の効力が及ぶのに、抵当建物を組成していた材木には抵当建物の抵当権の効力が及ばないというのは、バランスを失するからである。

(1) 柚木＝高木・二六八頁は、物上代位により抵当権の効力が材木に及ぶとする。

(γ) これに対し、抵当建物から分離した畳や襖などの場合、抵当建物の抵当権の登記により抵当権の効力がそれらに及んでいることが公示されているという反論も考えられる。

しかし、第一に、抵当建物が崩壊した場合、建物の滅失の登記がなされ（不登五七条）、登記記録が閉鎖されるが（不登規一四四条一項）、閉鎖された登記記録も公開されており（不登規一九六条二項）、崩壊した建物に抵当権が設定されていたことは閉鎖された登記記録により知ることができる。それゆえ、抵当建物の抵当権の効力がそれを組成していた材木に及んでいることは登記によって公示されているともいえるのである。

第二に、抵当建物から分離した畳や襖などの所有権移転の公示方法は登記でなく引渡しであって、譲受人は所有権移転の公示方法を備えるためには譲渡人の占有を調査すれば足り、譲受人が譲渡人の占有を調査しこれを信頼すれば登記を調査しなくても善意取得によって保護されると解すべきである(1)（工抵五条二項、立木四条五項参照。本書三一九頁参照）。このように、抵当建物の抵当権の登記により抵当権の効力が畳や襖などに及んでいることが公示されているということは、譲受人に登記の調査義務がない以上、あまり実質的な意義を有するものではない。また、畳や襖などが取引に出された場合、第三者がそれが抵当建物から分離したものであるかどうかを知るのは多くの場合困難である。以上により、抵当建物の抵当権の登記によって抵当権の効力が抵当建物から分離した畳や襖などに及んでいることが公示されているというのは、崩壊した建物の材木に建物の抵当権の効力が及ぶとすることの妨げとなるものではない。

判例は抵当権の実行による差押えの後に建物が崩壊し材木になった場合には抵当権の効力は材木に及ぶとするが（大判大六・一・二二民録二三輯一四頁）、差押えの前後によって区別すべき理由はない。

(δ)　以上のように、崩壊建物の材木に対する抵当権の効力は、第三者が材木を善意取得するまで及ぶと解するのが妥当である。材木に対する抵当権の実行は、動産競売の方法によって行われる。

（1）　石田（穣）・二六六頁参照。

(ト)　抵当不動産の果実

(a)　序

(α)　抵当権の効力は、被担保債権について不履行があれば、その後に生じた抵当不動産の果実に及ぶ（三七一条）。天然果実であるか法定果実であるかは問わない。天然果実は、抵当不動産から分離される前はその構成部分であるが、被担保債権について不履行があるまでは抵当権の効力が及ばないのである。

(β)　抵当権は、抵当不動産の占有を債務者のもとにおきその使用収益を認めながら担保価値を把握する点に基本的な特色がある（三六九条一項）。それゆえ、債務者が抵当不動産の果実を収取することができるとするのは抵当権の基本的性質に合致する。しかし、債務者が債務不履行に陥った後は、抵当権はいつでも実行可能な状態となるから、抵当権の効力は抵当不動産の果実にも及び、抵当権者はいつでも抵当不動産の果実に対して抵当権を実行することができるとされたのである。

(b) 債務者の果実収取権

(α) 以上のように、民法三七一条は、抵当権者は債務者が債務不履行に陥ればいつでも抵当不動産の果実に対し抵当権を実行することができる旨を定めたにとどまり、債務者は債務不履行に陥れば直ちに果実収取権を失う旨を定めたわけではない。債務者の使用収益を認めながら抵当不動産の担保価値を把握する抵当権の基本的性質に照らせば、債務者の果実収取権は、抵当不動産が競売され買受人が所有権を取得した時に失われるのは当然であるが、その前であっても、抵当不動産の果実に対する抵当権の実行開始時、すなわち、物上代位（三七二条・三〇四条）や担保不動産収益執行（民執一八〇条二号）の開始時に失われると解すべきである。

(β) 物上代位の場合、後述するように（本書三四〇頁以下参照）、請求権が支払われる前にこれを差し押さえること（物上代位の要件としての差押え）は不要であるが、物上代位を実行する場合には差押えが必要である（物上代位の実行としての差押え）。債務者は、原則として、物上代位の実行としての差押えがあった後はその差押えに係る果実を収取することができない（賃料については、本書三三〇頁以下参照）。

(γ) 担保不動産収益執行の場合、後述するように、債務者に対し収益の処分が禁止される（本書三六五頁以下参照）。債務者は、原則として、この収益の処分が禁止された後は抵当不動産の果実を収取することができない（賃料については、本書三六五頁以下参照）。

(チ) 抵当地上の建物

(a) 土地に対する抵当権の効力は、その地上に存在する建物に及ばない（三七〇条本文）。ヨーロッパ各国においては、地上物は土地に従う（superficies solo cedit）というローマ法の伝統を受け継いで土地に対する抵当権の効力はその地上に存在する建物に及ぶとされているが、わが国においては、建物は土地とは別個の不動産であるという意識が強く、わが国独特の立法がなされたのである（本書三〇四頁(b)注（1）参照）。なお、立木登記のされた立木も土地とは別個の不動産とされ（立木二条一項）、土地に対する抵当権の効力はその土地上に存在する立木に及ばない（立木二条三項参照）。

(b)　(α)　土地に対し抵当権が設定された後でその地上に建物が建てられた場合、抵当権者は土地とともに建物も競売することができる（1）（一括競売。三八九条一項本文）。この場合、本来、抵当権の効力は建物に及ばず、抵当権者は建物の収去を求めこれを収去させてから土地を競売するか、競売による土地の買受人が建物の収去を求めることになるが、このことは抵当権の円滑な実行を妨げる。そこで、民法三八九条一項本文は土地とともに建物も競売することができるとすることによって抵当権の実行を容易にしようとしたのである。もっとも、優先弁済受領権は土地の代価についてのみ存在するのは当然である（三八九条一項但書）。

（1）　民法三八九条については、松本恒雄「抵当権と利用権との調整についての一考察──抵当権設定後の更地への建物建築による土地利用の場合──」民商八〇巻三号三一頁以下、八一巻一号一頁以下（昭和五四年）、高木多喜男「土地抵当権者の建物競売権」金融取引と担保二一八頁以下（昭和五五年）参照。

(β)　土地と建物の一括競売は、通常、抵当地の所有者がその地上に建物を築造した場合に行われるが、抵当地の所有者がその地上の建物を第三者に譲渡した場合や抵当地を譲り受けた第三者がその地上に建物を築造した場合、抵当地を賃借した者がその地上に建物を築造した場合などにも行われる。これらの場合、土地と建物の一括競売が認められなければ抵当権の円滑な実行が妨げられる。他方、第三者や借地人は、抵当権者に劣後し本来建物の収去義務を負っているのであり、土地と建物の一括競売が行われても何ら害されない。それゆえ、右の場合、抵当権者は土地とともに建物を一括して競売することができるのである（三八九条一項本文の解釈として争いがない）。

(γ)　これに対し、建物所有者の抵当地の占有権原が抵当権に優先する場合、土地と建物の一括競売は許されない

（三八九条二項）。たとえば、登記をした賃借権につきその登記前に登記をしたすべての抵当権者が賃借権が抵当権に優先することに同意し、かつ、その同意の登記がある場合、賃借権が抵当権に優先するから（三八七条一項）土地と建物の一括競売は許されない。この場合、土地のみが競売され、買受人は賃借権付の土地を取得するのである（本書四二五頁以下参照）。

(δ) 土地と建物に共同抵当権が設定された後で建物が滅失し再築された場合、抵当権者は、抵当地の上に建物が築造されたという一括競売の要件を満たすから、一括競売を行うことができると解される。(1) 抵当権者が一括競売をせず土地のみを競売した場合、後述するように、原則として法定地上権が成立すると考えられる（最判平九・二・一四民集五一巻二号三七五頁は反対。本書三七四頁参照）。

（1） 船越・二二〇頁参照。

(ε) 抵当権者は、一括競売の要件がある場合であっても、一括競売を義務づけられるわけではなく、土地のみを競売することができる（大判大一五・二・五民集五巻八二頁）。

(ζ) 民事執行法上にも一括売却の定めがあるが（民執一八八条・六一条）、これは民法三八九条と直接の関係はない。民事執行法一八八条・六一条は、民法三八九条一項の外にも執行裁判所が一括売却をすることができる場合を定めた規定であると解される。

(3) 物上代位

(イ) 序

(a) 物上代位(1)とは、社会通念上抵当権の目的物の価値の全部あるいは一部が請求権などの形で実現されていると見られる場合にそれに抵当権の効力を及ぼすということである。たとえば、抵当権の効力を抵当不動産の保険金請求権に及ぼすというのがこれである。これによって、特に抵当不動産が滅失・損傷しその価値が喪失ないし著しく減少した場合に抵当権者を保護しようというのである。民法は、まず先取特権について物上代位を定め（三〇四条）、これを抵当権に準用している（三七二条）。以下の説明については、先取特権について述べた個所も参照されたい（本書一三四頁以下参照）。

（1）　物上代位の文献については、先取特権の物上代位についての文献参照（本書一三四頁注（1））。

(b)　物上代位について特に重要なのは差押えである。そこで、以下の叙述の便宜上、ここで簡単に差押えについて説明しておきたい（本書一三九頁以下、三三九頁以下も参照）。

差押えには、物上代位の要件としての差押えと物上代位の実行としての差押えがある。物上代位の要件としての差押えは、請求権が弁済される前にしなければならない差押えである。物上代位の実行としての差押えは、債権差押手続きにより請求権から優先弁済を受けるための差押えであり、必ずしも請求権が弁済される前に行う必要はない。物上代位の要件としての差押えは物上代位の実行としての差押えを兼ねるが、物上代位の実行としての差押えは必ずしも物上代位の要件としての差押えを兼ねない。

(c)　(α)　物上代位は、民法の外に、公権力による抵当不動産の収用、買収、交換などの際に生じる補償金、清算金などについても多くの特別法によって規定されている。これには、次の二つのタイプがある。(1)

第一は、抵当権者が物上代位をするには補償金などに対する債務者の請求権を差し押さえなければならないとするものである。たとえば、土地収用法一〇四条、鉱業法一〇七条一項、森林法三七条・六四条前段などがこれである。

第二は、補償金などが供託され、法文上は供託金に対して物上代位をするために差押えは特に要求されていないものである。たとえば、土地改良法一二三条、土地区画整理法一一二条、農地法五一条二項三項・五二条三項、漁業法三九条一一項一二項、鉱業法五三条の二第七項第八項・九八条一項三号二項、採石法二五条などがこれである。

（1）　我妻・二七七頁以下が詳細である。

(β)　以上のように、特別法は、物上代位の目的が請求権の場合には差押えを必要とし、請求権の目的が供託される場合には差押えを不要としているように見える。しかし、そうであるとすれば、そのような区別をすることができるかどうかについては疑問がある。

請求権の目的が供託された場合、債務者は供託物還付請求権を取得する。それゆえ、抵当権者は供託物還付請求権に物上代位をすることになるのであり、この場合に差押えが必要でないとするのは、他の請求権の場合と相反する処理をすることになる。そして、このような相反する処理をしてもよいとする理由を見い出すことができないのである。あるいは、抵当権者は債務者の供託物還付請求権の上に法定質権を取得するから差押えをする必要がないというのかもしれない。そして、抵当権者は抵当不動産に抵当権の登記をしているから、抵当権の効力が供託物還付請求権に及ぶことが公示されており、抵当権者が供託物還付請求権の上に法定質権を取得するとしても第三者は不当に害されないというのかもしれない。しかし、そうだとすれば、請求権の目的が供託されない場合であっても、抵当権の効力が債務者の請求権に及ぶことは抵当権の登記により公示されており、抵当権者が請求権の弁済前に差し押さえる必要はないはずである。

したがって、物上代位のために差押えが必要かどうか、すなわち、請求権が弁済される前に差押えをする必要があるかどうかは、法律の文言によっては解決されず、差押えが必要とされる理由に基づき解決されなければならない。私見としては、差押えは担保物権の効力が物上代位の目的に及ぶことを公示するために要求されるが、抵当権の場合には抵当権の登記によって抵当権が物上代位の目的に及ぶことは公示されており、請求権が弁済される前に差押えをする必要はないと解される（本書三四〇頁以下参照）。

(ロ) 物上代位の目的

(a) 物上代位の目的

(α) 物上代位の目的＝代位物は、一般に、請求権であるとされている。これは、民法三〇四条一項但書が「その払渡し又は引渡しの前に差押えをしなければならない」と規定していることを根拠にする。

(β)　(i)　しかし、先取特権の物上代位の個所で説明したように、物上代位の要件としての差押えは優先権の公示のために必要なのであるが（本書一四一頁以下参照）、後述するように、抵当権が物上代位の目的に及ぶことは登記によって公示されているというべきであり、抵当権においては物上代位の要件としての差押えは不要であると解すべきである（本書三四〇頁以下参照）。

(ii)　物上代位の目的は、先取特権の物上代位について述べたように、主に請求権であるが、これに限定されるわけではなく、弁済された特定物や替地（土地収用法一〇四条）、弁済された金銭などにより債務者の一般財産が増加した場合の増加分も物上代位の目的になると解すべきである（本書一四三頁以下参照）。

(γ)　たとえば、弁済された金銭が特定している場合、抵当権者は当該金銭に物上代位をすることができる。しかし、抵当権の登記により抵当権の効力が当該金銭に及ぶことまで公示されているとはいえず、抵当権者は、当該金銭に物上代位をするためには差押えにより抵当権の効力が当該金銭に及ぶことを公示しなければならないと解すべきである。そして、このような前提に立てば、当該金銭は物上代位の目的である請求権の目的物であったのであり、他の債権者は何ら害されないのである。

(δ)　弁済された物が替地（土地収用法一〇四条）の場合、抵当権者は当該替地に物上代位をすることができる。替地は債務者が収用された抵当地の代わりに取得したものであり、そのことは取引関係者によく知られていると考えられるから、抵当権の登記は抵当権の効力が当該替地に及ぶことまで公示していると解してよいであろう。それゆえ、抵当権者は、差押えにより抵当権の効力が当該替地に及ぶことを公示しなくても、当該替地に物上代位をすることができると解される。

(ε)　弁済された金銭が特定していない場合、債務者の一般財産は弁済された金銭の分だけ増加している。しかし、抵当権の登記により抵当権の効力が一般財産の当該増加分に及ぶことまで公示されているとはいえない。それゆえ、請求権に物上代位をすることができる抵当権者は、右の一般財産の増加分を構成する動産や不動産、債権などを差し押さえ、これらの財産に抵当権の効力が及ぶことを公示した場合にこれらの財産に物上代位をすることができると解してよいであろう。このような前提に立てば、請求権に優先権を行使することができる抵当権者が債務者の一般財産の増加分に物上代位をすることができるとしても、他の債権者は何ら害されないのである。

抵当権者が債務者の一般財産の増加分に物上代位をすることができるというのは、抵当権者は、この増加分の範囲で債務者の総財産の上に優先権を有することを意味する。それゆえ、この場合、抵当権者は一般先取権者と同様に扱われることになるであろう(本書八一頁以下参照)。

(ζ) 抵当権者は、その選択により、請求権に物上代位をしてもよいが、弁済された特定物や債務者の一般財産の増加分に物上代位をしてもよいと解される。

(b) 物上代位の目的の主体　民法三〇四条は物上代位の目的の主体を債務者としているが、しかし、債務者に限定されるわけではなく、物上保証人や第三取得者(大判明四〇・三・一二民録一三輯二六五頁)も物上代位の目的の主体に含まれる。それゆえ、抵当不動産の所有者が物上代位の目的の主体である。

(c) 各種の物上代位の目的

(α) 代　金

(i) 一般に、抵当不動産の売却代金は物上代位の目的になるとされている(三七二条・三〇四条一項本文)。しかし、不動産先取特権についても述べたように(本書一四五頁以下参照)、抵当権は登記され抵当不動産が売却されてもこれに追及することができるから、代金が物上位代の目的になるとする意義に乏しい。しかも、抵当不動産の買主が抵当債務を引き受ける趣旨で抵当不動産を安く買った場合、抵当権者による代金への物上代位を認めると債務者を不当に害するおそれもある。(1) 債務者は抵当権者が抵当不動産に追及するのかそれとも代金に物上代位をするのかを買主および抵当権者と話し合っておけばよいとも考えられるが、[2] しかし、抵当権者としては抵当不動産に追及することができればそれで十分であり、債務者や抵当不動産の買主にそのようなことをさせてまで抵当権者を保護する必要はない。それゆえ、代金が物上代位の目的になるのを否定するのが妥当であろう。[3] ドイツ民法（一一二三条・一一二四条・一一二六条―一一三〇条）やスイス民法（八〇四条・八〇六条・八二二条）も、賃料や保険金請求権などについて物上代位を規定しているが、代金については規定していない。

（1）　鈴木・二四九頁以下参照。
（2）　米倉明「売却代金債権に対する物上代位の可否――抵当権にもとづく場合――」タートンヌマン九号一頁以下（平成一九年）参照。
（3）　同旨、注釈民法⑼一五五頁（小杉茂雄執筆）、高木・一四〇頁以下、内田・四〇三頁、鈴木・二四九頁、道垣内・一四五頁以下、松尾＝古積・三二三頁、安永・二六一頁、清水・三九頁以下。北川・一八八頁も参照。

(ii)　買戻特約の登記のされた不動産につき抵当権を取得した者は、買戻権が行使された場合に生じる買戻代金に物上代位をすることができるとされる（最判平一一・一一・三〇民集五三巻八号一九六五頁）。この場合、不動産に対する抵当権は買戻権に劣後するから買戻権の行使によって消滅する。それゆえ、抵当権者が買戻代金に物上代位をすることができないとすれば大きな不利益を受けるし、他方、物上代位を認めても右に述べた売買代金の場合のような問題は生じない。したがって、抵当権者による買戻代金への物上代位を肯定するのが妥当であろう。

(β)　賃　料

(i)　賃料は物上代位の目的になる。[1][2][3][4] 抵当権の効力が賃料に及ぶことは民法三七一条・三七二条・三〇四条一項本文により明らかであり、賃料は物上代位の目的になる（最判平元・一〇・二七民集四三巻九号一〇七〇頁）。ドイツ民法やスイス民法においてもこれが認められている（ドイツ民法一一二三条一項、スイス民法八〇六条一項）。

（1）　賃料への物上代位については、鈴木禄弥「物上代位制度について」抵当制度の研究一四二頁以下（昭和四三年）、伊藤眞「賃料債権に対する抵当権者の物上代位」金法一二五一号六頁以下、一二五二号一二頁以下（平成二年）、鎌田薫「賃料債権に対する抵当権者の物上代位」石田喜久夫＝西原道雄＝高木多喜男先生還暦記念論文集下（金融法の課題と展望）二五頁以下（平成二年）、斎藤和夫「『賃料債権』上への抵当権の物上代位――日本民法上の『収益型』物上代位（民法三七二条・三〇四条）の特異な『問題性』――」法研六三巻一二号二〇三頁以下（平成二年）、槇悌次「賃料に対する抵当権の物上代位」谷口知平先生追悼論文集２二七三頁以下（平成五年）、鎌田薫「抵当権の効力――『価値権』論の意義と限界――」司研九一号二六頁以下（平成六年）、占部洋之「ドイツ法における抵当不動産賃料の事前処分」大阪学院二三巻二号九九頁以下、二四巻一号三九頁以下、二五巻一号一三三頁以下（平成九年〜一〇年）、古積健三郎「将来の賃料債権の包括的譲渡と抵当権における物上代位の衝突――三つの高裁判例を中心にして――」筑法二三号一二七頁以下（平成九年）、槇悌次「抵当不動産の将来の賃料をめぐる譲渡と物上代位との衝突」民商一一七巻二号一頁以下（平成九年）、松岡久和「物上代位権の成否と限界」金法一五〇四号六頁以下、一五〇五号一三頁以下、一五〇七号一三頁以下（平成一〇年）、山本克己「抵当権に基づく賃料債権に対する物上代位の効果と手続についての覚書」法叢一四二巻五・六号八〇頁以下（平成一〇年）、天野勝介「物上代位権の行使」金法一五〇九号六頁以下、一五一〇号六二頁以下（平成一〇年）、福永有利「倒産手続における物上代位――破産手続における物上代位権の取扱い――」同誌一五一二号六頁以下、一五一三号一八頁以下（平成一〇年）、高橋眞「抵当権における賃料の把握について――価値権説・果実の把握・物上代位――」法雑四六巻三号一頁以下（平成一二年）、松岡久和「賃料債権に対する抵当権の物上代位と賃借人の相殺の優劣」金法一五九四号六〇頁以下、一五九五号三三頁以下、一五九六号六六頁以下（平成一二年）、佐久間弘道「賃料債権の譲渡に優先する抵当権者の物上代位権の問題点と賃借人の相殺権」国学院法学三八巻三号一頁以下、四号三七頁以下（平成一二〜一三年）、生熊長幸「将来にわたる賃料債権の包括的差押え・譲渡と抵当権者による物上代位――解釈論的・立法論的提言――」金法一六〇八号六頁以下、一六〇九号二三頁以下（平成一三年）、山野目章夫「抵当権の賃料への物上代位と賃借人による相殺」ＮＢＬ七一三号六頁以下、七一四号二八頁以下（平成一三年）、松岡久和「抵当権の本質論について――賃料債権への物上代位を中心に――」高木多喜男先生古稀記念（現代民法学の理論と実務の交錯）三頁以下（平成一三年）、下村信江「賃料債権への物上代位と将来の賃料の一括的譲渡」同書三七頁以下、門間秀夫「転借料に対する抵当権者の物上代位」同書六一頁以下、松岡久和「賃料債権と賃借不動産の関係についての一考察――将来の賃料債権の処分によって所有権は『塩漬け』されるか――」西原道雄先生古稀記念（現代民事法学の理論）上五九頁以下（平成一三年）、田中克志「抵当不動産の賃料債権と抵当権の効力」抵当権効力論三三七頁以下（平成一四年）、清水俊彦「賃料債権への物上代位と相殺㈣――最一小判平成一四年三月二八日の論理――」判タ一一一三号四五頁以下、一一一四号一一頁以下（平成一五年）、其木提「賃料債権に対する抵当権の物上代位と当事者の利害調整」北法五四巻一号一一一頁以下（平成一五年）、清水元「抵当権と賃料債権への物上代位」新報一一〇巻一・二号二〇七頁以下（平成一五年）、久須本かおり「賃料債権への物上代位と敷金返還請求権の保護――最一小判平成一四年三月二八日に見られる敷金充当法理の問題点――」名法二〇一号二六五頁以下（平成一六年）、堀田泰司「賃料に対する抵当権者の物上代位について」内山尚三先生追悼（現代民事法学の構想）一六五頁以下（平成一六年）、小林資郎「賃料債権に対する物上代位と敷金返還請求権の帰趨」北海学園四一巻四号一五九頁以下（平成一八年）、高橋眞「派生的価値に対する物上代位について」抵当法改正と担保の法理一頁以下（平成二〇年）、横田敏史「抵当権の本質の意義に関する一考察――抵当権に基づく賃料債権に対する物上代位と抵当権に基づく妨害排除請求に関する学説を手がかりとして――」慶應義塾大学大学院法学研究科論文集四九号一頁以下（平成二一年）参照。

（2）賃料は、抵当権設定前に締結された賃貸借に基づくものであると抵当権設定後に締結された賃貸借に基づくものであるとを問わない。抵当権設定後に締結された賃貸借に基づく賃料に限るという見解もあるが（伊藤・前掲金法一二五二号一二頁以下）、賃貸不動産に抵当権の設定を受けた抵当権者は賃料に物上代位をすることができることを含めて賃貸不動産の価値を評価していたというべきであり、また、この場合に抵当権者の物上代位を認めても不当な不利益を受ける者はいないと考えられる。それゆえ、抵当権者は抵当権設定前に締結された賃貸借に基づく賃料にも物上代位をすることができると解すべきである。

（3）債務者（賃貸人）の賃借人に対する賃料は物上代位の目的になるが、賃借人の転借人に対する転貸賃料は、債務者と賃借人を同視してよい特別の事情があるような場合を除き物上代位の目的にならない（最決平一二・四・一四民集五四巻四号一五五二頁）。

（4）賃料が一般債権者により差し押さえられた賃貸不動産に抵当権が設定された場合、抵当権者は物上代位により賃料から配当を受けることはできないとされる（最判平一〇・三・二六民集五二巻二号四八三頁）。この場合、抵当権は一般債権者の差押後に設定されたから、抵当権者は賃料に対し物上代位による優先弁済受領権を主張することはできない。

(ii)

(i)′　賃料に対する物上代位の実行は、賃料の差押えによって行われる。そして、この差押えは、物上代位の要件としての差押え、すなわち、請求権が弁済される前に要求される差押えではなく、物上代位の実行としての差押えである（本書三二六頁参照）。抵当権の効力が賃料に及ぶことは抵当権の登記によって公示されており（本書三四〇頁以下参照）、物上代位の要件としての差押えは不要である。しかし、賃料に対する物上代位は債権差押手続きにより実行される（民執一九三条・一四三条以下）。そこで、抵当権者は、弁済期が未到来の賃料が前払いされる場合、その支払いの前に差し押さえる必要はないが、当該賃料に物上代位を実行するためにはその差押えが必要なのである（抵当権者は、支払いを無視して差し押さえることができる）。

(ii)′　抵当権の効力が抵当不動産の賃料に及ぶことは抵当権の登記によって公示されており、抵当権者は、債務者が債務不履行に陥った後の賃料であれば（三七一条）、物上代位の開始（賃料の差押えの開始）の時にすでに弁済期が到来し支払われていた賃料についても遡って物上代位をすることができるように見える。しかし、抵当権は抵当不動産の占有を債務者のもとにおきその使用収益を認める点に基本的特色があり（三六九条一項）、右のような賃料にまで物上代位をすることができるとすれば、債務者のこの使用収益権が不当に制約されるおそれがある。前述したように、民法三七一条は、債務者が履行遅滞に陥れば抵当権者は果実に対し抵当権を実行することができるとしたにとどまり、債務者が履行遅滞により直ちに果実収取権を失うとしたものではないのである（本書三二三頁参照）。担保不動産収益執行においても、その対象となる収益は、後に収穫すべき天然果実およびすでに弁済期が到来した法定果実（当然、未払いの法定果実）または後に弁済期が到来すべき法定果実であるとされている（民執一八八条・九三条二項。本書三六五頁参照）。

それゆえ、抵当権による物上代位は、物上代位の実行としての賃料の差押えがあった時に弁済期は到来していたが未払いの賃料とその時に弁済期が到来していなかった賃料についてのみ行うことができると解すべきである(1)。この場合、債務者が債務不履行に陥る前に発生した賃料は差押えの時に弁済期が到来し、かつ、未払いであっても含まれないと解すべきである。なぜなら、抵当権の効力は債務者が債務不履行に陥った後に生じる賃料についてのみ及ぶからである（三七一条）。そして、このことは、抵当権者が担保不動産収益執行の申立てをする場合であっても同じであると解される。すなわち、担保不動産収益執行において処分が禁止される「既に弁済期が到来し」（民執一八八条・九三条二項）た賃料は債務者が債務不履行に陥る前に発生した賃料を含まないと解すべきである。

（1）　抵当権者が賃料を差し押さえた場合、賃借人は債務者（賃貸人）に対して抵当権の登記後に取得した反対債権をもって差し押さえられた賃料と相殺をすることはできないとされる（最判平一三・三・一三民集五五巻二号三六三頁。最判平二一・七・三民集六三巻六号一〇四七頁も参照）。しかし、相殺が認められなければ、債務者が無資力の場合に賃借人が害される。それゆえ、賃借人が差押えの時点で有していた相殺の利益は保護されるべきである。他方、抵当権者は、差押えの際に賃借人に照会すれば反対債権の有無を知ることができる。そこで、賃借人は、差押えの時までに取得していた反対債権をもって差し押さえられた賃料と相殺をすることができると解すべきである（五一一条参照。最(大)判昭四五・六・二四民集二四巻六号五八七頁も参照）。

賃借人が債務者に対し敷金返還請求権を有する場合、賃料が物上代位により差し押さえられても賃料は敷金の限度で消滅するとされる（最判平一四・三・二八民集五六巻三号六八九頁）。賃料が敷金によって充当されないとすれば、債務者が無資力の場合に賃借人は敷金の返還を受けることができなくなる。他方、抵当権者は、差押えの際に賃借人に照会すれば敷金の有無を知ることができるから、賃料が敷金によって充当されるとしても不当に害されない。それゆえ、判旨のように解するのが妥当であろう。

以上につき、ほぼ同旨なのは、山野目章夫「抵当権の賃料への物上代位と賃借人による相殺」ＮＢＬ七一四号三〇頁（平成一三年）。なお、以上の二つの判例については、深川裕佳「物上代位と相殺」相殺の担保的機能四二七頁以下（平成二〇年）参照。

(iii)′　(i)″　賃料の差押えがあった時に弁済期が到来していなかった賃料が差押えの前に支払われていた場合（前払い）、抵当権者はこの賃料が存在するとしてこれに物上代位をすることができるであろうか。

(ii)″　まず、賃料が前払いされた時に抵当権が設定されていた場合、抵当権者は前払いされた賃料が存在するとしてこれに物上代位をすることができると解すべきである[(1)]（六一三条一項後段参照）。

抵当権者は、被担保債権が履行遅滞に陥れば賃料に物上代位をすることができるのであるが（三七一条・三七二条・三〇四条一項本文）、賃料の前払いを認めれば、抵当権者は前払いされた賃料に物上代位をすることができず害される。他方、賃料に抵当権の効力が及んでいること、つまり、賃料が物上代位の目的になっていることは抵当権の登記によって公示されている（最判平一三・三・一三民集五五巻二号三六三頁）。それゆえ、賃借人は、賃料の前払いにより抵当権者が害されるのを知ることができる。そうだとすれば、賃借人が賃料の前払いをしても抵当権者に対してこれを主張することができず、抵当権者は前払いされた賃料が存在するとしてこれに物上代位をすることができると解するのが妥当である。そして、賃借人は弁済期の到来した賃料を支払う限り何ら不利益を負わないのであるから、以上のように解しても賃借人に酷であるとはいえないのである。ドイツ民法も、差押後の月の賃料の前払いはその賃料に対する物上代位を妨げないと規定している（一一二三条二項後段・一一二四条二項）。スイス民法も、期限未到来の賃料についての担保不動産の所有者の法律行為は期限が到来する前に競売の申立てをした不動産担保権者に対し効力がないと規定している（八〇六条三項）。そこで、期限前に賃料を支払った賃借人は、再度の支払いを余儀なくされるとされるのである。[2]

賃料が前払いされても、それが抵当権の目的物の必要費や有益費に使われた場合、抵当権者は、前払いによって害されるわけではなく、前払いされた賃料が存在するとしてそれに物上代位をすることはできないと解すべきであろう[3]（詐害行為取消権において、債務者の財産の譲渡代金などが有用の資に当てられた場合に詐害行為にならないとされていることも参考になる）。

（1）同旨、松岡久和「物上代位権の成否と限界」金法一五〇六号二一頁（平成一〇年）。
（2）Kommentar zum Schweizerischen Privatrecht, § 806 Nr. 24.
（3）同旨、松岡・前掲。

(iii)″ 次に、賃料が前払いされた時に抵当権が設定されていなかった場合、抵当権者は前払いされた賃料が存在するとしてこれに物上代位をすることはできないと解すべきである。

抵当権者は、抵当権の設定を受ける場合、賃料が前払いされているかどうかを賃借人に照会して知ることができるから、前払いにより不利益を受けると判断すれば抵当権の設定を受けないこともできる。他方、賃借人に将来抵当権者が出現する場合に備えて賃料の前払いを控えさせるのは賃借人の行為を過度に制約するものであり妥当でない。それゆえ、右の場合、抵当権者は前払いされた賃料に物上代位をすることはできないと解すべきであろう。

(iii) (i)′ 賃料が第三者に譲渡された場合、それが物上代位の実行としての差押後に行われれば、抵当権者はその賃料について物上代位をすることができる。これに対し、賃料の譲渡が物上代位の実行としての差押前に行われた場合、抵当権者はその賃料について物上代位をすることができない[1]。

（1）物上代位の実行としての差押えの前に賃料（弁済期の到来していた賃料）に対する転付命令が第三債務者に送達された場合、その転付命令が有効であることに問題はない。

(ii)′ (i)″ 賃料の差押えがあった時に弁済期が到来していなかった賃料が差押えの前に譲渡されていた場合に抵当権者がこの賃料（譲渡により第三者に帰属している賃料）に物上代位をすることができるかどうかについては、賃料の前払いの場合と同様に考えてよいであろう（本書三三四頁以下参照）。

(ii)″ まず、賃料が譲渡された時に抵当権が設定されていた場合、抵当権者はこの賃料に物上代位をすることができると解すべきである。(1)

抵当権者は、被担保債権が履行遅滞に陥れば賃料に物上代位をすることができるのであるが、賃料の弁済期到来前の譲渡を認めれば、抵当権者は譲渡された賃料に物上代位をすることができず害される。他方、賃料が物上代位の目的になっていることは抵当権の登記によって公示されている（最判平一〇・一・三〇民集五二巻一号一頁）。それゆえ、譲受人は、賃料の弁済期到来前の譲受けにより抵当権者が害されるのを知ることができる。そうだとすれば、抵当権者は、差押えの時に弁済期が到来していなかった賃料が譲渡されていても、これに物上代位をすることができると解するのが妥当である。そして、譲受人は弁済期の到来した賃料を譲り受ける限り何ら不利益を負わないのであるから、以上のように解しても譲受人に酷であるとはいえないのである。ドイツ民法も、差押後の月の賃料の譲渡（差押前の譲渡を含む）は抵当権者に対して効力を有しないと規定し(2)（ドイツ民法一一二四条二項）、スイス民法も、前述したように、期限未到来の賃料についての担保不動産の所有者の法律行為は期限が到来する前に競売の申立てをした不動産担保権者に対し効力がないと規定している（スイス民法八〇六条三項）。

賃料の差押えがあった時に弁済期が到来していなかった賃料が差押えの前に譲渡されていた場合であっても、譲渡代金が抵当権の目的物の必要費や有益費に使われた場合、抵当権者は、賃料の譲渡によって害されるわけではなく、譲渡された賃料に物上代位をすることはできないと解するのが妥当であろう。(3)

（1） 同旨、古積健三郎「将来の賃料債権の包括的譲渡と抵当権における物上代位の衝突――三つの高裁判例を中心にして――」筑法二三号一四八頁（平成九年）、松岡久和「物上代位権の成否と限界」金法一五〇六号二一頁（平成一〇年）、占部洋之「ドイツ法における抵当不動産賃料の事前処分」大阪学院二五巻一号一八八頁（平成一〇年）。

（2） ドイツにおける賃料への物上代位については、占部・前掲二三巻二号九九頁以下、二四巻一号三九頁以下、二五巻一号一三三頁以下（平成九年〜一〇年）参照。

（3） 占部・前掲二五巻一号一九〇頁以下参照。

(iii)″ 次に、弁済期の到来していない賃料が譲渡された時に抵当権が設定されていなかった場合、抵当権者はこの賃料に物上代位をすることはできないと解すべきである。

抵当権者は、抵当権の設定を受ける場合、弁済期の到来していない賃料が譲渡されているかどうかを賃借人に照会して知ることができるから、弁済期の到来していない賃料の譲渡により不利益を受けると判断すれば抵当権の設定を受けないこともできる。他方、第三者に将来抵当権者が出現する場合に備えて弁済期の到来していない賃料の譲受けを控えさせるのは第三者の行為を過度に制約するものであり妥当でない。それゆえ、右の場合、抵当権者は譲渡された賃料に物上代位をすることはできないと解すべきである。

(iv) (i)′ 債務者が抵当不動産を賃貸する場合に取得する権利金（権利金債権）は、賃料に準じて物上代位の目的になる。それゆえ、抵当権者は、物上代位の実行としての差押えの時に弁済期は到来していたが未払いの権利金や弁済期の到来していなかった権利金に物上代位をすることができる。もっとも、権利金は、通常、賃貸借契約の締結時に支払われるから、権利金への物上代位の例はあまりないであろう。

(ii)′ 抵当権者は、物上代位の実行としての差押後に弁済期の到来する権利金が差押前に弁済されたり譲渡されていた場合、弁済や譲渡の時に抵当権が設定されていれば、原則として、権利金が弁済された場合には弁済を無視して、権利金が譲渡された場合には譲受人に帰属した権利金について物上代位をすることができると解される。

(iii)′　支払われた権利金の内容が賃料の前払いである場合については、前払いされた賃料についての物上代位の場合と同様に考えてよいであろう（本書三三四頁以下参照）。

(γ)　物権の対価　抵当不動産に設定された物権の対価も物上代位の目的になる（三七二条・三〇四条二項）。たとえば、債務者が抵当不動産に設定した地上権の地代や永小作権の小作料がこれである。そして、ここでも、賃料の場合と同じく、抵当権者は、物上代位の実行としての差押えの時に弁済期は到来していたが未払いの対価や弁済期の到来していなかった対価に物上代位をすることができると解される。また、抵当権者は、物上代位の実行としての差押後に弁済期の到来する対価が差押前に弁済されたり譲渡されていた場合、その弁済や譲渡の時に抵当権が設定されていれば、原則として、対価が弁済された場合には弁済を無視して、対価が譲渡された場合には譲受人に帰属した対価について物上代位をすることができると解される。

(δ)　損害賠償請求権、保険金請求権

(i)　抵当不動産の滅失、損傷によって債務者が受けるべき金銭その他の物も物上代位の目的になる（三七二条・三〇四条一項本文）。この代表例が損害賠償請求権や保険金請求権である。

(ii)　抵当不動産が滅失、損傷し、債務者が第三者に対して損害賠償請求権を取得した場合、抵当権者はこの損害賠償請求権に対して物上代位をすることができる。フランスにおいてもこれが認められている（フランス保険法典L.一二一―一三条三項）。スイスにおいては、保険金請求権への物上代位に関するスイス民法八二二条一項は損害賠償請求権に類推適用されるとする見解が支配的である[(1)]。他方、ドイツにおいては、保険金請求権への物上代位に関するドイツ民法一一二七条は例外規定であり、損害賠償請求権に類推適用されないと解されている[(2)]。

（1）　Kommentar zum Schweizerischen Privatrecht, § 822 Nr. 5.

（2）　Juris Praxiskommentar, § 1127 Nr. 12; Prütting, S. 273 Fn. 8.

(iii)　抵当不動産が滅失、損傷し、債務者が保険金請求権を取得した場合、抵当権者はこの保険金請求権に対して物上代位をすることができる。保険金は、保険料の対価であるともいえるが、しかし、抵当不動産の「滅失又は損傷によって債務者が受けるべき金銭」(三〇四条一項本文)であることは間違いなく、また、社会通念上抵当不動産の価値と同視されているから、物上代位の目的になる(本書一三七頁参照)。フランス(フランス保険法典L.一二一―一三条一項)、ドイツ(ドイツ民法一一二七条以下)、スイス(スイス民法八二二条一項)においても同様に扱われている。

(iv)　土地収用法などが規定する収用などの際の補償金、清算金、替地などは、抵当不動産の滅失、損傷によって債務者が受けるべき金銭その他の物に準じる(本書三三六頁以下参照)。

判例は、建物の抵当権者が物上代位により建物の補償残金債権を差し押さえても、その前になされた転付命令は有効であるとし(最判平一四・三・一二民集五六巻三号五五五頁)、抵当権者は補償残金債権から優先弁済を受けることができないとするようである。しかし、補償残金債権に抵当権の効力が及んでいることは登記によって公示されているというべきであり(最判平一〇・一・三〇民集五二巻一号一頁参照)、転付命令はすでに他の債権者により差し押さえられていた債権につき発せられたと同視されるから、転付命令の効力は生じないと解すべきである(民執一五九条三項参照)。この場合、補償残金債権は、民事執行法一五六条二項を類推し、二重の差押えが行われたものとして第三債務者により供託され、抵当権者は供託金から優先弁済を受けることができると解される(以上につき、質入債権の転付命令についての本書二四六頁参照)。

(ハ)　差押え

(a)　序　民法三七二条は、抵当権について民法三〇四条をそのまま準用している。そこで、一般に、抵当権による物上代位の場合にも物上代位の要件としての差押えが必要である、すなわち、請求権が弁済される前にこれを差し押さえることが必要であると説かれている。しかし、以下に述べるように、物上代位の要件としての差押えは要求されないと解すべきである。

(b)　学　説　物上代位の要件としての差押えが必要であるとされる意義については、請求権の目的物が債務者の一般財産に混入するのを防止するためであるとする説や、物上代位の目的について抵当権者の優先権を公示するためであるとする説、第三債務者の二重弁済を防止するためであるとする説などがある。この詳細については、先取特権の所で説明した通りである（本書一三九頁以下参照）。

(c)　私　見

(α)　民法三〇四条一項但書で物上代位の要件としての差押えが必要とされた趣旨は、先取特権の所で説明したように、動産先取特権においてはその目的物である動産につき公示が要求されていないが、先取特権の効力が公示なしに物上代位の目的にまで及ぶとすれば取引の安全を不当に害するおそれがあるため、先取特権の効力が物上代位の目的に及ぶことを公示し取引の安全を保護するためであると解される（本書一四一頁以下参照）。これによれば、抵当権の効力が物上代位の目的に及んでいることは登記によって公示されており（最判平一〇・一・三〇民集五二巻一号一頁、同判平一三・三・一三民集五五巻二号三六三頁）、抵当権の物上代位には差押えの必要がないというべきである。(1) 判例も、債務者所有の不動産甲と物上保証人所有の不動産乙に設定された共同抵当権において、乙に対する抵当権が実行され物上保証人が代位により共同抵当権者の甲に対する抵当権を取得した場合（五〇〇条・五〇一条）、乙に対する後順位抵当権者は物上代位に準じて物上保証人の取得した抵当権に代位をすることができるが、この関係は登記により公示されており、後順位抵当権者は物上保証人の取得した抵当権を差し押さえる必要がないとしている（最判昭五三・七・四民集三二巻五号七八五頁）。なお、建物が滅失した場合、滅失登記が行われ（不登五七条）、登記記録が閉鎖されるが（不登規一四四条一項）、閉鎖された登記記録も公開されている（不登規一九六条二項）。それゆえ、登記記録が閉鎖された場合であっても、滅失した建物の抵当権の効力が保険金請求権や損害賠償請求権に及んでいる（抵当権がこれらの請求権の上に存在する）ことは登記により公示されているといってよいであろう。

(1)　このような私見によれば、抵当建物の火災保険請求権に質権が設定された場合、抵当権の効力が火災保険請求権に及んでいることは登記によって公示されており、抵当権による物上代位が質権に優先する（鹿児島地判昭三二・一・二五下民集八巻一号一一四頁。これに対し、福岡高裁宮崎支判昭三二・八・三〇下民集八巻八号一六一九頁（右鹿児島地判の控訴審）は、両者の優劣は抵当権による物上代位に基づく差押えと質権設定の通知・承諾の前後によるとする）。

(β) 以上のような私見に対しては、抵当権の登記による公示が物上代位の目的に及んでいることを知らない第三者が不当に害されるという批判が考えられる。

しかし、第一に、前述したように、抵当不動産の売却代金は物上代位の目的にならず（本書三二九頁以下参照）、買主が物上代位によって害されるということはない。

第二に、前述したように、賃料については物上代位の実行としての差押えがあった時に弁済期が到来していても未払いの賃料や弁済期が到来していない賃料が物上代位の目的になるのであり（本書三三三頁参照）、賃借人が物上代位によって不当に害されるということは考えられない（賃借人が差押えの時に弁済期が到来していない賃料を前払いしていた場合や、第三者が差押えの時に弁済期が到来していない賃料を譲り受けていた場合については、本書三三四頁以下、三三六頁以下参照）。

第三に、抵当不動産を滅失、損傷させた第三者が不法行為による損害賠償金を支払う場合に目的物に抵当権の登記がされているかどうかを調査しなければならないが、この調査は容易であり、第三者を不当に害するわけではない（建物が滅失した場合、滅失登記が行われ（不登五七条）、登記記録は閉鎖されるが（不登規一四四条一項）、閉鎖された登記記録も公開されている（不登規一九六条二項））。

第四に、保険会社が保険金を支払う場合、目的物に抵当権の登記がされているかどうかを調査しなければならないが、この調査は容易であり、保険会社の負担となるものではない。ドイツ民法（一一二七条以下）やスイス民法（八二二条一項）においても、抵当権者は物上代位の要件としての差押えなしに保険金請求権に物上代位をすることができるとされている(1)。これに対し、フランス保険法典（L.一二一—一三条二項）においては、抵当権者は物上代位の要件としての差押えなしに保険金請求権に物上代位をすることができるが、善意で保険金を支払った保険会社は免責されるとされている(2)。しかし、保険においては建物の保険が問題になるところ、保険金の支払いを受けた者はその保険金で建物を再建する場合が多く、土地の抵当権の効力はこの新築建物に及ぶのである(本書三二三頁以下参照)。それゆえ、善意の保険会社が免責されるとしても抵当権者が害されることはあまりないといえる点に注意しなければならない。

(1) スイスにおいては、不動産担保権の公示の効力は保険者にも及ぶとされ、保険者は不動産担保権が登記をされているかどうか調査する義務があるとされる(Kommentar zum Schweizerischen Privatrecht, § 822 Nr. 7)。

ドイツ民法は、建物の保険につき、「保険者は、保険者または被保険者が損害の発生を抵当権者に告知し、かつ、その告知の受領から一か月が経過しなければ、被保険者に保険金を支払ってはならない」(ドイツ民法一一二八条一項前段)と規定し、その際、「保険者は登記上明らかな抵当権を知らなかったと主張することができない」(ドイツ民法一一二八条三項)とされている。

(2) フランスにおいては、保険者は抵当権の公示における第三者に該当せず、抵当権の登記は保険者に対抗するには十分でないとされる(Aynès-Crocq, n° 700)。そこで、抵当権につき善意で保険金を支払った保険者は免責されるし(フランス保険法典L.一二一一一三条二項)、保険者は抵当権の登記を調査する義務を負わないとされている(Mazeaud-Chabas, n° 588)。他方、抵当権者は、保険者を悪意とするために保険金の支払前に保険者に異議を申し立てることができるとされる(Mazeaud-Chabas, op. cit.)。

(γ) 以上のように、抵当権の物上代位の要件としての差押え、すなわち、請求権が弁済される前に要求される差押えは不要であると解される。これに対し、物上代位を実行する場合に物上代位の目的を差し押さえること、すなわち、物上代位の実行としての差押えは必要である。たとえば、抵当権者は、抵当不動産の保険金請求権が支払われる前に差押えをしなくても、保険金請求権に物上代位をすることができる。すなわち、抵当権者は、保険金請求権が支払われていても、これを無視して保険金請求権に物上代位をすることができる。しかし、この場合の物上代位の実行は、債権に対する担保権の実行として債権差押手続きにより行われるのであり(民執一九三条・一四三条以下)、保険金請求権の差押え(弁済を無視しての差押え)が必要である。このように、請求権が弁済される前にこれを差し押さえることは必要でないが、物上代位を実行するためには請求権を差し押さえることが必要である(以上につき、本書三二六頁参照)。

(ニ) 物上代位の効果

(a) 抵当権者は、物上代位の目的から他に優先して弁済を受けることができる。

(b) 抵当権者が物上代位をしても、物上代位の目的から被担保債権の完全な満足を受けない限り、抵当権は消滅しない。抵当不動産の滅失による保険金請求権が物上代位の目的になるような場合、抵当権は物上代位によって消滅するように見える。しかし、この場合であっても、抵当権者は、保険金から被担保債権の完全な満足を受けない限り、他の物上代位の目的、たとえば、損害賠償請求権などに物上代位をすることができると解すべきである。抵当権者は被担保債権が完全に満足されるまで目的物の価値を把握している以上、社会通念上その価値の実現と見られる価値をも被担保債権が完全に満足されるまで把握していると考えるべきである。

(c) 抵当権者は、物上代位により配当要求をすることはできないとされている（最判平一三・一〇・二五民集五五巻六号九七五頁）。そして、抵当権者は、代位物である請求権が他の債権者により差し押さえられても、これを無視し物上代位をすることができるとされているようである。

しかし、他の債権者が請求権を差し押さえた場合に抵当権者がこれを無視して物上代位をすることができるとするのは、他の債権者の利益を著しく害し不当である。抵当権者としては、他の債権者による差押手続きにおいて優先弁済を受けることができれば何ら問題がないからである。それゆえ、他の債権者が請求権を差し押さえた場合、抵当権者は請求権に物上代位をすることができず、他の債権者による差押手続きにおいて優先弁済を受けるにとどまると解すべきである。(1)

代位物である請求権は、抵当権者により差し押さえられているのと同視される。それゆえ、他の債権者が請求権を差し押さえた場合、それは二重差押えと同視されるから、民事執行法一五六条二項を類推し、第三債務者は弁済金を供託すべきである。弁済金が供託された場合、執行裁判所は第三債務者の事情の届出により抵当権者の存在を知ることができるから（民執一五六条三項参照）、抵当権者は、配当要求をすることなく、供託金から優先弁済を受けることができるのである。

（1）　松尾＝古積・三二九頁参照。

二　抵当権の優先弁済を受ける効力

(1)　序

(イ)　序

(a)　抵当権者は、債務者が債務を履行しない場合に抵当不動産を競売し、売却代金から他の債権者に先立って弁済を受けることができる（三六九条一項）。これが抵当権の優先弁済受領権である。(1)

（1）　抵当権の優先弁済受領権については、中井美雄「抵当権の優先弁済権をめぐる実体法上の問題点」担保法大系1二六八頁以下（昭和五九年）、松田延雄＝栗栖勲「抵当権の優先弁済権をめぐる手続法上・実務上の問題点」同書三〇一頁以下参照。

(b)　抵当権の実行の要件については後述するが（本書三五五頁以下参照）、民法上の主な要件は、抵当権が存在すること、被担保債権の目的が抵当権の実行の時点で金銭であること、債務者が履行遅滞の状態にあることである。

(c)　(α)　抵当権の実行の方法は、原則として、担保不動産競売と担保不動産収益執行である（民執一八〇条）。

(β)　質権には、質権者が裁判所の許可をえて質物を取得することができるという質権の簡易な実行手続きが定められているが（三五四条。不動産質権や権利質権にも類推適用される（本書二二六頁以下、二四六頁以下参照））、この規定は抵当権にも類推適用されるべきである（本書三五二頁以下参照）。

(γ)　一般に、債権の弁済に代えて抵当不動産の所有権を抵当権者に移転する流抵当（抵当直流）契約も認められている。質権においては流質契約を禁止する明文の規定があるが（三四九条）、抵当権についてはこのような規定はない。しかも、質権についても、前述したように、質権者に清算義務を課す限り流質契約は民法三四九条に反しないと解される（本書一八三頁以下、二二七頁以下、二四八頁以下参照）。私見としては、後述するように、抵当権者に清算義務を課すことを前提に流抵当契約を認めてよいと考える（本書三五三頁以下参照）。

(ロ) 他の債権者との優先関係

(a) 抵当権者が一般債権者に優先するのは当然である。

(b) 他の抵当権者との優先関係は登記の前後による。なお、同順位の抵当権者の間には原則として優先関係はない。

(c) 一般に、留置権については買受人がその被担保債権を弁済しなければならず(引受主義。民執一八八条・五九条四項)、留置権は事実上抵当権に優先して満足を受けるとされている。しかし、このような解釈は疑問であり、前に説明したように、留置権の被担保債権の成立に関する留置権者の行為により他の債権者が利益を受ける場合に留置権は抵当権に優先すると解すべきである(本書五三頁以下参照)。

(d) (α) 民法三三七条と三三八条に従って登記された不動産保存と不動産工事の先取特権は、抵当権の登記に後れた場合であっても抵当権に優先する(三三九条)。これに対し、不動産売買の先取特権と抵当権の優先関係は登記の先後による(以上については、本書一一九頁参照)。

(β) 一般先取特権と抵当権の優先関係については、原則として抵当権が優先する。どちらの登記もされない場合、一般先取特権は登記がなくても効力を有するが(三三六条)、抵当権は登記がなければ効力を有しない(以上については、本書一一九頁以下参照)。

(e) 不動産質権と抵当権の優先関係は、登記の先後による。

(f) 仮登記担保権と抵当権の優先関係は、仮登記と登記の先後による。

(g) 租税債権と抵当権の優先関係は、法定納期限等と登記の先後による。すなわち、ある租税債権の法定納期限等以前に登記された抵当権はその租税債権に優先するが、ある租税債権の法定納期限等後に登記された抵当権はその租税債権に劣後する(国税徴収法八条・一六条、地方税法一四条・一四条の一〇)。

(ハ) 用益権との優先関係

(a)　抵当権と用益権の優先関係は、原則として登記の先後による。用益権には地上権、永小作権などの用益物権や賃借権などが含まれるが、抵当権とこれらの用益権の優先関係は原則として登記の先後によるのである（賃借権については、賃借権の登記（六〇五条）の外に、借地上の建物の登記（借地借家一〇条一項）や借家の占有（借地借家三一条一項）、農地の占有（農地法一八条一項）も公示方法になるが、その場合には、優先関係は借地上の建物の登記、借家の占有、農地の占有と抵当権の登記の先後による）。

(b)　抵当権が用益権に優先する場合、抵当権に基づく競売によって用益権は消滅し、買受人は用益権の負担のない不動産を取得する。これに対し、用益権が抵当権に優先する場合、抵当権に基づく競売によって用益権は消滅せず、買受人は用益権の負担のある不動産を取得する。

(c)　賃借権については、特例がある。すなわち、抵当権に後れて登記をした賃借権であっても、その登記前に登記をしたすべての抵当権者が同意をし、かつ、その同意の登記がある場合、賃借権は抵当権に優先する（三八七条。本書四二五頁以下参照）。この場合、賃借権は抵当権に基づく競売によって消滅せず、買受人は賃借権の負担のある不動産を取得する。また、抵当権者に劣後する建物の賃借人は、原則として買受人の買受けの時から六か月が経過するまで買受人に対しその建物を引き渡す必要がない（三九五条。本書四一八頁以下参照）。なお、以前は、抵当権の登記に後れて登記をした賃借権であっても抵当権に優先する短期賃貸借の保護という制度があったが（旧三九五条）、問題が多く、平成一五年に廃止された。

(ニ)　他の担保権者や一般債権者によって抵当不動産が競売される場合　後順位抵当権者などの他の担保権者や一般債権者が抵当不動産を競売することは差し支えない。この場合、抵当権者はその順位に応じた配当を受け、抵当権は消滅する（消除主義。民執一八八条・五九条一項）。抵当権者は、他の担保権者や一般債権者による競売を阻止することはできないが、この場合であっても順位に応じた優先弁済受領権は保障されているのである。

(ホ)　債務者の一般財産に対する抵当権者の地位

(a)　序

(α)　抵当権者は、抵当不動産の代価から弁済を受けない債権の部分についてのみ一般財産から弁済を受けることができる（三九四条一項）。しかし、この規定は抵当不動産の代価に先立って他の財産の代価を配当すべき場合には適用されず、この場合、他の債権者は、抵当権者に抵当不動産の代価から弁済を受けさせるため、抵当権者に配当すべき金額の供託を請求することができる（三九四条二項）。

(β) 民法三九四条一項によれば、抵当権者は、抵当不動産から弁済を受けない被担保債権の部分についてのみ一般財産から弁済を受けることができる。しかし、民法三九四条二項においても、一般財産から抵当権者に配当すべき金額は供託されるから、抵当権者は、結局、抵当不動産から弁済を受けない被担保債権の部分についてのみ供託金（一般財産）から弁済を受けることになる。このように、民法三九四条一項と二項は同じことを規定しているようにも見える。

それゆえ、民法三九四条二項は、抵当不動産に先立って一般財産から配当が行われる場合には抵当権者もそれに参加することができる旨を定めているものと解される。すなわち、民法三九四条一項は、抵当権者はまず抵当不動産から弁済を受けるべき旨を定め、民法三九四条二項は、抵当不動産に先立って一般財産から配当が行われる場合には抵当権者もそれに参加することができる旨を定めていると解される。しかし、このように解しても、(b)以下に述べるように種々の問題がある。

(γ) 抵当権者が債務者の一般財産から弁済を受けるのは、抵当権者としてではなく、一般債権者としてである。しかし、抵当権の登記などは債務名義と同じような被担保債権が存在することについての高度の証明力を有するから、抵当権者は債務者の一般財産から弁済を受ける場合であっても債務名義を取得する必要はないと解すべきである（本書二九四頁参照）。

(b) 民法三九四条一項について――その一

(α) 抵当権者が民法三九四条一項に反し抵当不動産につき抵当権を実行することなく一般財産を差し押さえた場合、一般に、債務者はこれに対して異議を申し立てることはできないと解されている（大判大一五・一〇・二六民集五巻七四一頁）。そして、その理由として、民法三九四条一項は一般債権者を保護するための規定であるからとされる。

(β) しかし、抵当権の実行により被担保債権が満足されることが明らかな場合、抵当権者が抵当権を実行することなく一般財産を差し押さえるのを認めなくても、抵当権者が不当な不利益を受けるわけではない。それゆえ、この場合、抵当権者が抵当権を実行することなく一般財産を差し押さえるのを認める必要があるとは思われない。

他方、債務者は、抵当権の実行により被担保債権が満足されることが明らかであるのに抵当権者が抵当権を実行することなく一般財産を差し押さえた場合、種々の不利益を受ける。第一に、抵当不動産が山林で、抵当権者が一般財産である宅地とその上の住宅を差し押さえたような場合、債務者は生活の基礎を失うおそれがある。第二に、抵当権者が債務者にとって特に愛着のある一般財産を差し押さえたような場合、債務者は大きな精神的苦痛を受ける。第三に、第三者が抵当権の実行による不利益を前提にして債務者から抵当不動産を安く買った場合、抵当権者が抵当権を実行することなく一般財産を差し押さえれば債務者が不当に害されるおそれがある。なぜなら、抵当権が実行されれば債務者は自己の財産からの出捐を免れることができるからである。右の場合、債務者は、一般財産を差し押さえられ不利益を受ければ第三取得者に求償することができるとも考えられる。しかし、第三取得者に求償するのは面倒であるし、また、第三取得者が所在不明や無資力の場合（第三取得者が抵当不動産を他に処分した後で所在不明になったり無資力になったような場合）、債務者は害される。

以上により、債務者は、抵当権の実行により被担保債権が満足されることが明らかであるのに抵当権者が抵当権を実行することなく一般財産を差し押さえた場合、異議を申し立てることができると解すべきである。

(γ)　債務者による異議の申立ては、執行異議の申立て（民執一一条）である。

(δ)　抵当権の実行により被担保債権が満足されることが明らかでない場合、抵当権者が抵当権を実行した後でのみ一般財産を差し押さえることができるとするのは抵当権者に酷である。なぜなら、抵当権者が抵当権の実行後に一般財産を差し押さえようとしても、その時には債務者が無資力になっている可能性があるからである。他方、債務者としても、抵当権の実行により被担保債権が満足されることが明らかでない場合はいずれ一般財産が差し押さえられるのを覚悟しなければならない場合である。それゆえ、この場合、民法三九四条一項は適用されず、抵当権者は抵当権を実行することなく一般財産を差し押さえることができると解すべきである。

これに対し、債務者は、抵当不動産が第三者に譲渡されている場合には、抵当権が実行されれば自己の財産からの出捐がゼロになるか少なくなる可能性があるから、民法三九四条二項後段の趣旨により抵当権者に配当すべき金額の供託を請求することができると解される。この場合、抵当権者は、抵当不動産の代価から弁済を受けない金額についてのみ供託金から満足を受けるということになる。

(c) 民法三九四条一項について――その二

(α) 一般債権者は、抵当権者が抵当権を実行することなく一般財産から満足を受ける場合、次のような不利益を受ける。第一に、抵当不動産が他に譲渡されている場合、被担保債権が一般財産からの配当で消滅し、したがって、抵当権が消滅しても、一般債権者は第三者の手中にある旧抵当不動産から満足を受けることはできない。第二に、抵当不動産が他に譲渡されていない場合であっても、抵当権者がまず抵当不動産から優先的な配当を受け残額について一般財産から配当を受けるよりも、抵当権者がまず一般財産から配当を受け残額について抵当不動産から優先的な配当を受ける方が一般債権者にとって不利な場合がある(1)。

(1) 抵当権者Aの被担保債権額を一、五〇〇万円、一般債権者B、Cの債権額をそれぞれ五〇〇万円、抵当不動産の価額を一、〇〇〇万円、一般財産の価額を四五〇万円としてみよう。

まず、Aが抵当不動産から先に満足を受けるとすれば、抵当不動産から一、〇〇〇万円の支払いを受け残額の五〇〇万円につき一般財産から一五〇万円(四五〇万円×1/3)の支払いを受ける。BとCは、それぞれ一五〇万円(四五〇万円×1/3)の支払いを受ける。

次に、Aが一般財産から先に支払いを受けるとすれば、一般財産から二七〇万円(四五〇万円×3/5)の支払いを受け、抵当不動産から一、〇〇〇万円の支払いを受ける。BとCは、それぞれ九〇万円(四五〇万円×1/5)の支払いを受ける。

以上のように、抵当権者が一般財産から先に支払いを受ける方が一般債権者には不利な場合があるのである(鈴木・二五五頁以下、道垣内・二〇〇頁以下参照)。

(β)　一般に、一般債権者は、抵当権者が民法三九四条一項に反し抵当権を実行することなく一般財産を差し押さえた場合、異議を申し立てることができると解されている。そして、有力な見解によれば、異議申立ての内容は、民法三九四条二項後段の趣旨により抵当権者に配当すべき金額の供託を請求することであるとされる(1)。

(1)　我妻・三〇一頁、山川・一三〇頁。第三者異議の訴えとする見解もある(柚木＝高木・三七四頁)。

(γ)　しかし、これでは民法三九四条一項と二項は同じ内容の規定ということになるであろう。すなわち、どちらも抵当権者に配当すべき金額の供託請求の規定であるということになる。このような解釈によれば、民法三九四条が一項と二項に分けて規定したのが無意味になる。

また、前述したように、抵当権の実行により被担保債権が満足されることが明らかな場合、抵当権者が抵当権を実行することなく一般財産を差し押さえるのを認める必要はない(本書三四七頁以下参照)。他方、抵当権者に配当すべき金額の供託請求の場合、一般債権者への供託金からの配当は抵当権の実行後にまで遅延する。

以上により、一般債権者は、抵当権の実行により被担保債権が満足されることが明らかであるのに抵当権者が抵当権を実行することなく一般財産を差し押さえた場合、執行異議の申立て(民執一一条)をすることができると解すべきである。

(δ)　抵当権の実行により被担保債権が満足されることが明らかでない場合、前述したように抵当権者が抵当権を実行した後でのみ一般財産を差し押さえることができるとするのは抵当権者に酷である(本書三四八頁以下参照)。他方、一般債権者は、民法三九四条二項後段の趣旨により抵当権者に配当すべき金額の供託を請求することができるとすれば供託金からの配当が抵当権の実行後にまで遅延すること以外に不当な不利益を受けない。それゆえ、右の場合、民法三九四条一項は適用されず、抵当権者は抵当権を実行することなく一般財産を差し押さえることができるが、一般債権者は民法三九四条二項後段の趣旨により抵当権者に配当すべき金額の供託を請求することができると解される。この場合、抵当権者は、抵当不動産の代価から弁済を受けない金額についてのみ供託金から満足を受けることになる。

(d) 民法三九四条二項について

(α) 民法三九四条一項は、抵当不動産の代価に先立って他の財産の代価を配当すべき場合には適用されない(三九四条二項前段)。この場合、一般債権者は、民法三九四条一項による弁済を受けさせるため抵当権者に配当すべき金額の供託を請求することができる(三九四条二項後段)。この場合、一般債権者は、抵当権者に配当すべき金額の供託を請求することができる。たとえば、一般債権者が一般財産を差し押さえた場合、抵当権者はその配当手続きに参加することができる。そして、抵当権者は、抵当不動産の代価から弁済を受けない金額についてのみ供託金から満足を受けることになる。

(β) 抵当不動産の代価に先立って他の財産の代価を配当すべき場合に抵当権者がこれに参加することができるとしたのは、これに参加することができなければ抵当権の実行によって被担保債権が満足を受けない場合に抵当権者が不当に害されるおそれがあるからである。すなわち、抵当権者は、抵当不動産の代価によって満足を受けない被担保債権の残額につき他の財産から満足を受けようとしても、他の財産の代価の配当が終了していればこれができず不当に害されるからである。それゆえ、抵当権の実行により被担保債権が満足されることが明らかな場合、民法三九四条二項は適用されず、抵当権者は他の財産の代価の配当手続きに参加することができないと解してよいであろう。抵当権の実行により被担保債権が満足されることが明らかであるのに抵当権者が他の財産の代価の配当手続きに参加した場合、一般債権者は配当異議の申出をすることができる(民執八九条・九〇条)。

(e) まとめ　以上を要約すれば、こうである。

第一に、民法三九四条一項は、抵当権の実行により被担保債権が満足されることが明らかな場合に適用される。抵当権の実行により被担保債権が満足されることが明らかでない場合、民法三九四条一項は適用されず、抵当権者は一般財産から先に配当を受けてもよいが、民法三九四条二項後段の趣旨により、その配当金は供託される。

第二に、民法三九四条二項は、抵当権の実行により被担保債権が満足されることが明らかな場合には適用されない。この場合、抵当権者は、民法三九四条一項により抵当不動産から先に配当を受けなければならない。

(ヘ)　別除権、更生担保権　債務者が破産した場合、抵当権者は別除権者として保護されるが（破二条九項一〇項）、抵当権の目的を任意に売却して抵当権を消滅させることが破産債権者の一般の利益に適合するときは、破産管財人は、裁判所に対し、右の目的を任意に売却し、一定の金銭を裁判所に納付して抵当権を消滅させることについての許可の申立てをすることができる（破一八六条一項）。民事再生の場合にも抵当権者は別除権者として扱われるが（民再五三条）、再生債務者等は、抵当権の目的が再生債務者の事業の継続に欠くことができない場合、その目的の価額に相当する金銭を裁判所に納付して抵当権の消滅の許可を裁判所に申し立てることができる（民再一四八条一項）。会社更生の場合、抵当権者は更生担保権者として扱われるが（会更二条一〇項一一項）、裁判所は、更生会社の事業の更生のために必要があれば、管財人の申立てにより、抵当権の目的の価額に相当する金銭を裁判所に納付して抵当権を消滅させることを許可することができる(1)（会更一〇四条一項）。

(1)　倒産と抵当権については、福永有利「倒産法と抵当権」金融担保法講座Ⅰ三四九頁以下（昭和六〇年）参照。

(ト)　抵当権の簡易な実行手続

(a)　一般に、抵当権には、質権におけるような簡易な実行手続き（三五四条）は認められないとされている。しかし、抵当権者の清算義務を前提とする限り、抵当権に簡易な実行手続きを認めても何ら不都合はないと思われる。すなわち、抵当権の簡易な実行手続きを認めれば抵当権者にとって便宜であるし、他方、清算義務を前提とする限り債務者にとって不利益はないからである。

(b)　抵当権の簡易な実行手続きの具体的な内容は、不動産質権について述べたのとほとんど同じである（本書二二六頁以下参照）。そこで、裁判所は、後順位担保権者がいない場合、裁判の時を規準にして鑑定人の評価に従い清算金を決定し、抵当権者がその清算金を支払うのを条件に抵当不動産の所有権を取得するのを許可すべきである。同様にして、抵当権の目的が地上権や永小作権の場合には地上権や永小作権を取得するのを許可すべきである。これらの場合、抵当権者は、債務者に対し清算金の支払いと引換えに抵当不動産の所有権や地上権、永小作権の移転登記と抵当不動産（地上権、永小作権の目的物を含む）の引渡しを求めることになるであろう。

後順位担保権者がいる場合、裁判所は、抵当権者が仮登記担保契約に関する法律の定める準則に基づき抵当不動産の所有権や地上権、永小作権を取得するのを許可すべきである。

(c) フランスにおいても、二〇〇六年の担保権に関する民法改正において、抵当権者は弁済として目的物の所有権の取得を裁判所に請求することができるが（フランス民法二四五八条）、その際、抵当権者は、当事者の合意により選任された鑑定人あるいは裁判所により選任された鑑定人の評価に従い、債務者に清算金を支払うか、他に担保権者がいる場合にはそれを供託しなければならないとされている（フランス民法二四六〇条）。

(チ) 流抵当（抵当直流）契約

(a) 流抵当契約とは、債務者が債務の履行に代えて抵当不動産の所有権（抵当権の目的が地上権や永小作権の場合には地上権や永小作権）を抵当権者に移転する旨の契約をいう。

(b) (α) ドイツ民法（一一四九条）やスイス民法（八一六条二項）は、流抵当契約を禁止している。

これに対し、フランス民法は、抵当権者に清算義務を課した上で流抵当契約(pacte commissoire)を認めている。フランスにおいては、従来、流質契約は禁止されているものの流抵当契約は禁止されていなかったが、二〇〇六年の担保権に関する民法改正において明文で認められるに至ったのである。[1] すなわち、抵当権者は当事者の合意により抵当不動産の所有者となることができるとされ（フランス民法二四五九条）、その際、抵当権者は、当事者の合意により選任された鑑定人あるいは裁判所により選任された鑑定人の評価に従い、債務者に清算金を支払うか、他に担保権者がいる場合にはそれを供託しなければならないとされている（フランス民法二四六〇条）。なお、フランス民法においては、前述したように（右の(ト)(c)参照）、抵当権者は裁判所に対し弁済として抵当不動産を抵当権者の所有とすることを請求することもできるとされている（フランス民法二四五八条）。

（1） Aynès-Crocq, n° 687.

(β) (i) わが国においては、一般に、流抵当契約は有効であると解されている（大判明四一・三・二〇民録一四輯三一三頁）。しかし、流抵当契約を無条件で認めれば債務者を不当に害するおそれがある。それゆえ、流質契約の場合と同様、抵当権者に清算義務を課すことを前提にその有効性を承認すべきであると考える[1]（本書一八三頁以下参照）。

（1） 同旨、柚木＝高木・三二〇頁以下、高木・一八三頁、内田・四五九頁、高橋・一五七頁注（1）、平野・二〇五頁以下、松井・六九頁以下。船越・一八七頁は、抵当不動産の価格が被担保債権額を超え両者の間の合理的均衡を失する場合に抵当権者の清算義務を認める。

(ii) 流抵当契約により抵当権者が抵当不動産の所有権を取得する手続きについては、簡易な不動産質権の実行手続きにおいて後順位担保権者がいる場合について述べたのと同じである（本書二二七頁参照）。それゆえ、抵当権者は、仮登記担保契約に関する法律の定める準則に基づき抵当不動産の所有権を取得しなければならない[1]。

（1） 同旨、加藤雅信「非典型担保法の体系」別冊ＮＢＬ三一号六三頁（平成七年）。

(c) 流抵当契約のうち抵当権者の権利が仮登記されているものは抵当権と仮登記担保権の併用である。流抵当契約の大部分は抵当権と仮登記担保権の併用であると思われる。仮登記担保権においては、仮登記担保権者の清算義務が明文で認められている（仮登記担保三条一項）。仮登記担保権の詳細については後述する（本書六一七頁以下参照）。

(2) 担保不動産競売

(イ) 競　売

(a) 抵当権の実行の主な方法は、担保不動産競売である[1]（民執一八〇条一号）。

(1) 抵当権の実行については、石川明「抵当権・根抵当権の実行としての競売の申立の要件——土地・建物の競売の申立の手続上の要件・実体上の要件——」担保法大系2七六頁以下(昭和六〇年)、阪本勁夫「抵当権・根抵当権の実行としての競売の申立書の記載事項と添付書面」同書一〇三頁以下、鈴木正和「抵当権・根抵当権の実行をめぐる実務上の問題点」同書一二三四頁以下、田中康久「抵当権の実行」金融担保法講座Ⅰ三〇三頁以下(昭和六〇年)参照。

(b) 競売には、担保不動産競売と強制競売(民執四三条一項)の二つがあるが、抵当権の実行は前者によって行われる。担保不動産競売には債務名義は必要でないが、強制競売には債務名義が必要である。

(ロ) 担保不動産競売開始の要件

(a) 民法上の要件

(α) 民法上の要件 民法上の要件は、抵当権が存在すること、被担保債権の目的が競売開始の時点で金銭であること、債務者の履行遅滞、抵当不動産の第三取得者による抵当権消滅請求の際の抵当権者による債務者および抵当不動産の譲渡人への競売申立ての通知である。

(β) 抵当権が存在すること 抵当権が存在しなければ抵当権を実行することができないのは当然である。抵当権が存在しないのに競売開始決定がなされた場合、債務者は執行異議の申立てをすることができる(民執一八二条)。しかし、買受人が代金を納付して不動産を取得した場合、買受人の不動産取得は抵当権の不存在によって妨げられないとされる(民執一八四条)。競売手続きにおける関係者の信頼を保護するためである(本書三六一頁参照)。

(γ) 被担保債権の目的が競売開始の時点で金銭であること 被担保債権は、金銭債権に限らず、特定物の引渡請求権のような特定債権であってもよい。しかし、抵当権の実行においては、被担保債権が抵当不動産の代価から弁済を受けるから、被担保債権の目的が競売開始の時点で金銭でなければならないのは当然である。

(δ) 債務者の履行遅滞 債務者が履行遅滞(四一二条)の状態になければ抵当権を実行することはできない。債務者が履行遅滞の状態でないのに競売開始決定がされた場合、それは競売開始決定に対する執行異議の申立ての対象になるが(民執一八二条)、買受人が代金を納付すれば、その時までに履行遅滞の状態にならなくても、買受人による不動産の取得は妨げられないと解される(民執一八四条参照。大判昭七・一二・二〇民集一一巻二三三六頁も参照)。

(ε)　抵当不動産の第三取得者による抵当権消滅請求の際の抵当権者による債務者および抵当不動産の譲渡人への競売申立ての通知　抵当権者が抵当不動産の第三取得者から抵当権消滅請求に関し民法三八三条の書面の送付を受けた場合、競売の申立てをするには書面の送付を受けた後二か月以内に債務者および抵当不動産の譲渡人にその旨を通知しなければならない(三八五条)。これは、債務者および抵当不動産の譲渡人に被担保債権の弁済や第三者弁済(四七四条)の機会を与えるためである(本書四二二頁参照)。

(b)　民事執行法上の要件

(α)　民事執行法上の要件　民事執行法上の要件は、抵当権の存在を証する確定判決などの謄本、抵当権の存在を証する公正証書の謄本、抵当権の登記に関する登記事項証明書のいずれかの提出である(1)(民執一八一条一項一号—三号)。

(1)　証券抵当権の場合には抵当証券の提出が要件になる(民執一八一条二項)。

(β)　抵当権の存在を証する確定判決などの謄本　抵当権の実行は、抵当権の存在を証する確定判決や家事審判法一五条の審判などの謄本の提出によって開始する(民執一八一条一項一号)。抵当権の存在は、確定判決や審判の主文において確認されたものに限らず、理由中で確認されたものであってもよい。確定判決は、給付、確認、形成のいずれの判決であってもよい。

(γ)　抵当権の存在を証する公証人が作成した公正証書の謄本　抵当権の実行は、抵当権の存在を証する公証人が作成した公正証書の謄本の提出によっても開始する(民執一八一条一項二号)。

(δ)　抵当権の登記に関する登記事項証明書

(i) 抵当権の実行は、抵当権の登記に関する登記事項証明書の提出によっても開始する（民執一八一条一項三号）。抵当権の実行は、ほとんどがこの場合である。

(ii) 私見のように、登記を抵当権の効力要件と解する場合（本書二八〇頁参照）、抵当権の実行は登記事項証明書の提出のみによって行われ確定判決の謄本の提出などによって行われる余地はないように見える。しかし、抵当権の登記がされていても抵当権の存否やその有効性に争いがある場合、抵当権の存在を確認する確定判決の謄本などの提出によって抵当権の実行を開始することには十分に意義がある。それゆえ、民事執行法一八一条一項一号二号は、抵当権の登記がされていることを前提にした規定である。

(ε) 抵当権の承継があった場合

(i) 抵当権の承継があった場合、抵当権移転の付記登記をし（三七六条二項参照）、抵当権の登記に関する登記事項証明書の提出によって抵当権の実行が開始する（民執一八一条一項三号）。

(ii) 抵当権の承継が相続などの一般承継の場合、登記を物権変動の効力要件と解する私見によっても登記なしに抵当権の移転が生じる(1)。それゆえ、抵当権の一般承継の場合、抵当権移転の付記登記をし抵当権に関する登記事項証明書を提出することの外に、一般承継を証する文書の提出によっても抵当権の実行が開始する（民執一八一条三項）。一般承継を証する文書は、公文書であっても私文書であってもよく、たとえば、戸籍謄本や遺産分割協議書などがこれである。

(1) 石田(穣)・二三三頁以下参照。

(iii) 抵当権の承継が被担保債権の譲渡などの特定承継の場合、その特定承継を証する裁判の謄本やその他の公文書の提出によっても抵当権の実行が開始する（民執一八一条三項）。これは、登記を抵当権移転の効力要件と解する私見によれば（本書二八〇頁参照）、抵当権移転の付記登記があっても抵当権の特定承継に争いがある場合に意義がある。一般承継の場合と異なり、公文書に限られる。

(ハ) 競売手続き

(a) 競売開始決定

(α) 執行裁判所は、抵当権者の申立てに基づき競売開始決定をし、抵当不動産を差し押さえる旨の宣言をする（民執一八八条・四五条一項）。

(β) 差押えの効力は、競売開始決定が債務者に送達された時に生じる（民執一八八条・四六条一項本文）。もっとも、差押えの登記（民執一八八条・四八条）が右の送達前にされた場合には登記の時に効力が生じる（民執一八八条・四六条一項但書）。

(γ) 差押えは、債務者が通常の用法に従って抵当不動産を使用収益することを妨げない（民執一八八条・四六条二項）。なお、差押えがあれば、抵当権の効力は、差押後に抵当山林から伐採されその地上にある材木や抵当建物が崩壊して生じた材木にも及ぶとされるが（大判大五・五・三一民録二二輯一〇八三頁（伐採された材木）、同判大六・一・二二民録二三輯一四頁（建物から生じた材木））、前述したように、抵当権の効力は差押えの前後を問わずこれらの物に及ぶと解するのが妥当である（本書三一九頁、三二一頁以下参照）。

(δ) 抵当不動産につき他の債権者や担保権者の申立てにより競売開始決定がされている場合であっても、抵当権者は競売申立てをすることができる（民執一八八条・四七条一項）。この場合、執行裁判所は、二重の競売開始決定を行う。先の競売開始決定に係る競売申立てが取り下げられたり、先の競売開始決定に係る競売手続きが取り消された場合、後の競売開始決定に基づき手続きが続行される（民執一八八条・四七条二項）。

(b) 抵当不動産の売却

(α) 配当要求

(i) 競売開始決定に係る差押えの効力が生じた場合、裁判所書記官は配当要求の終期を定めなければならない（民執一八八条・四九条一項）。

(ii) 配当要求をすることができるのは、債務名義の正本を有する債権者、公正証書の謄本などにより一般先取特権を有することを証明した債権者などである（民執一八八条・五一条一項）。競売申立てをした抵当権者は、当然に配当手続きに参加することができ、配当要求をする必要はない。他の抵当権者も、当然に配当手続きに参加することができ、配当要求をする必要はないが、裁判所書記官の催告に応じて、被担保債権の存否、その原因および額を配当要求の終期までに執行裁判所に届け出なければならない（民執一八八条・四九条二項二号・五〇条一項）。

(β) 抵当不動産の売却

(i) 執行裁判所は、売却基準価額を定め（民執一八八条・六〇条一項）、執行官は、売却期日に抵当不動産の売却を実施する（民執一八八条・六四条三項）。

(ii) 債務者は、買受けの申出をすることができない（民執一八八条・六八条）。債務者は、買受代金を納付する余裕があればこれで債務を弁済すべきだからである。これに対し、抵当不動産の第三取得者は買受人となることができる（三九〇条）。同様に、物上保証人も買受人になることができると解してよいであろう。

(iii) 執行官によって抵当不動産の売却が行われた場合、執行裁判所は、売却決定期日を開き、売却の許可または不許可を言い渡さなければならない（民執一八八条・六九条）。売却許可決定が確定した場合、買受人は、確定した日から一か月以内で裁判所書記官の定める期限までに代金を裁判所書記官に納付しなければならない（民執一八八条・七八条一項、民執規一七三条一項・五六条一項）。

買受人は、代金を納付した時に不動産を取得する（民執一八八条・七九条）。登記を所有権移転の効力要件と解する私見(1)によれば、買受人は、登記が行われることを条件として代金を納付した時に不動産を取得すると解される。登記は、裁判所書記官の嘱託によって行われる（民執一八八条・八二条一項一号）。通常の取引においては、代金の支払いと登記の移転は同時履行の関係に立ち（五三三条）、買主は代金の支払い時に登記の移転を受けて所有権を取得するが、競売においては代金の納付が登記に先行して行われるため、買受人は代金の納付時に所有権を取得するとされたものと解される。

買受人が代金を納付しない場合、売却許可決定はその効力を失う（民執一八八条・八〇条一項前段）。この場合、次順位買受申出人があれば、執行裁判所は、その申出について売却の許可または不許可の決定をしなければならない（民執一八八条・八〇条二項）。

（1）　石田(穣)・一三七頁参照。

(iv)　執行裁判所は、代金を納付した買受人の申立てにより、債務者または不動産の占有者に対し、不動産を買受人に引き渡すべき旨を命じることができる（引渡命令。民執一八八条・八三条一項本文）。ただし、事件の記録上買受人に優先する権原により占有していると認められる者に対してはこの限りでない（民執一八八条・八三条一項但書）。引渡命令は、債務名義となり（民執二二条三号）、買受人はこれに基づき強制執行をすることができる。

(γ)　配　当　執行裁判所は、代金の納付があった場合、配当期日において配当表を作成し（民執一八八条・八五条一項）、配当表に基づいて配当を実施する（民執一八八条・八四条一項）。抵当権者がその順位に応じた配当を受けるのは当然である。

(二)　競売の効果

(a)　所有権の移転

(α)　不動産の所有権は、競売により買受人に移転する。

(β)　(i)　買受人による不動産の取得は、抵当権の不存在や消滅によって妨げられない（民執一八四条）(1)。たとえば、抵当権設定契約が無効のため抵当権が存在しなかったり、被担保債権の弁済により抵当権が消滅したりしても、買受人による不動産の取得は妨げられないのである。民事執行法一八四条が制定される以前は、一般に、抵当権が不存在の場合や消滅した場合、買受人は不動産を取得しないとされていた。

（1）　民事執行法一八四条については、生熊長幸「抵当権の実行としての競売と買受人の地位——民事執行法の立場の批判的検討——」岡法二九巻一号一一五頁以下（昭和五四年）、上田徹一郎「担保権実行のための競売の要件と効果——観念的形成と事実的形成を通しての手続保障充足と買受人の地位の安定——」民事執行法の基本構造五一三頁以下（昭和五六年）、加藤雅信「不存在の抵当権による不動産競売とその清算関係」現代民法学の展開二四五頁以下（平成五年）参照。

(ii) 民事執行法一八四条の趣旨は、不動産の所有者が競売手続きにおいて抵当権の存在を争う機会を与えられているにもかかわらず争わなかった場合に、抵当権が存在すると思って競売手続きを信頼した利害関係人を保護するというものである(1)（最判平五・一二・一七民集四七巻一〇号五五〇八頁参照）。それゆえ、このような立法趣旨によれば、以下のような解釈が導かれるべきである。

第一に、買受人は抵当権の不存在や消滅につき善意無過失でなければならない。買受人は抵当権者が抵当権を有しないにもかかわらず不動産を取得するのであるから、処分権限のない者の処分により不動産を取得することになる。それゆえ、これは動産における善意取得（一九二条）に相応するものであり、買受人に善意無過失が要求されると解すべきである。もっとも、買受人は、競売手続きを信頼した場合、特別のことがない限り無過失であるといってよい。以上によれば、買受人に悪意過失がある場合、買受人は不動産を取得しない。これに対し、配当を受けた債権者（抵当権者を含む）の中に抵当権の不存在や消滅につき善意無過失の者がいる場合、これらの者は競売手続きを信頼して配当を受けたのであるから保護されるべきである。そこで、所有者は悪意過失のある買受人に対し所有権に基づき不動産の返還を請求することができるが、買受人は善意無過失の債権者に配当された金銭につき所有者に対し不当利得による返還を請求することができると解される（善意無過失の債権者の債権は配当の限度で弁済を受けたものとして消滅し、所有者はその限度で不当利得する）。他方、買受人は、悪意過失のある債権者に対し配当を受けた金銭につき不当利得による返還を請求することができる（悪意過失のある債権者に対する配当は債権の弁済としては扱われず、悪意過失のある債権者の債権は配当を受けても消滅しない）。

第二に、買受人が善意無過失で買い受けた場合、買受人は不動産を取得する。他方、悪意過失のある債権者を保護する必要はないから、所有者は、配当を受けた悪意過失のある債権者に対し不当利得による返還を請求することができる（最判昭六三・七・一民集四二巻六号四七七頁参照）。これに対し、債権者は所有者に対する債権でこれを相殺することができる（債権者に悪意がある場合、相殺は認められない（五〇九条参照））。

第三に、所有者が競売手続きについて争う機会を有しなかった場合、買受人は善意無過失であっても不動産を取得することはできない。たとえば、Aの不動産がAの不知の間に勝手にBに売却され、BによってCのために抵当権が設定された場合、競売開始決定はAに送達されず、Aは競売手続きを争う機会を有しない。このような場合、Aを保護するために買受人は不動産を取得しないと解すべきである(2)（最判平五・一二・一七民集四七巻一〇号五五〇八頁は、Aは競売手続上の当事者として扱われなければ所有権を喪失しないとする）。また、善意無過失の買受人が保護されない以上、善意無過失で配当を受けた債権者も保護されないといわざるをえず、買受人は債権者に対し配当を受けた金銭につき不当利得による返還を求めることができると解すべきである。

第四に、たとえば、存在しない二番抵当権に基づき競売が行われた場合、一番抵当権に基づき競売が行われたのと同視してよいから（一番抵当権者はその順位に応じた配当を受ける）、民事執行法一八四条の問題は生じないと解してよいであろう。三番抵当権者は、二番抵当権者が配当を受けた金銭につき、不当利得による返還を求めることができると解される（最判平三・三・二二民集四五巻三号三二二頁参照）。

(1)　上田徹一郎「担保権実行のための競売の要件と効果――観念的形成と事実的形成を通しての手続保障充足と買受人の地位の安定――」民事執行法の基本構造五二六頁以下（昭和五六年）参照。

(2)　同旨、上田・前掲、船越・一八三頁、近江・一六六頁。

(b)　用益権

(α)　用益権が抵当権に劣後する場合、競売により用益権は消滅する。抵当権と用益権の優先関係は、原則として登記の先後による（本書三四六頁参照）。用益権が抵当権に優先する場合、用益権は競売によって消滅せず、買受人は用益権の負担のある不動産を取得する。

(β)　賃借権については、特例がある。抵当権の登記に後れて登記をした賃借権であっても、その登記前に登記をしたすべての抵当権者が同意をし、かつ、その同意の登記がある場合、抵当権に優先する（三八七条。本書四二五頁以下参照）。抵当権者に劣後する建物の賃借人は、買受人の買受けの時から六か月が経過するまで建物を買受人に引き渡す必要がない(三九五条。本書四二八頁以下参照)。

(γ) 一番抵当権と二番抵当権の間に地上権があり二番抵当権が実行された場合、一番抵当権の実行の場合と同様地上権は消滅する。この場合、一番抵当権が消滅し(民執一八八条・五九条一項)、一番抵当権に劣後する地上権も消滅するのである(民執一八八条・五九条二項)。一番抵当権と二番抵当権の間に担保目的でない所有権移転請求権保全の仮登記があり二番抵当権が実行された場合、同様にして所有権移転請求権は消滅する(最判昭四一・三・一民集二〇巻三号三四八頁参照)。

(δ) 競売により法定地上権(三八八条)が生じる場合があるが、これについては後述する(本書三六八頁以下参照)。

(c) 担保権

(α) 先取特権、使用収益をしない旨の定めのある質権および抵当権は、競売により消滅する(消除主義。民執一八八条・五九条一項)。

(β) 留置権は、競売によって消滅せず、買受人は留置権の負担のある不動産を取得するとされる(引受主義。民執一八八条・五九条四項)。しかし、前に説明したように、留置権は競売により消滅すると解すべきである(本書五五頁参照)。

(γ) 使用収益をしない旨の定めのない質権は、これに劣後する抵当権の実行によっては消滅せず、買受人は質権の負担のある不動産を取得する(民執一八八条・五九条四項)。もっとも、使用収益をしない旨の定めのない質権であっても、被担保債権の弁済期が到来していれば、これに劣後する抵当権の実行によって消滅する(本書二二三頁以下参照)。一番抵当権と二番抵当権の間に使用収益をしない旨の定めのない質権が存在し二番抵当権が実行された場合、質権は消滅する(民執一八八条・五九条二項)。この場合、二番抵当権の実行によって一番抵当権も消滅し(民執一八八条・五九条一項)、一番抵当権に劣後する質権も消滅するのである。他方、使用収益をしない旨の定めのある質権は、これに優先する抵当権であるか否かを問わず抵当権の実行によって消滅する(民執一八八条・五九条一項)。

(δ) 仮登記担保権は、以下のように扱われる(本書六四二頁以下参照)。

まず、仮登記担保権に優先する抵当権が実行された場合、仮登記担保権は、抵当権として扱われ（仮登記担保一三条一項）、順位に応じた配当を受けて消滅する（仮登記担保一六条一項）。仮登記担保権者は、仮登記担保権に優先する抵当権の実行前に目的物の所有権を取得した場合、抵当権の実行により所有権を失う（最判昭四一・三・一民集二〇巻二号三四八頁）。

次に、仮登記担保権に劣後する抵当権が実行された場合、仮登記担保権は、抵当権として扱われ、順位に応じた配当を受けて消滅する。もっとも、競売開始決定が清算金の弁済後（清算金がない場合には清算期間の経過後）にされた申立てに基づく場合、仮登記担保権者は目的物の所有権を取得する（仮登記担保一五条二項）。この場合、抵当権は消滅すると解される。

(3)　担保不動産収益執行

(イ)　序　担保不動産収益執行（1）とは、不動産から生じる収益を被担保債権の弁済に当てる方法による抵当権の実行である（民執一八〇条二号）。抵当不動産が賃貸マンションのような場合、目的物を競売するよりも賃料を被担保債権の弁済に当てる方が抵当権者に有利な場合もある。このような場合、抵当権者は、担保不動産収益執行により被担保債権の満足をはかることができるのである。

（1）　担保不動産収益執行については、生熊長幸「担保不動産収益執行制度――物上代位との関係――」伊藤進先生古稀記念論文集（担保制度の現代的展開）三二一頁以下（平成一八年）参照。

(ロ)　担保不動産収益執行開始の要件　担保不動産収益執行も、抵当権の実行の方法という点においては、担保不動産競売と変わるところがない。それゆえ、担保不動産収益執行開始の要件は、担保不動産競売開始の要件と同じである（本書三五五頁以下参照。もっとも、三八五条が適用されないのは当然である）。すなわち、民法上の要件としては、抵当権の存在、債務者の履行遅滞などである。民事執行法上の要件としては、抵当権の登記に関する登記事項証明書の提出などである。

(ハ)　収益執行手続き

(a)　収益執行開始決定

(α) 執行裁判所は、抵当権者の申立てに基づき収益執行開始決定をし、抵当不動産を差し押さえる旨の宣言をするとともに、債務者に対し収益の処分を禁止し、債務者が抵当不動産に関し賃料などの収益の給付請求権を有する場合には、その給付義務者に対し給付の目的物を管理人に交付すべき旨を命じなければならない（民執一八八条・九三条一項）。

(β) 収益とは、後に収穫すべき天然果実、および、弁済期が到来したか後に到来すべき法定果実である（民執一八八条・九三条二項）。弁済期が到来した法定果実（当然、未払いの法定果実）は、抵当権の効力は被担保債権の履行遅滞後に生じた果実に及ぶとする民法三七一条によれば、被担保債権の履行遅滞後に生じた法定果実で弁済期が到来したものをいうと解すべきである。

(γ) 差押えの効力は、収益執行開始決定が債務者に送達された時に生じる（民執一八八条・四六条一項本文）。差押えの登記（民執一八八条・一一一条・四八条前段）が右の送達前にされた場合には登記の時に効力が生じる（民執一八八条・一一一条前段・四六条一項但書）。

(δ) (i) 収益の処分禁止の効力は、収益執行開始決定が債務者に送達された時に生じる（民執一八八条・九三条三項）。給付義務者に対する給付の目的物を管理人に交付すべき旨の命令の効力は、収益執行開始決定が給付義務者に送達された時に生じる（民執一八八条・九三条四項）。

(ii) 賃料を例にとれば、債務者（賃貸人）は、収益の処分禁止の効力が生じれば、賃料を取り立てたり他に譲渡することができない。債務者は、収益の処分禁止の効力が生じた以後に弁済期の到来する賃料はもちろん、弁済期は到来していたが未払いの賃料も取り立てることはできない（民執一八八条・九三条二項）。

賃借人は、賃料を管理人に交付すべき旨の命令の効力が生じれば、賃料を管理人に交付すべきであり、債務者に支払うべきではない。賃借人が賃料を債務者に支払っても、管理人はこれを無視して自己に交付すべきことを求めることができる。賃借人が賃料を管理人に交付すべき旨の命令の効力が生じる前に命令の効力が生じた時点で弁済期の到来していない賃料を債務者に前払いしていた場合、これは管理人による収益の収取を害する行為であり、管理人は賃借人に対し前払いを無視して前払いに係る賃料の交付を求めることができると解すべきである。抵当権の効力が賃料に及んでいることは登記によって公示されており、賃借人は賃料の前払いにより抵当権者が害されるのを知ることができるから、前払いをした賃借人が不利益を受けてもやむをえないであろう。そして、このように解しても、賃借人は弁済期の到来した賃料を支払う限り何ら不利益を負わないのであるから、賃借人に酷であるとはいえないのである。なお、前払いをされた賃料が抵当不動産の必要費や有益費に当てられた場合、賃料の前払いによって抵当権者は害されず、管理人は前払いに係る賃料の交付を求めることができないと解してよいであろう。

以上とのバランスからいえば、債務者が収益の処分禁止の効力が生じる前に処分禁止の効力が生じた時点で弁済期の到来していない賃料を他に譲渡するのも、管理人による収益の収取を害する行為であり、管理人はこの譲渡を無視して賃借人に対し賃料の交付を求めることができると解すべきである。抵当権の効力が賃料に及んでいることは登記によって公示されており、譲受人は弁済期の到来していない賃料の譲受けにより抵当権者が害されるのを知ることができるから、譲受人が不利益を受けてもやむをえないであろう。そして、このように解しても、譲受人は弁済期の到来した賃料を譲り受ける限り何ら不利益を負わないのであるから、譲受人に酷であるとはいえないのである。なお、譲渡代金が抵当不動産の必要費や有益費に当てられた場合、賃料の譲渡によって抵当権者は害されず、管理人は譲渡に係る賃料の交付を求めることができないと解される（以上につき、賃料への物上代位に関する本書三三四頁以下参照）。

(ε)　抵当不動産につき、すでに強制管理開始決定や収益執行開始決定がされている場合であっても、抵当権者は収益執行の申立てをすることができる。この場合、執行裁判所は、さらに収益執行開始決定を行う（民執一八八条・九三条の二）。強制管理開始決定や先の収益執行開始決定に係る申立てが取り下げられたり、強制管理手続きや先の収益執行開始決定に係る収益執行手続きが取り消された場合、後の収益執行開始決定に基づき手続きが続行される（民執一八八条・一一一条前段・四七条二項）。なお、後述するように、強制管理手続きや他の担保権者の申立てによる収益執行手続きの場合、抵当権者は、当然には配当を受けることができず、配当を受けるためには原則として自ら収益執行の申立てをしておかなければならない

（左の(c)参照）。

(ζ)　抵当不動産につき、すでに強制競売の開始決定や担保不動産競売の開始決定がされている場合であっても、抵当権者は収益執行の申立てをすることができると解される。これは、競売手続きが長期にわたる場合に実益がある。競売の開始決定が自己の申立てによるものであってもよい。競売手続きが終了すれば、収益執行手続きも終了する（本書三六八頁参照）。

(b)　抵当不動産の管理

(α)　執行裁判所は、収益執行開始決定と同時に管理人を選任する（民執一八八条・九四条一項）。

(β)　管理人は、抵当不動産の管理および収益の収取、その換価を行う（民執一八八条・九五条一項）。管理人は、抵当不動産を賃貸することができるが、民法六〇二条に定める期間を超えて賃貸する場合には債務者の同意をえなければならない（民執一八八条・九五条二項）。管理人は、抵当不動産について、債務者の占有を解き自ら占有することができる（民執一八八条・九六条一項）。

(γ)　債務者の居住する建物について収益執行開始決定がされた場合、執行裁判所は、債務者が他に居住する場所がないときには、申立てにより、債務者およびこれと生計を一にする同居の親族の居住に必要な限度で期間を定めてその建物の使用を許可することができる（民執一八八条・九七条一項）。収益執行により債務者の生活が著しく困窮する場合、執行裁判所は、申立てにより、管理人に対し、収益またはその換価代金から困窮の程度に応じ必要な金銭または収益を債務者に分与すべき旨を命じることができる（民執一八八条・九八条一項）。

(c)　配　当　配当は、収益またはその換価代金から必要な分与や費用などを控除した残額につき、管理人や執行裁判所が行う（民執一八八条・一〇六条一項・一〇七条・一〇九条）。抵当権者の申立てにより収益執行手続きが行われた場合、その抵当権者がその順位に応じた配当を受けるのは当然である。これに対し、強制管理手続きや他の担保権者の申立てによる収益執行手続きが行われた場合、抵当権者は、当然には配当を受けることができず、自ら収益執行の申立てをしておかなければ配当を受けることができない（強制管理手続きにつき、民執一〇七条四項一号ハ。他の担保権者の申立てによる収益執行手続きにつき、民執一八八条・一〇七条四項一号ハ）。もっとも、抵当権者が賃料などに対し物上代位の実行としての差押えをしていた場合、抵当権者は配当を受けることができる（民執一八八条・九三条の四第三項）。

(d) 収益執行手続きの取消し　各債権者が配当などによりその債権および執行費用の全部の弁済を受けた場合、執行裁判所は、収益執行手続きを取り消さなければならない（民執一八八条・一一〇条）。強制競売手続き・担保不動産競売手続きと収益執行手続きが同時に行われた場合（本書三六七頁参照）、競売手続きが終了すれば抵当権は消滅するから（民執五九条一項・一八八条）、この場合にも収益執行手続きは取り消される（民執一八八条・一一一条前段・五三条）。

三　法定地上権

(1) 序

(イ) 土地およびその地上に存在する建物が同一の所有者に属する場合で土地または建物につき抵当権が設定され、その実行により土地と建物の所有者を異にした場合、その建物につき地上権が設定されたものとみなされる（三八八条前段）[1]。地代は、当事者の請求により裁判所が定める（三八八条後段）。これが法定地上権の制度である。

(1) 法定地上権については、石田文次郎「法定地上権」民法研究一巻三四八頁以下（昭和九年）、林千衛「法定地上権」総合判例研究叢書民法(5)五七頁以下（昭和三二年）、半田正夫「不動産の共有と法定地上権」近大法学一七巻一・二号一一七頁以下（昭和四四年―）、清水誠「抵当権と法定地上権・短期賃貸借」銀行取引法講座下九一頁以下（昭和五一年）、高島平蔵「法定地上権」抵当権と用益権（叢書民法総合判例研究⑯）三八頁以下（昭和五二年）、高木多喜男「法定地上権の法理――成立要件について――」金融取引と担保一二五頁以下（昭和五五年）、田中克志「法定用益権の効力とその内容」担保法大系Ｉ四八六頁以下（昭和五九年）、東孝行「法定用益権をめぐる実務上・手続上の問題点」同書五一九頁以下、村田博史「法定地上権」民法講座３一三九頁以下（昭和五九年）、松本恒雄「法定地上権と法定賃借権」金融担保法講座Ｉ二四一頁以下（昭和六〇年）、田中克志「法定地上権制度の改廃問題と土地・建物の一体化」静岡大学法経研究三五巻一号九九頁以下（昭和六一年―）、小賀野晶一「法定地上権」森泉章教授還暦記念論集（現代判例民法学の課題）四〇五頁以下（昭和六三年）、浦野雄幸「法定用益権と登記」判例不動産登記ノート二巻三二一頁以下（平成元年）、槇悌次「再築建物と法定地上権――自己借地権的構成からの検討――」ＮＢＬ

五五〇号三〇頁以下、五五二号五五頁以下、五五三号五三頁以下、五五五号三二頁以下（平成六年）、米田秀実「建物の再築と法定地上権の成否」米田實先生古稀記念（現代金融取引法の諸問題）一五一頁以下（平成八年）、高木多喜男「民事執行法八一条の法定地上権」金融取引の法理二巻二九九頁以下（平成八年）、松井宏興「法定地上権制度の基礎的検討」伊藤進教授還暦記念論文集（民法における『責任』の横断的考察）一三七頁以下（平成九年）、荒木新五「土地建物の共有と法定地上権の成否」同書一五九頁以下、高木多喜男「法定地上権の成否を決定する判例上のルール」林良平先生献呈論文集（現代における物権法と債権法の交錯）二二三頁以下（平成一〇年）、小賀野晶一「法定地上権」森泉章先生古稀祝賀論集（現代判例民法学の理論と展望）二五二頁以下（平成一〇年）、松本恒雄「民法三八八条（法定地上権）」民法典の百年Ⅱ六四五頁以下（平成一〇年）、田中克志「土地・建物の一体化と法定地上権・一括競売制度」抵当権効力論三八七頁以下（平成一四年）、多田真之介「共有不動産と法定地上権――潜在的借地権と共有理論の観点からの再検討――」北大法学研究科ジュニア・リサーチ・ジャーナル一三号三七頁以下（平成一九年）、生熊長幸「土地共有・建物共有と法定地上権」法雑五三巻四号一八頁以下（平成一九年）、石口修「後順位抵当権の設定と法定地上権――最高裁平成二年判決と平成一九年判決との整合性について――」福法五四巻一号一八九頁（平成二一年）参照。

(ロ)　法定地上権は、建物所有者を保護するための制度である。すなわち、同一の所有者に属する土地とその地上の建物のうち土地に抵当権が設定された場合、土地が競売によって第三者の所有するところになっても、建物所有者は法定地上権によって保護され建物の収去を免れることができる。同様に、建物に抵当権が設定された場合、建物が競売によって第三者の所有するところになっても、建物所有者は法定地上権によって保護され建物の収去を免れることができるのである。そこで、抵当権者は、土地の抵当権の場合には法定地上権が生じることによる不利益（法定地上権が生じれば土地を安くしか競売できない）を、建物の抵当権の場合には法定地上権が生じることによる利益（法定地上権が生じれば建物を高く競売できる）を、それぞれ前提にして抵当権の設定を受けることになる。

(ハ)　法定地上権の制度は、強制執行の場合にも認められている（民執八一条）。判例は、強制執行につき法定地上権の成立を否定していたが（最判昭三八・六・二五民集一七巻五号八〇〇頁）、民事執行法の制定に際し明文で認められるに至ったのである。この外に、立木（立木五条）や滞納処分（国税徴収法一二七条）についても法定地上権の制度が認められている。仮登記担保権については、法定借地権の制度が認められている（仮登記担保一〇条）。

(ニ)　法定地上権は、土地と建物が別個の不動産とされるわが国の特有の制度である。土地と建物が別個の不動産とされる場合、抵当権の実行により同一の所有者に属していた土地と建物が別々の所有者に帰属する場合が生じ、建物所有者を保護するために法定地上権という制度を設ける必要が生じるのである。これに対し、「地上物は土地に従う」(superficies solo cedit) というヨーロッパ各国においては、抵当権は土地に設定されるが、土地の抵当権の効力は建物に及び、土地と建物は一体として競売される。それゆえ、ここでは法定地上権という制度を設ける必要がないのである。

(2)　法定地上権の成立要件

(イ)　序　法定地上権の成立要件は、一般に、(i)土地に抵当権が設定された場合、抵当権設定当時に土地上に建物が存在したこと、(ii)抵当権設定当時に土地と建物が同一の所有者に属していたこと、(iii)土地と建物の一方または双方に抵当権が設定されたこと、(iv)競売により土地と建物が別々の所有者に属するに至ったこと、であるといわれている。しかし、以下に述べるように、(i)の要件については、土地に抵当権が設定された場合、抵当権設定当時に土地上に建物が存在したこととならんで、建物が存在しなくても建物の建築の着工が行われていたことなども要件になると解すべきである。

なお、法定地上権は、法定地上権の成立要件を満たす抵当権が設定されれば、その抵当権の実行によって成立するのはもちろん、同じ目的物についての後順位の抵当権の実行や、一般債権者による強制競売(大判大三・四・一四民録二〇輯二九〇頁)によっても成立する。後順位の抵当権の実行や一般債権者による強制競売の場合にも、法定地上権の成立要件を満たす抵当権が実行されたのと同じことになるからである(法定地上権の成立要件を満たす抵当権は、その順位に応じた配当を受けて消滅する)。

(ロ)　土地に抵当権が設定された場合、抵当権設定当時に土地上に建物が存在したか、建物が存在しなくても建物の建築の着工が行われていたこと

(a) 建物のない土地、すなわち、更地に抵当権が設定された後でその地上に建物が建てられた場合、原則としてその建物のために法定地上権は生じない[1]（大判大四・七・一民録二一輯一三一三頁。最判昭五一・二・二七判時八〇九号四二頁は、抵当権者が建物の築造を承諾していても法定地上権は生じないとする）。抵当権者は、建物のない土地としてその担保価値を高く評価し抵当権の設定を受けており、法定地上権の成立を認めれば抵当権者が不当に害されるからである。抵当権者は、更地に抵当権が設定された後でその地上に建物が建てられた場合、建物所有者に建物を収去させて抵当権の実行をしてもよいし、民法三八九条一項により土地と建物を一括して競売してもよい（本書三二四頁以下参照）。

(1) この場合、原則として法定地上権が成立し、抵当権者がこれを避けたい場合には民法三八九条一項により土地と建物を一括して競売すればよいとする有力な見解もある（松本恒雄「抵当権と利用権との調整についての一考察——抵当権設定後の更地への建物建築による土地利用の場合——」民商八〇巻三号六一頁以下（昭和五四年）、柚木＝高木・三六六頁、平野・一三三頁以下、清水・七四頁以下。山野目・二六七頁も参照）。しかし、土地と建物の一括競売が円滑に進むとは限らず（建物を欲しない買受人も多い）、この見解は抵当権者を害するおそれがある。

(b) 土地に抵当権が設定された当時、抵当権設定者がその地上に将来自己のものとなる予定の建物の建築に着工していたがまだ建物とはいえない状態であった場合、一般に、法定地上権は成立しないと解されているようである（最判昭三六・二・一〇民集一五巻二号二一九頁は、抵当権設定当時に抵当地上に建物の建築の着工が行われていたケースで、抵当権者が更地と評価して抵当権の設定を受けた場合、抵当権者が建物の築造を承諾していても法定地上権は生じないとする）。

しかし、土地の抵当権設定当時に地上に建物の建築の着工が行われているのであるから、近い将来地上に建物が存在することになるのであり、建物所有者保護の観点から民法三八八条を類推して法定地上権の成立を認めるのが妥当である。このように解しても、抵当権者は現地を見て抵当権の設定を受けるから害されない。抵当権者が法定地上権の成立を予期し土地の担保価値を低く評価して抵当権の設定を受けた場合はなおさらであろう[1]。それゆえ、裁判所書記官は、抵当権設定当時に抵当地上に建物の建築の着工が行われている場合、物件明細書に法定地上権の概要を記載すべきである（民執一八八条・六二条一項三号）。このように解せば、土地の買受人は、現地を見る上に、物件明細書によって法定地上権の成立を知ることができるから、害されない。

（1）　近江・一八七頁、道垣内・二一三頁参照。

(c)　抵当権者と抵当権設定者の間に更地につき法定地上権の成立の特約があっても、法定地上権は原則として成立しないと解される。

買受人（抵当権者を除く）や後順位抵当権者、差押債権者（民執八一条参照）は、本来、法定地上権が成立しない場合の利益を受けることができるのであるから、原則として当事者の特約によってこれらの者の利益を奪うことはできないというべきである。これに対し、これらの第三者がいない場合には当事者の特約の効力を認めて差し支えないし、また、後順位抵当権者や差押債権者がいず、当事者の特約が買受人に対し公示される場合にもその効力を肯定してよいと解される。たとえば、当事者の外に第三者がなく、抵当権者が買受人になった場合、法定地上権が成立すると解される。(1) また、後順位抵当権者や差押債権者がいない場合、当事者の特約に基づき物件明細書に法定地上権の概要が記載されるべきであるが（民執一八八条・六二条一項三号参照。当事者は、執行官（民執五七条参照）や裁判所書記官に特約を申告すべきである）、これが当事者の特約の公示となるから買受人は害されない。それゆえ、後順位抵当権者や差押債権者がいない場合にも法定地上権が成立すると解される。特約についての第三者の善意悪意によって処理を異にすることも考えられるが、これでは法律関係が極めて複雑になり妥当でない。

（1）　道垣内・二二〇頁参照。

(d)　(α)　更地に一番抵当権が設定された後でその地上に建物が建てられ、その後にその土地に二番抵当権が設定されて二番抵当権に基づき土地の競売が行われた場合、法定地上権は成立しない（最判昭四七・一一・二判時六九〇号四二頁）。一番抵当権者は、法定地上権の成立を予期していず、法定地上権の成立によって不当に害されるからである。それゆえ、二番抵当権以下の後順位抵当権者は、抵当権の設定時に土地上に建物が存在しても、法定地上権が成立しないことを前提に抵当権の設定を受けることになる（更地に一番抵当権が設定されたことは登記や一番抵当権者、債務者への照会によって知ることができる）。したがって、この場合、抵当権の順位の変更（三七四条）があっても、法定地上権は成立しない（最判平四・四・七金法一三三九号三六頁）。

(β) 更地に抵当権が設定された後でその地上に建物が建てられ、その建物に抵当権が設定されてこれが実行された場合、法定地上権は成立するが、土地の抵当権の実行により法定地上権は消滅すると解される（大判昭一一・一二・一五民集一五巻二二一二頁）。土地の抵当権者は、法定抵当権の成立を前提としないで抵当権の設定を受けたからである。

(e) (α) 抵当権設定当時の建物が滅失・朽廃して再築され、その後に抵当権が実行された場合、法定地上権が成立する。抵当権者は、法定地上権の成立を前提にして抵当権の設定を受けたからである。法定地上権の内容は、再築前の建物を規準として定められる（大判昭一〇・八・一〇民集一四巻一五四九頁）。抵当権者は、再築前の建物の状況によってどのような内容の法定地上権が成立するかを判断し抵当権の設定を受けたからである。それゆえ、抵当権者が建物の再築を予期し再築された建物を規準として土地の担保価値を評価した場合、法定地上権の内容は再築された建物を規準として決定される（最判昭五二・一〇・一一民集三一巻六号七八五頁）。

(β) 抵当権設定当時の建物が滅失・朽廃し、その再築前に抵当権が実行された場合、法定地上権が成立する。抵当権者は、法定地上権の成立を前提にして抵当権の設定を受けたからである。法定地上権の内容は、滅失・朽廃した建物を規準として定められる。

(γ) 抵当権設定当時の建物が滅失・朽廃し再築される前に二番抵当権が設定され、その後に建物が再築されて一番抵当権が実行された場合、法定地上権が成立する。二番抵当権者は、更地に抵当権の設定を受けたが、一番抵当権が設定された当時に建物が存在していたことは登記や一番抵当権者、債務者への照会により知ることができるから（建物が滅失・朽廃した場合、滅失登記が行われ（不登五七条）、登記記録は閉鎖されるが（不登規一四四条一項）、閉鎖された登記記録も公開されている（不登規一九六条二項））、不当に害されない。

(f) 抵当権設定者が建物の滅失後に土地を第三者に賃貸し、借地権者が建物を再築した後で抵当権が実行された場合、法定地上権が成立する（大判昭一三・五・二五民集一七巻一一〇〇頁は、抵当権設定者が建物の滅失後に妻が建物を再築するのを認めた場合、法定地上権が成立するとする）。法定地上権が成立するとしてもその内容は再築前の建物が規準となるから抵当権者は不当に害されないし、借地権者は建物の収去を免れて不利益を回避できるからである。この場合、借地権は抵当権に劣後し、抵当権の実行によって消滅する。建物の滅失後で借地権者による再築の前に二番抵当権が設定され、その後に建物の再築が行われて一番抵当権が実行された場合は、右の(e)(γ)(本書三七三頁)の場合と同様に処理される。

(g)　(α)　土地と建物に共同抵当権が設定され、建物の滅失後にそれが再築された場合、土地の抵当権が実行されても法定地上権は成立しないとされる[1](最判平九・二・一四民集五一巻二号三七五頁)。この場合、抵当権者は土地と建物の担保価値を一体として把握しており、法定地上権の成立を認めれば抵当権者が不当な不利益を受けるからであるとされる。しかし、抵当権者が土地と建物の担保価値を一体として把握したという点は、民法三八九条一項が抵当権者に土地と再築後の建物の一括競売を認めているのであるから、これによって実現される。もっとも、再築後の建物と一体としての土地の担保価値が再築前の建物と一体としての土地の担保価値にくらべ大きく下落する場合は別である。それゆえ、抵当権者が土地と再築後の建物を一括競売せず土地だけを競売した場合、再築後の建物と一体としての土地の担保価値が大きく下落する場合を除き法定地上権が成立すると解すべきである。

(1)　田山・一二一頁、内田・四二六頁、平野・一三〇頁以下。

(β)　右のケースで抵当権者が再築後の建物に土地と同一順位の共同抵当権の設定を受け、土地または建物だけの競売をした場合、法定地上権が成立する(最判平九・二・一四民集五一巻二号三七五頁)。この場合、抵当権者は再築後の建物に抵当権の設定を受けており、建物の競売の際に法定地上権が成立することを前提にしているといえる。また、土地の競売の際に法定地上権が成立せず建物が収去されるとすれば、それは法定地上権の成立を前提にして建物に抵当権の設定を受けた抵当権者の行為と矛盾するといえよう。そうだとすれば、右の場合、法定地上権が成立すると解するのが妥当である。

(γ)　抵当権者が土地と建物に共同抵当権の設定を受け、その後に建物が取り壊されて再築されそれにも土地の抵当権と同一順位の共同抵当権の設定を受けたが、再築後の建物につき抵当権に優先する国税債権がありこれにより交付要求がされた場合、土地の抵当権が実行されても法定地上権は成立しないとされる（最判平九・六・五民集五一巻五号二一一六頁）。しかし、抵当権者は再築建物に抵当権の設定を受けたのであるから、右の(β)で述べたように、法定地上権が成立するというべきである。そして、法定地上権が成立するとしても国税債権にとって何ら不利益にはならないのである。なお、建物の抵当権が実行された場合、国税債権は、法定地上権の存在を前提としていないから（法定地上権は成立するが（国税徴収法一二七条）、土地の抵当権に劣後し、土地の抵当権の実行により消滅する））、法定地上権の付かない建物としての売却代金の限度で金銭が交付される。(1)

(1) 近江・一九〇頁以下参照。

(ハ) 抵当権設定当時に土地と建物が存在した場合にそれが同一の所有者に属していたこと

(a) 序

(α) 法定地上権が成立するためには、抵当権設定当時に土地と建物が存在した場合にそれが同一の所有者に属していることが必要である（なお、土地と建物が同一の所有者に属する場合に準じる場合にも法定地上権が成立することについては、後述する（本書三七六頁以下参照））。土地と建物が別々の所有者に属している場合、土地上に建物のための何らかの用益権、たとえば、地上権や賃借権が設定されている。それゆえ、この場合、抵当権が実行されればこれらの用益権はどうなるかという問題になり、法定地上権の問題は生じない。

(β) たとえば、借地権付の土地に抵当権が設定されその土地が競売された場合、借地権の登記（二六五条・六〇五条）や借地上の建物の登記（借地借家一〇条一項）がされていれば借地権は競売によって消滅せず、買受人は借地権付の土地を取得する。

(γ) 借地権の設定されている土地上の建物に抵当権が設定されその建物が競売された場合、買受人は、借地権が地上権の場合には地上権付の建物を、借地権が賃借権の場合には賃貸人の承諾（六一二条）や裁判所の許可（借地借家二〇条）があれば借地権を取得できるという期待権付の建物を取得する（本書三一二頁参照）。賃貸人の承諾や裁判所の許可がない場合、買受人は、建物は取得できるが借地権を取得することができず、他人の土地を不法に占有することになる。

(δ)　抵当権設定当時に建物の建築の着工が行われていたことについては、その建物が土地所有者の所有になるのが予定されていることが必要である(本書三七一頁以下参照)。

(b)　抵当権設定当時に土地と建物が同一の所有者に属していたことの登記上の表示

(α)　一般に、抵当権設定当時に土地と建物が同一の所有者に属していたことが登記上表示される(土地と建物が同一の所有者名で登記される)必要はないと解されている。そこで、たとえば、土地に抵当権が設定された当時、土地所有者が地上の建物を第三者から譲り受けていたが登記をしていなかった場合(大判明四一・五・一一民録一四輯六七七頁、最判昭四八・九・一八民集二七巻八号一〇六六頁)や、建物に抵当権が設定された当時、建物所有者がその敷地を第三者から譲り受けていたが登記をしていなかった場合(最判昭五三・九・二九民集三二巻六号一二一〇頁)、法定地上権が成立するとされる。

(β)　まず、土地に抵当権が設定された場合を検討してみよう。

(i)　土地所有者が地上に建物を建て未登記の場合、登記を物権変動の効力要件と解する私見によっても土地所有者は建物の所有権を取得する。[2] この場合、抵当権者は、抵当権の設定の際の調査により建物が土地所有者に属することを知ることができる。土地の差押債権者も同じである。それゆえ、抵当権者や差押債権者(民執八一条参照)は、法定地上権が成立するとしても不当に害されない。また、法定地上権が成立するとすれば、それは物件明細書に記載されるから(民執一八八条・六二条一項三号)、買受人も不当に害されない。それゆえ、右の場合、建物が登記されていた場合と同様に法定地上権が成立すると解するのが妥当であろう。以上のように、土地所有者により建てられた建物が未登記の場合であっても法定地上権が成立する。

(ii)　土地所有者が第三者から建物を譲り受けたが移転登記を受けていない場合、私見によれば、第三者が建物を所

(1)　石田(穣)・一三七頁参照。
(2)　石田(穣)・一三九頁以下参照。

有する。しかし、土地所有者は、建物の所有権を取得する権利を有し、移転登記を受ければ所有権を取得する。それゆえ、土地所有者は、建物所有者に準じて扱われると解してよいであろう。他方、抵当権者は、抵当権を取得する際の調査により、土地所有者が建物の所有権を取得する権利を有し移転登記を受ければ所有権を取得する地位にある、すなわち、建物所有者に準じる地位にあることを知ることができる。土地の差押債権者も同じである。したがって、抵当権者や差押債権者は、土地所有者が建物の所有権を有すれば法定地上権の成立を認めなければならないのであるから、土地所有者が建物所有者に準じる場合にも法定地上権の成立を認めなければならないと解するのが妥当であろう。そして、このように解せば、法定地上権は物件明細書に記載されるから（民執一八八条・六二条一項三号）、買受人が害されることもない。それゆえ、土地所有者が第三者から建物を譲り受けたが移転登記を受けていなかった場合であっても法定地上権が成立すると解される。なお、以上の場合、法定地上権は建物の譲渡人について成立し（建物の譲渡人が有していた土地の使用権は、その時点で消滅する）、建物の譲受人（抵当権設定者）が建物の移転登記を受ければ法定地上権を取得すると考えられる。

(γ) 次に、建物に抵当権が設定された場合を検討する。

たとえば、建物所有者が第三者から土地を譲り受けたが移転登記を受けていない時点で建物に抵当権が設定された場合を考える。この場合、私見によれば、第三者が土地を所有する。しかし、建物所有者は、土地の所有権を取得する権利を有し、移転登記を受ければ所有権を取得する。それゆえ、建物所有者は、土地所有者に準じて扱われると解してよいであろう。したがって、建物所有者が土地の所有権を有すれば法定地上権が成立するのであるから、建物所有者が土地所有者に準じる場合にも法定地上権が成立すると解するのが妥当であろう。抵当権者は、抵当権を取得する際の調査により、建物所有者が土地の所有権を取得する権利を有し移転登記を受ければ所有権を取得する地位にある、すなわち、土地所有者に準じる地位にあることを知ることができる。建物の差押債権者も同じである。それゆえ、法定地上権が成立するとしても抵当権者や差押債権者が不当に害されることはない（抵当権者や差押債権者は、建物所有者の土地の使用権が法定地上権より強力な権利であっても、それが買受人に承継されると期待すべきでない）。以上のように解する場合、法定地上権は物件明細書に記載されるから、買受人に対する関係でも問題は生じない。土地を譲渡した第三者は、法定地上権が成立すれば法定地上権付の土地を譲渡したことになるが、これは建物所有者が土地の譲渡契約後に自ら建物に抵当権を設定したことにより生じたのであり、建物所有者から代金減額などの請求を受けることはない。それゆえ、以上の場合、法定地上権が成立すると解すべきである。なお、建物の買受人のための法定地上権は土地の譲渡人に対して成立し（建物(前)所有者が有していた土地の使用権は、その時点で消滅する）、建物(前)所有者が土地の移転登記を受ければ法定地上権付の土地を取得すると考えられる。

(δ)　結局、法定地上権は、土地と建物が同一の所有者に属する場合に生じるのはもちろん、これに準じる場合にも成立するということになるであろう。

(c)　抵当権設定当時に土地と建物が同一の所有者に属していたが、その後別々の所有者に属した場合

(α)　以下に述べるように、この場合であっても法定地上権は成立する。

(β)　(i)　土地に抵当権が設定され、その後、建物が第三者に譲渡された場合、抵当権が実行されれば法定地上権が成立する（大(連)判大一二・一二・一四民集二巻六七六頁）。この場合、抵当権者は法定地上権の成立を前提にして抵当権の設定を受けており、法定地上権の成立を認めても全く問題はない。建物を譲り受けた第三者は、建物を譲り受ける際に土地に何らかの用益権の設定を受けるが、この用益権は抵当権に劣後し抵当権の実行の際に消滅する。それゆえ、第三者は法定地上権が成立しなければ大きな不利益を受ける。したがって、右の場合、法定地上権が成立すると解するのが妥当である。

(ii)　土地に抵当権が設定され、その後、建物が第三者に譲渡されて土地にその第三者のために借地権が設定されたが、借地契約が賃料不払いで解除された場合、抵当権の実行により法定地上権が成立する。借地契約が賃料不払いで解除された場合、第三者の建物は不法占有として収去されるべきものとなり、土地所有者にとって地上建物が滅失したのと同視してよい状態になる。それゆえ、地上建物の滅失後再築前に土地の抵当権が実行された場合と同様、法定

地上権が成立すると解するのが妥当である[1]（本書三七三頁参照）。この場合、法定地上権は前土地所有者のために成立し第三者の建物所有のために生じないのは当然である。

（1） 同旨、我妻・三五六頁。

(γ) 土地に抵当権が設定され、その後、その土地が第三者に譲渡された場合、抵当権が実行されれば法定地上権が成立する。この場合、抵当権者は法定地上権の成立を前提にして抵当権の設定を受けており、法定地上権の成立を認めても抵当権者にとって問題はない。第三者が土地を譲り受ける際に建物のために何らかの用益権が設定されるが、この用益権は抵当権に劣後し抵当権の実行によって消滅する。

(δ) 建物に抵当権が設定され、その後、その建物が第三者に譲渡された場合、抵当権が実行されれば法定地上権が成立する。抵当権者は、法定地上権の成立を前提にして抵当権の設定を受けているからである。第三者が建物を譲り受ける際に建物のために何らかの用益権が設定されるから、この用益権が建物の競売の際に買受人に受け継がれるとも考えられる。しかし、この用益権が法定地上権よりも建物所有者にとって有利な場合には抵当権者に予期しない利益を与えるし（建物が予想外に高く競売される）、この用益権が法定地上権よりも建物所有者にとって不利な場合には抵当権者に予期しない不利益を与える（建物が予想外に安く競売される）。それゆえ、右の場合、法定地上権が成立すると解すべきである。なお、法定地上権が成立するという前提に立つ場合、建物の譲渡の際に設定される用益権は競売によって消滅すると解するのが妥当である。

(ε) 建物に抵当権が設定され、その後、その敷地が第三者に譲渡された場合、抵当権が実行されれば法定地上権が成立する。抵当権者は、法定地上権の成立を前提にして抵当権の設定を受けているからである。敷地が第三者に譲渡される際に建物のために何らかの用益権が設定されるが、この用益権については右の(δ)で述べたのと同じである。

(d) 抵当権設定当時に土地と建物が別々の所有者に属していたが、その後、同一の所有者に属した場合

(α)　土地所有者が土地に抵当権を設定した当時、地上に借地権者の登記のある建物が存在し、その後、土地所有者がその建物を譲り受けた場合、抵当権の実行によって法定地上権は成立しない。抵当権者は、借地権付の土地としてその担保価値を評価したからである。この場合、借地権は混同（一七九条）によって消滅せず、土地所有者の自己借地権として存続すると解するのが妥当である[1]。そして、登記を物権変動の効力要件と解する私見[2]によれば、土地所有者は建物の登記をしなければ建物を取得できないから、自己借地上の建物の登記により借地権の公示をしているといえる（借地借家一〇条一項）。それゆえ、買受人は競売により借地権付の土地を取得する。

（1）　同旨、我妻・三五七頁。
（2）　石田(穣)・一三七頁参照。

(β)　土地に一番抵当権が設定された当時土地と建物は別々の所有者に属していたが、建物所有者が土地の所有権も取得した後で土地に二番抵当権が設定された場合、いずれの抵当権が実行されても法定地上権は成立しない（最判平二・一・二二民集四四巻一号三一四頁）。一番抵当権者は、法定地上権の成立を前提とせずに抵当権の設定を受けており、法定地上権の成立を認めれば予想外の利益や不利益を受ける。また、二番抵当権者は一番抵当権者が法定地上権の成立を前提としないで抵当権の設定を受けたのを登記や債務者などへの照会により知ることができる。それゆえ、法定地上権は成立しない。

右のケースで、一番抵当権が設定契約の解除により消滅し、その後、二番抵当権が実行された場合、法定地上権が成立するとされる（最判平一九・七・六民集六一巻五号一九四〇頁）。しかし、二番抵当権者は法定地上権が成立しないことを前提に抵当権の設定を受けてよく、法定地上権は成立しないと解すべきである。二番抵当権者は、一番抵当権が消滅すれば法定地上権が成立することを前提に抵当権の設定を受けるべきだとするのは、二番抵当権者に困難な判断を強いることになり妥当でない。

(γ)　借地権者（賃借権者）が借地上の建物に抵当権を設定した後で借地の所有権を取得した場合、抵当権の実行により法定地上権が成立するとする有力な見解[1]もあるが（大判昭一四・七・二六民集一八巻七七二頁も参照）、法定地上権は成立しないと解すべきである[2]（大判明三八・六・二六民録一一輯一〇二二頁参照）。なぜなら、抵当権者は借地権付の建物として建物の担保価値を評価し抵当権の設定を受けたからである。この場合、借地権は混同（一七九条）によって消滅せず、土地所有者の自己借地権として存続すると解すべきである。そして、土地所有者は、建物の競売に際し借地権が買受人に移転することに対し承諾（六一二条）を義務づけられると解するのが妥当である。なぜなら、土地所有者が借地権の移転を拒否し建物の収去を求めるのは借地上の建物に抵当権を設定した行為と矛盾するからである。そして、土地所有者が承諾を義務づけられる場合、借地権は土地所有者の承諾という意思表示がなくても移転すると解してよいであろう（借地権は、六一二条により、原則として土地所有者の承諾がなければ移転しない（本書三一二頁参照））。なお、右のケースで建物所有者が借地の所有権を取得した後で建物に二番抵当権を設定しても法定地上権が成立しないのは当然である（大判昭一四・七・二六民集一八巻七七二頁は反対か）。

（1）我妻・三五七頁。
（2）同旨、船越・二一二頁以下、高木・一九三頁以下、川井・三六八頁、近江・一九六頁、道垣内・二一五頁。

(δ) (i) 土地所有者（土地の賃貸人）が借地上の抵当権の設定されている建物を取得し、その後、抵当権が実行された場合、法定地上権が成立するとする有力な見解もあるが[1]、法定地上権は成立しないと解するのが妥当である[2]（最判昭四四・二・一四民集二三巻二号三五七頁）。なぜなら、抵当権者は借地権付の建物を前提として抵当権の設定を受けているからである。この場合、借地権は混同（一七九条）によって消滅せず、土地所有者の自己借地権として存続すると解すべきである。

（1）我妻・三五七頁以下。
（2）同旨、船越・二一三頁以下、高木・一九三頁以下、道垣内・二一五頁。

(ii) そこで、まず、土地所有者が建物に抵当権の負担が付いているのを前提にして建物を安く買った場合、土地所有者が建物の競売に際して借地権の移転を承諾せず抵当権の実行を実質的に否定するのは信義誠実の原則に反し許されないというべきである（一条二項）。それゆえ、この場合、土地所有者には借地権の移転の承諾義務があり、買受人は土地所有者の承諾の意思表示がなくても借地権付の建物を取得すると解される。

(iii) 次に、土地所有者が建物を抵当権の負担のない価格で買った場合、土地所有者が借地権の移転を承諾しなくても信義誠実の原則に反するとまではいえないと考えられる（土地所有者は、建物を取得する前に抵当権が実行されれば借地権の移転の承諾義務を負っていなかった）。それゆえ、この場合、買受人は土地所有者の承諾の意思表示や裁判所の許可（借地借家二〇条）がなければ借地権を取得しないと解される。

(e) 抵当権設定当時に土地または建物に仮登記や仮差押えがなされ、後に土地と建物が別々の所有者に帰属する可能性がある場合

(α) (i) 建物に抵当権が設定された当時その敷地に第三者のための仮登記が存在していた場合、判例は、建物の競売によって法定地上権が成立するが第三者が仮登記に基づく本登記をすれば第三者に対抗することができないとする（最判昭四一・一・二一民集二〇巻一号四二頁（所有権移転請求権保全の仮登記のされた土地の仮換地上に存する建物に抵当権が設定された））。しかし、判例の事案は仮登記担保権に関するものと考えられ、仮登記担保契約に関する法律が施行されている今日では、以下のように考えるのが妥当であろう。すなわち、敷地に仮登記がされた当時敷地上に建物があれば、民法三八八条と仮登記担保契約に関する法律一〇条により、建物の競売によって法定地上権が成立し、第三者が仮登記に基づく本登記をすれば法定地上権が法定借地権に変わると解される。

(ii) 右の例で第三者のための仮登記が仮登記担保権でない場合、建物の競売によって法定地上権が成立するが、建物の買受人は第三者が仮登記に基づく本登記をするのに承諾義務を負い、法定地上権の登記は仮登記に基づく本登記の際に抹消される（不登一〇九条二項）。この結果、法定地上権は仮登記に基づく本登記が行われれば消滅する。

右の例で建物所有者（競売前の建物所有者）と第三者の間で第三者が土地を取得した場合を条件とする借地権（賃借権）設定契約が結ばれた場合、建物が競売された時点で法定地上権が成立し、仮登記に基づく本登記がされた時点でこの法定地上権は

消滅するが、同時に、建物の前所有者と第三者の間に借地権が成立し、第三者の承諾（六一二条）や裁判所の許可（借地借家二〇条）があればこの借地権は建物の買受人に移転する[1]（第三者は、建物に抵当権が設定される前に借地権設定契約を結んでおり、借地権の譲渡の承諾を義務づけられない）。

（1） 船越・二一一頁、道垣内・二一七頁参照。

(β) (i) 土地に抵当権が設定された当時その地上建物に第三者のための仮登記が存在していた場合、この仮登記が仮登記担保権であるかどうかを問わず以下のようになるであろう。

(ii) まず、仮登記に基づく本登記がされる前に敷地の競売が行われた場合、法定地上権が成立すると解される。地上建物に仮登記がある場合、その敷地の抵当権者は、仮登記に基づく本登記がされない可能性もあるから、法定地上権が成立することを前提にして抵当権の設定を受けるべきである。また、仮登記権者は、法定地上権が成立するとすれば、地上建物を取得した場合に十分な保護を受けられる。それゆえ、敷地の競売によって法定地上権が成立し、仮登記に基づく本登記がされると第三者は法定地上権付の建物を取得すると解される[1]。なお、この場合、仮登記の順位保全効（不登一〇六条）の問題は生じず、また、土地に仮登記担保権が設定された場合に法定借地権が成立するとする仮登記担保契約に関する法律一〇条は視野の外においてよいであろう。

（1） 第三者が仮登記をする時点で第三者と敷地の所有者の間で第三者が建物を取得することを条件とする借地権設定契約が結ばれるとする見解もある。そして、この見解によれば、条件付借地権が仮登記により公示され、あるいは、仮登記の順位保全効により、仮登記に基づく本登記がされた時点で生じる借地権は敷地の競売によって覆滅せず、第三者は敷地の買受人に対し借地権を主張することができるとされる（船越・二一二頁、高木・一九五頁以下）。

興味ある見解であるが、仮登記は建物の所有権取得を保全するためのものであり、条件付借地権を公示したり、その順位を保全するということには疑問がある。また、抵当権者は、仮登記に基づく本登記がされない場合には法定地上権が生じることを考えなければならないのであり、右の見解によれば、抵当権者は抵当権の設定時に借地権が生じるのか法定地上権が生じるのか分からず、不利益を受けるおそれがある。

(iii)　次に、仮登記に基づく本登記がされた後で敷地の競売が行われた場合、仮登記に基づく本登記がされる前に敷地の競売が行われた場合と同様、法定地上権が成立すると解される。この場合、抵当権者は、前述したように、仮登記に基づく本登記がされない可能性もあるから法定地上権の成立を前提にして抵当権の設定を受けるべきである以上、法定地上権の成立を認めても不当に害されない。また、仮登記権者は、法定地上権が成立するとすれば十分な保護を受けられる。それゆえ、法定地上権の成立を認めるのが妥当である。なお、仮登記に基づく本登記がされた時点で敷地に何らかの用益権が設定されると考えられるが、この用益権は、抵当権に劣後し、法定地上権の成立の際に消滅すると解される。

(γ)　建物に抵当権が設定された当時その敷地に第三者のための仮差押えがされていた場合、建物の競売により建物の買受人のために法定地上権が成立するが、敷地に対し仮差押えから移行して強制執行が行われればこの法定地上権は覆滅するとされる（最判昭四七・四・七民集二六巻三号四七一頁）。しかし、強制執行の場合にも法定地上権が成立するとされている今日（民執八一条）では、仮差押えの当時敷地上に建物が存在していれば、法定地上権は覆滅しないと解すべきである。

(f)　土地または建物が共有の場合

(α)　土地が共有で建物が単独所有の場合

(i)　(i)′　土地がABの共有でその地上にAの単独所有の建物があり、Aが土地の持分の上に抵当権を設定してそれが競売された場合、一般に、買受人とBの両者に対する関係において法定地上権が成立するかどうかの問題として考えられている。しかし、法定地上権の成立要件が存在するのは買受人に対する関係においてのみであり、法定地上権は買受人に対する関係においてのみ成立すると解すべきである(1)。そして、Bに対する関係においては従来の法律関係が存続するが、Aは、買受人とBのいずれか一方に対し土地を使用することができなくなれば、他方に対する法律関係を存続させても意味がないからこの法律関係も消滅し、他方に対しても土地を使用することができなくなると解すべきである。

(1) 判例コメ四四二頁以下(清水誠執筆)参照。

(ii)′ まず、AとBの間に建物所有のための借地権が設定されている場合、法定地上権は買受人に対する関係でのみ成立し、AとBの間の借地権はそのまま存続する。それゆえ、Aは、買受人に対する関係では法定地上権に基づき土地を使用することができ、Bに対する関係では借地権に基づき土地を使用することができるということになる。そして、Aは、買受人とBのどちらか一方に対し土地を使用することができなくなれば、他方に対しても土地を使用することができなくなると解される。

(iii)′ 次に、BがAに対し好意(使用貸借)で土地の使用を認めている場合、一般に、抵当権の実行により法定地上権は成立しないと解されているようである(最判昭二九・一二・二三民集八巻一二号二二三五頁参照)。これは、法定地上権が成立するとすれば買受人とBの双方に対する関係で成立するが、好意で土地の使用を認めているにすぎないBにとって法定地上権は負担が大きすぎ妥当でないというものである。しかし、これではAは買受人に対し土地使用権を持たず建物を収去しなければならなくなり大きな不利益を受ける。それゆえ、買受人に対する関係において法定地上権が成立すると解すべきである。この結果、Aは、買受人に対する関係では法定地上権に基づき、Bに対する関係ではBの好意により、土地を使用することができる。そして、Aは、買受人とBのどちらか一方に対し土地を使用することができなくなれば、他方に対しても土地を使用することができなくなる。

(iv)′ ABと抵当権者の間でBに対する関係でも法定地上権が成立する旨の合意がある場合、Bに対する関係でも法定地上権が成立すると解してよいであろう。この場合、買受人とBの双方に対する関係で成立する法定地上権の概要が物件明細書に記載されるべきであるから(民執一八八条・六二条一項三号)、買受人が不当な不利益を負うことはない。右の合意後に現れたAやBの土地の持分の上の抵当権者や差押債権者は、共有地上に建物が存在しているのであるからABおよび先順位抵当権者の間の法律関係を調査すべきであり、この調査により右の合意を知ることができるから不当に害されない。

(ii)　(i)′　土地がABの共有でその地上建物がAの単独所有という右の設例でAが建物に抵当権を設定した場合、建物の競売によりAに対する関係では法定地上権が成立するが、Bに対する関係ではAB間の従来の法律関係が買受人とBの間に承継されるかどうかの問題になると解される。

(ii)′　まず、AとBの間に建物所有のための借地権（賃借権）が設定されている場合、競売によりAに対する関係においては法定地上権が成立する。これに対し、Bに対する関係においては、建物の買受人は、Bの承諾（六一二条）や裁判所の許可（借地借家二〇条）があれば借地権を取得する。

(iii)′　次に、BがAに対し好意（使用貸借）で土地の使用を認めている場合、Aに対する関係においては法定地上権が成立する。これに対し、Bに対する関係においては、法定地上権は成立せず、Bが買受人の土地使用を認めるかどうかはBの自由である（買受人は、Bの承諾がない限り使用貸借を承継できない）。

(iv)′　ABと抵当権者の間でBに対する関係でも法定地上権が成立する旨の合意がある場合、Bに対する関係でも法定地上権が成立すると解してよいであろう（最判昭四四・一一・四民集二三巻一一号一九六八頁参照）。この場合、ABの双方に対する関係で成立する法定地上権の概要が物件明細書に記載され、買受人は、ABの双方に対する関係で法定地上権付の建物を取得する。右の合意後のAやBの土地の持分の上の抵当権者や差押債権者は、共有地上に建物が存在しているのであるからABおよび抵当権者の間の法律関係を調査すべきであり、この調査により右の合意を知ることができるから不当に害されない。

(β)　建物が共有で土地が単独所有の場合

(i)　(i)′　建物がABの共有でその敷地はAの単独所有であり、Aが建物の持分の上に抵当権を設定してそれが競売された場合、一般に、建物の持分の買受人とBの双方に対する関係において法定地上権が成立すると解されている。

しかし、法定地上権の成立要件は買受人に対する関係でのみ存在するのであり、法定地上権は買受人に対する関係でのみ成立し、BA間の法律関係はそのまま存続すると解すべきである。Bのためにも法定地上権が成立するとすれば、Bに予期しない利益や不利益を与えるおそれがある。もっとも、このように解する場合、法定地上権の終了前にBの土地使用権が終了すれば、買受人とBによる建物の共有を維持することができず共有物の分割という場合も生じるが、買受人は、買い受ける際にBA間の法律関係を調査することができるから、不当に害されない。

(ii)′ ABと抵当権者の間でBに対する関係でも法定地上権が成立する旨の合意がある場合、Bに対する関係でも法定地上権が成立すると解される。この場合、買受人とBの双方に対する関係で成立する法定地上権の概要が物件明細書に記載されるべきである。右の合意後のAの土地の抵当権者や差押債権者は、土地上に共有建物が存在しているのであるからABおよびAの建物の持分上の抵当権者の間の法律関係を調査すべきであり、この調査により右の合意を知ることができるから不当に害されない。

(ii) (i)′ 建物がABの共有でその敷地はAの単独所有という右の設例でAが敷地に抵当権を設定した場合、一般に、敷地の競売によりABの双方に対する関係において法定地上権が成立すると解されている(最判昭四六・一二・二一民集二五巻九号一六一〇頁)。

しかし、法定地上権の成立要件はAに対する関係でのみ存在するのであり、法定地上権はAに対する関係でのみ成立し、Bに対する関係ではBA間の従来の法律関係がBと買受人の間に承継されるかどうかの問題になると解すべきである。Bに対する関係でも法定地上権が成立するとすれば、Bに予期しない利益や不利益を与えるおそれがある。もっとも、このように解する場合、法定地上権が終了する前にBの土地使用権が終了すれば、ABによる建物の共有を維持することができず共有物の分割という場合も生じるが、Aは、このことをよく知っており、不当に害されない。

(ii)′ ABと抵当権者の間でBに対する関係でも法定地上権が成立する旨の合意がある場合、Bに対する関係でも法定地上権が成立すると解される。この場合、ＡＢの双方に対する関係で成立する法定地上権の概要が物件明細書に記載されるべきであるから、買受人は不当な不利益を受けない。右の合意後のＡの土地の後順位抵当権者や差押債権者は、土地上に共有建物が存在しているのであるからＡＢおよび先順位抵当権者の間の法律関係を調査すべきであり、この調査により右の合意を知ることができるから不当に害されない。

(γ)　そ の 他　土地がＡＢＣ（ＢＣはＡの妻子）の共有でその地上にＡＤ共有の建物があり、ＡＢＣがＡの債務のために土地の持分権の上に抵当権を設定しそれが競売された場合、ＢＣが法定地上権の成立を容認していたといえる客観的事実がない限り法定地上権は成立しないとされる（最判平六・一二・二〇民集四八巻八号一四七〇頁）。法定地上権が成立するとすれば土地の売却代金が下がりＢＣが害されると考えられたようである。

右の場合、法定地上権の成立要件はＡにつきＡの土地の持分の競売に関してのみ存在する。それゆえ、法定地上権はＡの持分の競売についてのみ成立し、ＢＣの持分の競売についてはＡとＢＣの間の従来の法律関係がＡと買受人の間に承継されるかどうかの問題になると解される。ＡとＢＣの法律関係が使用貸借（好意）であれば、原則として、これがＡと買受人の間に承継される。すなわち、買受人は、Ａが土地を占有しているからＡの占有権原につき調査義務があり、Ａの使用貸借につき悪意者として扱われる[1]。そこで、ＢＣにおいて買受人のＢＣの持分取得（使用貸借の主張を受けない持分取得）によりＡが害されるのを知っていれば（ほとんどの場合、ＢＣは知っている）、Ａは買受人に対しＢＣとの法律関係を主張することができると解される[2]。結局、Ａは、Ａの持分の競売については法定地上権を、ＢＣの持分の競売についてはＡとＢＣの法律関係が使用貸借であれば使用貸借を主張することができる。どちらか一方の権利が消滅すれば、他方を存続させる意味がなく、他方も消滅する。

Ｄについては、ＤとＡ、Ｂ、Ｃの間の法律関係が買受人に承継されるかどうかの問題になる。買受人に対するＡとＤのいずれか一方の権利が消滅すれば、ＡとＤによる建物の共有を維持することはできず、共有物の分割になる。

ＡＢＣＤと抵当権者の間でＡＤそれぞれの法定地上権が成立する旨の合意がある場合、ＡＤそれぞれの法定地上権が成立すると解される。この場合、ＡＤそれぞれの法定地上権の概要が物件明細書に記載されるべきである。

（1）石田（穣）・二三頁参照。

（2）石田（穣）・二一七頁参照。

(二) 抵当権設定当時に土地と建物が存在した場合にその一方または双方に抵当権が設定されたこと

(a) 土地または建物のいずれか一方に抵当権が設定された場合に法定地上権が成立することは民法三八八条の法文上明らかである（三八八条は「土地又は建物につき抵当権が設定され」と規定する）。

(b) 土地と建物の双方に抵当権が設定された場合、民法三八八条の「土地又は建物につき抵当権が設定され」という法文によれば法定地上権が成立しないように見えなくもない。しかし、民法三八八条の趣旨は同一の所有者に属していた土地と建物が競売により別々の所有者に属するに至った場合に法定地上権の成立を認めて建物所有者を保護するというものである。そうだとすれば、土地と建物の双方に抵当権が設定された場合であっても、競売により土地と建物が別々の所有者に属するに至れば建物所有者を保護するために法定地上権の成立を認めるのが妥当である。これは、一般的見解であり、判例でもある。判例は、土地と建物の双方に抵当権が設定されたケースにつき、土地と建物の一方について競売が行われた場合（最判昭三七・九・四民集一六巻九号一八五四頁）や、土地と建物の双方について競売が行われた場合（大判明三八・九・二二民録一一輯一一九七頁、同判昭一〇・一二・二九新聞三九二三号七頁）、土地と建物の双方について競売が行われたが一方について競落許可がなかったり競落許可が取り消された場合（大判明三九・二・一六民録一二輯二二〇頁、同判昭六・一〇・二九民集一〇巻九三一頁）に法定地上権の成立を認めている。

(c) 同一の所有者に属する土地と建物の一方または双方に一番抵当権が設定され、その後、右の土地と建物が別々の所有者に帰属するに至った時点で土地と建物の一方または双方に二番抵当権が設定されこれが実行されて一番抵当権が消滅する場合、法定地上権が成立する。なぜなら、この場合、一番抵当権が実行されれば法定地上権が成立するところ、二番抵当権の実行によって一番抵当権はその順位に応じた配当を受けて消滅し（民執一八八条・五九条一項）、一番抵当権が実行されたのと同じだからである。

(d)　他人の土地上の建物の所有者が建物に一番、二番抵当権を設定し、その後、建物所有者が当該土地の所有権を取得して建物に三番抵当権を設定した場合、一番あるいは二番抵当権が実行されれば法定地上権が生じるとされるのであり、法定地上権の成立により予期しない利益や不利益を受けるおそれがある。また、三番抵当権者は一番抵当権者や二番抵当権者が何らかの土地使用権付の建物に抵当権の設定を受けたことを登記上知ることができる。それゆえ、法定地上権は成立せず、建物所有者が当該土地の所有権を取得した時点で何らかの土地使用権は自己使用権となり、建物の買受人は建物とともにこの何らかの土地使用権を取得すると解すべきである（土地所有者は、何らかの土地使用権の移転を拒否できない）。

(ホ)　抵当権設定当時に土地と建物が存在した場合に競売によりそれが別々の所有者に属するに至ったこと　競売により土地と建物が同一の所有者に属するに至った場合、法定地上権の成立を認める必要はない。たとえば、土地とその地上の建物を所有する者が土地に抵当権を設定して物上保証をし、抵当権の実行に際し土地を買い受けた場合がこれである（物上保証人は買受人となることができる（本書三五九頁参照））。それゆえ、法定地上権が成立するためには、競売により土地と建物が別々の所有者に属するに至ることが必要である。

(ヘ)　特約による法定地上権の成立の排除

(a)　法定地上権の成立を排除する旨の当事者の特約があっても、法定地上権の成立は原則として排除されないと解すべきである（大判明四一・五・一一民録一四輯六七七頁）。

(b)　当事者が建物に抵当権を設定した際に法定地上権の成立を排除する旨の特約をした場合、建物の買受人（抵当権者を除く）や後順位抵当権者、差押債権者は、本来、法定地上権が成立する場合の利益を受けることができるのであるから、原則として当事者が特約によりこれらの第三者の利益を奪うことはできないというべきである。これに対し、これらの第三者がいない場合には当事者の特約の効力を認めて差し支えないし、また、後順位抵当権者や差押債権者がいず、当事者の特約が買受人に対し公示される場合にもその効力を肯定してよいと解される。たとえば、当事者の外に第三者がなく、抵当権者が買受人になった場合、法定地上権は成立しないと解される。また、後順位抵当権者や差押債権者がいない場合、当事者の特約が存在するから物件明細書に法定地上権の概要は記載されるべきでないが（民執一八八条・六二条一項三号参照。当事者は、執行官（民執五七条参照）や裁判所書記官に特約を申告すべきである）、この不記載が買受人に対する公示になる。それゆえ、後順位抵当権者や差押債権者がいない場合にも法定地上権は成立しないと解される。特約についての第三者の善意悪意によって処理を異にすることも考えられるが、これでは法律関係が極めて複雑になり妥当でない。

(c) 当事者が土地に抵当権を設定した際に法定地上権の成立を排除する旨の特約をした場合、この特約の効力は建物の抵当権者や差押債権者、譲受人がいない場合に生じると解すべきである。建物の抵当権者や差押債権者（民執八一条参照）、譲受人は、本来、法定地上権が成立する場合の利益を受けることができるのであるから、当事者が特約によりこれらの第三者の利益を奪うことはできないというべきである。それゆえ、これらの第三者がいない場合には法定地上権が生じないと解される[1]（土地の抵当権者が建物を差し押さえたり譲り受けた場合にも法定地上権は生じない）。

(1) 以上の(b)(c)につき、高木・一九一頁、平野・一二六頁以下、道垣内・二二〇頁参照。

(3) 法定地上権の成立時期と登記

(イ) 法定地上権の成立時期

(a) 法定地上権の成立時期は、一般に、競売によって買受人が土地や建物を取得した時とされている。すなわち、買受人は代金を納付した時に土地や建物を取得するから（民執一八八条・七九条）、その時に法定地上権が成立するとされる。そして、登記は法定地上権の第三者に対する対抗要件になるとされる。そこで、土地の抵当権が実行されて法定地上権が成立した場合、土地の買受人は第三者でないから、建物所有者は登記をしなくても買受人に対し法定地上権を主張することができるとされる（大判昭一四・一二・一九民集一八巻一五八三頁）。

(b) (α) しかし、登記を物権変動の効力要件と解する私見[1]によれば、法定地上権は地上権や地上建物の登記の時に成立する。

まず、土地の抵当権が実行され買受人が土地を取得した場合（買受人は、登記を備えるのを条件に代金を納付した時に土地を取得する（本書三五九頁参照））、建物所有者は、買受人に対し地上権設定請求権（したがって、また、地上権設定登記請求権）を取得し、地上権の登記によって法定地上権を取得する（建物所有者が登記のある建物を有する場合、後述のように、地上権の登記がなくても法定地上権を取得する）。

次に、建物の抵当権が実行され買受人が建物を取得した場合（買受人は、登記を備えるのを条件に代金を納付した時に建物を取得する（本書三五九頁参照））、次に述べるように、買受人は、建物の移転登記を受ければ代金納付時に建物を取得するから、建物の移転登記を受ければ代金納付時に法定地上権を取得する（買受人は、土地所有者に対し地上権設定登記請求権を取得し、地上権の登記をすることもできる）。

(1) 石田（穣）・一三七頁参照。

(β) 買受人が土地を取得する場合、建物所有者による建物の登記は地上権の公示方法とされており（借地借家一〇条一項・二条一号）、建物所有者が土地の買受人の土地取得時に建物の登記をしていれば買受人の土地取得時に建物の登記をしていなければ建物の登記時に、それぞれ法定地上権が成立すると解される。しかし、この場合であっても、建物所有者は土地所有者に対し地上権設定登記請求権を有し、地上権の登記をすることができると解すべきである。

買受人が建物を取得する場合、買受人は登記（裁判所書記官の嘱託による移転登記（民執一八八条・八二条一項一号））をするのを条件に代金納付時に建物を取得するが、買受人の建物の登記は地上権の公示方法とされており、買受人が建物の登記を備えれば代金納付時に法定地上権が成立すると解される。そして、この場合にも、建物所有者は土地所有者に対し地上権設定登記請求権を有し、地上権の登記をすることができると解すべきである。

(ロ) 法定地上権の登記

(a) 登記は、地上権の登記（不登七八条）の外に、地上建物の登記であってもよい（最判昭四四・四・一八判時五五六号四三頁参照）。建物所有を目的とする法定地上権は借地権であり（借地借家二条一号）、地上建物の登記も借地権の公示方法とされているからである（借地借家一〇条一項）。地上建物の所有者は、地上建物の登記をした場合であっても、土地所有者に対し地上権の登記を求めることができる。これは、地上建物が滅失した場合に実益がある。地上建物の登記と地上権の登記の双方がされた場合、先に登記がされた時に法定地上権が成立する。

(b) 法定地上権の地代の支払いと地上権の登記は、同時履行の合意がある場合を除き、同時履行の関係に立つと解するのは困難であろう（大判昭一三・一〇・二九民集一七巻二一四四頁参照）。地上権の登記によって法定地上権が成立し、地代は原則としてその後に生じると解されるからである（二六六条二項・六一四条参照）。もっとも、地上建物の登記により法定地上権が成立していて地代の支払期が到来している場合には、地代の支払いと地上権の登記は同時履行の関係に立つと解してよいであろう。

(c) 土地の競売により法定地上権を取得した建物所有者が第三者に建物を譲渡した場合、第三者は建物や法定地上権の登記をしなくても土地所有者（買受人）に対し法定地上権を主張することができるかどうかについては争いがある（大判昭一二・六・五民集一六巻七六〇頁は、第三者は地上権移転の登記をしなくても土地所有者に対し法定地上権を主張できるとし、最判昭四四・四・一八判時五五六号四三頁は、第三者は地上建物の登記をすれば土地所有者に対し法定地上権を主張できるとする）。登記を物権変動の効力要件と解する私見によれば[1]、第三者は、建物の登記をしなければ建物を取得することができず、建物の登記をして建物を取得すれば同時に地上権の公示方法を備えたことになるから法定地上権も取得し、これを土地所有者に対し主張することができると解される。

(1) 石田(穣)・一三七頁参照。

(d) 一般に、競売により法定地上権を取得した建物所有者は、地上権や建物の登記をしなければ土地所有者から土地を譲り受けた第三者に対し法定地上権を主張することができないとされる。そして、判例は、土地とその地上に建物を所有する者が建物に抵当権を設定し、建物が競売されるとともに土地が転々譲渡された場合、建物の買受人は法定地上権の取得後で建物の登記をするまでに生じた土地の譲受人に対しては法定地上権を主張することができないが、法定地上権は確定的に覆滅せず、建物の登記の後の土地の譲受人に対しては法定地上権を主張することができるとしている（最判昭六三・一・二六裁判集民一五三号三二三頁）。しかし、この場合に法定地上権が確定的に覆滅しないとすることには疑問がある。物権変動についての一般の見解によれば、建物の買受人による法定地上権の取得後で建物の登記をするまでに生じた土地の譲受人は、法定地上権の主張を受けない完全な所有権を取得し、建物の登記の後の土地の譲受人はこの完全な所有権を承継するはずである。

私見によれば、買受人が地上建物の登記をすれば代金納付時に法定地上権が成立する（本書三九二頁参照）。代金納付時から建物の登記までに生じた土地の譲受人については、土地の譲受人は、譲受けの当時、登記により、同一の所有者に属する土地と建物のうち建物に抵当権が設定されていて将来法定地上権が成立することを知ることができるから、買受人が建物の登記をすれば代金納付時に法定地上権を取得するとしても害されない。他方、建物の登記は裁判所書記官の嘱託に基づき行われるから（民執一八八条・八二条一項一号）、買受人は、代金納付時から建物の登記までに生じた土地の譲受人に対し法定地上権を主張することができないとすれば不当に害される。それゆえ、買受人は、代金納付時から建物の登記までに生じた土地の譲受人に対し法定地上権を主張することができると解すべきである。

(4)　法定地上権の内容

(イ)　法定地上権の範囲は、建物を所有するために必要な範囲である（大判大九・五・五民録二六輯一〇〇五頁）。

そこで、たとえば、同一の所有者に属する隣接した甲乙の二筆の土地があり、甲上に建物があるが乙の一部がその庭として利用されている場合、建物に設定された抵当権が実行されれば甲の全部と乙の一部に法定地上権が成立する。甲、乙両地に設定された抵当権の双方が実行された場合であっても同じである。甲のみ、乙のみに設定された抵当権が実行されれば、甲のみ、乙の一部（甲上の建物の庭の部分）のみに法定地上権が成立する。(1) 乙の一部に法定地上権が成立する場合、地上権の登記は、乙を分筆した上で分筆された乙の一部につき行われる。

以上のケースで甲上の建物の登記によって乙の一部に法定地上権が成立するかには問題がある（最判昭四四・一〇・二八民集二三巻一〇号一八五四頁は、借地権に関し甲上の建物の登記をしても借地権の対抗力は乙の一部に及ばないとする）。乙の一部が建物の庭として利用されていれば、第三者にとって地上権がそこに存在していることを容易に知ることができるから（第三者は現地を見た上で土地を譲り受ける）、乙の一部にも法定地上権が成立すると解してよいと思われる。これは、甲にも法定地上権が成立する場合であるか、それとも、乙のみに法定地上権が成立する場合であるかを問わない。

(1) 乙に設定された抵当権が実行されその一部（甲上の建物の庭の部分）に法定地上権が成立するとすれば、法定地上権を予期しない利害関係人が不当に害されるとも考えられる。しかし、利害関係人は、現地を見て利害関係に入るのであるから、乙の一部が甲上の建物の庭として利用されている以上、そこに法定地上権が成立することを前提にして行為すべきであり、不当に害されるとはいえない。

(ロ) (a) 地代は、当事者間で合意が成立すればそれによる。当事者間で合意が成立しなければ裁判所がこれを定める（三八八条後段）。

(b) 裁判所が定めた地代は、当事者が請求した時ではなく法定地上権が成立した時に遡及して効力を生じる（大判大五・九・二〇民録二二輯一八二三頁）。地代の裁判が確定する前になされた地代債権の転付命令は、地代の裁判が定めた範囲で効力を有するとされる（最判昭四〇・三・一九民集一九巻二号四七三頁）。

(c) 裁判所は、その付近の地代ばかりでなく当事者間の個別的な事情なども考慮して地代を決定する（大判大一一・六・二八民集一巻三五九頁）。事情の変更があれば、その前後を区別してそれぞれ適正な地代を決定すべきである（大判昭一六・五・一五民集二〇巻五九六頁）。地代が裁判で定められた場合であっても、当事者は借地借家法一一条により地代の変更を請求することができると解される。(1)

（1）同旨、高木・二一二頁。

(d)　土地に抵当権が設定された後で建物に代物弁済予約の仮登記がなされ、土地が競売されてから数年後に仮登記に基づく本登記がされた場合、建物の取得者は仮登記の時に遡って地代支払いの義務が生じるとされる（大判昭一四・一一・二五民集一八巻一四六一頁）。しかし、仮登記は本登記の順位を保全するにすぎず（不登一〇六条）、建物の取得者は、本登記の時から地代支払義務を負うと解すべきである。[1]

右の場合、建物の前所有者は建物の登記をしていたから土地が競売された時に法定地上権を取得する（借地借家一〇条一項・二条一項。本書三九二頁参照）。そして、建物の取得者は、本登記の時に法定地上権付の建物を承継取得し、その時から地代支払義務を負うと解される。建物の取得者が本登記ができるのにこれを怠っていた場合、建物の前所有者は、建物の取得者に対し本登記をするのを怠っていた間に支払った地代の償還を請求することができると解してよいであろう。

（1）我妻・三六九頁参照。

(e)　法定地上権が成立した後に地上建物を取得した者は、その取得の登記により法定地上権を取得し（本書三九三頁参照）、その時から地代支払義務を負担する。しかし、前建物所有者の未払地代については、債務引受けをしない限り支払義務を負担しない（最判平三・一〇・一判時一四〇四号七九頁）。

(ハ)　法定地上権の存続期間は、三〇年である（借地借家三条本文）。当事者がこれより長い期間を定めた場合にはそれによる（借地借家三条但書）。地上権の存続期間に関する民法二六八条二項は、借地借家法が適用される場合には適用されないと解される。

四　抵当権の侵害

(1)　序

(イ)　抵当権が侵害されたり侵害されるおそれがある場合、抵当権者には種々の救済手段が与えられる。[1]　その主なものは、物権的請求権、不法行為に基づく損害賠償請求権、期限の利益の喪失と増担保請求権、抵当権の保全処分である。

(1)　抵当権の侵害については、加藤雅信「担保権侵害とその救済――代担保提供請求権説構築のために――」現代民法学の展開二一五頁以下（平成五年）、道垣内弘人「担保の侵害」新・現代損害賠償法講座2二八五頁以下（平成一〇年）、舟橋秀明「抵当権侵害論」早法七八巻二号一九五頁以下（平成一五年一）、田髙寛貴「担保権侵害による損害賠償請求に関する一考察――所有権侵害に対する救済との調整の見地から――」名法二二七号三四一頁以下（平成二〇年）参照。

(ロ)　(a)　抵当権の侵害には二つのものがある。第一は、抵当権の目的物の滅失・損傷・減少である。たとえば、抵当山林を伐採したり、抵当家屋を取り壊すというのがこれである。第二は、抵当権の円滑な実行の阻害である。たとえば、目的物が値下がりしている時に抵当権の実行を故意に妨害して遅らせる（大判昭一一・四・一三民集一五巻六三〇頁）というのがこれである。

(b)　(α)　一般に、抵当権の目的物の損傷・減少が被担保債権の満足に影響しない場合であっても抵当権の侵害になるとされる。そして、その理由として、担保権不可分の原則により被担保債権は目的物のいかなる部分からでも満足を受けることができるからであるとされる（三七二条・二九六条）。

(β)　しかし、目的物の損傷・減少が被担保債権の満足に影響しないことが明らかな場合、原則としてこれを抵当権の侵害という必要はない。この場合、抵当権者が不利益を受けないことは明らかなのであり、このような場合にまで抵当権の侵害として債務者等に何らかのサンクションを加えるのは、債務者等の行為を不当に制約するものであって妥当でない。

(ハ)　債務者は、抵当権の目的物を占有してその使用収益をすることができる。それゆえ、債務者の使用収益に当然伴う目的物の損傷・減少は抵当権の侵害にならない。他方、債務者による目的物の使用収益は妥当なものでなければならず、不当な使用収益により目的物の滅失・損傷・減少が生じれば抵当権の侵害になる。たとえば、債務者が抵当家屋を乱暴に使用して破損するというのがこれである。

㈡　債務者は、抵当権の目的物を第三者に使用収益させることができる。それゆえ、これに当然伴う目的物の損傷・減少は抵当権の侵害にならない。これに対し、債務者が不当に第三者に目的物を使用収益させたり、第三者が不当に目的物を使用収益すれば、それに伴う目的物の滅失・損傷・減少は抵当権の侵害になる。これに関連して、一般に、抵当権の設定されている鉱業権について斤先掘契約（鉱業権の賃貸借契約）が締結され、斤先人（鉱業権の賃借人）が鉱山を掘採しても、不当な掘採をして鉱山の価値を減少させなければ抵当権の侵害にはならないとされる。私見としては、斤先掘契約は鉱業法一三条本文に違反し[1]、債務者は第三者に不当に鉱業権を使用収益させることになるから、それに伴う第三者による鉱山の掘採は、被担保債権の満足に影響しないことが明らかでない限り、抵当権の侵害になると考える。

（1）　石田穣・民法総則二九〇頁以下（平成四年）参照。

㈭　第三者が抵当不動産を無権原で占有するのは、抵当権の侵害になる。抵当権の円滑な実行が阻害されるからである。

㈮　抵当地の分割や地目の変更は、抵当権の侵害にならないとされる（大決大七・四・一七民録二四輯七〇七頁）。しかし、たとえば宅地を田地に変更してその担保価値が下落した場合のように、場合によっては抵当権の目的物の損傷・減少に該当し抵当権の侵害になると解すべきである。

(2)　抵当権に基づく物権的請求権

(イ)　序

(a)　抵当権は物権であり、当然、そこから物権的請求権が生じる[1]。物権的請求権の内容としては、一般の物権の場合と同様、妨害排除請求権と妨害予防請求権、明渡（引渡）請求権[2]の三つが考えられる。

（1）　抵当権に基づく物権的請求権については、小杉茂雄「抵当権に基づく物権的請求権の再構成」西南一四巻一号一頁以下、二号一四一頁以下（昭和五六年）、堀田親臣「抵当権に基づく物権的請求権序説――ドイツ法における抵当権保護を中心に――」広法二七巻

四号一一一頁以下、三〇巻三号二七頁以下（平成一六年―一九年）参照。

（2） 抵当権に基づく明渡請求権については、鎌田薫「抵当権の侵害と明渡請求」高島平蔵教授古稀記念（民法学の新たな展開）二六三頁以下（平成五年）、同「抵当権の効力―『価値権』論の意義と限界―」司研九一号六頁以下（平成六年）、松岡久和「抵当目的不動産の不法占有者に対する債権者代位権による明渡請求―最大判平一一・一一・二四の検討―」NBL六八一号六頁以下、六八二号三六頁以下、六八三号三七頁以下（平成一二年）、村田博史「抵当権者による土地に対する支配権の内容」高木多喜男先生古稀記念（現代民法学の理論と実務の交錯）七五頁以下（平成一三年）、田中克志「不良債権処理と抵当権の占有排除効―『暴走する』？抵当権―」静法六巻三・四号二一頁以下（平成一四年）、岩元裕介「抵当権に基づく不法占有の排除」広法二六巻四号一八七頁以下、二八巻一号一二七頁以下（平成一五年―一六年）、宮川不可止「抵当権者による抵当不動産の管理占有の性格と今後の展開について」京都学園法学四三号五八頁以下（平成一六年）、梶山玉香「抵当権者による物件管理について」同法五七巻六号三二九頁以下（平成一八年）、赤松秀岳「『抵当権に基づく妨害排除請求』への一試論」岡法五五巻三・四号三三頁以下（平成一八年）、太矢一彦「抵当権に基づく妨害排除請求」洋法四九巻二号四一頁以下（平成一八年）、増成牧「抵当権に基づく妨害的占有の排除―最高裁平成一七年三月一〇日判決の検討・考察を中心に―」神院三五巻四号七三頁以下（平成一八年）、太矢一彦「抵当権に基づく妨害排除請求における『抵当権侵害』の概念」洋法五〇巻一・二号二五頁以下（平成一九年）、高橋眞「抵当権に基づく妨害排除請求について」抵当法改正と担保の法理一三八頁以下（平成二〇年）、横田敏史「抵当権の本質の意義に関する一考察―抵当権に基づく賃料債権に対する物上代位と抵当権に基づく妨害排除請求に関する学説を手がかりとして―」慶應義塾大学大学院法学研究科論文集四九号一頁以下（平成二一年）参照。

(b) ドイツ民法とスイス民法においては、抵当権に基づく妨害排除請求権（ドイツ民法一一三三条、スイス民法八〇九条・八一〇条）と妨害予防請求権（ドイツ民法一一三四条、スイス民法八〇八条）が明文で認められているが、フランス民法においては、これらを認める明文の規定はない。抵当権に基づく明渡請求権については、これらの各国の民法においてこれを認める明文の規定はない。

(c) わが国においては、抵当権に基づく物権的請求権が明文で認められているわけではない。しかし、学説・判例上、一致してこれが認められている。抵当権に基づく明渡請求権については、判例はかつてこれを認めていなかったが（最判平三・三・二二民集四五巻三号二六八頁）、現在ではこれを認めるに至っている（最(大)判平一一・一一・二四民集五三巻八号一八九九頁、同判平一七・三・一〇民集五九巻二号三五六頁）。

(ロ) 妨害排除請求権

(a)　抵当権者は、抵当権の侵害に対してその排除を請求することができる。たとえば、抵当地に不法に廃棄物が搬入された場合にその除去を求めるというのがこれである。

(b)　妨害排除請求権が認められるためには、抵当権が侵害されていることが必要である。そして、そのためには、抵当権の目的物が損傷・減少するか、抵当権の円滑な実行が阻害されることが必要である。前述の廃棄物の搬入の場合でいえば、廃棄物の搬入によって抵当権の円滑な実行が阻害される。それゆえ、妨害排除請求権が肯定されるべきである。

(c)　無効な不動産保存の先取特権の登記（大判大四・一二・二三民録二一輯二一七三頁）や消滅した先順位抵当権の登記（大判大八・一〇・八民録二五輯一八五九頁、同判昭一五・五・一四民集一九巻八四〇頁）も妨害排除請求権の対象となり、抵当権者はその抹消を請求することができる。これらの登記によって抵当権の円滑な実行が阻害されるからである。

(d)　前に述べたように、抵当権の目的物の従物は、目的物から独立にそれだけでは差押えの対象にならない（本書三一一頁(1)参照）。従物だけが差し押さえられた場合、抵当権者は第三者異議の訴え（民執三八条）によりその排除を求めることができる（大判昭六・三・二三民集一〇巻一一六頁（工抵七条二項に関する）参照）。これも抵当権に基づく妨害排除の請求であるといえる。

(1)　同旨、我妻・三八五頁、柚木＝高木・二八八頁、道垣内・一八五頁。

(ハ)　妨害予防請求権

(a)　抵当権者は、抵当権が侵害されるおそれがある場合、その予防を請求することができる。たとえば、抵当山林が不当に伐採されるおそれがある場合にその禁止を求めたり、不当に伐採された材木が搬出されるおそれがある場合にその禁止を求める（大判昭七・四・二〇新聞三四〇七号一五頁）というのがこれである。

(b)　妨害予防請求権の場合、抵当権が侵害されるおそれがあることが要件となるが、そのためには、抵当権の目的物が滅失・損傷・減少するおそれがあるか、抵当権の円滑な実行が阻害されるおそれがあることが必要である。

(ニ) 明渡（引渡）請求権

(a) 抵当権者は、抵当権の目的物が第三者によって不法に占有されている場合、その明渡し（引渡し）を求めることができる。たとえば、抵当家屋が第三者によって不法に占有されている場合、抵当権者はその明渡しを求めることができる。第三者の不法占有によって抵当権の円滑な実行が阻害されるからである。判例は、当初、抵当権者による明渡請求権を否定していたが（最判平三・三・二二民集四五巻三号二六八頁）、現在ではこれを肯定するに至っている（最(大)判平一一・一一・二四民集五三巻八号一八九九頁）。なお、第三者が抵当権の目的物を所有者の同意をえて占有する場合であっても、抵当権の実行妨害を目的にしているような場合には、抵当権者に対する関係では不法占有として扱われるべきである（最判平一七・三・一〇民集五九巻二号三五六頁）。

(b) (α) 明渡請求権を認める場合、債務者への明渡しを認めるのか、それとも、抵当権者への明渡しを認めるのかという問題がある。抵当権が占有を伴わない権利であることを考えれば、原則として債務者への明渡しを認めるべきであろう。しかし、債務者が目的物の引取りを拒否する場合や所在不明などで目的物の引取りができない場合、抵当権者は自己への明渡しを求めることができると解してよいであろう(1)。また、債務者が目的物の適切な管理をすることができない場合にも同様に解してよいであろう（最判平一七・三・一〇民集五九巻二号三五六頁）。

(1) ドイツ民法九八六条一項後段は、所有権に基づく明渡請求権について同様に規定している。これについては、石田(穣)・六八頁以下参照。

(β) 抵当権者は、抵当権の目的物の明渡しを受けた場合、善良な管理者の注意をもって目的物を保管しなければならない(1)（四〇〇条参照）。この保管に要する費用は、不動産保存の先取特権の対象となる(2)（三二六条）。したがって、保管終了後遅滞なく登記をすれば、その前に登記をした抵当権にも優先する（三三九条）。

(1) 宮川不可止「抵当権者による抵当不動産の管理占有の性格と今後の展開について」京都学園法学四三号八三頁（平成一六年）参照。

(2) 清水・三七頁以下参照。

(γ)　目的物の明渡しを受けた抵当権者が目的物の価格を減少させたり減少させるおそれがある場合、他の抵当権者は、執行裁判所に対し、目的物を執行官に引き渡し執行官が目的物を保管する旨の保全処分の申立てをすることができると解してよいであろう（民執一八七条一項二項二号。本書四〇八頁以下参照）。目的物の明渡しを受けた抵当権者は目的物の担保価値を保全するためにその保管が認められるのであるから、当該抵当権者が目的物の価格を減少させたり減少させるおそれがある場合、当該抵当権者は他の抵当権者に対し占有権原を主張することができないと解される（民執一八七条二項二号参照）。

(c)　抵当権者は、第三者が抵当権の目的物を不法に占有し目的物の価格を減少させるか減少させるおそれがある場合、前述したように、その明渡しを請求してもよいが、執行裁判所に対し目的物を執行官に引き渡し執行官が目的物を保管する旨の保全処分の申立てをしてもよい（民執一八七条一項二項二号）。抵当権者は、いずれか一方を選択して行使することができる。保全処分の申立てについては、保全処分の告知を受けた日から三か月以内に競売の申立てをしたことを証する文書を提出しなければ保全処分が取り消されるという制約があるから（民執一八七条四項）、抵当権者は保全処分の申立てのみをすることができると解するのは妥当でない。

(3)　不法行為に基づく損害賠償請求権

(a)　故意過失によって抵当権が侵害され抵当権者に損害が生じた場合、不法行為による損害賠償請求権が発生する（七〇九条）。すなわち、他人の故意過失によって抵当権の目的物が滅失・損傷・減少したり抵当権の円滑な実行が阻害されたりして抵当権者に損害が生じた場合、損害賠償請求権が発生する。もっとも、その具体的内容については注意を要する。

(b)　債務者の故意過失により抵当権の目的物が滅失・損傷・減少しても、抵当権者が被担保債権を有する以上、抵当権者に精神的苦痛が生じたような場合を除き損害賠償請求権は発生しない。他方、債務者の故意過失によって抵当権の円滑な実行が阻害され、これにより抵当権者が被担保債権によってはカバーされない損害を受けた場合、損害賠償請求権が発生する。第三者が故意過失により抵当権の目的物を滅失・損傷・減少させた場合、抵当権者は、精神的苦痛を受けたような場合を除き目的物によって満足を受けることができなくなった額（被担保債権額を限度とする）につき第三者に対し損害賠償請求権を有すると解される。この場合、抵当権者は第三者に対する損害賠償請求権と債務者に対する被担保債権を有するが、原則としていずれか一方が満足を受けた限度で他方は消滅する。

(c) (α) 抵当権者が損害を受けたかどうかは、抵当権が実行されてから明らかになることも少なくない。しかし、抵当権者は、損害の発生を立証すれば抵当権の実行前であっても損害賠償を求めることができる(1)(2)（大判昭七・五・二七民集一一巻一二八九頁、同判昭一一・四・一三民集一五巻六三〇頁）。そして、この際、「損害が生じたことが認められる場合において、損害の性質上その額を立証することが極めて困難であるときは、裁判所は、口頭弁論の全趣旨及び証拠調べの結果に基づき、相当な損害額を認定することができる」とする民事訴訟法二四八条が活用されるべきである。

(1) 同旨、我妻・三八六頁、船越・一九四頁、川井・三九〇頁、高橋・一九四頁以下。北川・二二五頁、内田・四四五頁も参照。これに対し、抵当権の実行後にのみ損害賠償を求めることができるとするのは、柚木＝高木・二八九頁、鈴木・二五二頁。

(2) 第三者の不法行為の場合、抵当権者は、債務者の第三者に対する損害賠償請求権に物上代位をすればよく、原則として損害賠償を求めることができないとする見解も有力である（高木・一六六頁、内田・四四五頁、平野・八一頁、鈴木・二五三頁、道垣内・一八四頁、松井・六〇頁、松尾＝古積・三三四頁）。しかし、債務者の第三者に対する損害賠償請求権は時効で消滅しているが抵当権者の第三者に対する損害賠償請求権は時効で消滅していない場合（七二四条前段参照）、抵当権者の損害賠償請求を否定するのは不当である。また、第三者が抵当権者との個人的関係から抵当権の実行をできなくするために目的物を滅失させたような場合、抵当権者には慰謝料請求権が生じるが、これは物上代位によってはカバーされない。それゆえ、抵当権者による第三者への損害賠償請求を認めるのが妥当であろう。もちろん、抵当権者が物上代位をすることは差し支えない。結局、抵当権者は、第三者に損害賠償を求めてもよいし、物上代位をしてもよいと解される。あるいは、右の慰謝料の場合のように、重複しない範囲で損害賠償請求と物上代位の両方を行ってもよい。

(β) 抵当権の実行前であっても損害賠償を認める場合、抵当権の実行により判明する損害と一致しないことがありうる。まず、抵当権の実行により判明する損害の方が大きい場合、抵当権者は、帰責事由がない限り、抵当権実行前に認められた損害との差額を別訴によって請求することができると解するのが妥当である。抵当権者に帰責事由がない以上、このような訴えは前訴の既判力に抵触しないと考えられる[1]。次に、抵当権の実行により判明する損害の方が小さい場合、それは、請求異議の訴えの異議事由（民執三五条一項二項）になると解される。

（1）石田（穣）・五六八頁およびそこに引用の文献参照。

(4) 期限の利益の喪失と増担保請求権

(イ) 期限の利益の喪失

(a) 債務者が抵当権の目的物を滅失・損傷・減少させた場合、債務者は期限の利益を失い、目的物の滅失の場合を除き抵当権者は直ちに抵当権の実行をすることができる（一三七条二号）。

(b) 一般に、期限の利益の喪失については、債務者の帰責事由の有無を問わないと解されているようである。しかし、起草者は債務者の故意が必要であると考えていたようである[1]。そして、債務者に故意がない場合には抵当権者に増担保請求権を認め、債務者がこれに応じない場合に期限の利益を失う（一三七条三号）とするだけで十分であると考えられる[2]。それゆえ、債務者が抵当権の目的物を滅失・損傷・減少させた場合、債務者は、故意があれば期限の利益を失い、故意がなければ増担保を提供する義務を負うと解するのが妥当である[3]。

もっとも、債務者に目的物の滅失・損傷・減少につき故意があり債務者が期限の利益を失う場合であっても、抵当権者は抵当権を直ちに実行することなく債務者に対し増担保の請求をすることもできると解してよいであろう。すなわち、抵当権者は、抵当権を直ちに実行してもよいし（目的物の滅失の場合を除く）、増担保請求権を行使してもよいと解される[4]。

（1）民法議事速記録四巻四七頁。

（2）増担保請求権の場合には十分な増担保が提供されたかどうかで争いが生じるから、債務者は目的物の滅失・損傷・減少につき過失がある場合にも期限の利益を失い、その場合には増担保請求権の問題にはならないとする見解も考えられる（我妻・三八六頁以下参照）。フランス民法一一八八条も、債務者は過失があれば期限の利益を失うと規定し、増担保の提供によってこれを回避することはできないと解されている（Mazeaud-Chabas, n° 569）。

しかし、債務者が十分な増担保を提供するならば、債務者に期限の利益を失わせて抵当権者が直ちに抵当権の実行をするのを認める必要はない。抵当権者は、後述のように、相当期間を定めて増担保の提供を催告し、その期間内に十分な増担保の提供がなければ競売の申立てをすることができると解すべきであろう（本書四〇七頁参照）。そして、この場合、十分な増担保の提供があったかどうかは、競売申立ての却下に対する執行抗告（民執一八八条・四五条三項）や競売開始決定に対する執行異議（民執一八二条）の申立てにおいて判断されることになるであろう。

（3）石田穣・民法総則五一四頁（平成四年）参照。

（4）近江・一七六頁参照。

(c) 以上のように、期限の利益の喪失には債務者の故意が必要であると解する以上、抵当権の目的物の損傷・減少が被担保債権の満足に影響しないことが明らかな場合であっても債務者は期限の利益を失うと考えるべきである。債務者が故意に抵当権の目的物を損傷・減少させるのは、被担保債権の満足に影響しないことが明らかな場合であっても、抵当権者に期限に被担保債権が満足されるかどうかに関し大きな不安を与えるし、他方、故意に抵当権の目的物を損傷・減少させる債務者を保護する必要はないからである。

(ロ) 増担保請求権

(a) 一般に、増担保請求権(1)は、債務者が帰責事由をもって抵当権の目的物を滅失・損傷・減少させた場合に限り認められると解されているようである。

（1）増担保請求権については、宮川不可止「増担保約定に基づく増担保請求権の効力」京都学園法学五七・五八号一頁以下（平成二一年）参照。

(b) しかし、比較法的にみれば、増担保請求権の発生には必ずしも債務者の帰責事由が必要であるとはされていない。すなわち、ドイツにおいては[1]、抵当権の目的物の滅失・損傷・減少があれば、債務者の帰責事由の有無を問わず増担保請求権が発生するとされている（ドイツ民法一一三三条）。スイスにおいては、不動産担保権の目的物が滅失・損傷・減少し、第三者がそれによって生じる債務者の損害を賠償する場合、債務者に帰責事由がなくても賠償される限度において増担保請求権が発生するとされている[2]（スイス民法八一〇条一項）。フランスにおいては、フランス民法二一三一条の解釈としてドイツにおけるのと同様の解釈がされていたが[3]、フランス民法二一三一条は二〇〇六年の担保権に関するフランス民法の改正に際し削除された。しかし、ドイツにおけるのと同様の解釈に特に変更はないものと思われる。

（1） Münchener Kommentar, § 1133 Nr. 4 und Nr. 17; Juris Praxiskommentar, § 1133 Nr. 3 und Nr. 24 f.; Prütting, Nr. 674.
（2） 増担保請求権は、債務者が彼に帰属する権利を理由に実際に損害の賠償を第三者から受領したことを前提に発生するとされる。たとえば、抵当地に囲繞地通行権が発生し、債務者がその受忍のための償金を受領した場合がこれである(Kommentar zum Schweizerischen Privatrecht, § 810 Nr. 3)。
（3） Mazeaud-Chabas, n° 569.

(c)　増担保請求権は、抵当権の目的物の滅失・損傷・減少があれば、債務者の帰責事由の有無を問わず発生すると解すべきである。抵当権の目的物が滅失・損傷・減少した場合、抵当権者は期限に被担保債権が満足されるかどうかに大きな不安を持つ。この場合、抵当権者に大きな不安を持つ状態で期限まで債務の履行を待たせるのは酷である。それゆえ、抵当権者に増担保請求権を認め、抵当権者の不安を解消する必要がある。

他方、債務者は、増担保提供義務があるとされても必ずしも過重な負担を強いられるわけではない。債務者が期限に債務を履行すれば増担保に提供した物件は抵当権から解放されるのである。また、増担保に提供すべき物件がない場合には、債務者は期限の利益を失い直ちに債務を履行しなければならなくなるが（左の(e)参照）、債務の履行が繰り上がるだけであり、債務者にとって必ずしも過重な負担とまではいえないであろう（抵当不動産の第三取得者による抵当権消滅請求の場合にも、請求を受けた抵当権者は債務者が履行遅滞に陥っていなくても競売の申立てをすることができるとされている（本書四二二頁参照）。そして、増担保に提供すべき物件がないような状況においては抵当権者にますます大きな不安を与えるから、期限まで債務の履行を待たせるのは酷であり、債務者が期限の利益を失うとされてもやむをえないといえよう。

以上により、抵当権の目的物が滅失・損傷・減少した場合、抵当権者は債務者の帰責事由の有無を問わず増担保請求権を有すると解するのが妥当である。もっとも、抵当権者にこのような増担保請求権が認められるのであれば、後述のように、債務者にも、被担保債権額にくらべ抵当権の目的物の価額が不当に大きい場合、減担保請求権が認められるべきである（本書四〇九頁以下参照）。

(d) 抵当権の目的物が損傷・減少しても被担保債権の満足に影響しないことが明らかな場合、増担保請求権は生じないと解してよいであろう。被担保債権の満足に影響しないことが明らかである以上、増担保請求権を認める必要はないからである。もっとも、債務者が故意に抵当権の目的物を損傷・減少させた場合、被担保債権の満足に影響しないことが明らかであっても増担保請求権が生じると解される（本書四〇五頁参照）。

(e) 抵当権者は、増担保請求権を有する場合、債務者に対し相当期間を定めて増担保の提供を催告すべきである。そして、債務者が右の期間を徒過した場合、債務者は期限の利益を失い（一三七条三号）、抵当権者は直ちに抵当権を実行することができると解される。ドイツ民法一一三三条もほぼ同様に規定している。なお、目的物の滅失・損傷・減少につき債務者に故意がある場合、前述したように、抵当権者は、直ちに抵当権を実行するか（目的物の滅失の場合を除く）、それとも、増担保請求権を行使するかの選択権を有する（本書四〇四頁参照）。

(f) 増担保の提供は、主として他の不動産に抵当権の設定をすることの申出である。仮登記担保権や譲渡担保権の設定の申出も許されるであろう。適当な不動産がない場合には動産に質権を設定することの申出であってもよいであろう。さらに、破損した抵当家屋を修繕するというように、抵当権の目的物の修補の申出も許されるであろう。そこで、増担保の請求を受けた債務者は、どのような申出をするかを判断し、前述の相当期間内にその申出をすればよい。しかし、債務者の申出は妥当なものでなければならない。債務者の申出が不当な場合、債務者は期限の利益を失い、抵当権者は直ちに抵当権の実行をすることができると解してよいであろう。

(5)　抵当権の保全処分

(イ)　競売開始決定前の保全処分

(a)　抵当権者は、抵当権を実行しようとする場合、執行裁判所に対し、抵当権を保全するために、債務者等による抵当権の目的物の価格を減少させる行為やそのおそれがある行為の禁止（民執一八七条一項・五五条一項一号）、抵当権の目的物の執行官への引渡しや執行官によるその保管（民執一八七条一項・五五条一項二号）などを求めることができる。これは、抵当権の侵害が抵当権の実行の際に特に行われやすいことにかんがみ、民事執行法が抵当権の保全処分として規定したものである。

(b)　抵当権者が抵当権の保全処分の告知を受けた日から三か月以内に競売の申立てをしたことを証する文書を提出しない場合、抵当権の保全処分は債務者等の申立てにより取り消される（民執一八七条四項）。

(c)　抵当権者が抵当権の保全処分の申立てをするには被担保債権の弁済期が到来していなければならないとする見解もあるが[(1)]、弁済期の到来が迫っている抵当権者も抵当権の保全処分の申立てをすることができると解するのが妥当である。抵当権の保全処分の告知を受けた日から三か月以内に競売の申立てをしたことを証する文書を提出することができれば被担保債権の弁済期の到来の有無を問わないということになるであろう。

（1）　船越・二〇一頁。

(ロ)　競売開始決定後の保全処分　抵当権者は、競売開始決定後においても、競売開始決定前と同様の抵当権の保全処分を求めることができる（民執一八八条・五五条）。この場合、抵当権の目的物の執行官への引渡しや執行官によるその保管の保全処分については、相手方を特定するのが困難である特別の事情があれば、執行裁判所は相手方を特定しないで保全処分を命じることができる（民執一八八条・五五条の二）。これは、抵当権の目的物の占有者が絶えず変わるなどして抵当権の実行が妨害されるのを防ぐためである。

五　減担保請求権

(1)　序　減担保請求権とは、債務者は目的物の価額が被担保債権額に比較し不当に大きい場合に両者のバランスがとれるように担保の減少を求めることができる権利である。[1][2] 前述したように、目的物が滅失・損傷・減少した場合、抵当権者には増担保請求権が与えられる（本書四〇六頁以下参照）。そうだとすれば、目的物の価額が被担保債権額に比較し不当に大きい場合、債務者に減担保請求権を認めるのが公平に合致する。

（1）　減担保請求権については、野田和裕「過剰担保の規制と担保解放請求権――ドイツ法の分析を中心に――」民商一一四巻二号二六頁以下、三号四三頁以下（平成八年）、インゴ・ゼンガー「包括的担保における不確実性は解決したか？」（野田和裕訳）龍谷法学三四巻一号一二五頁以下（平成一三年）参照。

（2）　ドイツにおいては、目的物の価額が被担保債権額に比較し不当に大きい場合は過剰担保（Übersicherung）といわれている。過剰担保には、担保権設定契約の当初から存在する場合（原始的過剰担保）と、担保権設定契約後に生じる場合（後発的過剰担保）の二つがある（以上につき、Prütting, Nr. 420）。

(2)　根　拠　減担保請求権が認められるべき根拠は、増担保請求権とのバランスである。目的物が滅失・損傷・減少した場合、抵当権者には増担保請求権が認められている。そうだとすれば、目的物の価額が被担保債権額に比較し不当に大きい場合、債務者に減担保請求権を認めるのが公平に合致する。[1] 抵当権者に増担保請求権を認めつつ債務者には減担保請求権を認めないというのは、著しくバランスを欠き不公平であって許されない。[2]

（1）　注釈民法⒄三一五頁（鈴木禄弥＝山本豊執筆）は、銀行取引約定書四条一項につき同旨。

（2）　ドイツにおいては、原始的過剰担保については良俗違反の法律行為は無効であると規定するドイツ民法一三八条により担保権設定契約が無効であるとされ、後発的過剰担保については担保権設定契約上の信義則により減担保請求権が認められるとされる(Prütting, Nr. 420 b)。

(3) 内　容

(イ) 減担保請求権の内容としては、目的物を他の目的物に交換することを求める請求権と、目的物が複数ある場合(共同抵当権)にその一部につき抵当権の消滅を求める請求権の二つが考えられる(1)。

(1) 鈴木禄弥「実体法からみた担保法の現代的課題」民法論文集5七九頁(平成四年)参照。

(ロ) 目的物を他の目的物に交換することを求める請求権は、通常、目的物が一個の場合に行使されるが、目的物が複数の場合にその全部あるいは一部に行使されてもよい。

(4) 要　件

(イ) 目的物の価額が被担保債権額に比較し不当に大きいことが要求される。

(ロ) 目的物の価額が被担保債権額に比較し不当に大きいという状態は、抵当権設定契約の当初から存在する場合であってもよいし、その後に生じた場合であってもよい。右の状態が抵当権設定契約の当初から存在する場合であっても、それは債務者の抵当権者に対する弱い立場に由来するのであり、是正の対象にされるべきである(仮登記担保三条三項本文参照)。この場合、目的物の価額が被担保債権額に比較し不当に大きい程度が著しければ、抵当権設定契約が民法九〇条の公序良俗に反し無効であるとされることもあるが、原則としてこれを有効であるとしつつ減担保請求権の問題として処理するのが妥当であろう。

(ハ) 目的物の価額が被担保債権額に比較し不当に大きいかどうかは、抵当権者と債務者の取引状況、物価の変動状況、債務者の財産状況などを総合して判断する。これを一般的な数値をもって示すのは困難であるが、ここでは、一応の目安として、目的物の価額が被担保債権額の一・五倍以上の場合に原則として減担保請求権が発生すると解しておきたい(1)。

(1) ドイツの学説は、原則として目的物の価額が被担保債権額の一二〇パーセントに達する場合に過剰担保になるとしてきたといわれる(野田和裕「過剰担保の規制と担保解放請求権――ドイツ法の分析を中心に――」民商一一四巻三号六七頁(平成八年)参照)。ドイツ連邦通常裁判所(BGH)大法廷は、一九九七年一一月二七日、原則として目的物の価額が被担保債権額の一五〇パーセントに達する場合に過剰担保になるとしたが(BGHZ 137, 212)、これは、一応の指針であり、すべてのケースに妥当する準則ではなく、これが実務上有用な規準かどうかは今後の問題であるとされる(Prütting, Nr. 420 d)。

(ニ) 目的物の価額が被担保債権額に比較し不当に大きいかどうかは、減担保請求権行使の訴訟の口頭弁論終結時における目的物の価額と被担保債権額を規準にして判断される。

(5) 行使、効果

(イ) 目的物を他の目的物に交換することを求める請求権について

(a) 債務者は、目的物の価額が被担保債権額に比較し不当に大きい場合、目的物を他の目的物に交換することを求めることができる。

(b) 債務者による目的物の交換請求は形成権の行使であり、債務者が新目的物を提供して目的物の交換を求めた時に、債務者につき、旧目的物について抵当権の消滅請求権が発生し、新目的物について抵当権の設定義務が発生する。そして、登記を物権変動の効力要件と解する私見によれば(1)、旧目的物についての抵当権は抵当権の登記の抹消により消滅し、新目的物についての抵当権はその設定の登記により成立する。旧目的物の抵当権の登記の抹消と新目的物の抵当権設定の登記は同時履行の関係にある。抵当権者が目的物の交換に応じない場合、債務者は、新目的物を提供して旧目的物の抵当権の登記の抹消を求める訴えを提起することになるが、判決は新目的物の抵当権設定の登記との引換給付判決となるであろう。

(1) 石田(穣)・一三七頁参照。

(c) 目的物の交換は、原則として新目的物への抵当権の設定であるが、新目的物への仮登記担保権や譲渡担保権の設定なども許されるであろう。また、動産質権の設定なども許される場合があると思われる。しかし、人的担保の設定は不確実であり許されない(本書六五頁参照)。

(ロ)　目的物が複数ある場合にその一部につき抵当権の消滅を求める場合

(a)　債務者は、複数の目的物の全部の合計価額が被担保債権額に比較し不当に大きい場合、目的物の一部につき抵当権の消滅を求めることができる。

(b)　抵当権の消滅を求められた場合、抵当権者は、複数の目的物の全部の合計価額が被担保債権額に比較し不当に大きい状態を是正するために消滅の対象となる目的物を指定しなければならない。たとえば、目的物の全部の合計価額が被担保債権額の一・五倍以上になれば過剰担保になるとする場合、抵当権者は合計価額が被担保債権額の一・五倍以上にならないように消滅の対象となる目的物を指定しなければならない。債務者は、抵当権の消滅を求める場合、抵当権者に対し相当期間を定めて右の指定を催告することができる。

(c)　抵当権者が右の相当期間内に指定をしない場合、債務者がその指定をすることができる(四〇八条参照)。

(d)　抵当権の消滅請求は形成権の行使であり、抵当権者や債務者が目的物を指定した時に抵当権者にその目的物につき抵当権の消滅義務が発生する。この場合、債務者は、抵当権者に対しその目的物につき抵当権の登記の抹消を求めることができ、抵当権は登記の抹消により消滅する。

(e)　目的物の全部の合計価額が被担保債権額に比較し不当に大きい場合であっても、それを是正するために抵当権を消滅させる適当な目的物がない場合、債務者は、目的物の全部あるいは一部につき他の目的物に交換することを求めることになるであろう。

第四節　抵当不動産の第三取得者

一　序

(1)　一般的にいえば、抵当不動産の第三取得者は抵当権者に劣後する。すなわち、第三取得者は抵当権者の実行によって目的物に対する権利、つまり、所有権や地上権などを失う。他方、第三取得者は被担保債権を弁済すれば抵当権を消滅させ自己の権利を保全することができる（第三者弁済。四七四条）。

(2)　民法は、第三取得者と抵当権者の関係につき、右の一般的な関係の外に二つの特別な関係を規定した。代価弁済（三七八条）と抵当権消滅請求（三七九条以下）がこれである。以前は、滌除という制度があったが（旧三七八条以下）、あまり合理的なものではなかったため、平成一五年の民法改正において廃止され、代わって抵当権消滅請求という制度が新設された。以下、代価弁済と抵当権消滅請求について説明し、外に、第三取得者に関する若干の規定についても説明する。

二　代価弁済

(1)　序　代価弁済とは、抵当不動産につき所有権や地上権などを買い受けた者（第三取得者）が抵当権者の請求に応じてこれに代価を弁済した場合に抵当権が消滅するという制度である（三七八条）。代価弁済は抵当不動産の代金への物上代位に類似するといわれているが、私見によれば、代金への物上代位は認められない（本書三二九頁以下参照）。なお、代価弁済はあまり利用されていない。

(2)　要　件

(イ)　第三者が抵当不動産につき所有権や地上権などを買い受けたこと　地上権を買い受けるとは、一時金を支払って地上権の設定を受けこの一時金の外に定期の地代を支払う必要がない場合をいう。永小作権や賃借権については、一時金を支払って設定を受けこの一時金の外に定期の小作料や賃料を支払う必要がない場合は非常に少ないと思われるが、一時金だけで設定された永小作権や賃借権を取得した場合も地上権の場合に準じ代価弁済の対象になると解してよいであろう。賃借権は、第三者に主張できるものであるかどうかを問わない。代価弁済は抵当権者の請求により行われるから、以上のように解しても抵当権者は害されない。(1)

(1)　第三取得者が被担保債権につき債務引受けをする趣旨で買受代金や一時金が安く定められた場合、代価弁済を認めれば債務者が害されるおそれがある。なぜなら、この場合、被担保債権は第三取得者により弁済されるべきであるのに、代価弁済を認めれば債務者が被担保債権を弁済することになるからである。それゆえ、この場合、代価弁済は許されず、債務者は第三取得者に対し代価の支払請求権を失わないと解すべきである。

(ロ)　抵当権者が請求したこと

(ハ)　第三取得者が抵当権者に買受代金や一時金を弁済すること

(3)　効　果

(イ)　(a)　抵当権が消滅する。法文では「抵当権は、その第三者のために消滅する」となっているが、要するに抵当権が消滅するということである。そして、この場合、抵当権は、被担保債権が弁済された場合に準じ抹消登記なしに消滅すると解してよいであろう。

地上権については、一般に、地上権は抵当権に対抗できるものになるが抵当権は消滅しないとされている。しかし、これでは「消滅する」という法文の規定に反する。また、地上権が抵当権に対抗できるものになるとした場合にそれをどのようにして公示するのかも明らかでない（三八七条一項は、登記をした賃貸借は、その登記前に登記をした抵当権を有するすべての者が同意をし、かつ、その同意の登記があるときは、その同意をした抵当権者に対抗することができる、と規定している。これについては、本書四二五頁以下参照）。さらに、代価弁済は抵当権者の請求によって行われるから、抵当権が消滅するとしても抵当権者は害されない。以上により、地上権の場合にも抵当権は消滅すると解するのが妥当である。(1)永小作権や賃借権についても同じである。

(1) 同旨、船越・二二八頁。

(b) 弁済額が被担保債権額に満たない場合であっても抵当権は消滅する。代価弁済は抵当権者の請求によって行われるから、このように解しても抵当権者は害されない。

(ロ) 被担保債権は、弁済額の限度で消滅する。弁済額が被担保債権額に満たない場合、残額は抵当権によって担保されない債権として存続する。

(ハ) 第三取得者は、抵当権者に支払った限度で代金(または一時金)債務を免れる。代金額が被担保債権額より大きい場合、抵当権者は第三取得者に対し被担保債権額の限度でしか弁済を請求することができない。この場合、残額が債務者の第三取得者に対する代金債権になる。

三 抵当権消滅請求

(1) 序

(イ) 第三取得者は、民法三八三条の定める手続きに従い抵当権の消滅請求をすることができる[1](三七九条)。抵当権者は、この抵当権消滅請求を阻止したい場合、競売の申立てをしなければならない(三八四条一号参照)。

(1) 抵当権消滅請求については、織田博子「抵当権消滅請求制度」伊藤進先生古稀記念論文集(担保制度の現代的展開)五一頁以下(平成一八年)参照。

(ロ) 前述したように、抵当権消滅請求は滌除という制度を改めたものである(本書四一三頁参照)。滌除は、第三取得者が抵当権者に一定の金額を提供して抵当権を消滅させる制度であるが、抵当権者がこれを阻止したい場合、提供額にその一〇分の一以上の価額をプラスした増価競売の申立てをしなければならず、しかも買受人がいない場合には抵当権者が自ら提供額にその一〇分の一の価額をプラスして抵当不動産を買い受けなければならないとされていた。そのため、滌除は抵当権者の地位を著しく不安定なものとしていたのである。[1]

（1）　滌除については、内田貴・抵当権と利用権（昭和五八年）参照。

(ハ)　そこで、現行の抵当権消滅請求は、増価競売を廃止し、抵当権者が抵当権消滅請求を阻止したい場合には単に競売の申立てをすればよいとして抵当権者の地位の安定をはかったのである。なお、滌除はフランス民法に由来した制度であるが（フランス民法二四七四条以下。本書二五七頁以下参照）、ドイツ民法には規定がなく、スイス民法には規定があるものの、フランス民法よりも抵当権者の地位の安定が配慮されている（スイス民法八二八条以下。本書二六二頁以下参照）。

(2)　請求権者

(イ)　請求権者は、第三取得者である（三七九条）。そして、第三取得者とは、抵当不動産について所有権・地上権・永小作権・第三者に主張できる賃借権（登記をした賃借権（六〇五条）など）をそれぞれ取得した第三者と解してよいであろう。地上権・永小作権・第三者に主張できる賃借権の各取得者は、所有権の取得者と同様に根抵当権の消滅請求権が与えられており（三九八条の二二第一項）、所有権の取得者と同じく抵当権消滅請求をすることができると解される。[1] なお、代価弁済の場合と異なり、地上権・永小作権・第三者に主張できる賃借権の各取得者は、必ずしも一時金を支払ってこれらの権利の設定を受ける必要はないであろう。抵当権消滅請求をするには代価に限らず第三取得者が特に指定した金額の払渡しや供託であっても差し支えないからである（三八三条三号・三八六条）。

（1）　前述したように、第三者に主張できない賃借権の取得者であっても代価弁済をすることができる（本書四一四頁参照）。これは、代価弁済は抵当権者の請求により行われるからである。しかし、抵当権消滅請求は抵当権者の同意なしに行われるから、第三者に主張できる賃借権の取得者のみが抵当権消滅請求をすることができると解すべきである。根抵当権の消滅請求をすることができるのも第三者に主張できる賃借権の取得者とされている（三九八条の二二第一項）。

(ロ)　抵当不動産の停止条件付第三取得者は、その停止条件の成否が未定の間は抵当権消滅請求をすることができない（三八一条）。この場合、第三取得者の権利関係は不確定だからである。譲渡担保権者は、被担保債権が弁済されれば目的物の所有権を取得できない立場にあり、権利関係が不確定であるから、同様に抵当権消滅請求をすることができない[(1)]（最判平七・一一・一〇民集四九巻九号二九五三頁は、滌除について同旨）。第三者が抵当不動産の所有権の取得につき仮登記のみを備えた場合、私見によれば、第三者は本登記を備えなければ所有権を取得できない。[(2)]つまり、本登記を備えることが所有権取得の停止条件になっており、この第三者は抵当権消滅請求をすることができない[(3)]（大決昭四・八・三一新聞三〇四二号一六頁、同決昭八・三・三裁判例（七）民三七頁は、滌除について反対）。

（1）　同旨、道垣内・一六八頁。
（2）　石田（穣）・一三七頁参照。
（3）　道垣内・一六七頁以下参照。

(ハ)　一個の不動産全体に抵当権が設定されていた抵当不動産の持分を取得した第三取得者は抵当権消滅請求をすることができないという見解が有力である[(1)]（最判平九・六・五民集五一巻五号二〇九六頁は、滌除について同旨）。この場合、抵当権消滅請求を認めるとすれば、第三取得者の持分の上の抵当権は消滅し、抵当権設定者の持分の上の抵当権は存続することになるが、これでは抵当不動産の価値を一体として把握していた抵当権者が不当な不利益を受けるおそれがあると考えられているようである。しかし、抵当権者は、右の抵当権消滅請求によって不利益を受ける場合、第三取得者の持分上の抵当権に基づき抵当不動産の競売を申し立てればよく、この競売においては、第三取得者の持分上の抵当権ばかりでなく、債務者の持分上の抵当権も消滅すると解すべきである。ある目的物に複数の抵当権が存在する場合にそのうちの一つの抵当権が競売により消滅すれば他の抵当権も消滅するという消除主義によれば、このように解するのが妥当である（民執一八八条・五九条一項参照）。そして、このように解せば、債務者の持分上の抵当権も実行されたのと同じくなるから、抵当不動産が一体として競売されたのと同じであり、抵当不動産の一体としての価値把握が不当に害されるわけではない。それゆえ、第三取得者は自己の持分上の抵当権につき消滅請求をすることができると解すべきである。

一筆の土地が二筆に分筆された場合、その一方を取得した第三取得者は抵当権消滅請求をすることができないとする見解が有力である(2)。その理由として、抵当不動産の価値を一体として把握していた抵当権者が不当な不利益を受けるおそれがあるからとされる。しかし、抵当権者は、右の抵当権消滅請求によって不利益を受ける場合、他方の筆の土地についても競売の申立てをすることができると解すべきである。このように解せば、債務者は他方の筆の土地につき被担保債権の弁済期が到来していないのに抵当権の実行を受ける場合もあり、不当な不利益を受けるように見える。しかし、債務者は、土地全体を第三者取得者に譲渡した場合には同人の抵当権消滅請求により被担保債権の弁済期が到来していないのに抵当権が実行される場合があることを承認せざるをえないのであり、他方の筆の土地につき被担保債権の弁済期が到来していないのに抵当権の実行を受ける場合があることを受忍すべきであるといえる。それゆえ、一方の筆の土地を取得した第三取得者は抵当権消滅請求をすることができると解すべきである。

複数の土地に共同抵当権が設定されている場合、そのうちの一つの土地を取得した第三取得者はその土地につき抵当権消滅請求をすることができるといってよいであろう(3)。この場合、抵当権者は、複数の不動産の価値を一体として把握したのであれば、他の土地についても競売の申立てをすることができるといってよいであろう。

(1)　道垣内・一六八頁。
(2)　道垣内・一六八頁。
(3)　同旨、道垣内・一六八頁。

㈡　主たる債務者、保証人、および、これらの者の承継人は、抵当権消滅請求をすることができない(三八〇条)。これらの者は、抵当権者に対して債務を負担しており、抵当権を消滅させたいのであれば債務を弁済すべきだからである。もっとも、保証人の保証が被担保債権の一部についての一部保証である場合、抵当不動産を取得した保証人は抵当権消滅請求をすることができると解してよいであろう。この場合、保証人が保証債務を履行しても抵当権は消滅しないからである。

(3)　要　件

(イ)　第三取得者は、抵当権の実行としての競売による差押えの効力が発生する前に抵当権消滅請求をしなければならない（三八二条）。抵当権者は、差押えの効力発生後に抵当権消滅請求が行われても、第三取得者の提供した代価または特に指定した金額を拒否すれば競売手続きが続行されるだけであるから、差押えの効力発生後の抵当権消滅請求により不利益を受けるわけではない。それゆえ、差押えの効力発生後の抵当権消滅請求が認められていないのは、買受申出人などの当該競売手続きに関与する者の不利益を考慮したものであろう。したがって、他の債権者の強制競売による差押えの場合、強制競売手続きに関与する者は抵当権消滅請求により不利益を受けないから、抵当権消滅請求が認められるということになるであろう(1)。この場合、抵当権者は、第三取得者の提供した代価または特に指定した金額を拒否すれば、強制競売手続きにおける配当により被担保債権の弁済を受けることになるであろう。

(1)　結果的に同旨、近江・二〇八頁。

(ロ)　(a)　第三取得者は、抵当権消滅請求をする場合、登記をした各債権者に対し次に掲げる書面を送付しなければならない。ここで登記をした各債権者とは、抵当権者を含むことは当然であるが、他に、抵当権に関する規定が準用される不動産先取特権者（三四一条）と不動産質権者（三六一条）も含まれる。以下、便宜上、債権者を単に抵当権者と表示することにする。

(α)　抵当不動産の取得の原因およびその年月日、譲渡人および取得者の氏名・住所、抵当不動産の性質・所在および代価、その他第三取得者の負担を記載した書面（三八三条一号）　譲渡人には地上権・永小作権・第三者に主張できる賃借権の設定者も含まれる。第三取得者の負担とは、地代、小作料、賃料などである。

(β)　抵当不動産に関する登記事項証明書で現に効力を有する登記事項のすべてを証明したもの（三八三条二号）

(γ)　抵当権者が二か月以内に抵当権を実行して競売の申立てをしない場合には、第三取得者が代価または特に指定した金額を債権の順位に従って弁済しまたは供託すべき旨を記載した書面（三八三条三号）この代価または特に指定した金額は、抵当不動産の価額を反映した適正なものでなければならない。右の代価または特に指定した金額が抵当不動産の価額を反映しない低額の場合、抵当権者が承諾した場合を除き抵当権消滅請求の効力は生じない。それゆえ、抵当権者が承諾しない場合、抵当権者が二か月以内に競売の申立てをしなくても抵当権は消滅しない。

(b)　第三取得者は、右の書面を登記をしたすべての抵当権者に送付しなければならない。一部の抵当権者にのみ右の書面を送付した場合、抵当権消滅請求は効力を生じない。

(ハ)　(a)　(α)　第三取得者は、登記をしたすべての抵当権者が第三取得者の提供した代価または特に指定した金額を承諾した場合、その代価または特に指定した金額を払い渡したり供託しなければならない（三八六条）。

(β)　登記をしたすべての抵当権者が第三取得者の提供した代価または特に指定した金額を承諾した場合、第三取得者は、承諾をしたすべての抵当権者に対し右の代価または特に指定した金額を支払う義務を負担し、抵当権消滅請求を撤回することができなくなる(1)。他方、右の承諾をしたすべての抵当権者は、第三取得者に対し右の代価または特に指定した金額の支払いを求めてもよいが、一定期間を定めて支払いを催告し支払いのないままその期間が経過した場合には抵当権消滅請求権が消滅したものとみなしてもよいと解すべきであろう。

(1)　同旨、道垣内・一六九頁。

(b)　(α)　次に掲げる場合、前記の書面の送付を受けた抵当権者は右の代価または特に指定した金額を承諾したものとみなされる。

(i)　抵当権者が書面の送付を受けた後二か月以内に抵当権を実行して競売の申立てをしない場合（三八四条一号）

(ii)　抵当権者が右の競売の申立てを取り下げた場合（三八四条二号）　競売の申立てをした抵当権者の外にも抵当権者がい

る場合、競売の申立てをした抵当権者は他の抵当権者の同意をえなければ競売の申立てを取り下げることはできないと解すべきである（旧三八六条は、滌除について同様に規定していた）。他の抵当権者は、右の抵当権者が競売を申し立てたため自らの競売の申立てを見送った可能性があるからである。

(iii) 右の競売の申立てを却下する旨の決定が確定した場合（三八四条三号）

(iv) 右の競売の申立てに基づく競売手続きを取り消す旨の決定が確定した場合（三八四条四号） ただし、買受可能価額以上の額の買受けの申出などがないことを理由とする取消しの場合（民執一八八条・六三条三項・六八条の三第三項）や不動産競売の手続きの停止および執行処分の取消しを命じる旨を記載した裁判の謄本が提出されたことを理由とする取消しの場合（民執一八三条二項一項五号）は別である（三八四条四号）。前者の場合、抵当権者に帰責事由がなく、後者の場合、抵当権が存在しないか存在しない可能性があり（後者は第三者異議の訴え（民執一九四条・三八条）の場合である）、右の代価または特に指定した金額を承諾したとはみなされないとされている。

(β) 複数の抵当権者のうち一人が競売の申立てをすれば、他の抵当権者は、自らは競売の申立てをしなくても右の競売手続きに当然に参加することになるから、右の代価または特に指定した金額を承諾したとはみなされない。たとえば、抵当権者がA、Bと二人おりAは競売を申し立てたがBは競売を申し立てなかった場合、Bは右の代価または特に指定した金額を承諾したとはみなされない。しかし、BはAの競売申立てが却下されるなどした場合、右の二か月が経過していれば改めて競売を申し立てることができず、この場合には右の代価または特に指定した金額を承諾したとみなされるのである。なお、前述したように、AはBの同意がない限り競売の申立てを取り下げることはできない（右の(α)(ii)参照）。

(γ) 抵当権者が右の代価または特に指定した金額を承諾したとみなされる場合、抵当権者が実際に承諾した場合と異なり、第三取得者は、これによって右の代価または特に指定した金額の支払義務を負うわけではなく、抵当権消滅請求を撤回することは可能であると解される（本書四二〇頁参照）。

(4)　抵当権者による競売の申立て

(イ)　第三取得者から書面の送付を受けた抵当権者は、抵当権消滅請求を阻止したい場合、競売の申立てをすればよい（三八四条一号参照）。抵当権者は、被担保債権が履行遅滞の状態でなくても競売の申立てをすることができると解される。

(ロ)　抵当権者は、第三取得者から書面の送付を受けた後二か月以内に競売の申立てをしなければならない（三八四条一号参照）。

(ハ)　抵当権者は、競売の申立てを行う場合、右の二か月の期間内に、債務者および抵当不動産の譲渡人にその旨を通知しなければならない（三八五条）。この通知は、債務者や譲渡人に弁済や第三者弁済（四七四条）の機会を与えるためのものであり、抵当権者が右の通知をしないで競売の申立てをした場合、それは不適法として却下される。地上権・永小作権・第三者に主張できる賃借権の各設定者も譲渡人に含まれると解される。

(5)　効　果　第三取得者がすべての抵当権者が承諾した（承諾したとみなされる場合を含む）右の代価または特に指定した金額を払い渡したり供託した場合、抵当権は消滅する（三八六条）。不動産先取特権や不動産質権も消滅する。右の代価または特に指定した金額の払渡しと抵当権などの登記の抹消は、同時履行の関係に立つ。

四　その他

(1)　競　買　権

(a)　第三取得者は、抵当不動産の競売において買受人となることができる（三九〇条）。債務者は買受人となることができないが（民執一八八条・六八条）、これは、債務者は債務を負っており、債務を弁済して抵当不動産の保全をはかるべきだからである。これに対し、第三取得者は債務を負っておらず、買受人となって抵当不動産を保全することが認められているのである。

(b)　第三取得者の中には、抵当不動産の譲受人の外に、地上権・永小作権・賃借権の各取得者も含まれる。賃借権が第三者に主張できるものであるかどうかを問わない。

(2) 費用償還請求権

(a) 第三取得者は、抵当不動産について必要費または有益費を支出した場合、民法一九六条の区別に従い、抵当不動産の代価から他の債権者より先にその償還を受けることができる(1)(三九一条)。

(1) 第三取得者の費用償還請求権については、清水元「民法三九一条について」東北学院大学論集法律学二九号一頁以下(昭和六一年)参照。

(b) これは、第三取得者が必要費や有益費を支出した場合、抵当不動産の代価はその分だけ減価を免れたり増価するから、第三取得者は他の債権者に先立ってその償還を受けるというものである。共益費用の一般先取特権(三〇七条)や不動産保存の先取特権(三二六条)に近い。

(c) 第三取得者は、競売手続きにおいて配当要求をすることができる。この場合、第三取得者は、一般先取特権を有する債権者と同じく、費用償還請求権の存在を証する文書を提出することになるであろう(民執一八八条・五一条一項・一八一条一項参照)。費用償還請求権の存在を証する文書は、たとえば、必要費の領収証などである。

(d) 第三取得者は、競売手続きにおいて配当を受けなかった場合、抵当権者に対し不当利得に基づく利益返還請求権を有する(最判昭四八・七・一二民集二七巻七号七六三頁)。

(e) 第三取得者には、抵当不動産の譲受人の外に、地上権・永小作権・賃借権の各取得者も含まれる。賃借権が第三者に主張できるものであるかどうかを問わない。

第五節　抵当権と賃借権

一　序

(1)　抵当権設定者は、抵当不動産を占有し、それを使用収益することができる。そこで、抵当権設定者は、当然、抵当不動産を他に賃貸することができる。しかし、この賃借権は抵当権に劣後し抵当権が実行されれば終了する運命にある。ここから、二つの問題が生じる。第一は、賃貸マンションのように、抵当不動産に賃借権が設定されても必ずしも抵当不動産の価値が下がらない場合、抵当権者が同意すれば抵当権が実行されても賃借権は終了しないとする必要はないかということである。第二は、抵当権の実行により立退きを余儀なくされる賃借人のために競落後一定の期間目的物の使用の継続を認める必要はないかということである。以上の二つの点につき民法は特別な規定をしている。

(2)　右の第一につき、登記をした賃借権は、その登記前に登記をしたすべての抵当権者が同意をし、かつ、その同意の登記があれば、抵当権に優先する、すなわち、抵当権の実行によって終了しないとされている(三八七条一項)。第二については、建物の賃借人は買受人による買受けの時から六か月間は買受人に建物を引き渡す必要がないとされている(三九五条一項)。これは、後述するように、従前の賃貸借の期間の延長であると解される(本書四二九頁以下参照)。

(3)　以前は、抵当権に後れて登記をした賃借権であっても短期賃貸借(六〇二条)であれば抵当権に優先する、すなわち、抵当権の実行によって終了しないとされていた(旧三九五条)。これは、賃借人を保護するため短期賃貸借に限って抵当権に後れて登記をしても抵当権に優先するとするものであったが、抵当権の実行を妨害するために利用されることが少なくなく、平成一五年の民法改正において廃止された。

二　抵当権者が抵当権に優先することに同意をした賃借権

(1)　序

(イ)　登記をした賃借権は、その登記前に登記をしたすべての抵当権者が同意をし、かつ、その同意の登記がある場合、抵当権に優先する[(1)]（三八七条一項）。

（1）　この問題については、青木則幸「収益型不動産担保権の実行における賃貸借の処遇と事前合意――アメリカ法におけるSNDA合意からの示唆――」早法八一巻二号四九頁以下、四号一九九頁以下（平成一八年―）参照。

(ロ)　抵当権に後れて登記をした賃借権は、本来、抵当権に劣後し、抵当権が実行されれば終了する。しかし、賃貸マンションの場合のように、抵当権設定後に賃借権が設定されても必ずしも抵当不動産の価値は下がらず、むしろ抵当権者にとって好ましい場合もある。そこで、抵当権者の同意を要件として、抵当権に後れて登記をした賃借権であっても抵当権に優先する道が開かれたのである。

(2)　要　件

(イ)　登記をした賃借権であること

(a)　登記は本来抵当権に劣後する賃借権が抵当権に優先するための効力要件であり、登記がない限り賃借権は抵当権に優先せず買受人に引き継がれない。買受人が賃借権の存在を知っていた場合であっても同じである。このように、登記は賃借権が抵当権に優先するための要件であり、登記がなくても賃貸人と賃借人の間で賃貸借の効力が生じるのはもちろんである。登記された賃借権であれば、賃借権の種類は問わない。それゆえ、短期賃貸借であるか否か、土地の賃借権であるか建物の賃借権であるかなどは問題にならない。

(b)　登記事項は、賃料や存続期間、賃借権の譲渡・転貸を許す旨の定め、敷金についての定めなどである（不登八一条）。

(c) 借地権につき借地上の建物の登記が公示方法とされたり（借地借家一〇条一項）、借家権や農地の賃借権につき借家や農地の占有が公示方法とされたりしているが（借地借家三一条一項、農地法一八条）、これらの公示方法は賃借権の内容を十分に公示するものではなく、買受人にこれらの賃借権を引き継がせるのは妥当でないから、ここでいう賃借権の登記には該当しないとされる。しかし、これらの賃借権の付着している不動産の売買においては、賃借権の内容が十分に公示されていないにもかかわらず、賃借権は買主に引き継がれるとされているのである。そして、民法三八七条一項において賃借権が抵当権に優先することは抵当権者の同意の登記によって明確にされている（抵当権者の同意の登記は、抵当権の登記の付記登記によって行われると解すべきである）。それゆえ、抵当権者の同意の登記がある限り、右の公示方法による賃借権も登記をした賃借権に準じて扱われると解するのが妥当であろう。この場合、買受人は、買受けに際し賃貸人と賃借人に照会して賃借権の内容を調査すべきである。

(ロ) すべての抵当権者が同意をし、かつ、その同意の登記があること　同意およびその登記は賃借権が抵当権に優先するための効力要件であり、同意およびその登記のいずれか一方を欠けば賃借権は抵当権に優先しない。同意およびその登記はすべての抵当権者によって行われなければならず、一部の抵当権者が同意およびその登記をしても賃借権は抵当権に優先しない。

(ハ) 抵当権者の同意によって不利益を受けるべき者の承諾　抵当権者が同意をするには、その同意によって不利益を受けるべき者の承諾をえなければならない（三八七条二項）。不利益を受けるべき者とは、たとえば、転抵当権者や被担保債権の質権者、被担保債権の差押債権者（本書四七一頁以下参照）がこれである。抵当権者がこれらの者の承諾をえないで同意をしても、その同意は無効であり、賃借権は抵当権に優先しない。

(3) 効　果

(イ) 賃借権は、抵当権に優先するものとなり、抵当権の実行によって終了せず買受人に引き継がれる。

(ロ) (a) (α) 登記された事項が買受人に引き継がれることに問題はない。

(β)（i）問題は、登記事項であるのに登記がされなかった場合である。この場合、賃借人はそれを第三者に主張することができず、買受人に引き継がれないと解すべきである。

（ii）もっとも、登記事項が登記されなかった場合であっても、すべての抵当権者がその事項を知って同意をし、買受人もその事項を知って買い受けた場合、抵当権設定者（賃貸人）において買受人による右の事項を伴わない賃貸人たる地位の取得により賃借人が害されるのを知っていれば、賃借人は買受人に対し右の事項を主張することができると解してよいであろう(1)。たとえば、賃借権の譲渡・転貸を許す旨の定めがある場合（不登八一条三号参照）、すべての抵当権者がこれを知って同意をし、買受人もこれを知って買い受けた場合、抵当権設定者（賃貸人）において買受人による右の定めのない賃貸人たる地位の取得により賃借人が害されるのを知っていれば（抵当権設定者は、ほとんどの場合に知っている）、賃借人は買受人に対し右の定めを主張することができる。

（1）石田（穣）・二二七頁参照。

(γ) 非登記事項は、買受人に引き継がれないと解される。非登記事項は、登記がされず、しかも賃借権についての付随的事項が多いのであるから、買受人には引き継がれずに買受人と賃借人の間で改めて合意されるべき事項であると解するのが妥当である。

(b) 登記された事項が変更された場合、変更登記をしなければならないが、そのためには登記上利害関係を有する第三者の承諾が必要である（不登六六条）。賃借権が抵当権に優先するための同意の登記をした抵当権者は、この登記上利害関係を有する第三者に該当する。それゆえ、賃借人は賃借権の内容を変更しその登記をする場合、すべての抵当権者の承諾をえなければならない(1)。そして、ここでの抵当権者の承諾は、賃借権が抵当権に優先するための抵当権者の同意に相当するものであり（右の(2)(ロ)参照）、変更登記は変更された賃借権の内容が抵当権に優先するための効力要件であると解すべきである。それゆえ、変更登記がされない場合、変更前の賃借権の内容が買受人に引き継がれる。なお、抵当権者は、この承諾をする場合、転抵当権者など不利益を受けるべき者の承諾をえなければならないと解される（三八七条二項参照）。

(c)　借地上の建物の登記などが公示方法になる場合、賃借権が登記された場合の登記事項が買受人に引き継がれると解してよいであろう。この場合、賃借人は賃借権の内容を公示することができないのであるから、このように解するのが妥当であろう。そして、このように解しても、買受人は買受けに際し調査によりこれらの事項を知ることができるから不当に害されない。賃借権が登記された場合の非登記事項は、買受人に引き継がれず、買受人と賃借人の合意により改めて定められる。

賃借人は、賃借権が登記された場合の登記事項について、賃借権が抵当権に優先することに同意をした抵当権者の承諾がない限りこれを変更することはできない。抵当権者は、この承諾をする場合、転抵当権者など不利益を受けるべき者の承諾をえなければならない。

(1)　近江・二〇三頁参照。

三　六か月の賃貸借延長期間

(1)　序

(イ)　抵当権者に劣後する建物の賃借人（以下、抵当建物使用者という）は、一定の要件のもとに買受人による買受けの時から六か月が経過するまで建物を買受人に引き渡す必要がない（三九五条一項）。

(ロ)　これは、抵当建物使用者に六か月の賃貸借の期間延長を認めることによって、抵当建物使用者がその間に新たな住居を探し出すことを可能にし、もって抵当建物使用者の保護をはかったのである。

(2)　要　件

(イ)　建物の賃借人であること　賃貸借の期間延長が認められるのは建物の賃借人である。土地の賃借人には認められない。抵当土地を賃借してそこを生活の本拠とすることはあまり考えられず、土地の賃借人に賃貸借の期間延長を認める必要性に乏しいからである。

(ロ) 抵当建物使用者が競売手続きの開始前から建物の使用収益をしているか(三九五条一項一号)、抵当建物使用者が強制管理または担保不動産収益執行の管理人において競売手続きの開始後にした賃貸借に基づき建物の使用収益をしていること(三九五条一項二号) 抵当建物使用者が競売手続きの開始後に建物の使用収益を始めた場合、抵当権の実行を妨害するために行われることが多く、賃貸借の期間延長は認められない。もっとも、この場合であっても、抵当建物使用者による建物の使用収益が強制管理または担保不動産収益執行の管理人のした賃貸借に基づく場合には、抵当権の実行を妨害するものでないから賃貸借の期間延長が認められる。

(3) 効　果

(イ) (a) 従前の賃貸借が六か月間延長される。一般に、従前の賃貸借は買受人による抵当建物の買受けによって終了し、六か月の期間は単なる引渡しの猶予期間であるとされている。

(b) しかし、六か月の期間は賃貸借の延長期間と解した方が当事者の関係を妥当に処理することができると思われる[1]。たとえば、六か月の期間を賃貸借の延長期間と解せば、敷金は買受人に引き継がれることになり(買受人は、買受けの時における不払賃料などを差し引いた額の敷金を引き継ぐことになる。この場合、売却代金は買受人が敷金を引き継ぐことを前提にして定められる)、抵当建物使用者の対価の不払いの場合に買受人にとり好都合であるし(敷金を不払対価に充当できる)、また、抵当建物使用者にとっても好都合である(敷金の返還を前賃貸人に請求するのは同人が所在不明のような場合に抵当建物使用者が害される)。さらに、民法三九五条二項に規定する建物使用の対価の支払いとは一般に不当利得の返還と解されているが、しかし、建物使用は民法三九五条一項という法律上の原因により認められているのであり、これを法律上の原因のない不当利得というのは妥当でなく、賃料という方が妥当である。

以上により、六か月の期間は賃貸借の延長期間と解するのが妥当である。民法三九五条も、このような解釈を明確に否定しているわけではない。民事執行法五九条二項は、抵当権が実行された場合にはそれに劣後する権利は消滅する旨の消除主義を定めているが、民法三九五条はその例外規定であると解される。

(1)　鈴木・二六一頁以下は、六か月の期間は賃借人の使用継続関係に準じた一種の契約関係とするが、敷金が買受人に承継されることには消極的なようである。

(ロ)　六か月の期間は、買受人の買受けの時から起算される。買受けの時とは、買受人が代金を納付した時である（民執一八八条・七九条）。

(ハ)　買受人は、賃貸人として目的物の修繕義務（六〇六条）などを負担し、また、前述したように、前賃貸人から敷金を承継しこれを抵当建物使用者に返還する義務を負う。

(ニ)　(a)　抵当建物使用者は、買受人に対し賃料を支払う義務を負う。民法三九五条二項のいう対価とは賃料のことである。一般に、この対価の支払いとは不当利得の返還であると解されている。すなわち、建物の賃貸借は買受人の買受けにより終了し、六か月の期間中の建物の使用は法律上の原因のない利得であるとされている。しかし、抵当建物使用者は民法三九五条一項に基づき建物を使用することができるのであり、法律上の原因を有している。六か月の期間は賃貸借の延長された期間であり、対価とは賃料を指すと解するのが妥当である。

(b)　買受人が抵当建物使用者に対し相当の期間を定めて使用の対価の一か月分以上の支払いを催告し、その期間内に履行がない場合、民法三九五条一項は適用されない（三九五条二項）。これは、買受人が相当の期間を定めて一か月分以上の賃料の支払いを催告し、その期間内に履行がなければ、賃貸借は買受人による解除を待たずに当然に終了するという趣旨であると解される。抵当建物使用者に六か月の賃貸借の期間延長という特例を認めることの反面、賃料の不払いに対しては通常の場合よりも厳しい対応がとられるのである。

(c)　抵当建物使用者は買受人の承諾なく賃借権の譲渡や建物の転貸をすることができないのはもちろんであり（六一二条

一項）、抵当建物使用者がこれに反して第三者に建物の使用または収益をさせた場合、買受人は賃貸借を解除することができる（六一二条二項）。抵当建物使用者が前賃貸人の承諾なく賃借権の譲渡や建物の転貸をして第三者に建物の使用または収益をさせ、これが賃貸借の期間延長後にも継続していた場合、買受人は賃貸借を解除することができると解してよいであろう。

(ホ) 買受人は、一般に、執行裁判所に対し、不動産の占有者に対する不動産の引渡命令の申立てをすることができる（民執一八八条・八三条一項本文）。しかし、抵当建物使用者に関しては、買受人は、賃貸借の延長期間中は引渡命令の申立てをすることができない（民執一八八条・八三条一項但書）。買受人は、賃貸借の延長期間が終了すれば引渡命令の申立てをすることができるが、代金納付の日から九か月が経過すればこれを行うことができない（民執一八八条・八三条二項）。結局、買受人は賃貸借の延長期間が終了した日から三か月以内に引渡命令の申立てをしなければならない。

第六節　抵当権の処分

一　序

(1) 序　抵当権の処分(1)とは、抵当権者が抵当権に担保権を設定したり、抵当権を他に譲渡したり、抵当権を放棄したりすることなどをいう。抵当権者が抵当権の処分をすることができることに問題はない。

（1）　抵当権の処分については、鈴木禄弥「抵当権の処分について」抵当制度の研究二一一頁以下（昭和四三年）、甲斐道太郎「抵当権の処分の内容とその効力—民法三七五条、三七六条の内容—」担保法大系1七二二頁以下（昭和五九年）、旗田庸「抵当権の処分と金融実務」同書七五三頁以下、谷山忠也「抵当権・根抵当権の処分と登記」担保法大系2二七〇頁以下（昭和六〇年）、清水誠「抵当権の処分考」鈴木禄弥先生古稀記念（民事法学の新展開）三一一頁以下（平成五年）参照。

(2)　抵当権の処分

(イ)　民法三七六条一項は、抵当権の処分として五つの態様を規定している。第一は、「抵当権を他の債権の担保と」することである。すなわち、転抵当がこれである。第二は、「他の債権者の利益のためにその抵当権……を譲渡」することである。すなわち、抵当権の譲渡がこれである。第三は、「他の債権者の利益のために……その順位を譲渡」することである。すなわち、抵当権の順位の譲渡がこれである。第四は、「他の債権者の利益のためにその抵当権……を……放棄すること」である。すなわち、抵当権の放棄（抵当権の相対的放棄）がこれである。第五は、「他の債権者の利益のために……その順位を……放棄すること」である。すなわち、抵当権の順位の放棄がこれである。

(ロ)　抵当権の処分としては、右の五つの外にもいくつかのものがある。第一は、被担保債権の譲渡である。この場合、抵当権の随伴性により抵当権も譲渡される。第二は、被担保債権の質入れである。この場合、被担保債権が質入れされれば、抵当権の随伴性により抵当権も質入れされる。第三は、抵当権の消滅をもたらす抵当権の放棄（以下、抵当権の絶対的放棄という）である。前述の抵当権の放棄（抵当権の相対的放棄）は、抵当権者から抵当権を伴わない債権者に対して行われ、両者が同順位の抵当権者になり抵当権そのものは消滅しないが、抵当権の絶対的放棄は、抵当権そのものの消滅をもたらす（本書四六三頁参照）。

二　転抵当

(1)　序

(イ)　転抵当の意義　転抵当とは、抵当権を他の債権の担保とすることである（三七六条一項）。この場合、以下に述べるように、抵当権は被担保債権から切り離され他の債権の担保とされる。たとえば、AがBに対し一、〇〇〇万円の債権とこれを被担保債権とする抵当権を有し、この抵当権の上に担保権を設定してA′から五〇〇万円を借りるというのがこれである。この場合、AのBに対する抵当権が原抵当権、A′のAに対する担保権が転抵当権である。転抵当権は、抵当権の上に設定される担保権であり、権利の上に設定される質権（三六二条一項）であると考えられる。

(ロ)　転抵当の法的性質

(a)　学　説

(α)　転抵当の法的性質については、転質の場合と同様に争いがある。なお、以下の説明については転質の法的性質に関する本書一八九頁以下も参照されたい。

第一は、転抵当は原抵当権の目的物の上に再度抵当権を設定することであると解する見解である。(1) この見解によれば、原抵当権の被担保債権の上には担保権は設定されないが、原抵当権の債務者への転抵当権設定の通知や同人によるその承諾（三七七条）が行われれば、転抵当権は原抵当権の被担保債権を間接的に拘束し、原抵当権の債務者は原抵当権者に原抵当権の被担保債権を弁済してもこれを転抵当権者に対し主張することができず、また、転抵当権者は原抵当権の債務者が原抵当権の被担保債権の弁済金を供託すれば原抵当権者が取得する供託金還付請求権の上に優先弁済受領権を取得するとされる。

第二は、転抵当は原抵当権の上に担保権を設定することであると解する見解である。(2) 転抵当権設定の通知・承諾や原抵当権の債務者による供託についての法律関係は、第一の見解と同じである。

第三は、転抵当は原抵当権とその被担保債権の上に共同して質権を設定することであると解する見解である(3)（共同質入説）。この見解によれば、転抵当設定の通知・承諾は原抵当権の被担保債権の上に質権を設定する旨の通知・承諾であるとされる（三六四条）。

（1）　我妻・三九〇頁、山川・一八九頁、川井・三九三頁。
（2）　船越・二三八頁、内田・四五三頁、道垣内・一八八頁、松尾＝古積・三七四頁、安永・三二一頁。
（3）　柚木＝高木・二九四頁、近江・二一一頁以下。

(β)　いずれの見解によっても結論に大きな差が出るわけではない。しかし、第一と第二の見解によれば、転抵当権者は原抵当権の被担保債権を直接に取り立てることはできないが、第三の見解によれば、転抵当権者は原抵当権の被担保債権も質に取っておりこれを直接に取り立てることができる（三六六条一項）。

(b)　検　討

(α)　まず、原抵当権の目的物の上に抵当権を再度設定するという第一の見解について検討する。

第一に、第一の見解は、原抵当権の債務者は原抵当権の被担保債権の弁済金を供託することができるとする。そして、右の弁済金が供託された場合、原抵当権は消滅し再度設定された抵当権も消滅するが、転抵当権者は原抵当権の供託金還付請求権の上に優先弁済受領権を取得するとする（三六六条三項参照）。しかし、供託金還付請求権は、原抵当権の被担保債権が形を変えたものであり、原抵当権の被担保債権と同一性を有する。すなわち、供託により、原抵当権の被担保債権は消滅し、その代わりに同じ内容の供託金還付請求権が発生するのである。それゆえ、供託金還付請求権の上の担保権と原抵当権の被担保債権の上の担保権は実質上同じものである。たとえば、債権質権の場合、第三債務者が弁済金を供託すれば、質権者は債務者の第三債務者に対する債権上の質権の代わりに債務者の供託金還付請求権上の質権を取得するのである（三六六条三項）。あるいは、仮登記担保権において、清算金請求権の差押えや仮差押えは、清算金が供託された場合の供託金還付請求権の差押えや仮差押えとみなされるのである（仮登記担保七条二項）。したがって、第一の見解が原抵当権の被担保債権の上に担保権が設定されないとしつつ供託金還付請求権の上に担保権（優先弁済受領権）が設定されるというのは矛盾しているといわざるをえない。供託金還付請求権の上に担保権が設定されるというのであれば、原抵当権の被担保債権の上にも担保権が設定されるといわなければ一貫しない。

第二に、第一の見解によれば、原抵当権の目的物の上に抵当権（転抵当権）が再度設定されることになり、原抵当権の債務者（原抵当権の設定者）が転抵当権の設定者になりそうである。そして、原抵当権の債務者は転抵当権の被担保債権につき原抵当権の被担保債権の範囲で物上保証をするということになりそうである。すなわち、転抵当においては、原抵当権者は原抵当権の債務者を代理して（あるいは、授権）このような物上保証をする権限を有するということになりそうである。しかし、転抵当においては、原抵当権者が原抵当権を他の債権の担保に供するとされており（三七六条一項）、これを原抵当権の目的物への抵当権の設定（物上保証）と解するのは困難である。また、転抵当においては、その公示方法は原抵当権の登記の付記登記とされており（三七六条二項）、原抵当権の目的物への抵当権の公示をこの付記登記によって行うのも困難である。

第三に、第一の見解によれば、転抵当権は、原抵当権の目的物の上に設定され原抵当権の上には設定されないから、原抵当権の消滅によって消滅せず、原抵当権の被担保債権を拘束する必要もないはずである。しかし、第一の見解は、原抵当権が消滅すれば転抵当権も消滅するとしている。それゆえ、原抵当権の目的物の上に設定される転抵当権には原抵当権が消滅すれば消滅するという条件がついていると考えられる。これは、実質的にみて原抵当権の上に設定された担保権というべきである。原抵当権の上に設定された担保権であれば、原抵当権が消滅すれば消滅するからである。

第四に、第一の見解によれば、転抵当権設定の通知・承諾は原抵当権の被担保債権の上に質権を設定する旨の通知・承諾に外ならないというべきである。転抵当権設定の通知・承諾は、債権質権設定の通知・承諾と同じ形式で行われる（三七七条一項・三六四条）。そして、第一の見解は、原抵当権者の供託金還付請求権の上に転抵当権者による担保権の取得を認める。そうだとすれば、転抵当権設定の通知・承諾は原抵当権の被担保債権の上に質権を設定する旨の通知・承諾であるのと変わりがないというべきである。

(β) 次に、原抵当権の上に担保権が設定されるとする第二の見解についてであるが、第一の見解について述べたように、原抵当権の被担保債権の上に担保権は設定されないとしつつ、転抵当権者は原抵当権の債務者の供託により原抵当権者が取得する供託金還付請求権の上に担保権を取得するとすることに疑問があるし(1)、また、第二の見解によれば、転抵当権設定の通知・承諾は原抵当権の被担保債権の上に質権を設定する旨の通知・承諾に外ならないというべきである。

(1)　道垣内・一九二頁は、供託金還付請求権は原抵当権の消滅の対価であり、転抵当権の効力は物上代位の趣旨により供託金還付請求権に及ぶとする。しかし、本文で述べたように、供託金還付請求権は原抵当権の消滅の対価ではなく、原抵当権の被担保債権の消滅の対価である。

(γ)　次に、原抵当権とその被担保債権の上に共同して質権が設定されるとする第三の見解(共同質入説)について検討する。

第一に、第三の見解は、転抵当は原抵当権の上の質権設定と原抵当権の被担保債権の上の質権設定の両者が行われた場合に効力を生じるとするものであるといえよう。それゆえ、第三の見解によれば、原抵当権の上に質権が設定されたが原抵当権の被担保債権の上に質権が設定されなかった場合、原抵当権の上の質権は効力を生じないということになるであろう。しかし、原抵当権の上の質権は原抵当権の被担保債権の上に質権が設定されなかった場合に効力を生じないとする必要はない。原抵当権の被担保債権の上に質権が設定されない場合、転抵当権者は、原抵当権の債務者から原抵当権の被担保債権を直接に取り立てることはできないし(三六六条一項参照)、また、原抵当権の債務者が弁済金を供託した場合に原抵当権者が取得する供託金還付請求権の上に質権を取得することもできない(三六六条三項参照)。しかし、転抵当権者は原抵当権の上の質権を行使し優先弁済を受けることができる。転抵当権者が原抵当権の被担保債権の上に質権の設定を受けなければ、原抵当権の債務者による原抵当権の被担保債権の弁済により原抵当権、したがって、またその上の転抵当権が消滅するとしても、原抵当権の債務者による弁済がない限り、転抵当権者は原抵当権の上の質権を行使し優先弁済を受けることができることに変わりはない。転抵当権者が原抵当権の上の質権の取得のみでよいという場合に、これを認めず、そのような質権の効力は生じないとする必要は全くない。根抵当権においては、元本の確定前に根抵当権を被担保債権から切り離しそれに担保権を設定することができる（三九八条の一一第一項但書）。この場合、弁済により元本として確定する被担保債権が存在しなければ根抵当権（確定根抵当権）も存在せず、したがって、その上の担保権も存在しない（三九八条の一一第二項参照）。しかし、それにもかかわらず根抵当権の上の担保権設定が認められているのである。

第二に、第三の見解によれば、転抵当権者がまず転抵当権の付記登記をし、その後に原抵当権の被担保債権の上に質権の設定を受けた場合、転抵当は原抵当権の被担保債権の上に質権が設定された時に成立するということになるであろう。しかし、これでは、転抵当権の順位は付記登記の前後によるとする民法三七六条二項と調和しないように思われるが、この点の説明はされていない。

(c)　私　見　以上の検討を踏まえ、私見としては次のように考える。

第一に、転抵当は、「抵当権を他の債権の担保と」することであり（三七六条一項）、抵当権をその被担保債権から切り離してその上に担保権（質権）を設定することである。原抵当権の上の質権、すなわち、転抵当権は、原抵当権の被担保債権とは独立に成立する。それゆえ、転抵当権者は、原抵当権の被担保債権に質権の設定を受けなくても転抵当権を取得する。転抵当権者は、転抵当権に基づき原抵当権を行使し優先弁済を受けることができる。

第二に、転抵当権は原抵当権の被担保債権とは独立に成立するから、原抵当権の被担保債権には何らの効力も及ぼさない。転抵当権は、間接的にも原抵当権の被担保債権を拘束しない。それゆえ、原抵当権の債務者は原抵当権者に対し原抵当権の被担保債権を自由に弁済することができる。この場合、原抵当権は消滅し、転抵当権も消滅する(1)。

第三に、転抵当権の設定につき原抵当権の債務者に対する通知や同人による承諾が行われた場合、原抵当権の被担保債権の上に質権が設定される。それゆえ、この場合、原抵当権の債務者が原抵当権の被担保債権を弁済しても、転抵当権者がこれを無視して原抵当権を行使することができるのは当然である（三七七条二項）。しかし、転抵当権は原抵当権の上に質権が設定されれば成立するから、転抵当権設定の通知・承諾、すなわち、債権質権設定の通知・承諾は転抵当権成立の要件ではない。もちろん、転抵当権設定の通知・承諾があれば、転抵当権者の立場は格段に強化される。

第四に、転抵当権設定の通知・承諾により、原抵当権の債務者は原抵当権の被担保債権の弁済をすることができなくなる。しかし、原抵当権の債務者は、本来、原抵当権の被担保債権を弁済してそれから解放されるという利益を有していたのであり、供託をすることにより原抵当権の被担保債権から解放されることは否定されない。原抵当権の債務者が原抵当権の被担保債権につき供託をした場合、原抵当権は消滅し、転抵当権も消滅する。この場合、原抵当権者は供託金還付請求権を取得し、転抵当権者はこの供託金還付請求権の上に質権を取得する（三六六条三項後段参照）。

第五に、転抵当権者は、転抵当権設定の通知・承諾が行われた場合、つまり、原抵当権の被担保債権の上に質権が設定された場合、原抵当権の被担保債権を直接に取り立てたり、原抵当権者の供託金還付請求権の上に質権を取得することができる。転抵当権者は原抵当権の被担保債権の上に質権の設定を受ける場合が多いであろうが、これは転抵当権の要件ではなく、転抵当権はこの質権の設定を受けなくても成立する。

第六に、転抵当権と原抵当権の被担保債権上の質権は別個に成立し、別個の優先順位を有する。転抵当権の優先順位は付記登記の前後により、右の債権質権の優先順位は確定日付ある証書による通知の到達時・承諾時の前後による（本書二四三頁参照）。転抵当権者が原抵当権の被担保債権につき債権質権を取得した場合、担保権の付従性により転抵当権者は原抵当権の上に質権を取得するが、この質権は転抵当権に吸収されると考えられる。第一順位の転抵当権者が第二順位の債権質権者の場合、転抵当権者と第一順位の債権質権者の間においては先に自己の権利を実行した方が優先する（第一順位の債権質権者が第二順位の転抵当権者の場合（第一順位の債権質権の設定時に第一順位の転抵当権の登記がされていた場合など）も同じ）。

（1）　フランスにおいては、抵当権の譲渡などの抵当権の処分の場合、債務者が譲渡人に被担保債権を弁済すれば抵当権は消滅するとされている。そのため、譲受人が抵当権の譲受けの際に譲渡人の被担保債権の上に質権を取得することが行われている。質権が設定されれば、債務者が譲渡人に被担保債権を弁済することは禁止される（以上につき、Mazeaud-Chabas, n° 614. 本書四五九頁注（1）参照）。フランスの転抵当については、香山高広「近代フランス民事法典における転抵当の処遇」法政研究七五巻三号一頁以下、四号三一頁以下（平成二〇年―二一年）参照。

(2) 転抵当権の要件

(イ) 転抵当権の要件

(a) 転抵当権の要件は、転抵当権設定契約と転抵当権の登記である。前に述べたように、原抵当権の債務者への転抵当権設定の通知や同人によるその承諾は転抵当権の要件としては不要である（本書四三七頁以下参照）。

(b) 転抵当権設定契約は、抵当権設定契約の場合と同じく、諾成契約であって要物契約ではない（本書二七九頁参照）。しかし、転抵当権が効力を生じる（転抵当権が成立する）ためには転抵当権の登記が必要である。一般に、登記は転抵当権の対抗要件であるとされているが、抵当権の場合と同じように転抵当権の効力要件であると解するのが妥当である（本書二八〇頁参照）。

(ロ) 登　記

(a) 登記は、付記登記による（三七六条二項参照）。転抵当権の被担保債権額や利息に関する定めなども付記登記の対象になる（不登九〇条・八三条・八八条）。

(b) 抵当権者が数人のために転抵当権を設定した場合、その順位は付記登記の前後による（三七六条二項）。

(ハ) 転抵当権設定の通知・承諾

(a) 転抵当権を設定した場合、民法四六七条の債権譲渡の規定に従い、原抵当権者が原抵当権の債務者に対し転抵当権の設定を通知するか、その債務者による転抵当権の設定の承諾が行われる（三七七条一項）。これは、前に述べたように、原抵当権の被担保債権の上に質権を設定する旨の通知・承諾であるが、転抵当権の要件ではない（本書四三七頁以下参照）。しかし、以下に述べるように、転抵当権設定の通知・承諾が行われると、転抵当権者の立場は格段に強化される。なお、民法三七七条は「主たる債務者」という文言を用いているが、要するに「債務者」という趣旨である。

(b)　転抵当権設定の通知・承諾が行われた場合、原抵当権の債務者が転抵当権者の承諾なしに原抵当権の被担保債権を原抵当権者に弁済してもこれを転抵当権者に対して主張することはできない（三七七条二項）。転抵当権者は、原抵当権の債務者が原抵当権者に弁済しても、原抵当権が存在するものとして転抵当権に基づき原抵当権を行使することができる。

原抵当権の債務者は、弁済に限らず、転抵当権者を害する一切の行為をすることができず、たとえば、原抵当権の被担保債権に関し相殺（転抵当権設定の通知・承諾後に取得した債権による相殺（五一一条参照））や更改なども行うことはできない。このことは原抵当権者にとっても同じであり、たとえば、原抵当権の被担保債権に関し免除、相殺、更改などを行うことはできない。

(c)　転抵当権設定の通知・承諾が行われた場合、原抵当権の債務者の外にも、その保証人、抵当権設定者（物上保証人）、および、これらの承継人（債務者の承継人を含む）は、転抵当権者を害する一切の行為をすることができない（三七七条一項参照）。保証人や物上保証人、および、これらの承継人（債務者の承継人を含む）は、債務者に照会すれば転抵当権設定の通知・承諾が行われたことを知ることができるからである。そこで、たとえば、保証人が保証債務を履行しても、転抵当権者は、原抵当権が存在するものとして、転抵当権に基づき原抵当権を行使することができる。

(d)　一般に、転抵当権設定の通知・承諾は確定日付ある証書による必要はないとされている。確定日付ある証書によるとすれば、それは転抵当権設定の通知・承諾の日付を遡らせて第三者を害するのを防止するためであるが、転抵当権の優先順位は付記登記によるから第三者が害される余地はないとされる。

しかし、転抵当権と転抵当権設定の通知・承諾による債権質権は別個のものであり、それぞれ別個の優先順位を有する。すなわち、転抵当権の優先順位は付記登記の前後により、債権質権の優先順位は転抵当権設定の通知の到達時・承諾時の前後による。そして、私見によれば、債権質権は確定日付ある証書により設定されなければならないから、その優先順位は、確定日付ある証書による通知の到達時・承諾時の前後によるということになる（本書四三八頁参照）。

なお、転抵当権者が第一順位の付記登記をしても、質権設定では第二順位であった場合、まず第一順位の質権が実行されて原抵当権の被担保債権が消滅すれば、原抵当権と転抵当権は消滅し、転抵当権者は転抵当権を実行することができなくなる。右のケースで、まず、転抵当権に基づき原抵当権が実行されて原抵当権の被担保債権が消滅すれば、第一順位の債権質権は消滅し、第一順位の質権者は債権質権を実行することができなくなる。右の場合、結局、先に担保権を実行した方が勝つということになるであろう（本書四三八頁参照）。

(二) その他

(a) 転抵当権の被担保債権額が原抵当権の被担保債権額より大きい場合であっても、転抵当権は成立する（昭三〇・一〇・六民事甲第二〇一六号民事局長通達・先例集追Ⅰ四七七頁）。この場合、転抵当権は、転質の場合と同じく、原抵当権の被担保債権額の範囲で成立する（本書一九六頁以下参照）。

(b) 転抵当権の被担保債権の弁済期が原抵当権の被担保債権の弁済期よりも後の場合であっても、転抵当権は成立する。転抵当権者は、転抵当権の被担保債権の弁済期が到来すれば転抵当権に基づき原抵当権を行使することができる。

(c) 転抵当は、通常、AがBに対して抵当権を有する場合に、A′がAに対して有する債権を被担保債権としてこの抵当権の上に転抵当権を設定するというものである。それでは、AがBに対して抵当権を有する場合に、CがDに対して有する債権を被担保債権として右の抵当権の上に転抵当権を設定することは可能であろうか。これは、AがBに対して有する抵当権をCのDに対する債権のために物上保証に供するということであり、可能であるというべきである。この場合、AのBに対する抵当権の上にはCのために転抵当権が設定される(1)。

(1) 我妻・三九二頁参照。

(3) 転抵当権の効果

(イ)　転抵当権の実行

(a)　転抵当権の実行は、転抵当権の被担保債権と原抵当権の被担保債権の弁済期がともに到来した時に行われる。

(b)　転抵当権の実行は、転抵当権に基づき原抵当権を行使すること、つまり、原抵当権の目的物を競売し他に優先して配当を受けることによって行われる。

(c)　転抵当権者は、転抵当権の被担保債権が満足されるまで（転抵当権の被担保債権額が原抵当権の被担保債権額より大きい場合には原抵当権の被担保債権額を限度とする）転抵当権を実行することができる。

(ロ)　原抵当権者の地位

(a)　原抵当権者は、原抵当権の被担保債権の弁済を受けたり、原抵当権の目的物を競売することができるであろうか。

(b)　判例は、原抵当権者は、原抵当権の被担保債権額が転抵当権の被担保債権額より大きい場合、その差額の弁済を受けるために目的物の競売をすることができるとする（大決昭七・八・二九民集一一巻一七二九頁、同決昭一二・一二・二八新聞四二三七号一一頁）。

(c)　(α)　(i)　原抵当権者は、転抵当権設定の通知・承諾がない場合、すなわち、原抵当権の被担保債権の上に質権が設定されない場合、原抵当権の被担保債権につき原抵当権の債務者の弁済を受けることができると解される。転抵当においては、原抵当権がその被担保債権から切り離されて質入れされ、原抵当権の債務者は原抵当権の被担保債権が質入れされない限り原抵当権の被担保債権を自由に弁済することができるからである（三七七条二項参照）。しかし、原抵当権者は、原抵当権の債務者の意に反して原抵当権の被担保債権を取り立てたり供託を求めて転抵当権を消滅させることはできないと解すべきであろう。原抵当権者は、転抵当権設定契約を結んだ以上、原則として転抵当権を消滅させるべきでないからである。

(ii)　これに対し、転抵当権設定の通知・承諾がある場合、原抵当権者が原抵当権の被担保債権の弁済を受けることができないのは当然である（三七七条二項参照）。問題は、原抵当権の被担保債権額が転抵当権の被担保債権額より大きい場合、原抵当権者がその差額について弁済を受けることができるかどうかである。

原抵当権の被担保債権が質入れされた場合、債権質権の効力は原抵当権の被担保債権全部に及んでいる（担保権不可分の原則）。また、実質的に考えても、原抵当権の債務者の一般財産は、まず、債権質権の被担保債権の満足に当てられるべきところ、原抵当権者が前記の差額の弁済を受けることができるとすれば、そのために原抵当権の債務者が無資力になったり資力不十分になったりして債権質権者＝転抵当権者が害されるおそれもある。それゆえ、転抵当権者が原抵当権の目的物から十分な満足をえられることが明らかな場合や原抵当権の債務者が十分な一般財産を有することが明らかな場合を除き、原抵当権者は前記の差額の弁済を受けることができないと解してよいであろう。

(β)　転抵当権の被担保債権額が原抵当権の被担保債権額より大きい場合、原抵当権者は転抵当権の被担保債権額を弁済しない限り転抵当権を消滅させることはできない(1)。原抵当権の被担保債権額による弁済は、一部弁済であり、債務の本旨に従った弁済ではないからである（四九三条本文参照）。

(1)　我妻・三九七頁参照。

(γ)　一般に、原抵当権者は、原抵当権の被担保債権の弁済期が到来した場合、原抵当権の被担保債権の債務者に対し弁済金の供託を請求することができるとされる。そして、この場合、原抵当権の被担保債権は消滅し、したがって、原抵当権、転抵当権も消滅するが、転抵当権者は、原抵当権者の取得する供託金還付請求権の上に優先弁済受領権を取得するとされる。

しかし、これは原抵当権の被担保債権の上に質権が設定された場合にのみ成立する。原抵当権の被担保債権の上に質権が設定されない場合、原抵当権者が原抵当権の債務者に対し供託を求めることができるとすれば、供託により原抵当権の被担保債権が消滅し、したがって、原抵当権と転抵当権も消滅するから、転抵当権者が害される。この場合、転抵当権者は原抵当権者の供託金還付請求権の上に質権を取得することができないのである。それゆえ、原抵当権の被担保債権の上に質権が設定された場合を除き、原抵当権者は原抵当権の債務者に対しその意に反して供託を求めることはできないと解すべきである。他方、原抵当権の債務者は、後述するように、原抵当権の被担保債権の弁済金を供託することができる（左の(ハ)(a)(β)参照）。

(δ)　原抵当権者は、原抵当権の被担保債権額が転抵当権の被担保債権額より大きいかどうかを問わず、原抵当権の被担保債権の弁済期が到来すれば原抵当権の目的物につき競売をすることができる。[1][2] 転抵当権者は、原抵当権の上の質権者として原抵当権を行使し、原抵当権の目的物を競売して原抵当権者に優先して配当を受けることができる。それゆえ、原抵当権者による競売は後順位抵当権者による競売と異ならず、転抵当権者を不当に害するものではない。原抵当権者が競売する場合、売却代金はまず転抵当権者に配当され、残余が原抵当権者に配当される。残余の生じる見込みがない場合、競売が取り消されるとも考えられるが[3]（民執一八八条・六三条参照）、しかし、転抵当権者への配当は、原抵当権者が自己に配当された金銭で転抵当権者に弁済したのと同視され、原抵当権者の被担保債権はそれだけ減少するから、競売は取り消されないと解すべきである（本書一九九頁参照）。

（1）　道垣内・一九一頁以下、安永・三二三頁参照。

（2）　原抵当権者は、原抵当権の被担保債権と転抵当権の被担保債権の両方の弁済期が到来しなければ競売をすることができないとも考えられる（我妻・三九四頁参照）。しかし、転抵当権の被担保債権の弁済期が未到来であっても、配当に際しては、確定期限は到来したとみなされ（民執一八八条・八八条）、不確定期限の場合には配当金が供託されるから（民執一八八条・九一条一項一号）、原抵当権者が競売をすることができることに問題はない。

（3）　道垣内・一九二頁、安永・三二三頁参照。

(ハ)　原抵当権の債務者等の地位

(a)　(α)　転抵当権設定の通知・承諾が行われた場合、抵当権の処分の利益を受ける者の承諾なしになされた弁済はこれをその受益者に対して主張することができない（三七七条二項）。

たとえば、原抵当権の債務者が転抵当権者の承諾なしに原抵当権者に原抵当権の被担保債権を弁済しても、転抵当権者はこれを無視して転抵当権を実行することができる。原抵当権の債務者の保証人、物上保証人、および、これらの承継人（債務者の承継人を含む）が弁済や第三者弁済（四七四条）をした場合であっても同じである。原抵当権の債務者が原抵当権者から弁済の請求を受けてもこれを拒否することができるのは当然である。

(β) (i) 転抵当権設定の通知・承諾がない場合、原抵当権の債務者は、原抵当権者が弁済の受領を拒んだり受領することができないなど民法四九四条に定める要件があれば供託をすることができる。この場合、転抵当権者が原抵当権者の供託金還付請求権の上に質権を取得することができないのは当然である。

(ii) 原抵当権の債務者は、転抵当権設定の通知・承諾が行われた場合、つまり、原抵当権の被担保債権に質権が設定された場合、弁済金を供託することができる。原抵当権の債務者は、本来、原抵当権の被担保債権を弁済してその負担から解放されることができたのであるから、右の場合にも供託によりその負担から解放されると解すべきである（四九四条前段の「債権者が弁済……を受領することができないとき」に該当する）。この場合、転抵当権者は原抵当権者の供託金還付請求権の上に質権を取得することができる。

(b) (α) 原抵当権の債務者は、転抵当権の被担保債権を第三者弁済（四七四条）することができる。原抵当権の債務者は、第三者弁済をすることにつき正当な利益（五〇〇条）を有する。

(β) 原抵当権の債務者が転抵当権の被担保債権を第三者弁済した場合、転抵当権の被担保債権は消滅し、したがって、転抵当権も消滅する。他方、第三者弁済した原抵当権の債務者は、原抵当権者に対し不当利得に基づく利益返還請求権を有し、これを自働債権として原抵当権の被担保債権と相殺すればこの被担保債権を消滅ないし減少させることができる。原抵当権の被担保債権が消滅すれば、原抵当権も消滅する。

(γ)　転抵当権の被担保債権額が原抵当権の被担保債権額より大きい場合、原抵当権の債務者は転抵当権者に対し原抵当権の被担保債権額を第三者弁済することにより転抵当権を消滅させることができるであろうか。これは、転抵当権設定の通知・承諾が行われた場合に問題になる。転抵当権設定の通知・承諾が行われなかった場合、原抵当権の債務者は原抵当権者に原抵当権の被担保債権を弁済して転抵当権を消滅させることができるからである。

原抵当権の債務者が第三者弁済により転抵当権を消滅させることができるとすれば、転抵当権者は一部弁済の受領を余儀なくされる。他方、原抵当権の債務者は原抵当権者への弁済金を供託することにより転抵当権による拘束から離脱することができる。そうだとすれば、原抵当権の債務者が転抵当権者に対し原抵当権の被担保債権額を第三者弁済することはできないと解すべきであろう。

(4)　転抵当権の消滅

(イ)　転抵当権が消滅すれば、原抵当権は転抵当権による制約を受けない状態に復帰する。

(ロ)　転抵当権の被担保債権が弁済されれば、転抵当権が消滅するのは当然である。

(ハ)　原抵当権の被担保債権が消滅すれば、原抵当権が消滅し、転抵当権も消滅する。

三　抵当権の順位の譲渡

(1)　序

(イ)　抵当権の順位の譲渡の意義

(a)　(α)　抵当権の順位の譲渡[1]とは、先順位抵当権者と後順位抵当権者がそれぞれの被担保債権額が重なり合う範囲で互いにその順位を譲渡することをいう。この場合、順位の譲渡とは、その順位の抵当権を被担保債権から切り離して譲渡することを意味する。それゆえ、抵当権の順位の譲渡とは、先順位抵当権者と後順位抵当権者がそれぞれの被担保債権額が重なり合う範囲で互いにその抵当権を被担保債権から切り離して譲渡（交換）することを指すということができる。

(1) フランス民法においても、抵当権の順位の譲渡(cession d'antériorité)という制度が設けられている(二四二四条二項)。抵当権の順位の譲渡は、同一の債務者に対する抵当権者の間の順位の交換である。他の債権者や債務者などに対して影響を及ぼさない。抵当権の順位の譲渡は、既存の登記への欄外付記により公示される(二四三〇条一項)。抵当権が無担保債権者に譲渡されることもあるが(subrogation dans l'hypothèque. フランス民法二四二四条一項)、これは非常に少ない(以上につき、Mazeaud-Chabas, n° 617; Aynès-Crocq, n° 698)。

(β) たとえば、Aが一番抵当権者で被担保債権額が一、〇〇〇万円、Bが二番抵当権者で被担保債権額が四〇〇万円、Cが三番抵当権者で被担保債権額が六〇〇万円とし、抵当不動産の売却代金は一、五〇〇万円としてみよう。AとCの間で抵当権の順位の譲渡が行われると、それぞれの被担保債権額が重なり合う六〇〇万円の範囲でAからCに一番抵当権が譲渡され、CからAに三番抵当権が譲渡される。この結果、Aは四〇〇万円の被担保債権について、Cは六〇〇万円の被担保債権についてそれぞれ一番抵当権者となり、さらに、Aは六〇〇万円の被担保債権について三番抵当権者となる。AとCの一番抵当権についてはCがAに優先する。そこで、配当金については、Cが六〇〇万円、Aが四〇〇万円(一番抵当権)+一〇〇万円(三番抵当権)で五〇〇万円、Bが四〇〇万円となる。

右の設例でAの被担保債権額が三〇〇万円の場合、それぞれの被担保債権額が重なり合う三〇〇万円の範囲でAからCに一番抵当権が譲渡され、CからAに三番抵当権が譲渡される。この結果、Cは三〇〇万円の被担保債権につき一番抵当権者および三〇〇万円の被担保債権につき三番抵当権者となり、Aは三〇〇万円の被担保債権につき三番抵当権者となる。AとCの三番抵当権についてはCがAに優先する。そこで、配当金については、Cが三〇〇万円(一番抵当権)+三〇〇万円(三番抵当権)で六〇〇万円、Bが四〇〇万円、Aが三〇〇万円となる。

(b) このように、抵当権の順位の譲渡においては、これに関与した後順位抵当権者がこれに関与した先順位抵当権者に優先して配当を受けることになるのである。

(ロ)　抵当権の順位の譲渡の法的性質

(a)　抵当権の順位の譲渡の法的性質については、相対的効力説が一般的である。相対的効力説によれば、一番抵当権者Aが三番抵当権者Cにその順位を譲渡した場合（それぞれの被担保債権額は同額とする）、CはAの一番抵当権を実行して三番抵当権の被担保債権の弁済に当てることができる権利を取得するとされる。そして、抵当権の順位の譲渡の後にCの承諾のもとにAの被担保債権が弁済されれば一番抵当権は消滅し、抵当権の順位の譲渡の後にCの被担保債権が弁済されればやはり一番抵当権は消滅するとされる。

(b)　相対的効力説には以下のような問題がある。

第一に、CはAの一番抵当権を実行して三番抵当権の被担保債権の弁済に当てる権利を有するから、Cが一番抵当権を実行すれば一番抵当権は消滅する。他方、AはCの三番抵当権を実行して一番抵当権の被担保債権の弁済に当てることができると思われ、Aが三番抵当権を実行すれば三番抵当権は消滅する。そうだとすれば、Cは一番抵当権を、Aは三番抵当権をそれぞれ取得すると解する方が簡明であり、相対的効力説の説明はいかにも迂遠である。相対的効力説がこのような説明をするのは、民法三七七条二項によれば、債務者がCの承諾をえてAの被担保債権を弁済すればAの一番抵当権が消滅し、これに基づくCの権利も消滅するはずであるが、Cが一番抵当権を取得すると解せば債務者がCの承諾をえてAの被担保債権を弁済してもCの一番抵当権は消滅せず、これは民法三七七条二項に反すると考えるからである。しかし、後述するように、民法三七七条二項は、転抵当において原抵当権の被担保債権に質権が設定される場合に適用され、その他の抵当権の処分には適用されないと解すべきである(1)（本書四五〇頁以下参照）。

第二に、CはAの一番抵当権を実行して三番抵当権の被担保債権の弁済に当てる権利を取得するとすれば、Cの被担保債権がAの一番抵当権の実行によることなく弁済された場合、Cの右の権利や三番抵当権は消滅するがAの一番抵当権は消滅しないはずである。

第三に、かりにCはAの一番抵当権そのものを取得すると考えられているとすれば、Cの被担保債権の弁済によって一番抵当権は消滅するが、Aの被担保債権の弁済によってはCの承諾がある場合であっても一番抵当権は消滅しないはずである。

以上のように、相対的効力説には種々の疑問がある。

(1) 同旨、中島・一一〇二頁以下。

(c) (α) そこで、抵当権の順位の譲渡の法的性質については、AとCの被担保債権額が重なり合う範囲で、AからCに一番抵当権が譲渡され、CからAに三番抵当権が譲渡されると解すべきである。前述の例（それぞれの被担保債権額は同額（右の(a)参照））でAからCに抵当権の順位が譲渡された場合、Cが一番抵当権者、Aが三番抵当権者になる。Cは、Aの一番抵当権を実行して自己の被担保債権の弁済に当てる権利を取得するのではなく、一番抵当権そのものを取得する。Aも三番抵当権そのものを取得する。そこで、Aの被担保債権が弁済されれば、Aの三番抵当権は消滅するがCの一番抵当権は影響を受けない。また、Cの被担保債権が弁済されれば、Cの一番抵当権は消滅するがAの三番抵当権は影響を受けない(1)（絶対的効力説。最判昭三八・三・一民集一七巻二号二六九頁参照）。

(1) 絶対的効力説をとるのは、中島・一一〇五頁、鈴木禄弥「抵当権の処分について」抵当制度の研究二一一頁以下（昭和四三年。鈴木・二七四頁以下は、相対的効力説に改説）。高木・二三四頁も参照。

(β) 以上のように解する場合、抵当権の順位の譲渡は、抵当権の順位の変更（三七四条）に類似する。しかし、抵当権の順位の譲渡においては、当事者間の被担保債権額が重なり合う範囲で抵当権が相互に譲渡されるのに対し、抵当権の順位の変更においては、被担保債権額が重なり合う範囲という制約なしに新しい順位の抵当権が原始的に取得されるのである（本書四六六頁以下参照）。

(2) 抵当権の順位の譲渡の要件

(イ) 抵当権の順位の譲渡の要件

(a) (α) 抵当権の順位の譲渡の要件は、順位の譲渡の合意と登記である。一般に、抵当権の順位の譲渡の債務者に対する通知または債務者による順位の譲渡の承諾も要件になるとされているが、これは次に述べるように要件にならないと解すべきである。

(β) (i) 抵当権の順位の譲渡の通知・承諾が要件にならないとする理由は、以下の通りである。

(ii) 第一に、抵当権の順位の譲渡は登記によって公示される（三七六条二項）。登記はすべての人に対する関係において公示方法になるのであり、この外に通知・承諾は必要でない。もっとも、これについてはさらに次の二点を検討する必要がある。

まず、法人による債権譲渡や債権質権の設定においては、債権譲渡登記ファイルに登記をする場合には登記の外に通知・承諾も要求されているが（動産債権譲渡特四条二項・一四条一項）、これは、一般に、債権譲渡や債権質権の設定においてはその公示方法として通知・承諾が要求されており（四六七条・三六四条。法人による債権譲渡や債権質権の設定につき債権譲渡登記ファイルに登記をしない場合も同じ）、債務者としては通知・承諾がなければ通常債権譲渡や債権質権の設定がないものとして行動するから、登記のみで債権譲渡や債権質権の設定が行われれば債務者が不当に害されるおそれがあるためである。それゆえ、そのような事情のない抵当権の順位の譲渡においては、それが登記によって公示された場合、この外に通知・承諾は必要でないと解すべきである。

次に、転抵当においては、転抵当権の登記の外に転抵当権設定の通知・承諾も行われることが多いが、これは、前に説明したように、原抵当権の被担保債権に質権を設定するためであり、転抵当権の公示方法として登記の外に通知・承諾が要求されているわけではない（本書四三七頁以下参照）。

(iii) 第二に、抵当権の順位の譲渡に類似する抵当権の順位の変更においては、登記のみが要求され、通知・承諾は要求されていない（三七四条二項）。抵当権の順位の譲渡と変更においては、抵当権者の間における抵当権の順位の変動であるという基本的な点で変わるところはない（本書四六六頁参照）。抵当権の順位の譲渡は被担保債権額が重なり合う範囲における抵当権の順位の変動であり、抵当権の順位の変更は被担保債権額が重なり合う範囲という制約なしの抵当権の順位の変動である。抵当権の順位の変更においては通知・承諾が要求されないのに、抵当権の順位の譲渡においては通知・承諾が要求されるとする理由は全くない。そうだとすれば、抵当権の順位の譲渡においても、通知・承諾は要求されないと解するのが妥当である。

(iv) 以上により、民法三七七条は、抵当権の順位の譲渡には適用がないと解すべきである。民法三七七条は、転抵当において原抵当権の被担保債権に質権が設定される場合の規定である。

(b) 抵当権の順位の譲渡の合意は、転抵当権設定契約の場合と同じく、諾成契約であって要物契約ではない（本書四三九頁参照）。しかし、抵当権の順位の譲渡が効力を生じるためには登記が必要である。一般に、登記は抵当権の順位の譲渡の対抗要件であるとされているが、民法一七七条を物権変動の効力要件と解する私見(1)によれば、登記は順位の譲渡の効力要件であると考えられる。抵当権の順位の譲渡に類似する抵当権の順位の変更においても、登記は効力要件であるとされている（三七四条二項）。

(1) 石田（穣）・一三七頁参照。

(ロ) 登　記

(a) 登記は、付記登記による（三七六条二項参照）。この付記登記には、被担保債権額や利息に関する定めなどは含まれない（不登九〇条参照）。これらの事項は、すでに行われている抵当権の登記で公示されており、それで十分だからである。

(b) 抵当権者が数人のために抵当権の順位を譲渡する旨の合意をした場合、その順位は原則として付記登記の前後による（三七六条二項）。

(ハ) その他

(a)　一番抵当権者Ａと三番抵当権者Ｃの間で抵当権の順位の譲渡が行われる場合、ＡとＣの被担保債権額が重なり合う範囲で、一番抵当権がＡからＣに譲渡され、三番抵当権がＣからＡに譲渡される。Ｃの被担保債権額がＡの被担保債権額より大きくても問題にならない。それゆえ、ＡとＣの被担保債権額の大小は抵当権の順位の譲渡の要件とは関係がない。

(b)　ＡとＣの被担保債権の弁済期も問題にならない。Ｃの被担保債権の弁済期がＡの被担保債権の弁済期より先であってもよい。Ｃは元来三番抵当権者としてＣの被担保債権の弁済期が到来すれば抵当不動産を競売することができ、その場合、Ａの一番抵当権が実行されたのと同じ結果になるのであり、ＣがＣの被担保債権の弁済期が到来した時にＡから譲り受けた一番抵当権を実行することができるとしても、Ａや債務者は害されないのである。また、Ｃの被担保債権の弁済期がＡの被担保債権の弁済期より後であってもよい。この場合、ＣはＡから譲り受けた一番抵当権をＣの被担保債権の弁済期が到来しなければ実行できないだけである。

(c)　民法三七六条一項は、抵当権の順位の譲渡は「同一の債務者に対する他の債権者の利益のために」行うことができると規定している。それでは、一番抵当権者Ａの債務者（抵当権設定者）はＳで三番抵当権者Ｃの債務者はＳ′の場合、すなわち、ＳがＣに対しては物上保証人の場合、ＡとＣの間の抵当権の順位の譲渡は認められるであろうか。Ｓとしては、ＡとＣの被担保債権額が重なり合う範囲でＡとＣの間で抵当権の順位が譲渡されるだけであり、特に不利益を受けるわけではない。二番抵当権者も同じである。それゆえ、右の場合、民法三七六条一項を類推してＡとＣの間における抵当権の順位の譲渡を認めて差し支えない[(1)]（昭三〇・七・一一民事甲第一四二七号民事局長回答・先例集追Ｉ三八三頁）。同様にして、ＳがＡに対し一番抵当権を設定した後で抵当不動産をＳ′に譲渡し、Ｓ′がＣに対して三番抵当権を設定した場合、Ｓ′はＡに対し物上保証人と同じ立場に立つが、ＡとＣの間で抵当権の順位の譲渡を行うことも差し支えない。

（1）　船越・二五二頁は反対。

(d)　Aが債務者に対し二つの債権を有しそれぞれにつき一番抵当権と三番抵当権の設定を受けている場合、この間で抵当権の順位の譲渡を行うことは差し支えない。この場合も一番抵当権と三番抵当権の被担保債権額が重なり合う範囲で抵当権の順位の譲渡が行われる。右の場合に抵当権の順位の譲渡を認めても、債務者や二番抵当権者は不利益を受けない。登記の実務もこれを認めている（昭二九・三・二六民事甲第六八六号民事局長回答・先例集下二一八一頁）。

(e)　AとBがともに一番抵当権者の場合、AがBに抵当権の順位の譲渡をすることは許されるであろうか。登記の実務は、これを認めている（昭二八・一一・六民事甲第一九四〇号民事局長通達・先例集下二一一一頁）。

AとBは同順位の抵当権者なのであるから、その間で抵当権の順位の譲渡が行われることはありえない。それゆえ、AがBに抵当権の順位の譲渡をするというのは、AはBと同じ一番抵当権者ではあるがBに次いで配当を受けるという趣旨に理解されるべきである。すなわち、同一順位者間における優先順位の変更として理解されるべきである。そして、AからBへの抵当権の順位の譲渡は登記により公示されるから、第三者が不当に害されるということもない。したがって、以上の趣旨において、AからBへの抵当権の順位の譲渡を認めるのが妥当である(1)。

(1)　同旨、我妻・四〇三頁。

(3)　抵当権の順位の譲渡の効果

(イ)　抵当権の移転

(a)　一番抵当権者Aと三番抵当権者Cの間で抵当権の順位の譲渡が行われた場合、AとCの被担保債権額が重なり合う範囲で一番抵当権がAからCに移転する。すなわち、AとCの被担保債権額が重なり合う範囲でCが一番抵当権者となる。Cは、Aの一番抵当権をAに優先して行使できるというのではなく、一番抵当権者そのものになるのである。AとCがともに一番抵当権者になる場合、CがAに優先する。これが一番抵当権をAからCに譲渡する当事者の意思に合致するからである。

(b)　他方、Cの三番抵当権はAとCの被担保債権額が重なり合う範囲でCからAに移転する。AとCがともに三番抵当権者になる場合、CがAに優先する。これも一番抵当権をAからCに譲渡する当事者の意思に合致するからである。

(ロ)　抵当権の実行

(a)　Aから一番抵当権の譲渡を受けたCは、Cの被担保債権の弁済期が到来した場合、一番抵当権を実行することができる。この場合、Aの被担保債権の弁済期も到来していなければならないとする見解もあるが[1]、その必要はないというべきである。Cは、元来、三番抵当権者としてCの被担保債権の弁済期が到来すればこの三番抵当権を実行することができ、その場合、Aの一番抵当権が実行されたのと同じ結果になる。それゆえ、CはCの被担保債権の弁済期が到来すれば一番抵当権を実行することができると解しても、Aや債務者が害されることはないのである。

(1)　我妻・四〇四頁。

(b)　Aは、Aの被担保債権の弁済期が到来した場合、Cに劣後する一番抵当権あるいは三番抵当権を実行することができる。

(ハ)　債務者による弁済

(a)　債務者がCの被担保債権を弁済した場合、Cの一番抵当権や三番抵当権は消滅する。

(b)　債務者がAの被担保債権を弁済した場合、Cに劣後するAの一番抵当権や三番抵当権は消滅する。Cの承諾は不要であるし、Cの一番抵当権や三番抵当権に影響しない[1]（本書四四九頁参照）。

(1)　我妻・四〇五頁以下は反対。

四　抵当権の順位の放棄

(1)　序

(イ) 抵当権の順位の放棄の意義

(a) (α) 抵当権の順位の放棄とは、先順位抵当権者と後順位抵当権者が互いにそれぞれの被担保債権額に応じて抵当権の順位を分割して譲渡することをいう。ここで、抵当権の順位の譲渡とは、前に説明したように、その順位の抵当権を被担保債権から切り離して譲渡することであるから（本書四四六頁以下参照）、抵当権の順位の放棄とは、先順位抵当権者と後順位抵当権者が互いにそれぞれの被担保債権額に応じてその順位の抵当権を被担保債権から切り離し分割して譲渡することを指すということになる。

(β) 被担保債権額に応じて抵当権を譲渡するとは、抵当権の持分を譲渡し抵当権が準共有されることを意味するものではない。抵当権が準共有される場合、抵当権者は他の抵当権者と共同してのみ抵当権を行使することができることになるが（二五一条。本書二九二頁参照）、抵当権の順位の放棄の当事者は抵当権の順位の放棄前にはそれぞれ単独で抵当権を行使することができたのであり、抵当権の順位の放棄において当事者に抵当権を共同してのみ行使するという制約を課すのは妥当でないからである。抵当権の順位の放棄とは、抵当権を債権額に応じて分割して譲渡することである。当事者それぞれの抵当権は同順位である。

(b) ここでも、抵当権の順位の譲渡の場合と同じく、Aが一番抵当権者で被担保債権額が一、〇〇〇万円、Bが二番抵当権者で被担保債権額が四〇〇万円、Cが三番抵当権者で被担保債権額が六〇〇万円とし、抵当不動産の売却代金は一、五〇〇万円としてみよう。AとCの間で抵当権の順位の放棄が行われると、AはCに対し、一、六〇〇分の六〇〇、つまり、八分の三の割合で一番抵当権を分割譲渡することになる。そこで、Aは被担保債権額が六二五万円（一、〇〇〇万円×$\frac{5}{8}$）の一番抵当権を、Cは被担保債権額が三七五万円（一、〇〇〇万円×$\frac{3}{8}$）の一番抵当権を有することになる。同様にして、CはAに対し、八分の五の割合で三番抵当権を分割譲渡することになる。そこで、Aは被担保債権額が三七五万円（六〇〇万円×$\frac{5}{8}$）の三番抵当権を、Cは被担保債権額が二二五万円（六〇〇万円×$\frac{3}{8}$）の三番抵当権を有することになる。この結果、配当金は、Aが六二五万円（一番抵当権）＋六二万五、〇〇〇円（一〇〇万円×5/8。三番抵当権）で六八七万五、〇〇〇円、Cが三七五万円（一番抵当権）＋三七万五、〇〇〇円（一〇〇万円×3/8。三番抵当権）で四一二万五、〇〇〇円、Bが四〇〇万円となるのである。

(ロ)　抵当権の順位の放棄の法的性質

(a)　抵当権の順位の放棄の法的性質については、抵当権の順位の譲渡の場合と同様、相対的効力説が一般的である。すなわち、一番抵当権者Aが三番抵当権者Cに対しその順位を放棄した場合、Aが一番抵当権によって配当を受けることを前提にしてCはAの一番抵当権に配当される額の分配にあずかることができるとされる。そして、抵当権の順位の放棄の後にCの承諾を受けてAの被担保債権が弁済されれば、一番抵当権は消滅してCは分配にあずかることができず、順位の放棄の後にCの被担保債権が弁済されれば一番抵当権はCに配当される額の限度で消滅するとされる。

(b)　しかし、相対的効力説が妥当でないことは抵当権の順位の譲渡について述べたのと同じである（本書四四八頁以下参照）。簡単に要約すれば、第一に、相対的効力説は民法三七七条二項が抵当権の順位の放棄に適用されるとするが、適用されないと解すべきである。第二に、CはAの一番抵当権に配当される額の分配にあずかる権利を取得し、抵当権の順位の放棄の後にCの承諾を受けてAの被担保債権が弁済されれば一番抵当権は消滅しCは分配にあずかることができないとすれば、Cの被担保債権が一番抵当権の実行によることなく弁済されてもCの分配にあずかる権利や三番抵当権が消滅するだけで一番抵当権は部分的にも消滅しないはずである。第三に、CはAの一番抵当権そのものを部分的に取得するとすれば、Cの被担保債権の弁済によって一番抵当権はCに配当される額の限度で部分的に消滅するが、Aの被担保債権の弁済によって一番抵当権はCの承諾がある場合であってもAに配当される額の限度で部分的に消滅するものの、Cに配当される額の限度では消滅しないはずである。

(c)　(α)　そこで、抵当権の順位の放棄の法的性質については、AからCにAとCの被担保債権額に応じて一番抵当権が分割譲渡され、CからAにAとCの被担保債権額に応じて三番抵当権が分割譲渡されると解すべきである(絶対的効力説)。

(β) Cの被担保債権が弁済されればCの一番抵当権と三番抵当権は消滅するが、Aの被担保債権が弁済されてもCの三番抵当権はもちろん一番抵当権も消滅しない。

(2) 抵当権の順位の放棄の要件

(イ) 抵当権の順位の放棄の要件

(a) 抵当権の順位の放棄の要件は、順位の放棄の合意と登記である。

(b) 抵当権の順位の放棄の債務者に対する通知または債務者による順位の放棄の承諾は、順位の放棄の要件にならない。抵当権の順位の放棄においては、抵当権者の間において抵当権の分割譲渡が行われる。それゆえ、抵当権の順位の放棄は、抵当権者の間において抵当権の譲渡が行われる抵当権の順位の譲渡と基本的に変わるところはなく、順位の譲渡の場合と同様、順位の放棄の通知・承諾は順位の放棄の要件にならないと解すべきである(本書四五〇頁以下参照)。民法三七七条は、転抵当において原抵当権の被担保債権に質権が設定される場合の規定であり、抵当権の順位の放棄には適用されない。

(ロ) その他

(a) 一番抵当権者Aと三番抵当権者Cの間で抵当権の順位の放棄が行われる場合、AとCは、それぞれの被担保債権額に応じて一番抵当権と三番抵当権を分割譲渡する。それゆえ、Cの被担保債権額がAの被担保債権額より大きくても問題にならない。

(b) AとCの被担保債権の弁済期も問題にならない。AとCは、それぞれの被担保債権の弁済期が到来すればそれぞれの一番抵当権と三番抵当権を実行することができる。

(c) Aの債務者(抵当権設定者)がSでCの債務者がS′の場合、つまり、SはCに対しては物上保証人の場合、抵当権の順位の譲渡の場合と同様、AとCの間で順位の放棄をすることは差し支えない[1]（本書四五二頁参照）。SがAに対し一番抵当権を設定した後で抵当不動産をS′に譲渡し、S′がCに対して三番抵当権を設定した場合、S′はAに対し物上保証人と同じ立場に立つが、この場合もAとCの間で抵当権の順位の放棄を行うことは差し支えない（本書四五二頁参照）。AがSに対し一番抵当権と三番抵当権を有する場合にこの間で抵当権の順位の放棄をすることは差し支えないが、AとCが一番抵当権を有する場合にその間で抵当権の順位の放棄をしても、AとCの抵当権の状態に何らの変わりがなく、無意味である（抵当権の順位の譲渡と見るべき場合もある（本書四五三頁参照））。

（1）　船越・二五五頁は反対。

(3)　抵当権の順位の放棄の効果

(イ)　抵当権の分割譲渡　一番抵当権者Aと三番抵当権者Cの間で抵当権の順位の放棄が行われた場合、AとCの被担保債権額に応じて一番抵当権と三番抵当権がそれぞれ分割譲渡される。Cは、Aの一番抵当権の分配にあずかるというのではなく、一番抵当権そのものを分割して取得するのである（本書四五六頁以下参照）。

(ロ)　抵当権の実行　AもCも、それぞれの被担保債権の弁済期が到来すれば、それぞれの抵当権を実行することができる。

(ハ)　債務者による弁済

(a)　債務者がCの被担保債権を弁済した場合、Cの抵当権は消滅する。この場合、Aの抵当権は影響を受けない。

(b)　債務者がAの被担保債権を弁済した場合、Aの抵当権は消滅する。Cの承諾は不要であるし、Cの抵当権に影響しない[1]。

（1）　我妻・四一〇頁以下は反対。

五　抵当権の譲渡

(1) 序

(イ) 抵当権の譲渡の意義

(a) 抵当権の譲渡とは、抵当権者が抵当権の伴わない債権者に対し、抵当権の被担保債権額と債権者の債権額が重なり合う範囲で抵当権を被担保債権から切り離して譲渡することである[1]。たとえば、Aが一番抵当権者で被担保債権額が一、〇〇〇万円、Cが抵当権の伴わない債権者で債権額が六〇〇万円とし、AからCに抵当権が譲渡されたとしてみよう。この場合、Aの一番抵当権はAの被担保債権額とCの債権額の重なり合う範囲でAからCに譲渡される。そこで、Cは被担保債権額が六〇〇万円の一番抵当権者になる。Aは、被担保債権額が四〇〇万円の一番抵当権者になるが、Cの一番抵当権に劣後する。このように解するのが、一番抵当権をAからCに譲渡する当事者の意思に合致する。右の設例でAの被担保債権額が三〇〇万円の場合、Cは被担保債権額が三〇〇万円の一番抵当権者になり、Aは抵当権の伴わない債権者になる。

(1) フランスにおいても、抵当権者が無担保債権者に抵当権を譲渡することが認められている(subrogation dans l'hypothèque.フランス民法二四二四条一項)。抵当権の譲渡においては、譲受人は優先弁済受領権を取得するが、抵当権は、譲渡人の債権に付着し、譲渡人の債権が弁済されれば消滅するとされる(Legeais, n° 607)。そこで、譲受人は、抵当権を譲り受ける際に譲渡人の債権の上に質権を取得することが行われている(Mazeaud-Chabas, n° 614)。抵当権の譲渡が行われるのは非常に少ない(Aynès-Crocq, n° 698)。

(b) このように、抵当権の譲渡においては、抵当権の譲渡を受けたCは抵当権を譲渡したAに優先する抵当権者になり、AはCに劣後する抵当権者あるいは抵当権の伴わない債権者になるのである。

(ロ) 抵当権の譲渡の法的性質

(a) 抵当権の譲渡の法的性質については、抵当権の順位の譲渡や順位の放棄の場合と同様、相対的効力説が一般的である。すなわち、抵当権者Aが抵当権を伴わない債権者Cに対し抵当権を譲渡した場合、CはAの抵当権を実行して自己の債権の弁済に当てることができる権利を取得するとされる。そして、Aの被担保債権がCの承諾を受けて弁済されれば抵当権は消滅し、Cの債権が弁済されればやはり抵当権が消滅するとされる。

(b)　しかし、相対的効力説に問題があることは抵当権の順位の譲渡の場合と同じである（本書四四八頁以下参照）。簡単に要約すれば、第一に、相対的効力説は抵当権の譲渡に民法三七七条二項が適用されるとするが、適用されないと解すべきである。第二に、抵当権の譲渡を受けたCはAの抵当権を実行して自己の債権の弁済に当てる権利を取得するとすれば、Cの債権がAの抵当権の実行によることなく弁済されれば、Aの抵当権を実行して自己の債権の弁済に当てるCの権利が消滅するだけでAの抵当権は消滅しないはずである。第三に、CはAの抵当権そのものを取得するとすれば、Cの債権が弁済されれば抵当権は消滅するが、Aの債権がCの承諾を受けて弁済されても抵当権は消滅しないはずである。

(c)　(α)　そこで、抵当権の譲渡の法的性質については、Aの被担保債権額とCの債権額が重なり合う範囲でAの抵当権そのものがCに譲渡されると解すべきである（絶対的効力説）。この結果、Cは右の範囲で抵当権者になり、Aは右の範囲で抵当権者の地位を失う。AとCが同順位の抵当権者になった場合、CがAに優先する。

(β)　Cの被担保債権が弁済されればCの抵当権は消滅するが、Aの被担保債権あるいは債権が弁済されてもCの抵当権は消滅しない。

(2)　抵当権の譲渡の要件

(イ)　抵当権の譲渡の要件

(a)　抵当権の譲渡の要件は、譲渡の合意と登記である。登記については、抵当権の順位の譲渡や順位の放棄の場合と異なり、抵当権の譲渡を受ける債権者の債権の内容も登記の対象になる点に注意すべきである（不登九〇条・八三条一項・八八条一項）。

抵当権の譲渡を受ける債権者の債権の内容は、登記の対象になっていなかったからである。

(b) 抵当権の譲渡の債務者に対する通知または債務者による譲渡の承諾は、抵当権の順位の譲渡や順位の放棄の場合と同様、要件にならないと解すべきである。民法三七七条は、転抵当において原抵当権の被担保債権に質権が設定される場合の規定であり、抵当権の譲渡には適用されないと解される。

(ロ) その他

(a) 抵当権者Aが抵当権の伴わない債権者Cに対し抵当権を譲渡する場合、Aの被担保債権額とCの債権額が重なり合う範囲で抵当権がAからCに移転する。それゆえ、Cの債権額がAの被担保債権額より大きくても問題にならない。

(b) Aの被担保債権とCの債権の弁済期も、抵当権の譲渡の要件としては問題にならない。Cは、後述のように、抵当権を取得しCの被担保債権の弁済期が到来すればAの被担保債権や債権の弁済期が到来しなくても抵当権を実行することができる（本書四六二頁参照）。

(c) Aの債務者（抵当権設定者）がSでCの債務者がS′の場合、AからCに抵当権を譲渡することは許されない。(1) AからCに抵当権が譲渡されれば、SはCの抵当権を消滅させるためにはCに対しCの被担保債権を第三者弁済（四七四条）しなければならないが、SがCの被担保債権を第三者弁済した場合、SはS′が無資力であればS′に対して求償することができず害されるからである。このことは、Cが抵当権を実行した場合にも同じである。

右の設例でSはAに対し抵当権を設定していなかったがS′がSの物上保証人としてAのために抵当権を設定していた場合、AからCに右の抵当権を譲渡することは差し支えない。(2) この場合、S′はAの代わりにCのために抵当権を設定したことになるが、これによってS′が害されるということはないからである。

AがSに対し抵当権付債権と抵当権の伴わない債権を有する場合、この間で抵当権を譲渡することは差し支えない。

(1) 我妻・四一二頁は反対。
(2) 船越・二四六頁は反対。

(3) 抵当権の譲渡の効果

(イ) 抵当権の移転　抵当権者Aが抵当権の伴わない債権者Cに抵当権を譲渡した場合、Aの被担保債権額とCの債権額が重なり合う範囲で抵当権がAからCに移転する。Cは、Aの抵当権をAに優先して行使することができるというのではなく、抵当権者そのものになるのである。これに対し、AはCに劣後した抵当権者あるいは抵当権の伴わない債権者になる（本書四五九頁参照）。

(ロ) 抵当権の実行

(a) Cは、Cの被担保債権の弁済期が到来した場合、Aの被担保債権や債権の弁済期が到来しなくても抵当権を実行することができる。Cは、抵当権の伴わない債権者の時であっても、債権の弁済期が到来すれば抵当不動産に強制執行をすることができ、この場合にはAの抵当権が実行されるのと同じになるのであるから（民執五九条一項。消除主義）、右のように解しても債務者やAは害されないのである。

(b) Aは、Cに劣後する抵当権を有する場合、Aの被担保債権の弁済期が到来すればCの被担保債権の弁済期が到来しなくても抵当権を実行することができる(1)（ただし、剰余を生じる見込みがない場合についての民執一八八条・六三条が適用されるのは当然である）。これは、後順位抵当権者は自己の被担保債権の弁済期が到来すれば先順位抵当権者の被担保債権の弁済期が到来しなくても抵当権を実行することができるというのと同じである。

(1) 我妻・四一三頁は反対。

(ハ) 債務者による弁済

(a) 債務者がCの被担保債権を弁済した場合、Cの抵当権は消滅する。

(b) AがCに劣後する抵当権を有するケースで債務者がAの被担保債権を弁済した場合、Aの抵当権は消滅する。Cの承諾は不要であるし、Cの抵当権に影響しない(1)（本書四六〇頁参照）。

（1） 我妻・四一三頁は反対。

六 抵当権の放棄

(1) 序

(イ) 抵当権の放棄の意義

(a) 抵当権の放棄とは、抵当権者が抵当権の伴わない債権者に対し被担保債権から切り離して抵当権をそれぞれの被担保債権額と債権額に応じて分割譲渡することをいう。ここでも、抵当権の譲渡の場合と同じく、Aが一番抵当権者で被担保債権額が一、〇〇〇万円、Cが抵当権の伴わない債権者で債権額が六〇〇万円とし、AからCに抵当権が放棄されたとしてみよう。この場合、AからCに一、六〇〇分の六〇〇、つまり、八分の三の割合で一番抵当権が分割譲渡される。この結果、Aは被担保債権額が六二五万円（一、〇〇〇万円×5/8）、Cは被担保債権額が三七五万円（一、〇〇〇万円×3/8）の一番抵当権を、それぞれ有することになる。AとCの抵当権の間に優劣はない。

(b) 抵当権の放棄は、以上のように、抵当権の消滅をもたらすものではない。これに対し、抵当権者が債務者に対し抵当権を放棄して抵当権を消滅させる場合もある（抵当権の絶対的放棄）。この抵当権の絶対的放棄と区別するために、ここで取り扱う抵当権を消滅させない抵当権の放棄は抵当権の相対的放棄と呼ばれることがある。

(ロ) 抵当権の放棄の法的性質

(a) 抵当権の放棄の法的性質については、他の抵当権の処分の場合と同様、相対的効力説が一般的である。すなわち、抵当権者Aから抵当権の放棄を受けた抵当権の伴わない債権者CはAの抵当権を実行してAに配当される額の分配にあずかる権利を取得するとされる。そして、Aの被担保債権がCの承諾を受けて弁済されれば抵当権は消滅し、Cの債権が弁済されればCに配当される額の限度で抵当権は消滅するとされる。

(b)　しかし、相対的効力説に問題があることは抵当権の順位の譲渡の場合と同じである（本書四四八頁以下参照）。簡単に要約すれば、第一に、相対的効力説は抵当権の放棄に民法三七七条二項が適用されるとするが、適用されないと解すべきである。第二に、CはAの抵当権を実行してAに配当される額の分配にあずかる権利を取得するとすれば、Cの債権がAの抵当権の実行によることなく弁済されればCのこの分配にあずかる権利が消滅するだけであり、Aの抵当権は部分的にも消滅しないはずである。第三に、CはAの抵当権そのものを部分的に取得するとすれば、Cの被担保債権の弁済によってCの抵当権は消滅するが、Aの被担保債権の弁済によってはCの承諾がある場合であってもAの抵当権は消滅するもののCの抵当権は消滅しないはずである。

(c)　(α)　そこで、抵当権の放棄の法的性質については、AからCにAの被担保債権額とCの債権額に応じて抵当権が分割譲渡されると解すべきである（絶対的効力説）。

(β)　Cの被担保債権が弁済されればCの抵当権は消滅するが、Aの抵当権は影響を受けない。Aの被担保債権が弁済されればAの抵当権は消滅するが、Cの抵当権は影響を受けない。

(2)　抵当権の放棄の要件

(イ)　抵当権の放棄の要件　抵当権の放棄の要件は、放棄の合意と登記である。抵当権の放棄の債務者に対する通知または債務者による放棄の承諾は、抵当権の譲渡などの場合と同じく要件にならない。結局、民法三七七条は、転抵当において原抵当権の被担保債権に質権が設定される場合の規定であり、抵当権の放棄には適用されないと解される。なお、抵当権の譲渡の場合と同様、抵当権の放棄を受ける債権者の債権の内容も登記の対象になる（不登九〇条・八三条一項・八八条一項）。

(ロ)　その他

(a)　抵当権者Ａが抵当権の伴わない債権者Ｃに対し抵当権を放棄する場合、Ａの被担保債権額とＣの債権額に応じて抵当権が分割譲渡される。それゆえ、Ｃの債権額がＡの被担保債権額より大きくても問題にならない。

(b)　Ａの被担保債権とＣの債権の弁済期も問題にならない。ＡとＣは、それぞれの被担保債権の弁済期が到来すればそれぞれの抵当権を実行することができる（本書四六一頁参照）。

(c)　Ａの債務者（抵当権設定者）がＳでＣの債務者がＳ′の場合、ＡからＣに抵当権を放棄することは抵当権の譲渡の場合と同様許されない。Ｓ′が無資力の場合、Ｓが害されるからである（本書四六一頁参照）。他方、ＡがＳに対し抵当権付債権と抵当権の伴わない債権を有する場合、その間で抵当権の放棄をすることは差し支えない。

(3)　抵当権の放棄の効果

(イ)　抵当権の分割譲渡　抵当権者Ａが抵当権の伴わない債権者Ｃに対し抵当権の放棄を行った場合、ＡからＣにＡの被担保債権額とＣの債権額に応じて抵当権が分割譲渡される。Ｃは、Ａの抵当権の実行の際に分配にあずかるというのではなく、抵当権そのものを分割取得するのである。

(ロ)　抵当権の実行

(a)　Ｃは、Ｃの被担保債権の弁済期が到来すれば、Ａの被担保債権の弁済期が到来しなくてもＣの抵当権を実行することができる。Ｃは、抵当権の放棄を受ける前でも、Ｃの債権の弁済期が到来すれば抵当不動産に強制執行をすることができたが、その場合にはＡの抵当権は消滅し（民執五九条一項。消除主義）Ａの抵当権が実行されたのと同じ結果になったのである。それゆえ、Ｃは、Ｃの被担保債権の弁済期が到来すれば、Ａの被担保債権の弁済期が到来しなくても抵当権を実行することができると解すべきであり、これによりＡや債務者は不当な不利益を受けないのである。

(b)　Ａは、Ａの被担保債権の弁済期が到来した場合、Ｃの被担保債権の弁済期が到来しなくてもＡの抵当権を実行することができる。

(ハ)　債務者による弁済

(a)　債務者がCの被担保債権を弁済した場合、Cの抵当権は消滅する。この場合、Aの抵当権は影響を受けない。

(b)　債務者がAの被担保債権を弁済した場合、Aの抵当権は消滅する。Cの承諾は不要であるし、Cの抵当権に影響しない(本書四六四頁参照)。

七　抵当権の順位の変更

(1)　序

(イ)　抵当権の順位の変更の意義

(a)　抵当権の順位の変更とは、複数の抵当権者がいる場合にその間で抵当権の順位を変更することである。Aが一番抵当権者で被担保債権額が五〇〇万円、Bが二番抵当権者で被担保債権額が八〇〇万円、Cが三番抵当権者で被担保債権額が一、〇〇〇万円としてみよう。この場合、たとえば、Cを一番抵当権者、Aを二番抵当権者、Bを三番抵当権者にするのが抵当権の順位の変更である。抵当権の順位の変更は、各抵当権者の合意に基づき行われ(三七四条一項本文)、登記により効力が生じる(三七四条二項)。

(b)　抵当権の順位の変更は、抵当権の順位の譲渡に似ている。すなわち、どちらの場合においても抵当権者の間に抵当権の順位の変動が生じる。

しかし、抵当権の順位の譲渡においては、抵当権者が被担保債権額の重なり合う範囲で抵当権を相互に譲渡するのに対し(本書四四六頁以下参照)、抵当権の順位の変更においては、抵当権者が抵当権を相互に譲渡するのではなく、新しい順位の抵当権を原始的に取得するのである(古い順位の抵当権は消滅する)。

たとえば、前述の設例でAとCの間で抵当権の順位の譲渡が行われたとしてみよう。この場合、Cは被担保債権額五〇〇万円につき一番抵当権者、残りの被担保債権額五〇〇万円につき三番抵当権者となり、Aは被担保債権額五〇〇万円につきCに劣後する三番抵当権者になる。これに対し、抵当権の順位の変更においては、Cは被担保債権額一、〇〇〇万円につき一番抵当権者、Aは被担保債権額五〇〇万円につき三番抵当権者になる。つまり、抵当権の順位の変更においては、AとCのそれぞれの被担保債権が全額原始的に取得された新しい順位の抵当権によって担保されるのである。

(ロ) 抵当権の順位の変更の法的性質　抵当権の順位の変更においては、これに関与する各抵当権者が新たな順位の抵当権を原始的に取得し、それぞれの被担保債権が全額新たな順位の抵当権によって担保される。抵当権の順位の譲渡の場合のような被担保債権額が重なり合う範囲という制約はないし、また、抵当権が相互に譲渡されるということもない。

(2) 抵当権の順位の変更の要件

(イ) 抵当権の順位の変更の要件　抵当権の順位の変更の要件は、各抵当権者の合意と登記、利害関係人の承諾である。

(ロ) 各抵当権者の合意

(a) 抵当権の順位の変更を行うためには、順位が変更する各抵当権者の合意が必要である(三七四条一項本文)。抵当権の順位の変更の合意は、抵当権の順位の譲渡の場合と同じく、諾成契約であって要物契約ではない(本書四五一頁参照)。しかし、抵当権の順位の変更が効力を生じるためには、登記と利害関係人の承諾が必要である。

(b) Aが一番抵当権者、Bが二番抵当権者、Cが三番抵当権者とし、抵当権の順位の変更により、Aが三番抵当権者、Cが一番抵当権者になるとしてみよう。この場合、抵当権の順位の変更は、順位が変更するAとCの合意で行われる。Bは、抵当権の順位が変更せず、順位の変更の当事者にはならない。Cの被担保債権額がAの被担保債権額より大きい場合、抵当権の順位の変更によりBが不利益を受けるが、この場合であってもBは当事者でなく利害関係人として扱われる(1)。

(1) 柚木＝高木・三二一頁、高木ほか・一九〇頁（生熊長幸執筆）、山川・一九七頁、川井・四〇〇頁、高橋・二三二頁、道垣内・一二九頁、松井・一〇二頁、安永・三三七頁、清水・一一〇頁は、Bは当事者になるとする。

(ハ) 登　記

(a) 抵当権の順位の変更は、登記によって効力を生じる（三七四条二項）。抵当権の順位の変更の債務者に対する通知や債務者による承諾は要件とされていない。

(b) 登記は、抵当権の順位の変更に合意した各抵当権者の共同申請により行われる（不登八九条一項）。

(ニ) 利害関係人の承諾

(a) 抵当権の順位の変更を行うためには利害関係人の承諾が必要である（三七四条一項但書）。

(b) (α) 利害関係人とは、抵当権の順位の変更により不利益を受ける者である。たとえば、一番抵当権者Aと三番抵当権者Cの間で抵当権の順位の変更を行う場合、Aの転抵当権者や、Cの被担保債権額がAの被担保債権額より大きい場合の二番抵当権者がこれである。

(β) 一般に、右の設例でAに次いで地上権の登記をしたXは利害関係人に入らないが、抵当権の順位の変更の効力はXに及ばず、XはAに第三者弁済（四七四条）をすれば一番抵当権を消滅させることができるとされる。この場合、登記上はCが一番抵当権者でAが三番抵当権者であるから、XはAに第三者弁済をすればCに対し一番抵当権の登記の抹消を請求することができるということになるであろう。しかし、これでは、実質上、Xの承諾なしには抵当権の順位の変更を行うことができないのであり、Xは実質上利害関係人として扱われているといわざるをえない。

抵当権の順位の変更はすべての者に対する関係で効力が生じるのであり、これによりXが不利益を受ける場合には

Xは利害関係人になると解すべきである。たとえば、Cの被担保債権額がAの被担保債権額より大きい場合がこれである。この場合、Xは、一番抵当権を消滅させるために(一番抵当権を消滅させないと、その実行によりXの地上権が消滅する)、Aに対する第三者弁済よりもCに対する第三者弁済の方が多くの出捐をしなければならないからである。

(γ) 債務者は、利害関係人に入らない。債務者は、抵当権者に対しその順位に関係なく弁済する義務があるし、また、どの順位の抵当権が実行されても、その結果は債務者にとって変わりがないからである。

(3) 抵当権の順位の変更の効果　抵当権の順位の変更が行われると、これに関与した抵当権者は新しい順位の抵当権を原始的に取得し、それぞれの抵当権者の被担保債権は全額新しい順位の抵当権によって担保される(古い順位の抵当権は消滅する)。

八　被担保債権の譲渡に伴う抵当権の譲渡

(1) 被担保債権の譲渡に伴う抵当権の譲渡

(a) 被担保債権が譲渡されれば、抵当権の随伴性により抵当権も譲渡される(本書二六八頁参照)。被担保債権が転付命令により移転する場合(民執一五九条)、抵当権も移転する(大判大四・一〇・四民録二一輯一五七八頁)。

(b) 被担保債権の一部が譲渡された場合、一般に、抵当権はその額に応じた持分が譲渡されたことになり、譲渡人と譲受人はそれぞれの額に応じた持分の割合で抵当権を準共有すると解されているようである(大判大一〇・一二・二四民録二七輯二一八二頁)。しかし、前に述べたように、譲受人は、原則として、それぞれの額に応じて分割された抵当権を取得すると解すべきである(本書二九一頁参照)。

(2) 被担保債権の譲渡に伴う抵当権の譲渡の要件

(a) 被担保債権の譲渡に伴う抵当権の譲渡の要件は、被担保債権の譲渡の合意、被担保債権の譲渡の債務者に対する通知または債務者によるその承諾(四六七条)、抵当権移転の登記(一七七条)である。被担保債権の譲渡の通知・承諾は、確定日付ある証書によることが必要である(本書二三三頁参照)。一般に、被担保債権の譲渡の通知・承諾や抵当権移転の登記は被担保債権の譲渡に伴う抵当権の譲渡の対抗要件であるとされているが、債権譲渡の通知・承諾や登記を債権譲渡や物権変動の効力要件と解する私見によれば、効力要件であると解すべきである(本書二三二頁以下参照)。

(b)　そこで、抵当権移転の登記がされても被担保債権の譲渡の通知・承諾がない場合(大判大一〇・二・九民録二七輯二四四頁参照)、あるいは、被担保債権の譲渡の通知・承諾がされても抵当権移転の登記がない場合、抵当権は移転しない。

(3)　被担保債権の譲渡の瑕疵と抵当権の譲渡

(イ)　被担保債権が消滅すれば抵当権も消滅する。それゆえ、消滅した被担保債権が譲渡されても抵当権の移転は生じない。

(ロ)　(a)　しかし、消滅した被担保債権が譲渡された際に債務者が異議をとどめない承諾をした場合、債務者は譲受人に対し被担保債権の消滅を主張することができない(四六八条一項前段)。すなわち、被担保債権の譲受人はそれが存在するものとして行使することができる。この場合、いったん消滅した抵当権は復活するであろうか(1)。

(1)　この問題については、森永淑子「後順位抵当権者の地位について——先順位抵当権の被担保債権につき消滅原因が生じた場合を中心に——」福法四六巻二・三・四号三三一頁以下、四七巻三・四号五八九頁以下(平成一四年〜一五年)参照。

(b)　判例は、抵当権の復活について利害関係を持つ後順位抵当権者などの有無を問わず基本的には抵当権の復活を否定するようであるが(大決昭六・一一・二一民集一〇巻一〇八一頁、同決昭八・三・三一民集一二巻五三三頁、同判昭一五・一二・二四新聞四六七九号六頁)、異議をとどめない承諾をした債務者は抵当権消滅の登記をしないと譲受人に対し抵当権の消滅を対抗できないとしたものもある(大決昭八・八・一八民集一二巻二一〇五頁)。なお、被担保債権がはじめから不成立の場合には、譲受人は被担保債権を取得することはできるが、抵当権を取得することはできないとする(大判昭一一・三・一三民集一五巻四二三頁)。

(c)　(α)　一般に、債務者が異議をとどめない承諾をしても、譲受人は被担保債権が存在すると無過失で信じて譲り受けない限りこれを取得しないと解されている。ところで、消滅している被担保債権の譲渡が行われた場合、譲受人は被担保債権のみならず抵当権も存在し被担保債権に高い価値があると信じてこれを譲り受けることが多いと思われる。それゆえ、譲受人が被担保債権のみならず抵当権も存在すると無過失で信じて被担保債権を譲り受ければ抵当権も取得する（抵当権が復活する）と解するのが妥当である。[1] 被担保債権の存在を無過失で信じたが抵当権の不存在につき悪意過失があった場合、譲受人は被担保債権は取得するものの抵当権は取得しない。そして、以上のことは、いったん成立した被担保債権が消滅した場合であると被担保債権がはじめから成立しなかった場合であるとを問わない。

(1) 清水誠「抵当権の処分考」鈴木禄弥先生古稀記念（民事法学の新展開）五四頁（平成五年）参照。

(β) もっとも、抵当権の復活により不当な不利益を受ける第三者がいる場合は別である。たとえば、抵当権の消滅後その復活前に、抵当権の消滅を前提にして抵当権の目的物であった不動産を取得した者がこれである。これらの者がいる場合、抵当権は復活しない。他方、抵当権が復活した後に抵当不動産を取得した者などがいても、抵当権の登記が抹消されないでいる限り抵当権の復活は影響を受けない。また、抵当権の順位上昇の原則を否定する私見によれば（本書二七一頁参照）、抵当権の消滅時に後順位抵当権者がいてもその順位は上昇せず、抵当権の復活は妨げられない。

九　被担保債権の質入れに伴う抵当権の質入れ

被担保債権が質入れされれば、抵当権の随伴性により抵当権も質入れされる。すなわち、被担保債権と抵当権の上に質権が設定される。しかし、これは転抵当ではない。転抵当においては、原抵当権がその被担保債権から切り離されて質入れされる。その際、原抵当権の被担保債権も質入れされることが多いが、それは転抵当権成立の要件ではないのである（本書四三七頁以下参照）。

一〇　被担保債権の差押えに伴う抵当権の差押え

(1) 被担保債権が差し押さえられた場合、差押えの効力は抵当権にも及ぶ（八七条二項参照）。この場合、抵当権の登記に被担保債権が差し押さえられた旨の付記登記が行われる（民執一五〇条）。

(2)　被担保債権の差押債権者は、抵当権を実行し自己の債権の弁済に当てることができると解される。被担保債権の差押債権者は、抵当権の差押債権者として抵当権を実行し自己の債権の弁済に当てることができると解されるからである[1]（民執一六七条・一五五条参照）。

（1）　田中康久・新民事執行法の解説（増補改訂版）三一三頁（昭和五五年）参照。

第七節　抵当権の消滅

一　序

(1)　抵当権は、物権や担保物権に共通する消滅原因によって消滅する。さらに、抵当権は、すでに説明したように、代価弁済（三七八条）や抵当権消滅請求（三七九条以下）、競売などによっても消滅する。

(2)　抵当権は、時効との関係でも消滅する。これについては、特に民法三九六条と三九七条が規定しているが、解釈上種々の問題がある。後で詳しく説明する（左の三参照）。

(3)　抵当権の目的が地上権や永小作権の場合、地上権や永小作権が放棄されても抵当権は消滅しない（三九八条）。

二　被担保債権の弁済による抵当権の消滅

(1)　被担保債権が弁済によって消滅すれば、抵当権の付従性により抵当権も消滅する。この場合、登記を物権変動の効力要件と解する私見[1]によっても、抵当権は登記が抹消されなくても消滅すると解される（大判大九・一・二九民録二六輯八九頁参照）。抵当権の付従性を否定してまで抵当権を存続させる必要はないからである。たとえば、被担保債権が消滅したのに抵当権の登記が抹消されないでいた場合、抵当権が存在すると信じてこれを譲り受けた者の保護は、前述の消滅した被担保債権の譲渡に債務者が異議をとどめない承諾をした場合の問題（本書四七〇頁以下参照）、あるいは、民法九四条二項の類推適用の問題として処理すればよく、抵当権の付従性を否定してまで抵当権の存在を認める必要はないというべきである。以上のことは、被担保債権が弁済によって消滅した場合に限らず他の原因によって消滅した場合にも妥当する。他方、抵当権の絶対的放棄（本書四六三頁参照）が行われても抵当権の登記が抹消されないでいる場合、抵当権は消滅しない（大決大一〇・三・四民録二七輯四〇四頁参照）。この場合、抵当権の付従性には関係がないからである。

（1） 石田（穣）・一三七頁参照。

(2) (イ) 被担保債権の弁済と抵当権の登記の抹消は、同時履行の関係（五三三条）に立たないとされる（大判明三七・一〇・一四民録一〇輯一二五八頁、最判昭五七・一・一九判時一〇三二号五五頁）。被担保債権の弁済によってはじめて抵当権の登記の抹消義務が生じるからであるとされる。

(ロ) しかし、被担保債権が弁済されれば瞬時に抵当権の登記の抹消義務が生じるのであるから、同時履行の関係を認めても抵当権者に過大な負担を強いるわけではない。他方、債務者としては被担保債権を弁済した後に抵当権の登記の抹消が円滑に行われるかどうかには不安がある。それゆえ、公平の観点上、被担保債権の弁済と抵当権の登記の抹消の間に同時履行の関係を認めるのが妥当である。実際の取引においても、通常、被担保債権の弁済時に抵当権の登記の抹消に必要な書類が交付されている。

三 時効と抵当権の消滅

(1) 序 抵当権は、債務者および抵当権設定者に対しては被担保債権と同時でなければ時効によって消滅しない（三九六条）。他方、債務者または抵当権設定者でない者が抵当不動産につき取得時効に必要な要件を具備する占有をした場合、抵当権はこれによって消滅する[1]（三九七条）。

（1） 時効と抵当権の消滅については、清水誠「抵当権の消滅と時効制度との関連について」民法学の歴史と課題一六五頁以下（昭和五七年）、高頭宏信「民法三九七条論に関する一考察――第三取得者に適用することの可否――」中央学院大学商経論叢一巻一号六一

頁以下（昭和六一年）、鈴木直哉「抵当権と時効制度」高島平蔵教授古稀記念（民法学の新たな展開）二九三頁以下（平成五年）、林錫璋「債権の消滅時効と担保物の返還」債権と担保三頁以下（平成九年）、草野元己「抵当権と時効」玉田弘毅先生古稀記念論文集（現代民法学の諸問題）四五頁以下（平成一〇年）参照。

(2) 一般的見解

(イ) 一般的見解によれば、民法三九六条の趣旨は、抵当権は債務者および抵当権設定者（物上保証人）に対しては被担保債権の時効消滅に伴って消滅するだけで、被担保債権から独立に消滅時効にかからないというものであるとされる。そして、抵当不動産の第三取得者や後順位抵当権者は、被担保債権の消滅時効を援用して抵当権の消滅を主張することができるし、また、民法一六七条二項により抵当権が二〇年の消滅時効にかかることも主張することができるとされる（大判昭一五・一一・二六民集一九巻二一〇〇頁）。他方、民法三九七条は抵当不動産につき何らの取引関係もなくこれを事実上占有する者が時効取得する場合に抵当権が消滅する旨を定めた規定であるとされ、第三取得者には適用されないとされる（大判昭一五・八・一二民集一九巻一三三八頁）。もっとも、民法三九七条が第三取得者に適用されるとする見解もかなり有力である。

(ロ) しかし、一般的見解には次のような疑問がある。

第一に、抵当権は債務者や物上保証人に対しては被担保債権が時効で消滅すれば消滅するだけであり、抵当権自体は時効により消滅しないとするが、しかし、抵当権がはじめから成立していなかったり何らかの理由で消滅したが長期間の経過のため債務者や物上保証人が反証（成立について）や立証（消滅について）をするのが困難な場合、抵当権の時効による消滅を認める必要がある。この場合に債務者や物上保証人が保護されなくてよいとする理由はない。

第二に、第三取得者や後順位抵当権者は、被担保債権の消滅時効を援用して抵当権の消滅を主張することができる外、民法一六七条二項により抵当権の消滅を主張することができるとするが、これは、債務者・物上保証人と第三取得者・後順位抵当権者の間に大きな差を設けるものであり、著しくアンバランスであるというべきである。抵当権がはじめから成立していなかったり何らかの理由で消滅したが長期間の経過のため反証（成立について）や立証（消滅について）をするのが困難な場合、債務者・物上保証人も第三取得者・後順位抵当権者と全く同じように保護されるべきである。

第三に、第三取得者、後順位抵当権者、債務者、物上保証人が取得時効に必要な要件を具備する占有をした場合に民法三九七条の適用（あるいは、類推適用）を否定する理由はない（有力説は、第三取得者に三九七条の適用を認める）。事実上の占有者が民法三九七条によって保護されるのであれば、第三取得者、後順位抵当権者、債務者、物上保証人も同様に保護されるべきである。

第四に、民法一六七条二項と同法三九七条の関係が明確でない。民法三九七条の外に同法一六七条二項の適用を認める必要があるのかどうか明確でない。

(ハ)　この問題についての私見の詳細は後述するが、これを要約すれば以下の通りである。

第一に、抵当権は被担保債権が時効で消滅すれば消滅する。

第二に、占有者が取得時効に必要な要件を具備する占有をすれば、それが事実上の占有者、第三取得者、後順位抵当権者、債務者、物上保証人であるか否かを問わず、抵当権は時効により消滅する。(1)

第三に、民法一六七条二項は抵当権に適用されない。

（1）　フランス民法二四八八条四号は、抵当権は時効によって消滅すると規定するが、これは第三者による取得時効の完成のための要件が満たされた場合であるとされ（Legeais, n° 611）、わが国の民法三九七条と同じ趣旨の規定である。

フランス民法二四八八条四号による抵当権の時効消滅は、usucapio libertatis と呼ばれ、ローマ法に起原を有するものである。これがフランス古法に受け継がれたが、当時、抵当権は公示されず、抵当権がないと信じた抵当不動産の占有者を保護する必要があった。この時効制度は、フランス民法にも取り入れられ、抵当権が公示されるようになっても存続しているのである（以上については、Mazeaud-Chabas, n° 572）。二〇〇六年の担保権に関するフランス民法の改正においてもその二四八八条四号において維持されている。この場合の時効の法的性質については、消滅時効ないし解放時効（prescription libératoire. 抵当権を消滅させ不動産を抵当権から解放する時効）とされている（Mazeaud-Chabas, n° 577）。そして、債務者や物上保証人については、この時効は適用されず、抵当権は被担保債権と同時でなければ消滅しないとされている(Mazeaud-Chabas, n° 573)。

(3)　私　見

(イ)　民法三九六条について

(a)　抵当権は、債務者や物上保証人に対しては被担保債権と同時でなければ時効によって消滅しない(三九六条)。この趣旨は、被担保債権が時効で消滅した場合、抵当権はその付従性により消滅するというものである。(1)

(1)　民法議事速記録一七巻九八頁以下。

(b)　被担保債権が時効で消滅すれば抵当権も消滅するが、被担保債権は時効の援用権者が時効を援用した場合に消滅する(一四五条)。債務者や物上保証人(最判昭四二・一〇・二七民集二一巻八号二一一〇頁、同判昭四三・九・二六民集二二巻九号二〇〇二頁)が時効を援用した場合、被担保債権が消滅し、抵当権も消滅する。この場合、抵当権は債務者や物上保証人に限らずすべての者に対する関係でも消滅するのは当然である。債務者や物上保証人以外の者であっても、時効の援用権者であれば、その援用によって被担保債権は消滅し、抵当権も消滅する(最判昭四八・一二・一四民集二七巻一一号一五八六頁は、第三取得者について時効の援用権を認める)。

(ロ)　民法三九七条について

(a)　序

(α)　債務者や物上保証人でない者が抵当不動産につき取得時効に必要な要件を具備する占有をした場合、抵当権は消滅する(三九七条)。この趣旨は、抵当権がはじめから成立していなかったり何らかの理由で消滅していたが長期間の経過により反証(成立について)や立証(消滅について)に必要な証拠がない場合に抵当権の消滅を認めて占有者を保護するというものである。そして、このような趣旨からいえば、民法三九七条は、債務者や物上保証人でない者に対して適用されるのはもちろん、債務者や物上保証人に対しても類推適用されると解すべきである。

(β)　民法三九七条による抵当権の消滅の法的性質については、抵当権の消滅時効による消滅と解するのが妥当である[1]。所有権の取得時効の完成による反射的効果であると解することも可能であるが、しかし、所有者は取得時効の完成により相手方が所有権を取得する反射として所有権を失うのに対し、抵当権者は相手方が抵当権を取得する反射として抵当権を失うわけではない。

民法三九七条による抵当権の消滅の理由は、占有者が長期間の経過により抵当権の不成立や消滅について反証(成立について)や立証(消滅について)をするのが困難な場合に抵当権が消滅するとして占有者を救済するというものであると考えられ、消滅時効の一般的な存在理由[2](義務者とされる者が長期間の経過により権利の不成立や消滅について反証(成立について)や立証(消滅について)をするのが困難な場合に権利が消滅するとして義務者とされる者を救済する)に照らし、民法三九七条による抵当権の消滅は抵当権の消滅時効による消滅と解するのが妥当である[3]。

(1) 同旨、梅・五九一頁、内田・四七四頁、高橋・二七三頁、平野・一九七頁、道垣内・二三〇頁。フランスにおいては、抵当権の消滅時効ないし解放時効と解されている(本書四七五頁注(1)参照)。

(2) 石田穣・民法総則五三〇頁(平成四年)参照。

(3) 石田(穣)・四八一頁は、民法二八九条の承役地の取得時効に必要な要件を具備する占有による地役権の消滅について取得時効の反射的効果と解したが、再検討を要する。

(γ) 抵当権の消滅時効の起算時は、占有者が占有を始めた時である(一六六条二項本文参照)。この場合、抵当権者は、抵当権の時効を中断するためにいつでも占有者に対し抵当権の承認を求めることができるからである(一六六条二項但書参照)。それゆえ、抵当権の時効の起算時を抵当権の被担保債権の弁済期が到来した時と解する必要はない[1]。

(1) フランスにおいては、時効期間は被担保債権の弁済期が到来した時から進行を開始するとされている(Mazeaud-Chabas, n° 574; Legeais, n° 611)。

(b) 民法三九七条の内容　前述したように、民法三九七条は抵当不動産の事実上の占有者、第三取得者、後順位抵当権者、債務者、物上保証人であるかどうかを問わず適用(あるいは類推適用)される(右の(a)(α)参照)。そこで、以下、民法三九七条の内容を事実上の占有者、第三取得者、債務者および物上保証人に分けて説明してみよう。

(α)　抵当不動産の事実上の占有者

(i)　取得時効に必要な要件を具備する占有とは、所有の意思を有し、かつ、抵当権を否認する意思を持って平穏公然に抵当不動産を二〇年間あるいは一〇年間占有することであると解される(一六二条参照)。二〇年間の占有は、占有の開始の時に他人の不動産であることにつき悪意過失がある場合である。この場合、抵当権の存在につき善意無過失であっても二〇年間占有しない限り抵当権は消滅しない。一〇年間の占有は、占有の開始の時に他人の不動産であることと抵当権が存在することの両者につき善意無過失の場合である。占有開始の時に他人の不動産であることにつき善意無過失であっても抵当権の存在につき悪意過失があれば、占有者は不動産を取得するが抵当権は消滅せず(抵当権付不動産を取得する)、さらに一〇年間占有しない限り抵当権は消滅しない。

(ii)　占有者に抵当権を否認する意思がない場合、抵当権の時効は進行せず(一四七条三号参照)、占有者は抵当権付の所有権を取得する。(1)　占有者に所有の意思が推定される以上(一八六条一項)、抵当権を否認する意思も推定されると解すべきである。この推定は、事実上の推定である。(2)

(1)　高木ほか・一九五頁(生熊長幸執筆)参照。

(2)　石田(穣)・五二〇頁以下参照。

(iii)　(i)′　抵当権者は、抵当権の時効を中断するために、抵当権を実行することができる(一四七条二号)外、占有者に対し抵当権の承認を求めることができる(一六六条二項但書参照)。占有者が抵当権を承認したり、占有者において抵当権を承認すべき旨の判決が確定した場合、抵当権の時効は中断する。

(ii)′　占有者が抵当権を承認したり、占有者において抵当権を承認すべき旨の判決が確定した場合、占有者の抵当権を否認する意思は推定されない。この場合、抵当権者は、占有者が抵当権を否認する意思を有しないと考えてよいからである。そこで、その後に抵当権が時効で消滅するためには、占有者が抵当権者に対し抵当権を否認する意思を表示して、あるいは、外観上抵当権を否認する意思の存在が明らかな状態で抵当不動産を占有しなければならない（一八五条・一五七条参照）。このように解せば、抵当権者は、容易に抵当権を実行したり占有者に対し再び抵当権の承認を求めて抵当権の時効を中断することができる。この場合の時効期間は、占有者に抵当権が存在することにつき悪意過失があれば、抵当権の否認の意思を表示して、あるいは、外観上抵当権を否認する意思の存在が明らかな状態で占有を始めた時から二〇年であると解される（一六二条一項参照）。占有者が抵当権の存在につき善意無過失であれば（占有者が抵当権を承認した後で、抵当権が放棄（絶対的放棄）により消滅したと無過失で信じたような場合）、右の占有を始めた時から一〇年であると解される（一六二条二項参照）。

(β) 抵当不動産の第三取得者

(i) 民法三九七条は、抵当不動産の第三取得者に対しても適用される。

(ii) 第三取得者が取得時効に必要な要件を具備する占有をした場合、民法三九七条が適用され、抵当権は消滅すると解すべきである(1)。第三取得者についても、抵当権がはじめから成立していなかったり何らかの理由で消滅していたが長期間の経過により反証（成立について）や立証（消滅について）に必要な証拠がない場合、抵当権の時効による消滅を認める必要がある(2)。他方、抵当権者は、抵当権を実行したり第三取得者に対し抵当権の承認を求めて抵当権の時効を中断することができる。それゆえ、民法三九七条は第三取得者にも適用されると解するのが妥当である。

（1） 同旨、梅・五九一頁、来栖三郎「判例評釈」判例民事法昭和一五年度三〇二頁以下、四六四頁以下（昭和一七年）、星野・二九三頁、柚木＝高木・四二一頁以下、草野元己「抵当権と時効」玉田弘毅先生古稀記念論文集（現代民法学の諸問題）六八頁以下（平成一〇年）、高橋・二七三頁、平野・一九七頁（有効な第三取得者とする）、鈴木・二三四頁以下、道垣内・二三〇頁、松井・一一五頁（未登記の第三取得者とする）、松尾＝古積・三八一頁。

（2） 草野・前掲も、抵当権消滅の立証困難を救済するために抵当権の時効による消滅が認められるとする。

(iii)　第三取得者については抵当権を否認する意思は推定されない。私見によれば、抵当権は登記によって成立する（本書二八〇頁参照）。それゆえ、第三取得者は抵当権の登記のある不動産を取引により取得することになり、通常、抵当権の存在を承認してこれを取得すると考えられる。したがって、第三取得者の抵当権を否認する意思は推定されず、抵当権が消滅するためには、第三取得者は、抵当権者に対し抵当権を否認する意思を表示して、あるいは、その意思の存在が外観上明らかな状態で抵当不動産を占有しなければならない。このように解せば、抵当権者は、容易に抵当権を実行したり第三取得者に対し抵当権の承認を求めて抵当権の時効を中断することができる。

(iv)　時効期間は、第三取得者が抵当権者に対し抵当権を否認する意思を表示して、あるいは、その意思の存在が外観上明らかな状態で占有を始めた時から二〇年間あるいは一〇年間である[1]（一六二条参照）。二〇年間は、右の時に抵当権が存在することにつき悪意過失がある場合であり、一〇年間は右の時に善意無過失の場合（抵当権の登記があっても虚偽表示（九四条）などで抵当権が存在しないと無過失で信じた場合）である。他方、抵当権者は、抵当権を実行することができる外、第三取得者に対し抵当権の承認を求めることができる。第三取得者が抵当権を承認したり、第三取得者において抵当権を承認すべき旨の判決が確定した場合、抵当権の時効は中断する。しかし、第三取得者が抵当権を承認したり、第三取得者において抵当権を承認すべき旨の判決が確定した後で、第三取得者が抵当権者に対し抵当権を否認する意思を表示して、あるいは、その意思の存在が外観上明らかな状態で再び占有を始めれば、その時から二〇年あるいは一〇年経過した時に抵当権は消滅する。

(1)　道垣内・二三〇頁、松尾＝古積・三八一頁参照。

(γ)　債務者および物上保証人

(i)　民法三九七条は、債務者や物上保証人に対して類推適用される。

(ii)　債務者や物上保証人が取得時効に必要な要件を具備する占有をした場合、民法三九七条が類推適用され、抵当権は消滅すると解すべきである[1]。債務者や物上保証人についても、抵当権がはじめから成立していなかったり何らかの理由で消滅したが長期間の経過により反証（成立について）や立証（消滅について）に必要な証拠がない場合、抵当権の時効による消滅を認める必要がある。他方、債務者や物上保証人については抵当権を否認する意思の存在は推定されないが、抵当権を否認する意思が抵当権者に表示されたり外観上その存在が明らかであれば、抵当権者は、容易に抵当権を実行したり債務者や物上保証人に対し抵当権の承認を求めて抵当権の時効を中断することができる。それゆえ、民法三九七条は、債務者や物上保証人が抵当権者に対し抵当権を否認する意思を表示して、あるいは、外観上その意思の存在が明らかな状態で抵当不動産を占有する場合に類推適用されると解するのが妥当である。

（1）石田穣・民法総則六三五頁（平成四年）、石田（穣）・四八〇頁参照。

(iii) 時効期間などその他の点については、抵当不動産の第三取得者について説明したのと同じである（右の(iv)(β)参照）。

(ハ) 民法一六七条二項による二〇年の消滅時効は、抵当権には適用されないと解すべきである[1]。抵当不動産の事実上の占有者が抵当不動産を長期間にわたり占有したり、第三取得者、債務者、物上保証人が抵当権を否認する意思を抵当権者に表示して、あるいは、外観上その意思の存在が明らかな状態で抵当不動産を長期間にわたり占有しているのに、抵当権者がその間に時効中断の措置をとらないでいる場合、抵当権は、はじめから成立していなかったか、何らかの理由で消滅した蓋然性が高い。それゆえ、この場合には抵当権の時効による消滅を認める必要があるが、この場合以外に抵当権の時効による消滅を認める必要があるとは思われない。したがって、民法三九七条とは別に同法一六七条二項の適用を認める必要はないと解すべきである。

（1）同旨、来栖三郎「判例評釈」判例民事法昭和一五年度三〇二頁以下、四六四頁以下（昭和一七年）、草野元己「抵当権と時効」玉田弘毅先生古稀記念論文集（現代民法学の諸問題）八一頁（平成一〇年）、高橋・二七三頁、道垣内・二三〇頁。

四　その他

(1) 抵当権の目的が地上権や永小作権の場合、地上権者や永小作人がこれらの権利を放棄してもこれを抵当権者に主張することはできない（三九八条）。

(2)　権利者が権利を放棄することは一般的には自由であるが、これによって第三者を害する場合には許されない。民法三九八条は、この法理を規定したものである。工場抵当法一六条三項は民法三九八条を準用し、立木ニ関スル法律八条は民法三九八条と同趣旨を規定している。

(3)　抵当権の目的が地上権や永小作権の場合、地上権者や永小作人が地上権や永小作権を放棄してもそれは無効であり、地上権や永小作権は存続すると解すべきである。(1)

（1）　石田（穣）・四四九頁、四六五頁参照。

(4)　判例は、民法三九八条の趣旨を拡大し、借地上の建物に抵当権が設定されている場合に借地権者が借地権を放棄したり（大判大一一・一一・二四民集一巻七三八頁）借地契約を合意解除する（大判大一四・七・一八新聞二四六三号一四頁）のは許されないとしている。

第八節　特殊な抵当権

一　共同抵当権

(1)　序

(イ)　共同抵当権とは、同一の債権の担保として数個の不動産の上に設定された抵当権である（三九二条・三九三条）。実際の取引上、かなり多く利用される抵当権である。(1)(2)

（1）　共同抵当権については、石田文次郎「総括抵当論」民法研究一巻三三三頁以下（昭和九年）、香川保一「共同抵当に関する諸問題」金法二五七号一八頁以下、二五八号一四頁以下、二五九号一六頁以下、二六〇号一四頁以下、二六三号二〇頁以下、二六五号二〇頁以下、二六六号一三頁以下（昭和三五年—三六年）、鈴木禄弥「共同抵当について」抵当制度の研究二一五頁以下（昭和四三年）、島内龍起・共

同抵当論(昭和四四年)、清水誠「共同抵当序論」担保法大系１五九七頁以下(昭和五九年)、富越和厚「共同抵当をめぐる判例上の問題点」同書六五一頁以下、松本崇「共同抵当の実務」同書六九七頁以下、小林資郎「共同抵当をめぐる諸問題」金融担保法講座Ⅱ一〇三頁以下(昭和六一年)、竹下守夫「共同抵当権と競売手続」担保権と民事執行・倒産手続二五頁以下(平成二年)、福永有利「共同抵当権と目的不動産所有者の倒産」石田喜久夫＝西原道雄＝高木多喜男先生還暦記念論文集下(金融法の課題と展望)一一五頁以下(平成二年)、近江幸治「共同抵当の放棄と担保保存義務の免責および免除特約」高島平蔵教授古稀記念(民法学の新たな展開)三九三頁以下(平成五年)、佐久間弘道・共同抵当の理論と実務(平成七年)、高木多喜男「共同抵当における最近の諸問題」金融取引の法理二巻三二六頁以下(平成八年)、同「後順位抵当権者のための共同抵当権者の担保保存」同書三四七頁以下、後藤巻則「共同抵当における利害関係人の利益の調整と民法三九二条の適用」みんけん五五四号三頁以下(平成五年)、仁瓶五郎「共同抵当における異時配当の問題点――配当計算と代位の登記を中心に――」内山尚三先生追悼(現代民事法学の構想)二〇一頁以下(平成一六年)参照。

(2) ドイツ民法の共同抵当権(Gesamthypothek)においては、個々の不動産は被担保債権の全額を担保し、抵当権者は任意にどの不動産からでも被担保債権の全額あるいは一部の満足を受けることができる(ドイツ民法一一三二条一項)。もっとも、抵当権者は、それぞれの不動産が被担保債権の分割された額についてのみ責任を負うという形で被担保債権の額を個々の不動産に割り当てることができる(ドイツ民法一一三二条二項)。このように、ドイツの共同抵当権においては、わが国の民法三九二条のような取扱い、すなわち、目的不動産の代価を同時に配当すべき場合には各目的不動産の価額に応じて被担保債権の負担が按分され(三九二条一項。本書四九三頁以下参照)、共同抵当権者がある目的不動産の代価からのみ満足を受ける場合にはその目的不動産についての後順位抵当権者は共同抵当権者が右の按分配当の場合に他の目的不動産から満足を受ける範囲で他の目的不動産について共同抵当権者に代位しその抵当権を行使できる(三九二条二項。本書四九七頁以下参照)という取扱いはされていない。

スイスの共同担保権(Gesamtpfandrecht)においては、原則として、個々の不動産はそれぞれ被担保債権の全額を担保する(スイス民法七九八条一項)。しかし、当事者がこれを欲しない場合や不動産が別々の所有者に属するような場合、個々の不動産は被担保債権の分割された額を担保する(スイス民法七九八条二項。Aufteilung der Pfandhaftといわれる)。この額は、別段の定めがなければ、不動産の価額関係によって定められる(スイス民法七九八条三項)。Aufteilung der Pfandhaft においては、個々の不動産について被担保債権の分割された額より余剰が生じれば、それは後順位担保権者に配当される(Kommentar zum Schweizerischen Privatrecht, § 798 Nr. 18)。以上のように、スイスの共同担保権においても、わが国の民法三九二条のような取扱いはされていないが、Aufteilung der Pfandhaft はこれにやや近い。

フランス民法においては、共同抵当権に関する規定はない。二〇〇六年の担保権に関する民法改正においても共同抵当権に関する規定は設けられていない。

(ロ)　(a)　共同抵当権においては、被担保債権は、複数の目的不動産によって分割して担保されるのではなく、どの目的不動産によっても全額が担保される。そして、ある目的不動産によって被担保債権の一部しか満足がえられなかった場合、被担保債権の残部は他の目的不動産によって担保される。たとえば、一、二〇〇万円の債権を担保するために甲乙丙の不動産に共同抵当権が設定された場合、共同抵当権者は、甲乙丙のどれからでも一、二〇〇万円の弁済を受けることができる。そして、共同抵当権者は、たとえば、丙から一、〇〇〇万円の弁済しか受けられなかった場合、甲乙から残額の二〇〇万円の弁済を受け、結局、一、二〇〇万円全額の弁済を受けることができる。これに対し、一、二〇〇万円が三つに分割され、四〇〇万円の三つの債権がそれぞれ甲乙丙により担保されるという場合、たとえば、抵当権者が丙から二〇〇万円の弁済しか受けられなければ、甲乙からそれぞれ四〇〇万円ずつの弁済を受けられても、合計で一、〇〇〇万円の弁済しか受けられないのである。

以上の説明から明らかなように、共同抵当権は強力な抵当権であり、連帯債務に類似する。(1) 連帯債務においても、債権者は、どの債務者からでも債権の全額の弁済を受けることができ、ある債務者から債権の一部しか弁済を受けられなかった場合には他の債務者から債権の残部の弁済を受けることができるのである。

(1)　同旨、鈴木・二七八頁以下。ドイツにおいても、同様の見解が示されている(Prütting, Nr. 737)。

(b)　共同抵当権者が甲乙丙のいずれからでも被担保債権の全額の満足を受けることができるとすれば、甲乙丙に後順位抵当権の設定を受ける者がいず、甲乙丙の担保価値が十分に利用されないおそれがある。そこで、民法は、後順位抵当権者は他の目的不動産につき共同抵当権者の抵当権を代位行使することができるとしている(三九二条二項後段。本書四九七頁以下参照)。ドイツにおいては、後順位抵当権者による代位の制度がないため、後順位抵当権者は甲乙丙につき後順位の共同抵当権の設定を受けるのが有意義であるとされる[1]。

（1） Prütting, Nr. 739.

(c) ドイツにおいては、共同抵当権に関し、甲乙丙につき一つの抵当権が存在するのか、それとも、甲乙丙それぞれに一つずつの抵当権が存在するのか（合計で三つの抵当権）争われているが[1]、共有の場合の所有権の個数についてと同様、いずれの見解も成り立ち、いずれの見解であってもよいと考える[2]。前者によれば、甲乙丙につき一つの抵当権が成立し、抵当権者はどの不動産からでも被担保債権の全額の満足を受けることができるが、どれか一つあるいは複数の不動産から被担保債権の全額の満足を受ければすべての不動産について抵当権が消滅するということになるであろう。後者によれば、甲乙丙それぞれに一つずつの抵当権が成立し、抵当権者はどの抵当権の行使によっても被担保債権の全額の満足を受けることができるが、どれか一つあるいは複数の抵当権の行使により被担保債権の全額の満足を受ければすべての抵当権が消滅するということになるであろう。

（1） Prütting, Nr. 738. Prütting は、前者の見解をとる（Prütting, a. a. O.）。
わが国では、鈴木・二七八頁は後者の見解をとる。

（2） 石田（穣）・三七五頁参照。

(ハ) 共同抵当権が設定される理由には二つある。

第一は、個々の不動産では被担保債権の十分な満足をえることができない場合にこれらの複数の不動産に共同抵当権の設定を受け被担保債権の十分な満足をはかるということである。個々の不動産では被担保債権を十分に満足させることができなくてもこれらの不動産を全部あわせれば被担保債権を十分に満足させることができる場合に行われる。

第二は、抵当権の設定された不動産が滅失・損傷・減少などする場合に備えて複数の不動産に共同抵当権の設定を受けるということである。この場合、個々の不動産で被担保債権を十分に満足させることができることも少なくない。

共同抵当権は、以上の二つの理由のいずれか、あるいは、両方の理由で設定される。

㈡ (a) 共同抵当権の実行には二つの方法がある。

(b) (α) 第一は、同時配当といわれるものであり、共同抵当権の目的物である数個の不動産全部を競売しその売却代金を同時に配当する方法である。

(β) 一般に、同時配当においては、各不動産の価額（後述のように、売却代金（本書四九四頁参照））に応じて被担保債権が弁済されるといわれる（三九二条一項）。

たとえば、共同抵当権の目的物である甲乙丙という三個の不動産があり、その売却代金は甲が二、〇〇〇万円、乙が四、〇〇〇万円、丙が六、〇〇〇万円であるとし、被担保債権額は六、〇〇〇万円であるとしてみよう。この場合、被担保債権の六、〇〇〇万円は、甲乙丙の価額に応じて、すなわち、一対二対三（二、〇〇〇万対四、〇〇〇万対六、〇〇〇万）の割合で甲乙丙の売却代金から弁済される。そこで、甲からは六、〇〇〇万円×1/6＝一、〇〇〇万円、乙からは六、〇〇〇万円×2/6＝二、〇〇〇万円、丙からは六、〇〇〇万円×3/6＝三、〇〇〇万円が弁済される。以下において、各不動産の売却代金に応じて弁済される場合に各不動産に割り当てられる金額を各不動産の分担額ということにする。

(γ) (i) しかし、同時配当においては、各不動産の価額に応じて被担保債権が弁済される方法——以下、按分配当という——に限定されるべきでなく、利害関係人の利害が適切に調整される方法が行われるべきである。按分配当は、その中の一つの方法であるというべきである。

(ii) たとえば、Aが不動産甲、乙の上に一番の共同抵当権を、Bが甲の上に二番抵当権を有するとし、同時配当が行われるとしてみよう。この場合、Aは、乙から、あるいは、乙の全額と甲の一部から配当を受けるべきであり、按分配当は行われるべきでない。按分配当が行われれば、Bは甲につきAに按分配当された残額から配当を受け、乙につきAに按分配当された残額は債務者に交付される。しかし、これではBの被担保債権が完済されない場合、Bが害される。Bは、同時配当の機会に弁済を受けなければ、残債権についていつ弁済を受けることができるのか分からず、著しく害されるのである。それゆえ、右の場合、按分配当は行われるべきでなく、Aは、乙から、あるいは、乙の全額と甲の一部から配当を受けるべきである。そして、このようにしてもAや債務者は全く害されないのである。

(iii) 右のケースで、Bが二番抵当権者でなく甲の差押債権者である場合も同様に解してよいであろう。

(iv) Bが甲の二番抵当権者でCが乙の差押債権者の場合、Aは、乙から、あるいは、乙の全額と甲の一部から配当を受けるべきである。Bは抵当権者であるがCは無担保債権者であり、Bの方が保護されるべきであると思われるからである（大判昭一〇・四・二三民集一四巻六〇一頁は、この場合、按分配当が行われるべきであるとする）。Cは、Aが乙の抵当権のみを実行した場合、甲につき代位をすることができないのである（本書四九八頁参照）。

(v) 按分配当が行われるのは、たとえば、甲に二番抵当権者B、乙に二番抵当権者Cがいるような場合である。この場合、按分配当が行われれば、B、Cの利害は適切に調整される。もっとも、按分配当が行われなくても、B、Cは代位により適正に保護されるともいえる（本書四九七頁以下参照）。しかし、同時配当の場合にわざわざ代位の手続きを踏むのは面倒であり、按分配当が行われると解すべきである。B、Cが甲、乙のそれぞれの差押債権者である場合にも按分配当が行われると解してよいであろう。

(vi) 以上のように、同時配当＝按分配当ではなく、按分配当は同時配当の一つの場合にすぎないと解すべきである。結局、民法三九二条一項は同時配当のうちの一つの場合について適用される規定であるということになるであろう。

(c) (α) 第二は、異時配当といわれるものであり、同時配当でない配当の方法である（三九二条二項前段）。たとえば、共同抵当権者が共同抵当権の目的不動産甲乙のうち甲のみを競売しその売却代金から被担保債権の弁済を受けるというのがこれである。

(β)　(i)　異時配当の場合、後順位抵当権者は、共同抵当権者が按分配当の場合に他の不動産の代価から弁済を受けるべき金額（分担額（本書四八六頁参照））を限度としてその不動産につき共同抵当権者に代位し抵当権を行使することができるとされる（三九二条二項後段。三九二条二項後段にいう次順位抵当権者とは、後述のように、後順位抵当権者のことである（本書四九八頁以下参照））。

たとえば、Aが不動産甲乙の上に共同抵当権（一番抵当権）を有しその被担保債権額が六、〇〇〇万円、Bが甲の上に二番抵当権を有しその被担保債権額が三、〇〇〇万円であるとし、甲乙の売却代金はそれぞれ六、〇〇〇万円、三、〇〇〇万円であるとしてみよう。この場合、按分配当の場合の甲乙の分担額は、それぞれ四、〇〇〇万円、二、〇〇〇万円である（本書四八六頁参照）。Aが甲のみを競売した場合、甲の売却代金は全額Aの被担保債権の弁済に当てられ、Bは甲から弁済を受けることはできない。しかし、Bは、Aが按分配当の場合に乙から配当を受けることができる乙の分担額二、〇〇〇万円について乙のAの抵当権を代位行使し、二、〇〇〇万円の配当を受けることができるとされるのである。

(ii)　右のケースで乙に後順位抵当権者がいない場合、Bは乙の売却代金三、〇〇〇万円のうち二、〇〇〇万円の配当を受けるだけで、残額一、〇〇〇万円は債務者に交付される。しかし、Bは債務者に対し一、〇〇〇万円の残債権を有しているのであり、右の残額一、〇〇〇万円はBに配当されるべきである。残額一、〇〇〇万円が債務者に交付されれば、Bは残債権につきいつ弁済を受けることができるか分からなくなる。これに対し、乙に後順位抵当権者Cがいる場合、BとCを公平に扱うという観点から、Bは乙につき乙の分担額を限度としてAの抵当権を代位行使することができるとすることには合理性がある。

以上によれば、民法三九二条二項後段に定める乙の分担額を限度とする代位は、乙に後順位抵当権者がいる場合の規定であり、後順位抵当権者がいない場合には適用されず、Bは乙の分担額に制約されることなく代位をすることができると解すべきである。乙に差押債権者Cがいる場合には疑問もあるが、無担保債権者よりも甲に後順位とはいえ抵当権の設定を受けたBを保護するという観点から、BはCがいても分担額の制約を受けることなく乙に代位をすることができると解すべきである。Cは、Aが乙の抵当権のみを実行した場合、甲につき代位をすることができないのである（本書四九八頁参照）。

(2) 共同抵当権の設定と登記

(イ) 共同抵当権の設定

(a) 共同抵当権は、同一の債権の担保として数個の不動産の上に設定される。同一の当事者間で同一の原因（契約など）から生じた債権は同一の債権である。同一の債権であれば、個々の不動産が担保する金額は異なってもよい。たとえば、一、〇〇〇万円の債権につき、不動産甲は一、〇〇〇万円、乙は六〇〇万円、丙は四〇〇万円を担保するというのであってもよい。また、個々の不動産によって抵当権の順位が異なってもよい。たとえば、甲については一番抵当権、乙については二番抵当権、丙については三番抵当権というのがこれである。

(b) (α) 共同抵当権の目的となる数個の不動産には、土地、建物の外に、地上権や永小作権（三六九条二項参照）、工場財団、鉱業財団、漁業財団なども入る。それゆえ、たとえば、同一の債権を担保するために、建物と地上権、工場財団の上に共同抵当権を設定することも可能である。なお、同一の債権を担保するために、不動産甲には抵当権を設定し、乙には不動産質権を設定することも可能である（三六一条参照）。

(β) 同一の債権を担保するために数個の建設機械の上に共同抵当権を設定することも可能である（建設機械抵当法二一条）。土地や建物などと建設機械の上に共同抵当権を設定することも可能であると解すべきである。

(γ) 同一の債権を担保するために数個の自動車の上に共同抵当権を設定することは、明文の規定がなく、できないと解されている。しかし、建設機械抵当法二一条を類推し、可能であると解すべきである。このように解する方が共同抵当権者と後順位抵当権者の関係を合理的に調整することができるからである。同様にして、土地や建物などと自動車の上に共同抵当権を設定することも可能であると解すべきである。鉄道財団については、一般に、自動車の場合と同様に解されているが、鉄道財団も共同抵当権の目的になることができるというべきである（鉄道抵二三条・二四条参照）。

(c)　共同抵当権の設定は、追加的に行うことも可能である。たとえば、当初、不動産甲のみを目的物とする通常の抵当権が設定されたが、その後、乙丙が甲と同一の債権を担保するために抵当権の目的物に追加された場合、甲乙丙を目的物とする共同抵当権が追加的に成立する。

(d)　(α)　前述したように、同一の債権であれば個々の不動産の担保する金額は異なってもよい（本書四八九頁参照）。たとえば、一、〇〇〇万円の債権につき、不動産甲は一、〇〇〇万円、乙は六〇〇万円、丙は四〇〇万円を担保するというのがこれである。この場合、乙と丙については一部抵当権になるが、共同抵当権であることに変わりはない。そこで、共同抵当権者が甲を競売して被担保債権の満足をえた場合、甲の後順位抵当権者は乙丙につき共同抵当権者の抵当権を代位行使することができる（この場合の各不動産の分担額については、本書四九六頁参照）。

(β)　これに対し、抵当権者Aが一、〇〇〇万円の債権を分割し、たとえば、甲についての抵当権の被担保債権額を五〇〇万円、乙についての抵当権の被担保債権額を三〇〇万円、丙についての抵当権の被担保債権額を二〇〇万円にした場合、これは共同抵当権ではない。それぞれの不動産の抵当権は、それぞれ別個の債権を担保する抵当権になる。そこで、たとえば甲が競売された場合、甲の後順位抵当権者は乙丙のAの抵当権を代位行使することはできない。

(γ)　抵当権が共同抵当権であるか、それとも、同一の債権が分割されて複数の債権を担保する抵当権が設定されたのかという問題があるが、次に述べるように共同抵当権は登記によって成立すると解する場合、主として共同抵当権の登記の有無によって判断されることになる。そこで、共同抵当権の登記がされている場合、それは原則として共同抵当権である（共同抵当権の登記がされていても、同一の債権を担保するものでなければ、その登記は実体関係に符合せず共同抵当権とはいえない）。共同抵当権の登記がされていなければ、それは共同抵当権とはいえないが、この場合には、同一の債権を担保するために設定される抵当権の場合と別個の債権を担保するために設定される抵当権の場合の二つがある。いずれの場合においても民法三九二条・三九三条は適用されない。

(ロ)　登　記

(a)　共同抵当権が設定される場合、その旨の登記がなされる（不登八三条一項四号）。この場合、登記官は共同担保目録を作成することができる（不登八三条二項）。それゆえ、利害関係人は、どの不動産が共同抵当関係にあるかを容易に知ることができる。

(b)　(α)　共同抵当権の登記は、どのような効力を有するのであろうか。

(β)　一般に、共同抵当権はその実体関係があれば登記がなくても共同抵当権としての効力を有するとされる。すなわち、登記は共同抵当権の効力要件ではないとされる。また、登記は共同抵当権の対抗要件でもないとされている。

(γ)　(i)　しかし、第一に、一般に、後順位抵当権者が代位をする場合、代位の付記登記をしなければ、代位権が生じた後に代位の目的不動産に利害関係を有するに至った第三者、たとえば、代位権が生じた後に代位の目的不動産に抵当権の設定を受けた者に対抗することができないとされている（本書五〇五頁参照）。そして、代位の付記登記をするには共同抵当権の登記がされていなければならないとされている。そうだとすれば、一般の見解においても、共同抵当権の登記は、代位の付記登記とともに、共同抵当権の中心的内容をなす代位権の第三者に対する対抗要件とされているといわざるをえない。

第二に、共同根抵当権においては、共同根抵当権の登記が成立要件とされている（三九八条の一六）。これは、法律関係を明確にするためであるが、一般の共同抵当権の場合においても法律関係を明確にすべきであることに変わりはない。共同根抵当権の場合に限って法律関係を明確にすべきだとする理由はない。一般の共同抵当権においても、後順位抵当権者による代位権が生じる前の第三者や代位権が生じた後の第三者と後順位抵当権者の関係、あるいは、後順位抵当権者による代位と抵当不動産の第三取得者の関係など、共同抵当関係を登記により明確にすることにより適切に解決される問題が少なくない。それゆえ、共同根抵当権において登記が成立要件とされる以上、一般の共同抵当権においても登記が成立要件とされるべきである。

第三に、登記を物権変動の効力要件と解する私見[1]によれば、共同抵当権も登記によって成立すると考えられる。

(1)　石田(穣)・一三七頁参照。

(ii)　以上のように、共同抵当権は登記によって成立する。そして、このように解せば以下のような長所があると考えられる。

第一に、法律関係が明確になるため、利害関係人が共同抵当権に関し適切に判断し行動することができる。共同抵当権が登記なしに成立するとする場合、後順位抵当権者は代位をすることができるのを知らずに抵当権の設定を受けないでしまうこともありうるし、代位権が生じてもそれを知らずに行使しないこともありうる。

第二に、後述のように、後順位抵当権者による代位権が生じる前の第三者や代位権が生じた後の第三者と後順位抵当権者の関係について適切に処理することができる(本書五〇五頁以下参照)。

第三に、後述のように、後順位抵当権者と物上保証人や抵当不動産の第三取得者の間に複雑な問題が生じるが、登記を共同抵当権の成立要件と解せば比較的容易にこれらの問題を解決することができる(本書五〇九頁以下、五一二頁以下参照)。

(iii)　以上のように解する場合、当事者が共同抵当権の合意をしてもその登記をしない限り効力を生じない。共同抵当権の合意をしたのに通常の抵当権の登記をした場合、通常の抵当権としての効力が生じ、民法三九二条・三九三条は適用されない。もっとも、売却代金が同時に配当されるケースで、各抵当不動産に後順位抵当権者がいる場合や各抵当不動産に差押債権者がいる場合には、按分配当、すなわち、各抵当不動産の価額に応じた配当が行われると解してよいであろう。このように解しても、抵当権者は全く不利益を受けないし、他方、各後順位抵当権者や各差押債権者は、公平に配当を受けることができるからである（本書四八七頁参照）。

(3) 共同抵当権の実行

(イ) 序　共同抵当権の実行には、同時配当と異時配当の二つの方法がある。

(ロ) 同時配当

(a) 序　同時配当とは、共同抵当権の目的物である数個の不動産全部の売却代金を同時に配当することである。この場合、利害関係人の利害が適切に調整されるように配当が行われるべきであるが、その一つが按分配当、すなわち、各不動産の価額＝売却代金（本書四九四頁参照）に応じて被担保債権の負担が按分される方法（三九二条一項）である（本書四八六頁参照）。以下においては、按分配当を中心にして説明する。

(b) 同時配当の意義

(α) 同時配当とは、共同抵当権の目的物である数個の不動産全部の売却代金を同時に配当することである。各不動産について同時に競売申立てや競売開始決定が行われる必要はない。売却代金の配当が同時であればよい。

(β) (i) 同時配当は、本来、共同抵当権の目的不動産の全部を競売しその売却代金を同時に配当することを指し、その場合に行われる配当方法の一つが按分配当である。しかし、右の不動産のうちいくつかを競売しその売却代金を同時に配当する場合にも、次に述べるように、配当方法の一つとして按分配当が行われるべき場合がある。もっとも、この場合、同時配当ではなく異時配当になるので後順位抵当権者による代位の問題が生じる。

(ii) たとえば、共同抵当権者Aの被担保債権額が六、〇〇〇万円、その目的不動産甲の売却代金が二、〇〇〇万円、乙の売却代金が四、〇〇〇万円、丙の売却代金が六、〇〇〇万円であるとし、乙丙について同時に配当が行われ、乙に被担保債権額が二、二五〇万円の二番抵当権者Bが、丙に被担保債権額が五、〇〇〇万円の二番抵当権者Cがいるとしてみよう。

この場合、必ずしも按分配当が義務づけられるわけではないが、按分配当を行っても差し支えないと解される（本書四九八頁参照）。按分配当が行われる場合、Aの被担保債権の六、〇〇〇万円は、乙丙の売却代金に応じて、つまり、二対三（四、〇〇〇万対六、〇〇〇万）の割合で、乙から二、四〇〇万円（六、〇〇〇万円×$\frac{2}{5}$）、丙から三、六〇〇万円（六、〇〇〇万円×$\frac{3}{5}$）が弁済される。Bには乙からAに弁済された残額一、六〇〇万円が弁済され、Cには丙からAに弁済された残額二、四〇〇万円が弁済される。そして、Bはなお六五〇万円の被担保債権を、Cはなお二、六〇〇万円の被担保債権を有するから、B、Cは、同順位で、甲の分担額、すなわち、甲乙丙の按分配当の場合に甲が負担する額を限度として甲につきAの抵当権を代位行使することができる。甲乙丙は一対二対三（二、〇〇〇万対四、〇〇〇万対六、〇〇〇万）の割合でAの被担保債権の六、〇〇〇万円を負担するから、甲の分担額は一、〇〇〇万円（六、〇〇〇万円×$\frac{1}{6}$）である。結局、B、Cは、甲の分担額一、〇〇〇万円から一対四（六五〇万対二、六〇〇万）の割合で配当を受けるから、Bは二〇〇万円（一、〇〇〇万円×$\frac{1}{5}$）、Cは八〇〇万円（一、〇〇〇万円×$\frac{4}{5}$）の配当を受けることになる。

(c)　各不動産の価額に応じての意義

(α)　各不動産の価額とは、競売の際の売却代金のことである。

(β)　数個の不動産が一括して売却された場合（一括売却。民執一八八条・六一条）、個々の不動産の売却代金は売却代金の総額を各不動産の売却基準価額に応じて案分してえた額である（民執一八八条・八六条二項前段）。

(γ)　共同抵当権の目的不動産に先順位の抵当権が存在する場合、その不動産につき先順位抵当権者に配当される額の残額がその不動産の売却代金になる。たとえば、共同抵当権の目的不動産甲に被担保債権額一、〇〇〇万円の先順位抵当権が存在し、競売で甲が三、〇〇〇万円で売却された場合、共同抵当権についての甲の売却代金は二、〇〇〇万円である。そこで、共同抵当権の目的不動産乙の売却代金が四、〇〇〇万円、丙の売却代金が六、〇〇〇万円の場合、共同抵当権の被担保債権は一対二対三（二、〇〇〇万対四、〇〇〇万対六、〇〇〇万）の割合で甲乙丙の各売却代金から弁済される。

(δ) (i) Aが六、〇〇〇万円の被担保債権につき不動産甲乙丙に共同抵当権を有し、Bが三、〇〇〇万円の被担保債権につき甲丁に共同抵当権を有して甲につきBの抵当権が先順位であるとする。

この場合、Aが甲乙丙の共同抵当権を実行すれば、Bの甲についての抵当権も実行されることになる。そして、Aは、丁につき、甲丁が按分配当される場合の丁の分担額を限度として、Bの抵当権を代位行使することができる。それゆえ、Aの甲についての売却代金は、甲につきBに配当される残額プラス丁から分担額を限度としてえられる配当金と解すべきである。

たとえば、甲、乙の売却代金をそれぞれ三、〇〇〇万円、丙の売却代金を六、〇〇〇万円、丁の売却代金を一、〇〇〇万円であるとすれば、Bは甲の売却代金から三、〇〇〇万円の弁済を受けるから、甲からAに配当される残額はゼロであり、Aの甲についての売却代金は丁の分担額の七五〇万円（三、〇〇〇万円×1/4）である。そこで、甲（丁の分担額）、乙、丙の按分配当の場合、Aの六、〇〇〇万円の被担保債権は、甲、乙、丙から一対四対八（七五〇万対三、〇〇〇万対六、〇〇〇万）の割合で弁済されることになり、甲の分担額は約四六二万円、乙の分担額は約一、八四六万円、丙の分担額は約三、六九二万円である。

丙に被担保債権額が五、〇〇〇万円の後順位抵当権者Cがいるとし、Aが丙の抵当権を実行した場合、Cは、甲（丁の分担額）、乙からそれぞれの分担額の限度で弁済を受けることができる。そこで、Cは、甲から約四六二万円、乙から約一、八四六万円、合計約二、三〇八万円の弁済を受けることができる。

(ii) Cが甲（丁の分担額）から弁済を受けるという場合、それは、Aが丁につき代位によりBから取得する抵当権を代位行使するということである。Aによる丁についてのBの抵当権の代位行使は、後述のように、AがBから丁についての抵当権を取得し、それを行使することであると解されるからである（本書五〇四頁参照）。結局、Cは、丁についてのAの抵当権を代位行使する、つまり、丁についてのAの抵当権をAから取得し行使するということになる。[1]

（1）　我妻・四三八頁は、Cは丁についてのBの抵当権を代位行使するとする。

(ε)　共同抵当権の一部が一部抵当権の場合、按分配当は以下のようになるであろう。たとえば、六、〇〇〇万円の債権につき、甲については全額の抵当権、乙については四、〇〇〇万円の一部抵当権、丙については二、〇〇〇万円の一部抵当権が設定され按分配当が行われる場合、まず、甲乙丙共通の二、〇〇〇万円について甲乙丙の売却代金から甲乙丙の売却代金に応じて弁済される。次に、甲乙共通の二、〇〇〇万円について甲乙の売却代金から甲乙の売却代金に応じて弁済される。次に、甲のみの二、〇〇〇万円は甲の売却代金から弁済される。甲の分担額は、甲乙丙共通の二、〇〇〇万円の分担額プラス甲乙共通の二、〇〇〇万円の分担額プラス二、〇〇〇万円であり、乙の分担額は、甲乙丙共通の二、〇〇〇万円の分担額プラス甲乙共通の二、〇〇〇万円の分担額である。丙の分担額は、甲乙丙共通の二、〇〇〇万円の分担額である。（1）

（1）　同旨、我妻・四三九頁。

(d)　負担が按分されるの意義

(α)　負担が按分されるとは、共同抵当権の被担保債権が個々の不動産の売却代金に応じて個々の不動産の売却代金から弁済されるということである。

(β)　個々の不動産の分担額の残額は後順位抵当権者に配当され、なお残余があれば債務者に交付される。たとえば、共同抵当権の被担保債権額が六、〇〇〇万円で、共同抵当権の目的不動産甲の売却代金が二、〇〇〇万円、乙の売却代金が四、〇〇〇万円、丙の売却代金が六、〇〇〇万円の場合、被担保債権は甲の売却代金から一、〇〇〇万円、乙の売却代金から二、〇〇〇万円、丙の売却代金から三、〇〇〇万円が弁済される。甲乙丙のそれぞれの残額は、それぞれの後順位抵当権者に配当され、なお残余があれば債務者に交付される。

(e)　その他

(α) 共同抵当権者は、目的不動産の全部につき競売の申立てをしてもよいし、その一部につき競売の申立てをしてもよい。前者の場合には同時配当、後者の場合には異時配当になる場合が多いであろうが、必ずそうなるわけではない(前者につき、ある目的不動産の競売手続きが他の目的不動産の競売手続きにくらべ早く進んだような場合。後者につき、後順位抵当権者が他の目的不動産の競売の申立てをして同時配当が行われるような場合)。

(β) 同時配当の場合、いろいろな配当方法があるが、どの配当方法が行われるかは利益状況に応じて決定される(本書四八六頁以下参照)。共同抵当権者の選択によるのではない。

(γ) 数個の不動産の売却において、そのうちあるものの売却で各債権者の債権や執行費用の全部を弁済することができる見込みがある場合、他の不動産の売却許可決定は留保される(民執一八八条・七三条)。それゆえ、この場合、同時配当は行われない。同時配当が行われなくても、後順位抵当権者や債権者などは害されない。

(ハ) 異時配当

(a) 序　異時配当とは、共同抵当権の目的物である数個の不動産全部の売却代金を同時に配当しない場合の配当である。数個の不動産のうち一個について配当する場合に限らず、全部でない限り複数の不動産の売却代金を同時に配当する場合であっても異時配当である。異時配当の場合、抵当権者は一個あるいは複数の不動産から全額弁済を受けることができる(三九二条二項前段)。

(b) 異時配当の具体例

(α) 共同抵当権者Aの被担保債権額が六、〇〇〇万円で共同抵当権の目的不動産甲の売却代金が二、〇〇〇万円、乙の売却代金が四、〇〇〇万円、丙の売却代金が六、〇〇〇万円の場合、Aは丙だけを競売して被担保債権の満足を受けることができる(三九二条二項前段)。Aが丙だけを競売した場合、丙の後順位抵当権者Bは、甲乙にそれぞれ後順位抵当権者がいれば甲乙につきそれぞれの分担額を限度としてAの抵当権を代位行使することができる(三九二条二項後段)。これに対し、甲乙の両者あるいはその一方に後順位抵当権者がいない場合、Bは甲乙の両者あるいは後順位抵当権者がいない方につき分担額の制約を受けることなくAの抵当権を代位行使することができる（本書四八八頁以下参照）。以下においては、特に断わりがない限り分担額を限度とする代位の場合について説明する。

(β) 乙丙の売却代金が同時に配当される場合、乙丙のそれぞれに後順位抵当権者がいても按分配当はそれぞれの後順位抵当権者がそれにより満足を受ける場合を除き義務づけられないと解すべきである（按分配当を行ってもよい）。たとえば、Aが丙から満足を受ければBは甲乙につきAの抵当権を代位行使することになるが、Aが乙丙から按分配当によって満足を受けてもBはその残額では満足を受けることができなければ甲につきAの抵当権を代位行使することになり、按分配当か否かはBが按分配当により満足を受ける場合を除きBにとって利害関係がないからである。これに対し、乙丙のそれぞれに差押債権者がいる場合には按分配当が行われるべきである。按分配当か否かは、代位権のない差押債権者の利害に大きく関係するからである。

按分配当が行われる場合、Aの被担保債権の六、〇〇〇万円は、乙丙の売却代金から二対三（四、〇〇〇万対六、〇〇〇万）の割合で弁済される。つまり、乙の売却代金から二、四〇〇万円（六、〇〇〇万円×2/5）、丙の売却代金から三、六〇〇万円（六、〇〇〇万円×3/5）が弁済される。乙丙の後順位抵当権者は、甲についてのAの抵当権を同順位で代位行使することができる。乙丙に後順位の共同抵当権を有する者も同じである（大判大六・一〇・二三民録二三輯一五九六頁）。甲もこの後順位の共同抵当権の目的物になっている場合、甲についてのAの抵当権を代位行使することはできないとする見解もあるが[1]、順位上昇の原則を否定する私見（本書二七一頁参照）によれば、甲についての後順位の共同抵当権の順位は上昇せず、甲についてのAの抵当権を代位行使することができると解される。

（1） 我妻・四四二頁。

(c) 代位権者

(α) 民法三九二条二項後段は、代位をすることができる者は「次順位の抵当権者」と規定しているが、これは後順位抵当権者という趣旨である。たとえば、共同抵当権者Aの被担保債権額が六、〇〇〇万円でその目的不動産甲の売却代金が二、〇〇〇万円、乙の売却代金が四、〇〇〇万円、丙の売却代金が六、〇〇〇万円であるとし、丙には被担保債権額が二、〇〇〇万円の二番抵当権者Bと被担保債権額が一、〇〇〇万円の三番抵当権者Cがいるとしてみよう。Aが丙を競売して被担保債権の満足をえた場合、BとCはともに甲乙についてのAの抵当権を代位行使することができる。すなわち、BとCは、甲乙丙の按分配当の場合に甲乙からAに配当される一、〇〇〇万円(甲の分担額)と二、〇〇〇万円(乙の分担額)を限度として甲乙についてのAの抵当権を代位行使することができる。この場合、まず、Bが右の一、〇〇〇万円と二、〇〇〇万円の合計三、〇〇〇万円から二、〇〇〇万円の被担保債権の弁済を受ける(Bは、乙についてのAの抵当権だけを代位行使してもよい)。次に、Cが右の残額一、〇〇〇万円から一、〇〇〇万円の被担保債権の弁済を受ける。

(β) 右の設例で、丙にAと同順位の一番抵当権者A′がいるとし、その被担保債権額を三、〇〇〇万円としてみよう。Aが丙のみを競売した場合、売却代金六、〇〇〇万円はAの被担保債権額六、〇〇〇万円とA′の被担保債権額三、〇〇〇万円に応じて(二対一)AとA′に配当される。この結果、A′は二、〇〇〇万円の配当を受ける。そこで、甲乙丙の按分配当の場合、Aにとっての丙の売却代金は四、〇〇〇万円(六、〇〇〇万円－二、〇〇〇万円)であるから、Aの六、〇〇〇万円の被担保債権は甲乙丙の売却代金から一対二対二(二、〇〇〇万対四、〇〇〇万対四、〇〇〇万円)の割合で弁済される(最判平一四・一〇・二二判時一八〇四号三四頁)。この結果、Aは甲から一、二〇〇万円、乙と丙からそれぞれ二、四〇〇万円の弁済を受ける。それゆえ、A′は、Aが丙のみを競売した場合、民法三九二条二項後段を類推し、丙から弁済を受けた二、〇〇〇万円の残額一、〇〇〇万円(三、〇〇〇万円－二、〇〇〇万円)について、甲乙につきその分担額(一、二〇〇万円と二、四〇〇万円)を限度としてAの抵当権を代位行使することができると解される。(1) もっとも、この場合、Aは、丙から四、〇〇〇万円の弁済を受け、甲乙についてなお被担保債権額が二、〇〇〇万円(六、〇〇〇万円－四、〇〇〇万円)の抵当権を有し、A′が代位により取得する甲乙についての抵当権はこれに劣後すると解される。A′は、丙についてはAと同順位であるが、甲乙については抵当権を有していず、甲乙については抵当権を有するAに劣後するとされてもやむをえないであろう。

（1） 同旨、我妻・四四三頁。

(d) 異時配当で共同抵当権者がある目的不動産から被担保債権全額の満足をえられなかった場合と代位

(α) 共同抵当権者Aが共同抵当権の目的不動産の一部を競売したが被担保債権の全額の満足をえられなかった場合、後順位抵当権者による代位は生じるであろうか。たとえば、Aの被担保債権額が六、〇〇〇万円、目的不動産甲の売却代金が二、〇〇〇万円、乙の売却代金が四、〇〇〇万円、丙の売却代金が六、〇〇〇万円でAが甲のみを競売した場合、Aはなお乙丙に被担保債権額が四、〇〇〇万円の抵当権を有する。この場合、甲につき被担保債権額が一、〇〇〇万円の二番抵当権を有するBは乙丙についてAの抵当権を代位行使することができるであろうか。

(β) 判例は、はじめBによる代位を否定していたが（大判明四一・二・二六民録一四輯一三〇頁、同判大五・一一・一一民録二二輯二〇八三頁）、後にこれを改め、共同抵当権の消滅を条件とする代位を肯定し、Bは乙丙に代位の付記の仮登記をすることができるとした（大(連)判大一五・四・八民集五巻五七五頁）。

(γ) (i) 共同抵当権の消滅を条件とする代位を認める場合、BはAの被担保債権が全額弁済された場合にはじめて代位をすることができることになる。しかし、Bは、甲を競売して自己の被担保債権の満足を受けることができないのであるから、Aの被担保債権が全額満足されるまで待たされるのは酷である。他方、次に述べるように、Bの乙丙についての抵当権の代位行使を認めても、乙丙についてのAの抵当権に劣後すると解されるから、Aが不当な不利益を受けることはない。それゆえ、Bは共同抵当権の消滅を条件とすることなく乙丙についてAの抵当権を代位行使することができると解するのが妥当である(1)。

Bによる乙丙についての抵当権の代位行使は、乙丙についてのAの抵当権に劣後する（最判昭六〇・五・二三民集三九巻四号九四〇頁参照）。Bは、甲についてAに劣後する二番抵当権を有していたにすぎないからである。Bが乙丙について競売をすることができるかについては、Aに配当されれば残余が生じない不動産については競売手続きが取り消されることもあるが（民執一八八条・六三条）、競売の中立てをすることができることに問題はないであろう。(2) 後順位抵当権者にも競売申立権が認められているからである。

(1) 同旨、我妻・四五二頁、川井・四〇八頁、道垣内・二〇五頁、松尾＝古積・三五〇頁以下。

(2) 同旨、我妻・四五二頁以下、道垣内・二〇五頁。

(ii) Bが乙丙についてAの抵当権を代位行使することができるというのは、後述のように、Bは乙丙についてのAの抵当権を法律上取得するということである（本書五〇四頁参照）。そして、乙丙についてはAの抵当権も残存している。この場合、BとAは乙丙についての抵当権を準共有すると解すべきではなく、BとAはそれぞれ独立に抵当権を有し、Aの抵当権はBの抵当権に優先すると解すべきである。BとAが抵当権を準共有すると解する場合、AはBと共同しなければ抵当権を行使することができなくなるが（本書二九二頁参照）、Aの利益を著しく害し妥当でない。

(e) 異時配当の場合の競売されない目的不動産の売却代金の定め方

(α) 異時配当の場合、共同抵当権の競売されない目的不動産の売却代金は、目的不動産の一部につき行われる競売の時を規準にして評価額で決定される。それゆえ、この評価額に基づき代位が行われる。その後の目的不動産の価格の変動は考慮されない。これは、関係当事者にいかなる金額の範囲で代位が行われるかの予測を可能にするためである。

(β) たとえば、被担保債権額が六、〇〇〇万円の共同抵当権の目的不動産甲乙丙のうち丙のみが競売され、その売却代金は六、〇〇〇万円であるとしてみよう。この場合、甲乙の売却代金は丙の競売の時を規準にして評価額で決定される。この評価額は、たとえば甲につき二、〇〇〇万円、乙につき四、〇〇〇万円であるとすれば、代位の範囲は、甲につきその分担額である一、〇〇〇万円、乙につきその分担額である二、〇〇〇万円となる。そこで、関係当事者はこの金額を前提にして行動することになるのである。

(f) 共同抵当権者による代位の目的となる抵当権の放棄

(α) Aが不動産甲乙丙の上に共同抵当権を有し、Bが甲または乙の上に後順位抵当権を有する場合、Aが丙の抵当権を放棄(絶対的放棄)することは許されるであろうか。大審院は、Aが丙の抵当権を放棄するのは差し支えないとしたり(大判昭七・一一・二九民集一一巻二二九七頁)、AはBが丙についてAの抵当権を代位行使することができた限度において甲または乙の配当においてBに優先できないとしたりしていたが(大判昭一一・七・一四民集一五巻一四〇九頁)[1]、最高裁は後者の見解を採用している(最判昭四四・七・三民集二三巻八号一二九七頁、同判平四・一一・六民集四六巻八号二六二五頁)。学説においては、後者と同趣旨の見解や、Aは甲または乙の分担額を限度としてのみ配当を受けることができるとする見解[2]、AはBに対しBの代位の期待利益を不当に奪う場合に不法行為上の損害賠償責任を負うとする見解[3]などがある。

(1) 我妻・四五六頁、田山・一三八頁、内田・四七一頁以下、川井・四〇九頁、平野・一六一頁、道垣内・二〇六頁。
(2) 加藤一郎「抵当権の処分と共同抵当」民法演習Ⅱ一九九頁(昭和三三年)、鈴木禄弥「共同抵当について」抵当制度の研究二四〇頁(昭和四三年)、近江・二二七頁。
(3) 高木・二四三頁。

(β) (i) AはBが丙についてAの抵当権を代位行使することができた限度において甲または乙の配当でBに優先できないとする見解や、Aは甲または乙に関し甲または乙の分担額を限度としてのみ配当を受けることができるとする見解は、Aにとって不利益が大きすぎると思われる。Bが不利益を受けない限りAが甲乙から十分な満足を受けることができるとしても何ら差し支えないはずである。(iii)の私見で述べるように、Aによる丙についての抵当権の放棄を無効であると解せば、Bは不利益を受けないし、Aは甲乙から十分な満足を受けることができるのである。

(ii) AはBに対し不法行為上の損害賠償責任を負うとする見解は、損害賠償債権には優先権がないし、また、Aが無資力の場合（抵当権の実行後に無資力になった場合）にBが害される。Bは、丙についてのAの抵当権を代位行使し丙の分担額の範囲で他に優先して弁済を受けることができたのであり、Aの損害賠償責任を認めるのはBの救済として十分であるとはいえない。

(iii) 私見としては、次のように考える。Aが丙の抵当権を放棄するのは、Bの代位の利益を害し許されない。このような放棄は、抵当権の目的である地上権や永小作権を放棄した場合（三九八条）と同様、効力を生じないと解すべきである[1]（本書四八一頁以下参照）。それゆえ、Bは丙についてのAの抵当権を代位行使することができる。これに対し、丙についてのAの抵当権は放棄により消滅しないが、Aがこの抵当権を行使するのは信義誠実の原則に反し許されないと解すべきである（一条二項）。なお、Bによる丙についての代位権が生じた後にAが丙の抵当権を放棄することができないのはもちろんである。

(1) 柚木＝高木・三八七頁参照。

(g) 共同抵当権者による代位の目的不動産の取得

(α) 判例は、共同抵当権者が代位の目的不動産を取得した場合、代位権者の代位は単なる期待にすぎず、共同抵当権者の抵当権はその不動産につき混同によって消滅するとする（大判大一一・一二・二八民集一巻八六五頁）。これに対し、学説は、抵当権は混同によって消滅しないとしている[1]（一七九条一項但書）。

(1) 我妻・四五六頁、柚木＝高木・三八七頁、船越・二八二頁、道垣内・二〇六頁。

(β) まず、判例についてであるが、代位権者の代位は単なる期待ではなく民法によって認められた権利であり（三九二条二項後段）、抵当権は混同によって消滅しないと解すべきである。

次に、学説についてであるが、代位の目的となる抵当権の放棄の場合とのバランスからいえば、抵当権は混同によって消滅するとしつつ、共同抵当権者は後順位抵当権者が消滅した抵当権に代位をすることができた限度で後順位抵当権者に優先できない[1]などとするのが一貫していると思われる(本書五〇二頁参照)。どちらの場合も、抵当権の消滅を認めつつ後順位抵当権者の救済をはかるものであるからである。

私見としては、右に述べたように、抵当権は混同によって消滅しないと考える。代位権が生じた後で共同抵当権者が代位の目的不動産を取得した場合にも同様であるのは当然である。

(1)　川井・四一〇頁。

(h)　代位と付記登記

(α)　(i)　代位とは、抵当権の法律上の移転である。一般に、被担保債権が弁済された場合、抵当権は消滅する。しかし、共同抵当権の場合、被担保債権の弁済によって抵当権は消滅せず、抵当権は被担保債権とは独立に代位権者に法律上移転するのである。そして、代位権者の被担保債権を新たに担保することになるのである。

(ii)　たとえば、共同抵当権者Aの被担保債権額が六、〇〇〇万円、目的不動産甲の売却代金が二、〇〇〇万円、乙の売却代金が四、〇〇〇万円、丙の売却代金が六、〇〇〇万円であるとしてみよう。そして、丙の後順位抵当権者Bは三、〇〇〇万円の被担保債権を有するとしてみよう。Aが丙のみを競売し被担保債権全額の弁済を受けた場合、Aの抵当権は、甲については甲の分担額である一、〇〇〇万円の範囲で、乙については乙の分担額である二、〇〇〇万円の範囲で、被担保債権とは独立に法律上Bに移転するのである。この結果、Bの取得する抵当権[1]においては、Bの三、〇〇〇万円の債権は、甲により一、〇〇〇万円の範囲で、乙により二、〇〇〇万円の範囲で担保されることになる(一部抵当権)。なお、Aの共同抵当権は、Bに移転した部分を除き消滅する。

(1)　Bの取得する抵当権は、同一の債権を担保するために複数の不動産の上に設定されている抵当権であるから共同抵当権である。しかし、Bの取得する共同抵当権は甲乙それぞれの分担額を限度とするものであり、民法三九二条の適用を認めなくても不当に害される者はない。それゆえ、民法三九二条は適用されないと解してよいであろう。もっとも、同時の配当が行われる場合で甲乙にそれぞれ後順位抵当権者がいて按分配当によりともに満足を受ける場合や甲乙にそれぞれ差押債権者がいる場合、公平の観点上、按分配当が行われるべきである（本書四九八頁参照）。

(β) (i) 代位の場合、代位権者は代位により取得する抵当権の登記に代位の付記登記（代位による抵当権取得の付記登記）をすることができる（三九三条、不登九一条）。この場合、登記権者は代位権者で登記義務者は共同抵当権者である（大決大二・一〇・二民録一九輯七三五頁）。

(ii) 代位の付記登記の効力については、一般に、代位権者は代位の付記登記をしなくても代位の目的不動産を競売し優先弁済を受けることができるが（大決大八・八・二八民録二五輯一五二四頁）、代位権が生じた後で代位の目的不動産に利害関係を有するに至った者に対しては代位の付記登記なしには対抗することができないとされる。

(iii) しかし、第一に、たとえば、代位権者は、代位権が生じる前に代位の目的不動産が譲渡された場合、代位の付記登記なしに代位をすることができるとすれば、代位権が生じた後に代位の目的不動産が譲渡された場合にも、代位の付記登記なしに代位をすることができるというべきである。前者の場合、第三取得者は代位を予期すべきであるから代位権者は代位の付記登記なしに代位をすることができるとされるが、そうだとすれば、後者の場合にも第三取得者が代位を予期すべきであることに変わりはなく、代位権者は代位の付記登記なしに代位をすることができるというべきである。もっとも、一般の見解は、代位権者は代位権が生じなければ代位の付記登記をすることができないことを重視しているのかもしれない。しかし、一般に、代位権者は代位権が生じなくても代位の付記の仮登記をすることができるとされているのである。以上のように、代位権者は、代位権が生じる前の利害関係人に対しては付記登記なしに代位を主張することができるが、代位権が生じた後の利害関係人に対しては付記登記なしには代位を主張することができないというのは、根拠がないといわざるをえない。

第二に、Aが不動産甲乙丙に共同抵当権を有しBが丙に二番抵当権を有するケースでAが丙を競売して被担保債権の全額の満足をえた場合、一般の見解によれば、甲乙についてのBの代位権発生後その付記登記前にAが抵当権を他に譲渡すればBは抵当権の取得を譲受人に対抗することができないということになるが、妥当でない。Aが被担保債権の全額の満足をえた場合、Aの抵当権は本来付従性により完全に消滅するはずであるが、共同抵当権においては代位の範囲でそれが消滅せずBに移転すると考えられる。それゆえ、抵当権のBへの移転は、Aの共同抵当権の完全な消滅に対応するものであるから、完全な移転でなければならない。Bが付記登記をしない限りAは完全には抵当権を失わず第三者にこれを譲渡することができるというのは（いわゆる所有権の二重譲渡と同じ）、共同抵当権が被担保債権の満足により完全に消滅することと両立しないといわざるをえない。

第三に、たとえば、甲についてBの代位権が発生した当時甲にはCという二番抵当権者がおり、さらに、甲にはBの代位権発生後付記登記前にDという三番抵当権者が生じた場合、一般の見解によれば、BはCには対抗できるがDには対抗できないということになる。この場合、BはCには優先するがDには劣後する。しかし、CはDに優先するのである。それゆえ、この場合に甲の売却代金をどのように配当すればよいか不明である(1)。

以上のように、一般の見解には大きな疑問がある。

(1)　同旨、船越・二八〇頁以下、清水・九八頁。

(iv)　私見によれば、登記は一般に物権変動の効力要件であるが(1)、代位においては付記登記なしに抵当権移転の効力が生じると解される。なぜなら、代位の付記登記が抵当権移転の効力要件であるとすれば、共同抵当権者Aの被担保債権が弁済されたのに代位の付記登記がされるまでAのもとに共同抵当権が残ることになり、抵当権の付従性に反するからである。そして、付記登記なしに抵当権移転の効力が生じると解しても第三者が不当に害されるわけではない。私見によれば、共同抵当権は登記により成立し（本書四九一頁以下参照）、また、代位権者の抵当権も登記（後順位抵当権の登記）により成立する（本書二八〇頁参照）。それゆえ、これらの登記により代位の法律関係は公示されているといえるのである（最判昭五三・七・四民集三二巻五号七八五頁参照）。たとえば、甲に抵当権の設定を受けようとするCは登記を見れば甲についてのAの抵当権が丙の二番抵当権者

Bの代位の目的になっていることを知ることができるのである。

（1） 石田（穣）・一三七頁参照。

(v) 以上のように、代位の付記登記は代位の要件ではないが、代位の付記登記をしておけば取得した抵当権の実行が容易になる（民執一八一条一項三号参照）。

(vi) 共同抵当権者が共同抵当権の登記を不法に抹消した場合、それは、代位権者が代位により取得した抵当権の円滑な実行を妨げるから、代位権者に対し不法行為になる（大判昭五・九・二三新聞三一九三号一三頁）。

(vii) Aの共同抵当権の目的不動産が甲乙丙で丙に二番抵当権者のBと三番抵当権者のCがいる場合、BとCはその順位で甲乙についてAの抵当権を代位行使する。代位の付記登記の順位によるのではない。BとCの代位の順位は、丙におけるBとCの抵当権の順位により定まるべきだからである。

(viii) Aの共同抵当権の目的不動産が甲乙丙で甲と乙にそれぞれ二番抵当権者のBとCがおりAが甲と乙を競売した場合、BとCは同順位で丙についてAの抵当権を代位行使する。代位の付記登記の順位によるのではない。BとCは、丙の分担額を限度としてそれぞれの被担保債権額に按分して配当を受ける。

(ix) 前述したように、共同抵当権者が目的不動産の一部を競売したが被担保債権の全額の満足を受けられなかった場合であっても代位が生じる（本書五〇〇頁以下参照）。この場合、判例は、共同抵当権の消滅を条件とする代位であり代位の付記の仮登記をすることができるとするが（大（連）判大一五・四・八民集五巻五七五頁）、この場合の代位は、共同抵当権の消滅を条件とするものではなく（本書五〇〇頁以下参照）、代位の付記の本登記をすることができると解すべきである。(1)

（1） 同旨、我妻・四五三頁、川井・四〇八頁。

(x) 代位権が生じる前に代位の付記登記をするのは困難であろう。代位の付記登記の登記事項は、共同抵当権者が共同抵当権を実行した一部の目的不動産の売却代金や共同抵当権者が弁済を受けた金額などとされているからである

(不登九一条)。もっとも、代位の付記の仮登記(不登一〇五条二号参照)をするのは可能である。

(4)　共同抵当権と物上保証人

(イ)　序　共同抵当権の目的不動産の一部あるいは全部が物上保証人の所有に属する場合、種々の問題が生じる。(1) 以下においては、これらの問題について説明する。

(1)　共同抵当権と物上保証人の問題については、寺田正春「共同抵当における物上保証人の代位と後順位抵当権者の代位について」同法三一巻五・六号二七五頁以下(昭和五五年)、斎藤和夫「共同抵当権における代位——後順位抵当権者と物上保証人の優劣関係、その類型的検討——」法研五七巻九号六三頁以下、一〇号五七頁以下、一一号八一頁以下(昭和五九年)参照。

(ロ)　共同抵当権者と物上保証人の関係

(a)　共同抵当権者をA、債務者をS、物上保証人をS′、目的不動産甲乙のうち甲はSの所有、乙はS′の所有としてみよう。そして、甲乙に後順位抵当権者はいないとしてみよう。

(b)　S′は乙が実行された場合、Sに対して求償することができる(三七二条・三五一条)。そして、S′は甲についてAの抵当権を代位行使し甲から優先弁済を受けることができる(五〇〇条・五〇一条)。つまり、Sの債務については、最終的にはSがその不利益を負担することになっている。

(c)　そこで、まず、Aが乙の実行をしようとする場合、S′は甲の実行により被担保債権の全額が満足され、かつ、甲の実行が容易であることを証明すれば、Aは甲から先に実行しなければならないと解すべきであろう(四五三条参照。最判昭五二・九・二二判時八六八号二六頁は、債務者と物上保証人の財産に対する共同仮登記担保権において、債務者の財産に対する仮登記担保権の実行で満足がえられる場合、物上保証人の財産に対する仮登記担保権の実行はできないとする)。それにもかかわらずAが乙から先に実行した場合、S′は競売開始決定に対し執行異議を申し立てることができると解される(民執一八二条)。

(d)　Aが乙の実行により被担保債権の一部の弁済を受けた場合、一般に、AとS′は甲につき抵当権を準共有し、この抵当権においてはAがS′に優先するとされている(最判昭六〇・五・二三民集三九巻四号九四〇頁は、S′はAとともに抵当権を実行できるが、Aに劣後するとする)。S′はAが被担保債権の全額の弁済を受けることを容認すべき立場にあり、AがS′に優先すると解するのは妥当である。しかし、AとS′が抵当権を準共有するとすれば、AとS′は抵当権を共同してのみ行使することができることになるが（本書二九二頁参照）、しかし、そのような制約を課す必要はなく、AとS′はそれぞれ債権額に応じて分割された抵当権を取得すると解すべきである。

(ハ) 債務者の設定した後順位抵当権者と物上保証人の関係

(a) 甲にBという後順位抵当権者がいる場合、Bは甲が実行されれば乙についてAの抵当権を代位行使することができそうであり（三九二条二項後段）、S′は乙が実行されれば甲についてAの抵当権を代位行使することができそうである（五〇〇条・五〇一条）。そこで、BとS′の関係をどのように考えるかが問題である。

(b) 一般に、S′のSに対する求償権を重視し、S′はBに優先すると解されている（大判昭四・一・三〇新聞二九四五号一二頁）。そこで、甲が実行されてもBは乙についてAの抵当権を代位行使することはできないが、乙が実行されればS′は分担額という制約なしに甲についてAの抵当権を代位行使することができるとされている。また、Aが乙の抵当権を放棄しても、右のようにBは乙についてAの抵当権を代位行使することができない以上、Bに影響しないとされている（最判昭四四・七・三民集二三巻八号一二九七頁）。

(c) (α) 私見によっても、一般的見解は妥当であると考える。Aが乙を実行し被担保債権の弁済を受けた場合、S′はそれによってAの被担保債権を第三者弁済したのと同じである。それゆえ、この場合、S′は、Aの権利を取得しAと同じ地位に立つから、Aの抵当権（一番抵当権）を取得し（五〇〇条・五〇一条）、当然B（二番抵当権者）に優先するのである。したがって、S′は分担額という制約なしに甲についてAの抵当権を代位行使することができるが、Bは乙についてAの抵当権を代位行使することができないと解される。また、甲乙の同時配当の場合、Aの被担保債権はまず甲の売却代金から配当を受けるべきであるから、按分配当は行われないと解される。

結局、以上の場合、Aの抵当権は共同抵当権の取扱いを受けず、民法三九二条は適用されないということになるのである。

(β)　甲に後順位抵当権者がいる場合であっても、S′が甲の実行によりAの被担保債権の全額が満足され、かつ、甲の実行が容易であることを証明すれば、Aは甲から先に実行しなければならない（四五三条参照）。

(d)　甲乙の外にS所有の丙も共同抵当権の目的になっている場合、Bが丙についてはAの抵当権を代位行使することができるのは当然である。この場合、Bは、乙についてAの抵当権を代位行使することができないから、Aの被担保債権は甲と丙によって分担されると考え、この分担額の範囲で丙についてAの抵当権を代位行使することができると解される。(1) 他方、S′も丙についてAの抵当権を代位行使することができる。この場合、S′は分担額という制約なしに丙についてAの抵当権を代位行使することができる。そして、丙についてもS′はBに優先する。

（1）　我妻・四五八頁参照。

(ニ)　物上保証人の設定した後順位抵当権者の地位

(a)　共同抵当権の目的不動産が甲（債務者S所有）、乙（物上保証人S′所有）でS′が乙に設定した二番抵当権者をCとする場合、Cはどのような地位にあるであろうか。

(b)　共同抵当権者Aが甲を競売し被担保債権の全額の満足を受けた場合、甲乙のAの共同抵当権は消滅する。順位上昇の原則を否定する私見によれば（本書二七一頁参照）、乙のCの二番抵当権の順位はそのままであるが、一番抵当権である共同抵当権は消滅するので、当然配当は増えることになる。

(c)　Aが乙を競売し被担保債権の全額の満足を受けた場合、前述のように、S′は甲についてAの抵当権を代位行使し甲から優先弁済を受けることができる（本書五〇九頁参照）。甲からのこの優先弁済受領権は、失われた乙の価値に代わるものということができる。そして、Cは乙に対し二番抵当権を有していたから、Cは乙の価値に代わるS′の甲からの優先弁済受領権の上に物上代位（三七二条・三〇四条）をすることができると解される（最判昭五三・七・四民集三二巻五号七八五頁、同判昭六〇・五・二三民集三九巻四号九四〇頁（Aが乙を競売し被担保債権の一部の満足を受けたケース））。

(d) Aが乙の実行をしようとする場合、Cは甲の実行によりAの被担保債権の全額が満足され、かつ、甲の実行が容易であることを証明すれば、Aは甲から先に実行しなければならないと解される（本書五〇八頁参照）。

(ホ) 物上保証人が数人いる場合

(a) 共同抵当権の目的不動産甲乙が同一の物上保証人の所有に属する場合、甲乙が同一の債務者の所有に属する場合と同様、民法三九二条が適用される（最判平四・一一・六民集四六巻八号二六二五頁）。

(b) (α) 共同抵当権の目的不動産甲乙がそれぞれ別々の物上保証人の所有に属する場合、それぞれの物上保証人は目的不動産の価格＝売却代金に応じて代位をする（五〇一条四号）。甲の所有者をS'、乙の所有者をS''とし、共同抵当権者Aの被担保債権額を一、〇〇〇万円、甲の価格を一、〇〇〇万円、乙の価格を一、〇〇〇万円としてみよう。この場合、S'とS''は、一対一（一、〇〇〇万対一、〇〇〇万）の割合で代位をする。そこで、甲が競売された場合、S'は乙に関し五〇〇万円（一、〇〇〇万円×$\frac{1}{2}$）についてAの抵当権を代位行使することができる。乙が競売された場合、S''は甲に関し五〇〇万円（一、〇〇〇万円×$\frac{1}{2}$）についてAの抵当権を代位行使することができる。

(β) (i) S'が甲の上にBのために二番抵当権を設定したとしてみよう。甲が競売された場合、S'は乙に関し五〇〇万円についてAの抵当権を代位行使し優先弁済を受けることができる。そして、Bは甲の二番抵当権者であるからS'のこの優先弁済受領権の上に物上代位（三七二条・三〇四条）をすることができると解される（大判昭一一・一二・九民集一五巻二一七二頁）。

(ii) 乙が競売された場合、S''は甲に関し五〇〇万円についてAの抵当権を代位行使することができる。S''は、五〇〇万円についてBに優先するAの抵当権を取得するから、当然、Bに優先する。Bは、S''が甲から五〇〇万円の配当を受けた残額の五〇〇万円について配当を受けることになる。

(5)　共同抵当権と第三取得者

(イ)　序　共同抵当権の目的物の一部あるいは全部の不動産が第三取得者の所有に属する場合、どのような問題が生じるであろうか。

(ロ)　後順位抵当権者が第三取得者よりも先に生じた場合

(a)　共同抵当権の目的不動産甲乙のうち甲に二番抵当権者Bがいるケースで乙が第三者Tに譲渡された場合、甲が競売されればBは乙について共同抵当権者Aの抵当権を代位行使することができると解される。Bは、甲に二番抵当権の設定を受けた当時、乙についてその分担額を限度としてAの抵当権を代位行使することができる立場にあり、この立場は共同抵当権の登記とBの登記で公示されていたといえる。それゆえ、Tは、乙を取得した当時、Bの右のような立場を登記上知ることができたのである。そうだとすれば、Bの乙についての代位がその分担額の範囲で認められるべきである。

一般に同旨の見解が主張されているが、その理由は、Tは乙を取得する際にBが乙について代位をすることを予期すべきであるというものである。しかし、一般の見解においては、共同抵当権の登記はその成立要件にも対抗要件にもされていないのであり、Tが右のような予期をすべきであるとはいえないのである。

(b)　乙が競売された場合、Tは甲についてAの抵当権を代位行使することができるが（五〇〇条）、それは甲の分担額を限度とすると解される。右に述べたように、Bは乙についてその分担額を限度としてAの抵当権を代位行使することができると解される。それゆえ、Tが甲についてAの抵当権を全面的に代位行使することができるとすれば、TがBに全面的に優先することになるから、Bが乙についてその分担額を限度としてAの抵当権を代位行使することができるというのと矛盾する。したがって、Tは甲についてその分担額を限度としてAの抵当権を代位行使することができると解するのが妥当である。乙に二番抵当権者Cがいる場合、CはTの甲についての代位による優先弁済受領権の上に物上代位（三七二条・三〇四条）をすることができる。

(ハ) 後順位抵当権者が第三取得者よりも後に生じた場合

(a) Tが乙を取得した後で甲に二番抵当権者Bが生じた場合、Tが乙を取得した当時、甲に後順位抵当権者が存在していなかったことは登記上公示されており、Tは甲の後順位抵当権者による乙についての代位を受けない立場にあった。他方、Bは、甲に二番抵当権の設定を受けた当時、Tのこの立場を登記上知ることができたのである。そうだとすれば、Bは乙についてAの抵当権を代位行使することができないと解するのが妥当である。

(b) 乙が競売された場合、Tは甲の分担額を限度とすることなく甲についてAの抵当権を代位行使することができる（五〇〇条・五〇一条）。Bが乙についてAの抵当権を代位行使することができないとすることの当然の帰結である。

(ニ) 第三取得者が数人いる場合　甲がTに、乙がT′に譲渡された場合、TとT′は甲と乙の価格に応じて代位をする（五〇一条三号）。これは、甲乙がそれぞれ別々の物上保証人の所有に属する場合と同じである（本書五一一頁参照）。

二　根抵当権

(1) 序

(イ) 根抵当権の意義

(a) 根抵当権(1)とは、一定の範囲（被担保債権の範囲）に属する増減変動する不特定の債権を一定の額（極度額）の限度において担保する抵当権である（三九八条の二第一項）。しかし、根抵当権という概念はこの外にもいろいろな意味で用いられることは後で述べる通りである（本書五一五頁以下参照）。

(1) 根抵当権については、石坂音四郎「根抵当論」民法研究四巻二一四頁以下（大正六年）、中島玉吉「根抵当論」続民法論文集一頁以下（大正一一年）、石田文次郎「根抵当論」財産法に於ける動的理論二五六頁以下（昭和三年）、並木義夫・判例根抵当法（昭和三四年）、槇悌次「根抵当権に関する研究——根抵当権者の予めの価値支配とその制限を中心として——」関大法学論集一七巻三号五〇頁以下、四号五一頁以下、一八巻一号八九頁以下（昭和四二年）、鈴木禄弥「根抵当について」抵当制度の研究二四五頁以下（昭和四三年）、商事法務研究会編・新根抵当法の解説（昭和四六年）、貞家克己＝清水湛・新根抵当法（昭和四八年）、鈴木禄弥・根抵当法の問題点（昭和四八年）、槇悌次・根抵当権法の研究――イギリス法とアメリカ法――（昭和五一年）、清水湛「銀行取引と根抵当権」銀行取引法講座下一一九頁以下（昭和五一年）、廣木重喜＝砂川淳「根抵当権の確定と実行」同書一六七頁以下、鈴木正和＝石井眞二編・根抵当実務全書（昭和五三年）、松尾英夫・根抵当登記読本（昭和五四年）、法務省民事局第三課職員編・例解新根抵当登記の実務（増補版）（昭和五八年）、小林資郎「根抵当」民法講座３二一七頁以下（昭和五九年）、中馬義直「根抵当権の設定と被担保債権」担保法大系２二頁以下（昭和六〇年）、松尾英夫「根抵当権の処分、確定とその手続」同書四四頁以下、石川明「抵当権・根抵当権の実行としての競売の申立の要件――土地・建物の競売の申立の手続上の要件・実体上の要件――」同書七六頁以下、阪本勁夫「抵当権・根抵当権の実行としての競売の申立書の記載事項と添付書面」同書一〇三頁以下、鈴木正和「抵当権・根抵当権の実行をめぐる実務上の問題点」同書一三四頁以下、谷山忠也「抵当権・根抵当権の処分と登記」同書二七〇頁以下、松尾英夫「根抵当権付債権の差押、質入れの登記をめぐる諸問題」同書三一五頁以下、湯浅道男「根抵当権の被担保債権」金融担保法講座Ⅱ一頁以下（昭和六一年）、野田宏「根抵当権の確定」同書三五頁以下、清水湛「根抵当権の処分、被担保債権の差押えまたは質入れ」同書五三頁以下、石井眞司「根担保と根抵当権」同書七七頁以下、竹下守夫「根抵当権の被担保債権の差押え・質入れとその効力」担保権と民事執行・倒産手続一一三頁以下（平成二年）、鈴木禄弥「根抵当」民法論文集５一二九頁以下（平成四年）、伊藤進「根抵当設定と登記の効力」私法研究著作集４一三五頁以下（平成六年）、高木多喜男「根抵当権」金融取引の法理二巻三六一頁以下（平成八年）、鈴木禄弥・根抵当法概説（三版）（平成一〇年）、青山修・根抵当権の法律と登記（平成一二年）、全国地方銀行協会編・根抵当権の実務（平成一三年）、舟橋秀明「根抵当権者の元本確定請求権に関する一考察」札幌法学一八巻二号一頁以下（平成一九年）参照。

(b)　銀行と企業、卸売商と小売商などの間の継続的取引においては、債権債務は不断に増減変動する。この場合、個々の債権が発生するたびに抵当権を設定するのは、著しく煩雑であり、継続的取引にとっては耐え難い負担となる。そこで、増減変動する不特定の債権を極度額の限度で担保する必要が生じる。根抵当権は、まさに取引上のこのような必要に応じるための抵当権である。このような必要に応じる担保としては、根抵当権の外に根質や根保証（四六五条の二以下）がある。これらは、根担保と総称されている。

(c) 根抵当権については、当初、民法に規定がなかったが、取引上広範囲に利用され、学説・判例もこれを認めてきた。そこで、昭和四六年に民法三九八条の二以下の規定が設けられ、根抵当権が立法上も認められるとともに、根抵当権の要件、効力などが詳細に規律されるに至ったのである。

(ロ) 根抵当権の法的性質

(a) 一般的見解

(α) 一般に、根抵当権とは、被担保債権の範囲に属する増減変動する不特定の債権を極度額の限度で担保する抵当権であるといわれる。そして、元本確定期日(当事者の定めた元本確定期日、あるいは、当事者の元本確定請求や元本確定事由により元本が確定する期日)前においては根抵当権は付従性を有しないが、元本確定期日以後においては根抵当権は確定根抵当権(基本的には通常の抵当権と変わらぬ抵当権)となり付従性を有するとされる。また、被担保債権が消滅しても新しく成立する債権が被担保債権として入れ替わる点に根抵当権の基本的特質があるとされる。

(β) しかし、一般的見解には次のような疑問がある。

(i) 第一に、根抵当権という概念は以下のようにいろいろな意味で用いられているが、一般的見解においてはこれが十分に区別されていない。

まず、根抵当権は、被担保債権の範囲に属する増減変動する不特定の債権を極度額の限度において担保する抵当権であるという意味で用いられる。この意味の根抵当権は、根抵当権の内容全体を簡略に表す場合に用いられる。

次に、被担保債権の範囲に属する債権が発生した場合、元本確定期日前においては、根抵当権者は、当該債権が元本確定期日に存在すれば、すなわち、(1)元本として確定すれば、極度額の範囲で当該債権につき目的不動産から優先弁済を受けることができるという期待権を取得する。この期待権も根抵当権といわれる。被担保債権の範囲に属する債権の処分(三九八条の七)においては、この意味の根抵当権が問題とされている(本書五四〇頁以下参照)。以下、この意味の根抵当権を期待権的根抵当権、あるいは、単に期待権という。

次に、被担保債権の範囲に属する債権が元本確定期日に存在した場合、すなわち、元本として確定した場合、根抵当権者は、極度額の範囲で当該債権につき抵当不動産から優先弁済を受けることができるという地位を取得する。この地位も根抵当権といわれる。根抵当権の極度額の減額請求（三九八条の二一）や根抵当権の消滅請求（三九八条の二二）においては、この意味の根抵当権が問題とされている。以下、この意味の根抵当権を確定根抵当権、あるいは、特に必要がなければ単に根抵当権という。

次に、根抵当権者は、根抵当権設定契約と登記により、これらの期待権や確定根抵当権を生じさせる基本となる地位を取得する。この根抵当権者の地位も根抵当権といわれる。根抵当権の当事者の相続、合併、分割（三九八条の八一一〇）や根抵当権の処分（三九八条の一一一一三）においては、この意味の根抵当権が問題とされている。以下、この意味の根抵当権を基本的根抵当権、あるいは、特に必要がなければ単に根抵当権という。期待権や確定根抵当権は、基本的根抵当権から派生するが、基本的根抵当権と同じものではない。すなわち、期待権は被担保債権の範囲に属する債権が発生した場合に生じ、確定根抵当権はそれが元本として確定した場合に生じるが、基本的根抵当権は根抵当権設定契約と登記によって生じ、被担保債権の範囲に属する債権の発生・消滅とは無関係に存続する。そして、基本的根抵当権は元本確定期日の到来とともに期待権や確定根抵当権を生じさせる基本となる役目を終えて消滅する（被担保債権の範囲に属する債権が元本確定期日に存在すれば、基本的根抵当権は、元本確定期日の到来とともに確定根抵当権を生じさせて消滅する。右の債権が存在しなければ、基本的根抵当権は、元本確定期日の到来とともに確定根抵当権を生じさせるという役目を果たすことができずに消滅する）。

一般的見解においては、これらの根抵当権が十分に区別されていないといわざるをえない。

（1）　被担保債権の範囲に属する債権が元本確定期日に存在する場合、その債権は元本といわれる。他方、利息債権も元本確定期日に存在すれば、根抵当権における元本として抵当不動産から優先弁済を受ける。この場合、利息を生じる意味での元本と区別しなければならないが、本書においては、必要に応じ、利息を生じる意味での元本を主たる債権ということにする。

(ii) 第二に、一般的見解は、根抵当権は元本確定期日前においては付従性を有しないとするが、基本的根抵当権が付従性を有しないのは当然である。基本的根抵当権は、期待権や確定根抵当権を成立させる基本となる根抵当権者の地位であり、被担保債権の範囲に属する債権が発生しなくても、元本確定期日までは存続するからである。

しかし、期待権は、被担保債権の範囲に属する債権が発生した場合に当該債権について生じるから、被担保債権の範囲に属する債権が発生しなければ、その未発生の債権については生じない（既発生の他の債権については生じる）。また、被担保債権の範囲に属する債権が発生し当該債権について期待権が生じても、それは、当該債権が消滅すれば消滅する（他の債権についての期待権は消滅しない）。このように、期待権については、成立における付従性と消滅における付従性があるのである。

他方、期待権の随伴性は認められない。すなわち、被担保債権の範囲に属する債権が発生し、当該債権が処分されても、当該債権についての期待権は処分されずに消滅する（三九八条の七）。たとえば、被担保債権の範囲に属する債権が発生し、当該債権が譲渡されても、当該債権についての期待権は譲渡されずに消滅する。

(iii) 第三に、一般的見解は被担保債権が入れ替わる点に根抵当権の基本的特質があるとするが、次に述べるように、被担保債権が入れ替わらなくても根抵当権であることを妨げないと解すべきである。

(b) 私　見

(α) 根抵当権は、被担保債権の範囲に属する増減変動する不特定の債権のうち元本確定期日に存在する債権を被担保債権＝元本として確定（固定）し、極度額の範囲で当該元本につき目的不動産から優先弁済をえようとする担保権である。

根抵当権者は、根抵当権設定契約と登記により、期待権と確定根抵当権を生じさせる基本となる地位＝基本的根抵当権を取得する。そこで、根抵当権者は、被担保債権の範囲に属する債権が発生した場合、基本的根抵当権に基づき、当該債権が元本確定期日に存在すれば極度額の範囲で当該債権につき目的不動産から優先弁済をえることができるという期待権を取得する。さらに、根抵当権者は、被担保債権の範囲に属する債権が元本確定期日に存在した場合、基本的根抵当権に基づき、極度額の範囲で当該債権につき目的不動産から優先弁済をえることができるという確定根抵当権を取得する。被担保債権の範囲に属する債権が発生した場合に当該債権につき生じる期待権は、当該債権が元本確定期日に存在すれば確定根抵当権に転化する。

(β)　期待権については、前述したように、成立における付従性と消滅における付従性がある（本書五一七頁参照）。そこで、被担保債権の範囲に属する債権が全く成立しなかったり、それが全部消滅した場合、期待権は、全く成立しないか、全部消滅する。この場合、確定根抵当権になるべき期待権が全く存在しないから、確定根抵当権は成立しない。

(γ)　確定根抵当権の優先順位は、根抵当権＝基本的根抵当権の登記（不登八八条二項）の時による。この場合、登記は元本確定期日前においては順位保全の仮登記（不登一〇六条）と同様の機能を有する。

(δ)　被担保債権が入れ替わらなくても根抵当権であることを妨げない。たとえば、既発生の債権A、B…Nを被担保債権の範囲に属する債権とし、以後、消滅する債権はあるが新しく成立する債権はないとしてみよう。この場合、被担保債権の範囲に属する債権は入れ替わらない。しかし、当事者がA、B…Nのうち元本確定期日に存在する債権を元本として確定し極度額の範囲で当該元本につき目的不動産から優先弁済を受けることができるという抵当権を設定した場合、これを根抵当権であるといって何ら問題はない。この抵当権は、元本確定期日前においては、A、B…Nのうち元本確定期日に存在する債権があれば極度額の範囲で当該債権につき目的不動産から優先弁済を受けることができるという期待権として存在し、元本確定期日以後においては、A、B…Nのうち元本確定期日に存在した債権につき極度額の範囲で目的不動産から優先弁済を受けることができるという通常の抵当権として存在する。それゆえ、この抵当権は、根抵当権としての特質を備えており、根抵当権であると解するのが妥当である。

(ε)　根抵当権は、被担保債権の範囲に属する個々の債権につき一個の抵当権として存在するのか、それとも、個々の債権につき別々の複数の抵当権として存在するのかという問題がある。これについては、共有や共同抵当権の場合と同様、いずれの見解も成り立ち、いずれの見解であってもよいと考える（本書四八五頁参照）。

前者によれば、個々の債権は極度額の範囲で一個の確定根抵当権の一部分（債権額に応じた部分などの個々の債権に対応する部分）により担保されると考えられる。元本確定期日前においては、根抵当権者は、個々の債権につきそれが元本確定期日に存在すれば極度額の範囲で一個の確定根抵当権の一部分により担保されるという内容の期待権を有する。後者によれば、個々の債権はそれぞれ別個の確定根抵当権によって担保され、どれか一つの確定根抵当権の行使により極度額に相当する金額が弁済されれば他の確定根抵当権も消滅すると考えられる。元本確定期日前においては、根抵当権者は、個々の債権につきそれが元本確定期日に存在すればそれぞれ別個の確定根抵当権によって担保されるが、どれか一つの確定根抵当権の行使により極度額に相当する金額が弁済されれば他の確定根抵当権も消滅するという内容の期待権を有する。

(ハ) 根抵当権の比較法的状況

(a) フランス

(α) フランスにおいては、従来、被担保債権が特定しない抵当権は原則として認められていなかった。そして、被担保債権が特定しているといえるためには、被担保債権の額が決まっていればその額と、原因(cause)が特定していなければならないとされていた。抵当権設定の際に被担保債権の額が決まっていない場合、債権者によって見積もられた額の限度でしか登記を行うことができず、債務者は理由があればその額を減少させる権利を持つとされていた[1]。

(1) 以上につき、Mazeaud-Chabas, n° 274.

(β) これに対し、二〇〇六年のフランスの担保権に関する民法改正は、根抵当権に近い制度を導入した。すなわち、一つもしくは複数の現在あるいは将来の特定可能な債権は、公正証書に記載された一定の額を上限として抵当権によって担保されることができる（フランス民法二四二一条・二四二三条）。一定の額が公正証書に記載されない場合、抵当権は無効である

（フランス民法二四二三条一項）。これは、抵当権設定者を保護するためである。[1] しかし、わが国の根抵当権におけるような被担保債権の範囲の制限（三九八条の二第二項第三項。本書五二二頁以下参照）はない。

（1）　Legeais, n° 549.

(b)　ド　イ　ツ

(α)　ドイツにおいては、根抵当権に近い制度として最高額抵当権（Höchstbetrags- oder Maximalhypothek. ドイツ民法一一九〇条）がある。これは、被担保債権について不動産が担保すべき最高額のみが定められその他の被担保債権に関する事項は留保されるというものであり（ドイツ民法一一九〇条一項前段）、最高額は登記をされなければならない（ドイツ民法一一九〇条一項後段）。利息は、最高額に組み込まれる（ドイツ民法一一九〇条二項）。最高額抵当権は、保全抵当権（Sicherungshypothek. 本書二六〇頁以下参照）に限られる（ドイツ民法一一九〇条三項）。

(β)　最高額抵当権は、継続的な取引関係において利用されている。しかし、最近、最高額抵当権は土地債務（Grundschuld. 本書二六一頁参照）によって駆逐されているといわれる。土地債務においては、土地債務金額は変動する債権額から独立しているし、また、訴訟や判決を経ないで直ちに強制執行が可能であるのに対し、最高額抵当権においては、そのような強制執行は排除されているからである。[1]

（1）　以上につき、Prütting, Nr. 754.

(γ)　一般的見解によれば、最高額抵当権は、はじめ不動産の所有者に属し（所有者土地債務。本書二六〇頁注(2)参照）、被担保債権が発生すればその限度で債権者に移転するが、最高額に達しない範囲では所有者にとどまる。被担保債権が最高額に達しない場合、債権者抵当権と所有者土地債務が並存することになる。[1]

（1）　以上につき、Prütting, Nr. 755.

(δ)　被担保債権が譲渡されても、最高額抵当権は当然には譲渡されない（ドイツ民法一一九〇条四項）。この場合、最高額抵当権は他の債権を担保することになる。これとは逆に、最高額抵当権の譲渡は被担保債権の移転を伴う。[1]

（1） 以上につき、Prütting, Nr. 756.

(ε) 最高額抵当権は、通常、一定の法律関係から生じる債権について設定されるが、所有者や債務者に対して生じる一切の債権についても設定される[1]。わが国の根抵当権の場合のような被担保債権の範囲の制限はない。

（1） Prütting, Nr. 755.

(c) スイス

(α) スイスにおいても、根抵当権に近い制度として最高額抵当権(Maximalhypothek)がある（スイス民法七九四条）。これに対し、被担保債権額が一定の場合は Kapitalhypothek といわれる。最高額抵当権においては、債権者の債務者に対する全債権が最高額に達するまで担保される（スイス民法七九四条二項）。利息などもこの最高額に組み込まれる。登記担保権（Grundpfandverschreibung. 本書二六二頁以下参照）において利用される[1]。

（1） 以上につき、Schmid, Nr. 1507.

(β) 最高額抵当権においては、債権者の債務者に対する一切の債権が担保される。それゆえ、わが国の根抵当権の場合のような被担保債権の範囲の制限はない。

(2) 根抵当権の設定と登記

(イ) 根抵当権の設定

(a) 当事者

(α) 当事者は、根抵当権者と根抵当権設定者である。根抵当権は、この両者の合意によって設定される。

(β) 根抵当権者と根抵当権設定者は、それぞれ、一人に限らず複数であってもよい。根抵当権者が複数の場合、それは根抵当権の共有（準共有。三九八条の一四・二六四条）となる。

(γ) 根抵当権設定者は、債務者の場合が普通であるが、第三者（物上保証人）であってもよい。

(b) 合意すべき内容

(α) 序　根抵当権は、一定の範囲（被担保債権の範囲）に属する増減変動する不特定の債権のうち元本確定期日に存在する債権（元本として確定した債権）につき一定の額（極度額）の限度で目的不動産から優先弁済を受けることができる担保権である（三九八条の二第一項）。そこで、根抵当権設定契約においては、被担保債権の範囲と極度額が合意されなければならない。元本確定期日（元本が確定すべき期日）は、合意によって定めることもできるが、定めなくてもよい。

(β) 被担保債権の範囲

(i) 序

(i)′ 被担保債権の範囲とは、被担保債権についてあらかじめ定められた一定の範囲であり、この範囲に属する債権が元本確定期日に存在すれば、すなわち、元本として確定すれば、根抵当権者は当該元本につき目的不動産から優先弁済を受けることができる。この一定の範囲に属する債権であっても、元本確定期日に存在しなければ、すなわち、元本として確定しなければ、根抵当権者は当該債権につき目的不動産から優先弁済を受けることはできない。

(ii)′ 被担保債権の範囲は、以下の債権や請求権に限定して定められなければならない。

第一は、債務者との特定の継続的取引契約によって生じる債権である（三九八条の二第二項）。第二は、債務者との一定の種類の取引によって生じる債権である（三九八条の二第二項）。第三は、特定の原因に基づき債務者との間に継続して生じる債権である（三九八条の二第三項）。第四は、手形上や小切手上の請求権である（三九八条の二第三項）。

被担保債権の範囲が以上の債権や請求権に限定しないで定められた場合、一般に、それは無効であると解されている（包括根抵当権の禁止）。もっとも、被担保債権の範囲が以上の債権や請求権に限定しないで定められた場合であっても、極度額が定められる以上、債務者が不当に害されることは少ないとも考えられる。前述のように、フランス、ドイツ、スイスにおいては、極度額の外に被担保債権の範囲を定めることは要求されていない（本書五一九頁以下参照）。それゆえ、立法論と

しては、被担保債権の範囲を廃止し、債務者が不当に害される場合には民法九〇条により対処するのが妥当であろう。(1)

(1) 被担保債権の範囲は登記事項とされており(不登八八条二項一号)、被担保債権の範囲を定めない根抵当権の登記の申請は受理されない。

(ii) 債務者との特定の継続的取引契約によって生じる債権　これは、債務者との間で締結された特定の具体的な継続的取引契約によって生じる債権である。たとえば、卸売商人Aが小売商人Bに対し継続して商品Xを卸売りする旨の契約により生じる債権、銀行Aが商人Bに対し継続してBの取得する手形を割り引く旨の契約により生じる債権がこれである。

賃貸人Aが賃借人Bに対し取得する賃料債権は、弁済や延滞により増減変動する延滞賃料を一定の額を限度に担保するという趣旨であれば根抵当権の被担保債権になる。

商人Aが商人Bに対し継続してBが他に債務を負うたびにそれを保証する旨の契約をした場合に当該保証から生じる求償権も根抵当権の被担保債権になる。もっとも、たとえば、AがBの一切の債務を保証するという場合、包括根抵当権の禁止の趣旨に反するおそれがあるとも考えられる。しかし、求償権はBが債務を履行しないためにAが保証債務を履行する場合に生じるのであり、実際問題として、Aが債務不履行を繰り返すBの債務を保証し続けるということはありえないであろう。(1)

(1) 鈴木・二八八頁以下参照。

(iii) 債務者との一定の種類の取引によって生じる債権

(i)′ これは、銀行取引などのように抽象的な取引の種類によって限定された債権である。商品供給取引、信用組合取引、信用金庫取引(最判平五・一・一九民集四七巻一号四一頁)などもこれに入るといわれている。

(ii)′ 債務者との特定の継続的取引契約によって生じる債権との区別は必ずしも明確でないが、いずれに属するかによって法的処理が異なるわけではなく、両者を厳密に区別する必要はない。

(iii)′　商取引、商社取引、農業協同組合取引といった定め方では十分でないとされている（昭四六・一二・二七局事三発第九六〇号民事局第三課長依命通知・先例集追Ｖ六二〇頁）。商取引についてはともかく、商社取引や農業協同組合取引については、銀行取引や信用組合取引が認められていることに照らし疑問がある。

(iv)　特定の原因に基づき債務者との間に継続して生じる債権　これは、たとえば、債務者の経営する工場の騒音・振動により債権者に継続して損害賠償債権が生じる場合などである。

(v)　手形・小切手上の請求権

(i)′　手形・小切手上の請求権とは、債務者が第三者のために振出・裏書・保証した手形・小切手を債権者が取得した場合の債務者に対する請求権である（回り手形・回り小切手）。債務者が債権者との前記の(ii)(iii)の取引に基づき債権者のために振出・裏書・保証した手形・小切手上の請求権は、前記の(ii)(iii)の取引から生じる債権に該当しここには含まれない。債務者が債権者との前記の(iv)の関係に基づき債権者のために振出・裏書・保証した手形・小切手上の請求権も、前記の(iv)の債権に該当しここには含まれないと解してよいであろう。

(ii)′　右の手形・小切手上の請求権が被担保債権の範囲に属する債権とされた場合、債務者が支払いを停止したとき、債務者につき破産手続開始、再生手続開始、更生手続開始、特別清算開始の申立てがあったとき、目的不動産に対する競売の申立てあるいは滞納処分による差押えがあったときは、その前に取得した請求権についてのみ根抵当権を行うことができる（三九八条の三第二項本文）。もっとも、債権者がこれらの事実を知らないで請求権を取得した場合はこの限りでない（三九八条の三第二項但書）。

これは、被担保債権額が極度額に満たない場合に債権者が無資力に陥った債務者についての手形・小切手を安く買い集め根抵当権で満足をはかることを防止するためである。

(vi) 以上の(ii)から(v)までの種類の債権につき二種類以上の債権をあわせて被担保債権の範囲に属する債権にする場合 たとえば、AがBに対し商品Xを継続的に供給して取得する債権とAのBに対する手形・小切手上の請求権の両者をあわせて被担保債権の範囲に属する債権として根抵当権を設定することは可能であろうか。この二種類の債権それぞれを被担保債権の範囲に属する債権として根抵当権を設定することは可能であり、また、両者をあわせて被担保債権の範囲に属する債権としても極度額を限度として担保されることはもちろんであるから、両者をあわせて被担保債権の範囲に属する債権として根抵当権を設定することは許されると解すべきである(1)。なお、たとえば、AがBに対し商品Xを継続的に供給して取得する債権と商品Yを継続的に供給して取得する債権の両者をあわせて被担保債権の範囲に属する債権として根抵当権を設定することができるのは当然である。

(1) 同旨、川井・四二〇頁。

(vii) 既発生の債権

(i)′ 根抵当権設定契約当時すでに発生していた債権は、被担保債権の範囲に属する債権になるであろうか。すでに発生していた債権のみを被担保債権の範囲に属する債権として担保する場合であっても、元本確定期日までに消滅する債権も予想され、元本確定期日に存在する債権を極度額の限度で担保するというのであれば、これを根抵当権であると考えてよいであろう。

右の場合、消滅した債権が新しく成立する債権と入れ替わるということはない。一般的見解は、消滅した債権が新しく成立する債権と入れ替わる点に根抵当権の基本的特質があると考えるから、右の場合は根抵当権ではないということになるであろう。しかし、右の場合を根抵当権と区別して扱う理由はなく、右の場合であってもこれを根抵当権であると解するのが妥当である(本書五一八頁参照)。

(ii)′ すでに発生していた債権を未発生の債権とあわせて被担保債権の範囲に属する債権として根抵当権で担保する

ことができることには問題がない。

(iii)′　右の(i)′(ii)′の場合、すでに発生していた債権は、当事者間の根抵当権設定契約上定められた被担保債権の範囲に属する必要があると解される。たとえば、被担保債権の範囲に属する債権として商品Xの継続的な供給契約上生じる債権とされた場合、当事者間ですでに発生していた債権については商品Xの継続的な供給契約上すでに発生していた債権のみを被担保債権の範囲に属する債権とすることができる（なお、この場合、商品Xの継続的な供給契約上すでに発生していた債権は当事者が排除しない限り被担保債権の範囲に属する債権になると解してよいであろう）。このように解さなければ、当事者間ですでに発生していた一切の債権が被担保債権の範囲に属する債権になるという合意も可能となり、包括根抵当権の禁止の趣旨に反するおそれがあるからである。

(viii)　譲受債権　債権者が他から譲り受けた債権は、原則として被担保債権の範囲に属する債権にならないと解すべきである。たとえば、被担保債権の範囲に属する債権として商品Xの継続的な供給契約上生じる債権とされている場合、債権者が他から同種の契約上生じた債権を譲り受けても、それは債権者が債務者との間の商品Xの継続的な供給契約上取得した債権とはいえないし、また、民法は、他から譲り受けた債権については手形・小切手上の請求権が被担保債権の範囲に属する債権になるとしているからである（三九八条の二第三項）。もっとも、根抵当権の譲受けの際に譲渡人のもとで発生していた被担保債権の範囲に属する債権も譲り受けた場合のように、債権者の被担保債権の範囲に属させる必要が高い債権については、当事者が排除しなければ譲受債権も債権者の被担保債権の範囲に属する債権に準じる債権として扱われると解すべきである。この場合、債務者の支払停止などの場合に手形・小切手上の請求権が被担保債権になることを制限する民法三九八条の三第二項は、譲受債権にも類推適用されると解してよいであろう。

(γ)　極度額　根抵当権は、被担保債権の範囲に属する増減変動する不特定の債権を一定の極度額の限度において担保するものである（三九八条の二第一項）。この極度額は、債務者の保護のために重要であるのみならず、後順位抵当権者などの利害関係人に大きな影響を及ぼす。それゆえ、当事者は根抵当権設定契約において必ず極度額を定めなければならない。極度額の定めのない根抵当権は、無効である。

(δ) 元本確定期日

(i) 元本確定期日、すなわち、元本が確定すべき期日は、当事者が定めた場合にはそれによる。当事者が元本確定期日を定めるかどうかは当事者の自由である（三九八条の六第一項）。当事者が元本確定期日を定めなかった場合、元本確定期日は、根抵当権設定者が元本の確定を請求した時（根抵当権の設定の時から三年経過した後で元本の確定を請求した時）から二週間経過した時（三九八条の一九第一項後段）、あるいは、根抵当権者が元本の確定を請求した時（三九八条の一九第二項後段）である。なお、元本の確定事由が生じた場合、その生じた時も元本確定期日になる（三九八条の二〇）。

(ii) (i)′ 当事者が元本確定期日を定めた場合、それは定めた日から五年以内でなければならない（三九八条の六第三項）。当事者が五年を超えて期日を定めた場合、それは五年に短縮されると解される。元本確定期日の到来によって被担保債権は確定し、その後に生じる債権は利息などを除き担保されない。

(ii)′ 物上保証人は、当事者が元本確定期日を定めた場合においても、債務者の財産状態が著しく悪化し求償権の行使が極めて困難になるなどの事情の変更が生じた場合、元本確定期日前であっても元本の確定を請求することができる(1)（最判昭四二・一・三一民集二一巻一号四三頁（は、元本確定期日の定めがない場合につき同旨））。この場合、元本の確定請求は物上保証人から根抵当権者に対して行われる形成権の行使であり、元本はその請求の時から二週間が経過すれば確定すると解される（三九八条の一九第一項後段参照）。

(1) 同旨、我妻・五三六頁、高木ほか・二二一頁（吉田眞澄執筆）、柚木＝高木・四三八頁以下、近江・二五二頁。川井・四三二頁以下も参照。

(iii) (i)′ 当事者が元本確定期日を定めなかった場合、根抵当権設定者は、根抵当権設定の時から三年が経過すれば元本の確定を請求することができる（三九八条の一九第一項前段第三項）。この場合の元本の確定請求は、根抵当権設定者から根抵当権者に対して行われる形成権の行使であり、元本はその請求の時から二週間が経過すれば確定する（三九八条の一九第一項後段）。元本の確定に請求の時から二週間の経過が必要であるとされたのは、その間に根抵当権者が元本の確定に備えて適切な行為をするのを可能にするためである。

(ii)′　当事者が元本確定期日を定めなかった場合、根抵当権者はいつでも元本の確定を請求することができる（三九八条の一九第二項前段第三項）。この場合の元本の確定請求は、根抵当権者から根抵当権設定者に対して行われる形成権の行使であり、元本はその請求の時に確定する（三九八条の一九第二項後段）。元本が請求の時に確定するとされたのは、根抵当権者が確定請求を行う場合であり、根抵当権者の意思に合致するからである。

(ロ)　根抵当権の登記

(a)　登記事項

(α)　主な登記事項は、被担保債権の範囲、極度額、元本確定期日を定めた場合には元本確定期日である（不登八八条二項一号三号）。

(β)　債権額や利息、損害の賠償額に関する定めは、通常の抵当権においては登記事項とされているが（不登八三条一項一号・八八条一項二号）、根抵当権においては登記事項とされていない（不登八八条二項）。根抵当権においては、確定した元本、および、利息、その他の定期金、損害賠償債権が担保されるが（三九八条の三第一項）、確定した元本はあらかじめ額を特定することができないし、また、これらの債権はあわせて極度額の限度で担保されるから特に登記をする必要がないのである。

(b)　登記の効力

(α)　(i)　一般に、根抵当権の登記は対抗要件とされている。しかし、被担保債権の範囲の変更の登記や元本確定期日の変更の登記などは効力要件とされている（三九八条の四第三項・三九八条の六第四項）。これらの登記が効力要件とされているのは、法律関係を明確にするためである。そうだとすれば、どのような根抵当権が設定されたのかは最も明確にされるべき法律関係であり、根抵当権の登記は、当然、効力要件であると解されるべきである。一般の見解は、被担保債権の範囲の変更の登記などが効力要件とされていることと調和しないといわざるをえない。
(ii) 以上のように、根抵当権の登記は効力要件であると解すべきであり、これは、民法一七七条を物権変動の効力要件と解する私見の基本的立場にも合致する[(1)]。(2) それゆえ、根抵当権の主要な内容をなす被担保債権の範囲や極度額が登記されない場合、根抵当権は効力を生じない。元本確定期日が定められたのにその登記がされない場合、元本確定期日は定められなかったものとして扱われる。

(1) 石田(穣)・一三七頁参照。
(2) 鈴木・二八四頁は、民法一七七条を物権変動の対抗要件としつつ、根抵当権の登記を成立要件とする。

(β) 根抵当権については、明文で登記が効力要件とされている場合が多い。たとえば、被担保債権の範囲の変更(三九八条の四第三項)、元本確定期日の変更(三九八条の六第四項)、相続の際における根抵当権の当事者間の合意(三九八条の八第四項)、共同根抵当権(三九八条の一六・三九八条の一七第一項)がこれである。私見によれば、明文の規定がなくても同様に扱われる。

(γ) (i) 根抵当権を設定する旨の合意をしたのに通常の抵当権の登記をした場合、根抵当権の効力は生じない。しかし、登記の時に存在した債権(期限付や条件付債権を含む)を登記された債権額の限度で担保する通常の抵当権としての効力は認めてよいであろう。それゆえ、この場合、登記後に生じた債権は利息などを除き担保されない[(1)]。

(1) 我妻・二四三頁、船越・三〇〇頁参照。

(ii) 通常の抵当権を設定する旨の合意をしたのに根抵当権の登記をした場合、その登記は実体関係に符合せず根抵当権の効力は生じない。しかし、登記の時に存在した債権(期限付や条件付債権を含む)を利息やその他の定期金、損害賠償債権とあわせて極度額の限度で担保する通常の抵当権としての効力は生じると解してよいであろう[(1)]。それゆえ、この場合も登記後に生じた債権は利息などを除き担保されない(利息などは、他の定期金などと通算して二年分で、かつ、主たる債権とあわせて極度額の範囲で担保される)。

(1) 我妻・二四三頁、船越・二九九頁以下参照。

(3) 根抵当権の効力

(イ) 序　根抵当権は、元本が確定した場合、主たる債権および利息、その他の定期金、損害賠償債権を極度額の限度で担保する（三九八条の三第一項）。

(ロ) 元本の確定

(a) (α) 元本は、前述したように、当事者の定めた元本確定期日の到来や当事者による元本の確定請求によって確定する（本書五二七頁以下参照）。元本は、さらに、以下の諸事由によっても確定する。

(β) (i) 根抵当権者が目的不動産につき競売や担保不動産収益執行、物上代位による差押え（私見によれば、物上代位の実行としての差押え（本書三二六頁参照））の申立てを行い、競売手続きや担保不動産収益執行手続きが開始されたり差押えがされた場合（三九八条の二〇第一項一号）

(ii) 根抵当権者は、被担保債権の範囲に属する増減変動する不特定の債権のうち一つにでも不履行があれば競売の申立てを行い元本を確定させることができると解される。なお、競売手続きや担保不動産収益執行手続きの開始あるいは物上代位による差押えの効力が消滅しても元本確定の効力に影響しないと解してよいであろう（三九八条の二〇第二項参照）。根抵当権者による競売などの申立てには元本の確定請求の意思が含まれていると考えられるし、さらに、いったん生じた元本確定の効力を消滅させれば後順位抵当権者などの地位が不安定になるからである。

(γ) (i) 根抵当権者が目的不動産に対し滞納処分による差押えをした場合（三九八条の二〇第一項二号）

(ii) これは、根抵当権者が国税などの徴収権者の場合である。この場合にも、滞納処分による差押えの効力が消滅しても元本確定の効力に影響しないと解される（三九八条の二〇第二項参照）。

(δ) (i) 根抵当権者が目的不動産に対する競売手続きの開始や滞納処分による差押えを知った時から二週間が経過した場合（三九八条の二〇第一項三号）

(ii) これは、他の債権者の申立てによる競売手続きの開始や他の債権者の滞納処分による差押えの場合である。この場合、根抵当権者が元本の確定に備えて適切な対応措置をとることができるように競売手続きの開始や滞納処分による差押えを知ってから二週間が経過した時に元本が確定するとされている。

(iii) 競売手続きの開始や滞納処分による差押えの効力が消滅した場合、元本は確定しなかったものとみなされる(三九八条の二〇第二項本文)。もっとも、元本が確定したものとしてその根抵当権やこれを目的とする権利を取得した者がある場合は別である(三九八条の二〇第二項但書)。たとえば、元本が確定したと思って根抵当権を被担保債権とともに譲り受けた者や根抵当権の上に転抵当権の設定を受けた者がいる場合がこれである。根抵当権の譲受人は、元本が確定しない場合、根抵当権設定者の承諾がなければ根抵当権を取得することができないし(三九八条の一二第一項。本書五五五頁以下参照)、転抵当権者は、元本が確定しない場合、転抵当権に基づき根抵当権を実行することができず、両者とも大きな不利益を受けるおそれがあるのである。元本が確定したと思って抵当権の設定を受けた後順位抵当権者は、元本が確定したと信じたことにより不利益を受ける場合もあり(確定したと信じた元本は極度額をかなり下回っていたが、その後、極度額に達する元本が確定した場合)、根抵当権の譲受人や転抵当権者と同様に扱われるといってよいであろう。

(ε) (i) 債務者または根抵当権設定者が破産手続開始の決定を受けた場合(三九八条の二〇第一項四号)

(ii) 物上保証人がいるケースで、物上保証人が破産手続開始の決定を受けた場合はもちろん、物上保証人は破産手続開始の決定を受けないが債務者が当該決定を受けた場合も含まれる。破産手続開始の決定の効力が消滅した場合、元本は確定しなかったものとみなされるが(三九八条の二〇第二項本文)、元本が確定したと思ってその根抵当権やこれを目的とする権利を取得した者がある場合は別である(三九八条の二〇第二項但書)。これについては、右の(δ)(iii)で述べたのと同じである。

(iii) 債務者または根抵当権設定者が民事再生手続開始の決定や更生手続開始の決定を受けても元本は確定しない。しかし、担保権消滅の許可の決定があれば、元本は根抵当権者がこの決定書の送達を受けた時から二週間の経過により確定する(民再一四八条六項、会更一〇四条七項)。担保権消滅の許可の申立てが取り下げられたり許可が取り消された場合、元本は確定しなかったものとみなされるが、元本が確定したと思ってその根抵当権やこれを目的とする権利を取得した者がある場合は別である（民再一四八条七項、会更一〇四条八項、三九八条の二〇第二項）。これについては、前頁の(δ)(iii)で述べたのと同じである。

(b)　元本が確定すれば、その登記をすることができる（不登九三条）。この登記は、一般に、元本確定の効力要件でも対抗要件でもないと解されている。しかし、元本の確定の前後では根抵当権の法的性質は大きく異なり、登記なしに元本確定の効力が生じるとするのは第三者を不当に害するおそれがある。たとえば、第三者が元本が確定していないと思って根抵当権を譲り受けたところ元本が確定していた場合、第三者は債務者との取引上の債権を担保するために根抵当権を利用することができなくなり不当に害される。それゆえ、元本の確定が登記上明らかな場合（元本確定期日の定めが登記されていてその到来が登記上明らかな場合など）を除き、元本の確定は登記によって効力を生じると解すべきである。

当事者（根抵当権者、根抵当権設定者）は、元本確定の登記を単独で行うことができると解される。根抵当権者は、元本の確定請求を行った場合などにおいて元本確定の登記を単独で行うことができるとされているが（不登九三条本文）、これを類推し、当事者は元本確定の事由があれば元本確定の登記を単独で行うことができると解するのが妥当である。単独による元本確定の登記を根抵当権者が元本の確定請求を行った場合などに限定する理由がないからである。

(ハ)　元本の確定の効果

(a)　(α)　被担保債権の範囲に属する債権のうち元本確定期日に存在した債権のみが元本として確定し、これが根抵当権によって担保される。元本の確定前に消滅した債権は根抵当権によって担保されないし、元本の確定後に生じた債権も利息などを除き根抵当権によって担保されない。元本の確定の時に複数の債権が存在した場合、それらすべてが極度額の限度で根抵当権によって担保される。それらすべての債権の合計額が極度額を上回る場合にどの債権が目的不動産の売却代金により弁済されるかについては後述する（本書五三五頁参照）。

(β)　期限付や条件付の債権であっても元本の確定の時に存在すれば確定した元本として根抵当権により担保される

（もちろん、その後に期限が到来したり条件が成就することは必要である）。

(b) (α) 利息は、元本の確定の時までに生じたものに限らず、元本が確定した後に生じたものであっても、主たる債権とあわせて極度額の限度内であれば根抵当権によって担保される。この場合、満期となった最後の二年分という民法三七五条一項本文は適用されない。主たる債権とあわせて極度額の限度内であれば第三者が害されることはないからである。確定した主たる債権や利息の一部が弁済提供され受領された場合で、かつ、それが極度額に満たない場合、極度額を減額する趣旨でなされたものでない限り極度額は減額しない（極度額が弁済提供され受領された場合については、後述（本書五三四頁）参照）。そこで、確定した主たる債権および利息の残額にその後に生じた利息を合算した額が極度額の限度内で担保されることになる。

(β) (i) 他方、根抵当権設定者は極度額を現に存する債務の額と以後二年間に生ずべき利息、その他の定期金、損害の賠償額（利息、その他の定期金、損害の賠償額については通算して二年分の額）の合計額に減額することを請求することができる（三九八条の二一第一項）。これは、通常の抵当権の場合（三七五条）とのバランスを考慮したものである。共同根抵当権の場合（本書五七〇頁以下参照）、この極度額の減額請求は共同根抵当権の目的物である一個の不動産について行えば十分である（三九八条の二一第二項）。

(ii) 根抵当権設定者は、極度額の減額請求権を行使した場合、極度額の変更登記なしに行使後に根抵当権を譲り受けた第三者に対し減額の効果を主張することができるであろうか。積極的に解する見解もあるが[1]、しかし、第三者が極度額の減額請求権はまだ行使されていないと思って根抵当権を譲り受けた場合、極度額が減額しているとすれば害される。

それゆえ、減額の効力は極度額の変更登記によって生じると解すべきである[2]。すなわち、極度額の減額請求権の行使は極度額の変更登記請求権を生じさせる形成権の行使であり、極度額の変更登記によって減額の効力が生じると解される。根抵当権設定者は、変更登記請求権を保全するための仮登記（不登一〇六条）により変更登記の順位を保全することができる（登記請求権は、不登一〇五条二号の請求権に準じて扱われる（大決大一〇・七・二五民録二七輯一三九九頁、同判昭一五・六・二九民集一九巻一一一八頁参照））。この場合、不動産登記法一〇九条一項二項は類推適用されず、根抵当権設定者は第三者に対し仮登記に基づく変更登記を求めることができる（3）。

現に存する債務の額とは極度額の減額請求権が行使された時の債務の額であり、極度額はこの額と極度額の減額請求権が行使された時以後の二年間に生ずべき利息などを加えた額に減額される。

（1）　我妻・五四七頁。
（2）　柚木＝高木・四八二頁は、根抵当権設定者は登記をしなければ第三者に対し減額を対抗できないとする。
（3）　石田（穣）・二〇一頁以下参照。

(c)　(α)　確定した元本の額が極度額を超える場合、債務者が極度額を弁済提供（供託）しても、一部抵当権の場合と同じく、根抵当権は消滅しない。なぜなら、債務者は債務の本旨に従って債務の全額を弁済する義務を負うから（四九三条参照）、根抵当権者は債務者が債務の一部を弁済提供しても原則としてこれを受領する必要がないところ、極度額の弁済で根抵当権が消滅するとすれば根抵当権者は債務の一部の弁済提供の受領を余儀なくされるからである（一部抵当権については、本書二八六頁以下参照）。以上によれば、根抵当権者が債務者による極度額の弁済提供を受領した場合、それは原則として根抵当権を消滅させる趣旨であると考えられ、根抵当権は原則としてこれにより消滅すると解してよいであろう。他方、根抵当権者に対し債務を負担していない物上保証人や抵当不動産の第三取得者などは、確定した元本の額が極度額を超える場合、極度額に相当する金額を払い渡したり供託して根抵当権の消滅を請求することができるとされている（三九八条の二二。本書五七八頁以下参照）。

(β)　確定した元本の額が極度額を超える場合、根抵当権者は極度額を限度として配当を受けるが、このことは後順位担保権者がいない場合であっても同じである（1）（最判昭四八・一〇・四判時七二三号四二頁）。根抵当権者は、極度額を超える部分については一般債権者として配当を受けるにとどまる。この場合、根抵当権者は債務名義なしに配当を受けることができる（本書二九四頁参照）。

（1）　同旨、船越・三〇四頁。

(γ)　根抵当権者が極度額を超える額の元本を請求債権として根抵当権につき競売を申し立てた場合、申立てに係る元本全額について消滅時効が中断するとされる（最判平一一・九・九判時一六八九号七四頁）。この場合、根抵当権者は、極度額を限度とする元本については抵当権者として、極度額を超える元本については一般債権者として目的不動産を差し押さえていると考えられる。それゆえ、元本全額について消滅時効が中断すると解してよいであろう（一四七条二号。本書二九六頁参照）。

(δ)　確定した複数の元本の合計額が極度額を超える場合、弁済の充当はどうなるであろうか。

(i)　まず、極度額に相当する金額が任意に弁済された場合、弁済の充当に関する民法四八八条―四九一条が適用されると解してよいであろう。

(ii)　次に、競売による配当の場合、民法四八九条と同法四九一条は適用されるが当事者の指定による弁済充当に関する同法四八八条は適用されないという見解もあるが(1)（最判昭六二・一二・一八民集四一巻八号一五九二頁は、根抵当権者による弁済充当の指定の特約に基づく指定を認めず、四八九条―四九一条が適用されるとした）、競売による配当の場合であっても民法四八八条の適用を否定する理由はないと思われる。債務者が配当期日に弁済充当の指定をし、債務者がこれをしない場合には抵当権者が配当期日に弁済充当の指定をすればよいと解して差し支えないからである。それゆえ、競売による配当の場合にも、任意弁済の場合と同じく、民法四八八条―四九一条が適用されると解してよいであろう(2)。

（1）　船越・三〇三頁。
（2）　同旨、我妻・四九一頁、高木ほか・二二〇頁（吉田眞澄執筆）。

(4)　根抵当権の内容の変更

(イ)　序　当事者は、元本の確定前に根抵当権の内容を変更することができる。根抵当権の内容の変更の主なものは、被担保債権の範囲の変更、債務者の変更、極度額の変更、および、元本確定期日の変更である。

(ロ)　根抵当権の内容の変更の当事者　根抵当権の内容を変更する当事者は、根抵当権者と根抵当権設定者である。根抵当権設定者は、通常、債務者であるが、物上保証人や抵当不動産の第三取得者の場合もある。

(ハ)　被担保債権の範囲の変更

(a)　当事者は、元本の確定前に被担保債権の範囲の変更をすることができる（三九八条の四第一項前段）。たとえば、被担保債権の範囲を、石油供給契約上の債権から建設機械供給契約上の債権に変更したり、石油供給契約上の債権に第三者から取得する手形・小切手（回り手形・回り小切手）上の請求権を追加したりするのがこれである。

(b)　被担保債権の範囲の変更をするには、後順位抵当権者やその他の第三者の承諾を必要としない（三九八条の四第二項）。被担保債権の範囲が変更されても、極度額に変更がない以上、後順位抵当権者などは害されないからである。

(c)　被担保債権の範囲の変更については、元本の確定前に登記をしなければその変更をしなかったものとみなされる（三九八条の四第三項）。すなわち、登記は、被担保債権の範囲の変更の効力要件とされ、しかも、元本の確定前に行うことが要求されている。

(d)　被担保債権の範囲の変更が行われた場合、新しい範囲に属する債権であれば、将来生じる債権はもちろん、すでに発生していた債権であっても当事者がこれを排除しない限り根抵当権によって担保されると解してよいであろう。これに対し、新しい範囲に属さない債権は、根抵当権によって担保されない。変更前の範囲に属する債権ですでに発生していたものであっても根抵当権によって担保されない。

(ニ)　債務者の変更

(a)　当事者は、元本の確定前に債務者の変更をすることができる（三九八条の四第一項後段）。債務者を旧債務者から新債務者に変更するのが典型例であるが、従来の債務者の外に新しい債務者を追加するというのも債務者の変更に入る。

(b) (α) 債務者の変更をするためには、後順位抵当権者やその他の第三者の承諾を必要としない(三九八条の四第二項)。債務者が変更されても、極度額が変更されない以上、後順位抵当権者などは害されないからである。

(β) (i) 根抵当権設定者が物上保証人や抵当不動産の第三取得者の場合、債務者の変更は根抵当権者と物上保証人・第三取得者の合意で行われるが、債務者の承諾は必要であろうか。

(ii) 物上保証人については、物上保証人は通常債務者の委託を受けており、両者の間に根抵当権の設定に関し委任契約が成立していると考えられる。この場合、物上保証人はいつでも委任契約を解除することができる(六五一条一項)。それゆえ、物上保証人は、債務者との委任契約を解除して、根抵当権者との間で債務者の変更を行うことができる。債務者の承諾が不要なのはもちろんである。もっとも、物上保証人が債務者に不利な時期に委任契約を解除した場合、やむをえない場合を除き債務者の損害を賠償しなければならない(六五一条二項)。

(iii) 第三取得者については、第三取得者が債務者から目的不動産を取得した場合、第三取得者は、根抵当権の存在を承認しつつ債務者から目的不動産を取得するのであるから、通常、債務者に対し根抵当権の設定を承諾していると考えられ、第三取得者と債務者の間に根抵当権の設定に関し委任契約が成立していると解してよいであろう。そこで、第三取得者は、根抵当権者との間でいつでも債務者の変更をすることができるが、債務者の不利な時期に行った場合にはやむをえない場合を除き債務者の損害を賠償しなければならない。

第三取得者が物上保証人から目的不動産を取得した場合、第三取得者が物上保証人と債務者の間の委任契約を承継すれば、第三取得者は前述の物上保証人と同一の立場に立つ。第三取得者が委任契約の承継を拒否した場合、第三取得者は根抵当権者との間でいつでも債務者を変更することができ変更しても損害賠償の問題は生じないとも考えられる。しかし、第三取得者が物上保証人から目的不動産を取得する場合、第三取得者は物上保証人と債務者の間の委任契約を知っているのが通常であり、債務者は、物上保証人において第三取得者による委任契約を承継しない目的不動産の取得により債務者が害されるのを知っていれば（通常、知っている）、第三取得者に対し委任契約を主張することができると解される(1)。それゆえ、第三取得者が委任契約の承継を拒否した場合であっても、原則として委任契約を承継した場合と同様に処理される。

(1) 石田(穣)・二一七頁参照。

(c) 債務者の変更は、元本の確定前に登記をしなければその変更をしなかったものとみなされる（三九八条の四第三項）。すなわち、登記は、効力要件とされ、しかも、元本の確定前に行うことが要求されている。

(d) 債務者の変更が行われた場合、新債務者に対する債権は、被担保債権の範囲に属する限り、将来生じる債権はもちろん、すでに生じていた債権であっても当事者が排除しない限り根抵当権により担保される。これに対し、旧債務者に対する債権は、将来生じる債権であるとすでに生じていた債権であるとを問わず根抵当権によって担保されない。これが担保されるとすれば、それは債務者の追加的変更の場合である。

(e) 債務者の変更は、被担保債権の範囲の変更を伴うと考えられる。たとえば、旧債務者に対する商品Xの供給契約上の債権は新債務者に対する商品Xの供給契約上の債権に変わる。しかし、これは債務者の変更に伴う当然の変更であり、被担保債権の範囲の変更の登記を行う必要はないと解すべきである。

(ホ) 極度額の変更

(a) 極度額の変更は、利害関係人の承諾がなければこれをすることができない（三九八条の五）。利害関係人の承諾がない場合、極度額の変更は無効である。

(b) (α) 利害関係人については、極度額を増額する場合には後順位抵当権者がその典型例である。抵当不動産の差押債権者も利害関係人になると解してよいであろう(1)。差押債権者は、従前の極度額を前提にして差押えをしたのであり、極度額が増額されれば自己への配当が減少し不利益を受けるおそれがあるからである。

（1） 同旨、船越・三〇八頁、川井・四二三頁。

(β) 極度額を減額する場合には、根抵当権の転抵当権者が利害関係人の典型例である。後順位抵当権者が利害関係人にならないのは当然である。

(γ) 債務者は、利害関係人にならない。これは、根抵当権設定者が物上保証人や抵当不動産の第三取得者の場合に問題になる。

前述したように、物上保証人や第三取得者は、通常、債務者との間で根抵当権の設定につき委任契約を結んでいるかそれを承継していると考えられる。この場合、物上保証人や第三取得者は、根抵当権者との合意でいつでも債務者の変更をすることができるが、やむをえない場合を除き債務者の不利な時期に行った債務者の変更につき債務者に損害を賠償しなければならない（以上につき、本書五三七頁以下参照）。極度額の減額についてもこれと同様に考えてよいであろう。そこで、物上保証人や第三取得者は、根抵当権者との合意で債務者の承諾なしにいつでも極度額の減額をすることができるが、やむをえない場合を除き債務者の不利な時期に行った減額につき債務者に損害を賠償しなければならないと解される。なお、極度額の増額の場合に債務者の承諾が不要なのはもちろんである。

(c) (α) 極度額の変更は、登記をしなければ効力を生じないと解してよいであろう。明文の規定はないが、極度額の変更は根抵当権の内容の変更として一種の物権変動であり（極度額の減額の場合、その範囲で根抵当権が消滅し、極度額の増額の場合、その範囲で根抵当権が新しく成立する）、登記を物権変動の効力要件と解する私見によれば[1]、極度額の変更は登記をしなければ効力を生じないと考えられる。また、被担保債権の範囲や債務者、元本確定期日の変更については登記が効力要件とされており（三九八条の四第三項・三九八条の六第四項）、極度額の変更についてこれらと異なって処理すべき理由はないのである。

（1） 石田(穣)・一三七頁参照。

(β) 極度額の変更の登記は、変更登記であり、登記上利害関係を有する第三者の承諾が必要である（不登六六条）。前述の利害関係人の承諾は、登記上の利害関係人であれば、登記上利害関係を有する第三者の承諾を兼ねるといってよいであろう。

(γ)　一般に、元本の確定前に登記をしなければならないと解されているが、極度額の変更には利害関係人の承諾が必要なのであり、利害関係人の承諾がある以上元本の確定後に登記をしても差し支えないと解すべきであろう。ここで、利害関係人とは、登記の時までに利害を有するに至った関係人であり、右のように解しても特に問題はないであろう。

(d)　極度額が変更された場合、被担保債権は新しい極度額の限度で根抵当権によって担保される。

(ヘ)　元本確定期日の変更

(a)　当事者は、当事者の定めた元本確定期日を変更することができる（三九八条の六第一項）。この場合、元本確定期日は、変更した日から五年以内でなければならない（三九八条の六第三項）。当事者が五年を超えて期日を変更した場合、それは五年に短縮されると解される。

(b)　元本確定期日の変更には、後順位抵当権者やその他の第三者の承諾を必要としない（三九八条の六第二項・三九八条の四第二項）。極度額が変更されない以上、後順位抵当権者などは害されないからである。

(c)　元本確定期日の変更をしても、その変更前の期日より前に登記をしなければ元本は変更前の期日に確定したものとみなされる（三九八条の六第四項）。すなわち、登記は、効力要件とされ、しかも、変更前の期日より前に行うことが要求されている。元本確定期日を繰り上げたがその登記をする前に繰り上げた期日が到来した場合、登記をした日が元本確定期日になると解される。もちろん、繰上前の期日より前に登記をした場合である。この場合、登記官は、登記の申請者に対し、元本確定期日を登記の日に訂正させて登記の申請を受理することになるであろう。

(5)　被担保債権の範囲に属する債権の処分

(イ)　序　被担保債権の範囲に属する債権のうち元本確定期日に存在するもの、すなわち、元本として確定したものが極度額の限度で根抵当権＝確定根抵当権によって担保される。それでは、この被担保債権の範囲に属する債権が処分された場合、たとえば、債権譲渡や第三者弁済、質入れなどが行われた場合、根抵当権はどうなるであろうか。元本の確定前と確定後では取扱いが異なる。

(ロ)　元本の確定前

(a)　序

(α)　一般的見解　一般に、根抵当権は元本の確定前には付従性（随伴性を含む（本書一一頁参照））を有せず、被担保債権が処分されても根抵当権に影響しないとされる（被担保債権の質入れ、差押えについては争いがある）。

しかし、被担保債権がすべて処分され、これが元本確定期日に全く存在しない場合、一般的見解によれば、根抵当権は消滅しないが確定根抵当権は成立しないということになりそうである。この場合、消滅しない根抵当権がどうなるのか不明である。根抵当権は、確定根抵当権になると同時に消滅するというのであれば、確定根抵当権はいったんは被担保債権が存在しなくても成立することになり、確定根抵当権の付従性に反する。根抵当権は、元本確定期日に被担保債権が全く存在しなければ確定根抵当権になることなく消滅するというのであれば、右の根抵当権には付従性がないという前提に反する。一般的見解においては、根抵当権の付従性について十分な説明をするのが困難である（本書五一七頁参照）。

(β)　私　見　私見によれば、根抵当権は、元本の確定前には被担保債権の範囲に属する債権が元本として確定すれば当該債権につき極度額の限度で目的不動産から優先弁済を受けることができるという期待権として存在する。それゆえ、被担保債権の範囲に属する債権が処分された場合に根抵当権はどうなるかという問題は、被担保債権の範囲に属する債権が処分された場合に当該債権についての期待権はどうなるかという問題である。以下に述べるように、被担保債権の範囲に属する債権が処分された場合、当該債権についての期待権は消滅する。しかし、これにより被担保債権の範囲に属する他の債権についての期待権は影響を受けない。

(b)　弁　済　根抵当権の債務者は、被担保債権の範囲に属する債権を自由に弁済することができる（三九八条の一一第二項）。この場合、右の債権は消滅し、右の債権が元本として確定すれば目的不動産から優先弁済を受けることができるという期待権も消滅する。しかし、被担保債権の範囲に属する他の債権は消滅しないし、この債権についての期待権も消滅しない。

(c)　債権譲渡　元本の確定前に根抵当権者から被担保債権の範囲に属する債権を譲り受けた者は、その債権につき根抵当権を行使することはできない（三九八条の七第一項前段）。

この規定は、被担保債権の範囲に属する債権が譲渡されても、この債権が元本として確定すれば目的不動産から優先弁済を受けることができるという期待権は譲渡されないという趣旨のものである。なぜなら、被担保債権の範囲に属する債権の譲受人が右の期待権を取得するとすれば、譲受人は、譲り受けた債権が元本として確定した時に根抵当権を行使することができることになるからである。被担保債権の範囲に属する債権が譲渡された場合、結局、譲渡された債権についての期待権は消滅すると解される。

(d)　第三者弁済　被担保債権の範囲に属する債権につき第三者弁済（四七四条）をした者も根抵当権を行使することはできない（三九八条の七第一項後段）。

この規定は、被担保債権の範囲に属する債権が第三者弁済されても、第三者はこの債権は取得するがこの債権が元本として確定すれば目的不動産から優先弁済を受けることができるという期待権は取得しないという趣旨のものである。一般に、第三者弁済をした者は債権者が有していた債権および抵当権を取得し行使することができるが（五〇一条）、第三者が右の期待権を取得するとすれば、第三者は弁済によって取得した債権が元本として確定した時に根抵当権を行使することができることになるからである。被担保債権の範囲に属する債権が第三者弁済された場合、結局、第三者弁済によって取得された債権についての期待権は消滅すると解される。

(e) 質入れ、差押え　被担保債権の範囲に属する債権が質入れされたり差し押さえられた場合、質権や差押えの効力は当該債権が元本として確定すれば目的不動産から優先弁済を受けることができるという期待権に及ばないと解すべきである。(1)

まず、被担保債権の範囲に属する債権の上の質権の効力が当該債権が元本として確定すれば目的不動産から優先弁済を受けることができるという期待権に及ぶとすれば、当該債権が元本として確定した場合に質権の効力が確定根抵当権に及ぶことになる。しかし、これでは質権者は当該債権が元本として確定した時に根抵当権を行使することができることになり、債権譲渡や第三者弁済の場合と著しくバランスを失し妥当でない。それゆえ、被担保債権の範囲に属する債権の上の質権の効力は、当該債権についての期待権に及ばないと解すべきである。右の場合、結局、当該債権についての期待権は消滅し、当該債権は被担保債権の範囲から離脱して根抵当権とは無関係なものとなると解される。

次に、被担保債権の範囲に属する債権の差押えの効力が当該債権についての期待権に及ぶとすれば、当該債権が元本として確定した場合に差押えの効力が確定根抵当権に及ぶことになり、差押債権者は根抵当権を行使することができる(本書四七一頁以下参照)。しかし、これは債権譲渡や第三者弁済の場合と著しくバランスを失し妥当でない。それゆえ、被担保債権の範囲に属する債権の差押えの効力は、当該債権についての期待権に及ばないと解すべきである。この場合、結局、当該債権についての期待権は消滅し、当該債権は被担保債権の範囲から離脱して根抵当権とは無関係なものとなると解される。

(1) 松坂・三八三頁、高木・二七一頁、川井・四二五頁以下、高橋・二五〇頁は、被担保債権の範囲に属する債権の質入れ、差押えは根抵当権に影響しないとする。我妻・五〇二頁、槇・二八〇頁以下、柚木＝高木・四四七頁、高木ほか・二二七頁（吉田眞澄執筆）は、質権者や差押債権者は質入債権や被差押債権が元本として確定すれば優先弁済を受けることができるとする。船越・三一一頁は、被担保債権の範囲に属する債権の質入れ、差押えは根抵当権に効力を及ぼし、質権者や差押債権者は債務者に履行遅滞があれば根抵当権を行使し競売の申立てをすることができるとする。この外に、竹下守夫「根抵当権の被担保債権の差押え・質入れとその効力」担保権と民事執行・倒産手続一一三頁以下（平成二年）、鈴木・二九一頁以下も参照。

(f)　債務引受け　債務引受けが行われた場合、根抵当権者は引受人の債務につき根抵当権を行使することができない（三九八条の七第二項）。

この規定は、被担保債権の範囲に属する債権につき債務の引受けが行われても、当該債権が元本として確定すれば目的不動産から優先弁済を受けることができるという期待権は引受人に対する債権に移らないという趣旨のものである。右の期待権が引受人に対する債権に移るとすれば、根抵当権者は当該債権が元本として確定した時に当該債権につき根抵当権を行使することができるからである。被担保債権の範囲に属する債権について債務の引受けが行われた場合、結局、当該債権についての期待権は消滅すると解される。

債務引受けは、重畳的債務引受けであると免責的債務引受けであるとを問わないが、前者については債務者と引受人が二重に債務を負担するところ、根抵当権を行使することができないのは引受人の債務についてであるのは当然である。

(g)　更　改　債権者または債務者の交替による更改が行われた場合、根抵当権を新債務に移すことはできない（三九八条の七第三項）。通常の抵当権においては、これを新債務に移すことができるが（五一八条）、根抵当権においてはこれが否定されているわけである。

この規定は、被担保債権の範囲に属する債権につき債権者または債務者の交替による更改が行われても、当該債権が元本として確定すれば目的不動産から優先弁済を受けることができるという期待権を新債務に移すことはできないという趣旨のものである。この期待権を移すことができるとすれば、債権が元本として確定した時に新債務について根抵当権が行使されるからである。被担保債権の範囲に属する債権につき債権者または債務者の交替による更改が行われた場合、結局、当該債権についての期待権は消滅すると解される。

被担保債権の範囲に属する債権につき債務の目的の変更による更改が行われた場合、当該債権が元本として確定すれば目的不動産から優先弁済を受けることができるという期待権を新債務に移すことは可能であると解すべきである。このように解しても、民法三九八条の七第三項の趣旨に反するところはないからである。この場合、根抵当権者は債権が元本として確定した時に新債務について根抵当権を行使することができる。もっとも、新債務は当事者の定めた被担保債権の範囲に入っていなければならないと解すべきである。

(ハ)　元本の確定後　元本が確定すれば、根抵当権は確定した元本を極度額の限度で担保する通常の抵当権＝確定根抵当権になる。それゆえ、被担保債権＝元本の譲渡、第三者弁済（最判昭三七・九・一八民集一六巻九号一九七〇頁）、質入れ、差押えが行われれば、譲受人、弁済者、質権者、差押債権者は根抵当権を行使することができる。債務引受けが行われれば、根抵当権者は引受人の債務について根抵当権を行使することができる。更改が行われれば、根抵当権を新債務に移すことができる。

(6)　根抵当権の当事者の相続、合併、分割

(イ)　序　根抵当権の当事者、つまり、根抵当権者、根抵当権設定者（目的不動産の第三取得者を含む）に相続や合併、分割が生じた場合、根抵当権はどうなるであろうか。なお、ここで扱う根抵当権は、基本的根抵当権（本書五一六頁参照）である。

(ロ)　相　続

(a)　根抵当権者についての相続

(α)　元本の確定前に根抵当権者に相続が開始した場合、根抵当権は、相続開始の時に存在する債権の外、相続人と根抵当権設定者との合意により定めた相続人が相続開始後に取得する債権を担保する（三九八条の八第一項）。

(β)　(i)　これは、根抵当権者に相続が開始した場合、根抵当権は、相続開始時に存在した債権は当然に担保するが、相続開始後に発生する債権は当然には担保せず、相続人と根抵当権設定者との合意により定めた相続人が取得する債権のみを担保するという趣旨である。

たとえば、根抵当権者をA、その相続人をB、C、D（いずれもAの子とする）、根抵当権設定者をEとしてみよう。この場合、相続開始時に存在する債権は、判例によればB、C、Dに分割して帰属し（最判昭二九・四・八民集八巻四号八一九頁）、それぞれが根抵当権により担保される。そして、この外に、B、C、DとEが合意により定めた相続人をBとすれば、Bのもとで相続開始後に発生する債権も根抵当権により担保されるのである。B、C、DとEの合意は、Bに生じる相続開始後の債権であっても根抵当権により担保するという合意であり、この合意に基づきその債権は根抵当権により担保されるのである。

(ii)　B、C、DとEの間の合意は、Bに生じる相続開始後の債権も根抵当権により担保されるという合意であると解する場合、B、C、Dは根抵当権についての相続人であって、Aの相続人であっても根抵当権を相続しない者は右の合意をすることができないと解すべきである。不動産登記法九二条も、右の合意の登記は相続による根抵当権の移転の登記をした後でなければすることができないと規定している。たとえば、B、C、Dの間の遺産分割協議によりB、Cが根抵当権を相続すると定められた場合、Dは右の合意をすることができない（九〇九条本文）。

右の場合、Dが相続によりAから取得した被担保債権の範囲に属する債権は根抵当権によって担保されない。Dは、根抵当権を相続せず、根抵当権者ではないからである。このように解しても、Dは遺産分割協議で同意をしており不当に害されない（遺言などによりDが根抵当権を相続しない場合であっても、それは相続に関するルールの結果であり、Dが不当に害されるとはいえない）。また、根抵当権設定者が不当に害されないのはいうまでもない。

(γ) 根抵当権は相続人に相続され、相続人の準共有となる（八九八条）。それゆえ、相続人は債権額の割合に応じて弁済を受ける（三九八条の一四第一項本文）。

たとえば、前述の(β)(i)の設例で、極度額が九〇〇万円、相続開始時のAの債権が一、二〇〇万円、相続開始後のBの債権が六〇〇万円であるとしてみよう。この場合、一、二〇〇万円はB、C、Dに均等に分割帰属するから、Bの債権額は四〇〇万円（一、二〇〇万円×$\frac{1}{3}$）＋六〇〇万円で一、〇〇〇万円、C、Dの債権額はそれぞれ四〇〇万円（一、二〇〇万円×$\frac{1}{3}$）である。そして、目的不動産が極度額の九〇〇万円以上で売却されたとすれば、B、C、Dは、それぞれ、九〇〇万円から五対二対二（一、〇〇〇万対四〇〇万対四〇〇万）の割合で弁済を受けることになる。結局、Bは五〇〇万円、CとDはそれぞれ二〇〇万円の弁済を受けるのである。

(δ) 相続人と根抵当権設定者の間の合意には、後順位抵当権者やその他の第三者の承諾を必要としない（三九八条の八第三項・三九八条の四第二項）。極度額が変更されない以上、後順位抵当権者などは害されないからである。

(ε)(i) 相続人と根抵当権設定者の間の合意につき相続開始後六か月以内に登記をしなければ、担保すべき元本は相続開始の時に確定したものとみなされる（三九八条の八第四項）。すなわち、登記は、右の合意の効力要件とされ、しかも、相続開始後六か月以内に行うことが要求されている。

相続開始から登記をするまでの法律関係については、相続開始により元本は確定するが六か月以内に登記をすれば確定の効果が相続開始時に遡って消滅するという見解と、相続開始によって元本は確定しないが六か月以内に登記をしなければ相続開始時に遡って確定するという見解に分かれている。しかし、いずれの見解によっても、元本は相続開始後六か月以内に登記があれば確定しないが、登記がなければ相続開始時に確定するのであり、いずれの見解も同じことをいっているにすぎず、いずれの見解であってもよいと考える。

(ii)　相続人と根抵当権設定者の間の合意の登記は、相続による根抵当権の移転の登記をしなければすることができない（不登九二条）。右の合意は、根抵当権の相続人と根抵当権設定者の間の合意であり（本書五四六頁参照）、法律関係を明確にするためである。

(b)　債務者についての相続

(α)　元本の確定前に債務者に相続が開始した場合、根抵当権は、相続開始の時に存在する債務の外、根抵当権者と根抵当権設定者との合意により定めた相続人が相続開始後に負担する債務を担保する（三九八条の八第二項）。

(β)　これは、債務者に相続が開始した場合、根抵当権は、相続開始時に存在した債務は当然に担保するが、相続開始後に発生する債務は当然には担保せず、根抵当権者と根抵当権設定者との合意により定めた相続人が負担する債務のみを担保するという趣旨である。

(γ)　(i)　根抵当権設定者は、債務者が根抵当権設定者であった場合には目的不動産の相続人である。たとえば、根抵当権者をA、債務者をB、Bの相続人をC、D、E（いずれもBの子とする）としてみよう。この場合、原則として、C、D、Eが目的不動産を相続するから（共有（八九八条））、C、D、Eが根抵当権設定者である。あるいは、たとえば、C、D、Eの間の遺産分割協議で目的不動産がCの単独所有とされた場合（九〇九条本文）、Cが根抵当権設定者である。なお、物上保証人や目的不動産の第三取得者をFとする場合、Fが根抵当権設定者になるのはいうまでもない。

(ii)　C、D、Eを根抵当権設定者とする右の設例の場合、根抵当権は、相続開始時に存在した債務の外に、AとC、D、Eとの合意により定めた相続人（これをCとする）が相続開始後に負担する債務を担保する。

たとえば、相続開始時に存在した債務を一、二〇〇万円、Cが相続開始後に負担した債務を四〇〇万円とすれば、根抵当権は極度額（八〇〇万円とする）の限度で一、二〇〇万円＋四〇〇万円＝一、六〇〇万円を担保するのである。判例によれば、C、D、Eは、相続により、それぞれ均等に四〇〇万円（一、二〇〇万円×1/3）の債務を負担し（大判昭五・一二・四民集九巻一一一八頁）、Cは、この外に四〇〇万円の債務を負担している（合計八〇〇万円の債務）。つまり、Aは、Cに対して八〇〇万円、D、Eに対してそれぞれ四〇〇万円の債権を有し、これらの債権が極度額の限度で根抵当権によって担保されている（共用根抵当権。本書五六九頁以下参照）。各債権は、根抵当権の実行により、原則として極度額の限度でC、D、Eに対する債権額に応じて弁済される（四八九条四号参照。本書五七〇頁参照）。そこで、各債権は、極度額八〇〇万円の限度で二対一対一（八〇〇万対四〇〇万対四〇〇万）の割合で弁済されるから、Cに対する債権は四〇〇万円（八〇〇万円×$\frac{1}{2}$）、D、Eに対する債権はそれぞれ二〇〇万円（八〇〇万円×$\frac{1}{4}$）が弁済されるのである。

(δ) 根抵当権者と根抵当権設定者の間の合意には、後順位抵当権者やその他の第三者の承諾を必要としない（三九八条の八第三項・三九八条の四第二項）。極度額が変更されない以上、後順位抵当権者などは害されないからである。

(ε) (i) 根抵当権者と根抵当権設定者の間の合意につき相続開始後六か月以内に登記をしなければ、担保すべき元本は相続開始の時に確定したものとみなされる（三九八条の八第四項）。すなわち、登記は、右の合意の効力要件とされ、しかも、相続開始後六か月以内に行うことが要求されている。

(ii) 根抵当権者と根抵当権設定者の間の合意の登記は、相続による債務者の変更の登記をしなければすることができない（不登九二条）。法律関係を明確にするためである。

(c) 合　併

(α) (i) 元本の確定前に根抵当権者につき合併があった場合、根抵当権は合併の時に存在する債権の外、合併後存続する法人（吸収合併）または合併により設立された法人（新設合併）が合併後に取得する債権を担保する（三九八条の九第一項）。これが根抵当権者と根抵当権設定者の通常の意思に合致するからである。

(ii) 根抵当権は、合併後存続する法人または合併により設立された法人に帰属する。

(β) 元本の確定前に債務者につき合併があった場合、根抵当権は合併の時に存在する債務の外、合併後存続する法人または合併により設立された法人が合併後に負担する債務を担保する（三九八条の九第二項）。これも、根抵当権者と根抵当権設定者の通常の意思に合致するからである。

(γ)　以上の合併があった場合、根抵当権設定者は元本の確定を請求することができる（三九八条の九第三項本文）。これは、合併が根抵当権設定者の意にそわない場合の規定である。根抵当権設定者は、元本確定期日の定めがある場合であっても元本の確定を請求することができると解される。なお、債務者につき合併があった場合で債務者が根抵当権設定者であれば、元本の確定請求をすることができない（三九八条の九第三項但書）。債務者は、自らの意思で合併をしたのであり、合併を理由に元本の確定請求をするのは妥当でないからである。

(δ)　元本の確定請求が行われた場合、元本は合併の時に確定したものとみなされる（三九八条の九第四項）。

(ε)　元本の確定請求は、根抵当権設定者が合併を知った日から二週間が経過すればこれを行うことができない（三九八条の九第五項前段）。合併の日から一か月が経過した場合も同じである（三九八条の九第五項後段）。早期に法律関係を確定させようとする趣旨である。それゆえ、右の期間はいずれも除斥期間であると解してよいであろう。

(d)　分　割

(α)　(i)　元本の確定前に根抵当権者を分割をする会社とする分割があった場合、根抵当権は、分割の時に存在する債権の外、分割をした会社および分割によって設立された会社または分割をした会社からその事業に関する権利義務の全部または一部を承継した会社が分割後に取得する債権を担保する（三九八条の一〇第一項）。これが根抵当権者と根抵当権設定者の通常の意思に合致するからである。

(ii)　根抵当権は、分割をした会社と分割によって設立された会社の準共有、あるいは、分割をした会社と分割をした会社からその事業に関する権利義務の全部または一部を承継した会社の準共有になる(1)。それゆえ、根抵当権が実行された場合、分割をした会社と分割によって設立された会社、あるいは、分割をした会社と分割をした会社からその事業に関する権利義務の全部または一部を承継した会社は、極度額を限度としてそれぞれの債権額に応じて配当を受ける。

（1）　同旨、高木・二六九頁。

(β)　(i)　元本の確定前に債務者を分割をする会社とする分割があった場合、根抵当権は、分割の時に存在する債務の外、分割をした会社および分割によって設立された会社または分割をした会社からその事業に関する権利義務の全部または一部を承継した会社が分割後に負担する債務を担保する（三九八条の一〇第二項）。これも、根抵当権者と根抵当権設定者の通常の意思に合致するからである。

(ii)　根抵当権は、分割をした会社と分割によって設立された会社を債務者とする共用根抵当権（本書五六九頁以下参照）、あるいは、分割をした会社と分割をした会社からその事業に関する権利義務の全部または一部を承継した会社を債務者とする共用根抵当権になる。(1)

（1）　同旨、高木・二六九頁。

(γ)　根抵当権設定者による元本の確定請求や元本の確定時期、元本の確定請求権の除斥期間については合併の場合と同じである（三九八条の一〇第三項・三九八条の九第三項―第五項）。

(7)　根抵当権の処分

(イ)　序　元本の確定前における根抵当権の処分については、通常の抵当権の処分に関する民法三七六条一項は根抵当権の転抵当の場合を除き適用されず（三九八条の一一第一項）、代わりに、根抵当権の譲渡、分割譲渡、一部譲渡について規定が設けられている（三九八条の一二・三九八条の一三）。

ここで扱う根抵当権の処分とは、基本的根抵当権の処分、すなわち、期待権や確定根抵当権を生じさせる基本となる根抵当権者の地位の処分のことである（本書五一六頁参照）。なお、根抵当権についても、順位の変更を行うことは差し支えない（三七四条）。ここでいう根抵当権は、基本的根抵当権あるいは確定根抵当権である。

(ロ)　根抵当権の転抵当

(a)　序　根抵当権の転抵当とは、根抵当権をもって他の債権の担保とすることである（三九八条の一一第一項但書）。すなわち、根抵当権の上に担保権を設定することである。

なお、右に述べたように、ここでいう根抵当権とは基本的根抵当権のことである。元本確定後の根抵当権、すなわち、確定根抵当権の上に担保権を設定するのは、通常の転抵当であり、ここでの問題ではない。しかし、必要に応じ確定根抵当権の上の担保権についても言及することにする。

(b)　法的性質

(α)　基本的根抵当権の上に設定される担保権は、権利の上に設定される担保権であり、質権であると解してよいであろう。権利の上に設定される担保権は、原則として質権とされているからである（権利質権。三六二条）。それゆえ、根抵当権の転抵当とは、基本的根抵当権の上に質権を設定することであるということができる。

(β)　(i)　基本的根抵当権の上の質権＝転抵当権は、根抵当権の登記の付記登記により登記をすることが可能であり（三七六条二項）、その優先順位は登記の先後による。しかし、登記は元本の確定前には順位保全の仮登記（不登一〇六条）と同様の機能を有するにすぎない。

(ii)　根抵当権の債務者は、根抵当権の被担保債権の範囲に属する債権を自由に弁済することができる（三九八条の一一第二項）。この場合、弁済された債権は消滅する。しかし、基本的根抵当権は、被担保債権の範囲に属する債権が消滅しても存続するから（本書五一六頁参照）、転抵当権の存在に影響しない。

(γ)　(i)　元本が確定した場合、確定根抵当権が生じ、基本的根抵当権の上の質権は確定根抵当権の上の質権になる。この場合、根抵当権の転抵当とは確定根抵当権の上に質権を設定することである。

(ii)　基本的根抵当権の上の質権の登記や優先順位は、そのまま確定根抵当権の上の登記や優先順位になる。

(iii) 根抵当権の債務者は、確定した元本を弁済し確定根抵当権を消滅させることができる。この場合、確定根抵当権の上の質権＝転抵当権も消滅する。転抵当権者がこれを避けるためには元本に質権の設定を受けなければならない。

(δ) (i) 確定した元本に質権が設定された場合、確定根抵当権と元本の両者に質権が設定されたことになる。元本に質権が設定されることは転抵当権の成立要件ではないが、元本に質権が設定されれば、転抵当権者の地位が格段に強化される。

(ii) 確定した元本に質権を設定するためには、確定日付ある証書による質権設定の通知・承諾が行われなければならない（三七七条一項・四六七条。本書二三二頁以下参照）。質権設定の通知・承諾は、元本の確定前に行われてもよい。元本の確定前に行われる元本についての質権設定は、将来成立する債権についての質権設定であり、質権は元本が成立した時に成立するが、その優先順位は確定日付ある証書による質権設定の通知の到達時・承諾時である（本書二四三頁参照）。フランス民法においても、質権が将来の債権を目的とする場合、質権者は債権が成立すると同時に債権の上に権利を取得するが（フランス民法二三五七条）、第三者には証書の日付により対抗することができるとされている（フランス民法二三六一条）。

将来成立する元本についての質権設定は、元本が確定する前の被担保債権の範囲に属する債権についての質権設定とは全く異なる。後者においては、前に説明したように、質権の効力は当該債権についての根抵当権＝期待権に及ばず、当該債権についての期待権は消滅し、当該債権は被担保債権の範囲から離脱するのである（本書五四三頁以下参照）。

(iii) 将来成立する元本について質権が設定されても、根抵当権の債務者は被担保債権の範囲に属する債権を自由に弁済することができる。

(iv) 確定した元本に質権が設定された場合、抵当権の付従性により質権の効力は確定根抵当権に及ぶ。すなわち、確定根抵当権にも質権が設定されたことになる。この質権は、すでに根抵当権の上に設定されていた質権＝転抵当権に吸収されると考えてよいであろう(本書四三八頁参照)。

(v)　転抵当権の優先順位は付記登記の前後によるが、元本に設定された質権の優先順位は確定日付ある証書による通知の到達時・承諾時の前後による(本書二四三頁参照)。

(c)　要　件

(α)　(i)　転抵当権者と根抵当権者の合意で設定される。根抵当権＝基本的根抵当権の上に設定される質権は、通常の質権でもよいし根質権でもよい。転抵当権者は、根抵当権者の債権者の場合が普通であるが、それに限定されない。根抵当権者は、他人の債務のために転抵当権を設定することも可能である(物上保証)。

(ii)　根抵当権設定者の承諾は不要である。根抵当権設定者が害されることはないからである。

(β)　転抵当権の当事者は、転抵当権の登記をしなければならない(一七七条・三七六条二項)。これは、根抵当権の登記の付記登記による。民法一七七条の登記を物権変動の効力要件と解する私見によれば、転抵当権の登記も効力要件である。(1)

(1)　石田(穣)・一三七頁参照。

(γ)　確定した元本に質権を設定することは、転抵当権の効力要件ではない。しかし、確定した元本に質権の設定を受ければ、転抵当権者の立場は格段に強化される。

(d)　効　力

(α)　元本の確定前

(i)　元本の確定前の転抵当権は、基本的根抵当権の上の質権であり、基本的根抵当権を拘束する。それゆえ、根抵当権者と根抵当権設定者は、基本的根抵当権を消滅させたり、極度額を減額したりすることはできない(三九八条の五)。根抵当権の債務者は被担保債権の範囲に属する債権を自由に弁済することができるが(三九八条の一一第二項)、被担保債権の範囲に属する債権の消滅は基本的根抵当権の存続に影響しない(本書五一六頁参照)。

(ii) 根抵当権者は、根抵当権＝基本的根抵当権の譲渡(三九八条の一二第一項)や一部譲渡(三九八条の一三)を行うことはできるが、転抵当権の効力は譲受人にも及ぶ。根抵当権＝基本的根抵当権の分割譲渡(三九八条の一二第二項前段)は、譲渡された根抵当権に対する転抵当権の消滅をもたらすから(三九八条の一二第二項後段)、転抵当権者の承諾がなければ行うことができない(三九八条の一二第三項)。

(iii) 根抵当権は、元本が確定しなければ実行することができない。それゆえ、転抵当権者は、自らの被担保債権の弁済期が到来しても元本が確定しない限り根抵当権の目的不動産を競売することはできない。

(iv) 根抵当権者が元本の確定請求権を有する場合(三九八条の一九第二項。本書五二七頁以下参照)、転抵当権者は根抵当権者の債権者であれば債権者代位権(四二三条)に基づき元本の確定請求を行うことができると解される。また、転抵当権者は、根抵当権者の債権者でなくても、転抵当権に基づき債権者代位権に準じて元本の確定請求を行うことができると解してよいであろう。

(β) 元本の確定後

(i) 元本が確定した場合、転抵当権は確定根抵当権の上に設定される通常の転抵当権になる。そこで、転抵当権者は、根抵当権の目的不動産を競売し、元本および極度額の限度で自らの被担保債権の弁済に当てることができる。しかし、根抵当権の債務者は、元本が転抵当権者に質入れされない限り、元本を弁済して根抵当権＝確定根抵当権を消滅させ、したがって、また、転抵当権を消滅させることができる。

(ii) 転抵当権者が元本の上に質権の設定を受けた場合、転抵当権とならんで債権質権が成立する。それゆえ、転抵当権者は、根抵当権の目的不動産を競売し、元本および極度額の限度で自らの被担保債権の弁済に当てることができるし、元本を直接に取り立て、自らの被担保債権の弁済に当てることもできる(三六六条一項)。根抵当権の債務者が元本を弁済しても、転抵当権も債権質権も消滅しない。

(ハ) 根抵当権の譲渡

(a)　序　根抵当権者は、元本の確定前に根抵当権設定者の承諾をえて根抵当権＝基本的根抵当権を譲渡することができる（三九八条の一二第一項）。

(b)　要　件

(α)　根抵当権の譲渡の要件は、根抵当権者と譲受人の間の合意、根抵当権設定者の承諾、および、登記である。

(β)　根抵当権設定者の承諾は、極度額の変更を伴わないのであるから不要とも考えられるが、たとえば、債務者が根抵当権設定者である場合に根抵当権者が変われば債務者が取引量の少ない相手に対し目的不動産を担保として提供しなければならないなどの問題が生じるので、根抵当権設定者の承諾が必要であるとされたのである。

(γ)　根抵当権の譲渡は、物権変動であるから登記をしなければ効力を生じない(1)（一七七条）。

(1)　石田（穣）・一三七頁参照。

(δ)　登記をする前に元本が確定し、その後、登記が行われた場合、元本が確定しているから、確定根抵当権の譲渡としての効力が生じるかどうかの問題になる。元本の譲渡の通知・承諾が行われれば、これを肯定してよいであろう（確定根抵当権には随伴性がある）。

(c)　効　力

(α)　根抵当権が移転するのは当然であるが、被担保債権の範囲や極度額も譲受人に承継されると解される。この場合、債権者が変更するから被担保債権の範囲の変更を伴うが、しかし、これは根抵当権の移転に当然伴うものであり、根抵当権の移転の登記の外に被担保債権の範囲の変更の登記をする必要はない。

(β)　根抵当権者の債務者に対する被担保債権の範囲に属する債権は譲渡されない。根抵当権の譲渡においては、基本的根抵当権が譲渡されるからである。

(γ)　譲渡人の債権者が根抵当権の債務者に対する被担保債権の範囲に属する債権を差し押さえても、基本的根抵当権である根抵当権の譲渡に影響しない。

(δ)　根抵当権の譲受後に発生した譲受人の債権は、被担保債権の範囲に入る限り根抵当権により担保される。根抵当権の譲受前に譲受人のもとですでに発生していた債権であっても、被担保債権の範囲に入れば当事者が排除しない限り根抵当権により担保される（本書五二六頁参照）。

(ε)　譲受人が譲渡人のもとですでに発生していた債権を譲り受けた場合、それが譲渡人のもとで被担保債権の範囲に入っていた場合には、当事者が排除しない限り譲受人のもとにおける被担保債権の範囲に属する債権に準じるものとして根抵当権により担保される（本書五二六頁参照）。

(二)　根抵当権の分割譲渡

(a)　序　根抵当権者は、元本の確定前に、根抵当権設定者と根抵当権を目的とする権利を有する者の承諾をえて、根抵当権＝基本的根抵当権を二個の根抵当権に分割しその一方を譲渡することができる（三九八条の一二第二項前段第三項）。たとえば、極度額五、〇〇〇万円の根抵当権を極度額三、〇〇〇万円と二、〇〇〇万円の二個の根抵当権に分割し、そのうち極度額二、〇〇〇万円の根抵当権を譲渡するというのがこれである。

(b)　要　件

(α)　根抵当権の分割譲渡の要件は、根抵当権者と譲受人の間の合意、根抵当権設定者と根抵当権を目的とする権利を有する者の承諾、および、登記である。

(β)　根抵当権を目的とする権利を有する者とは、たとえば根抵当権の上の転抵当権者がこれである。根抵当権の分割譲渡の場合、根抵当権を目的とする権利は譲渡された根抵当権につき消滅する（三九八条の一二第二項後段）。そこで、根抵当権を目的とする権利を有する者の承諾が必要であるとされたのである（三九八条の一二第三項）。根抵当権の債務者に対する被担保債権の範囲に属する債権の質権者や差押債権者は、根抵当権を目的とする権利を有する者に入らない(1)。根抵当権の債務者に対する被担保債権の範囲に属する債権の質入れや差押えは、基本的根抵当権である根抵当権に影響しないからである（本書五四三頁以下参照）。

（1）　差押債権者につき、同旨、船越・三二五頁。

(γ)　登記は、分割譲渡の効力要件である（一七条）(1)。登記は、根抵当権を甲根抵当権と乙根抵当権に分割して乙根抵当権を移転する旨の登記である。

（1）　石田(穣)・一三七頁参照。

(c)　効　力

(α)　根抵当権は、分割譲渡により二個の全く別個の根抵当権になる。それゆえ、一方の根抵当権の元本額が極度額に達せず極度額に余裕（空き枠）があっても、これを他方の根抵当権の極度額に流用することはできない。被担保債権の範囲は譲受人に承継されると解される。分割譲渡は、譲受人の根抵当権について債権者が変更するから被担保債権の範囲の変更を伴うが、しかし、これは分割譲渡に当然伴うものであり、分割譲渡の登記の外に被担保債権の範囲の変更の登記をする必要はない。

(β)　根抵当権を目的とする権利は、譲渡された根抵当権につき消滅する（三九八条の一二第二項後段）。

(ホ)　根抵当権の一部譲渡

(a)　序　根抵当権者は、元本の確定前に、根抵当権設定者の承諾をえて根抵当権＝基本的根抵当権の一部譲渡をなしこれを譲受人と共有＝準共有（二六四条）することができる（三九八条の一三）。根抵当権の一部譲渡とは、根抵当権の持分を譲渡して根抵当権を譲受人と準共有することである。たとえば、根抵当権者Aが、根抵当権につき、持分の割合（弁済を受ける割合）が三分の一の持分をBに譲渡し、Aの持分の割合が三分の二、Bの持分の割合が三分の一の準共有にするというのがこれである。

(b) 要　件

(α) 根抵当権の一部譲渡の要件は、根抵当権者と譲受人の間の合意、根抵当権設定者の承諾、および、登記である。

(β) 根抵当権者と譲受人の間の合意は、根抵当権の持分譲渡の合意である。持分の割合は、これを定めた場合にはそれによるが、これを定めなかった場合には元本の確定時における譲渡人と譲受人の各債権額の割合による（三九八条の一四第一項）。持分の割合は、根抵当権の一部譲渡の後で定めてもよい。

(γ) 登記は、根抵当権の一部譲渡の効力要件である(1)（一七七条）。持分の割合を定めた場合には、これを登記しなければならない（不登八八条二項四号）。持分の割合を定めたがその登記がない場合、持分の割合の合意の効力は生じず、持分の割合は元本の確定時における譲渡人と譲受人の各債権額の割合になる。

（1） 石田（穣）・一三七頁参照。

(c) 効　力

(α) 根抵当権の一部譲渡が行われれば、譲渡人と譲受人は根抵当権を準共有する。

(β) 持分の割合が定められなかった場合、持分の割合は元本の確定時における各債権額の割合による。たとえば、譲渡人をA、譲受人をB、極度額を三、〇〇〇万円とし、持分の割合は定められなかったとしてみよう。そして、元本の確定時のAの債権額は二、〇〇〇万円、Bの債権額は一、〇〇〇万円、目的不動産の売却代金は五、〇〇〇万円としてみよう。この場合、各債権額の割合は二、〇〇〇万対一、〇〇〇万、つまり、二対一になるから、Aの持分の割合は三分の二、Bの持分の割合は三分の一である。そこで、配当は、Aが極度額三、〇〇〇万円の三分の二、つまり、二、〇〇〇万円、Bが三、〇〇〇万円の三分の一、つまり、一、〇〇〇万円となる。

(γ) 持分の割合が定められた場合にはそれによる。たとえば、右の設例で、A、Bの持分の割合がそれぞれ二分の一であるとしてみよう。この場合、A、Bはそれぞれ極度額三、〇〇〇万円の二分の一の限度で配当を受ける。それゆえ、Aは一、五〇〇万円、Bは一、〇〇〇万円の配当を受けるとも考えられるが、次に述べるように、Aは、Bに生じた五〇〇万円の空き枠を流用することができると解されるので、結局、二、〇〇〇万円の配当を受けることになる。

(δ)　配当に際し空き枠が生じた場合、それは他方に流用されることができると解される。このように解するのが根抵当権の一部譲渡の当事者の通常の意思に合致するし、また、このように解しても後順位抵当権者などは害されないからである。

(ε)　根抵当権の一部譲渡の当事者は、一方が他方に優先して弁済を受けることを定めることができる（三九八条の一四第一項但書）。持分の割合が定められている場合であっても、右の定めをすることを妨げない。右の定めがある場合、一方が他方に優先して配当を受ける。右の定めも登記（不登八八条二項四号）によって効力が生じる。登記がされない場合、持分の割合が定められなかった場合には元本の確定時における各債権額の割合によって、持分の割合が定められた場合には持分の割合によって、それぞれ配当が行われる。

(ζ)　譲受人は、被担保債権の範囲を承継すると解される。抵当権の一部譲渡は、譲受人の根抵当権（持分）について債権者が変更するから被担保債権の範囲の変更を伴うが、しかし、これは一部譲渡に当然伴うものであり、一部譲渡の登記の外に被担保債権の範囲の変更の登記をする必要はない。譲受人が債権者の変更以外の被担保債権の範囲の変更をする場合、譲受人は、原則として、譲渡人の同意をえて（本書五六七頁以下参照）根抵当権設定者とその旨の合意をし登記をすればよい（本書五三六頁参照）。この場合、譲渡人と譲受人の被担保債権の範囲は異なることになるが、譲渡人が同意をしている場合であり特に問題はない。

(へ)　抵当権の順位の譲渡・放棄を受けた根抵当権者による根抵当権の処分

(a)　序

(α)　抵当権の順位の譲渡・放棄を受けた根抵当権者がその根抵当権＝基本的根抵当権の譲渡または一部譲渡をした場合、譲受人はその順位の譲渡・放棄の利益を受ける（三九八条の一五）。

(β)　根抵当権者は、元本の確定前には転抵当の場合を除き民法三七六条一項の処分をすることができない（三九八条の一一第一項）。しかし、根抵当権者は、他の抵当権者から通常の抵当権の順位の譲渡・放棄を受けることができる。民法三九八条の一五は、このことを前提にしている。

(b)　抵当権の順位の譲渡・放棄を受けた根抵当権者の地位

(α)　(i)　たとえば、Aを極度額が一、八〇〇万円の三番根抵当権者、Bを被担保債権額が九〇〇万円の一番抵当権者とし、BからAに抵当権の順位の譲渡・放棄が行われたとしてみよう。

(ii)　まず、抵当権の順位の譲渡の場合、私見によれば、被担保債権額が重なり合う範囲で当事者の抵当権の順位が相互に相手方に移転する、すなわち、それぞれの順位の抵当権が相互に相手方に移転すると解される（本書四四六頁以下参照）。これを設例の場合に当てはめれば、通常の抵当権と根抵当権の間の問題であるから、Bの抵当権は極度額が九〇〇万円の一番根抵当権としてAに移転し、Aの根抵当権は極度額一、八〇〇万円のうち九〇〇万円につき被担保債権額が九〇〇万円の通常の三番抵当権としてBに移転すると考えられる。そこで、Aは極度額が九〇〇万円の一番根抵当権と極度額が九〇〇万円の三番根抵当権を有し、Bは被担保債権額が九〇〇万円の三番抵当権を有する。Aの三番根抵当権とBの三番抵当権ではAがBに優先する。なお、Aの極度額に空き枠が生じた場合、それは一番抵当権に関するものであるか三番抵当権に関するものであるかを問わずBに流用されると解してよいであろう。このように解するのがA、B双方の通常の意思に合致するし、また、このように解しても後順位抵当権者などは害されないからである。

(iii)　次に、抵当権の順位の放棄の場合、私見によれば、被担保債権額に応じて当事者の抵当権が相互に分割譲渡される（本書四五五頁以下参照）。

これを設例の場合に当てはめれば、Aの三番根抵当権の極度額一、八〇〇万円とBの一番抵当権の被担保債権額九〇〇万円に応じて、つまり、二対一の割合で、Bの被担保債権額が九〇〇万円の一番抵当権は根抵当権としてAに分割譲渡される。この結果、Aは極度額が六〇〇万円（九〇〇万円×$\frac{2}{3}$）の一番根抵当権を取得し、Bは被担保債権額が三〇〇万円（九〇〇万円×$\frac{1}{3}$）の一番抵当権者になる。同様にして、Aの極度額が一、八〇〇万円の三番根抵当権は、Bの被担保債権額九〇〇万円に応じて、つまり、二対一の割合で、通常の抵当権としてBに分割譲渡される。この結果、Bは被担保債権額が六〇〇万円（一、八〇〇万円×$\frac{1}{3}$）の三番抵当権を取得し、Aは極度額が一、二〇〇万円（一、八〇〇万円×$\frac{2}{3}$）の三番根抵当権者になる。AとBは、それぞれの抵当権につき同順位である。

Aの極度額に空き枠が生じた場合、それはBに流用されると解してよいであろう。このように解するのがA、B双方の通常の意思に合致するし、また、このように解しても後順位抵当権者などは害されないからである。

(iv)　前述の設例において、抵当権の順位の譲渡を受けたAは、極度額がそれぞれ九〇〇万円の一番根抵当権と三番根抵当権を有する。Aは、当然、これらの根抵当権＝基本的根抵当権の譲渡や一部譲渡をすることができる（三九八条の一五）。この場合、二つの根抵当権の両方の譲渡や一部譲渡であることが前提とされている。分割譲渡については規定されていないが、これを否定する理由はないであろう。他方、たとえば、Aが右の二つの根抵当権のうち一方だけを譲渡した場合、一種の分割譲渡になるので、根抵当権を目的とする権利を有する者の承諾が必要であり（三九八条の一二第三項）、右の権利は譲渡された根抵当権につき消滅することに注意すべきである（三九八条の一二第二項後段）。右の二つの根抵当権のうち一方だけの一部譲渡や分割譲渡も可能である。この場合、分割された根抵当権の一方についての一部譲渡や分割譲渡であるから、根抵当権を目的とする権利を有する者の承諾が必要であり、右の権利は譲渡された持分や根抵当権につき消滅する。

(v)　前述の設例において、抵当権の順位の放棄を受けたAは、極度額が六〇〇万円の一番根抵当権と極度額が一、二〇〇万円の三番根抵当権を有する。そこで、Aは、これらの根抵当権の譲渡や一部譲渡、分割譲渡をすることができる。これについては、Aが抵当権の順位の譲渡を受けた場合と同じである。

(c) 抵当権の譲渡・放棄を受けた根抵当権者の地位

(α) 抵当権の譲渡・放棄を受けた根抵当権者の地位については規定がない。

(β) (i) たとえば、Aが極度額一、〇〇〇万円の三番根抵当権を有し、Bが被担保債権額二、〇〇〇万円の一番抵当権を有するとしてみよう。そして、BがAに対し抵当権の譲渡・放棄をしたとしてみよう。抵当権の譲渡・放棄は、抵当権者から無担保債権者に対し行われるものであり（本書四五九頁以下、四六三頁以下参照）、これを根抵当権者に対し行うことができるかどうかには疑問もある。しかし、根抵当権者であっても極度額を超える債権額については無担保債権者であり、抵当権の譲渡・放棄はこの部分に対して行われると考えれば可能であると解すべきである。したがって、債権額が極度額を超えない場合、根抵当権者は抵当権の譲渡・放棄を受けることができない。

(ii) 私見によれば、抵当権の譲渡においては、抵当権者の被担保債権額と無担保債権者の債権額が重なり合う範囲で抵当権者から無担保債権者に抵当権が移転する。両者が同一順位の抵当権者になった場合には譲受人が優先する（本書四五九頁以下参照）。これを設例の場合に当てはめれば、Aは極度額を超える債権額につき被担保債権額が一、〇〇〇万円を限度とする通常の一番抵当権を取得する。Aの確定した元本が二、五〇〇万円であるとすれば、このうち一、〇〇〇万円は三番根抵当権で担保され、一、五〇〇万円は一番抵当権で担保される。Bの債権は、五〇〇万円の範囲で一番抵当権により担保される。一番抵当権により担保される債権につきAはBに優先する。

(iii) 私見によれば、抵当権の放棄においては、抵当権者の被担保債権額と相手方の債権額に応じて抵当権が抵当権者から相手方に分割譲渡される（本書四六三頁以下参照）。これを右の設例の場合に当てはめれば、Aの極度額を超える債権額の一、五〇〇万円とBの被担保債権額の二、〇〇〇万円に応じて、つまり、三対四の割合で抵当権がBからAに分割譲渡される。この結果、Aは、被担保債権額が約八五七万円（二、〇〇〇万円×$\frac{3}{7}$）の一番抵当権を、Bは、被担保債権額が約一、一四三万円（二、〇〇〇万円×$\frac{4}{7}$）の一番抵当権を有することになる。AとBの一番抵当権の間に優劣はない。

(γ)　(i)　抵当権の譲渡・放棄を受けた根抵当権者が根抵当権を譲渡した場合、根抵当権者が取得した通常の抵当権は当然には譲渡されない。根抵当権とこれらの通常の抵当権は別のものだからである（1）。

（1）　同旨、船越・三三〇頁。

(ii)　Aは、元本が確定しそれが極度額を超えた場合、抵当権の譲渡・放棄により通常の抵当権を取得する。Aは、この通常の抵当権を、三番根抵当権とともに、あるいは、三番根抵当権とは別に譲渡することができる。

Aは、元本が確定する前にあっては、元本が確定しそれが極度額を超えればという条件付の通常の抵当権を取得する。私見によれば、条件付の被担保債権の抵当権は条件付の抵当権であるが通常の抵当権の登記をすることができるように（不登八八条一項三号参照。本書二六六頁以下参照）、Aの取得する条件付の通常の抵当権についてはBの被担保債権額を担保限度額として通常の抵当権の登記をすることができると解される（不登八三条一項五号参照）。Aは、この抵当権を譲渡することができる（一二九条）。

(8)　根抵当権の共有（準共有）

(イ)　序　複数の者が根抵当権を共有することは可能である（三九八条の一四参照）。この場合の共有は、所有権以外の財産権に関するものであるから準共有である（二六四条）。

(ロ)　成　立　根抵当権の準共有が成立するのは以下の場合である。第一は、複数の者が共同して根抵当権設定者と根抵当権設定契約を結んだ場合である。第二は、根抵当権者につき共同相続が開始した場合である（八九八条）。第三は、根抵当権者が根抵当権の一部譲渡をした場合である（三九八条の一三。本書五五八頁以下参照）。

(ハ)　効　力

(a)　(α)　根抵当権の準共有者は、各債権額の割合に応じて弁済を受ける（三九八条の一四第一項本文）。この場合、各債権額の割合は各持分の割合ということができる。たとえば、根抵当権の準共有者をA、Bとし、Aの債権額は二、〇〇〇万円、Bの債権額は一、〇〇〇万円としてみよう。そして、極度額を一、五〇〇万円とし、目的不動産の売却代金を二、〇〇〇万円としてみよう。この場合、AとBは、二、〇〇〇万円と一、〇〇〇万円の割合で、つまり、二対一の割合で極度額の限度で配当を受ける。AとBの持分の割合は、三分の二と三分の一である。そこで、Aは一、五〇〇万円の三分の二で一、〇〇〇万円、Bは一、五〇〇万円の三分の一で五〇〇万円の配当を受けるのである。

(β) 根抵当権の準共有者が、元本の確定前に、右と異なる割合を定め、あるいは、ある者が他の者に優先して弁済を受けることを定めた場合は、その定めによる（三九八条の一四第一項但書）。たとえば、AとBの持分の割合が二分の一ずつであるとか、AがBに優先して弁済を受けるという定めがこれである。前述の設例でAとBの持分の割合が二分の一ずつの場合、AとBは、ともに極度額一、五〇〇万円の二分の一である七五〇万円の配当を受ける。AがBに優先する場合、Aは一、五〇〇万円の配当を受けるが、Bは配当を受けない。右の定めは登記されなければならず（不登八八条二項四号）、登記がされなければ根抵当権の準共有者は各債権額の割合に応じて配当を受けることになる。

(b) (α) 根抵当権の準共有者は、他の準共有者の同意をえて持分を譲渡することができる（三九八条の一四第二項）。根抵当権設定者の承諾が必要なのは当然である（三九八条の一二第一項）。一般の共有の場合、持分を譲渡するのは共有者の自由であるが、根抵当権の準共有の場合には他の準共有者の同意が必要とされている。これは、誰が準共有者かは債権額の大小に影響し、他の準共有者に不利益を及ぼすおそれがあるからであるとされる。それゆえ、持分の割合が定められている場合や他の準共有者が優先して弁済を受ける旨の定めがある場合、持分の譲渡によって他の準共有者が不利益を受けるおそれはないから、根抵当権の準共有者は他の準共有者の同意をえることなく持分を譲渡することができると解してよいであろう。

(β) 根抵当権の準共有者が持分の一部譲渡や分割譲渡をすることができるかどうかについては規定がないが、一部譲渡についてはこれを否定する理由はないであろう。たとえば、準共有者をA、Bとし、BがCに一部譲渡をしたとすれば、A、B、Cの三者が根抵当権を準共有することになるであろう。Aの同意が必要である以上、このように解してもAは害されない。この場合、A、Bの持分の割合が定められていればBの持分の一部（たとえば、$\frac{1}{2}$の$\frac{1}{2}$）がCに譲渡されるし、A、Bの持分の割合が定められていなければ債権額の割合で定まるBの持分の一部（たとえば、債権額の割合が$\frac{2}{3}$と$\frac{1}{3}$で、その$\frac{1}{3}$のうち$\frac{1}{2}$）がCに譲渡されることになるであろう。なお、持分の割合が定められている場合やAが優先して弁済を受ける旨の定めがある場合、Bの一部譲渡によりAが不利益を受けるおそれはなく、Aの同意は不要である。

分割譲渡については、BがAに対し根抵当権の分割を請求し（準共有根抵当権の分割。二六四条・二五六条一項）、分割されてBに帰属した根抵当権をCに分割譲渡するということになるであろう。後述するように、根抵当権の準共有者はいつでも準共有根抵当権の分割を請求することができる（左の(δ)参照）。

(γ)　根抵当権の準共有者は、持分の上に転抵当権を設定することができる。転抵当権者は、根抵当権の持分を実行しそこから優先弁済を受けることができる。後述するように、根抵当権の準共有者は他の準共有者の同意なしには競売の申立てをすることができないから（本書五六八頁参照）、転抵当権者は転抵当権の設定者でない根抵当権の準共有者の同意をえて根抵当権の持分を実行することになるであろう。

(δ)　(i)　根抵当権の準共有者は、分割をしない旨の特約がない限り、いつでも準共有根抵当権の分割を請求することができると解すべきである（二六四条・二五六条一項）。分割について当事者の協議が調う場合にはそれによるが、協議が調わない場合には裁判による分割になる（二五八条一項）。

(ii)　裁判による分割においては、まず、当事者が持分の割合を定めている場合、その割合に応じて根抵当権を分割すればよい。たとえば、A、Bが極度額一、〇〇〇万円の根抵当権の準共有者で、持分の割合が二分の一ずつであるとした場合、A、Bがそれぞれ極度額が五〇〇万円の根抵当権を有するように分割すればよい。

次に、当事者が持分の割合を定めていない場合、元本が確定していればそれぞれの元本額の割合に応じて根抵当権を分割すればよい。元本が確定していなければ、第二審の口頭弁論終結時のそれぞれの債権額の割合に応じて根抵当権を分割することになるであろう。

(iii) 協議による分割であれ、裁判による分割であれ、根抵当権が根抵当権者の間で変動している限り、根抵当権設定者の承諾は不要であると解してよいであろう。

(c) (α) 根抵当権の準共有者は、抵当権者から通常の抵当権の順位の譲渡・放棄や抵当権の譲渡・放棄を受けることができるであろうか。

(β) 前述したように、根抵当権者が抵当権の順位の譲渡・放棄を受ける場合、根抵当権の順位の変動が生じる（本書五六一頁以下参照）。それゆえ、根抵当権の準共有者が抵当権の順位の譲渡・放棄を受ければ、根抵当権の持分の順位が変動し、準共有者は他の準共有者と根抵当権を準共有するとはいえなくなるであろう。根抵当権の準共有とは、同一順位の根抵当権を準共有することであるからである。したがって、根抵当権の準共有者が抵当権の順位の譲渡・放棄を受けることはできないと解される(1)。根抵当権の準共有者は、準共有根抵当権の分割を請求し、根抵当権を分割取得した上で抵当権の順位の譲渡・放棄を受けることになるであろう。

(1) 同旨、我妻・五二六頁、船越・三三二頁。

(γ) 根抵当権者が抵当権の譲渡・放棄を受ける場合、前述したように、それは、極度額を超える債権額の部分につき行われ、根抵当権には変更をもたらさない（本書五六三頁以下参照）。それゆえ、根抵当権の準共有者は、抵当権の譲渡・放棄を受けることができる。この場合、抵当権の譲渡・放棄の具体的な内容は元本が確定しなければ確定しないが、問題がないことはすでに述べた通りである（本書五六四頁参照）。

(d) 根抵当権の準共有者が被担保債権の範囲を変更する場合、債権額の増加をもたらし他の準共有者に不利益を及ぼすおそれがある。それゆえ、根抵当権の準共有者は他の準共有者の同意なしに被担保債権の範囲を変更することはできないと解すべきである。もっとも、持分の割合が定められている場合や他の準共有者が優先して配当を受ける旨の定めがある場合には他の準共有者に不利益を及ぼすおそれはなく、他の準共有者の同意なしに被担保債権の範囲を変更することができるといってよいであろう。

(e)　根抵当権の準共有者が元本確定期日を変更する場合、他の準共有者の同意は必要であろうか。準共有者が元本確定期日を変更する場合、被担保債権の範囲を変更する場合と同じく債権額の増加をもたらし他の準共有者に不利益を及ぼすおそれがある。それゆえ、根抵当権の準共有者は他の準共有者の同意なしに元本確定期日を変更することはできないと解すべきである。もっとも、持分の割合が定められている場合や他の準共有者が優先して弁済を受ける旨の定めがある場合には他の準共有者に不利益を及ぼすおそれはなく、他の準共有者の同意なしに元本確定期日を変更することができるといってよいであろう。

(f)　根抵当権の準共有者は、根抵当権の債務者に対する自己の債権が履行遅滞の状態にある場合、他の準共有者の同意なしに競売の申立てをすることができるであろうか。準共有者が他の準共有者の同意なしに競売の申立てをすることができるとすれば、当該競売により他の準共有者の持分も消滅すると解すべきであるから（消除主義。民執一八八条・五九条一項）、結局、各準共有者の持分が処分されることになる。それゆえ、準共有者は他の準共有者の同意なしに競売を申し立てることができないと解すべきである（本書二九二頁参照）。準共有者が競売の申立てをしたい場合、まず、準共有根抵当権の分割を請求し（二六四条・二五六条一項）、分割して自己に帰属した根抵当権に基づき競売を申し立てることになるであろう。

(g)　(α)　目的不動産につき競売手続きの開始や滞納処分による差押えがあった場合、根抵当権者がそれを知った時から二週間が経過すれば元本が確定する（三九八条の二〇第一項三号）。この場合、根抵当権の準共有者の一人一人につき競売手続きの開始などを知った時から二週間の経過により元本が別々に確定すると解される。

(β) 根抵当権設定者による元本の確定請求は、根抵当権の準共有者全員に対して行われるべきであり、その請求が行われた時から二週間の経過により元本確定の効力が生じる（三九八条の一九第一項後段）。そして、元本の確定請求は根抵当権者の登記上の住所に宛てて行われれば十分であると解すべきである（仮登記担保五条三項参照）。右の確定請求が準共有者の一部に対して行われた場合、その一部の者についても元本確定の効力は生じないというべきである。準共有者は、他の準共有者と共同して根抵当権を行使しなければならない（本書二九二頁参照）。それゆえ、一部の者につき元本が確定するとすれば、その一部の者は元本が確定しても単独では根抵当権を行使することができず、妥当でないからである。

(γ) 根抵当権の準共有者による元本の確定請求は、準共有者の全員によって行われるべきであり、その請求が行われた時に元本確定の効力が生じる（三九八条の一九第二項後段）。準共有者の一部による元本の確定請求は、その一部の者についても元本確定の効力は生じないと解される。元本の確定請求が準共有者の一部の者に有利な時期に行われることにより他の準共有者が害されるおそれがあるからである。もっとも、持分の割合が定められている場合や他の準共有者が優先して配当を受ける旨の定めがある場合には他の準共有者に不利益を及ぼすおそれはなく、準共有者の一部による元本の確定請求はその一部の者につき元本確定の効力が生じると解される。

(9) 共用根抵当権

(イ) 序　共用根抵当権とは、債務者が複数いる場合の根抵当権である。たとえば、債権者Aが債務者B、Cに対する債権を担保するために、Bの不動産あるいはDの不動産に根抵当権の設定を受けるというのがこれである。Bの不動産に根抵当権が設定される場合、BはCに対しては物上保証人であり、Dの不動産に根抵当権が設定される場合、DはB、Cに対して物上保証人である。

(ロ) 成　立　共用根抵当権は、通常の根抵当権の場合と同じく、根抵当権者と根抵当権設定者の合意、および、登記（複数の債務者が表示される（不登八八条二項・八三条一項二号））によって成立する。

(ハ)　元本の弁済充当の方法

(a)　確定した元本の総額が極度額を超える場合にどのように弁済充当が行われるかについては、あまり議論されていないが、以下のように解するのが妥当であろう。前述の設例で、Bに対する確定した元本の全部をB債権群、Cに対する確定した元本の全部をC債権群として説明する。

(b)　まず、当事者間に弁済充当の方法について合意がある場合、その合意に従って元本の弁済充当が行われるべきである。たとえば、B債権群とC債権群の債権額に応じて弁済充当するとか、極度額の三分の二をB債権群、三分の一をC債権群の弁済充当に当てるという合意がこれである。判例は、通常の根抵当権において、元本として確定した複数の債権につき当事者の弁済充当の方法に関する合意の効力を否定しているが（最判昭六二・一二・一八民集四一巻八号一五九二頁）、妥当でない（本書五三五頁参照）。

(c)　当事者間に弁済充当の方法について合意がない場合、B債権群とC債権群の債権額に応じて弁済充当されると解するのが妥当であろう（最判平九・一・二〇民集五一巻一号一頁。四八九条四号も参照）。

(d)　以上のようにして、B債権群、C債権群への弁済金額が定まった場合、B債権群、C債権群を構成する複数の債権は、その弁済金額の範囲内で民法四八八条―四九一条に従って弁済充当を受ける（本書五三五頁参照）。

⑽　共同根抵当権

(イ)　序

(a)　共同根抵当権とは、被担保債権の範囲に属する増減変動する不特定の債権のうち元本確定期日に存在する債権＝元本を同一の債権として担保するために複数の不動産の上に設定される根抵当権である。たとえば、商人間の継続的取引から生じる売掛代金債権のうち元本確定期日に存在する売掛代金債権を同一の債権として担保するために複数の不動産の上に設定された根抵当権がこれである。

(b) (α) 共同根抵当権には、純粋共同根抵当権と累積共同根抵当権の二つがあるといわれる。そして、純粋共同根抵当権は、同一の債権を担保するために共同根抵当権を設定する旨の合意がなされ、かつ、その旨の登記がされているものであり(三九八条の一六)、累積共同根抵当権は、同一の債権を担保するために共同根抵当権を設定する旨の合意がなされたが、その旨の登記がされていないものであるといわれる。

(β) (i) 純粋共同根抵当権においては、被担保債権の範囲に属する不特定の債権のうち元本確定期日に存在する債権＝元本全部を極度額の限度で同一の債権として担保するために複数の不動産の上に根抵当権が設定される。この場合、元本の総額が極度額を超える場合には極度額を限度として、元本の総額が極度額を超えない場合には元本の総額を限度として根抵当権により担保される。たとえば、元本が三つあり、その額をそれぞれ一、〇〇〇万円、一、五〇〇万円、二、〇〇〇万円とし、極度額を一、五〇〇万円とすれば、元本の総額は極度額を超えるから、三つの元本を極度額の一、五〇〇万を限度として同一の債権として扱い、これが複数の不動産により担保されるとするのである。それゆえ、純粋共同根抵当権が共同抵当権であるのは当然である。

(ii) しかし、累積共同根抵当権においては、元本確定期日に存在する債権全部を同一の債権として扱うのではなく、それぞれ別個の債権として複数の不動産により担保するのであり、共同抵当権とはいえないと解すべきである。累積共同根抵当権においては、根抵当権者は目的不動産のいずれからでも極度額に至るまで優先弁済を受けることができる(三九八条の一八)。そこで、たとえば、元本として確定したA債権が目的不動産甲から極度額の限度で全額弁済を受けた場合、Aは消滅し目的不動産乙から極度額の限度で弁済を受けることはできないが、元本として確定したB債権は乙から極度額の限度で弁済を受けることができる。この場合、AとBは、同一の被担保債権の範囲に属する債権ではあるが、全く別の債権である。A、Bが極度額の限度で同一の債権として扱われる場合、Bは乙から弁済を受けることはできないのである。以上のように、累積共同根抵当権においては、元本確定期日に存在する債権がそれぞれ別個の債権として複数の不動産により担保されており、これを共同抵当権ということはできないと考える。もっとも、たとえば、Aの額が甲の極度額を超える場合、その超える部分は乙の極度額の限度で乙により担保される。それゆえ、累積共同根抵当権はこの限度で共同抵当権の性質を有する。しかし、この場合であっても、乙に残余があればその部分や目的不動産丙、丁…はBあるいは他の債権を担保するのであり、累積共同根抵当権を全体として共同抵当権ということはできないのである。

(γ)　そこで、本書においては、純粋共同根抵当権のみを共同根抵当権として取り扱い、累積共同根抵当権は共同根抵当権としては取り扱わない。以下、累積共同根抵当権を累積根抵当権と呼ぶことにする。

(ロ)　内　容

(a)　共同根抵当権とは、被担保債権の範囲に属する不特定の債権のうち元本確定期日に存在する債権＝元本すべてを極度額の限度で同一の債権として担保するために複数の不動産の上に根抵当権が設定された場合を指すが、複数の債権が同一の債権として扱われるためには、債権者、債務者、被担保債権の範囲、極度額がすべて同一でなければならない（三九八条の一七第一項参照）。

(b)　共同根抵当権においては、根抵当権者がどれか一つの目的不動産につき極度額に至るまで優先弁済受領権を行使すれば根抵当権は消滅し、他の目的不動産につき根抵当権を行使することはできない。すべての元本が極度額の限度で同一の債権として扱われるからである。この点は、累積根抵当権と大きく異なる。累積根抵当権においては、後述するように、根抵当権者はすべての目的不動産につき極度額に至るまで優先弁済受領権を行使することができるのである（三九八条の一八。本書五七五頁参照）。これは、すべての元本が別々の債権として極度額の総額（各目的不動産の極度額の合計額）の限度で担保されるからである。

(c)　共同根抵当権には民法三九二条と三九三条が適用される（三九八条の一六）。そこで、共同根抵当権においては、同時配当の場合の一つの配当方法として、按分配当、すなわち、各目的不動産の価額の割合による配当や異時配当の場合の後順位抵当権者による他の目的不動産についての代位が行われる（本書四八六頁以下、四八八頁以下参照）。按分配当については、元本の総額が極度額を超える場合には極度額に相当する金額が各目的不動産の価額の割合によって配当され、元本の総額が極度額を超えない場合には元本の総額が各目的不動産の価額の割合によって配当される。

(d) (α) 設定と同時に共同根抵当権の登記が行われなければならないとされる（三九八条の一六）。登記は、共同根抵当権の効力要件であり、登記が行われない限り民法三九二条・三九三条は適用されない（三九八条の一六）。設定と同時に登記をしなければならないとされているが、設定の合意後に登記をしてもよく、登記の時から共同根抵当権の効力が生じる。共同根抵当権の登記においては、共同担保の目的物になっているすべての不動産が表示される（不登八三条一項四号）。登記官は、共同担保目録を作成することができる（不登八三条二項）。

(β) 累積根抵当権（通常の根抵当権の登記が行われる）を共同根抵当権に変更することができるかどうかについては、転抵当権者のような第三者を害さない限りこれを認めて差し支えなく、共同根抵当権への変更登記がされた時から変更の効力が生じる。

(e) 共同根抵当権の被担保債権の範囲、債務者、極度額の各変更、共同根抵当権の譲渡（分割譲渡を含む）あるいは一部譲渡は、すべての目的不動産につき登記をしなければ効力を生じない（三九八条の一七第一項）。このように処理しなければ、たとえば、被担保債権の範囲の変更の登記（効力要件（三九八条の四第三項））が一部の目的不動産についてのみ行われた場合、目的不動産によって被担保債権の範囲が異なることになり、同一の債権を担保するとはいえなくなるからである。あるいは、たとえば、極度額の変更の登記（効力要件。本書五三九頁参照）が一部の目的不動産についてのみ行われた場合、目的不動産によって極度額が異なり（目的不動産によって担保される債権額が異なり）、同一の債権を担保するとはいえないからである。

(f) 共同根抵当権の元本は、一個の目的不動産につき確定すべき事由が生じた場合にも確定する（三九八条の一七第二項）。そこで、たとえば、一個の目的不動産につき元本の確定請求があれば（三九八条の一九第一項第二項）、すべての目的不動産につき元本は確定する。同様に、一個の目的不動産につき極度額の減額請求や根抵当権の消滅請求があれば、すべての目的不動産につき極度額の減額（三九八条の二一第二項）や根抵当権の消滅（三九八条の二二第二項）の効力が生じる。

⑾　累積根抵当権

(イ)　序

(a)　累積根抵当権とは、同一の被担保債権の範囲に属する増減変動する不特定の債権のうち元本確定期日に存在する債権＝元本全部を同一の債権とすることなく別々の債権として担保するために複数の不動産の上に設定される根抵当権である。累積根抵当権は、同一の債権を複数の不動産で担保するものではないから、共同根抵当権ではない（本書五七一頁以下参照）。

(b)　同一の被担保債権の範囲に属する元本をA、B、Cとし、これらが目的不動産甲、乙、丙で担保されるとする場合、Aの額が極度額を超えれば、Aは、甲から極度額の限度で弁済を受け、極度額を超える部分につき乙から弁済を受けることができる。そして、乙に残余があれば、B、Cは、同様にして乙から、そして、さらには丙から弁済を受けることができる。これに対し、通常の抵当権においては、Aが甲により、Bが乙により、Cが丙により担保されるとすれば、Aが甲から十分な弁済を受けることができなくても乙、丙から弁済を受けることはできない。以上のように、累積根抵当権は、通常の抵当権の単なる集合ではない。累積根抵当権がこのように扱われるのは、A、B、Cの間に同一の被担保債権の範囲に属するという密接な関連があるからである。そして、ここに通常の抵当権に対する累積根抵当権の特色があるのである。通常の抵当権においては、A、B、Cの間に同一の被担保債権の範囲に属するという関連はない。

(ロ)　内　容

(a)　根抵当権者は、各目的不動産につきそれぞれ極度額に至るまで根抵当権を行使することができる（三九八条の一八）。これが共同根抵当権と根本的に異なる点である（本書五七二頁参照）。この場合、極度額は各目的不動産につき同一である必要はない。たとえば、同一の被担保債権の範囲に属する債権に関し、不動産甲、乙につき極度額が各一、〇〇〇万円、丙につき極度額が一、二〇〇万円の累積根抵当権が設定された場合、根抵当権者はどの目的不動産からでも極度額に至るまで根抵当権を行使することができるのである。この結果、根抵当権者は三、二〇〇万円に至るまで満足を受けることができる。根抵当権者がいずれかの目的不動産から極度額に至るまで満足を受けても、他の目的不動産の根抵当権は消滅しない。被担保債権の範囲に属する債権は、別々に目的不動産によって担保されるからである。累積根抵当権が以上のように取り扱われるのは、根抵当権においては多数の債権が被担保債権となるためその額が大きくなる可能性が強いからである。

(b)　累積根抵当権には民法三九二条と三九三条は適用されない（三九八条の一六）。もっとも、一般に、同時配当のケースで元本額が各目的不動産の極度額の合計額に満たない場合、各目的不動産の価額に応じた配当、つまり、按分配当が行われるべきであると解されている。

しかし、たとえば、累積根抵当権の目的不動産甲、乙、丙につき極度額がそれぞれ五〇〇万円、甲、丙の価額がそれぞれ五〇〇万円、乙の価額が一、〇〇〇万円、元本額が一、二〇〇万円としてみよう。この場合、元本の一、二〇〇万円が各目的不動産の価額に応じて配当されるとすれば、甲、丙からそれぞれ三〇〇万円、乙から六〇〇万円が配当されることになり、乙につき極度額を超えてしまう。また、たとえば、甲には後順位抵当権者がいるが、乙、丙にはいない場合、按分配当が行われれば後順位抵当権者が不利益を受けるから、根抵当権者はまず乙、丙から弁済を受けるべきである。それゆえ、同時配当のケースで、元本額を各目的不動産の価額に応じて配当しても各目的不動産につき極度額を超えず、しかも、按分配当により利害関係人の利害が適切に調整される場合には、按分配当が行われるべきであるということになるであろう（本書四八六頁以下参照）。このようにしても、根抵当権者は全く害されない。

(c)　共同根抵当権である旨の登記が要求されないのは当然である。各目的不動産につき通常の根抵当権の登記をすれば足りる。

(d)　累積根抵当権の被担保債権の範囲、債務者、極度額の各変更、累積根抵当権の譲渡、分割譲渡、一部譲渡の場合、登記は各目的不動産につき行われる。そして、登記は効力要件であるから、登記が行われた目的不動産についてのみ効力が生じる（本書五三五頁以下、五五五頁以下参照）。その結果、累積根抵当権の被担保債権の範囲および債務者の変更、累積根抵当権の譲渡につきその登記が一部の目的不動産にのみ行われた場合、全部の目的不動産は同一の被担保債権の範囲に属する債権を担保するものではなくなるから、累積根抵当権の性質を失うと考えられる（本書五七四頁参照。登記が行われた、あるいは、登記が行われない複数の目的不動産については、累積根抵当権の性質が保持される）。

極度額の変更に関して一部の目的不動産についてのみ登記が行われても、極度額はすべての目的不動産について同一である必要はないから、累積根抵当権の性質は失われない。累積根抵当権の分割譲渡、一部譲渡に関して一部の目的不動産についてのみ登記が行われても、譲渡人の被担保債権の範囲の変更はなく、配当額が影響を受けるにすぎないから（本書五五七頁以下、五五八頁以下参照）、累積根抵当権の性質は失われない。

(e)　一個の目的不動産について元本の確定事由が生じても、他の目的不動産について元本は確定しない。累積根抵当権においては、元本の確定を各目的不動産について別々に取り扱う方が各目的不動産について極度額に至るまで根抵当権を別々に行使することができるとすることにマッチしているからである。同様にして、一個の目的不動産について極度額の減額請求や根抵当権の消滅請求が行われても他の目的不動産に影響しない（三九八条の二一第二項・三九八条の二二第二項参照）。

(f)　根抵当権者は、どの目的不動産につき競売の申立てをするかを決定することができるのはもちろん、複数の元本のうちどの元本をどの目的不動産から満足を受けるかも決定することができる。根抵当権者が元本を各目的不動産に割り当てることができるのは、根抵当権者が競売を申し立てる場合であっても、後順位抵当権者や他の債権者が競売を申し立てる場合であっても同じである。このように解しても、第三者は、根抵当権者が各目的不動産からそれぞれ極度額に至るまで満足を受けることができることを覚悟すべきであるから害されない。

もっとも、前述したように、同時配当のケースで、元本額を各目的不動産に応じて配当しても各目的不動産につき極度額を超えず、しかも、按分配当により利害関係人の利害が適切に調整される場合、按分配当が行われるから（本書五七五頁以下参照）、根抵当権者が元本を各目的不動産に割り当てることはできない。この場合、複数の元本は全体として一個の一定額（元本の総額）の債権として扱われ、各目的不動産には金額のみが割り当てられるのである。

(g)　(α)　被担保債権の範囲に属する債権のうち質入れされたり差し押さえられた債権が元本として確定した場合（元本確定期日に存在した場合）、根抵当権者はその債権をある目的不動産に割り当てることができるであろうか。たとえば、根抵当権者がある目的不動産につき競売を申し立てた場合、根抵当権者は質入債権・被差押債権を競売の目的不動産以外の目的不動産に割り当てることができるであろうか。

(β)　前に説明したように、被担保債権の範囲に属する債権が質入れされたり差し押さえられても、その債権が元本として確定すれば目的不動産から優先弁済を受けることができるという期待権が質入れされたり差し押さえられたと解すべきではない（本書五四三頁以下参照）。それゆえ、右の債権が質入れされたり差し押さえられた場合、右の債権についての期待権は消滅し、右の債権は被担保債権の範囲から離脱して元本確定期日に存在しても元本にはならない。したがって、質入債権や被差押債権は根抵当権とは無関係なものとなり、それらの債権を一定の目的不動産に割り当てるという問題はそもそも生じないのである。

⑿　根抵当権の消滅

(イ)　序　根抵当権の消滅には、根抵当権の消滅請求による場合とよらない場合の二つがある。

(ロ)　根抵当権の消滅請求

(a)　元本の確定後において現に存する債務の額が根抵当権の極度額を超える場合、物上保証人および目的不動産の所有権・地上権・永小作権・賃借権（第三者にも主張できる賃借権）を取得した第三者は、極度額に相当する金額を払い渡したり供託して根抵当権＝確定根抵当権の消滅を請求することができる（三九八条の二二第一項前段）。この場合、払渡しや供託は弁済の効力を有する（三九八条の二二第一項後段）。

(b)　物上保証人などによる極度額に相当する金額の弁済は、債務の全額の弁済ではなく債務の本旨に従った弁済（四九三条本文参照）とはいえない。しかし、物上保証人などは根抵当権者に対し債務を負担しているわけではなく、また、根抵当権においては債務が多額に達する場合も少なくない。それゆえ、物上保証人などが債務の全額を弁済しなければ根抵当権を消滅させることができないとすれば同人らに酷である。他方、根抵当権者は、極度額を限度として目的不動産の担保価値を把握しているから、極度額に相当する金額の弁済により根抵当権が消滅するとしても必ずしも大きな不利益を受けるわけではない。根抵当権者は、根抵当権が実行されれば極度額の限度で配当を受けるにとどまるのである。以上の理由により、物上保証人などが極度額に相当する金額を弁済すれば根抵当権は消滅するとされているのである。

(c)　物上保証人らの弁済は、第三者弁済（四七四条）であり[1]、一部代位（五〇二条）の効力が生じる。

(1)　同旨、鈴木・三〇六頁。船越・三四三頁、高木・二八五頁は反対。

(d)　根抵当権の消滅請求は形成権の行使であり、物上保証人などから根抵当権者に対する意思表示で行われる。物上保証人などが極度額に相当する金額を支払ったり供託して根抵当権消滅の意思表示をすれば、根抵当権は根抵当権の登記の抹消を待つまでもなくこの意思表示が根抵当権者に到達した時に消滅する。極度額に相当する金額が支払われたり供託されており、通常の抵当権の被担保債権全額の弁済に準じて根抵当権は登記が抹消されなくても消滅すると解されるからである（本書四七二頁以下参照）。

(e)　共同根抵当権の登記がある場合、一個の目的不動産につき根抵当権の消滅請求が行われれば根抵当権は消滅する（三九八条の一二第二項）。

(f)　(α)　債務者や保証人、これらの承継人は、根抵当権の消滅請求をすることができない（三九八条の二二第三項・三八〇条）。債務者や債務の全額を保証した保証人、これらの承継人は、債務（保証債務）の全額を弁済すべき義務を負っており、これらの者には債務の本旨に従って債務の全額を弁済させるのが妥当だからである。極度額の限度で保証した保証人については、根抵当権の消滅請求を認めても根抵当権から解放される不動産を所有するわけではなく、やはり根抵当権の消滅請求を認める必要はないであろう。

(β)　目的不動産の所有権・地上権・永小作権・賃借権（第三者に主張できる賃借権）の各停止条件付第三取得者は、条件の成否未定の間は根抵当権の消滅請求をすることができない（三九八条の二二第三項・三八一条）。これらの者については、条件の成否未定の間はその権利関係が不確定だからである。

(ハ)　根抵当権の消滅請求によらない根抵当権の消滅

(a)　根抵当権の消滅請求によらない根抵当権の消滅は、元本確定の有無を問わないものと、元本が確定した場合にのみ生じるものの二つがある。

(b)　元本確定の有無を問わないで根抵当権＝基本的根抵当権および確定根抵当権が消滅するのは、代価弁済（三七八条）、抵当権消滅請求（三七九条）、目的不動産の取得時効に必要な要件を具備する占有（三九七条）などの場合である。

(c)　元本の確定後に根抵当権＝確定根抵当権が消滅するのは、元本の弁済、元本の時効消滅、根抵当権の実行などの場合である。なお、元本の確定前に被担保債権の範囲に属する債権が弁済されても、当該債権についての根抵当権＝期待権は消滅するが、基本的根抵当権は消滅しない（本書五一六頁以下参照）。

(d)　以上に挙げた根抵当権の消滅については、抵当不動産の取得時効に必要な要件を具備する占有の場合を除き、抹消登記を待つまでもなく根抵当権は消滅すると解される。これらの場合、被担保債権は弁済や時効によって消滅しているか、被担保債権が弁済されたのに準じると考えられるからである。

第九節　特別法上の抵当権

一　立木抵当権

(1)　序　立木抵当権[(1)]とは、土地とは独立の不動産とされた立木に設定される抵当権である。立木は、本来、地盤である土地の構成部分であり、その一部である。しかし、わが国においては、立木を土地とは独立に取引する慣行が存在していた。そこで、明治四二年に立木ニ関スル法律、いわゆる立木法が制定され、立木は土地とは独立に取引の客体になることが承認されたのである。すなわち、立木法により、立木は土地とは独立の不動産とされ（立木二条一項）、立木の所有者は立木を土地から独立に譲渡したり抵当権の目的物にすることが許容されるに至ったのである[(2)]（立木二条二項）。

（1）　立木抵当権については、上山満之進・立木不動産法通解（明治四四年）、谷井辰蔵「立木法」特殊抵当権の設定と実行手続二五七頁以下（昭和六年）、渡辺洋三「立木法の制定」土地・建物の法律・制度(上)一三五頁以下（昭和三五年）、香川保一「立木抵当」特殊担保八六一頁以下（昭和三八年）、田山輝明「農業金融法制と担保」高島平蔵教授還暦記念（現代金融担保法の展開）四六六頁以下（昭和五七年）、宇津木旭「森林担保金融の諸問題」金融担保法講座Ⅱ二三七頁以下（昭和六一年）、同「山林・立木」特殊担保——その理論と実務——六六四頁以下（昭和六一年）参照。

（2）　立木法の制定については、渡辺・前掲参照。

(2)　立木抵当権の設定と登記

(イ)　立木抵当権が設定されるためには、まず、立木が土地から独立した不動産とされなければならない。そのためには、一筆の土地または一筆の土地の一部分に生立する樹木の集団につきその所有者が立木法により所有権保存の登記を受けなければならない（立木一条一項）。このようにして登記をされた立木は、土地から独立した不動産とみなされ（立木二条一項）、土地とは別個に抵当権が設定されるのである（立木二条二項）。

(ロ) 立木抵当権が効力を生じるためには、その登記がされなければならない（立木二一条）(1)。一般に、この登記は立木抵当権の対抗要件であると解されているが、登記を物権変動の効力要件と解する私見によれば、登記は立木抵当権の効力要件であると考えられる。

(1) 石田(穣)・一三七頁参照。

(3) 立木抵当権の効力

(イ) 抵当権者は、通常の抵当権の場合と同様、被担保債権が履行遅滞に陥れば、立木抵当権を実行し、立木を競売することができる。立木は不動産であるから、立木抵当権の実行は不動産担保権の実行である（民執一八一条以下）。

(ロ) 立木の所有者は、当事者の協定した施業方法により樹木を採取することができる（立木三条）。これは、抵当権設定者に果実収取権があることを考慮したものである（本書三三二頁以下参照）。

(ハ) (a) 立木抵当権の効力は、右の(ロ)の場合を除き、樹木が土地から分離した後にもその樹木に及ぶ（立木四条一項）。この場合、抵当権者は、被担保債権の期限が到来する前であっても樹木を競売することができるが（立木四条二項本文）、代金は供託しなければならない（立木四条二項但書）。樹木の所有者は、裁判所に相当の担保を供託して右の競売を免れることができる（立木四条三項）。以上の樹木の競売は、動産競売（民執一九〇条以下）であると解される。

(b) 立木の所有者が当事者の協定した施業方法により樹木を採取する場合を除き故意に（立木抵当権の目的物であることを知りながら）樹木を土地から分離した場合、立木の所有者は期限の利益を失い（一三七条二号。本書四〇四頁以下参照）、抵当権者は直ちに抵当権を実行することができると解される。この場合、抵当権者は期限に被担保債権が履行されるかどうかに大きな不安を持つ。立木抵当権の効力は分離された樹木にも及ぶが、しかし、立木が一体として有する価値は損なわれているし、また、樹木が第三者に善意取得されるおそれもあり、抵当権者を期限まで待たせるのは妥当でない。

(c) 土地から分離した樹木の所有者がこれを第三者に譲渡した場合、第三者が善意取得(一九二条—一九四条)をしない限り抵当権の効力はこの樹木に及ぶ(立木四条五項)。

(ニ) 立木が土地の所有者に属し土地または立木のみが抵当権の目的物となっている場合、抵当権設定者は競売の場合につき地上権を設定したものとみなされる(立木五条一項本文)。立木における法定地上権の制度である(三八八条参照)。土地または立木に対する強制競売の場合にも法定地上権が成立する(立木五条二項一項本文。民執八一条参照)。

(ホ) (a) 立木が地上権者に属し地上権または立木のみが抵当権の目的になっている場合、抵当権設定者は競売の場合につき地上権の存続期間内において土地の賃貸借をなしたものとみなされる(立木六条一項本文)。立木における法定賃借権の制度である。地上権または立木に対する強制競売の場合にも法定賃借権が成立する(立木六条三項一項本文)。

(b) 転貸をすることができる土地の賃借人に属する立木が抵当権の目的物になっている場合にも法定賃借権が成立する(立木七条・六条一項本文)。賃借権(転貸可能な賃借権)または立木に対する強制競売の場合にも法定賃借権が成立する(立木七条・六条一項本文)。

(ヘ) 地上権者または土地の賃借人に属する立木が抵当権の目的物になっている場合、地上権者または賃借人は抵当権者の承諾がなければその権利を放棄したり契約を合意解除することができない(立木八条)。これは、民法三九八条と同趣旨の規定である(本書四八一頁以下参照)。

(ト) 立木が抵当権の目的物となっていて立木の所有者が樹木の運搬のために土地や水を使用する権利を有する場合、立木の競売の買受人は相当の対価を支払いこれらの権利を行使することができる(立木九条一項三項)。立木の強制競売の場合も同じである(立木九条二項三項)。

二　工場抵当権

(1) 序

(イ) 工場抵当権(1)とは、工場の所有者が財団を組成しない工場に属する土地または建物に設定した抵当権である（工抵二条）。

（1） 工場抵当権については、宍戸深蔵＝塚本明籌・工場抵当法原理三四頁以下（明治三八年）、栗栖赳夫「工場抵当法論」工場鉄道及鉱業抵当法論九七頁以下（昭和四年）、谷井辰蔵「工場抵当法」特殊抵当権の設定と実行手続一頁以下（昭和六年）、江口最「工場抵当法」財団抵当法の研究二一頁以下（昭和一〇年）、堀内仁「狭義の工場抵当」判例財団抵当法四頁以下（昭和三一年）、香川保一「工場抵当」特殊担保一七頁以下（昭和三八年）、同「工場抵当」新訂工場及び鉱業抵当法一七頁以下（昭和四〇年）、津島一雄「工場抵当」工場抵当・財団抵当の実務二五頁以下（昭和四六年）、平野忠昭「工場抵当」不動産法大系Ⅱ（改訂版）五二八頁以下（昭和五二年）、飛沢隆志「工場抵当・各種財団抵当の内容および効力」担保法大系３一八四頁以下（昭和六〇年）、秦光昭「工場抵当、各種財団抵当における設定手続上の問題点」同書二二三頁以下、雨宮真也「工場抵当権、各種財団抵当権の実行とその実務上の問題点」同書二四一頁以下、秦光昭「工場抵当法三条目録・狭義の工場抵当」金融担保法講座Ⅱ一七九頁以下（昭和六一年）、末永道郎「工場」特殊担保――その理論と実務――六八六頁以下（昭和六一年）、酒井栄治・工場抵当法（平成元年）、秦光昭「工場抵当法三条目録の法的性質と従物理論――最一小判平成六・七・一四に関連して――」白鴎法学四号四七頁以下（平成七年）、池田雅則「集合財産担保に関する基礎的考察――日独諸制度の横断的比較――」北法四七巻一号二四八頁以下（平成八年）、舟橋哲「工場抵当法の特別法的意義――二条、三条を中心に――」法政論究二九号一四一頁以下（平成八年）、小林秀年「工場抵当法三条目録の効力について」遠藤浩先生傘寿記念（現代民法学の理論と課題）二九三頁以下（平成一四年）、大山和寿「狭義の工場抵当に関する立法論的考察――抵当権の効力の及ぶ物件を記した目録を公示する制度を維持する場合に関する提言――」青法四八巻三号三九頁以下（平成一八年）参照。

(ロ) 工場は、財団を組成する場合と組成しない場合がある。財団を組成する工場は工場財団と呼ばれ（工抵八条一項）、工場財団を目的とする抵当権は後述の工場財団抵当権である（本書五八九頁以下参照）。ここで説明するのは、財団を組成しない工場に属する土地または建物を目的とする抵当権である。

(ハ) 工場抵当権は、工場に属する土地または建物のどちらか一方に設定される場合もあるが、この両者に設定される場合が多いであろう。

(ニ)　工場に属する土地または建物に設定された抵当権の効力は、原則として、土地または建物の付加物および工場の用に供する物＝供用物に及ぶ（工抵二条一項本文二項）。付加物は土地または建物の構成部分に、供用物は土地または建物の従物に対応した概念である。

一般に、民法三七〇条に定める付加物は目的物の構成部分（一般にいう付合物）と従物の双方を指し工場抵当法二条に定める付加物より広い概念であるとされているが、しかし、前に説明したように、いずれの付加物も目的物の構成部分を指すものとして同じであると解すべきである（本書三〇五頁以下参照）。

(2)　工場抵当権の目的物の範囲

(イ)　工場に属する土地の抵当権の目的物は、土地、および、「建物ヲ除クノ外其ノ土地ニ附加シテ之ト一体ヲ成シタル物及其ノ土地ニ備附ケタル機械、器具其ノ他工場ノ用ニ供スル物」（工抵二条一項本文）である。「土地ニ附加シテ之ト一体ヲ成シタル物」は付加物であり、「土地ニ備附ケタル機械、器具其ノ他工場ノ用ニ供スル物」は供用物である。工場に属する土地の抵当権は、このように、工場に属する土地およびその付加物、供用物を一体として目的物にしている。これは、工場に属する土地およびその付加物、供用物は一体としてはじめて十分な経済的効用を発揮することができるからである。

(ロ)　工場に属する建物の抵当権の目的物は、建物およびその付加物、供用物である（工抵二条二項一項本文）。この趣旨は、工場に属する土地の抵当権の場合と同じである。

(ハ)　付加物、供用物は、抵当権が設定された後に備え付けられた場合であってもその目的物になる（大判大九・一二・三民録二六輯一九二八頁（供用物））。

(ニ)　工場に属する土地または建物に備え付けられた付加物、供用物は、それが第三者の所有する物であっても、第三者が同意すれば抵当権の目的物になる（物上保証。最判昭三七・五・一〇金法三〇九号三頁）。

(ホ) 工場に属する土地または建物の付加物、供用物であっても、設定行為に別段の定めがある場合や民法四二四条の規定により債権者が債務者の行為を取り消すことができる場合には抵当権の目的物にならない（工抵二条一項但書二項）。これは、民法三七〇条但書と同じ趣旨の規定である（本書三一三頁以下参照）。

(3) 付加物、供用物の公示

(イ) 付加物は、工場に属する土地または建物の構成部分であり、土地または建物についての登記とは別に登記をすることは要求されていない。

これに対し、供用物は、登記事項とされており（工抵三条一項）、登記をすることが必要である。この場合、登記官は、供用物の目録を作成することができる（工抵三条二項）。当事者は、抵当権の設定に際し、登記官に対し供用物の目録に記録する情報を提供しなければならない（工抵三条三項）。供用物の目録は、登記簿の一部であり、目録の記録は登記としての効力を有する。供用物の目録に掲げた事項に変更が生じた場合、当事者は目録の記録の変更の登記を申請しなければならない（工抵三条四項・三八条一項）。

(ロ) (a) 一般に、抵当不動産の構成部分や従物については登記は要求されず、抵当不動産の登記の効力は構成部分や従物に及ぶと解されている。これに対し、工場抵当権においては、前述したように、付加物については登記は要求されていないが、供用物については登記が要求されている。これは、工場抵当権の場合、供用物の量が多く、供用物が工場に属する土地または建物から分離して取引に出されることが少なくないため、供用物に抵当権の効力が及ぶことを明確にする趣旨で特に登記が要求されていると考えられる。

(b) 以上のような趣旨によれば、供用物が目録に記録されていない場合、抵当権の効力は供用物に及ばない（最判昭三二・一二・二七民集一一巻一四号二五二四頁、同判平六・七・一四民集四八巻五号一一二六頁参照）。しかし、登記官の過誤により供用物が目録に記録されなかった場合には、抵当権の効力は従物について登記がされなくても従物に及ぶという一般原則に照らし、抵当権の効力は目録に記録されなかった供用物に及ぶと解してよいであろう（大判昭一三・五・二八民集一七巻一一四三頁参照）。目録には軽微な付属物を除き供用物について具体的に記録し概括的に記録するのは許されない（最判昭三二・一二・二七民集一一巻一四号二五二四頁）。

(4)　分離された付加物、供用物に対する工場抵当権の効力

(イ)　工場の所有者が抵当権者の同意をえて工場に属する土地または建物からその付加物、供用物を分離した場合、抵当権はその付加物、供用物につき消滅する（工抵六条一項二項）。工場の所有者が抵当権者のために差押え、仮差押え、仮処分がある前に正当な理由により付加物、供用物の分離を求めた場合、抵当権者は同意を拒むことができない（工抵六条三項）。この場合、抵当権者が同意を拒んでも、付加物、供用物の分離により抵当権はその付加物、供用物につき消滅すると解すべきである。

(ロ)　右の場合を除き、抵当権は付加物、供用物が工場に属する土地または建物から分離してもその付加物、供用物につき消滅しない。分離した付加物、供用物が第三者に引き渡された場合であっても、第三者が善意取得（一九二条—一九四条。大判昭六・一・一四新聞三二二四号一一頁（目録に記録された供用物について））をした場合を除き、抵当権はその付加物、供用物につき消滅しない（工抵五条）。

(ハ)　(a)　工場に属する土地または建物から付加物、供用物が不当に分離され、かつ、第三者がこれを善意取得していない場合、抵当権者は、工場の所有者や第三者に対し付加物、供用物を分離前の状態に復旧することを求めることができる（最判昭五七・三・一二民集三六巻三号三四九頁）。

(b)　工場の所有者が工場に属する土地または建物から付加物、供用物を故意に（不当であることを知りながら）分離した場合、工場の所有者は期限の利益を失い（一三七条二号。本書四〇四頁以下参照）、抵当権者は直ちに抵当権の実行をすることができると解してよいであろう。この場合、抵当権者は期限に被担保債権が履行されるかどうかに大きな不安を持つ。抵当権の効力は分離した付加物、供用物にも及ぶが、工場に属する土地または建物と付加物、供用物が一体として有する価値は損なわれてい

るし、また、分離した付加物、供用物が第三者に善意取得されるおそれもあり、抵当権者を期限まで待たせるのは妥当でない。

工場の所有者に故意がない場合、立木抵当権の場合と同様、抵当権者は、被担保債権の期限が到来していなくとも分離した付加物、供用物に対し動産競売（民執一九〇条以下）の申立てをすることができるが、その代金はこれを供託しなければならないと解される（立木四条一項二項参照）。付加物、供用物の所有者は、裁判所に相当の担保を供託して右の付加物、供用物の競売を免れることができると解してよいであろう（立木四条三項参照）（以上につき、本書五八一頁参照）。

(5)　工場抵当権の目的物の差押え

(イ)　抵当権の目的物である工場に属する土地または建物の差押え・仮差押え・仮処分の効力は、その付加物、供用物に及ぶ（工抵七条一項）。これは、抵当権の効力が付加物、供用物に及ぶ趣旨と同じく、工場に属する土地または建物とその付加物、供用物は一体としてはじめて十分な経済的効用を発揮することを考慮したものである。

(ロ)　抵当権の目的物である工場に属する土地または建物の付加物、供用物は、土地または建物とともにしなければ差押え・仮差押え・仮処分の目的物とすることができない（工抵七条二項）。すなわち、付加物、供用物を工場に属する土地または建物から独立に差押え・仮差押え・仮処分の対象にすることはできないのである。工場に属する土地または建物から独立に付加物、供用物の差押え・仮差押え・仮処分を認めれば、抵当権の目的物の経済的効用が害され、抵当権者が不利益を受けるおそれがあるからである。抵当権者は、工場に属する土地または建物から独立に付加物、供用物の差押えが行われた場合、執行異議の申立て（民執一一条）や第三者異議の訴え（民執三八条）をすることができると解される（大判昭六・三・二三民集一〇巻二一六頁）。

三　財団抵当権

(1)　序

(イ)　財団抵当権(1)とは、財団を目的とする抵当権である。

(1)　財団抵当権については、清水誠「財団抵当法(法体制確立期)」講座日本近代法発達史4九五頁以下(昭和三三年)、飛沢隆志「工場抵当・各種財団抵当の内容および効力」担保法大系3一八四頁以下(昭和六〇年)、秦光昭「工場抵当、各種財団抵当における設定手続上の問題点」同書二二三頁以下、雨宮真也「工場抵当権、各種財団抵当権の実行とその実務上の問題点」同書二四一頁以下、浜田正文＝山口十蔵「各種財団抵当の現状と問題点」金融担保法講座Ⅱ一三九頁以下(昭和六一年)、近江幸治「日本民法の展開(2)特別法の生成——担保法」民法典の百年Ⅰ一八四頁以下(平成一〇年)、小林秀年「企業担保制度とその法的構造——新財団抵当制度の立法的課題に関する検討——」洋法五〇巻一・二号一頁以下(平成一九年)参照。

(ロ)　財団とは、土地、建物、機械、器具、地上権、賃借権、工業所有権などの財産の集合であって、全体として一個の不動産あるいは一個の物として扱われるものをいう。財団抵当権は、これらの財産の担保価値を一体として把握しようとするものである。

(ハ)　財団抵当権は、まず、明治三八年に、工場財団、鉱業財団、鉄道財団について認められた。これらの財団についての財団抵当権は、わが国の資本主義が明治二七年—二八年の日清戦争や明治三七年—三八年の日露戦争を経て急速に発展し、企業による資本調達の必要性が大きくなったため、これを容易にする手段として担保付社債信託法とともに導入されたのである。財団抵当権は、その後、時代の要請に応じつつ、右の三つの財団の外に、軌道財団(明治四二年)、運河財団(大正二年)、漁業財団(大正一四年)、港湾運送事業財団(昭和二六年)、道路交通事業財団(昭和二七年)、観光施設財団(昭和四三年)の六つの財団についても認められ、今日に至っている(1)。

(1)　以上については、清水誠「財団抵当法(法体制確立期)」講座日本近代法発達史4九五頁以下(昭和三三年)、近江幸治「日本民法の展開(2)特別法の生成——担保法」民法典の百年Ⅰ一八一頁以下(平成一〇年)、小林秀年「企業担保制度とその法的構造——新財団抵当制度の立法的課題に関する検討——」洋法五〇巻一・二号一頁以下(平成一九年)参照。

(ニ)　(a)　現在、財団抵当権は九つの財団について認められているが、これらの財団は、不動産財団と物財団の二つに分けられる。不動産財団は、一個の不動産とみなされる財団であり、工場財団、鉱業財団、漁業財団、港湾運送事業財団、道路交通事業財団、観光施設財団がこれに属する。物財団は、一個の物とみなされる財団であり、鉄道財団、軌道財団、運河財団がこれに属する。

(b) 不動産財団においては、工場財団について詳細な規定が設けられ（工場抵当法）、これが他の財団に準用されている。物財団においては、鉄道財団について詳細な規定が設けられ（鉄道抵当法）、これが他の財団に準用されている。

(c) 不動産財団と物財団の実質的な差異は、原則として、財団を組成する財産の内容にある。不動産財団においては、道路交通事業財団を除き、財団の設定者が法律で定められたものの中から財産の内容を選択することができる。他方、物財団においては、財産の内容は法律で定められ、財団の設定者がこれを選択することはできないとされている。なお、この点は、不動産財団に属する道路交通事業財団においても同じである。

(ホ) 以下においては、不動産財団抵当権の代表例として工場財団抵当権を、物財団抵当権の代表例として鉄道財団抵当権を、それぞれ説明する。

(2) 工場財団抵当権

(イ) 序　工場財団抵当権[1]は、工場財団を目的とする抵当権である。

(1) 工場財団抵当権については、宍戸深蔵＝塚本明籌・工場抵当法原理七二頁以下（明治三八年）、栗栖赳夫「工場抵当法論」工場鉄道及鉱業抵当法論九七頁以下（昭和四年）、谷井辰蔵「工場抵当法」特殊抵当権の設定と実行手続一頁以下（昭和六年）、江口最「工場抵当法」財団抵当法の研究一八三頁以下（昭和一〇年）、堀内仁「工場財団抵当」判例財団抵当法三九頁以下（昭和三一年）、香川保一「工場財団抵当」特殊担保二〇一頁以下（昭和三八年）、同「工場財団抵当」新訂工場及び鉱業抵当法一〇四頁以下（昭和四〇年）、津島一雄「工場財団抵当」工場抵当・財団抵当の実務一三三頁以下（昭和四六年）、香川保一「工場抵当・各種財団抵当」銀行取引法講座下三二二頁以下（昭和五一年）、平野忠昭「工場抵当」不動産法大系Ⅱ（改訂版）五四六頁以下（昭和五二年）、酒井栄治・工場抵当法（平成元年）、池田雅則「集合財産担保に関する基礎的考察——日独諸制度の横断的比較——」北法四七巻一号二九三頁以下（平成八年）参照。

(ロ)　工場財団の設定

(a)　(α)　(i)　設定者は、財団を組成する財産を法律で定められたものの中から選択する（工抵一一条）。工場抵当法は、財団を組成する財産として、工場に属する土地および工作物（工抵一一条一号）、機械、器具、電柱、電線、配置諸管、軌条その他の付属物（工抵一一条二号）、地上権（工抵一一条三号）、賃貸人の承諾がある場合の物の賃借権（工抵一一条四号）、工業所有権（工抵一一条五号）、ダム使用権（工抵一一条六号）を挙げている。設定者は、これらの財産の全部または一部をもって財団を設定するのである。

(ii)　後述するように、右の財産は、財団目録（登記簿の一部）に記録されることにより財団を組成する（本書五九四頁参照）。

(β)　(i)　一般に、法律で定められていない財産は、財団目録に記録されていても（登記官の過誤によって生じる）財団を組成しないと解されている。そこで、一般に、競売の買受人は右の財産を取得することができないと解されているようである。しかし、これでは財団目録を信頼した買受人が害される。

(ii)　法律で定められていない財産は、財団目録に記録されていても財団を組成しない。そこで、財団に設定された抵当権の効力は右の財産に及ばない。すなわち、右の財産については抵当権は不存在である。

ところで、買受人の不動産の取得は担保権の不存在や消滅により妨げられないとされている（民執一八四条）。これは、不動産担保権による競売手続きを信頼した者を保護するためである（本書三六一頁以下参照）。それゆえ、民事執行法一八四条は抵当権の実行において法律で定められていない財産が買い受けられた場合に適用あるいは類推適用されると解するのが妥当である。工場抵当法が法律で定められていない財産につき民事執行法一八四条の適用や類推適用を排除する趣旨を有するとは思われない。そうだとすれば、財団目録を信頼した買受人は右の財産を取得することができると解すべきである。その詳細は、民事執行法一八四条の場合と同じである（本書三六一頁以下参照）。

(b)　(α)　(i)　他人の権利の目的である財産あるいは差押え・仮差押え・仮処分の目的である財産は、財団を組成することができない（工抵一三条一項）。

(ii) 他人の権利の目的である財産については、以下のように考えられる。

(i)′ まず、他人の所有する財産、つまり、他人の財産は、他人の権利の目的である財産であり、財団を組成しない。

(ii)′ 他人の所有権以外の権利、たとえば、地上権や地役権などの目的である財産も、他人の権利の目的である財産であり、財団を組成しない。

もっとも、賃借権の目的である財産については問題がある。設定者は、財団の成立後に抵当権者の同意があれば財団を組成する財産を他に賃貸することができるからである（工抵一三条二項但書）。問題は、賃借権の目的である財産につき財団を設定することができるかであるが、財団目録にその財産が賃借権の目的であることが記録されれば可能であると解してよいであろう。この場合、抵当権者や買受人は害されないからである。そこで、賃借権の目的である財産につき財団を設定しようとする場合、設定者は、その旨の情報を提供して財団の所有権保存の登記を申請しなければならない（工抵二二条）。

(β) (i) 財団に関し所有権保存の登記の申請があった場合、登記官は、財団に属すべき動産につき権利を有する者または差押え・仮差押え・仮処分の債権者に対し、一定の期間内にその権利の申出をすべき旨を公告しなければならない（工抵二四条一項）。この期間内に権利の申出がない場合、その権利は存在しないものとみなされ、また、差押え・仮差押え・仮処分は効力を失うとされる（工抵二五条本文）。この公告は、所有権保存の登記の申請に際し、設定者から財団を組成すべき財産が賃借権の目的になっている旨の情報が提供されている場合（右の(α)(ii)(ii)参照）、その賃借人に関しては行われないと解される。登記官に賃借権についての情報が提供されている以上、賃借人に権利の申出をさせる必要はないからである。

(ii) 権利が存在しないものとみなされるというのは、第三者は自己の権利を主張することができないという趣旨である。そこで、たとえば、第三者の動産が設定者の動産として財団目録に記録されている場合、第三者は自己の動産であると主張することができない。あるいは、第三者の動産につき第三者が設定者から賃借しているとして財団目録に記録されている場合、第三者は賃借権の限度でしか自己の権利を主張することができない。

しかし、第三者の権利を知っているか過失で知らなかった者を保護する必要はない。たとえば、第三者の動産であることを知りながら抵当権の設定を受けたり競売において買い受けたりした者を保護する必要はない。それゆえ、第三者が自己の権利を主張することができないとは、第三者は善意無過失の利害関係人に対しては自己の権利を主張することができないという趣旨に解すべきである。なお、財団が消滅すれば、第三者は、抵当権が実行された場合を除き、自己の権利を主張することができると解される（大判大二・三・一二民録一九輯一五一頁参照）。なぜなら、財団が消滅すれば、第三者の権利に係る動産が財団を組成すると信じて利害関係を持つ者もいなくなるからである。

以上によれば、第三者の権利の目的である動産は、財団を組成しないが、第三者が一定の期間内に権利の申出をしない場合、右の動産は財団目録に記録され、第三者は右の動産が財団を組成すると無過失で信じた利害関係人に対し自己の権利を主張することができなくなるのである。

(iii)　このように解する場合、競売の買受人が第三者の権利の目的である動産であることを知っていたか過失で知らなかった場合、買受人はその動産を取得することができない。この場合、動産の所有者は、買受人に対し自己の動産の所有権を主張することができる。動産の所有者が買受人に対し所有権を主張する場合、買受人、抵当権者、設定者の間で複雑な法律関係が生じるが、その内容は民事執行法一八四条の場合と同じである（本書三六一頁以下参照）。

(iv)　第三者は、自己の権利を主張することができない場合、設定者に対し損害賠償を請求することができると解される。後述のように、鉄道財団については明文の規定があるが（鉄道抵一一条三項。本書五九六頁参照）、工場財団について異なって扱う理由はなく、鉄道財団の場合と同様に解すべきである。損害賠償請求の法的性質は、不当利得による利益返還請求（七〇三条）

あるいは不法行為による損害賠償請求（七〇九条）であると解される。すなわち、第三者が自己の権利を主張することができなくなったことにつき設定者に帰責事由がない場合、損害賠償請求は不当利得による利益返還請求であり、右のことにつき設定者に帰責事由がある場合、損害賠償請求は不当利得による利益返還請求あるいは不法行為による損害賠償請求である。

(v) 第三者が一定の期間内に自己の権利の申出をした場合、その権利の目的である動産につき財団目録は作成されず、その動産は財団を組成しない（本書五九四頁参照）。この場合、設定者は、第三者の権利を争い、その不存在の確認を求めて訴えを提起することができる。設定者がこの訴訟で勝訴すれば、右の動産につき財団目録が作成され、右の動産は財団を組成することになる。

(vi) 財団が消滅した場合、権利を主張することができないとされていた第三者は、抵当権が実行された場合を除き、自己の動産の所有権を主張することができる（本書五九二頁参照）。それゆえ、動産の所有者は設定者に対しその返還を請求することができる。

(vii) 差押え・仮差押え・仮処分は効力を失うとされる点についても、以上と同様に解してよいであろう。そこで、差押え・仮差押え・仮処分の目的である動産は、財団を組成しないが、第三者が一定の期間内に動産が差押え・仮差押え・仮処分の目的になっている旨の申出をしない場合、右の動産は財団目録に記録され、第三者は右の動産が財団を組成すると無過失で信じた利害関係人に対し差押え・仮差押え・仮処分の効力を主張することができなくなる。

(ハ) 工場財団の公示

(a) 財団は、所有権保存の登記をすることにより成立する（工抵九条）。もっとも、財団の所有権保存の登記はその登記後六か月以内に抵当権設定の登記を受けない場合には効力を失うから（工抵一〇条）、財団は、結局、所有権保存の登記と六か月以内の抵当権設定登記の双方を要件として所有権保存の登記の時に成立すると解される。財団の所有権保存の登記は、工場財団登記簿において行う（工抵九条）。

(b)　財団を組成する財産は登記事項とされているが（工抵二一条一項四号）、登記官はこれを記録した財団目録を作成することができる（工抵二二条二項）。設定者は、財団の所有権保存の登記の申請に際し、財団目録に記録すべき情報を提供しなければならない（工抵二二条）。財団目録は、登記簿の一部であり、財団目録の記録は登記としての効力を有する。財団目録に掲げた事項に変更が生じた場合、設定者は、財団目録の記録の変更の登記を申請しなければならない（工抵三八条一項）。

(c)　登記のされていない財産は、財団を組成しない。それゆえ、財団目録に記録されていない財産は財団を組成せず、抵当権の効力はそれに及ばない。もっとも、財団目録に記録されている建物に付加して一体となった増築建物や財団目録に記録されている機械、器具の付属品は、財団目録に記録されていなくとも財団を組成するとされる（大判昭八・五・二四民集一二巻一五六五頁）。

(d)　財団は、抵当権の目的とするために設定される。そこで、財団の所有権保存の登記は、その登記後六か月以内に抵当権設定の登記がされない場合、その効力を失う（工抵一〇条）。この場合、財団は成立しないと解される（本書五九三頁以下参照）。

(ニ)　工場財団抵当権の効力

(a)　財団を目的とする抵当権、すなわち、工場財団抵当権の効力は財団を組成するすべての財産に及ぶ。

(b)　(α)　財団を全体として他に譲渡することは可能であるが（大判昭八・三・一八民集一二巻九八七頁）、財団に属する個々の財産を譲渡したり、個々の財産を所有権以外の権利や差押え・仮差押え・仮処分の目的とすることはできない（工抵一三条二項本文）。もっとも、抵当権者が同意すれば個々の財産を他に賃貸することは可能である（工抵一三条二項但書）。なお、抵当権者が同意すれば財団を全体として他に賃貸することも可能である（工抵一四条二項但書）。抵当権者は、個々の財産が差し押さえられた場合、執行異議の申立て（民執一一条）や第三者異議の訴え（民執三八条）を行うことができると解される（本書五八七頁参照）。

(β)　設定者が抵当権者の同意をえて財団を組成する財産を財団から分離した場合、抵当権はその財産について消滅する（工抵一五条一項）。設定者が抵当権者のために差押え・仮差押え・仮処分がある前に正当な理由に基づき財産の分離につき同意を求めた場合、抵当権者は同意を拒むことができない（工抵一五条二項・六条三項）。この場合、抵当権者が同意を拒んでも、財団から財産が分離されれば抵当権はその財産につき消滅すると解される（本書五八六頁参照）。

(γ)　右の(β)の場合を除き、財団から財産が分離しても、抵当権はその財産につき消滅しない。この財産が第三者に引き渡された場合であっても同じである。もっとも、第三者がこの財産を善意取得（一九二条—一九四条）した場合は別である（最判昭三六・九・一五民集一五巻八号二一七二頁。工抵五条二項参照）。

(δ)　抵当権の実行は、財団の競売である。そして、これは、財団が一個の不動産とみなされるから（工抵一四条一項）、担保不動産競売（民執一八〇条一号）である。もっとも、抵当権者は、財団を組成する財産につき個別的に抵当権の実行をすることもできる（工抵四六条）。この場合、財産が不動産であれば担保不動産競売であり、財産が動産であれば動産競売（民執一九〇条以下）である。

(3)　鉄道財団抵当権

(イ)　序　鉄道財団抵当権(1)とは、鉄道財団を目的とする抵当権である。

(1)　鉄道財団抵当権については、栗栖赳夫「鉄道抵当法論」工場鉄道及鉱業抵当法論九頁以下（昭和四年）、谷井辰蔵「鉄道抵当法」特殊抵当権の設定と実行手続一六一頁以下（昭和六年）、江口最「鉄道抵当法」財団抵当法の研究二一頁以下（昭和一〇年）、堀内仁「鉄道財団抵当」判例財団抵当法五九頁以下（昭和三一年）、香川保一「鉄道財団抵当」特殊担保六七七頁以下（昭和三八年）、岩崎平八郎・鉄道抵当法軌道ノ抵当ニ関スル法律（昭和四七年）参照。

(ロ)　鉄道財団の設定

(a)　(α)　財団を組成する財産は法律で定められており、設定者はその選択をすることができない（鉄道抵三条）。他の物財団についても同じである。この点が道路交通事業財団を除く工場財団などの不動産財団と大きく異なることはすでに述べた（本書五八九頁参照）。財団を組成する財産は、たとえば、鉄道線路、鉄道用地、工場、変電所、駅舎、通信や信号・送電の施設、車両、保線用の施設、地上権や賃借権などであり（鉄道抵三条）、鉄道企業の重要な施設や使用権を包含する。

(β)　後述するように、右の財産は財団目録（登記簿の一部）に記録されることにより財団を組成する（左の(ハ)(c)参照）。

(b)　(α)　他人の物権や不動産賃借権、差押え・仮差押え・仮処分の目的である財産は財団を組成することができない（鉄道抵四条三項本文）。

(β)　(i)　監督官庁（国土交通大臣）は、財団の認可に際し、第三者に対して権利（所有権を含む。右の(α)参照）の申出をすべき旨の公告をしなければならない（鉄道抵八条一項）。第三者が所定の期間内に権利の申出をしない場合、不動産については登記はその効力を失い、動産については権利は存在しないものとみなされ、差押え・仮差押え・仮処分についてはその効力を失うとされる（鉄道抵一一条二項本文）。そして、その場合、第三者は財団の設定者に対し損害賠償を請求することができるとされる（鉄道抵一一条三項）。工場財団においては、権利の申出をしなかった第三者の不利益は動産の場合に限られているが（本書五九一頁参照）、鉄道財団においては、不動産の場合にも第三者に不利益が生じることに注意すべきである。

(ii)　登記が効力を失うという趣旨は、第三者の物権や不動産賃借権の目的である財産は財団を組成しないが、第三者は、所定の期間内に権利の申出をしなければ、善意無過失の利害関係人に対し権利を主張することができないということである。その他については、工場財団の場合と同様に解して差し支えない（本書五九一頁以下参照）。

(γ)　第三者が所定の期間内に権利の申出をした場合、権利の申出に係る財産は財団目録に記録されず、後述のように財団を組成しない（左の(ハ)(c)参照）。設定者は、第三者の申出を不当であるとする場合、第三者の権利の不存在の確認を求めて訴えを提起することができる。そして、この訴訟で勝訴すれば、右の財産は財団目録に記録され、財団を組成することになる。

(c) 設定者は、財団を設定しようとする場合、財団目録を提出して監督官庁による財団の認可を受けなければならない（鉄道抵七条）。財団は、この認可により成立する（鉄道抵二条ノ二第一項）。他方、設定者が認可の後六か月以内に鉄道抵当原簿への抵当権設定の登録を申請しない場合、認可は効力を失う（鉄道抵一三条）。それゆえ、財団は、結局、監督官庁の認可と六か月以内の鉄道抵当原簿への抵当権設定の登録を要件として認可の時に成立するのである。

(ハ) 鉄道財団の公示

(a) 監督官庁は、財団の認可をした場合、鉄道抵当原簿に財団設定の登録をしなければならない（鉄道抵二八条ノ二）。

(b) 財団を組成する財産につき財団目録が作成されるが、これは鉄道抵当原簿の一部とみなされる（鉄道抵三三条）。

(c) 法律により財団を組成するとされる財産であっても財団目録に記録されていない場合、財団を組成しないと解すべきである。

第一に、鉄道抵当法一一条一項は法律により財団を組成するとされる財産は財団の認可により当然に財団を組成すると規定するが、他方、財団を組成する財産については財団目録が作成され、これは鉄道抵当原簿の一部とみなされている（鉄道抵三三条）。それゆえ、登記を物権変動の効力要件と解する私見(1)によれば、法律により財団を組成するとされる財産は財団目録によって公示されることを条件に財団を組成すると解される。

第二に、財団目録に記録された財産のみが財団を組成するとすれば、たとえば、抵当権者が抵当権の設定を受けてよいかどうかを容易に判断することができるし、買受人が競売において買い受けてよいかどうかを容易に判断することができる。

第三に、財団目録に記録されていない財産であっても財団を組成するとすれば、財団を組成する財産と財団目録の間に食い違いがある場合、財団目録を信頼した者が不当な不利益を受けるおそれがある。たとえば、財団目録に記録されていない財産も財団を組成する財産であり抵当権の効力がその財産に及ぶとすれば、財団目録により抵当権の効力が及ばないと信じてその財産を譲り受けた者が害される。あるいは、財団に抵当権の設定を受けようとする者や財団の買受人になろうとする者はある財産が財団を組成することを知らないために抵当権の設定を受ける機会を失ったり買受人になる機会を失うおそれがある。

以上により、法律上財団を組成するとされる財産であっても財団目録に記録されていない場合、財団を組成しないと解すべきである。

（1）　石田（穣）・一三七頁参照。

(二)　鉄道財団抵当権の効力

(a)　財団を目的とする抵当権、すなわち、鉄道財団抵当権の効力は財団を組成するすべての財産に及ぶ。

(b)　財団目録に記録されていない財産は財団を組成せず、抵当権の効力はそれらの財産に及ばない（本書五九七頁以下参照）。

(c)　財団を組成する財産の個別的譲渡、財団から分離した財産に対する抵当権の効力、第三者の善意取得などの問題については、工場財団抵当権の場合と同じである（鉄道抵九条・二〇条参照。本書五九四頁以下参照）。

(d)　抵当権の実行は、財団の競売である。財団は一個の物とされているが（鉄道抵二条三項）、その主要な組成財産は不動産であるから、財団の競売は担保不動産競売（民執一八〇条一号）であると解すべきである。工場財団抵当権においては、財団を組成する財産につき個別的に抵当権を実行することが可能であるが（工抵四六条）、鉄道財団抵当権においては、原則としてこれが禁止されている（鉄道抵七〇条）。

四　企業担保権

(1)　序

(イ)　企業担保権[1]とは、株式会社（以下、会社という）の発行する社債を担保するためにその会社の総財産（一体としての総財産）を目的として設定される担保物権である（企業担保一条）。

（1） 企業担保権については、香川保一「企業担保法について──制定の経緯と逐条解説──」曹時一〇巻六号四一頁以下、八号一一頁以下、九号二二頁以下、一〇号一一頁以下、一一号一五頁以下、一二号一八頁以下、一一巻一号五八頁以下(昭和三三年—三四年)、同「企業担保」特殊担保七六三頁以下(昭和三八年)、小林英雄・企業担保法(昭和四七年)、水島廣雄・特殊担保法要義──企業担保法制論綱──(昭和五四年)、執行秀幸「企業担保権の行方──フローティングチャージとの比較検討を通して──」高島平蔵教授還暦記念(現代金融担保法の展開)一九五頁以下(昭和五七年)、小林秀年「企業担保法の課題──イギリス浮動担保を礎として──」洋法二八巻二号一〇一頁以下(昭和六〇年)、執行秀幸「企業担保権の内容・効力──制定過程からみた現行企業担保権の意義──」担保法大系4二二頁以下(昭和六〇年)、近藤崇晴「企業担保権の実行手続上の問題点」同書七九頁以下、秦光昭「企業担保と金融取引」同書六一頁以下、打田畯一「担保付社債信託・企業担保権の現状と問題点」金融担保法講座Ⅱ二四九頁以下(昭和六一年)、小林秀年「企業担保の理論──企業担保法改正論──」洋法三一巻一・二号七三頁以下(昭和六三年)、同「比較企業担保法──日本・イングランド・スコットランド──」比較法二七号八一頁以下、二八号一五三頁以下(平成二年)、池田雅則「集合財産担保に関する基礎的考察──日独諸制度の横断的比較──」北法四七巻二号三〇七頁以下(平成八年)参照。

(ロ) (a) 企業担保権に近いものに財団抵当権がある。この財団抵当権については三つの問題点が指摘されていた。第一は、財団抵当権を設定することができる財団は限定されており、企業が一般的に財団抵当権を利用できるわけではないということである。第二は、財団を組成する財産は企業の総財産ではなく(たとえば、工業所有権は鉄道財団を組成しない)、競売における財団の買受人が企業を継続して経営できるとは限らないということである。第三は、財団を設定するためには登記官に対し財団目録に記録すべき情報を提供したり財団目録を作成したりしなければならず、これは彪大な労力と時間を必要とし設定者にとって大変な負担になっているということである。企業担保権は、財団抵当権の有するこれらの問題点を克服するために創設された。

(b) 企業担保権においては、第一に、会社であれば広くこれを設定することが可能である。第二に、企業担保権においては、会社の総財産がその目的になるとされている。そこで、買受人は、会社の総財産を取得し、会社を継続して経営することが可能である。第三に、企業担保権においては財産目録を作成する必要がない。企業担保権は登記により成立し（企業担保四条一項本文）、それに伴い会社の総財産は当然に企業担保権の目的になるのである。このように、企業担保権は、会社の総財産を目的として簡易な方法で設定される。

(ハ)　総財産を担保の目的とするものには一般先取特権がある。しかし、一般先取特権においては、債務者の総財産を構成する個別の不動産や動産などがその目的であるとされ、個別の不動産につき一般先取特権の登記をすることが可能である（本書八六頁参照）。これに対し、企業担保権の目的は一体としての会社の総財産であり、個別の不動産につきその登記をすることはできないとされている。これに伴い、一般先取特権においては、その登記をした不動産が第三者に譲渡されても一定の要件のもとにこれに追及することができるが（本書一二五頁以下参照）、企業担保権においては、財産が会社の総財産から分離すれば、企業担保権はその財産につき消滅するとされている。

(ニ)　企業担保権は、その設定後に会社の財産になったものにも当然に効力を及ぼすが、他方、会社の財産から分離した財産については消滅する。企業担保権は、増減変動する会社の総財産を企業担保権の実行の時点で固定し把握するのである。それゆえ、企業担保権は、後述の流動動産譲渡担保権に類似し、実行の時点前においては、実行の時点で会社の財産が存在すればそれから一般債権者に優先して弁済を受けることができるという期待権として存在する（本書七二八頁参照）。

(ホ)　企業担保権は、目的物の占有を債務者のもとにとどめつつその担保価値を把握する点で抵当権に類似する。しかし、企業担保権は、設定の時間的前後を問わず他の担保物権に劣後し（企業担保七条）、その担保物権としての効力は弱い。企業担保権は、無担保の一般債権者に優先するにすぎない（企業担保二条一項）。

(ヘ)　企業担保権は、現在、ほとんど利用されていない。企業担保権は、一部の大企業によって利用されているにすぎない。

(2)　企業担保権の設定と登記

(イ) 設　定

(a) 企業担保権は、会社と信託会社＝受託会社の間の信託契約に従い設定される（担保付社債信託法二条前段）。企業担保権者は、受託会社であり、受託会社の名義で登記も行われる（担保付社債信託法六一条）。受託会社は、総社債権者のために企業担保権を保存し実行する義務を負い（担保付社債信託法三六条）、社債権者は、その債権額に応じ平等に担保の利益を享受する（担保付社債信託法三七条一項）。

(b) 企業担保権の設定は、公正証書によって行う（企業担保三条）。被担保債権は、会社の発行する社債である（企業担保一条一項）。

(ロ) 登　記　企業担保権は、会社の本店の所在地において登記をすることにより成立する（企業担保四条一項本文）。

(3) 企業担保権の効力

(イ) 効　力

(a) 企業担保権は、会社の総財産の上に効力を及ぼす（企業担保一条一項）。企業担保権は、その設定後に会社の財産になったものにも当然に効力を及ぼす。他方、企業担保権は、会社の財産から分離した財産については消滅する。会社は、企業担保権者の同意をえることなく自由に財産を会社の財産から分離することができる。

(b) 企業担保権者は、会社の一般債権者に優先する（企業担保二条一項）。しかし、企業担保権は、設定の時間的前後を問わず他の担保物権に劣後し（企業担保七条）、また、設定の時間的前後を問わず地上権や賃借権などの公示方法を備えた他の権利にも劣後する（企業担保六条）。複数の企業担保権の間の順位は、その登記の前後による（企業担保五条）。

(c) 会社の財産に対し他の債権者による強制執行や担保権の実行としての競売が行われている場合、企業担保権者はその手続きにおいて優先権を主張することができない（企業担保二条二項）。他方、企業担保権の実行手続きの開始決定があった場合、他の債権者による強制執行や担保権の実行としての競売などは実行手続きに対する関係においては効力を失う（企業担保二八条）。

(ロ) 実　行

(a) (α) 企業担保権の実行は、企業担保権者の申立てに基づき(企業担保一一条)、裁判所の実行手続きの開始決定により開始する(企業担保一九条一項)。

(β) 裁判所は、実行手続きの開始決定と同時に会社の総財産を差し押さえる旨の宣言をしなければならない(企業担保二〇条一項)。差押えは、差押えの決定を会社に送達することにより効力を生じる(企業担保二〇条二項)。

(γ) 裁判所は、実行手続きの開始決定と同時に、管財人を選任しなければならない(企業担保二一条)。

(δ) 裁判所は、実行手続きの開始決定をした場合、直ちに、その旨や管財人の表示、会社の債務の弁済の禁止、一定期間内の担保権の届出などについて公告をしなければならない(企業担保二二条一項)。

(b) (α) 管財人は、会社の本店所在地の登記所において実行手続きの開始および管財人の登記をしなければならない(企業担保二三条一項)。

(β) 管財人は、右の登記とは別に会社の個別の財産のうち登記・登録をすることができるものについて、実行手続きの開始の登記・登録をしなければならない(企業担保二四条)。

(γ) 管財人は、会社の債務者に対し、会社のその債務者に対する債権が差し押さえられたことを通知しなければならない(企業担保二六条本文)。

(c) (α) 裁判所による差押えの宣言は、その旨の公告および会社の本店所在地の登記所における実行手続きの開始の登記があるまでは善意の第三者に対し効力を及ぼすことができない(企業担保二七条一項前段)。その公告および登記の後であっても、第三者が正当な理由により差押えを知らなかった場合は同じである(企業担保二七条一項後段)。

(β) 差押えの効力が完全に生じるのは、会社の個別の財産に関して実行手続きの開始の登記・登録がなされた場合にその財産について、会社の債務者に対して債権の差押えの通知がなされた場合にその債権についてである。

(d) (α) 実行手続きの開始決定があった場合、会社の財産に対してなされている強制執行、仮差押え・仮処分、担保権の実行としての競売、滞納処分は、実行手続きに対する関係においては効力を失う（企業担保二八条）。会社の財産に対する強制執行などは、実行手続きの一環として処理されるのである。

(β)　(i)　会社の総財産の換価は、一括競売や任意売却によって行われる（企業担保三七条一項）。

(ii)　一括競売は、会社の総財産を一括して、せり売りまたは入札の方法によって行われる（企業担保三七条二項）。

(iii)　任意売却は、会社の総財産を一括して、または、個別に、適宜の方法によって行われる（企業担保三七条三項）。任意売却は、企業担保権者などの申出に基づき、企業担保権者などの同意と裁判所の認可を受けて、管財人が実施する（企業担保四五条一項）。

(γ)　配当は、優先順位に従い、裁判所が実施する（企業担保五二条）。

(ハ)　破産法、民事再生法、会社更生法上の地位

(a)　企業担保権により担保される社債は、破産法上、優先的破産債権として他の破産債権に優先する（破九八条一項）。しかし、企業担保権は別除権としては扱われない（破二条九項）。

(b)　企業担保権により担保される社債は、民事再生法上、一般優先債権として再生手続きによらないで随時弁済される（民再一二二条一項二項）。しかし、企業担保権は別除権としては扱われない（民再五三条一項）。

(c)　企業担保権により担保される社債は、会社更生法上、更生債権として扱われ（会更二条八項）、更生担保権としては扱われない（会更二条一〇項）。

五　動産抵当権

(1)　序

(イ)　動産抵当権とは、動産の上に設定される抵当権である。抵当権は、通常、不動産や地上権、永小作権の上に設定される（三六九条）。これは、不動産や地上権、永小作権については登記という公示制度が完備しているからである。こ

れに対し、動産については、通常、公示制度が整えられていない。それゆえ、動産抵当権は、法律がこれを認めた場合にのみ設定される。

(ロ)　現在、認められている動産抵当権としては、以下のものがある。すなわち、商法による船舶抵当権、農業動産信用法による農業用動産抵当権、自動車抵当法による自動車抵当権、航空機抵当法による航空機抵当権、建設機械抵当法による建設機械抵当権がこれである。なお、船舶抵当権の説明については、商法に譲る。

(ハ)　動産抵当権を認める場合、その動産についての公示制度が整備されなければならない。そのため、前述の動産抵当権については、それぞれ特別の登記や登録制度が設けられている。すなわち、農業用動産抵当権については農業用動産登記簿が、自動車抵当権については自動車登録ファイルが、航空機抵当権については航空機登録原簿が、建設機械抵当権については建設機械登記簿が、それぞれ用意されている。

(2)　農業用動産抵当権

(イ)　序　農業用動産抵当権[1]とは、農業用動産の上に設定される抵当権である。農業用動産抵当権は、昭和八年、疲弊した農村の農業者や農業協同組合などが農業生産の資金を容易に調達することができるように、農業動産信用法に基づき導入されたものである。

(1)　農業用動産抵当権については、石田文次郎「農業用動産抵当法に就て」民法研究一巻三六九頁以下（昭和九年）、同「農業動産信用法釈義」同書四七三頁以下、香川保一「農業用動産抵当」特殊担保九八五頁以下（昭和三八年）、宮崎孝雄・農業動産信用法（昭和四七年）、村上一二「農業用動産」特殊担保――その理論と実務――一一二頁以下（昭和六一年）参照。

(ロ)　農業用動産抵当権の設定

(a)　抵当権の設定者は、農業者や農業協同組合などであり、抵当権の設定を受ける者は、農業協同組合や信用組合などである（農業動産信用法一二条一項）。

(b) 抵当権が設定されるのは、農業用動産である（農業動産信用法一二条一項）。農業用動産とは、農業経営の用に供する動産であり（農業動産信用法二条一項）、その範囲は法定されている（農業動産信用法二条二項）。たとえば、石油発動機、電動機、トラクター、ボイラー、脱穀機、コンバイン、精米機、牛、馬、総トン数二〇トン未満の漁船などがこれである。これに対し、鋤、鍬、鎌、羊、豚、鶏などは農業用動産に入らない。

(ハ) 農業用動産抵当権の公示

(a) 抵当権の公示方法は、農業用動産登記簿への抵当権の登記である（農業動産信用法一三条一項）。

(b) 民法一七七条の登記を物権変動の効力要件と解する私見[1]によれば、農業用動産登記簿への登記は、抵当権の効力要件であると解される。

(1) 石田(穣)・一三七頁参照。

(c) そこで、抵当権は登記をしない限り効力を生じない。これに対し、農業動産信用法一三条一項は、抵当権の得喪変更は登記をしなければ善意の第三者に対抗できないと規定し、抵当権は登記をしなくても悪意の第三者にはこれを主張することができるとするかのようである。しかし、登記をもって抵当権の効力要件と解する限り、抵当権は登記をしない限り悪意の第三者に対しても効力を生じない。もっとも、抵当権の登記がされない場合、抵当権の設定を受ける者は抵当権設定者に対し抵当権設定請求権を有する。そして、私見によれば、第三者が抵当権設定請求権を知りながら目的物を取得し、抵当権設定者において第三者の目的物取得により抵当権設定請求権者が害されるのを知っている場合（ほとんどの場合、抵当権設定者は知っている）、抵当権設定請求権者は、第三者に対し抵当権設定請求権（したがって、また、抵当権設定登記請求権）を主張し、これに基づき登記をすれば抵当権を主張することができると解される[1]。

(1) 石田(穣)・二一七頁参照。

(ニ) 農業用動産抵当権の効力

(a)　抵当権の効力は、一般の抵当権の効力とほぼ同じである（農業動産信用法一二条二項本文）。根抵当権の設定も認められる。他方、第三取得者による抵当権消滅請求は認められていない（農業動産信用法一二条二項但書）。

(b)　抵当権と先取特権が競合する場合、抵当権は民法三三〇条に規定する第一順位の先取特権と同一順位になる（農業動産信用法一六条）。

(c)　抵当権の設定されている農業用動産について第三者が善意取得（一九二条—一九四条）をすることは妨げられない（農業動産信用法一三条二項）。この場合、第三者は抵当権の負担のない農業用動産を取得したり、抵当権に優先する質権を取得する。

(d)　抵当権の設定されている農業用動産について所有者がこれを譲渡したり他の債務の担保に供する場合、所有者は譲受人や担保権者に対し抵当権の存在を告知しなければならない（農業動産信用法一四条）。これは、抵当権の設定されている農業用動産が第三者によって善意取得をされるのを防ぐためである。所有者は、譲受人や担保権者に抵当権の存在を告知した場合、抵当権者に対し右の告知をした旨を遅滞なく告知しなければならない（農業動産信用法一五条一項）。

(e)　抵当権の設定されている農業用動産について第三者が差押えをした場合、所有者は抵当権者に対しその旨を遅滞なく告知しなければならない（農業動産信用法一五条二項）。

(f)　抵当権の実行については、若干の場合を除き動産競売（民執一九〇条以下）の例による（農業用動産抵当権実行令一条）。任意売却により換価するという特約は有効であるとされる（最判昭三七・一一・一八民集一六巻一一号二三六頁）。しかし、抵当権の私的実行は原則として仮登記担保契約に関する法律の定める準則に基づき行われるべきである（本書一八三一頁以下参照）。

(ホ)　そ の 他　抵当権の設定された農業用動産に質権を設定することは可能である。この場合、前述したように、農業用動産の所有者は、質権者に対し抵当権の存在を告知しなければならない（農業動産信用法一四条二項）。所有者がこの告知をしない場合、質権者が質権を善意取得することがありうる（農業動産信用法一三条二項）。この場合、質権者は抵当権に優先する質権を取得する。このように、抵当権の設定された農業用動産に質権を設定することは可能である。しかし、後述の自動車や航空機、建設機械については、これらの動産が登録や登記を受けた場合に抵当権が設定されるが、これらの動産が登録や登記を受けた場合、これらの動産に質権を設定することはできないとされている（本書六〇九頁、六一〇頁、六一二頁参照）。なお、抵当権の設定されていない農業用動産に質権を設定することはもちろん可能である。

(3) 自動車抵当権

(イ) 序　自動車抵当権(1)とは、自動車の上に設定される抵当権である。自動車抵当権は、昭和二六年、自動車の購入資金を容易に調達することができるように自動車抵当法により導入されたが、現在、ほとんど利用されることはなく、自動車購入のための担保手段としては所有権留保が用いられている。

(1) 自動車抵当権については、香川保一「自動車抵当」特殊担保一〇〇七頁以下（昭和三八年）、宮内竹和「自動車抵当と所有権留保——自動車割賦販売の際におけるそれらの利用状況と自動車抵当制度の将来——」熊法七号九二頁以下（昭和四一年）、酒井栄治・自動車抵当法（昭和四七年）、山川一陽「自動車・航空機・建設機械抵当」担保法大系3一三一頁以下（昭和六〇年）、石井眞司「自動車」特殊担保——その理論と実務——一三一頁以下（昭和六一年）、田村耕一「自動車販売における契約形態と自動車抵当・所有権留保の比較・分析——動産抵当（動産譲渡登記）制度はどのような場合に利用され得るのか——」熊法一一〇号一頁以下（平成一八年）参照。

(ロ) 自動車抵当権の設定と公示

(a) 抵当権は、道路運送車両法により自動車登録ファイルに登録された自動車について設定される（自動車抵当法二条・三条）。そして、自動車の登録は、自動車の車台番号や原動機の型式の打刻を受けた自動車について行われる（道路運送車両法七条二項・八条三号参照）。それゆえ、抵当権は自動車の車台番号や原動機の型式の打刻を受けた自動車に設定されるのである。

(b) 抵当権の公示方法は自動車登録ファイルへの抵当権の登録であるが（自動車抵当法五条一項）、民法一七七条の登記を物権変動の効力要件と解する私見(1)によれば、自動車登録ファイルへの登録は抵当権の効力要件である。

(1) 石田（穣）・一三七頁参照。

(ハ)　自動車抵当権の効力

(a)　抵当権の効力は、一般の抵当権の効力とほぼ同じである（自動車抵当法四条・六条―一〇条・一二条―一五条・一八条―一九条の二）。根抵当権の設定も認められる（自動車抵当法一九条の二）。他方、第三取得者による抵当権消滅請求は認められていない。

(b)　抵当権と先取特権が競合する場合、抵当権は、民法三三〇条一項に規定する第一順位の先取特権と同一順位になる（自動車抵当法一一条）。

(c)　抵当権の設定されている自動車については、第三者による善意取得は認められない。前に述べたように、抵当権の設定されている農業用動産については第三者による善意取得が認められているが（本書六〇六頁参照）、これは、農業用動産についての所有権や質権の得喪変更の公示方法は抵当権が設定されていると否とを問わず登記ではなく引渡しとされており（一七八条）、第三者は農業用動産の所有権や質権を取得するためには相手方の占有を調査すれば足り登記を調査する必要がないからである。(1)

これに対し、登録を受けた自動車の所有権の得喪変更の公示方法は、自動車登録ファイルへの所有権の得喪変更の登録であるとされており（道路運送車両法五条一項）、第三者が登録を受けた自動車（抵当権の設定されている自動車）の所有権を取得するためには相手方の登録を調査しなければならず、第三者による自動車の善意取得は認められないのである。また、登録を受けた自動車に質権を設定することはできないから（自動車抵当法二〇条）、抵当権の設定されている自動車（登録を受けた自動車）については質権の善意取得も認められない。それゆえ、抵当権の設定されている自動車の所有権や質権の善意取得は認められないのである。(2)

(1)　石田(穣)・二六六頁参照。

(2)　石田(穣)・二六七頁参照。

これに対し、登録を信頼した者による自動車の所有権の善意取得は認められるべきである（石田(穣)・二六七頁注(1)参照）。

(d) 抵当権の実行は、原則として不動産競売に準じて行われる(民執規一七六条)。

(ニ) その他　登録を受けた自動車に質権を設定することはできない(自動車抵当法二〇条)。これに対し、登録を受けない自動車に質権を設定することは可能であり、質権の善意取得も認められている(最判昭四五・一二・四民集二四巻一三号一九八七頁)。

(4) 航空機抵当権

(イ) 序　航空機抵当権(1)とは、飛行機または回転翼航行機の上に設定される抵当権である(航空機抵当法二条参照)。航空機抵当権は、昭和二八年、航空機の購入資金の調達を容易にするために航空機抵当法により導入された。

(1) 航空機抵当権については、香川保一「航空機抵当」特殊担保一〇二二頁以下(昭和三八年)、田中敬一郎・航空機抵当法(昭和四七年)、山川一陽「自動車・航空機・建設機械抵当」担保法大系3一三一頁以下(昭和六〇年)、坂本清「航空機」特殊担保――その理論と実務――二一二頁以下(昭和六一年)参照。

(ロ) 航空機抵当権の設定と公示

(a) 抵当権は、航空法により航空機登録原簿に登録された航空機について設定される(航空機抵当法二条・三条)。

(b) 航空機登録原簿に登録された航空機には、国土交通大臣により遅滞なく登録記号を表示する打刻がなされる(航空法八条の三第一項)。そして、抵当権は、登録された航空機の上に設定される。それゆえ、抵当権は、通常、登録記号の打刻を受けた航空機の上に設定されるのである。

(c) 抵当権の公示方法は、航空機登録原簿への抵当権の登録であるが(航空機抵当法五条)、民法一七七条の登記を物権変動の効力要件と解する私見(1)によれば、航空機登録原簿への登録は抵当権の効力要件である。

(1) 石田(穣)・一三七頁参照。

(ハ) 航空機抵当権の効力

(a) 抵当権の効力は、一般の抵当権の効力とほぼ同じである(航空機抵当法四条・六条―一〇条・一二条―一八条・二一条―二二条の二)。根抵当権の設定も認められる（航空機抵当法二二条の二）。他方、第三取得者による抵当権消滅請求は認められていない。

(b)　抵当権と先取特権が競合する場合、抵当権は、民法三三〇条一項に規定する第一順位の先取特権と同一順位になる（航空機抵当法一一条）。

(c)　抵当権の設定されている航空機については、第三者による善意取得は認められない。抵当権の設定されている航空機は登録を受けた航空機であるが、登録を受けた航空機の所有権の得喪変更は、所有権の得喪変更の登録をしなければ他にこれを主張することができない（航空法三条の三）。したがって、第三者が登録を受けた航空機（抵当権の設定されている航空機）を取得するためには相手方の登録を調査しなければならず、第三者による航空機の善意取得は認められないのである。また、登録を受けた航空機に質権を設定することはできないから（航空機抵当法二三条）、抵当権の設定されている航空機（登録を受けた航空機）については質権の善意取得も認められない。それゆえ、抵当権の設定されている航空機の所有権や質権の善意取得は認められないのである。[1]

(d)　抵当権の実行は、原則として不動産競売に準じて行われる（民執規一七五条）。

(ニ)　その他　登録を受けた航空機に質権を設定することはできない（航空機抵当法二三条）。登録を受けない航空機に質権を設定することは可能であり、その善意取得も可能である。

(1)　石田（穣）・二六七頁参照。
これに対し、登録を信頼した者による航空機の所有権の善意取得は認められる（石田（穣）・二六七頁注（1）参照）。

(5)　建設機械抵当権

(イ)　序　建設機械抵当権[1]とは、建設機械の上に設定される抵当権である。建設機械抵当権は、昭和二九年、建設機械の購入資金の調達を容易にするために建設機械抵当法により導入された。

(1)　建設機械抵当権については、香川保一「建設機械抵当」特殊担保八九〇頁以下（昭和三八年）、酒井栄治・建設機械抵当法（昭和四七年）、山川一陽「自動車・航空機・建設機械抵当」担保法大系3一三一頁以下（昭和六〇年）、佐貫葉子「建設機械」特殊担保――その理論と実務――一五五頁以下（昭和六一年）参照。

(ロ) 建設機械抵当権の設定と公示

(a) 抵当権は、建設機械登記簿に所有権保存の登記をされた建設機械の上に設定される（建設機械抵当法五条）。登記の対象となる建設機械は、土木建築工事に使用する機械であり（建設機械抵当法二条一項、建設業法二条一項）、掘削機械、基礎工事用機械、トラクター、運搬機械、起重機、ボーリング機械、コンクリート機械などがこれに入る。

(b) 建設機械登記簿へ所有権保存の登記をするには、その建設機械につき国土交通大臣や都道府県知事による記号の打刻または打刻された記号の検認を受けなければならない（建設機械抵当法四条一項四項）。そして、抵当権は、所有権保存の登記を受けた建設機械の上に設定される。それゆえ、抵当権は、結局、記号の打刻を受けた建設機械の上にのみ設定されるのである。

(c) 抵当権の公示方法は、建設機械登記簿への抵当権の登記であるが（建設機械抵当法七条一項）、民法一七七条の登記を物権変動の効力要件と解する私見によれば[(1)]、建設機械登記簿への登記は抵当権の効力要件である。

（1） 石田（穣）・一三七頁参照。

(ハ) 建設機械抵当権の効力

(a) 抵当権の効力は、一般の抵当権の効力とほぼ同じである（建設機械抵当法六条・一〇条―一四条・一六条―二四条の二）。根抵当権の設定も認められる（建設機械抵当法二四条の二）。他方、第三取得者による抵当権消滅請求は認められていない。

(b) 抵当権と先取特権が競合する場合、抵当権は、民法三三〇条一項に規定する第一順位の先取特権と同一順位になる（建設機械抵当法一五条）。

(c) 抵当権の設定されている建設機械については、第三者による善意取得は認められない。抵当権の設定されている建設機械は所有権保存の登記を受けた建設機械であるが、所有権保存の登記を受けた建設機械の所有権の得喪変更は、所有権の得喪変更の登記をしなければ他にこれを主張することができない（建設機械抵当法七条一項）。したがって、第三者が登記を受けた建設機械（抵当権の設定されている建設機械）を取得するためには相手方の登記を調査しなければならず、第三者による建設機械の善意取得は認められないのである。また、所有権保存の登記を受けた建設機械に質権を設定することはできないから（建設機械抵当法二五条）、抵当権の設定されている建設機械（所有権保存の登記を受けた建設機械）については質権の善意取得も認められない。それゆえ、抵当権の設定されている建設機械の善意取得は認められないのである。(1)

（1）石田（穣）・二六七頁参照。
これに対し、登録を信頼した者による建設機械の所有権の善意取得は認められる（石田（穣）・二六七頁注（1）参照）。

(d) 抵当権の実行は、原則として不動産競売に準じて行われる（民執規一七七条）。

(ニ) その他　所有権保存の登記を受けた建設機械に質権を設定することはできない（建設機械抵当法二五条）。所有権保存の登記を受けない建設機械に質権を設定することは可能であり、その善意取得も可能である。

六　証券抵当権

(1) 序

(イ) 証券抵当権(1)とは、抵当証券に被担保債権と一体として表示された抵当権である。

（1）証券抵当権については、荒川五郎・新制不動産抵当証券法解釈（昭和六年）、新井正三郎・抵当証券法詳解（昭和六年）、野本千尋＝後藤丈夫・抵当証券法注解（昭和六年）、水本信夫・抵当証券法要義（昭和六年）、長島毅＝関宏二郎・抵当証券法及関係法令註解（昭和六年）、堀武芳・抵当証券法釈義（昭和六年）、高村壽恵雄・新制抵当証券法釈義（昭和七年）、竹内恒吉・抵当証券法研究（昭和七年）、石田文次郎「抵当証券法の発達」投資抵当権の研究一七五頁以下（昭和七年）、藤原勇喜・抵当証券の理論と実務（昭和五六年）、同・いま注目の抵当証券のすべて（昭和五九年）、今村与一「日本の抵当証券制度――その基本的性格と諸特徴――」担保法大系３三九六頁以下（昭和六〇年）、上原由起夫「抵当証券の流通をめぐる実務上の問題点」同書四二四頁以下、庄菊博「抵当証券の手続面における特色と問題点」同書四六一頁以下、

藤原勇喜「抵当証券の理論と実情」金融担保法講座Ⅱ二八七頁以下（昭和六一年）、片岡義広「抵当証券」特殊担保――その理論と実務――二九三頁以下（昭和六一年）、庄菊博・抵当証券制度の課題（平成元年）、法務省民事局内法務研究会編・抵当証券事務の解説（平成四年）参照。

(ロ) 証券抵当権は、昭和六年、抵当権の流通性を促進するために抵当証券法により導入された。証券抵当権は、従来、ほとんど利用されてこなかったが、最近、これを利用する動きが若干出てきている。

(2) 証券抵当権の設定と公示

(イ) 証券抵当権の設定　抵当権は、当事者間の特約に基づき（抵当証券法二条五号）、土地、建物、地上権の上に設定される（抵当証券法一条一項）。

(ロ) 証券抵当権の公示

(a) 抵当権は、抵当証券と登記簿の双方で公示される。民法一七七条の登記を物権変動の効力要件と解する私見(1)によれば、抵当証券への記載と登記簿への登記は抵当権の効力要件であると解される。

（1） 石田(穣)・一三七頁参照。

(b) 抵当証券は、登記所が発行する。抵当証券には、登記事項とほぼ同じ事項が記載され（抵当証券法一二条一項）、抵当権の変更は、抵当証券により公示される（抵当証券法一六条。後述のように、登記によっても公示される（左の(d)参照））。民法一七七条の登記を物権変動の効力要件と解する私見(1)によれば、抵当証券の記載の変更は抵当権の変更の効力要件である。

（1） 石田(穣)・一三七頁参照。

(c) 登記官は、抵当証券の発行に際し提出された手形などの被担保債権に関する証書に抵当証券が発行された旨を記載する（抵当証券法一三条前段）。この場合、手形は効力を失う（抵当証券法一三条後段）。

(d) 抵当権は、登記簿にも記録される。それゆえ、抵当権の変更は登記によっても公示される（抵当証券法一六条）。ここでも、登記（変更登記）は抵当権の変更の効力要件である。つまり、抵当証券の記載の変更と登記がともに抵当権の変更の効力要件となり、どちらか一方を欠けば抵当権の変更の効力は生じない。

(3)　証券抵当権の効力

(イ)　抵当権と被担保債権の一体性　抵当権と被担保債権は、抵当証券において一体として表示され、この両者を分離して別々に処分することはできない（抵当証券法一四条二項）。

(ロ)　抵当権・被担保債権と抵当証券の一体性　抵当権と被担保債権の処分は、抵当証券をもって行わなければならない（抵当証券法一四条一項）。抵当証券を喪失した場合、除権決定を受けて、登記所に抵当証券の再発行を申請することができる（抵当証券法二一条二号）。

(ハ)　抵当証券の公信力

(a)　登記官は、抵当証券発行の申請を受理した場合、抵当権設定者、第三取得者、債務者、抵当権またはその順位の譲渡人、先順位を放棄した者に対し、異議があれば一定期間内に申し立てるべきことを催告しなければならない（抵当証券法六条一項本文）。

(b)　異議事由は、法定されており、たとえば、抵当権が根抵当権の場合、抵当証券発行の特約がない場合、被担保債権につき質入れ、差押え、仮差押えがある場合、債務者が被担保債権につき相殺をすることができる債権を有し、その弁済期が被担保債権の弁済期よりも早く到来する場合などである（抵当証券法七条一項）。

(c)　登記官から催告を受けた者が異議の申立てをしない場合、抵当証券が発行される（抵当証券法一一条前段）。この場合、異議の申立てをしなかった者は抵当証券の善意の取得者に対し異議事由を主張することができない（抵当証券法一〇条一項）。

これに対し、登記官から催告を受けた者が異議の申立てをした場合、非訟事件手続法によりその当否につき裁判が行われる（抵当証券法八条一項）。異議の申立てを理由なしとする裁判が確定した場合、抵当証券が発行される（抵当証券法一一条後段）。この場合、異議の申立てをした者は、二か月以内に訴えを提起しなければ抵当証券の善意の取得者に対し申立てに係る異議事由を主張することができない（抵当証券法一〇条二項）。

(d) このように、異議の申立権者も異議事由もともに制限されており、抵当証券の公信力はそれほど強くはない。たとえば、不動産につき勝手に第三者に所有権移転登記がなされそこで抵当権の設定登記が行われた場合、所有者は抵当証券の善意の取得者に対しこれを主張することができるし、被担保債権が存在しなかった場合、債務者は抵当証券の善意の取得者に対しこれを主張することができるのである。

(二) 抵当権の譲渡

(a) 抵当権の譲渡は、抵当証券の裏書譲渡によって行われる（抵当証券法一五条一項）。

(b) 抵当権設定者が抵当証券を取得した場合、抵当権は混同によって消滅すると解する見解が有力である（抵当証券法四〇条は、手形法一一条三項を準用していない）。この場合、抵当証券は、その後、転々流通することができなくなる。しかし、これでは抵当証券によって抵当権の流通性を促進しようとしたことが無意味になる。また、抵当証券法四〇条は手形法一一条三項の類推適用を否定しているわけではない。それゆえ、手形法一一条三項の類推適用により、抵当権設定者が抵当証券を取得しても、抵当権も被担保債権も消滅しないと解すべきである。(1)

(1) 我妻・五九〇頁、川井・四四二頁は同旨か。

(c) 抵当証券の所持人が裏書の連続によりその権利を証明した場合、悪意重過失によりこれを取得した場合を除き、適法な所持人とみなされる（抵当証券法四〇条、手形法一六条）。

(d) 債務者は、抵当証券により請求を受けた場合、抵当証券の所持人が債務者を害することを知って抵当証券を取得した場合を除き、所持人の前者に対する人的関係に基く抗弁を主張することができない（抵当証券法四〇条、手形法一七条）。

(e) 抵当証券の所持人は、債務者に対し支払いを求めることができるのはもちろん（抵当証券法三八条）、競売代金で支払いを受けない債権の部分について、自己の前者である裏書人に対し償還を請求することができる（抵当証券法三一条本文）。償還をなした裏書人は、その前者である裏書人や債務者に対し償還や支払いを請求することができる（抵当証券法三八条）。

(ホ)　元本の支払請求

(a)　抵当証券の所持人は、元本の弁済期後一か月以内に債務者に対し支払いの請求をしなければならない（抵当証券法二七条一項）。債務者が支払いをしない場合、抵当証券の所持人は公証人または執行官に支払いのない旨の証明を求めなければならない（抵当証券法二七条二項）。抵当証券の所持人がこれらの手続きをしない場合、裏書人に対する償還請求権を失う（抵当証券法三一条但書）。しかし、競売の申立権は失わない。

(b)　債務者が利息の支払いを怠りその延滞が二年に達した場合、原則として元本の弁済期が到来したものとみなされる（抵当証券法二六条本文）。

(ヘ)　抵当権の実行

(a)　抵当証券の所持人は、債務者が元本の支払いをしない場合、原則として弁済期より三か月以内に競売の申立てをしなければならない（抵当証券法三〇条一項）。

(b)　競売手続きは、証券抵当権の目的である土地、建物、地上権について行われる。原則として通常の競売手続きと同じであるが、競売の申立てをするには抵当証券を提出しなければならない（民執一八一条二項・一九三条一項前段）。

(ト)　その他　第三取得者による抵当権消滅請求は、証券抵当権には認められていない（抵当証券法二四条）。

第六章　仮登記担保権

第一節　序

一　仮登記担保権の意義

(1)　(イ)　仮登記担保権[1]とは、金銭債務を担保するために、その不履行の場合には債権者（仮登記担保権者）に債務者または第三者（物上保証人）に属する所有権その他の権利の移転等をすることを目的としてされた代物弁済の予約、停止条件付代物弁済契約その他の契約で、その契約による権利について仮登記または仮登録をした担保権である（仮登記担保一条）。以下においては、右の債務者または第三者を債務者等という（仮登記担保二条一項参照）。

（1）　仮登記担保権については、椿寿夫・代物弁済予約の研究（昭和五〇年）、浦野雄幸「仮登記担保――その変還と位置づけ――」銀行取引法講座下一八九頁以下（昭和五一年）、中野貞一郎「仮登記担保権の実行と競売手続」ＮＢＬ一八〇号六頁以下、一八一号一三頁以下（昭和五四年）、篠原安彦「逐条仮登記担保法」ＮＢＬ一八〇号一四頁以下、一八一号二二頁以下、一八二号二三頁以下（昭和五四年）、法務省民事局参事官室編・仮登記担保法と実務（昭和五四年）、宇佐美隆男「仮登記担保法拾遺」金法八九四号四頁以下、八九五号一〇頁以下、八九六号一六頁以下（昭和五四年）、吉田眞澄「譲渡担保と仮登記担保法」法時五一巻一〇号一三四頁以下、一一号一二八頁以下（昭和五四年）、生熊長幸「仮登記担保と法定借地権」ＮＢＬ一九七号六頁以下、一九八号一三頁以下（昭和五四年）、高木多喜男「仮登記担保に関する最高裁大法廷判決について」金融取引と担保二四七頁以下（昭和五五年）、吉野衛・新仮登記担保法の解説（改訂版）（昭和五六年）、椿寿夫「仮登記担保の実行と清算請求権者」民法研究Ⅱ一八七頁以下（昭和五八年）、同「根仮登記担保の極度額」同書二四一頁以下、同「仮登記担保法と根抵当規定」同書二七一頁以下、中野貞一郎「非典型担保権の私的実行」新・実務民事訴訟講座一二巻四二五頁以下（昭和五九年）、生熊長幸「仮登記担保」民法講座３二四一頁以下（昭和五九年）、宇佐美大司「仮登記担保の内容・効力」担保法大系４一一四頁以下（昭和六〇年）、関沢正彦「仮登記担保と金融取引」同書一四五頁以下、福永有利「仮登記担保と民事執行手続上の問題点」同書二二七頁以下、吉野衛「仮登記担保権に対する抵当権の規定の準用」金融担保法講座Ⅲ一頁以下（昭和六一年）、荒川重勝「不動産譲渡担保と仮登記担保法——不動産譲渡担保の私的実行を中心として——」立命二〇五・二〇六号六〇頁以下（平成元年）、同「根担保論」民法講座別巻１一五二頁以下（平成二年）、竹下守夫「仮登記担保権実行手続上の諸問題」担保権と民事執行・倒産手続三五七頁以下（平成二年）、鈴木禄弥「仮登記担保」民法論文集５一九七頁以下（平成四年）、伊藤進「法制定後の仮登記担保論」私法研究著作集５一〇七頁以下（平成七年）、同「法制定前の仮登記担保論」同書一五五頁以下、林錫璋「仮登記担保と各制度との関係」債権と担保八一頁以下（平成九年）参照。

(ロ)　たとえば、AがBに一、〇〇〇万円の貸金債権を有し、これを担保するためにAB間でBが一、〇〇〇万円を支払わない場合にはその支払いに代えてBの不動産の所有権をAに移転する旨の停止条件付代物弁済契約が結ばれ、Bが一、〇〇〇万円を支払わない場合にAが取得する所有権移転請求権を保全するために仮登記（不登一〇五条二号）がされた場合がこれである。この場合、AはBが一、〇〇〇万円を支払わなければ移転登記を受けて不動産の所有権を取得し、これをもって債権の弁済に当てることができる。そして、この場合の所有権の移転登記は仮登記によって順位を保全され（不登一〇六条）、Aは他の者に優先して所有権を取得することができる。このようにして、Aは、Bに対する一、〇〇〇万円の債権につき他に優先して満足を受けることができるのである。

(ハ)　仮登記担保権の目的は債務者等に属する所有権やその他の権利であるが、所有権の場合が通常であり、以下においては所有権の場合を中心にして説明する。

(2)　(イ)　仮登記担保権が設定される主な理由は、仮登記担保権者が競売手続きによらないで債権の満足をはかることができるという点にある。仮登記担保権者は、債務者が債務の履行をしない場合、競売手続きによることなく目的物の所有権を取得して債権の満足をえることができるのである。

(ロ) しかし、目的物の所有権の取得に興味がない債権者にとっては、仮登記担保権は魅力のある制度ではない。そのため、仮登記担保権は銀行などの金融機関においてはあまり利用されていない。

二 判例による仮登記担保権に関する法形成

(1) 仮登記担保権については、判例が大きな役割を果たした。判例は、代物弁済の予約や停止条件付代物弁済契約などが担保目的で約定された場合、これらの契約を担保目的に即して再構成した。

(2) すなわち、判例は、目的物の価額が債権額を上回る場合に仮登記担保権者にその差額の清算義務を課し、目的物の移転登記や引渡しと清算金の支払いの間に同時履行の関係を認め、他の債権者による目的物の強制競売などの場合に仮登記担保権者に配当金からの優先弁済受領権を肯定した(最判昭四二・一一・一六民集二一巻九号二四三〇頁、同判昭四五・九・二四民集二四巻一〇号一四五〇頁、同(大)判昭四九・一〇・二三民集二八巻七号一四七三頁など)。

三 仮登記担保契約に関する法律の制定

以上のような判例法を基礎として、昭和五三年、仮登記担保契約に関する法律が制定された。その概要は、以下の通りである。

第一に、目的物の所有権の移転時期は、予約完結権の行使などにより所有権が移転するとされる日以後の一定期間(清算期間)の経過後であるとされる(仮登記担保二条一項)。

第二に、仮登記担保権者は清算義務を負い、目的物の移転登記や引渡しと清算金の支払いの間には同時履行の関係がある(仮登記担保三条一項二項)。

第三に、他の債権者によって目的物の強制競売などが行われた場合、仮登記担保権は抵当権として扱われる(仮登記担保一三条・一九条一項—四項)。

第四に、後順位担保権者は、債務者等が仮登記担保権者に対し有する清算金請求権に物上代位をしたり(仮登記担保四条)、目的物の競売を請求することができる（仮登記担保一二条）。

第五に、債務者等は、目的物の所有権が仮登記担保権者に移転した場合であっても、清算金が未払いであれば、清算期間の経過後五年間、あるいは、第三者が所有権を取得するまで、所有権の受戻権を有する（仮登記担保一一条）。

四　仮登記担保権の法的性質

(1) (イ)　仮登記担保権は、担保物権に準じる権利である（本書四頁参照）。すなわち、仮登記担保権は、民法やその他の法律が担保物権として規定したものではないが、仮登記や仮登録という公示方法を備え、他の債権者に優先して目的物から債権の満足をえることができるから、担保物権と基本的に変わらぬ法的性質を有し、担保物権に準じる権利であるということができる。

(ロ)　これに対しては、仮登記担保の権利者は、将来物権を取得することができるという債権的権利を有するにすぎず、担保物権を有するものではないとする見解もある。[1]しかし、仮登記担保権者は他に優先して目的物から債権の満足をえることができる以上、仮登記担保権は、抵当権などの他の担保物権と基本的に変わるところはなく、これを担保物権に準じる権利と呼んで何ら差し支えない。[2]仮登記担保権が目的物の強制競売などの場合に抵当権とみなされるのも（仮登記担保一三条・一九条一項―四項）、仮登記担保権が担保物権と変わらぬ性質を有するからである。仮登記担保権の公示方法は通常の仮登記であり、登記上は担保目的の仮登記であるか否かを区別することはできないが、仮登記は担保目的を持つか否かを問わず本登記の順位を保全するから（不登一〇六条）、仮登記の後に目的物に関して利害関係に入った第三者は担保目的の有無を問わず仮登記権利者に優先されることを覚悟せざるをえないのであり、仮登記をもって担保物権に準じる権利としての仮登記担保権の公示方法としても他を不当に害するわけではないのである。

（1）　道垣内・二七一頁。
（2）　高木多喜男「担保法における仮登記担保の位置づけ」金融取引と担保二三八頁以下（昭和五五年）、槇・三七九頁以下、田山・一五七頁参照。

(ハ) 仮登記担保権は、目的物に対する強制執行などの手続きにおいては抵当権として扱われる(仮登記担保一三条・一九条一項―四項)。また、私見によれば、後述するように、仮登記担保権者は目的物の競売申立権を有する(本書六二五頁以下参照)。それゆえ、仮登記担保権とは、流抵当特約付の抵当権で仮登記や仮登録を公示方法とする担保権であるということができる。

(2) 以上のように、仮登記担保権は、担保物権に準じる権利であり、他の担保物権と共通する法的性質を有している。

第一に、仮登記担保権者は優先弁済受領権を有する。すなわち、債務者が債務を履行しない場合、仮登記担保権者は、他に優先して目的物の所有権を取得しこれを債権の弁済に当てたり、抵当権者として他に優先して目的物の売却代金から配当を受けることができる(仮登記担保一三条)。

第二に、私見によれば、仮登記担保権者は目的物につき競売申立権を有する(本書六二五頁以下参照。一般的には、仮登記担保権者の競売申立権は否定されている)。

第三に、仮登記担保権者にも物上代位権(三〇四条)が認められている(仮登記担保四条一項)。

第四に、仮登記担保権にも不可分性(二九六条)が認められている(最判昭四〇・一二・三民集一九巻九号二〇七一頁)。

第五に、仮登記担保権にも付従性や随伴性が認められている。

五 その他

仮登記担保権は、比較法的にはあまり例がなく、わが国独自の法制度であるといってよい。

第二節　仮登記担保権の設定と公示

一　仮登記担保権の設定

(1)　序　仮登記担保権は、いずれも担保目的を持つ代物弁済の予約、停止条件付代物弁済契約、売買予約などの仮登記担保契約によって設定される(仮登記担保一条)。

(2)　仮登記担保契約の当事者は、債権者＝仮登記担保権者および債務者等(債務者、物上保証人)である。

(3)　被担保債権　被担保債権は、金銭債権が原則であるが(仮登記担保一条)、金銭債権に変わることができるものであれば特定債権などその他の債権であってもよい。仮登記担保権は実質上抵当権とあまり変わりはないのであるが、抵当権においては特定債権なども金銭債権に変わることができるものであれば被担保債権になるとされている(本書二八六頁参照)。それゆえ、特定債権なども金銭債権に変わることができるものであれば仮登記担保権の被担保債権になると解すべきである。(1)この場合、仮登記担保権は、特定債権などが履行されない場合に生じる損害賠償請求権を担保することになる。

(1)　同旨、高橋・二九二頁以下、近江・二八二頁、道垣内・二七〇頁。船越・四〇七頁、高木・三〇八頁は反対。

特定債権を被担保債権として仮登記担保権が設定され、仮登記担保権の被担保債権の履行期が到来する前に他の債権者により仮登記担保権の目的物が強制競売された場合、仮登記担保権については仮登記の時に抵当権の登記をしたとみなされる(仮登記担保一三条一項後段)。しかし、仮登記担保権者は、これによって特定債権を行使できなくなるわけではなく、その履行期が到来すればこれを行使することができるのである。この場合、仮登記担保権の被担保債権は、配当との関係においては、特定債権が履行期に履行されない場合に生じる損害賠償請求権(条件付債権)として扱われる。そこで、強制競売においては、仮登記担保権者に配当されるべき金額が供託され(民執九一条一項一号)、仮登記担保権者は、特定債権が履行期に不履行の場合に供託金から配当を受けることができるのである

(民執九二条一項)。

(4) 仮登記担保権の目的　仮登記担保権の目的は、不動産の所有権がその典型例であるが、仮登記や仮登録ができるものであれば、地上権、賃借権、特許権なども目的になる(仮登記担保一条・二〇条)。

二　仮登記担保権の公示

(1) 序　仮登記担保権の公示方法は、仮登記または仮登録である(仮登記担保一条)。登記を物権変動の効力要件と解する私見(1)によれば、仮登記担保権は仮登記や仮登録によって成立する。それゆえ、仮登記担保契約は仮登記担保権を成立させる旨の債権契約であり、仮登記担保権は仮登記や仮登録によって成立するのである。

(1) 石田(穣)・一三七頁参照。

(2) 仮　登　記

(イ) 仮登記は、権利の設定、移転、変更または消滅に関して請求権(始期付または停止条件付のもの、その他将来確定することが見込まれるものを含む)を保全しようとする場合に行われる登記である(不登一〇五条二号)。

(ロ) 仮登記には、担保目的を持つものと持たないものの二つがある。担保目的を持つ仮登記は、担保仮登記と呼ばれる(仮登記担保四条一項)。しかし、一般の仮登記と担保仮登記の間に登記の記録上差異があるわけではない。担保仮登記の場合であっても、被担保債権や利息に関する約定などは表示されない。

(ハ) 以上のように、仮登記担保権の公示は十分なものではない。しかし、仮登記は担保目的を持つものであるか否かを問わず本登記の順位を保全し(不登一〇六条)、仮登記権利者は担保目的を持つか否かを問わず本登記がされた時点で他に優先する。それゆえ、仮登記担保権の公示が不十分なものであっても、第三者に不測の損害を与えるわけではないのである。

(ニ) 立法論としては、仮登記担保権の公示において、被担保債権や利息に関する約定などが表示されるようにすべきである。また、後述の根仮登記担保権においては、被担保債権の範囲や極度額も表示されるようにすべきである（本書六四九頁以下参照）。

⑶　仮登録　仮登録は、たとえば、航空機（航空機登録令二六条以下）や特許権（特許登録令二条）において認められている。

第三節　仮登記担保権の効力

一　序

⑴　序

(イ)　仮登記担保権は、担保物権に準じる権利であり、他の担保物権と同じように、仮登記担保権者は、他の債権者に優先して目的物から被担保債権の満足を受けることができる。

(ロ)　仮登記担保権の効力には、本来的効力と抵当権的効力の二つがある。

本来的効力とは、仮登記担保権者が競売手続きによることなく目的物の所有権を取得しこれを被担保債権の弁済に当てることができる効力である。

抵当権的効力とは、仮登記担保権者あるいは他の債権者が申し立てた競売手続きなどにおいて抵当権と同様に扱われる効力である。

⑵　仮登記担保権の実行方法

(イ)　仮登記担保権者は、債務が履行されない場合、競売手続きによることなく目的物の所有権を取得し、これを被担保債権の弁済に当てることができる。これは、仮登記担保権の本来的効力である。この場合、目的物の価額が被担保債権および債務者等が負担すべき費用で仮登記担保権者が代わって負担したものの額を上回れば、仮登記担保権者はその差額を清算金として債務者等に支払わなければならない（仮登記担保三条一項・二条二項）。

(ロ)　(a)　仮登記担保権者は、競売申立権を有し、また、他の債権者の申し立てた競売手続きなどにおいて抵当権者と同様に扱われる。これは、仮登記担保権の抵当権的効力である。

(b)　(α)　一般に、仮登記担保権者は目的物につき競売申立権を有しないとされている。(1)　仮登記担保契約に関する法律一二条も、競売申立権を有する後順位担保権者の中に仮登記担保権者を挙げていない。

(1)　米倉明「仮登記担保権にもとづく競売申立は許されるか」譲渡担保一六三頁以下（昭和五三年）は、仮登記担保契約に関する法律の制定前のものであるが、仮登記担保権者による競売申立権を認める。

(β)　しかし、仮登記担保権者も競売申立権を有すると解するのが妥当である。

第一に、仮登記担保権者は、一般債権者や他の担保権者による競売申立てにおいては、抵当権者として扱われ、優先弁済を受けることができる（仮登記担保一三条）。そうだとすれば、仮登記担保権者は、抵当権者に準じて、自ら競売を申し立て優先弁済を受けることができると解すべきである。仮登記担保権者は、一般債権者や他の担保権者の申立てによる競売手続きにおいては抵当権者として優先弁済を受けることができるのに、自らは競売申立てをして優先弁済を受けることができないとする理由はない。仮登記担保契約に関する法律一二条も、仮登記担保権者の競売申立権を明文で否定しているわけではない。

第二に、仮登記担保権は債務者等の破産の場合に抵当権として扱われるのであるが（仮登記担保一九条一項）、抵当権は、破産の場合に別除権とされ（破二条九項）、破産手続きによらないで行使される（破六五条一項）。この場合、仮登記担保権者は、抵当権者として目的物の競売を申し立て売却代金から優先弁済を受けることができると解するのが妥当である。なぜなら、破産の場合、仮登記担保権は抵当権として扱われるのであるから、仮登記担保権者は抵当権者として目的物の競売を申し立てることができると解するのが一貫しているからである。そうだとすれば、他の場合にも競売申立権を認めるのが破産の場合とのバランス上妥当である。なお、仮登記担保権者は、破産の場合にも競売を申し立てずに目的物の所有権を取得してもよいと解して差し支えないであろう。

第三に、仮登記担保権者は常に目的物の所有権をスムーズに取得できるとは限らない。たとえば、債務者等が清算金の額を争い目的物の移転登記に応じない場合、仮登記担保権者が目的物の所有権を取得するのは容易でない（私見によれば、仮登記担保権者は登記を備えた時に所有権を取得する。一般的見解によれば、仮登記担保権者は登記を備えた時に排他性のある所有権を取得する）。このような場合、仮登記担保権者が競売申立権を持つとすれば便宜である。

第四に、後順位仮登記担保権者は、債務者等が先順位仮登記担保権者に対して有する清算金請求権に物上代位をすることができるが（仮登記担保四条二項）、先順位仮登記担保権者が債務者等に通知した清算金の見積額を超える額を主張することはできない（仮登記担保八条二項）。それゆえ、後順位仮登記担保権者は、右の清算金の見積額に不満がある場合、競売申立権がないとすれば著しく不利である。清算金の見積額に不満がある場合、他の後順位担保権者には競売申立権が認められているのである（仮登記担保一二条）。

第五に、仮登記担保権者より先順位の担保権者が担保権を実行しないでいる場合、仮登記担保権者は競売申立権を持たなければ著しく不利である。なぜなら、仮登記担保権者は、仮登記担保権を実行し目的物の所有権を取得しても先順位の担保権の実行により覆されるから、競売申立権がないとすれば目的物の所有権を取得しないで先順位の担保権の実行をひたすら待たなければならないからである（先順位の担保権が実行されれば、仮登記担保権は抵当権として扱われる（仮登記担保一三条一項））。

第六に、仮登記担保権の目的物の第三取得者に仮登記担保権消滅請求を認めるのが抵当不動産の第三取得者とのバランス上妥当であるが（本書六六六頁参照）、そのためには仮登記担保権者に競売申立権が与えられなければならない。競売申立権は、抵当権消滅請求の対抗手段として認められているからである（三八四条一号参照。本書四二二頁参照）。

以上により、仮登記担保権者も競売申立権を有すると解するのが妥当である。そして、仮登記担保権者は、競売申立権を行使する場合、抵当権者とみなされ、仮登記の時に抵当権の登記をしたとみなされるべきである（仮登記担保一三条一項後段参照）。なお、仮登記担保権者は、目的物の所有権を取得するか、それとも、競売を申し立てるかを選択することができると解される。

(c)　仮登記担保権者は、目的物につき他の債権者による強制競売などが行われた場合、抵当権者として配当を受けることができる（仮登記担保一三条）。

二　被担保債権と目的物のそれぞれの範囲

(1)　被担保債権の範囲

(イ)　仮登記担保権の本来的効力の場合

(a)　仮登記担保権の本来的効力の場合、すなわち、仮登記担保権者が目的物の所有権を取得する場合、一般に、利息その他の定期金などを満期となった最後の二年分に制限する民法三七五条は類推適用されないと解されている（最判昭四七・一〇・二六民集二六巻八号一四六五頁）。

しかし、仮登記担保権が抵当権として扱われる場合（仮登記担保一三条二項三項）や物上代位の場合（仮登記担保四条三項）には民法三七五条と同じ制限がなされるのであり、一般の見解はこれらの場合と著しくバランスを失し妥当でない。これらの場合、利息その他の定期金などを合理的な範囲に制限し、仮登記担保権者と後順位担保権者などの間の利害関係を適切に調整しているのである。そうだとすれば、仮登記担保権の本来的効力の場合にも利息その他の定期金などを合理的な範囲に制限し、仮登記担保権者と後順位担保権者などの間の利害関係を適切に調整すべきである。仮登記担保権の抵当権的効力の場合には利息その他の定期金などの範囲を制限するが、本来的効力の場合にはそれを制限しないでよいという理由は全くない。それゆえ、仮登記担保権の本来的効力の場合、仮登記担保契約に関する法律一三条二項三項が類推適用され、利息その他の定期金などは満期となった最後の二年分（および通算して二年分）に制限されると解すべきである(1)。

(1)　同旨、米倉明「民法三七四条の仮登記担保への準用──民法三七四条は仮登記担保に準用されるべきか。仮登記担保の法的構成として、抵当権説を採用した場合にはどうか──」民法研究二巻九九頁以下（平成九年）。

(b)　債務者等が負担すべき費用を仮登記担保権者が代わって負担した場合、その負担した費用も仮登記担保権により担保される（仮登記担保二条二項・三条一項参照）。ここで費用とは、仮登記担保権の実行に要する費用であり、強制執行の場合の執行費用（民執四二条）に相当する。以下の叙述においては、被担保債権と債務者等が負担すべき費用で仮登記担保権者が代わって負担した費用の両者を被担保債権等という（仮登記担保二条二項参照）。

(ロ)　仮登記担保権の抵当権的効力の場合　この場合には、仮登記担保権者が競売申立権を行使する場合（本書六二五頁以下参照）と、他の債権者による目的物の強制競売などの場合（仮登記担保一三条一項・一九条一項─四項）の二つの場合がある。仮登記担保権の抵当権的効力の場合、利息その他の定期金などは満期となった最後の二年分（および通算して二年分）に制限される（仮登記担保一三条二項三項参照）。債務者等が負担すべき費用で仮登記担保権者が代わって負担した仮登記担保権の実行の費用は、仮登記担保権者が目的物の所有権を取得する場合の費用であり、ここでは原則として考えなくてよい。なお、競売費用は売却代金から支払われる。

(2)　目的物の範囲

(イ)　仮登記担保権の目的物の範囲については、民法三七〇条が類推適用される[(1)]。そこで、仮登記担保権の効力は、目的物の構成部分に及ぶ。また、民法八七条二項により、仮登記担保権が設定された当時の従物はもちろん、その後に生じた従物も仮登記担保権の目的物の範囲に入る。

(1)　同旨、高木ほか・三〇二頁（半田正夫執筆）、柚木＝高木・五二五頁、中井・三三七頁、山川・二六五頁、田山・一五九頁、高木・三一〇頁、川井・四四九頁、高橋・二九四頁。

(ロ)　これに対し、民法三七〇条は仮登記担保権に類推適用されず、仮登記担保権の効力はその設定後に生じた従物には及ばないとする見解もある。[1] しかし、仮登記担保権は実質上抵当権とあまり変わらぬ担保権であり（仮登記担保一三条参照）、右の見解は抵当権との間のバランスを欠くと思われる。

（1） 船越・四一一頁。道垣内・二七八頁も参照。

三 仮登記担保権の本来的効力

(1) 序 仮登記担保権者は、債務者が債務を履行しない場合、仮登記担保権の本来的効力として、競売手続きによることなく目的物の所有権を取得し、これを被担保債権等の弁済に当てることができる。この場合、仮登記担保権者は、目的物の価額が被担保債権等の額を上回るときにはその差額を清算金として債務者等に支払わなければならない（仮登記担保三条一項）。

(2) 仮登記担保権の実行の要件

(イ) 債務者の債務不履行 仮登記担保権者は、他の担保物権の場合と同じように、債務者が債務を履行しない場合に仮登記担保権を実行することができる。

(ロ) 仮登記担保契約において、予約完結権が行使されたり停止条件が成就すること 仮登記担保契約が代物弁済の予約や売買の予約の場合には予約完結権が行使されなければならず、停止条件付代物弁済契約の場合には停止条件が成就しなければならない（仮登記担保二条一項参照）。これらの要件が具備しない限り、仮登記担保権者は目的物の所有権を取得することができないからである。なお、債務不履行があれば停止条件が成就したとされる場合が多いであろう。

(ハ) その他

(a) 同一の目的物に同一の債権を被担保債権として仮登記担保権と抵当権が設定され、その抵当権の上に転抵当権が設定されている場合、転抵当権の被担保債権額が原抵当権の被担保債権額より大きければ、仮登記担保権を実行することができないとされる（最判昭四四・一〇・一六民集二三巻一〇号一七五九頁参照）。

仮登記担保権者は、抵当権の上に転抵当権を設定した以上、原抵当権を消滅させて転抵当権を消滅させるべきではない。しかし、仮登記担保権者が仮登記担保権を実行すれば、仮登記担保権は消滅するのであるが、この場合、仮登記担保権者が原抵当権を実行して自ら買受人となったのと同視されるから、原抵当権も消滅すると解してよいであろう。それゆえ、転抵当権も消滅する。したがって、転抵当権の被担保債権額が原抵当権の被担保債権額より大きいか否かを問わず、仮登記担保権者は仮登記担保権を実行することができないと解すべきである。原抵当権の被担保債権（＝仮登記担保権の被担保債権）の上に質権が設定された場合、仮登記担保権者が仮登記担保権を実行することができないのは当然である。

(b)　同一の目的物に同一の債権を被担保債権として仮登記担保権と抵当権が設定され、抵当権による競売の申立てに基づき競売開始決定がされた場合、競売の申立てを取り下げない限り仮登記担保権を実行することはできないとされる（最判昭四三・二・二九民集二二巻二号四五四頁）。これは、仮登記担保権者が仮登記担保権の実行により目的物の所有権を取得する場合には妥当であろう。この場合、競売手続きと仮登記担保権の実行による目的物の取得は相容れないからである。

しかし、仮登記担保権者が競売申立権を行使する場合（本書六二五頁以下参照）、抵当権による競売の申立てを取り下げなくてもよいと解すべきであろう。なぜなら、一般に、担保権に基づく競売開始決定がされた不動産についてさらに担保権に基づく競売の申立てをすることは可能であるとされているところ（民執一八八条・四七条一項）、仮登記担保権による競売の申立てが認められれば、抵当権による競売の申立てが取り下げられたり抵当権による競売手続きが取り消された場合に仮登記担保権による競売手続きが続行され（民執一八八条・四七条二項）、妥当だからである。

(3)　清算金の見積額の通知と清算期間

(イ)　清算金の見積額の通知

(a)　仮登記担保権者は、仮登記担保契約が土地または建物の所有権の移転を目的とする場合、予約完結権を行使したり停止条件が成就したりして所有権が移転するとされる日以後に、清算金の見積額（清算金がないと認めるときは、その旨）を債務者等に通知しなければならない（仮登記担保二条一項）。目的物が第三者に譲渡された場合であっても、第三者に対してではなく債務者等に対して通知しなければならない（本書六三九頁参照）。

(b) 右の通知は、通知が債務者等に到達した日から二か月が経過する時の土地、建物の見積価額、その時の被担保債権等の額を明示してしなければならない（仮登記担保二条二項）。右の二か月の期間は、清算期間と呼ばれる。仮登記担保契約に関する法律一三条二項三項が仮登記担保権の本来的効力の場合にも類推適用されるという立場に立てば（本書六二七頁以下参照）、被担保債権等の額には、満期となった最後の二年分の利息などの額も含まれる。この場合、最後の二年分は清算期間が経過する時から遡って起算される。

(c) 仮登記担保権者は、清算金の額が通知した見積額より少ない場合であってもこれを主張することはできない（仮登記担保八条一項）。すなわち、仮登記担保権者は通知した見積額に拘束される。これは、仮登記担保権者の通知した見積額を規準にして清算金請求権に物上代位をしたり目的物の競売を申し立てたりする後順位担保権者を保護するためである（仮登記担保四条・一二条）。他方、債務者等が通知された見積額を争い、清算金の額がこれより大きいことを主張することは差し支えない。

(d) (α) 仮登記担保権者は、右の通知が債務者等に到達した場合、右の通知をした旨やその通知が債務者等に到達した日、通知された清算金の見積額などを後順位担保権者に対し遅滞なく通知しなければならない（仮登記担保五条一項）。これは、後順位担保権者に対し、清算金請求権への物上代位（仮登記担保四条）や目的物に対する競売申立て（仮登記担保一二条）の機会を与えるためである。右の通知を受けた後順位担保権者は、清算期間が経過し清算金が支払われるまでに（清算期間に清算期間経過後清算金が支払われるまでの期間をプラスした期間）清算金請求権に物上代位をしたり目的物に対する競売の申立てをしなければならない（仮登記担保六条二項前段・一五条二項参照）。

(β)　仮登記担保権者が遅滞なく右の通知をしたが清算期間内に清算金を支払った場合、後順位担保権者はこれを無視して清算金請求権に物上代位をしたり目的物の競売の申立てをすることができる（仮登記担保六条二項前段）。もっとも、このケースで後順位担保権者が物上代位や目的物の競売の申立てをすることなく清算期間が経過した場合、清算金の支払いは清算期間経過後の支払いとみなされ、後順位担保権者はその後に物上代位や目的物の競売の申立てをすることができないと解してよいであろう（仮登記担保一五条二項参照）。

(γ)　仮登記担保権者が遅滞して右の通知を行った場合、当該通知を無効とすべきではない。この場合、仮登記担保権者は、当該通知が後順位担保権者に到達した時から一定期間（後順位担保権者が遅滞のない通知を受けた場合に物上代位や競売の申立てをするために同人に認められている期間と同じ期間。仮登記担保権者による債務者等への清算金の見積額の通知が到達した日から仮登記担保権者が後順位担保権者に遅滞なく通知し到達する日までの期間を算定し、これを二か月の清算期間から差し引いた残りの期間）が経過すれば清算金を支払うことができると解するのが妥当である（仮登記担保六条二項前段参照）。もちろん、後順位担保権者がその前に清算金請求権に物上代位をしたり目的物の競売を申し立てた場合は別である（仮登記担保一五条一項参照）。

(δ)　(i)　仮登記担保権者が右の通知をしないで清算金を支払っても、後順位担保権者に対しこれを主張することができず（仮登記担保六条二項後段）、後順位担保権者は、清算金請求権に物上代位をしたり、目的物に対する競売の申立てをすることができる（最判昭六一・四・一一民集四〇巻三号五八四頁参照）。

(ii)　しかし、仮登記担保権者が後順位担保権者への通知をしなかった場合であっても、後順位担保権者が右の通知が遅滞なくされたとすればそれが到達した時点で仮登記担保権者による債務者等への通知や通知された清算金の見積額などを知っていれば、後順位担保権者は仮登記担保権者から遅滞のない右の通知を受けたのと同視されると解してよいであろう。

後順位担保権者が右の通知が遅滞なくされたとすればそれが到達した時点後に仮登記担保権者による債務者等への通知や通知された清算金の見積額などを知った場合、仮登記担保権者から後順位担保権者への通知が遅滞してなされたのと同視されると解してよいであろう（右の(γ)参照）。すなわち、後順位担保権者は、清算金の見積額などを知った時から一定期間（右の(γ)参照）が経過し清算金が支払われるまでは（一定期間に一定期間経過後清算金が支払われるまでの期間をプラスした期間）、清算金請求権に物上代位をしたり目的物の競売の申立てをすることができると解してよいであろう（仮登記担保六条二項前段・一五条一項参照）。

(ε) 仮登記担保権者が一部の後順位担保権者に対しては遅滞のない通知をしたが、他の後順位担保権者には全く通知をせず、清算期間の経過後に清算金を支払った場合、通知を受けた後順位担保権者は清算金の支払後に清算金請求権に物上代位をしたり目的物の競売申立てをすることができないとも考えられる（仮登記担保六条二項前段・一五条二項参照。本書六三一頁参照）。しかし、通知を受けない後順位担保権者は、通知が遅滞なくされたとすればそれが到達した時点で清算金の見積額などを知っていた場合を除き、その後に清算金の見積額などを知った時から一定期間が経過するまでは清算金請求権への物上代位や目的物の競売申立てをすることができる（右の(δ)(ii)参照）。また、通知を受けない後順位担保権者は、順位に応じた清算金請求権への物上代位や目的物の売却代金から配当を受けることができれば害されない。それゆえ、通知を受けた後順位担保権者は、通知を受けない後順位担保権者が清算金請求権に物上代位をしたり目的物の競売を申し立てる場合には、清算金請求権に物上代位をしたり目的物の売却代金から配当を受けることができると解するのが妥当であろう。これに対し、通知を受けた後順位担保権者は、通知を受けない後順位担保権者が清算金請求権への物上代位や目的物の競売申立てを取り下げた場合（通知を受けない後順位担保権者は、通知を受けた後順位担保権者の同意なしに取下げをすることができると解される）、清算金請求権へ物上代位をしたり目的物の売却代金から配当を受けたりすることはできない。

(e) (α) 仮登記担保権者は、目的物の第三取得者など仮登記に基づく本登記につき登記上利害関係を有する第三者（後順位担保権者を除く）に対し、債務者等に通知をした旨や通知した被担保債権等の額を遅滞なく通知しなければならない（仮登記担保五条二項）。これは、目的物の第三取得者などに対し、第三者弁済（四七四条）の機会を与えるためである。そのため、第三取得者などに対し通知をするのは、清算金の見積額ではなく被担保債権等の額とされている。右の通知を受けた第三取得者などは、清算期間が経過し清算金が支払われるまでに（清算期間に清算期間経過後清算金が支払われるまでの期間をプラスした期間）第三者弁済（供託を含む）をしなければ、仮登記担保権者による仮登記に基づく本登記の際の承諾（不登一〇九条一項）を拒否することができないと解される（仮登記担保六条二項前段・一五条一項参照）。

(β) 仮登記担保権者が遅滞なく右の通知をしたが清算期間内に清算金を支払った場合、第三取得者などは、これを無視し被担保債権等につき第三者弁済をして仮登記担保権者による仮登記に基づく本登記の際の承諾を拒否することができると解される（仮登記担保六条二項前段参照）。もっとも、このケースで第三取得者などが第三者弁済をしないまま清算期間が経過した場合、前述の後順位担保権者の場合と同様、清算金の支払いは清算期間経過後の支払いとみなされ、第三取得者などはその後に第三者弁済をすることはできないと解してよいであろう（仮登記担保一五条二項参照。本書六三二頁参照）。

(γ) 仮登記担保権者が右の通知を遅滞して行っても無効ではなく、仮登記担保権者は、前述の後順位担保権者の場合と同様、右の通知が第三取得者などに到達した時から一定期間が経過すれば清算金を支払うことができると解される。もちろん、第三取得者などがその前に被担保債権等を第三者弁済した場合は別である（以上につき、本書六三二頁参照）。

(δ) (i) 仮登記担保権者が右の通知をしないで清算金を支払った場合、第三取得者などは、被担保債権等につき第三者弁済をして仮登記担保権者による仮登記に基づく本登記の際の承諾を拒否することができると解すべきである(1)。

（1） 同旨、平野裕之「判例研究」法時六〇巻五号一〇〇頁以下（昭和六三年）。

(ii) しかし、第三取得者などは、右の通知を受けなくても、遅滞のない通知が行われればそれが到達した時点で、仮登記担保権者が債務者等に通知したことや被担保債権等の額を知っていた場合、前述の後順位担保権者の場合と同様、右の通知が遅滞なく行われたものとして扱われる。第三取得者などは、遅滞のない通知が行われればそれが到達した時点後に被担保債権等の額などを知った場合、前述の後順位担保権者の場合と同様、右の通知が遅滞して行われたものとして扱われる。すなわち、第三取得者などは、被担保債権等の額などを知った時から一定期間経過後の清算金の支払いまでは被担保債権等につき第三者弁済をして仮登記担保権者による仮登記に基づく本登記の際の承諾を拒否することができると解される（以上につき、本書六三二頁以下参照）。

(ロ) 清 算 期 間

(a) 清算期間とは、仮登記担保権者による債務者等への清算金の見積額の通知が相手方に到達した日から二か月が経過する期間である（仮登記担保二条一項）。

(b) (α) 目的物の所有権の移転の効力は、清算期間が経過しなければ生じない（仮登記担保二条一項）。これは、抵当権の実行においては目的物の所有権が移転するのにある程度の期間が必要であることを考慮し、仮登記担保権の実行においても清算期間という一定の期間が経過しなければ目的物の所有権は移転しないとしたのである(1)。

(1) 清算期間がなぜ二か月とされたかにつき興味深い説明をするのは、近江・二八三頁以下。

(β) 一般に、目的物の所有権は清算期間が経過した時に移転するとされている（最判平三・四・一九民集四五巻四号四五六頁）。しかし、民法一七七条の登記を物権変動の効力要件と解する私見(1)によれば、目的物の所有権は、清算期間が経過し、かつ、移転登記がされた時に移転すると解される。そして、以上のように解せば、移転登記がされるのは、通常、清算金が支払われる時であるから（後述のように、両者は同時履行の関係にある（仮登記担保三条二項。本書六三七頁参照））、通常、清算金が支払われた時に所有権が移転することになり、競売手続きにおいて買受人が代金を納付した時に所有権が移転するとされる（民執一八八条・七九条）のとバランスがとれるであろう。

以上によれば、仮登記担保権者は、清算期間が経過した時点で目的物の所有権移転請求権、したがって、また、移転登記請求権を取得し、移転登記を受けた時点で所有権を取得すると解されるのである。

(1) 石田(穣)・一三七頁参照。

(γ) 仮登記担保権の被担保債権等は、仮登記担保権者が移転登記という本登記を備えて目的物の所有権を取得した時点で消滅する[1]。それゆえ、債務者等は、それまでは被担保債権等を弁済（または、第三者弁済）して目的物の所有権を保存することができる。なお、債務者等は、目的物の所有権が移転した場合であっても、清算金の支払いを受けなければ、清算期間が経過した時から五年間、あるいは、第三者が所有権を取得するまで、被担保債権等の額に相当する金銭を支払って所有権を受け戻すことができる（受戻権。仮登記担保一一条。本書六五九頁以下参照）。

（1）船越・四一六頁以下は、仮登記担保権者は清算期間が経過した時に目的物の所有権を取得するが、被担保債権等が消滅するのは仮登記担保権者が本登記を備えた時であるとする。

(c)　(α)　前述したように、仮登記担保権者は、清算期間が経過した時点で目的物の所有権移転請求権と移転登記請求権を取得する（本書六三五頁参照）。そこで、債務者等は、清算期間が経過した時点で仮登記担保権者に対し清算金請求権を取得すると解すべきである[1]。清算金は、目的物の対価の一部（代金の一部）の性質を有するからである。清算金の額は、清算期間が経過した時点の目的物の価額と被担保債権等の額を規準にして算定される（仮登記担保三条一項）。

（1）同旨、船越・四一八頁。

(β)　(i)　債務者等は、清算期間が経過するまでは、清算金請求権（将来生じる清算金請求権）の譲渡やその他の処分をすることができない（仮登記担保六条一項）。債務者等がこの処分をしても、後順位担保権者にこれを主張することができないと解すべきである。

(ii)　まず、債務者等が清算金請求権を取り立てた場合、後順位担保権者は、これを無視し、清算金請求権が存在するとしてこれに物上代位をすることができる（仮登記担保六条二項前段）。次に、債務者等が清算金請求権を第三者に譲渡した場合、後順位担保権者の担保権の効力が清算金請求権に及んでいることは登記によって公示されており（最判平一〇・一・三〇民集五二巻一号一頁）、後順位担保権者は譲渡された清算金請求権に物上代位をすることができる。

(iii)　債務者等が清算期間の経過する前に清算金請求権を処分したが清算期間が経過した場合、この処分は後順位担保権者に主張することができるものとなり、その後に後順位担保権者が清算金請求権に物上代位をすることはできないと解される（仮登記担保六条二項前段参照）。

(d) 仮登記担保権者が清算期間の経過する前に将来生じる清算金を支払っても、後順位担保権者にこれを主張することはできない（仮登記担保六条二項前段）。後順位担保権者は、右の支払いを無視し、清算金請求権に物上代位をすることができる。しかし、仮登記担保権者が清算期間の経過する前に将来生じる清算金を支払ったが清算期間が経過した場合、この支払いは後順位担保権者に主張することができるものとなり、その後に後順位担保権者が清算金請求権に物上代位をすることはできないと解される（仮登記担保六条二項前段参照）。

(4) 仮登記に基づく本登記の請求

(イ) 序　仮登記担保権者は、前述したように、清算期間が経過した場合、債務者等に対し、目的物の所有権移転請求権を取得し、したがって、また、移転登記という仮登記に基づく本登記を請求することができる（本書六三五頁参照）。

(ロ) 移転登記と清算金の支払いの同時履行関係

(a) 仮登記担保権者は、清算期間が経過した時の目的物の価額がその時の被担保債権等の額を超える場合、その差額を清算金として債務者等に支払わなければならないが（仮登記担保三条一項）、移転登記および目的物の引渡しと清算金の支払いは同時履行の関係に立つ（仮登記担保三条二項、五三三条）。この場合、目的物の現実の引渡し（一八二条一項）と清算金の支払いが同時履行の関係に立つのは明らかであるが、占有改定（一八三条）も清算金の支払いと同時履行の関係に立つと解してよいであろう。占有改定においても、仮登記担保権者は債務者等を占有代理人とする間接占有権を取得し、目的物に対し一定の支配を及ぼすからである。それゆえ、占有改定（占有改定への債務者等の同意）も清算金の支払いと同時履行の関係に立つ。

(b) (α) 仮登記担保契約に関する法律三条一項二項に反する特約で債務者等に不利なものは、無効である（仮登記担保三条三項本文）。たとえば、清算金を支払わない旨の特約や移転登記を清算金の支払いより先に履行する旨の特約は、無効である。したがって、移転登記に必要な書類を清算金の支払いより先に仮登記担保権者に交付する旨の特約や、いわゆる処分清算、すなわち、まず仮登記担保権者に移転登記をし、仮登記担保権者が目的物を第三者に譲渡するなど処分した後で清算金を支払う旨の特約も無効である（仮登記担保権者が移転登記と引換えに清算金を支払うのは帰属清算といわれる）。

(β)　仮登記担保権者が右の無効な特約に基づき移転登記を備えた場合、そのような移転登記は無効であり、仮登記担保権者は目的物の所有権を取得しない。債務者等は、所有権に基づき移転登記の抹消を請求することができる。

(γ)　右の特約であっても、清算期間の経過後にされたものは有効である（仮登記担保三条三項但書）。清算期間の経過後は、債務者等が仮登記担保権者に対する弱い立場から自己に不利な合意をしてしまうおそれは少ないからである。債務者等が清算期間の経過前の自己に不利な特約を清算期間の経過後に追認した場合、その特約は有効である。

(ハ)　清算金の供託

(a)　仮登記担保権者は、清算金請求権につき差押えや仮差押えがあった場合、清算期間の経過後に供託して、その限度で債務を免れることができる（仮登記担保七条一項）。

(b)　清算金の供託が行われた場合、債務者等は供託金還付請求権を取得する。清算金請求権への差押えや仮差押えは、この供託金還付請求権への差押えや仮差押えとみなされる（仮登記担保七条二項）。そこで、仮登記担保権者は、債務者等の外に、差押債権者や仮差押債権者にも遅滞なく供託の通知をしなければならない（仮登記担保七条四項）。

(c)　仮登記担保権者は、目的物の競売が行われる場合を除き、供託金を取り戻すことはできない（仮登記担保七条三項）。

(ニ)　登記上利害関係を有する第三者がいる場合の移転登記手続き

(a)　(α)　仮登記に基づく移転登記をする場合、登記上利害関係を有する第三者がいればその承諾をえなければならない（不登一〇九条一項）。登記上利害関係を有する第三者とは、仮登記の後に同一の目的物について仮登記に基づく移転登記によりなんらかの不利益を受ける登記をした者であり、たとえば、仮登記の後に同一の目的物につき、所有権の取得や担保権、差押えなどの登記をした者をいう。これらの登記上利害関係を有する第三者は、承諾を求められればこれに応じる義務がある。登記上利害関係を有する第三者が承諾に応じない場合、仮登記担保権者は承諾を求めて訴訟を提起することになるが、その訴訟において勝訴判決が確定すれば承諾がなされたものとみなされる（民執一七四条）。

(β) 登記上利害関係を有する第三者の承諾（承諾とみなされる場合を含む）のもとに仮登記に基づく移転登記が行われる場合、登記官は職権で右の第三者の登記を抹消する（不登一〇九条二項）。

(γ) 仮登記担保権の目的物につき第三取得者がいる場合であっても、清算金は債務者等に支払われる。仮登記担保権者が仮登記に基づく本登記を備えた場合、第三取得者による所有権の取得は否認され、仮登記担保権者は債務者等から所有権を取得したとされるからである。第三取得者は、仮登記担保権者から仮登記に基づく本登記の際の承諾を求められた場合、清算金の債務者等への支払いと自己の承諾の間の同時履行の関係を主張することができると解される(1)（最(大)判昭四九・一〇・二三民集二八巻七号一四七三頁（後順位担保権者について）参照）。

（1） 高木・三一六頁参照。

(b) (α) 仮登記担保権者は、清算金を供託した日から一か月を経過した後に仮登記に基づく移転登記をする場合、後順位担保権者が清算金請求権に物上代位をしたこと、および、清算金を供託したことをもって、これらの者の承諾に代えることができる（仮登記担保一八条本文）。この場合、後順位担保権者は、清算金の供託金から配当を受け、その承諾なく登記が抹消されても特に不利益は受けないからである。これは、物上代位をした後順位担保権者についてのものであり、物上代位をしない後順位担保権者についてはその承諾が必要である。また、目的物の第三取得者など後順位担保権者でない者については、その承諾が必要である。

(β) 清算金の供託をした日から一か月の経過後に仮登記に基づく移転登記が行われることが要求されるのは、目的物に関し清算金の供託前にされた一般債権者による申立てに基づき強制競売の開始決定があれば仮登記担保権者は仮登記に基づく移転登記をすることができず（仮登記担保一五条一項。申立てが供託前になされればよく、強制競売の開始決定は供託後にされてもよい）、後順位担保権者は清算金の供託金から配当を受けることができないのであるが、清算金の供託後一か月も経過すれば右の強制競売の開始決定に係る差押えの登記も完了し、仮登記担保権者が清算金の供託前に強制競売の申立てがされているにもかかわらず仮登記に基づく移転登記をして清算金請求権に物上代位をした後順位担保権者の登記（仮登記を含む）が抹消されるということを回避するためである。後順位担保権の登記が抹消されれば、後順位担保権者がその権利を行使するのが困難になる。

(γ)　清算金を供託した日から一か月を経過した後であっても、後順位担保権者のために担保権の実行としての競売の申立ての登記がされている場合、仮登記担保権者は仮登記に基づく本登記をするには後順位担保権者の承諾をえなければならない（仮登記担保一八条但書）。ここで、競売の申立ての登記とは、競売開始決定に係る差押えの登記という意味である。この登記がされている場合、清算金の供託前にされた申立てに基づく競売開始決定があった可能性があり、そのときには、仮登記担保権者は仮登記に基づく本登記をすることができず（仮登記担保一五条一項）、清算金請求権に物上代位をした後順位担保権者も物上代位から利益を受けることはできない。それゆえ、右の登記がされている場合、仮登記担保権者は後順位担保権者の承諾をえる必要があるとされ、清算金請求権に物上代位をした後順位担保権者にも清算金の供託前の申立てに基づく競売開始決定があったので承諾できない旨の主張をする機会を与えたのである。

(ホ)　仮登記に基づく移転登記の完了

(a)　移転登記の順位は、仮登記の順位による（不登一〇六条）。

(b)　移転登記によって目的物の所有権は仮登記担保権者に移転する。

(c)　被担保債権等は、移転登記によって、清算期間が経過した時点における目的物の価額の限度で消滅する（仮登記担保九条）。清算期間が経過した時点における目的物の価額がその時の被担保債権等の額を超える場合、その差額につき仮登記担保権者に清算金支払義務が生じる（仮登記担保三条一項）。目的物の価額が被担保債権等の額に満たない場合、仮登記担保権者はその差額を債務者に請求することができるのはもちろんである。

四　仮登記担保権の抵当権的効力

(1)　序　仮登記担保権者は、仮登記担保権に基づき競売を申し立てる場合や他の債権者による強制競売などの場合、抵当権者として扱われる。この場合、仮登記担保権は、前述した本来的効力(本書六二九頁以下参照)を有せず、抵当権として優先弁済を受ける効力を有することになる。(1)

(1)　仮登記担保権者は、担保不動産収益執行の申立て(民執一八〇条二号参照)をすることができる。仮登記担保権による競売の申立てを認める私見によれば、担保不動産収益執行の申立てを否定する理由はない。

(2)　競売を申し立てる場合

(イ)　仮登記担保権者は、目的物の競売を申し立てることができる(本書六二五頁以下参照)。この場合、仮登記担保権者は、仮登記の時に抵当権の登記をしたとみなされる(仮登記担保一三条一項後段参照)。

(ロ)　(a)　競売申立ての要件は、債務者による債務不履行と仮登記に関する登記事項証明書などの仮登記担保権の存在を証する文書の提出、被担保債権の原因および額の申出である。

(b)　仮登記担保権者は、債務者による債務不履行があれば競売の申立てをすることができる。清算期間の経過を待つ必要はない。清算期間は、仮登記担保権者が目的物の所有権を取得する場合のものだからである。

(c)　仮登記担保権者は、競売の申立てに際し、仮登記に関する登記事項証明書など仮登記担保権の存在を証する文書を提出しなければならない(民執一八一条一項一号―三号参照)。民事執行法一八一条一項三号は、担保権の登記に関する登記事項証明書から仮登記に関するものを除外しているが、これは、仮登記担保権以外の担保権を念頭においたものであり、仮登記担保権には適用されない。

(d)　仮登記担保権者は、競売の申立てに際し、被担保債権(利息その他の付帯の債権を含む)の原因および額を明らかにしなければならない（仮登記担保一七条一項参照。民執規一七〇条一項二号も参照）。

(ハ)　競売手続きは、抵当権の場合と同じである。仮登記担保権者は、目的物の売却代金から優先弁済を受けることができる。被担保債権の範囲も抵当権の場合と同じである（仮登記担保一三条二項三項参照。本書六二八頁参照）。

(ニ)　目的物が売却された場合、仮登記担保権は消滅する（仮登記担保一六条一項参照）。

(ホ)　買受人が代金を納付した場合、仮登記は抹消され、債務者等から買受人への移転登記が行われる（民執一八八条・八二条一項一号二号参照）。

(3)　他の債権者による強制競売などの場合

(イ)　目的物に対する他の債権者による強制競売や担保権の実行としての競売、企業担保権の実行の場合、仮登記担保権は、抵当権として扱われ、仮登記がされた時に抵当権の登記がされたものとみなされる(1)（仮登記担保一三条一項）。この場合、仮登記担保権者は、抵当権者として目的物の売却代金から優先弁済を受けることができる。被担保債権の範囲も抵当権の場合と同じである（仮登記担保一三条二項三項。本書六二八頁参照）。

(1)　前に説明したように、仮登記担保権者は担保不動産収益執行の申立てをすることができると解せば（本書六四一頁注(1)参照）、他の債権者による強制管理や担保不動産収益執行の場合、仮登記担保権者は、担保不動産収益執行の申立てをして配当に参加することができる（民執一八八条・九三条の二・一〇七条四項一号ハ参照）。

(ロ)　右の強制競売などにおいて配当要求の終期が定められた場合、裁判所書記官は、仮登記担保権者に対し、仮登記担保権である旨や被担保債権（利息その他の付帯の債権を含む）の原因および額を届け出るように催告しなければならない（仮登記担保一七条一項）。これは、仮登記担保権においては、仮登記の記録上は仮登記担保権であるかどうかや被担保債権の原因および額が分からないからである。仮登記担保債権者は、右の届出をした場合に限り売却代金から配当を受けることができる（仮登記担保一七条二項）。

(ハ)　右の強制競売などにおいて目的物が売却された場合、仮登記担保権は消滅する（仮登記担保一六条一項）。

(ニ)　右の強制競売などにおいてもその開始決定が清算金の支払後（清算金がない場合には清算期間の経過後）にされた申立てに基づく場合、仮登記担保権者は、仮登記担保権の本来的効力により目的物の所有権を取得し、これを差押債権者に対し主張することができる（仮登記担保一五条二項）。この場合、仮登記担保権者は、差押債権者に対し、仮登記のままで第三者異議の訴え（民執三八条・一九四条）を提起することができると解される(1)。これに対し、強制競売などの開始決定が清算金の支払前（清算金がない場合には清算期間の経過前）にされた申立てに基づく場合、仮登記担保権者は、抵当権者として売却代金から優先弁済を受けることができるにとどまり、目的物の所有権を取得することはできない（仮登記担保一五条一項）。

以上の場合、清算金の支払いとは清算期間の経過後の支払いを指すことはいうまでもない。清算期間の経過前の清算金の支払いは、差押債権者に対しこれを主張することができない（仮登記担保一一条参照）。

(1)　同旨、船越・四二四頁、高木・三二三頁、道垣内・二八九頁以下。

(4)　債務者等の破産の場合　債務者等が破産した場合、仮登記担保権者は抵当権者として扱われる（仮登記担保一九条一項）。そこで、仮登記担保権者は、別除権者として破産手続外で優先弁済を受けることができる（破二条九項一〇項・六五条一項）。この場合、仮登記担保権者は、目的物の競売を申し立てることができるが、仮登記担保権の本来的効力により目的物の所有権を取得することもできると解してよいであろう（本書六二五頁以下参照）。なお、破産管財人は、目的物を任意に売却して仮登記担保権を消滅させることが破産債権者の一般の利益に適合するときは、裁判所に対し、目的物を任意に売却し、一定の金銭を裁判所に納付して仮登記担保権を消滅させることについての許可の申立てをすることができる（破一八六条一項参照）。

(5)　債務者等の民事再生の場合　仮登記担保権者は、民事再生法上、抵当権者として扱われる（仮登記担保一九条三項）。そこで、仮登記担保権者は、別除権者として扱われ（民再五三条一項）、再生手続きによらないで弁済を受ける（民再五三条二項）。その内容は、破産の場合と同じである。なお、再生債務者等は、仮登記担保権の目的物が再生債務者の事業の継続に欠くことができない場合、その目的物の価額に相当する金銭を裁判所に納付して仮登記担保権を消滅させることについての許可を裁判所に申し立てることができる（民再一四八条一項）。

(6)　債務者等の会社更生の場合　仮登記担保権者は、会社更生法上、抵当権者として扱われる（仮登記担保一九条四項）。そこで、仮登記担保権者は、更生担保権者として扱われ（会更二条一〇項一一項）、更生計画において配慮される（会更一六八条三項）。なお、裁判所は、更生会社の事業の更生のために必要であれば、管財人の申立てにより、仮登記担保権の目的物の価額に相当する金銭を裁判所に納付して仮登記担保権を消滅させることを許可することができる（会更一〇四条一項）。

五　仮登記担保権の侵害

(1)　序　仮登記担保権が侵害されたり侵害されるおそれがある場合、仮登記担保権者には種々の救済手段が与えられる。その主なものは、物権的請求権、不法行為に基づく損害賠償請求権、期限の利益の喪失と増担保請求権、仮登記担保権の保全処分である。その内容は、抵当権の場合と同じであるので（本書三九六頁以下参照）、以下、簡単に説明するにとどめる。

(2)　仮登記担保権に基づく物権的請求権　仮登記担保権に基づく物権的請求権としては、妨害排除請求権、妨害予防請求権、明渡請求権の三つが考えられる。その内容は、抵当権の場合と同じである（本書三九八頁以下参照）。

(3)　不法行為に基づく損害賠償請求権　故意過失によって仮登記担保権が侵害され仮登記担保権者に損害が生じた場合、不法行為による損害賠償請求権が発生する（七〇九条）。その内容は、抵当権の場合と同じである（本書四〇二頁以下参照）。

(4)　期限の利益の喪失と増担保請求権　債務者が故意に仮登記担保権の目的物を滅失・損傷・減少させた場合、債務者は期限の利益を失い、仮登記担保権者は直ちに仮登記担保権の実行をすることができる（一三七条二号）。また、仮登記担保権者は、仮登記担保権の目的物が滅失・損傷・減少した場合、債務者の故意過失の有無を問わず、債務者に対し増担保請求権を取得する。これらの内容は、抵当権の場合と同じである（本書四〇四頁以下参照）。

(5) 仮登記担保権の保全処分　仮登記担保権者に競売申立権を認める私見（本書六二五頁以下参照）によれば、仮登記担保権者が競売申立権を行使しようとしたり行使している場合、保全処分が認められるべきである。その内容は、抵当権の場合と同じである（民執一八七条・一八八条・五五条・五五条の二参照。本書四〇八頁以下参照）。なお、仮登記担保権者が目的物の所有権を取得する場合には、民事保全法による民事保全の方法によるべきであろう。

六　減担保請求権

債務者等は、目的物の価額が被担保債権額に比較し不当に大きい場合、減担保請求権を行使することができる。その内容は、抵当権の場合と同じである（本書四〇九頁以下参照）。

七　法定借地権

(1) 序　土地およびその上にある建物が同一の所有者に属するケースでその土地につき仮登記担保権が設定された場合、仮登記に基づき本登記がされればその建物所有を目的とする土地の賃貸借が結ばれたものとみなされる（仮登記担保一〇条前段）。この場合、賃貸借の存続期間や借賃は、当事者の請求により裁判所が定める（仮登記担保一〇条後段）。これは、抵当権の場合の法定地上権（三八八条）に相当するものであり、法定借地権と呼ばれる。

(2) 法定借地権

(イ) 設定されたとみなされる賃貸借は、建物所有を目的とする土地の賃貸借であり、借地権であって（借地借家二条一号）、存続期間や借賃は裁判所が定める外、借地借家法の適用を受ける。

(ロ) 民法三八八条の法定地上権の場合には地上権が設定されたとみなされるが、建物所有を目的とする地上権が設定されることは非常に少なく、仮登記担保権においては賃貸借が結ばれたとみなされるのである。

(ハ) 土地に仮登記担保権が設定された場合に法定借地権が発生する。建物に仮登記担保権が設定された場合には法定借地権は発生しない。これは、仮登記担保権者は、建物に仮登記担保権の設定を受ける際、被担保債権の不履行により建物の所有権を取得する場合に備え土地の利用権の設定を受けておくことが容易にできるからである。これに対し、土地に仮登記担保権が設定される場合、建物の所有者である債務者等が債務者の債務の不履行の場合に備えて土地の利用権の設定を受けるのは困難である。

(3)　法定地上権　土地およびその上にある建物の一方または双方に仮登記担保権が設定され、仮登記担保権者が仮登記担保権に基づき競売の申立てをして土地、建物が別々の所有者に帰属した場合、抵当権による競売の場合と異なるところはなく、民法三八八条が類推適用され、法定地上権が発生すると解すべきである（本書三六八頁以下参照）。

八　民法三八七条の類推適用の有無

(1)　序　民法三八七条によれば、抵当権の登記に後れて登記をした賃貸借であっても一定の場合には抵当権に優先する（本書四二五頁以下参照）。この民法三八七条は、仮登記担保権に類推適用されるであろうか。

(2)　民法三八七条の類推適用　仮登記担保権が実質上抵当権とあまり変わらぬ以上、民法三八七条が仮登記担保権に類推適用されることを否定する理由はないであろう。そこで、登記をした賃貸借は、その登記前に仮登記をしたすべての仮登記担保権者が同意をし、かつ、その同意の登記がある場合、仮登記担保権に優先する。この結果、仮登記担保権者は、賃貸借の付着した目的物を取得することになる。あるいは、仮登記担保権者が競売の申立てをする場合、買受人は賃貸借の付着した目的物を取得することになる。

賃貸借の登記前に仮登記担保権者の外に抵当権者も登記をしていた場合、すべての仮登記担保権者と抵当権者が同意をし、かつ、その同意の登記があれば、賃貸借は仮登記担保権と抵当権の双方に優先する。いずれか一方が同意をしない場合、たとえば、先順位仮登記担保権者は同意をしたが後順位抵当権者は同意をしない場合、賃貸借はいずれに対しても優先しない。なぜなら、賃貸借が優先する（目的物に賃貸借が付着する）とすれば、仮登記担保権者が目的物の所有権を取得する場合、清算金請求権が減少しこれに物上代位をする抵当権者が害されるおそれがあるし、あるいは、仮登記担保権者が競売の申立てをする場合、売却代金が減少し抵当権者が害されるおそれがあるからである。このように、賃貸借の登記前に登記をしたすべての担保権者が同意をしない限り賃貸借は優先しないと解されるのである。

九　民法三九五条の類推適用の有無

(1)　序　民法三九五条によれば、抵当建物の賃借人は一定の場合に買受人に対し買受けの時から六か月の間建物を引き渡す必要がない（本書四二八頁以下参照）。これは、私見によれば、賃貸借の六か月の期間延長であると解される（本書四二九頁以下参照）。この民法三九五条は、仮登記担保権に類推適用されるであろうか。

(2)　民法三九五条の類推適用　仮登記担保権が実質上抵当権とあまり変わらぬ以上、民法三九五条が仮登記担保権に類推適用されることを否定する理由はないであろう。[1]そこで、建物の賃借人は、民法三九五条一項の定める要件のもとに仮登記担保権者が目的物の所有権を取得した時（移転登記を受けた時）から六か月間は建物を引き渡す必要がない。この場合、民法三九五条一項一号の「競売手続の開始前から使用又は収益をする者」とは、仮登記担保権の実行開始前、すなわち、仮登記担保権者が清算金の見積額について債務者等に通知をする前から使用収益をする者ということになるであろう。民法三九五条二項も当然類推適用される。仮登記担保権者が仮登記担保権に基づき競売の申立てをする場合、民法三九五条が類推適用されるのはもちろんである。

（1）　同旨、道垣内・二九一頁。

一〇　共同仮登記担保権

(1)　序　共同仮登記担保権とは、同一の債権を担保するために複数の目的物の上に設定された仮登記担保権である。

(2)　共同仮登記担保権の効力

(イ)　(a)　仮登記担保権者は、共同仮登記担保権の実行としての債務者等に対する清算金の見積額の通知において、各目的物の所有権の仮登記担保権者への移転によってそれぞれ消滅させようとする被担保債権等の額を明らかにしなければならない（仮登記担保二条二項）。この場合、消滅させようとする被担保債権等の額は遅滞なく後順位担保権者に通知されなければならない（仮登記担保五条一項）。

(b)　一般に、右の割当てによって被担保債権等は別々の債権になり、共同仮登記担保権は消滅すると解されている。私見としても異論はない。

(ロ)　私見によれば、同一の債権を担保するために複数の目的物の上に抵当権が設定された場合であっても、共同抵当権の登記がされなければ民法三九二条・三九三条は適用されない（本書四九一頁以下参照）。共同仮登記担保権においては、共同仮登記担保権の登記（仮登記）をするのは困難であり、同一の債権を担保するために複数の目的物の上に仮登記担保権が設定されても、これに民法三九二条・三九三条を類推適用するのは困難である。それゆえ、仮登記担保権者がある目的物から被担保債権等の全額の満足を受けた場合、仮登記担保権者が債務者等への通知において被担保債権等の各目的物への割当額を明示していなくても、その後順位担保権者は他の目的物につき仮登記担保権者に代位をすることはできないと解される。

(ハ)　しかし、仮登記担保権者が債務者等への通知において被担保債権等の各目的物への割当額を明示した場合を除き、仮登記担保権者や後順位担保権者、一般債権者による競売申立てにおいて各目的物の売却代金が同時に配当され、かつ、各目的物の価額に応じた配当、つまり、按分配当により利害関係人の利害が適切に調整される場合、按分配当が行われるべきである（本書四八六頁以下参照）。たとえば、同時配当のケースで各目的物に後順位担保権者がいる場合、あるいは、同時配当のケースで各目的物に差押債権者がいる場合、按分配当が行われるべきである。

(ニ)　後順位担保権者や一般債権者が共同仮登記担保権の目的物の一つにつき競売を申し立てた場合、仮登記担保権者はその目的物について任意に被担保債権等の額を割り当て配当を受けることができる(1)。しかし、仮登記担保権者が債務者等への通知において明示していた割当額があれば、その額について配当を受けると解すべきである。共同仮登記担保権は、この割当てにより消滅していたからである。以上の場合、仮登記担保権者は、ある目的物に割り当てた額を執行裁判所に届け出なければならない（仮登記担保一七条一項）。

（1）同旨、道垣内・二七六頁。

一一　根仮登記担保権

(1)　序　根仮登記担保権とは、一定の範囲に属する増減変動する不特定の債権のうち元本確定期日に存在する債権を極度額の限度で担保するために設定される仮登記担保権である（本書五一三頁以下参照）。しかし、根仮登記担保権の公示方法は通常の仮登記であり、根仮登記担保権と通常の仮登記担保権を登記上区別することはできない。

(2)　根仮登記担保権の効力

(イ)　包括根仮登記担保権の禁止

(a)　一般に、包括根仮登記担保権も許されると解されているようである。しかし、根抵当権においては包括根抵当権が禁止されている（本書五二二頁以下参照）。そして、仮登記担保権はその実質上抵当権とあまり変わりはない。それゆえ、根仮登記担保権においても包括根仮登記担保権は禁止され、包括根仮登記担保権を設定しても無効であると解すべきである。

(b)　そこで、被担保債権の範囲に属する債権は、根抵当権の場合と同じく、以下のように限定して定められなければならない（三九八条の二第二項第三項参照。本書五二二頁以下参照）。第一は、債務者との特定の継続的取引契約によって生じる債権である。第二は、債務者との一定の種類の取引によって生じる債権である。第三は、特定の原因に基づいて債務者との間に継続して生じる債権である。そして、第四は、手形・小切手上の請求権である。

(c)　もっとも、包括根仮登記担保権を禁止しても、被担保債権の範囲が登記されるわけではない。しかし、債務者等の保護としては、被担保債権の範囲が登記されなくても、包括根仮登記担保権を無効であるとすれば十分である。第三者が包括根仮登記担保権であることを知らずにこれを取得した場合に不利益を受けるように見えるが、しかし、第三者は、仮登記に関して取引関係に入る場合、それが担保仮登記であるか通常の仮登記であるかを調査しなければならないのであり、その際、包括根仮登記担保権であるかどうかを調査するのは容易であって、包括根仮登記担保権を禁止しても不当に害されるわけではないのである。なお、第三者が包括根仮登記担保権を取得した後で、民法三九八条の二第二項第三項に従い債務者等と被担保債権の範囲を定めた場合、根仮登記担保権はその時から効力を生じると解してよいであろう。

(ロ)　極度額の定めのない根仮登記担保権　一般に、極度額の定めのない根仮登記担保権も有効であると解されているようである。しかし、これでは極度額の定めのない根抵当権は無効であるとされているのと著しくバランスを失する（本書五二六頁以下参照）。仮登記担保権は、しばしば述べているように、抵当権と実質上あまり差はないのである。また、後順位担保権者などの第三者が仮登記担保権の目的物に関し安心して利害関係を有することができるためには、極度額の定めのない根仮登記担保権を無効とする必要がある。もっとも、極度額を定めなければならないとしても、それが登記されるわけではない。しかし、第三者は、極度額が登記されなくても、これを調査して目的物に関し利害関係に入ることができるのである。第三者は、仮登記がされている場合、それが担保仮登記であるか否かを調査しなければならないのであるが、その際、極度額がいくらかを調査するのは容易である。それゆえ、極度額の定めのない根仮登記担保権は無効であると解すべきである。

(ハ)　根仮登記担保権と根抵当権が併用された場合　根仮登記担保権と根抵当権が併用されることは差し支えない。この場合、根仮登記担保権に極度額の定めがなければ、根抵当権の極度額が根仮登記担保権の極度額になると解すべきであろう（最判昭五二・三・二五民集三一巻二号三二〇頁は反対）。前述したように、極度額の定めのない根仮登記担保権を無効であると解する以上

（右の㈡参照）、このように扱うのが妥当であろう。他方、根仮登記担保権の極度額と根抵当権の極度額が異なっても特に問題はないと考える。

㈡　他の債権者による強制競売などの場合

(a)　(α)　根仮登記担保権は、他の債権者による強制競売や担保権の実行としての競売などの場合、効力を有しないとされる（仮登記担保一四条）。これは、根仮登記担保権は、被担保債権の範囲や極度額が定められなくても、本来的効力の場合（本書六二九頁以下参照）には他を害さず効力を有するが、他の債権者による強制競売などの場合（抵当権として扱われる）には他を害するため効力を有しないとされたもののようである。

(β)　しかし、根仮登記担保権は、他の債権者による強制競売などの場合に他を害するとすれば、本来的効力の場合にも他を害するはずである。被担保債権の範囲や極度額が定められなければ、他の債権者による強制競売などの場合、他の債権者は配当金がないか少額になるおそれがあり害されるとすれば、本来的効力の場合、他の債権者は清算金がないか少額になるおそれがあり害されるからである。それゆえ、右の理由は全く根拠がないというべきである。また、私見のように、被担保債権の範囲や極度額の定めのない根仮登記担保権を無効であると解する場合、根仮登記担保権は、他の債権者による強制競売などの場合であれ本来的効力の場合であれ、他を害さない。

以上のように、本来的効力の場合に根仮登記担保権を有効であるとしつつ他の債権者による強制競売などの場合にそれを無効であるとするのは、矛盾しているといわざるをえない。それゆえ、本来的効力の場合に根仮登記担保権が有効であることを前提とする仮登記担保契約に関する法律二条などと他の債権者による強制競売などの場合にそれを無効であるとする同法一四条の間には法律の衝突型欠缺 Kollisionslücke が存在するというべきである（本書五〇頁以下参照）。そして、この法律の欠缺は、根仮登記担保権は他の債権者による強制競売などの場合にも効力を有するとして補充されるのが妥当である。

(b)　根仮登記担保権者は、清算金請求権に物上代位をすることができないとされる（仮登記担保四条二項）。この理由も、右に述べた仮登記担保契約に関する法律一四条の場合と同じもののようである。しかし、仮登記担保契約に関する法律四条二項についても、右の(a)(β)で述べたのと同じ理由により、根仮登記担保権者は清算金請求権に物上代位をすることができると解すべきである。

(c)　根仮登記担保権は、破産手続き、民事再生手続き、会社更生手続きの場合、効力を有しないとされる（仮登記担保一九条五項）。この理由も、右に述べた仮登記担保契約に関する法律一四条の場合と同じもののようである。しかし、仮登記担保契約に関する法律一九条五項についても、右の(a)(β)で述べたのと同じ理由により、根仮登記担保権は破産手続きなどの場合にも効力を有すると解すべきである。

第四節　後順位担保権者の地位

一　序

(1)　序　後順位担保権者、すなわち、仮登記担保権の仮登記の後に登記された先取特権、質権、抵当権、仮登記担保権を有する者は、先順位の仮登記担保権者に劣後する。しかし、後順位担保権者は、全く保護されないというのではなく、清算金請求権への物上代位権（仮登記担保四条）と目的物の競売申立権（仮登記担保一二条）が認められている。

(2)　物上代位　仮登記担保権者が仮登記に基づく本登記をして目的物の所有権を取得した場合、後順位担保権者は目的物から満足を受けることはできない。しかし、清算金請求権は目的物の価値の一部と同視できるものであり、後順位担保権者には清算金請求権への物上代位が認められている。この場合、後順位担保権者は、清算金の額が仮登記担保権者が債務者等に通知した清算金の見積額を超えることを主張することはできない（仮登記担保八条二項）。

⑶　競売申立権　後順位担保権者は、目的物の競売を申し立てることができる。後順位担保権者は、仮登記担保権者が債務者等に通知した清算金の見積額に不満がある場合、これを超える額を主張することはできないが、目的物の競売を申し立て、売却代金から満足をはかることができるのである。これは、仮登記担保権者が不当に低い清算金の見積額を通知することへの抑制として機能する。競売の申立ては、清算期間内に行われるのが普通であるが、清算期間経過後であっても清算金の支払（供託を含む）前であれば可能である（仮登記担保一五条一項）。

⑷　物上代位と競売申立権　後順位担保権者は、物上代位と競売申立てのいずれかを選択して行使する。この両者を同時に行使することはできない。後順位担保権者が競売を申し立てる場合、債務者等の仮登記担保権者に対する清算金請求権は生じず、これに物上代位をすることはできないからである。

二　物上代位

⑴　(イ)　後順位担保権者は、仮登記担保権者が債務者等に通知した清算金の見積額を限度として清算金請求権に物上代位をすることができる（仮登記担保四条一項前段二項）。

(ロ)　(a)　物上代位の場合、後順位担保権者は清算金の支払いの前に清算金請求権を差し押さえなければならない（仮登記担保四条一項後段）。

(b)　(α)　後順位担保権者の担保権の効力が清算金請求権に及んでいることは、これらの担保権の登記により公示されているといえる（最判平一〇・一・三〇民集五二巻一号一頁、同判平一三・三・一三民集五五巻二号三六三頁参照）。それゆえ、差押えが要求されているのは、清算金請求権に担保権の効力が及んでいることを公示するためではなく、次のような理由に基づくと考えられる。

清算金請求権に担保権の効力が及んでいることが公示されているとしても、仮登記担保権者は清算期間の経過後で後順位担保権者による競売申立ての前に清算金を支払って目的物の所有権を取得することが認められている（仮登記担保一五条二項）。したがって、仮登記担保権者が右の清算金を支払った後で担保権が公示されていたとして物上代位が認められれば、仮登記担保権者は二重払いを強いられることになる。それゆえ、後順位担保権者は清算期間の経過後は清算金の支払前に差押えをしなければならないとされているのである。後順位担保権者が清算期間の経過前に物上代位をする場合(1)、清算金の支払前に差押えをすることは要求されない。仮登記担保権者が清算期間の経過前に清算金を支払ってもこれを後順位担保権者に対し主張することはできないからである(仮登記担保六条二項前段)。この場合、仮登記担保契約に関する法律四条一項後段は適用されない。結局、仮登記担保契約に関する法律四条一項後段は仮登記担保権者が清算期間の経過後に清算金を支払う場合に適用され、後順位担保権者は清算期間の経過後には清算金の支払前に清算金請求権を差し押さえなければならないのである。

(1) 清算期間の経過前の物上代位は、清算期間の経過時に発生する清算金請求権という将来の請求権への物上代位である(本書六三六頁参照)。この場合、物上代位の実行としての差押え(左の(β)参照)が行われるが、清算金請求権が発生しなければその取立てはできないし、また、発生するかどうか不確定であり券面額がないから転付命令をえることもできない(船越・四二六頁参照)。

(β) 以上は、仮登記担保契約に関する法律四条一項後段の差押えについてのものである。この差押えは、物上代位の要件としての差押え、すなわち、清算金が支払われる前に要求される差押えである(本書一四二頁以下参照)。他方、物上代位の実行は民事執行法上債権に対する担保権の実行として行われる(民執一九三条一項後段二項・一四三条)。この場合の差押えは、物上代位の実行としての差押え(本書一四二頁以下参照)である。そこで、後順位担保権者は、仮登記担保権者が清算期間の経過前に清算金を支払っても、その前に物上代位の要件としての差押えをすることなく、民事執行法上の債権に対する担保権の実行として差押えをすることができるのである。

仮登記担保権者が清算期間の経過後に清算金を支払う場合、後順位担保権者は、その前に仮登記担保契約に関する法律四条一項後段の差押えをしなければならないところ、この差押えは、物上代位の要件としての差押えであるが、物上代位の実行としての差押えを兼ねるのである(本書一四二頁以下参照)。

(ハ) 後順位担保権者の優先順位は、差押えの先後ではなく、担保権の登記の先後による（仮登記担保四条一項前段）。

(ニ) 物上代位は、仮登記担保権者が債務者等に通知した清算金の見積額を限度とする（仮登記担保四条一項前段）。後順位担保権者は、清算金の額がこの見積額を超えることを主張することはできない（仮登記担保八条二項）。清算金の見積額に不満のある後順位担保権者は、目的物の競売を申し立てればよい（仮登記担保一二条）。

(ホ) 後順位仮登記担保権者が物上代位をする場合、利息その他の定期金などは満期となった最後の二年分（あるいは通算して二年分）に制限される（仮登記担保四条三項・一三条二項三項）。

(2) (イ) 仮登記担保権者は、清算金の見積額などの通知が債務者等に到達した場合、後順位担保権者に対しこの通知が到達した日や通知した清算金の見積額などを遅滞なく通知しなければならない（仮登記担保五条一項）。これは、後順位担保権者に物上代位や競売申立ての機会を与えるためである。後順位担保権者への通知は、登記簿上の住所または事務所にあてて発すれば足りる（仮登記担保五条三項）。

仮登記担保権者は、後順位担保権者に対する右の遅滞のない通知をする時点で存在する後順位担保権者に通知をすればよく、その通知後に生じた後順位担保権者に通知をする必要はないと解される(1)。たとえば、仮登記担保権者は、遅滞のない通知として一月一〇日に通知をする場合、一月一〇日の時点で存在する後順位担保権者に通知をすればよく、その通知後、すなわち、一月一〇日後に生じた後順位担保権者に通知をする必要はないのである。仮登記担保権者にそこまで要求するのは酷であるし、他方、その後に生じた後順位担保権者は担保権の設定に際し債務者等に照会すれば通知の内容を知ることができるからである。

（1） 道垣内・二七六頁は、仮登記担保権者の通知が債務者等に到達した時点で存在する後順位担保権者にのみ通知をすればよいとする。しかし、これでは、仮登記担保権者の通知が債務者等に到達した時点後に現れた後順位担保権者は、仮登記担保権者の後順位担保権者に対する遅滞のない通知の時点で仮登記担保権者に知られていても通知の対象外となり、妥当でないと思われる。

(ロ)　(a)　仮登記担保権者が後順位担保権者に通知をしないで清算金を支払った場合、仮登記担保権者は原則として清算金の支払いを後順位担保権者に主張することはできず、後順位担保権者は清算金請求権が存在するとして物上代位をすることができる（仮登記担保六条二項後段）。この場合、仮登記担保契約に関する法律四条一項後段は適用されず、後順位担保権者は清算金の支払前に差押えをしなくても清算金請求権に物上代位をすることができる。

(b)　仮登記担保権者が後順位担保権者に対し通知をしても清算期間が経過する前に清算金を支払った場合、後順位担保権者は清算金請求権が存在するものとして物上代位をすることができる（仮登記担保六条二項前段）。この場合、仮登記担保契約に関する法律四条一項後段は適用されず、後順位担保権者は清算金の支払前に差押えをしなくても清算金請求権に物上代位をすることができる（本書六五三頁以下参照）。

(c)　その他、仮登記担保権者による後順位担保権者に対する通知については、本書六三一頁以下を参照されたい。

(ハ)　(a)　仮登記担保権者は、清算金の見積額などの通知が債務者等に到達した場合、後順位担保権者を除く登記上利害関係を有する第三者（目的物の第三取得者など）に対し債務者等に通知した被担保債権等の額などを遅滞なく通知しなければならない（仮登記担保五条二項）。これは、登記上利害関係を有する第三者に第三者弁済（四七四条）の機会を与えるためである（本書六三三頁参照）。仮登記担保権者は、後順位担保権者に対する通知の場合と同様、登記上利害関係を有する第三者に対する右の遅滞のない通知をする時点で存在する登記上利害関係を有する第三者に通知をすればよく、この通知後に生じた登記上利害関係を有する第三者に通知をする必要はないと解される（本書六五五頁参照）。

(b)　(α)　仮登記担保権者が登記上利害関係を有する第三者に対し債務者等に通知した被担保債権等の額などを通知しないで清算金を支払った場合、登記上利害関係を有する第三者は、原則として清算金の支払いを無視して第三者弁済（または供託）をし仮登記に基づく本登記の際にその承諾を拒否することができると解すべきである（本書六三四頁参照）。

(β) 仮登記担保権者が登記上利害関係を有する第三者に対し遅滞のない通知をしても清算期間が経過する前に清算金を支払った場合、登記上利害関係を有する第三者は、清算金の支払いを無視して第三者弁済（または供託）をし仮登記に基づく本登記の際にその承諾を拒否することができると解すべきである（本書六三四頁参照）。

(γ) その他、仮登記担保権者による登記上利害関係を有する第三者に対する通知については、本書六三三頁以下を参照されたい。

(3) (イ) 後順位担保権者の一人が清算金請求権に物上代位をした場合、他の後順位担保権者は目的物の競売を申し立てることができるであろうか。後順位担保権者の一人が物上代位をしても、清算金の見積額に不満のある他の後順位担保権者は目的物の競売を申し立てることができると解してよいであろう。なぜなら、競売による配当はすべての後順位担保権者を公平に満足させることができるからである。後順位担保権者の一人による物上代位は、他の後順位担保権者による競売の申立てにより失効すると解される[1]。

（1） 船越・四二六頁以下参照。

(ロ) 後順位担保権者が複数いるケースでその一人により清算金請求権につき物上代位の実行としての差押えが行われた場合、仮登記担保権者は清算期間の経過後に清算金を供託すべきである（仮登記担保七条一項、民執一九三条二項・一五六条一項二項参照）。他の後順位担保権者の担保権の効力が清算金請求権に及んでいることは登記により公示されており、清算金請求権が二重に差し押さえられているのと同視されるからである。清算金が供託された場合、仮登記担保権者はその事情を執行裁判所に届け出なければならず（民執一九三条二項・一五六条三項）、執行裁判所は他の後順位担保権者の存在を知ることができる。それゆえ、他の後順位担保権者は、差押えや配当要求をしなくても供託金から配当を受けることができると解される。なお、清算期間の経過後に清算金が供託された場合、後順位担保権者はその後に競売の申立てをすることができない（仮登記担保一五条二項）。

(4) 後順位担保権者がいる場合、仮登記担保権者は債務者等に対する債権（被担保債権等とは別の債権）で清算金請求権を相殺することはできない（最判昭五〇・九・九民集二九巻八号一二四九頁）。後順位担保権者は、清算金請求権から優先弁済を受ける権利を有するからである。なお、仮登記担保権者は、後順位担保権者がいても、その物上代位の実行としての差押前で、かつ、清算期間の経過後であれば右の相殺をすることができると解される（1）（仮登記担保四条一項後段・六条二項前段参照）。仮登記担保権者は、清算期間の経過後であれば、清算金請求権が差し押さえられていない限り、清算金を支払うことができるのであるが、相殺はこの支払いと同視してよいからである。

（1）　同旨、高木・三二九頁、道垣内・二八五頁。

(5)　後順位担保権者が仮登記担保権の被担保債権を第三者弁済（四七四条）することができるかどうかについては、これを否定する理由はなく、可能であると解すべきである。

三　競売申立権

(1)　後順位担保権者は、清算期間内は自らの被担保債権の弁済期が到来する前であっても目的物を競売することができる（仮登記担保一二条）。これは、通常、後順位担保権者が仮登記担保権者により債務者等に通知された清算金の見積額に不満を持つ場合に行われる。

(2)　後順位担保権者は、仮登記担保権者により債務者等に通知された清算金の見積額で自らの被担保債権の満足をえられる場合、目的物を競売することはできないと解すべきである（1）。なぜなら、この場合、後順位担保権者に競売を認める必要はないし、他方、仮登記担保権者は目的物の所有権を取得するという利益を有するからである。

（1）　同旨、道垣内・二八七頁。

(3)　一般に、競売申立権を有する後順位担保権者の中に後順位仮登記担保権者は入らないとされている（仮登記担保一二条は、後順位の先取特権、質権、抵当権を有する者は競売を請求することができると規定し、後順位仮登記担保権者を挙げていない）。しかし、すでに述べたように、一般に、仮登記担保権者は、後順位のものであるか否かを問わず競売申立権を有すると解すべきである（本書六二五頁以下参照）。特に、後順位仮登記担保権者は、先順位仮登記担保権者により債務者等に通知された清算金の見積額を超える額を主張することができないのであり（仮登記担保八条二項）、この清算金の見積額に不満がある場合に競売申立権を有しないとすれば著しく不利である。それゆえ、後順位仮登記担保権者も競売申立権を有すると解するのが妥当である（仮登記担保一二条も、これを明文で否定しているわけではない）。

(4) 後順位担保権者は、清算期間内は自らの被担保債権の弁済期が到来する前であっても競売を申し立てることができる（仮登記担保一二条）。後順位担保権者は、清算期間の経過後であっても、自らの被担保債権の弁済期が到来し、かつ、清算金が支払われる（供託を含む）前であれば、競売を申し立てることができる（仮登記担保一五条一項）。後順位担保権者が清算期間の開始前に競売を申し立てることができるかどうかについては、自らの被担保債権の弁済期が到来していれば積極的に解して問題はないであろう。

(5) 後順位担保権者は、他の後順位担保権者が申し立てた競売手続きにおいて配当を受けることができる。この場合、競売を申し立てた後順位担保権者は、他の後順位担保権者の同意がない限り競売の申立てを取り下げることはできない。他の後順位担保権者は、競売を申し立てた後順位担保権者の競売手続きにおいて配当を受けることができるために自らの競売申立てを見送ったからである。他方、競売を申し立てた後順位担保権者の競売手続きが取り消された場合、他の後順位担保権者は、自ら競売を申し立てていない限り、競売手続きにおいて配当を受けることはできない。

第五節　受戻権

一　序

(1) 債務者等は、清算金の支払いを受けるまでは、被担保債権等の額に相当する金銭を仮登記担保権者に提供して、目的物の所有権を受け戻すことができる（仮登記担保一一条本文）。すなわち、債務者等は、目的物の所有権が仮登記担保権者に移転し被担保債権等が消滅した場合であっても、清算金が支払われていなければ、被担保債権等の額に相当する金銭を提供して、目的物の所有権を受け戻すことができるのである。これは、債務者等の受戻権といわれる。なお、被担保債権等が消滅すれば、当事者を旧仮登記担保権者、旧債務者等と呼ぶべきであるが、以下においては、便宜上、仮登記担保権者、債務者等と呼ぶことにする。

(2)　債務者等は、清算期間の経過後五年が経過した場合、または、第三者が目的物の所有権を取得した場合、受戻権を行使することができない（仮登記担保一一条但書）。

二　受戻権の行使

(1)　(イ)　一般に、清算期間の経過により目的物の所有権は仮登記担保権者に移転するから、債務者等は清算期間が経過すれば受戻権を行使することができるとされる。

(ロ)　しかし、移転登記の時に所有権が移転するとする私見（本書六三五頁参照）によれば、債務者等は、移転登記の時から受戻権を行使することができると解される。

(2)　(イ)　債務者等が受戻権を行使することができるのは、清算金が支払われていない場合である。移転登記と清算金の支払いは同時履行の関係に立つから（仮登記担保三条二項）、移転登記が行われたのに清算金が支払われていないのは、清算期間の経過後に移転登記を先履行とする旨の特約が結ばれたような場合である（仮登記担保三条三項但書参照）。すなわち、受戻権は、このような例外的場合に生じるのである。

(ロ)　清算期間の経過前に移転登記を先履行とする旨の特約が結ばれた場合、そのような特約は無効である（仮登記担保三条三項本文）。それゆえ、このような特約に基づく移転登記も無効であり、所有権は移転しない。したがって、この場合、受戻権は生じない。

(ハ) 清算金が供託された場合、清算金の支払いがあったことになり（四九四条）、受戻権は生じない。清算金が提供されたのに債務者等が正当な理由なく受領しなかった場合、債務者等を保護する必要はなく、受戻権は生じないと解すべきである（四九二条参照）(1)。

(1) 船越・四三三頁参照。

(3) 債務者等が受戻権を行使するには、被担保債権等の額に相当する金銭を仮登記担保権者に提供しなければならない。被担保債権等の額に相当する金銭を提供するのは、移転登記により被担保債権等が消滅しているからである（本書六四〇頁参照）。次に述べるように、被担保債権等の額に相当する金銭の支払いと仮登記担保権者から債務者等への移転登記は同時履行の関係に立つと解せば、右の金銭の提供は口頭の提供（四九三条但書）で足りると考えられる。すなわち、債務者等は、仮登記担保権者に対し、被担保債権等の額に相当する金銭を準備したので移転登記の際に受領するように催告すれば足りる。

(4) 受戻権は形成権であり、債務者等が受戻権を行使すれば仮登記担保権者に対し所有権移転請求権、したがって、また、移転登記請求権が生じる。受戻権の行使により所有権が直ちに移転するのではない。所有権は、移転登記がなされた時に移転する。被担保債権等の額に相当する金銭の支払いと移転登記は、同時履行の関係に立つと解される。

三 受戻権の消滅

(1) 期間制限

(イ) 受戻権は、清算期間が経過した時から五年が経過した場合、これを行使することができない。

(ロ) そこで、たとえば、清算期間が経過した時から三年経過した時点で仮登記担保権者に移転登記が行われ目的物の所有権が同人に移転した場合、債務者等は、その後二年以内に受戻権を行使しなければならない。債務者等は、目的物の所有権が移転するまでも被担保債権等を弁済して所有権を保存することができたのであり、右のように解しても特に不利益を受けるわけではないのである。

(ハ)　五年の期間は、除斥期間であると解されている。そこで、債務者等は、五年の期間内に、所有権の受戻しを請求し、移転登記を求める訴えを提起しなければならないと解される(1)。

(1)　石田穣・民法総則五三四頁(平成四年)参照。

(2)　第三者による所有権の取得

(イ)　受戻権は、第三者が目的物の所有権を取得した場合、これを行使することができない。

(ロ)　登記を物権変動の効力要件と解する私見(1)によれば、第三者が所有権を取得するためには登記を備えなければならない。それゆえ、第三者が目的物を譲り受ける旨の契約を結び登記を備えた場合、債務者等は受戻権を行使することができなくなる。

(1)　石田(穣)・一三七頁参照。

(ハ)　(a)　一般に、第三者が受戻権の存在を知りつつ目的物の所有権を取得した場合であっても、債務者等は受戻権を行使することができないとされている。債務者等が受戻権を行使した後に第三者が目的物の所有権を取得した場合には、所有権の二重譲渡の問題となり、第三者は悪意であっても先に登記を備えれば優先するとされていることとのバランスが考慮されているようである。しかし、受戻権の存在を知りつつ目的物の所有権を取得した第三者を保護する必要があるとは思われない(1)。

(1)　第三者の善意を要求するのは、高木・三二七頁以下、鈴木・三五七頁。最判昭四六・五・二〇判時六二八号二四頁は、仮登記担保契約に関する法律の制定前であるが、第三者の善意を要求していた。

(b)　前述したように、債務者等が受戻権を行使した場合、債務者等に所有権移転請求権と移転登記請求権が生じる

（本書六六一頁参照）。受戻権は、このような請求権を発生させる形成権である。そして、この形成権は、その内容に照らし所有権移転請求権という特定債権に準じて扱ってよいと考えるのが妥当であろう。そこで、第三者が受戻権の存在を知りつつ目的物の所有権を取得し、かつ、仮登記担保権者において第三者の所有権取得により債務者等が害されるのを知っていた場合（仮登記担保権者は、ほとんどの場合に知っている）、債務者等は、受戻権に基づき第三者の所有権を否認することができると解される[1]（債務者等が第三者の所有権を否認した場合、所有権は第三者から仮登記担保権者に当然に復帰する）。この場合、債務者等は、第三者に対し、受戻権に基づき所有権の取得登記の抹消を求めることができる[2]。

次に、債務者等は、仮登記担保権者に対し、受戻権を行使し、その結果生じる所有権移転請求権と移転登記請求権に基づき所有権の移転と移転登記を求めることができ、移転登記を受ければ所有権を受け戻すことができると解される。

（1）　石田（穣）・二一六頁参照。

（2）　石田（穣）・二一六頁参照。

(ニ)　第三者が受戻権の存在を知らないで目的物の所有権を取得する旨の契約を結んだが登記を備えていない場合、受戻権を有する債務者等も善意の第三者もともに保護に値する。このような場合、先に登記を備えた方が優先すると解してよいであろう（第三者は、登記の時点では悪意であってもよい）。

(ホ)　結局、第三者は原則として受戻権の存在につき善意で所有権を取得する旨の契約を結び先に登記を備えた場合に保護されると解される[1]（登記の時点では悪意であってもよい）。

（1）　債務者等が受戻権を行使した後で第三者が目的物につき所有権を取得する旨の契約を結んだ場合、一般的見解によれば、仮登記担保権者から債務者等と第三者への所有権の二重譲渡の問題になる。私見によれば、債務者等が所有権移転請求権を有する目的物につき第三者が所有権を取得するという特定債権と第三者の問題になる（石田（穣）・二一六頁以下参照）。

(ヘ)　債務者等は、受戻権が消滅した場合であっても清算金請求権を被担保債権として留置権を主張することができる（最判昭五八・三・三一民集三七巻二号一五二頁）。

四　第三者による所有権以外の権利の取得

(1)　第三者が目的物に関し所有権以外の権利、たとえば、地上権を取得した場合はどうなるであろうか。

(2)　(イ)　登記を物権変動の効力要件と解する私見[(1)]によれば、第三者が地上権を取得するためには地上権の登記を備えなければならない。また、第三者が受戻権の存在を知りつつ地上権を取得し、かつ、仮登記担保権者において第三者の地上権取得により債務者等が害されるのを知っていた場合、債務者等は受戻権に基づき第三者の地上権を否認することができると解される[(2)]。

（1）　石田（穣）・一三七頁参照。
（2）　石田（穣）・二二六頁参照。

(ロ)　そこで、第一に、第三者が善意で地上権設定契約を結び登記を備えた場合（登記の時点では悪意であってもよい）、受戻権の行使によって地上権は消滅せず、債務者等は地上権付の所有権を取得すると解される[(1)]。

第二に、第三者が悪意で地上権設定契約を結び登記を備えた場合、仮登記担保権者において第三者の地上権取得により債務者等が害されるのを知っていれば、債務者等は、受戻権に基づき地上権を否認し、地上権の付着しない所有権を取得する。

第三に、第三者が善意で地上権設定契約を結んだが登記を備える前に債務者等が受戻権を行使した場合、債務者等が先に登記を備えれば債務者等は地上権の付着しない所有権を取得するが、第三者が先に登記を備えれば債務者等は地上権付の所有権を取得する。

（1）　槇・三八八頁、道垣内・二八二頁参照。

第六節　仮登記担保権の消滅

一　序

(1)　仮登記担保権は、担保物権に準じる権利であり（本書六二〇頁以下参照）、一般の担保物権と同様の原因で消滅する。たとえば、目的物の滅失、被担保債権等の消滅、仮登記担保権の放棄や混同などにより消滅する。

(2)　被担保債権等の弁済と仮登記の抹消は同時履行の関係に立たず、被担保債権等の弁済の方が先履行であるとされる（最判昭六三・四・八判時一二七七号一一九頁）。しかし、抵当権の場合と同様、公平上両者は同時履行の関係に立つと解すべきである（本書四七三頁参照）。

二　時効による消滅

(1)　(イ)　私見によれば、抵当権は民法三九七条の場合を除き被担保債権とは別個に消滅時効により消滅しないと解されるが（三九六条。本書四七三頁以下参照）、仮登記担保権においては、予約完結権の消滅時効が考えられるとする見解が有力である(1)。

（1）　船越・四四〇頁、道垣内・二九三頁。

(ロ)　しかし、仮登記担保権は、しばしば述べているように実質上抵当権とあまり変わりはないのであり、抵当権についてと同様、民法三九七条の場合を除き被担保債権等とは別個に消滅時効により消滅することはないと解すべきである(1)。そして、予約完結権は仮登記担保権の内容を構成するから、結局、予約完結権の消滅時効を考える必要はないことになる。

（1）　同旨、高木ほか・三一九頁（半田正夫執筆）、柚木＝高木・五四五頁注（一）、川井・四五六頁。

(2)　抵当権は抵当不動産の占有者が取得時効に必要な要件を具備する占有をした場合に消滅するとされているが

（三九七条。本書四七六頁以下参照）、仮登記担保権についても同様に扱われるべきである。(1)　この場合、占有者が債務者等であってもよいことや取得時効に必要な要件を具備する占有の意義についても抵当権の場合と同じである（本書四七六頁以下参照）。

（1）　同旨、柚木＝高木・五四五頁注(一)。

三　第三取得者による仮登記担保権消滅請求

(1)　一般に、抵当不動産の第三取得者による抵当権消滅請求（三七九条以下。本書四一五頁以下参照）は仮登記担保権に類推適用されないと解されている。抵当権消滅請求においては、抵当権者は抵当不動産の競売を申し立て消滅請求に対抗することができるが、仮登記担保権者には競売申立権が認められていないからであるとされる。

(2)　しかし、しばしば述べているように、仮登記担保権は実質上抵当権とあまり変わりがないのであり、抵当権の場合と同様、第三取得者による仮登記担保権消滅請求が肯定されるべきである。この場合、仮登記担保権者は、目的物の競売を申し立て（本書六二五頁以下参照）、消滅請求に対抗することができる。第三取得者は、仮登記担保権消滅請求をする場合、清算期間が開始する前に行わなければならないと解される（三八二条参照）。

第七章　譲渡担保権

第一節　序

一　譲渡担保権の意義

(1)　一般に、譲渡担保権(1)とは、担保目的のために所有権や債権などを譲渡担保権者に移転する形式の担保権であるといわれる。たとえば、AがBに対し一、〇〇〇万円の債権を有し、これを担保するためにBの不動産の所有権をAに移転するというのがこれである。この場合、Aは、Bが債務を履行すれば不動産の所有権をBに返還しなければならないが、Bが債務を履行しなければ不動産の所有権を債権の弁済に当て他に優先して債権の満足をえることができるとされる。

（1）　譲渡担保権については、中島玉吉「売渡抵当ニ就テ」民法論文集(四版)五一八頁以下(大正一一年)、松本烝治「売渡抵当及動産抵当論」私法論文集(改訂新版)四九一頁以下(大正一五年)、石田文次郎「売渡担保に於ける二型態」法叢三二巻二号二七頁以下(昭和一〇年)、田島順「動産抵当の承諾」同誌三六巻一号一頁以下(昭和一二年)、小野久・売渡担保論(昭和一五年)、浜上則雄「譲渡担保の法的性質」阪法一八号三二頁以下、二〇号五五頁以下(昭和三一年—三二年)、植林弘「譲渡担保の法律構成に関する若干の疑問」法雑六巻四号一頁以下、七巻一号七七頁以下(昭和三五年)、四宮和夫「譲渡担保法要綱(改訂第二試案)解説——松本財団財産立法研究会譲渡担保法要綱改訂第二試案——」立法二号一五七頁以下、三号一九四頁以下、五号八一頁以下、六号一七一頁以下、一〇号一八五頁以下(昭和三六年—)、同・譲渡担保(総合判例研究叢書 民法⒄)(昭和三七年)、三ケ月章「譲渡担保と租税——対外的効力の構成の機縁として——」民事訴訟法研究二巻二四三頁以下(昭和三七年)、川添清吉「譲渡担保の目的物の利用権」青法五巻一号一頁以下(昭和三八年)、鈴木禄弥「譲渡担保」経営法学全集9一六一頁以下(昭和四一年)、我妻栄「『売渡担保』と『譲渡担保』という名称について」民法研究Ⅳ一二一頁以下(昭和四二年)、中野貞一郎「譲渡担保権者と第三者異議の訴」強制執行・破産の研究九七頁以下(昭和四六年)、竹内俊雄「譲渡担保の法律的構成——物権的期待権理論の試み——」亜細亜法学七巻二号六五頁以下(昭和四七年)、同「不動産の譲渡担保に関する一考察」同誌九巻二号一一三頁以下(昭和五〇年)、米倉明・譲渡担保の研究(昭和五一年)、同「銀行取引と譲渡担保」銀行取引法講座下二二三頁以下(昭和五一年)、槇悌次・譲渡担保の意義と設定(叢書民法総合判例研究⑰)(昭和五一年)、同・譲渡担保の効力(叢書民法総合判例研究⑱)(昭和五一年)、米倉明・譲渡担保(昭和五三年)、吉田眞澄・譲渡担保(昭和五四年)、同「非典型担保と約定典型担保——譲渡担保における担保権説(独自性否定説)の基礎的課題とその検討——」NBL一九〇号一二頁以下、一九二号一六頁以下、一九三号二八頁以下、一九四号三六頁以下、一九五号二九頁以下(昭和五四年)、同「譲渡担保と仮登記担保法」法時五一巻一〇号一三四頁以下、一一号一二八頁以下(昭和五四年)、半田吉信「動産の変則担保」高島平蔵教授還暦記念(現代金融担保法の展開)一二二頁以下(昭和五七年)、椿寿夫「不動産の譲渡担保と売渡担保——若干の予備的考察——」民法研究Ⅱ二八九頁以下(昭和五八年)、生熊長幸「譲渡担保の法的構成」金融取引法大系5三三七頁以下(昭和五九年)、中野貞一郎「非典型担保権の私的実行」新・実務民事訴訟講座12四四〇頁以下(昭和五九年)、小賀野晶一「譲渡担保法と法的構成——信託法理の応用可能性を求めて——」信託法研究九号四五頁以下(昭和六〇年)、清水誠「譲渡担保の意義・効力」担保法大系4二八二頁以下(昭和六〇年)、久保井一匡「譲渡担保の取得・管理をめぐる問題点」同書三二二頁以下、松田延雄＝小田八重子「譲渡担保と民事執行手続上の問題点」同書三五一頁以下、生熊長幸「買戻・再売買予約の機能と効用」同書四四六頁以下、金融・商事判例増刊号(七三七号)・譲渡担保——実務と理論の問題点——(昭和六一年)、庄菊博「譲渡担保における所有権の移転——対内関係において——」金融担保法講座Ⅲ二三頁以下(昭和六一年)、竹内俊雄「不動産の譲渡担保における仮登記担保法の準用」同書一〇一頁以下、鳥谷部茂「債権の譲渡担保・その他の担保方法」同書一二一頁以下、竹内俊雄・譲渡担保論(昭和六二年)、椿寿夫「担保目的の所有権移転登記と一展望——不動産非典型担保論ノート——」民研三六二号六頁以下(昭和六二年)、高木多喜男「非典型担保をめぐる諸問題と判例の動向」日弁連研修叢書〈昭和六一年版〉(上)六九頁以下(昭和六二年)、ジュリ増刊・譲渡担保の法理(昭和六二年)、近江幸治・担保制度の研究——権利移転型担保研究序説——(平成元年)、荒川重勝「不動産譲渡担保と仮登記担保法——不動産譲渡担保の私的実行を中心として——」立命二〇五・二〇六号六〇頁以下(平成元年)、村田拓司「譲渡担保理論の再構成——動産の非占有担保化の意義に着目して——」都法三一巻二号二六一頁以下、三二巻一号四六五頁以下、二号七五頁以下(平成二年—三年)、鳥谷部茂「譲渡担保の法的構成と効力」物権法重要論点研究八四頁以下(平成三年)、鈴木禄弥「譲渡担保」民法論文集5三四九頁以下(平成四年)、福地俊雄「不動産譲渡担保の法的構成」民商一〇八巻四・五号一二一頁以下(平成五年)、鳥谷部茂

「譲渡担保における法律構成――『所有権的構成と担保権的構成』への疑問――」谷口知平先生追悼論文集3一八四頁以下(平成五年)、福地俊雄「特定動産譲渡担保の法的構成」法と政治四四巻三・四号一三五頁以下(平成五年)、堀龍兒「譲渡担保契約論でこれから開拓しなければならないのは何か」講座・現代契約と現代債権の展望3七一頁以下(平成六年)、伊藤進「譲渡担保論」私法研究著作集5一頁以下(平成七年)、加藤雅信「非典型担保法の体系」別冊NBL三一号五七頁以下(平成七年)、高木多喜男「不動産譲渡担保立法論」金融取引の法理一巻一三三頁以下(平成八年)、田髙寛貴・担保法体系の新たな展開――譲渡担保を中心として――(平成八年)、徳本伸一「不動産の譲渡担保と弁済期到来後の第三者」広中俊雄先生古稀祝賀論集(民事法秩序の生成と展開)六〇一頁以下(平成八年)、平井一雄「非典型担保論史(譲渡担保論史)――明治初期から昭和二〇年まで――」日本民法学史・各論一五一頁以下(平成九年)、吉田眞澄「物の譲渡担保の機能的考察序論」伊藤進教授還暦記念論文集(民法における『責任』の横断的考察)一九七頁以下(平成九年)、鳥谷部茂「不動産譲渡担保における使用収益権」同書二一三頁以下、道垣内弘人「日本民法の展開⑶判例の法形成――譲渡担保」民法典の百年I三一一頁以下(平成一〇年)、竹内俊雄「譲渡担保権に関する近時の重要判例をめぐって」内山尚三先生追悼(現代民事法学の構想)二四五頁以下(平成一六年)、山下良「譲渡担保の史的考察――譲渡担保の信託性に重点を置いて――」日本大学大学院法学研究年報三四号二五五頁以下(平成一七年)、清水恵介「物的担保に基づく物上代位と債権譲渡担保――その競合と再構成――」日法七一巻一号一六七頁以下(平成一七年)、鳥谷部茂「債権譲渡担保論の批判的検討」広法三一巻四号二三頁(平成二〇年)、富田仁「買戻と譲渡担保に関する一考察」亜細亜法学四三巻一号三九頁以下、二号二九頁以下(平成二〇年―二一年)、太矢一彦「不動産譲渡担保における実行と受戻権――弁済期到来後の目的物処分の場合について――」洋法五二巻一号一〇七頁以下(平成二〇年)、生熊長幸「譲渡担保権の対外的効力と二段物権変動説」鈴木禄弥先生追悼論集(民事法学への挑戦と新たな構築)三二三頁以下(平成二〇年)、池田雄二「非典型担保における買戻」北法五九巻五号三四八頁、六号五二六頁(平成二一年)、松岡久和「譲渡担保立法の方向性」法叢一六四巻一号―六号七一頁以下(平成二一年)参照。

(2) しかし、担保目的のために所有権や債権などを譲渡担保権者に移転するのは、虚偽表示(九四条)ではないかという疑問があるし、また、清算期間の経過後に所有権が移転し、しかも、移転登記や目的物の引渡しは清算金の支払いと引換えに行われるとする仮登記担保契約に関する法律二条一項・三条二項三項本文の趣旨に反するのではないかという疑問もある。

(3) 譲渡担保権については、学説により、その法的性質や法的処理についての研究が進められている。しかし、譲渡担保権を仮登記担保契約に関する法律との関連において検討することはあまり行われていない。(1) 仮登記担保契約に関する法律は、民事執行法上の担保権の実行手続きによることなく被担保債権の満足がえられる担保権についての規定であり、同様に民事執行法上の担保権の実行手続きによることなく被担保債権の満足がえられる譲渡担保権についても十分に参考にされなければならない。以下においては、このような観点から、仮登記担保契約に関する法律を十分に視野におきつつ、譲渡担保権についての叙述を行うことにする。

(1)　この問題については、吉田眞澄「譲渡担保と仮登記担保」譲渡担保二二七頁以下(昭和五四年)、同「譲渡担保と仮登記担保法」法時五一巻一〇号一三四頁以下、一一号一二八頁以下(昭和五四年)、竹内俊雄「不動産の譲渡担保における仮登記担保法の準用」金融担保法講座Ⅲ一〇一頁以下(昭和六一年)、荒川重勝「不動産譲渡担保と仮登記担保法——不動産譲渡担保の私的実行を中心として——」立命二〇五・二〇六号六〇頁以下(平成元年)、田高寛貴「仮登記担保と不動産譲渡担保」担保法体系の新たな展開——譲渡担保を中心として——二三六頁以下(平成八年)参照。

二　譲渡担保権の種類

(1)　譲渡担保権には、代表的なものとして、不動産譲渡担保権、動産譲渡担保権、債権譲渡担保権がある。

(2)　不動産譲渡担保権とは、不動産を目的物とする譲渡担保権である。公示方法は、登記である。不動産については、抵当権が担保手段として通常用いられており、譲渡担保権が用いられることはあまり多くない。

(3)　(イ)　動産譲渡担保権とは、動産を目的物とする譲渡担保権である。公示方法は、登記や占有(占有改定)、明認方法である。動産質権においては動産を現実に質権者に引き渡さなければならないが(三四五条)、動産譲渡担保権においては債務者等が動産を占有し使用収益をすることができるため、かなり多く利用されている。

(ロ)　動産譲渡担保権には、複数の動産に設定される集合動産譲渡担保権といわれるものがあるが、この中でも、一定の範囲で増減変動する動産のうち一定の期日に存在する動産から優先弁済を受けることができる流動動産譲渡担保権（本書七一八頁以下参照）が特に重要である。

(4) (イ) 債権譲渡担保権とは、債権を目的とする譲渡担保権である。公示方法は、登記や第三債務者への通知、第三債務者の承諾である。債権質権と大差はないが、近時、重要性を増しつつある。

(ロ) 債権譲渡担保権には、複数の債権に設定される集合債権譲渡担保権といわれるものがあるが、その中でも、一定の範囲で増減変動する債権のうち一定の期日に存在する債権から優先弁済を受けることができる流動債権譲渡担保権（本書七三六頁以下参照）が特に重要である。

三 譲渡担保権の法的性質

以下においては、譲渡担保権の目的が不動産の所有権の場合に即して説明する。

(1) 学 説

(イ) 序 譲渡担保権の法的性質については種々の学説がある。

譲渡担保権においては担保目的のために所有権を移転するという形式がとられるが、これは虚偽表示（九四条）ではないかという疑問が生じる。しかし、学説の多くはこの疑問を解消しているとはいえない。さらに、仮登記担保権においては、清算期間が経過しなければ所有権は仮登記担保権者に移転せず、また、仮登記担保権者への所有権移転の登記や目的物の引渡しは仮登記担保権者による清算金の支払いと同時履行の関係に立ち、これに反する特約は無効であるとされているのであるが（仮登記担保二条一項・三条二項三項本文）、いずれの学説もこれらの規定と譲渡担保権の関係を十分に視野に入れているとはいえない。

(ロ) 信託的譲渡説

(a) これは、譲渡担保権の目的である所有権が担保目的という制約のもとに債務者や物上保証人（以下、債務者等という）から譲渡担保権者に移転するとする。信託的譲渡説によれば、譲渡担保権者は、所有権を取得するが、担保目的に反してこれを処分することはできない。他方、債務者等は被担保債権を弁済すれば所有権を回復することができるとされる。信託的譲渡説は、フランス民法が採用し（本書六七九頁参照）、ドイツ（本書六八〇頁参照）やスイス（本書六八〇頁参照）における支配的見解である。また、わが国においても古くから有力に唱えられ、[1]判例（最判昭五七・九・二八判時一〇六二号八一頁、同判平七・一一・一〇民集四九巻九号二九五三頁）でもある。

（1）　我妻・六〇七頁、村田拓司「譲渡担保理論の再構成―動産の非占有担保化の意義に着目して―」都法三一巻二号二六一頁以下、三二巻一号四六五頁以下、二号七五頁以下（平成二年―一三年）、船越・三六三頁以下、松尾＝古積・四一四頁。鳥谷部茂「譲渡担保における法律構成―『所有権的構成と担保権的構成』への疑問―」谷口知平先生追悼論文集３一八四頁以下（平成五年）も参照。

(b)　信託的譲渡説には、以下のような問題がある。

第一に、信託的譲渡説によれば、譲渡担保権においては、譲渡担保権設定の当初から担保目的のために所有権が移転される。それゆえ、当事者が債務者の債務不履行の場合には所有権を移転する意思で譲渡担保を登記原因とする所有権移転の登記を行った場合、これは譲渡担保権ではないということになるであろう。しかし、これでは譲渡担保権を当事者の意思とかけ離れて構成することになり、妥当でない。

第二に、譲渡担保権設定の当初から譲渡担保権者に所有権を移転しその旨の登記をするのは、弱者的立場にある債務者等に不利であり、仮登記担保契約に関する法律二条一項・三条二項三項本文の趣旨に反する。仮登記担保権においては、所有権は清算期間が経過しなければ移転せず（仮登記担保二条一項）、また、清算金の支払いより先に所有権の移転登記をする旨の合意は原則として無効であるとされている（仮登記担保三条三項本文）。それゆえ、譲渡担保権設定の当初から譲渡担保権者に所有権を移転しその旨の登記をするのは、仮登記担保契約に関する法律二条一項・三条二項三項本文の趣旨に反し無効であるといわざるをえない。[1]

（1）　吉田眞澄「譲渡担保と仮登記担保」譲渡担保一三六頁（昭和五四年）は、仮登記担保契約に関する法律三条三項は譲渡担保に適用され、譲渡担保権設定者は譲渡担保権者に対し所有権移転の登記の抹消を求めることができるとする。鈴木禄弥「仮登記担保法雑考」民法論文集5二七三頁以下（平成四年）は、譲渡担保権設定者は譲渡担保権者に対し所有権移転請求権保全の仮登記を求める権利を有し、これを排除するのは仮登記担保契約に関する法律三条三項に反し無効であるとする。

(ハ) 設定者留保権説

(a) これは、所有権は一応債務者等から譲渡担保権者に移転するが、それは担保目的に応じた部分に限定され、残りの部分は設定者（債務者等）に留保されるとする。そして、設定者に留保された部分を設定者留保権と呼び、これも物権であるとする。かなり有力な学説であるといってよい(1)。

(1) 注釈民法(9)八四六頁以下（福地俊雄執筆）、内田・五二三頁、高橋・三一五頁、平野・二四八頁、鈴木・三六七頁以下、道垣内・二九九頁以下、生熊長幸「譲渡担保権の対外的効力と二段物権変動説」鈴木禄弥先生追悼論集（民事法学への挑戦と新たな構築）三六四頁以下（平成二〇年）。

(b) 設定者留保権説には、以下のような問題がある。

第一に、所有権は譲渡担保権者に移転するが、それは担保目的に応じた部分に限定され、残りの部分は設定者に留保されているとすれば、譲渡担保権者が取得するのは単なる担保権にすぎないというべきである。たとえば、抵当権の場合であっても、所有権のうち目的物の交換価値を支配する部分が抵当権者に移転し、所有権の残りの部分が設定者に留保されているともいえるのである(1)。それゆえ、設定者留保権説においては、譲渡担保権の設定は通常の担保権の設定であるというのと実質上変わりはないというべきである。

第二に、譲渡担保権の設定が実質上通常の担保権の設定と変わらないとすれば、譲渡担保権の設定のために所有権移転の登記をするのは虚偽表示に該当するといわざるをえない。この点に関し、設定者留保権説をとる論者によっては、当事者はいったん所有権を譲渡担保権者に移転し、次に担保目的に応じた部分の残りの部分を債務者等に返還するとするが(2)、当事者がそのような技巧的な意思を実際に有するとは思われないし、譲渡担保権者が担保目的に応じた部分の残りの部分を債務者等に返還しながら所有権移転の登記をそのままにしておくのは明らかに虚偽表示に該当するといわざるをえない。あるいは、論者によっては、虚偽表示であることを認めつつ利害関係人による所有権移転の登記の抹消請求を否定する[3]。しかし、虚偽表示であるならば所有権移転の登記は無効であり（九四条一項）、この抹消請求を否定する理由はない。

第三に、譲渡担保権設定の当初から譲渡担保権者に所有権移転の登記をするのは、信託的譲渡説について述べたように、仮登記担保契約に関する法律二条一項・三条二項三項本文の趣旨に反し無効であるといわざるをえない。

（1）高木・三三二頁以下参照。
（2）鈴木・三六七頁以下。
（3）道垣内・三〇一頁。

(二)　担保物権説

(a)　これは、譲渡担保権は抵当権あるいはこれと類似の担保物権であるとする。近時、有力になりつつある[1]。

（1）米倉明・譲渡担保の研究四四頁以下、八七頁（昭和五一年）、吉田眞澄・譲渡担保七二頁（昭和五四年）、槇・三一五頁以下、柚木＝高木・五五一頁、加藤雅信「非典型担保法の体系」別冊ＮＢＬ三一号六二頁以下、六六頁（平成七年）、高木・三三二頁以下、近江・二九五頁。

(b)　担保物権説には、以下のような問題がある。

第一に、譲渡担保権の設定は虚偽表示に該当するといわざるをえない。担保物権説は譲渡担保権の設定は単なる担保物権の設定であるというのであるから、譲渡担保権設定のために所有権移転の登記をするのは明らかに虚偽表示に該当するというべきである[1]。

第二に、担保物権説は、当事者が担保目的のために所有権を実際に移転する意思を有する場合にも単なる担保物権の設定であるとするが、しかし、これは当事者の意思を無視しており、私的自治の原則に反するといわざるをえない。当事者が担保目的のために所有権を実際に移転する意思を有する場合は、担保目的のための買戻し（五七九条）や再売買の予約と同じなのであり、当事者が実際に所有権を移転する意思がない場合とは区別して処理されるべきである。第三に、譲渡担保権設定の当初から譲渡担保権者に所有権移転の登記をするのは、信託的譲渡説について述べたように、仮登記担保契約に関する法律二条一項・三条二項三項本文の趣旨に反し無効であるといわざるをえない。(2)

（1） 同旨、村田拓司「譲渡担保理論の再構成――動産の非占有担保化の意義に着目して――」都法三一巻二号二七〇頁（平成二年）。

（2） 川井健・担保物権法一二頁以下（昭和五〇年）は、譲渡担保権者は実質的に所有権を取得したとはいえず、所有権を取得することができるという地位を有するにすぎないとする。川井説においても、所有権を取得することができるという地位しか有しない譲渡担保権者が所有権移転の登記を受けるのであるから、そのような譲渡担保権は、虚偽表示であり、また、仮登記担保契約に関する法律二条一項・三条二項三項本文の趣旨に反し、無効であるといわざるをえない。しかし、川井説においては、譲渡担保を登記原因とする所有権移転の登記以外の所有権移転の登記は虚偽登記になるとされているものの（川井・四六五頁）、そのような虚偽登記による譲渡担保権が無効であるとはされていない。

(ホ) 私　見

(a) 譲渡担保権には区別して処理されるべき二つのタイプがある。第一は、当事者が単に担保権を設定する意思のみを有し所有権を移転する意思を有しない場合であり、第二は、当事者が担保目的を持ちつつも実際に所有権を移転する（返還義務を伴って移転する）意思を有する場合である。ここで、当事者の意思とは、当事者が実際に有した意思であるのはもちろんである。

(b) 二つのタイプの譲渡担保権は、その法的処理を異にする。

第一に、譲渡担保権の公示方法として売買などを登記原因とする所有権移転の登記をするのは、第一のタイプの譲渡担保権においては明らかに虚偽表示に該当すると考えられる。第二のタイプの譲渡担保権においては、当事者に所有権を移転する意思がある以上虚偽表示ではないともいえるが、しかし、所有権の移転には担保目的という制約、すなわち、債務が弁済されれば所有権を返還するという義務が伴っているのであり、この返還義務が公示されていない点に虚偽表示ではないかという疑問が残る。しかし、この疑問は、譲渡担保権の設定に際し買戻しや再売買の予約が合意され、買戻権の登記や再売買の予約から生じる所有権移転請求権の保全の仮登記がされれば解消するといえよう。これらの登記や仮登記により返還義務が公示されているといえるからである。

第二に、担保目的のために売買などを登記原因とする所有権移転の登記をするのは、信託的譲渡説について説明したように、仮登記担保契約に関する法律二条一項・三条二項三項本文の趣旨に反する（本書六七二頁以下参照）。これらの規定の趣旨に反するのを免れるためには、買戻しや再売買の予約が合意され、買戻権の登記や再売買の予約から生じる所有権移転請求権の保全の仮登記がされなければならないと解される。この場合、債務者等がその弱い立場上不利益を受けるとはいえないからである。それゆえ、第二のタイプの譲渡担保権においては、売買などを登記原因とする所有権移転の登記がされた場合、買戻権の登記や所有権移転請求権の保全の仮登記がされたときに限り仮登記担保契約に関する法律二条一項・三条二項三項本文の趣旨との抵触を免れ、譲渡担保権は効力を生じると解すべきである。これに対し、第一のタイプの譲渡担保権においては、売買などを登記原因とする所有権移転の登記を行うのは、虚偽表示であり、買戻権の登記や所有権移転請求権の保全の仮登記をしても、譲渡担保権は効力を生じないと解すべきである。

以上のように、売買などを登記原因とする所有権移転の登記がされた場合、第一のタイプの譲渡担保権は効力を生じないが、第二のタイプの譲渡担保権は買戻権の登記や所有権移転請求権の保全の仮登記がされれば効力を生じると解される。

このように、二つのタイプの譲渡担保権は異なって処理されるのが妥当である。本書においては、第一のタイプの譲渡担保権を非権利移転型譲渡担保権と呼び、第二のタイプの譲渡担保権を権利移転型譲渡担保権と呼ぶ。

(c)　権利移転型譲渡担保権は、担保目的のための買戻しや再売買の予約を包含する（本書七四八頁以下参照）。

(2) 譲渡担保権の内容

(イ) 後で説明するように、いずれのタイプの譲渡担保権においても、譲渡担保権者は、民事執行法上の担保権の実行手続きによらずに他に優先して返還義務の伴わない所有権を取得し被担保債権の弁済に当てたり、強制執行や担保権の実行手続きなどにおいて目的物の売却代金から優先弁済を受けることができる。

(ロ) 譲渡担保権は、仮登記担保権に近い担保権である。

特に、非権利移転型譲渡担保権は、仮登記担保権に非常に近い。非権利移転型譲渡担保権は、担保権の公示方法を仮登記の代わりに譲渡担保を登記原因とする所有権移転の登記とする点で仮登記担保権と異なるにすぎないといえる(1)(本書六八二頁参照)。そして、前に述べたように、仮登記担保権は、流抵当特約付の抵当権で仮登記を公示方法とする担保権であるから(本書六二一頁参照)、非権利移転型譲渡担保権は、流抵当特約付の抵当権(2)で譲渡担保を登記原因とする所有権移転の登記を公示方法とする担保権であるということができる。

他方、権利移転型譲渡担保権は、譲渡担保権設定の当初から所有権が返還義務を伴って譲渡担保権者に移転する点で仮登記担保権と異なるし、また、公示方法は仮登記の代わりに譲渡担保を登記原因とする所有権移転の登記、あるいは、売買などを登記原因とする所有権移転の登記プラス買戻権の登記や所有権移転請求権保全の仮登記である点でも仮登記担保権と異なる(本書七五〇頁以下参照)。しかし、債務者が債務を履行しなければ所有権が返還義務を伴うことなしに債権者に移転する点では両者は同じであるし、また、強制執行や担保権の実行手続きなどにおいて目的物の売却代金から優先弁済を受けることができる点でも両者は同じである。

(1) 鈴木禄弥「仮登記担保法雑考」民法論文集5二七六頁(平成四年)参照。
(2) 加藤雅信「非典型担保法の体系」別冊NBL三一号六四頁(平成七年)参照。

(ハ) 譲渡担保権は、民法やその他の法律により担保物権として規定されたものではないが、次に述べるように、担保物権と基本的に変わらぬ法的性質を有する。そして、譲渡担保権は仮登記担保権に類似する。それゆえ、譲渡担保権は仮登記担保権に類似の担保物権に準じる権利であると解するのが妥当である。

(3)　譲渡担保権の法的性質

譲渡担保権は、担保物権に準じる権利として他の担保物権と共通する法的性質を有している。

第一に、譲渡担保権者は優先弁済受領権を有する。すなわち、債務者が債務を履行しない場合、譲渡担保権者は、他に優先して返還義務の伴わない所有権を取得しこれを被担保債権の弁済に当てたり、他に優先して目的物の売却代金から配当を受けることができる。

第二に、私見によれば、譲渡担保権者は目的物について競売申立権を有する（本書六九四頁、七五五頁参照。一般的には、譲渡担保権者の競売申立権は否定されている）。

第三に、譲渡担保権者にも物上代位権（三〇四条）が認められている（最決平一一・五・一七民集五三巻五号八六三頁）。

第四に、譲渡担保権にも不可分性（二九六条）が認められている。

第五に、譲渡担保権にも付従性や随伴性が認められている。もっとも、ドイツやスイスにおいては、これが否定されている。

四　譲渡担保権の比較法的状況

(1)　序　譲渡担保権は、フランスにおいては立法上認められており、ドイツおよびスイスにおいては慣習法により認められている。

(2)　フランス　フランスにおいては、伝統的に譲渡担保権(propriété cédée à titre de garantie, fiducie-sûreté)に対し敵対的な態度がとられてきた。売買という形式をとった質権は脱法行為とされ、裁判所によって無効とされたのである[1]。

しかし、最近、このような状況に決定的な変化が生じている。第一は、譲渡担保権について部分的に規律する法律の制定である。債権譲渡担保権についてのものであるが、一九八一年一月二日の法律（いわゆるDaily法）がこれであり、担保目的のための事業上の債権の譲渡について規定している。そして、第二は、フランス民法の中に譲渡担保権について一般的な規定をおく試みである。二〇〇六年の担保権に関する民法改正においては見送られたが、二〇〇七年には財産の管理と譲渡担保権の双方に適用される信託に関する規定がフランス民法の中に設けられ（フランス民法二〇一一条以下）[2]、さらに、二〇〇九年には譲渡担保権についての一般的な規定がフランス民法の中に設けられるに至ったのである（フランス民法二三七二―一条以下・二四八八―一条以下）。以上のように、譲渡担保権について敵対的態度をとってきたフランスにおいて、各国に先がけてその立法化が行われたことは興味深い。

フランス民法によれば、動産や不動産の所有権、その他の権利は信託契約により債務の担保のために譲渡されることができる（フランス民法二三七二―一条一項・二四八八―一条一項）。譲渡担保権者は、債務が履行されなければ目的物や目的である権利を自由に処分することができる権限を取得する（フランス民法二三七二―三条一項・二四八八―三条一項）。この場合、譲渡担保権者は清算金を支払わなければならない（フランス民法二三七二―四条一項・二四八八―四条一項）。充塡抵当権（本書二五八頁以下参照）と類似の充塡譲渡担保権の設定も可能である（フランス民法二三七二―五条・二四八八―五条）。

フランスにおいては、譲渡担保権に敵対的な態度がとられてきたため質権制度が発達している。前に説明したように、フランスにおいては、債務者のもとに占有をとどめつつ有体動産の集合に質権を設定することや、将来生じる債権を含む債権の集合に質権を設定することなども認められている（本書一五二頁参照）。

（1） Ripert et Boulanger, Traité de droit civil d'après le traité de Planiol, t. Ⅲ, 1958, n°1183.

（2） 譲渡担保権に関する規定が設けられるまでの状況については、Aynès-Crocq, n°s 761 et s. 平野裕之「フランス民法担保編における譲渡担保規定の実現」法研八二巻八号七七頁以下（平成二一年）も参照。

(3) ドイツ　ドイツにおいては、譲渡担保権は慣習法によって認められている[1][2]。動産の上に設定されるのが通常である。譲渡担保権者は、目的物の完全な所有権を取得し完全に有効にこれを処分することができるが、処分すれば債務者に対して義務違反になるし、また、債務者が弁済期日に債務を弁済すれば所有権を債務者に返さなければならない（信託行為（Treuhandgeschäft, Fiduziarisches Geschäft））。譲渡担保権の債権への付従性は認められない。債務者の債権者が目的物を差し押さえた場合、譲渡担保権者は第三者異議の訴えを提起することができる。他方、債務者が破産した場合、譲渡担保権者は別除権者として扱われ、譲渡担保権者が破産した場合、債務者は取戻権者として扱われる。[3]

（1）ドイツの譲渡担保権については、田髙寛貴「ドイツにおける譲渡担保の展開――所有権的構成のもとでの譲渡担保――」担保法体系の新たな展開――譲渡担保を中心として――九頁以下（平成八年）参照。
（2）Münchner Kommentar, Anh §§ 929-936 Nr. 3.
（3）以上については、Prütting, Nr. 409 ff.

(4)　スイス　スイスにおいても、譲渡担保権は、ドイツにおけるのと同様、慣習法によって認められている。[1] 譲渡担保権者は目的物の所有権を取得しこれを有効に処分することができるし、譲渡担保権者からの譲受人は譲渡担保権の存在を知っていても完全な所有権を取得するが、しかし、譲渡担保権者が目的物を処分すれば、債務者に対して義務違反になる（信託行為（Fiduziarisches Geschäft））。譲渡担保権の債権への付従性は認められない。なお、占有改定による譲渡担保権の設定は、質権における占有改定の禁止（スイス民法八八四条三項）の脱法行為に関するスイス民法七一七条一項により第三者に対し無効であるとされる。それゆえ、スイスにおける譲渡担保権の設定は、ドイツやわが国にくらべてかなり制約を受けている点に注意しなければならない。譲渡担保権者には清算義務がある。譲渡担保権者が破産した場合、債務者に取戻権はないとされている。[2]

（1）Berner Kommentar, Systematischer Teil und Art. 884-887 ZGB, Systematischer Teil Nr. 1302.
（2）以上については、Schmid, Nr. 2013 ff.

五　叙述について
以下においては、まず非権利移転型譲渡担保権について説明し、次に権利移転型譲渡担保権について概括的に説明することにする。また、不動産譲渡担保権、動産譲渡担保権、債権譲渡担保権の三つの譲渡担保権を中心にして説明する。

第二節　非権利移転型譲渡担保権

一　序
非権利移転型譲渡担保権とは、当事者があらかじめ目的物や目的債権などを債務者等から債権者に移転することなく仮登記担保権に類似の担保権——債務者が債務を履行しなければ、債権者が目的物や目的債権などを取得したり、目的物や目的債権などの強制執行や担保権の実行手続きなどにおいて優先弁済を受けることができる担保権——を設定した場合のその担保権である。仮登記担保権との差異は、公示方法にある。すなわち、仮登記担保権の公示方法は仮登記であるが、譲渡担保権の公示方法は譲渡担保を登記原因とする所有権移転の登記や占有、明認方法などである。

二　非権利移転型譲渡担保権の問題点
(1)　公示方法について
(イ)　(a)　不動産譲渡担保権や法人が設定し動産譲渡登記ファイルに登記のされた動産譲渡担保権について売買などを登記原因とする所有権移転の登記（不動産譲渡担保権）や動産譲渡の登記（動産譲渡担保権）を行うのは、虚偽表示（九四条）に該当するし、また、所有権移転の登記は清算期間の経過後に原則として清算金の支払いと引換えに行われるとする仮登記担保契約に関する法律二条一項・三条二項三項本文の趣旨に反する（本書六八七頁、六八八頁参照）。

それゆえ、不動産譲渡担保権や登記のされた動産譲渡担保権においては、譲渡担保を登記原因とする所有権移転の登記や動産譲渡の登記のみが許されると解すべきである。[1] 譲渡担保を登記原因とする所有権移転の登記や動産譲渡の登記は、譲渡担保を登記原因にするとはいえ所有権移転や動産譲渡の登記を行う点に問題はあるが、しかし、譲渡担保という登記原因により所有権を移転することなく譲渡担保権が設定された旨が不十分ながらも公示されているといってよく、右のように解して差し支えないであろう。売買などを登記原因とする所有権移転の登記や動産譲渡の登記が行われた場合、譲渡担保権の効力は生じない（九四条一項。仮登記担保三条三項本文参照）。

（1）　不動産譲渡担保権につき、同旨、川井・四六五頁。

(b)　(α)　登記のされていない動産譲渡担保権について譲渡担保権設定のために売買などによる所有権移転の公示として占有改定や明認方法を行うのは、虚偽表示に該当するし、また、仮登記担保契約に関する法律二条一項・三条二項三項本文の趣旨によれば、そのような公示方法は清算期間の経過後に原則として清算金の支払いと引換えに行われるべきであるから、右の譲渡担保権の効力は生じない（本書六八九頁、六九〇頁参照）。

それゆえ、登記のされていない動産譲渡担保権については、債務者が債務を履行しない場合には所有権が移転する旨の公示としての占有改定（そのような公示としての占有改定の合意）や明認方法が行われるべきである。この場合、譲渡担保を登記原因とする所有権移転の登記や動産譲渡の登記とパラレルに譲渡担保による所有権移転の公示としての占有改定（そのような公示としての占有改定の合意）や明認方法も考えられるが、不動産譲渡担保権や登記のされた動産譲渡担保権においては譲渡担保を登記原因とする所有権移転の登記や動産譲渡の登記以外に公示方法がないため、不十分ながらもこれを公示方法として認めざるをえないところ、動産譲渡担保権においては債務者が債務を履行しない場合には所有権が移転する旨の公示としての占有改定や明認方法が存在するから、譲渡担保による所有権移転の公示としての占有改定や明認方法を認める必要はないと解してよいであろう。

(β) 登記のされていない動産譲渡担保権について譲渡担保権設定のために売買などによる所有権移転の公示として譲渡担保権者に目的物の現実の引渡し（一八二条一項）を行うのは、虚偽表示に該当するし、また、目的物の引渡しは清算期間の経過後に原則として清算金の支払いと引換えに行われるとする仮登記担保契約に関する法律二条一項・三条二項三項本文の趣旨に反し許されず、そのような譲渡担保権の効力は生じない（本書六九一頁参照）。

目的物の現実の引渡しにより債務者が債務不履行の場合には所有権が移転する旨を公示して譲渡担保権を設定するのは、虚偽表示には該当しないが、仮登記担保契約に関する法律二条一項・三条二項三項本文の趣旨に反し許されないと解すべきである。動産質権においては、質権者への目的物の現実の引渡しが行われるが（指図による占有承継（一般にいわれる指図による占有移転（一八四条））も行われる）、これは、前に説明したように、動産質権においては質権者が目的物を独占的に支配するため（三四六条参照）、それを明確に公示し利害関係人を保護するという目的を持つものである（本書一六一頁以下参照）。しかし、動産譲渡担保権においては、後述のように、譲渡担保権の被担保債権の範囲は制限されており（本書六九五頁参照）、譲渡担保権者が目的物を独占的に支配するとはいえず、動産譲渡担保権を動産質権と同様に扱うことはできない[1]。

(1) 譲渡担保を登記原因とする動産譲渡の登記や債務者が債務不履行の場合には所有権が移転する旨の明認方法が行われている場合であっても、譲渡担保権者が目的物を直接占有するのは、仮登記担保契約に関する法律二条一項・三条二項三項本文の趣旨に反し許されないと解すべきである。なお、このことは不動産譲渡担保権についても同じである。

(γ) 以上により、登記のされていない動産譲渡担保権においては、占有改定や明認方法により債務者が債務を履行しない場合には所有権が移転する旨を公示して譲渡担保権の設定が行われるべきである。

(ロ) (a) 法人が設定し債権譲渡登記ファイルに登記のされた債権譲渡担保権について売買などを登記原因とする債権譲渡の登記を行うのは、虚偽表示に該当するし、また、仮登記担保権における所有権移転の登記は清算期間の経過後に原則として清算金の支払いと引換えに行われるとする仮登記担保契約に関する法律二条一項・三条二項三項本文の趣旨に反する（本書六九二頁参照）。

それゆえ、登記のされた債権譲渡担保権においては、譲渡担保を登記原因とする債権譲渡の登記のみが許されると解すべきである。債権譲渡担保権において売買などを登記原因とする債権譲渡の登記が行われた場合、譲渡担保権の効力は生じない（九四条。仮登記担保三条三項本文参照）。

(b)　登記のされていない債権譲渡担保権について譲渡担保権設定のために売買などによる債権譲渡の通知・承諾（四六七条）を行うのは、虚偽表示に該当するし、また、仮登記担保契約に関する法律二条一項・三条二項三項本文の趣旨によれば、そのような公示方法は清算期間の経過後に原則として清算金の支払いと引換えに行われるべきであるから、右の譲渡担保権の効力は生じない（九四条。仮登記担保三条三項本文参照。本書六九二頁参照）。

それゆえ、登記のされていない債権譲渡担保権においては、債務者が債務を履行しない場合には債権が移転する旨の公示としての通知・承諾（三六四条参照）が行われるべきである。譲渡担保を登記原因とする債権譲渡の登記とパラレルに譲渡担保による債権譲渡の通知・承諾も公示方法になるとも考えられるが、しかし、動産譲渡担保権についても述べたように、債務者が債務を履行しない場合には債権が移転する旨の通知・承諾という公示方法がある以上、右のような不十分な公示方法を認める必要はないと考える（本書六八二頁以下参照）。

(2)　質権における占有改定の禁止との関係について

(イ)　質権においては占有改定が禁止されている（三四五条）。これに対し、登記のされていない動産譲渡担保権の公示方法は占有改定か明認方法である（本書六八二頁参照）。

(ロ)　(a)　質権における占有改定の禁止の趣旨は、前に説明したように、動産質権においては質権者は目的物を独占

公示方法が占有改定の場合、これは質権における占有改定の禁止の趣旨に反しないであろうか。

的に支配し利害関係人を害するおそれがあるから質権の公示を明確にして利害関係人を保護するというものである（本書一六一頁以下参照）。

(b) しかし、動産譲渡担保権の被担保債権の範囲は抵当権の場合（三七五条）と同様に制限されると解すべきであり（本書六九五頁参照）、譲渡担保権者は目的物を独占的に支配するとはいえず、利害関係人を保護するために占有改定が禁止されるとする必要はない。それゆえ、譲渡担保権の公示方法として占有改定を行っても、質権における占有改定の禁止の趣旨に反するとはいえないのである。また、占有改定は、所有権移転の公示方法として認められている（一七八条）。したがって、占有改定は譲渡担保権の公示方法としても認められると解するのが妥当である。

(3) 物権法定主義との関係について

(イ) 物権は、法律で定めるものの外に創設することができないとされている（一七五条。物権法定主義）。譲渡担保権を担保物権に準じる権利として認めることは物権法定主義に反しないであろうか。

(ロ) (a) 物権法定主義の趣旨は、所有権に付着している封建時代の種々雑多な物権を整理して物に対する全面的支配権としての所有権を確立することと、封建時代の種々雑多な物権を整理し取引の安全をはかるということである[1]。民法一七五条は、その文言によれば、法律で定めていない物権を一切認めないように見えるが、しかし、民法一七五条の文言はその立法趣旨に適合するように制限的に解釈されるべきであり[2]（目的論的制限（Teleologische Reduktion））、民法一七五条は所有権の確立と取引の安全を害さない権利を物権に準じる権利として認めることを禁止していないと解すべきである。

譲渡担保権は、所有権の確立を阻害するものでないのはもちろん、取引の安全を害するものでもない。前述したように、不動産譲渡担保権や登記のされた動産譲渡担保権においては譲渡担保という登記原因による所有権移転の登記や動産譲渡の登記が要求され、取引の安全は害されない（本書六八二頁参照）。登記のされていない動産譲渡担保権においては占有改定や明認方法が要求されるが、占有改定の場合には第三者は善意取得（一九二条—一九四条）によって保護されるし、明認方法の場合には第三者は害されず、いずれにせよ取引の安全は害されない（本書六八二頁参照）。債権譲渡担保権においては譲渡担保を登記原因とする債権譲渡の登記や債務者が債務を履行しない場合には債権が移転する旨の通知・承諾が要求されるから、取引の安全は害されない（本書六八四頁参照）。

以上のように、譲渡担保権を担保物権に準じる権利として認めることが物権法定主義に反するとはいえないのである。

（1）　石田（穣）・二六頁以下参照。
（2）　石田（穣）・二八頁以下参照。

(b)　譲渡担保権は、民法一七五条に反しないにとどまらず、慣習法により法的効力を有すると解すべきである。慣習は、公序良俗に反せず、かつ、法令の規定で認めたものか法令に規定のない事項に関するものであれば、慣習法として法律と同一の効力を有する（法の適用に関する通則法三条）。譲渡担保権は取引社会において繰り返し広く用いられ、その利用は慣習となっているが、この慣習は、公序良俗に反するわけではなく、また、法令に規定のない事項に関する慣習である。それゆえ、譲渡担保権に関する慣習は法の適用に関する通則法三条により慣習法として法律と同一の効力を有すると解すべきである。したがって、譲渡担保権は慣習法により認められた担保物権に準じる権利であるということができる。ドイツやスイスにおいても、譲渡担保権は慣習法により認められるとされている（本書六七九頁、六八〇頁参照）。

三　譲渡担保権の設定と公示

(1)　譲渡担保権の設定

(イ)　序　譲渡担保権は、譲渡担保権設定契約によって設定される。

(ロ)　当事者　譲渡担保権設定契約の当事者は、譲渡担保権者（債権者）および債務者等（債務者、物上保証人）である。

(ハ)　被担保債権　被担保債権は、仮登記担保権の場合と同じく、金銭債権が原則であるが、金銭債権に変わることができるものであれば特定物の引渡しを求める債権である特定債権などその他の債権であってもよい[1](本書六二二頁参照)。

(1) 同旨、川井・四六四頁、近江・二九七頁。

(ニ) 譲渡担保権の目的　譲渡担保権の目的は、不動産や動産の所有権、債権、有価証券などである。

(2) 譲渡担保権の公示

(イ) 不動産譲渡担保権について

(a) 不動産譲渡担保権の公示方法として実務上行われているのは、譲渡担保を登記原因とする所有権移転の登記である。このような登記によっても、譲渡担保権が設定されていることは明らかであるからである。しかし、この登記の場合、被担保債権や利息に関する定めなどを登記するのは困難である。それゆえ、この登記は譲渡担保権の公示方法として十分なものではなく、立法論的には直截に譲渡担保権の登記が認められるべきである。

(b) (α) 売買などを登記原因とする所有権移転の登記は、不動産譲渡担保権設定の公示方法としてかなり行われているが、許されない。まず、そのような登記は虚偽表示(九四条)であって許されない。次に、仮登記担保権においては、清算期間の経過後に原則として清算金の支払いと引換えに所有権移転の登記が行われるのであるが(仮登記担保二条一項・三条二項三項本文)、譲渡担保権において譲渡担保権設定の当初に売買などを登記原因として所有権移転の登記を行うのは仮登記担保契約に関する法律二条一項・三条二項三項本文の趣旨に反し許されないと解すべきである。

(β) それゆえ、売買などを登記原因とする所有権移転の登記をしても譲渡担保権は効力を生じない。もっとも、売買などを登記原因とする所有権移転の登記は、虚偽表示に該当するから、無過失で所有権の移転を信じて譲渡担保権者と取引した第三者は保護される[1](九四条二項)。なお、債務者等が後述の清算期間の経過後に右の譲渡担保権を追認した場合、当事者には所有権を移転させる意思があるし、また、仮担保契約契約に関する法律二条一項・三条二項三項本文の趣旨違反も解消するから(仮登記担保三条三項但書参照)、追認の時点で所有権は譲渡担保権者に移転すると解される。

(1)　一般に、虚偽表示の場合、第三者には善意無重過失が要求されると解すべきである(石田穣・民法総則三二〇頁(平成四年)、および、そこで引用の文献参照)。しかし、譲渡担保権の設定の場合、債務者等は譲渡担保権者に対し弱い立場にあり(仮登記担保三条三項本文参照)、虚偽表示に加担した債務者等の帰責事由は、通常の虚偽表示の当事者の帰責事由にくらべ小さいと考えられる。それゆえ、譲渡担保権の場合、第三者には善意無過失が要求されると解すべきである。この点については、米倉明「譲渡担保の法的構成に関する一考察」譲渡担保の研究四七頁(昭和五一年)参照。

(ロ)　動産譲渡担保権について

(a)　(α)　法人が動産を譲渡する場合、動産譲渡登記ファイルに登記をすることができるが、動産譲渡登記ファイルに動産譲渡の登記がされれば民法一七八条の引渡しがあったものとみなされる(動産債権譲渡特三条一項)。そこで、法人は、譲渡担保を登記原因とする動産譲渡の登記により動産譲渡担保権を設定することができると解される。

(β)　法人が動産譲渡担保権につき売買などを登記原因として動産譲渡の登記を行うのは、不動産譲渡担保権の場合と同様、虚偽表示であり、また、仮登記担保契約に関する法律二条一項・三条二項三項本文の趣旨に反するから、そのような譲渡担保権は効力を生じない。もっとも、無過失で所有権の移転を信じ譲渡担保権者と取引した第三者は保護される(九四条二項)。なお、債務者等が後述の清算期間の経過後に右の譲渡担保権を追認した場合、当事者には所有権を移転させる意思があるし、また、仮登記担保契約に関する法律二条一項・三条二項三項本文の趣旨違反も解消するから(仮登記担保三条三項但書参照)、追認の時点で所有権は譲渡担保権者に移転すると解される。

(γ)　法人が動産譲渡担保権について登記をしないで占有改定や明認方法を公示方法としても、特に問題はないと考える。

(b)　(α)　法人が設定する動産譲渡担保権であるか否かを問わず、一般に、占有改定が動産譲渡担保権の公示方法に(1)なる(2)(本書六八二頁参照)。この場合、被担保債権や利息に関する定めなどは公示されない。

（1） 仮登記が公示方法になる仮登記担保権においては、占有改定も清算期間の経過後に清算金の支払いと引換えに行われるべきであるが（本書六三七頁参照）、譲渡担保権においては、占有改定が公示方法であり、また、譲渡担保権設定時に占有改定が行われても債務者等が不当に害されるおそれはないから、譲渡担保権設定時に占有改定が行われることに問題はない。

（2） 占有改定は公示の機能を有せず、譲渡担保権は公示なしに対抗力を持つとする見解もある（米倉明「特定動産譲渡担保の法的構成——設定者のもとに目的物をおく動産の譲渡担保は、どのように法的構成されるべきか——」民法研究二巻七五頁以下（平成九年）、近江・三二一頁）。この見解が一般に占有改定が動産の物権変動の対抗要件になることを肯定しつつ譲渡担保権の場合にだけそれを否定するのであれば、妥当でないといわざるをえない。一般の場合と譲渡担保権の場合を区別する理由がないからである。

Aと占有改定の合意をして占有を取得したBは、Aを占有代理人として目的物を間接占有する。この場合、Bは目的物を時効取得したり占有訴権を行使することができるなど目的物に対し一定の支配権を有する。そこで、民法一七八条は占有改定を現実の引渡しに準じるものとして物権変動の公示方法にしたと考えられる。したがって、Bが占有改定をしている場合を占有改定をしていない場合と同様に扱うのは妥当でない。Bが占有改定をしたかどうかは、BがAを占有代理人として目的物を間接占有しているといえる実体があるかどうかにより判断されるのは当然である。BがAから目的物の譲渡を受けた場合、当然にBとAの間に占有改定があるとはいえないが、原則として占有改定があるといってよいであろう。この問題については、亀田浩一郎「ドイツ譲渡法理における占有改定の内容」法論八一巻一号一二七頁以下、四・五号六一頁以下（平成二〇年）参照。

(β) 占有改定を売買などによる所有権移転の公示方法として動産譲渡担保権を設定するのは、虚偽表示に該当するし、また、動産譲渡担保権設定の当初に所有権移転のための占有改定を行うから仮登記担保契約に関する法律二条一項・三条二項三項本文の趣旨に反する。それゆえ、そのような譲渡担保権は効力を生じない。もっとも、無過失で所有権の移転を信じ譲渡担保権者と取引した第三者は保護される（九四条二項）[(1)]。なお、債務者等が後述の清算期間の経過後に右の譲渡担保権を追認した場合、当事者には所有権を移転させる意思があるし、また、仮登記担保契約に関する法律二条一項・三条二項三項本文の趣旨違反も解消するから（仮登記担保三条三項但書参照）、追認の時点で所有権は譲渡担保権者に移転すると解される。

(1)　この場合、第三者が指図による占有承継（一般にいわれる指図による占有移転。一八四条）を受ければ、第三者の善意取得（一九二条）も成立する。一般に、指図による占有承継によっても善意取得は成立するとされている（石田(穣)・二七七頁参照）。

(γ)　それゆえ、占有改定は、債務者が債務を履行しなければ所有権が移転する旨の公示方法として譲渡担保権を設定する場合にのみ認められる。占有改定を譲渡担保による所有権移転の公示方法として譲渡担保権を設定するのは認められない（本書六八二頁以下参照）。

(c)　(α)　動産譲渡担保権については、さらに、法人の設定する動産譲渡担保権であるか否かを問わず、譲渡担保権の存在を表示するプレートを動産に取り付けるなどの明認方法も公示方法になる。(1)　この場合、被担保債権や利息に関する定めなども表示するのが望ましいが、しかし、登記や占有改定の場合とのバランス上、これらを表示しなくても譲渡担保権が効力を生じるのを妨げないと解される。

(1)　明認方法は、占有改定よりも明確に権利関係を表示するから、明認方法を施すことが慣習になっていなくとも動産譲渡担保権の公示方法になると解すべきである。なお、吉田眞澄・譲渡担保九四頁以下（昭和五四年）は、譲渡担保権の公示方法は明認方法のみであるとし、占有改定が公示方法になるのを否定する。

(β)　明認方法を売買などによる所有権移転の公示方法として譲渡担保権を設定するのは、虚偽表示に該当するし、また、仮登記担保契約に関する法律二条一項・三条二項三項本文の趣旨に反するから、そのような譲渡担保権は効力を生じない。もっとも、無過失で所有権の移転を信じ譲渡担保権者と取引した第三者は保護される（九四条二項）。なお、債務者等が後述の清算期間の経過後に右の譲渡担保権を追認した場合、当事者には所有権を移転させる意思があるし、また、仮登記担保契約に関する法律二条一項・三条二項三項本文の趣旨違反も解消するから（仮登記担保三条三項但書参照）、追認の時点で所有権は譲渡担保権者に移転すると解される。

(γ)　それゆえ、明認方法は、債務者が債務を履行しない場合には所有権が移転する旨の公示方法としてのみ認められる。明認方法を譲渡担保による所有権移転の公示方法として譲渡担保権を設定するのは認められない（本書六八二頁以下参照）。
(d) (α) 譲渡担保権者による動産の直接占有を売買などによる所有権移転の公示方法として譲渡担保権を設定するのは、許されない。そのような譲渡担保権の設定は虚偽表示に該当するし、また、仮登記担保権においては清算期間の経過後に所有権が移転し原則として清算金の支払いと引換えに目的物が債権者に引き渡されるところ（仮登記担保二条一項・三条二項三項本文）、譲渡担保権設定の当初に所有権移転のための現実の引渡しをするのは仮登記担保契約に関する法律二条一項・三条二項三項本文の趣旨に反するから、そのような譲渡担保権は効力を生じない。
(β) もっとも、無過失で所有権の移転を信じ譲渡担保権者と取引した第三者は保護されるし(1)（九四条二項）、債務者等が後述の清算期間の経過後に右の譲渡担保権を追認すれば、当事者には所有権を移転させる意思があるし、また、仮登記担保契約に関する法律二条一項・三条二項三項本文の趣旨違反も解消するから（仮登記担保三条三項但書参照）、追認の時点で所有権は譲渡担保権者に移転すると解される。

(1) この場合、第三者の善意取得（一九二条）も成立する。

(γ) 直接占有により債務者が債務不履行の場合には所有権が移転する旨を公示するのは、虚偽表示とはいえないが、仮登記担保契約に関する法律二条一項・三条二項三項本文の趣旨に反し許されないと解すべきである。
(ハ) 債権譲渡担保権について
(a) (α) 法人が債権を譲渡する場合、債権譲渡登記ファイルに登記をすることができるが、債権譲渡登記ファイルに債権譲渡の登記が行われれば、この債権の債務者以外の第三者に関しては確定日付ある証書による通知があったものとみなされ、登記の日付が確定日付とされる（動産債権譲渡特四条一項）。そして、この債権の債務者に登記事項証明書により債権譲渡とその登記がされたことにつき通知が行われたか、または、債務者がこれを承諾した場合、この債務者についても確定日付ある証書による通知や承諾があったものとみなされる（動産債権譲渡特四条二項）。以上によれば、法人は、譲渡担保を登記原因とする債権譲渡の登記、および、登記事項証明書による第三債務者への通知または第三債務者による承諾により債権譲渡担保権を設定することができると解すべきである。

(β)　債権譲渡担保権につき売買などを登記原因とする債権譲渡の登記をするのは、虚偽表示に該当するし、また、仮登記担保契約に関する法律二条一項・三条二項三項本文の趣旨に反するから、登記事項証明書による第三債務者への通知や第三債務者による承諾が行われても、そのような譲渡担保権は効力を生じない。もっとも、無過失で債権の移転を信じ譲渡担保権者と取引した第三者は保護される（九四条二項）。なお、債務者等が後述の清算期間の経過後に右の譲渡担保権を追認した場合、当事者には債権を移転させる意思があるし、また、仮登記担保契約に関する法律二条一項・三条二項三項本文の趣旨違反も解消するから（仮登記担保三条三項但書参照）、追認の時点で債権は譲渡担保権者に移転すると解される。

(γ)　法人が設定する債権譲渡担保権については、登記の外に次に述べる譲渡担保権設定の通知・承諾も公示方法になると考える。

(b)　法人が設定する債権譲渡担保権であるか否かを問わず、一般に、譲渡担保権を設定した旨の債務者等から第三債務者への通知や第三債務者によるその承諾（債務者が債務を履行しない場合には債権が移転する旨の通知・承諾）が債権譲渡担保権の公示方法になる。債権質権の場合と同じである（三六四条）。

(c)　(α)　売買などによる債権譲渡の通知・承諾（四六七条）は、債権譲渡担保権設定の公示方法としてかなり行われているが、許されない。そのような公示方法は虚偽表示に該当するし、また、仮登記担保権においては清算期間の経過後に原則として清算金の支払いと引換えに所有権移転の登記が行われるところ（仮登記担保二条一項・三条二項三項本文）、譲渡担保権設定の当初に債権譲渡の通知・承諾を行うのは仮登記担保契約に関する法律二条一項・三条二項三項本文の趣旨に反するから、そのような譲渡担保権は効力を生じない。もっとも、無過失で債権の移転を信じ譲渡担保権者と取引した第三者は保護される（九四条二項）。なお、債務者等が後述の清算期間の経過後に右の譲渡担保権を追認した場合、当事者には債権を移転させる意思があるし、また、仮登記担保契約に関する法律二条一項・三条二項三項本文の趣旨違反も解消するから（仮登記担保三条三項但書参照）、追認の時点で債権は譲渡担保権者に移転すると解される。

(β) それゆえ、第三債務者への通知やその承諾においては、債務者が債務を履行しない場合には債権が移転する旨の通知・承諾のみが認められる。譲渡担保による債権譲渡の通知・承諾は認められない（本書六八四頁参照）。

四 譲渡担保権の効力

(1) 序

(イ) 序 譲渡担保権は、仮登記担保権に類似した担保物権に準じる権利であり、譲渡担保権者は、他の債権者に優先して目的物や目的債権などから被担保債権の満足を受けることができる。

(ロ) 譲渡担保権の効力 譲渡担保権の効力としては、本来的効力と抵当権的効力の二つがある。本来的効力は、競売手続きや担保権の実行手続きによることなく目的物や目的債権などを取得することができる効力である。抵当権的効力は、目的物や目的債権などについての競売手続きや担保権の実行手続きなどにおいて他に優先して弁済を受けることができる効力である。

(ハ) 譲渡担保権の本来的効力 譲渡担保権者は、債務が履行されない場合、競売手続きや担保権の実行手続きによることなく目的物や目的債権などを取得し、これを被担保債権の弁済に当てることができる。この場合、目的物や目的債権などの価額が被担保債権および債務者等が負担すべき費用で譲渡担保権者が代わって負担した費用（以下、被担保債権等という）の額を上回れば、譲渡担保権者はその差額を清算金として債務者等に支払わなければならない。

(ニ) 譲渡担保権の抵当権的効力

(a) 序 譲渡担保権の抵当権的効力は、抵当権の場合と同じように、目的物や目的債権などについての競売手続きや担保権の実行手続きなどにおいて他に優先して弁済を受けることができる効力であるが、譲渡担保権者は、その具体的内容として、目的物の競売申立権と目的債権などについての担保権の実行申立権、および、目的物や目的債権などにつき他の債権者による強制執行などが行われた場合に他に優先して配当を受ける権利を有する。

(b)　目的物の競売申立権、目的債権についての担保権の実行申立権

(α)　一般に、譲渡担保権者は目的物の競売申立権や目的債権についての担保権の実行申立権を有しないとされている。

(β)　しかし、譲渡担保権者は目的物の競売申立権や目的債権についての担保権の実行申立権を有すると解するのが妥当である(1)。譲渡担保権者は、他に優先して目的物や目的債権を取得し被担保債権等の弁済に当てることができるとすれば、目的物の競売や目的債権についての担保権の実行を申し立て他に優先して弁済を受けることができることに問題はないはずである。競売手続きや担保権の実行手続きにおいては、すべての関係当事者の間において公平な処理が行われ、不当な不利益を受ける者はないのであるから、他に優先して目的物や目的債権を取得することができる譲渡担保権者が競売申立権や担保権の実行申立権を有するとすることに全く問題はない。また、仮登記担保権者に競売申立権を認めるという私見によれば(本書六二五頁以下参照)、これと類似する譲渡担保権者にも目的物の競売申立権や目的債権についての担保権の実行申立権を認めるべきであるのは当然である。

(1)　譲渡担保権者による競売申立権を認めるのは、槇・三五四頁以下、米倉明「特定動産譲渡担保の法的構成――設定者のもとに目的物をおく動産の譲渡担保は、どのように法的構成されるべきか――」民法研究二巻七八頁以下(平成九年)。

(γ)　譲渡担保権者は、結局、目的物や目的債権を取得するか、それとも、目的物の競売や目的債権についての担保権の実行を申し立てるかを選択することができると解される。

(c)　目的物や目的債権につき他の債権者による強制執行などが行われた場合に他に優先して配当を受ける権利　一

般に、譲渡担保権者は、目的物や目的債権につき他の債権者による強制執行などが行われた場合、配当を受けることはできないと解されている。しかし、譲渡担保権者は、他に優先して目的物や目的債権を取得し被担保債権等の弁済に当てることができるのであるから、他の債権者による強制執行などの機会に他に優先して配当を受けることができるとしても問題はないはずである。そして、この場合、すべての関係当事者の間において公平な処理が行われ、不当な不利益を受ける者はないのである。また、仮登記担保権者は他の債権者による強制執行などの機会に他に優先して配当を受けることができるのであるから（仮登記担保一三条）、これと類似する譲渡担保権者も他に優先して配当を受けることができると解すべきであるのは当然である。

(2) 被担保債権と目的物・目的債権のそれぞれの範囲

(イ) 被担保債権の範囲

(a) (α) 一般に、抵当権の被担保債権の範囲に関する民法三七五条は譲渡担保権に類推適用されないと解されている（最判昭六一・七・一五判時一二〇九号二三頁）。しかし、これでは抵当権や仮登記担保権（仮登記担保一三条二項三項）の場合と著しくバランスを失し妥当でない。譲渡担保権を抵当権や仮登記担保権より優遇すべき理由はない。

(β) そこで、被担保債権の範囲は、抵当権や仮登記担保権の場合と同じであると解すべきである。すなわち、譲渡担保権の本来的効力の場合であるか抵当権的効力の場合であるかを問わず、仮登記担保契約に関する法律一三条二項三項が類推適用され、利息その他の定期金などは満期となった最後の二年分（あるいは通算して二年分）に制限されると解すべきである(1)。

（1） 同旨、槇・三四一頁。

(b) 譲渡担保権の本来的効力の場合において譲渡担保権の実行に要する費用のうち債務者等が負担すべき費用を譲渡担保権者が代わって負担した場合、その負担した費用も譲渡担保権により担保される（仮登記担保二条二項・三条一項参照）。

(c)　譲渡担保権者が目的物に設定された先順位の抵当権や根抵当権の被担保債権を第三者弁済（四七四条）した場合に生じる求償権は、特段の合意がない限り譲渡担保権により担保されないとされる（最判昭六一・七・一五判時一二〇九号二三頁）。しかし、譲渡担保権者は、この場合、求償権の範囲内で先順位の抵当権や根抵当権を代位行使することができるのであり（五〇一条）、求償権が譲渡担保権により担保されるとしても不当に害される者はなく、これを認めて差し支えないと考える。

(ロ)　目的物・目的債権の範囲

(a)　(α)　譲渡担保権の目的物の範囲については、民法三七〇条が類推適用されると解される[1]。目的物が動産の場合にも同様に解してよいであろう。そこで、譲渡担保権の効力は、目的物の構成部分に及ぶ。さらに、譲渡担保権の効力は、民法八七条二項により、譲渡担保権が設定された当時の従物はもちろん、その後に生じた従物にも及ぶ（本書三一〇頁以下参照）。

(1)　同旨、柚木＝高木・五六一頁、高木・三四三頁、川井・四六五頁、近江・二九八頁、松尾＝古積・四一五頁。船越・三七二頁、道垣内・三〇七頁は反対。

(β)　借地上の建物に譲渡担保権が設定された場合、その効力は借地権に及ぶ[1]（最判昭五一・九・二一判時八三三号六九頁）。この場合、借地権は建物の従物に準じると考えられる。

(1)　譲渡担保権の効力が借地権に及んでも、譲渡担保権が実行されない場合には原則として借地権の譲渡転貸の問題（六一二条）は生じない（最判昭四〇・一二・一七民集一九巻九号二一五九頁）。もっとも、譲渡担保権が実行されなくても、譲渡担保権者が建物の引渡しを受けこれを使用収益する場合、借地権の譲渡転貸の問題が生じる（最判平九・七・一七民集五一巻六号二八八二頁）。

(γ)　譲渡担保権の効力は、抵当権の場合と同じく目的物の果実には及ばない。しかし、債務者に債務不履行があれば、その後に生じた果実に対しては譲渡担保権の効力が及ぶ[1]（三七一条参照）。

(1)　同旨、近江・二九八頁以下。

(b)　譲渡担保権の目的債権の範囲についても民法三七〇条や八七条二項が類推適用されると解すべきである。目的債権に生じた利息債権や目的債権を担保するために設定された抵当権などは、従物に準じると考えられる（抵当権につき、抵当権の随伴性も参照。民執一九三条二項・一五〇条も参照）。抵当権などの設定が譲渡担保権の設定後のものであっても目的債権の範囲に入る。

(3)　譲渡担保権の本来的効力

(イ)　序　譲渡担保権者は、債務者が債務を履行しない場合、譲渡担保権の本来的効力として、競売手続きや担保権の実行手続きによることなく目的物や目的債権などを取得し、これを被担保債権等の弁済に当てることができる。この場合、譲渡担保権者は、目的物や目的債権などの価額が被担保債権等の額を上回るときにはその差額を清算金として債務者等に支払わなければならない（最判昭四六・三・二五民集二五巻二号二〇八頁）。

(ロ)　譲渡担保権の実行の要件　譲渡担保権の実行の要件は、他の担保物権の場合と同じように、債務者による債務の不履行である。

(ハ)　譲渡担保権の実行の手続き

(a)　序　譲渡担保権の実行の手続きは、仮登記担保権の実行の手続きに準じて行われるべきである。一般的には、譲渡担保権者は、債務者等に実行を通知し、清算金を支払えば足りると解されている。しかし、仮登記担保契約に関する法律は、民事執行法上の競売手続きや担保権の実行手続きによることなく他に優先して満足を受けることができる仮登記担保権の実行手続きについて基本的な準則を定めているのであり、この準則は同様に競売手続きや担保権の実行手続きによることなく他に優先して満足を受けることができる譲渡担保権の実行手続きにおいても基本的な準則とされるべきである。この両者を区別して扱う理由はないのである。

(b)　不動産譲渡担保権について

(α)　仮登記担保権の清算金や清算期間についての仮登記担保契約に関する法律二条・三条は、不動産譲渡担保権に類推適用されるべきである。

(β)　そこで、譲渡担保権者は譲渡担保権を実行するためには債務者が債務不履行に陥った日以後に清算金の見積額を債務者等に通知しなければならないし、目的物の所有権は清算期間（清算金の見積額の通知が債務者等に到達した日から二か月）が経過しなければ譲渡担保権者に移転しない(1)。清算金は、清算期間が経過した時点を規準にして算定される(2)(3)。

（1）　同旨、槇・三四九頁、注釈民法(9)八六一頁（福地俊雄執筆）、高橋・三一九頁、近江・二九九頁、清水・二四五頁以下。

（2）　同旨、近江・三〇一頁。判例は、譲渡担保権者が目的物を第三者に売却した時などを規準にして清算金を算定するとするようである（最判昭六二・二・一二民集四一巻一号六七頁）。

（3）　目的物に先順位の担保権が設定されている場合、清算金は目的物の価額からその被担保債権額（根抵当権の場合には極度額を限度とする）を控除して算定される（最判昭五一・六・四金法七九八号三三頁、同判昭五一・九・二一判時八三二号四七頁）。

(γ)　不動産譲渡担保権の公示方法は譲渡担保を登記原因とする所有権移転の登記であるが（本書六八七頁参照）、この登記は譲渡担保権の設定を公示するにとどまり所有権の移転を公示するものではない。所有権の移転を公示するためには、「譲渡担保の実行」などを登記原因とする所有権移転の登記をしなければならない。そこで、譲渡担保権者は、清算期間が経過した場合、所有権移転請求権（所有権を移転する旨の意思表示を求める請求権）と譲渡担保を登記原因とする所有権移転の登記につき譲渡担保の実行などを登記原因とする所有権移転の登記への変更登記（不登二条一五号）請求権を取得すると解される。この変更登記においては、登記原因の変更が登記され、登記原因の変更登記により所有権が譲渡担保権者に移転すると解すべきである。他方、債務者等は、清算期間が経過した場合、譲渡担保権者に対し清算金請求権を取得する。

(δ)　所有権移転の意思表示、変更登記および目的物の引渡しと清算金の支払いは、同時履行の関係に立つ（最判昭四六・三・二五民集二五巻二号二〇八頁（目的物の引渡しと清算金の支払いについて））。それゆえ、清算の方式は原則として帰属清算である(1)。

（1）　同旨、高木ほか・二八九頁（半田正夫執筆）、川井・四六九頁以下。

(ε)　清算金を支払わない旨の特約や変更登記を先履行とする旨の特約などは無効である。(1)　しかし、右の特約が清算期間の経過後に行われた場合や債務者等が清算期間の経過後に右の特約を追認した場合には特約は有効である(本書六八七頁参照)。

(1)　清算金を支払わない旨の特約につき、同旨、高木・三四七頁。

(c)　動産譲渡担保権について

(α)　(i)　譲渡担保を登記原因とする動産譲渡の登記がされている動産譲渡担保権については、その実行の手続きは不動産譲渡担保権の場合と同じである。

(ii)　そこで、清算期間も清算金の見積額の通知が債務者等に到達した日から二か月である。民事執行法による動産の担保権の実行手続きにおいても目的物の所有権が買受人に移転するまでには相当の期間が必要であり、動産譲渡担保権の清算期間を清算金の見積額の通知が債務者等に到達した日から二か月としても、それが不当に長く譲渡担保権の実行を妨げるとはいえない。

(β)　(i)　占有改定が行われている動産譲渡担保権についても、その実行の手続きは不動産譲渡担保権の場合と基本的には同じであるが、注意すべき点を挙げれば以下の通りである。

(ii)　清算期間が経過し目的物の所有権が譲渡担保権者に移転するためには、債務者等の所有権移転の意思表示が必要である。そこで、譲渡担保権者は、清算期間が経過した場合、債務者等に対し、所有権移転請求権(所有権移転の意思表示を求める請求権)を取得し、債務者等の所有権移転の意思表示があれば所有権を取得すると解される(譲渡担保権者は、すでに占有改定による引渡しを受けており、改めて引渡しを受けなくても所有権を取得する)。なお、譲渡担保権者は、原則として、目的物の現実の引渡しを求める請求権も取得すると解される。

(iii)　所有権移転の意思表示および目的物の現実の引渡しと清算金の支払いは、同時履行の関係に立つ。

(iv)　清算金を支払わない旨の特約、あるいは、所有権移転の意思表示や目的物の現実の引渡しを先履行とする旨の特約は無効である。(1)しかし、右の特約が清算期間の経過後に行われた場合や債務者等が清算期間の経過後に右の特約を追認した場合には右の特約は有効である（本書六八九頁参照）。

(1)　清算金を支払わない旨の特約につき、同旨、高木・三四七頁。

(γ)　明認方法が行われている動産譲渡担保権については、占有改定が行われている動産譲渡担保権の場合とほぼ同じである。そこで、譲渡担保権者は、清算期間が経過した場合、債務者等に対し、所有権移転請求権と目的物の引渡請求権を取得し、所有権移転の意思表示と引渡しがあれば目的物の所有権を取得する。目的物の引渡しは占有改定でもよいが、その場合には明認方法の抹消も行われるべきである。所有権移転の意思表示および目的物の引渡し（占有改定の場合には明認方法の抹消も含む）と清算金の支払いは、同時履行の関係に立つ。清算金を支払わない旨の特約、あるいは、所有権移転の意思表示や目的物の引渡しを先履行とする旨の特約は無効である。しかし、右の特約が清算期間の経過後に行われた場合や債務者等が清算期間の経過後に右の特約を追認した場合には右の特約は有効である。

(d)　債権譲渡担保権について

(α)　譲渡担保を登記原因とする債権譲渡の登記および登記事項証明書による第三債務者への通知または第三債務者による承諾がされている債権譲渡担保権については、その実行の手続きは不動産譲渡担保権の場合とほぼ同じであると解される。そこで、譲渡担保権者は、清算期間が経過した場合、債務者等に対し、目的債権の譲渡請求権（目的債権を譲渡する旨の意思表示を求める請求権）、および、譲渡担保を登記原因とする債権譲渡の登記を譲渡担保の実行などを登記原因とする債権譲渡の登記に変更する旨の変更登記請求権を取得する。債権譲渡の意思表示および変更登記と清算金の支払いは、同時履行の関係に立つ。清算金を支払わない旨の特約、あるいは、債権譲渡の意思表示や変更登記を先履行とする旨の特約は無効であるが、しかし、右の特約が清算期間の経過後に行われた場合や債務者等が清算期間の経過後に右の特約を追認した場合には右の特約は有効である（本書六九二頁参照）。なお、変更された登記に係る登記事項証明書による第三債務者への債権譲渡の通知は、譲渡担保権者が自ら行うことができる（動産債権譲渡特四条二項）。

(β) (ⅰ) 譲渡担保権設定の通知・承諾（債務者が債務を履行しない場合には債権が移転する旨の通知・承諾）が行われている債権譲渡担保権についても、その実行の手続きは不動産譲渡担保権の場合と基本的には同じであるが、注意すべき点を挙げれば以下の通りである。

(ⅱ) 譲渡担保権者は、清算期間が経過した場合、債務者等に対し目的債権の譲渡請求権（目的債権を譲渡する旨の意思表示を求める請求権）を取得する。そして、債権譲渡の公示方法は、債権譲渡の通知・承諾であるから（四六七条）、譲渡担保権者は、債務者等に対し債権譲渡の通知も求めることができる。

(ⅲ) 目的債権を譲渡する旨の意思表示および債権譲渡の通知と清算金の支払いは、同時履行の関係に立つ。

(ⅳ) 清算金を支払わない旨の特約、あるいは、債権譲渡の意思表示や債権譲渡の通知を先履行とする旨の特約は無効である。しかし、右の特約が清算期間の経過後に行われた場合や債務者等が清算期間の経過後に右の特約を追認した場合には右の特約は有効である（本書六九二頁以下参照）。

(ニ) 被担保債権等の消滅　被担保債権等は、清算期間が経過した時の目的物や目的債権などの価額の限度で消滅する（仮登記担保九条参照）。被担保債権等が消滅する時点は、譲渡担保権者が目的物や目的債権などを取得した時である（本書六四〇頁参照）。目的物や目的債権などの価額が被担保債権等に満たない場合、譲渡担保権者が債務者に対しその差額を請求することができるのはもちろんである。

(4) 譲渡担保権の抵当権的効力

(イ) 序　譲渡担保権者は、譲渡担保権に基づき目的物の競売や目的債権などについての担保権の実行を申し立てる場合、あるいは、他の債権者による目的物や目的債権などに対する強制執行などの場合、抵当権者と同じように扱われる。この場合、譲渡担保権は、本来的効力を有せず、優先弁済を受ける効力を有することになる。(1)

(1) 譲渡担保権者は、担保不動産収益執行の申立て（民執一八〇条二号参照）もすることができると解される。この場合、担保不動産収益執行の開始決定が債務者等に送達されれば差押えの効力が生じる（民執一八八条・一一一条前段・四六条一項本文参照）。差押えの登記は、譲渡担保を登記原因とするとはいえ所有権移転の登記がされており、困難であるが、債務者等による目的物の処分は考えられず、特に問題はないであろう。

(ロ)　競売や担保権の実行を申し立てる場合

(a)　不動産譲渡担保権について

(α)　譲渡担保権者は、債務者による債務不履行があれば目的物につき競売の申立てをすることができる。清算期間の経過を待つ必要はない。

(β)　譲渡担保権者は、競売の申立てに際し、譲渡担保権の登記に関する登記事項証明書など譲渡担保権の存在を証する文書を提出しなければならない（民執一八一条一項一号—三号参照）。また、譲渡担保権者は、競売の申立てに際し、被担保債権の原因および額を明らかにしなければならない（仮登記担保一七条一項参照。民執規一七〇条一項二号も参照）。

(γ)　競売手続きは、抵当権の場合とほぼ同じである。競売の開始決定が債務者等に送達されれば差押えの効力が生じる（民執一八八条・四六条一項本文）。この場合、譲渡担保を登記原因とするとはいえ所有権移転の登記がされており、差押えの登記は困難であるが、債務者等による目的物の処分は考えられず、特に問題はないであろう。譲渡担保権者は、目的物の売却代金から優先弁済を受けることができる。被担保債権の範囲も抵当権の場合と同じである（仮登記担保一三条二項三項参照）。

(δ)　目的物が売却された場合、譲渡担保権は消滅する（仮登記担保一六条一項参照）。

(ε)　買受人が代金を納付した場合、譲渡担保権の登記は抹消され、債務者等から買受人への所有権移転の登記が行われる（民執一八八条・八二条一項一号二号参照）。

(b)　動産譲渡担保権について

(α)　(i)　譲渡担保を登記原因とする動産譲渡の登記のされている動産譲渡担保権については、競売の申立ては登録自動車や既登記建設機械に対する競売の申立てとほぼ同様に行われるべきである（民執規一七六条・一七七条参照）。

そこで、執行裁判所は、競売開始決定に際し、目的物を差し押さえる旨を宣言し、かつ、債務者等に対し目的物を執行官に引き渡すべき旨を命じなければならないと解される（民執規一七六条二項前段・一七七条前段・八九条一項本文参照）。また、執行裁判所は、譲渡担保権者に優先する権原を有しない目的物の占有者に対し目的物を執行官に引き渡すべき旨を命じることができると解される（民執規一七六条二項・一七四条二項参照）。譲渡担保権が登記されている場合、譲渡担保という登記原因によるとはいえ譲渡担保権者へ動産譲渡の登記がされており、差押えの登記は困難であるが、執行官が目的物の引渡しを受けた時に差押えの効力が生じると解すべきである(1)（民執規一七六条二項前段・一七七条前段・八九条二項参照）。

（1） 債務者等は、譲渡担保権が登記されている場合であっても、引渡し（一七八条）により目的物を他に譲渡することは可能であり（第三者による善意取得も可能である（石田（穣）・二六六頁以下参照））、執行官の保管による目的物の差押えが必要である。

(ii) その他については、不動産譲渡担保権の競売手続きとほぼ同じである。

(β) (i) 占有改定や明認方法の行われている動産譲渡担保権については、動産競売（民執一九〇条以下）の申立てによる。

(ii) 不動産譲渡担保権の場合と同様、動産競売の申立てには清算期間の経過を待つ必要はない。

(iii) 動産競売の申立ては、次のいずれかの要件を満たさなければならない。

(i)′ 譲渡担保権者は、動産の直接占有者である債務者等に対し動産を執行官に提出させなければならない（民執一九〇条一項一号参照）。債務者等が提出しない場合、譲渡担保権者は、債務者等に対し執行官への提出を求める訴訟を提起することができると解すべきである(1)（債務者等は、債務不履行の場合、提出する義務があると解される）。譲渡担保権者は、競売の申立てに際し、被担保債権の原因および額を明らかにしなければならない（仮登記担保一七条一項参照。民執規一七八条一項・一七〇条一項二号も参照）。

（1） 譲渡担保権者は、債務者等に対し自己への動産の引渡しを求めてそれを執行官に提出し、競売の申立てをするということも考えられる。しかし、この場合、譲渡担保権者が引渡しを受けた動産を執行官に提出しないときに問題が生じる。譲渡担保権者は、譲渡担保権の本来的効力の場合、清算期間の経過後に清算金の支払いと引換えに動産の引渡しを求めることができるにすぎないからである（本書六九九頁以下参照）。

(ii)′ 譲渡担保権者は、動産の直接占有者である債務者等が差押えを承諾することを証する文書を執行官に提出しなければならない（民執一九〇条一項二号参照）。債務者等が差押えを承諾しない場合、譲渡担保権者は、債務者等に対し承諾する旨の意思表示を求める訴訟を提起することができると解すべきである（民執一七四条。債務者等は、債務不履行の場合、差押えを承諾する義務があると解される）。そして、譲渡担保権者は、勝訴の確定判決を差押えを承諾することを証する文書として執行官に提出することができると解される。譲渡担保権者は、競売の申立てに際し、被担保債権の原因および額を明らかにしなければならない。

(iii)′ 執行裁判所は、譲渡担保権者が譲渡担保権の存在を証する文書を提出して動産競売の開始の許可を申し立てた場合、それを許可することができる（民執一九〇条二項本文参照）。この場合、譲渡担保権者が執行官に対し許可の決定書の謄本を提出し、かつ、執行官による差押えのための目的物の捜索と同時かその前に許可の決定が債務者等に送達されれば、動産競売が開始する（民執一九〇条一項三号参照）。譲渡担保権者は、右の許可の申立てに際し、被担保債権の原因および額を明らかにしなければならない（仮登記担保一七条一項参照。民執規一七八条二項・一七〇条一項二号も参照）。

(iv) 競売手続きは、動産の強制競売の手続きとほぼ同じである（民執一九二条参照）。譲渡担保権者は、目的物の売得金から優先弁済を受けることができる。被担保債権の範囲は、抵当権の場合と同じである（仮登記担保一三条二項三項参照）。

(v) 目的物が売却された場合、譲渡担保権は消滅する（仮登記担保一六条一項参照）。

(c) 債権譲渡担保権について

(α) (i) 譲渡担保を登記原因とする債権譲渡の登記のされている債権譲渡担保権の実行の申立ては、譲渡担保権の登記に関する登記事項証明書などを提出して行う（民執一九三条一項前段・一八一条一項一号－三号参照）。譲渡担保権の実行は、目的債権に対する差押命令により開始する（民執一九三条二項・一四三条参照）。差押命令は、債務者および第三債務者に送達される（民執一九三条二項・一四五条三項参照）。登記のされている譲渡担保権においては譲渡担保という登記原因によるとはいえ譲渡担保権者に債権譲渡の登記がされており、差押えの登記をするのは困難であるが、差押命令が第三債務者に送達されれば差押えの効力が生じると解される（民執一九三条二項・一四五条四項参照）。

(ii) 譲渡担保権者は、差し押さえた目的債権につき取立てや転付命令の取得などをすることができる（民執一九三条二項・一五五条以下参照）。被担保債権の範囲は、抵当権の場合と同じである（仮登記担保一三条二項三項参照）。

(iii) 譲渡担保権者が差し押さえた目的債権を取り立てたり転付命令が確定などした場合、譲渡担保権は消滅する（仮登記担保一六条一項参照）。

(iv) 譲渡担保権が実行された場合、譲渡担保権の登記は抹消される（民執一九三条二項・一六七条五項・八二条一項二号参照）。

(v) 譲渡担保権者は、以上の手続きによらずに、債権質権の場合に準じ、目的債権につき直接に取り立てたり供託させることもできると解される（三六六条参照）。

(β) (i) 譲渡担保権設定の通知・承諾のされている譲渡担保権の実行の申立ては、譲渡担保権者が譲渡担保権の存在を証する文書を提出して行う（民執一九三条一項前段参照）。

(ii) その他については、登記に関する点を除き登記のされている債権譲渡担保権について述べたのと同じである。

(ハ) 他の債権者による目的物や目的債権に対する強制執行などの場合

(a) 不動産譲渡担保権について

(α) 不動産譲渡担保権の場合、譲渡担保という登記原因によるとはいえ譲渡担保権者に所有権移転の登記がされており、他の債権者（債務者等に対する他の債権者）が目的物に対し強制執行をするのは困難であろう。しかし、抵当不動産に譲渡担保権が設定され抵当権が実行されたような場合に譲渡担保権をどのように扱うかという問題はある。このような場合、仮登記担保権は抵当権として扱われているのであるが（仮登記担保一三条一項）、仮登記担保権に類似の譲渡担保権も同様に扱われるべきである。すなわち、譲渡担保権者は、譲渡担保権の登記の時に抵当権の登記がなされた抵当権者として目的物の売却代金から順位に応じた配当を受けることができると解すべきである。(1) 被担保債権の範囲も抵当権の場合と同じである(仮登記担保一三条二項三項参照)。

(1)　譲渡担保権者は、前述したように、担保不動産収益執行の申立てをすることができるから(本書七〇一頁注(1)参照)、他の債権者による担保不動産収益執行の場合、担保不動産収益執行の申立てをして配当に参加することができる(民執一八八条・九三条の二・一〇七条四項一号ハ参照)。

(β)　譲渡担保権の目的物である不動産の競売において配当要求の終期が定められた場合、裁判所書記官は、譲渡担保権者に対し、被担保債権の原因および額を届け出るべき旨を催告しなければならず(仮登記担保一七条一項参照)、譲渡担保権者は、右の届出をした場合に限り売却代金から配当を受けることができると解すべきである(仮登記担保一七条二項参照)。これは、譲渡担保権の登記においては、被担保債権の原因および額は公示されないからである。

(γ)　右の競売において目的物が売却された場合、譲渡担保権は消滅する(仮登記担保一六条一項参照)。

(b)　動産譲渡担保権について

(α)　動産譲渡担保権が登記されている場合であっても、他の債権者が目的物に対し債務者等が占有している通常の動産として差し押さえることは可能であると解すべきである。あるいは、占有改定や明認方法による動産譲渡担保権の場合、他の債権者が目的物を差し押さえることができるのはもちろんである。さらに、他の債権者が目的物につき占有改定による後順位の譲渡担保権の設定を受け、当該譲渡担保権に基づき競売の申立てをすることも可能である。

(β)　右のような場合、譲渡担保権者は、譲渡担保権を証する文書を提出して配当要求をすることができると解される(民執一九二条・一三三条参照)(1)。この場合、譲渡担保権者は、被担保債権の原因および額を明らかにしなければならない(仮登記担保一七条一項二項、民執規二六条参照)。

(1)　同旨、槇・三七二頁、高木・三五六頁。

判例は、譲渡担保権者に第三者異議の訴え（民執三八条）を認める（最判昭五六・一二・一七民集三五巻九号一三二八頁）。しかし、譲渡担保権者の保護としては配当要求を認めれば十分である。

動産の競売において先取特権者と質権者に配当要求が認められている以上（民執一九二条・一三三条）、担保物権に準じる権利の帰属者である譲渡担保権者に配当要求が認められるべきであるのは当然である。譲渡担保権者に配当要求を認めれば、無剰余による差押えの取消し（民執一九二条・一二九条二項）に関し執行官が譲渡担保権の存否や被担保債権額の判断を行わなければならず、これは困難であるとも考えられるが（道垣内・三一三頁参照）、このことは、先取特権や質権の場合であっても同じであり、譲渡担保権者の配当要求を否定する根拠にはならないのである。

(γ)　右の競売において目的物が売却された場合、譲渡担保権は消滅する（仮登記担保一六条一項参照）。

(c)　債権譲渡担保権について

(α)　債権譲渡担保権が登記されている場合であっても、他の債権者が目的債権に対し債務者等に帰属する通常の債権として差し押さえることは可能であると解すべきである。あるいは、譲渡担保権設定の通知・承諾のされている債権譲渡担保権の場合、他の債権者が目的債権を差し押さえることができるのはもちろんである。さらに、他の債権者が目的債権につき譲渡担保権設定の通知・承諾による後順位の譲渡担保権の設定を受け、当該譲渡担保権に基づき担保権の実行の申立てをすることも可能である。

(β)　右のような場合、譲渡担保権者は配当要求をしなくても強制執行手続きなどにおいて優先弁済を受けることができると解すべきである。債権に譲渡担保権が設定された場合、債権が差し押さえられたのと同視することができる。それゆえ、譲渡担保権の目的債権につき他の債権者により差押えが行われた場合、二重の差押えと同視されるから、第三債務者は目的債権に関し供託をしなければならないと解するのが妥当である（民執一九三条二項・一五六条一項二項参照）。この場合、執行裁判所は、第三債務者による事情の届出（民執一九三条二項・一五六条三項参照）により譲渡担保権者の存在を知ることができる。したがって、譲渡担保権者は、配当要求をしなくても供託金から配当を受けることができると解されるのである(1)（本書二四五頁以下）。

参照）。

（1）　譲渡担保権者は、他の債権者が目的債権に対し強制執行などをした場合、目的債権を直接に取り立てることはできないと解すべきである（本書二四五頁参照）。目的債権に対し強制執行などをした他の債権者は、譲渡担保権者が目的債権を直接に取り立てることができるとすれば著しく害されるし、譲渡担保権者は他の債権者による強制執行手続きなどにおいて優先弁済を受けることができるとすれば全く不利益を受けないからである。

(ニ)　債務者等の破産の場合　債務者等が破産した場合、譲渡担保権者は、抵当権者と同じように扱われるべきである（仮登記担保一九条一項参照）。そこで、譲渡担保権者は、別除権者として破産手続外で優先弁済を受けることができる（破二条九項・六五条一項参照）。この場合、譲渡担保権者は、目的物や目的債権などに対する競売や担保権の実行を申し立てることができるが、譲渡担保権の本来的効力により目的物や目的債権などを取得することもできると解される[1]（本書六四三頁参照）。なお、破産管財人は、目的物や目的債権などを任意に売却して譲渡担保権を消滅させることが破産債権者の一般の利益に適合するときは、裁判所に対し、目的物や目的債権などを任意に売却し一定の金銭を裁判所に納付して譲渡担保権を消滅させることについての許可の申立てをすることができる（破一八六条一項参照）。

（1）　目的物の取得につき、同旨、高木・三五七頁。

(ホ)　債務者等の民事再生の場合　この場合、譲渡担保権者は抵当権者と同じように扱われるべきである（仮登記担保一九条三項参照）。そこで、譲渡担保権者は、別除権者として扱われ（民再五三条一項参照）、再生手続きによらないで優先弁済を受けることができる（民再五三条二項参照）。その内容は、破産の場合と同じである。なお、再生債務者等は、譲渡担保権の目的物や目的債権などが再生債務者の事業の継続に欠くことができない場合、その目的物や目的債権などの価額に相当する金銭を裁判所に納付して譲渡担保権を消滅させることについての許可を裁判所に申し立てることができる（民再一四八条一項参照）。

(ヘ)　債務者等の会社更生の場合　この場合、譲渡担保権者は抵当権者と同じように扱われるべきである（仮登記担保一九条四項参照）。

そこで、譲渡担保権者は、更生担保権者として扱われ（会更二条一〇項一一項参照。最判昭四一・四・二八民集二〇巻四号九〇〇頁）、更生計画において配慮される（会更一六八条三項参照）。なお、裁判所は、更生会社の事業の更生のために必要であれば、管財人の申立てにより、譲渡担保権の目的物や目的債権などの価額に相当する金銭を裁判所に納付して譲渡担保権を消滅させることを許可することができる（会更一〇四条一項参照）。

(5) 譲渡担保権の対外的効力

(イ) 不動産譲渡担保権について

(a) 不動産譲渡担保権の場合、譲渡担保という登記原因によるとはいえ譲渡担保権者に所有権移転の登記が行われる。それゆえ、債務者等の債権者が目的物を差し押さえるのは困難である。また、債務者等が目的物を処分するのも困難である。

(b) 譲渡担保権者の債権者が目的物を差し押さえた場合、債務者等は所有権を主張し第三者異議の訴え（民執三八条）を提起することができる。[(1)] 譲渡担保権者が目的物を第三者に譲渡しても、第三者は所有権を取得することはできない。

(1) 判例は、譲渡担保権者の債権者が被担保債権の弁済期前に差押えをした場合、債務者等は弁済期までに弁済すれば第三者異議の訴えを提起することができるが、譲渡担保権者の債権者が弁済期後に差押えをした場合、債務者等は被担保債権を弁済しても第三者異議の訴えを提起することができないとする（最判平一八・一〇・二〇民集六〇巻八号三〇九八頁）。しかし、譲渡担保権者は被担保債権の弁済期が到来しても清算期間が経過し清算金を支払わなければ所有権を取得することができないと解すべきであり（本書六九八頁参照）、債務者等はそれまでは第三者異議の訴えを提起することができるというべきである。

(c) 債務者等が破産した場合、譲渡担保権者は別除権（破二条九項・六五条一項参照）を有する（本書七〇八頁参照）。譲渡担保権者が破産した場合、債務者等は取戻権（破六二条）を有する。

(ロ) 動産譲渡担保権について

(a)　債務者等の債権者が目的物を差し押さえた場合、譲渡担保権者は配当要求をすることができる（本書七〇六頁以下参照）。債務者等が目的物を第三者に譲渡した場合、第三者は譲渡担保権付の所有権を取得する。もっとも、第三者は善意取得（一九二条）により譲渡担保権の付着しない所有権を取得することが可能である。

(b)　譲渡担保権者の債権者が債務者等の占有する目的物を差し押さえるのは困難であろう。譲渡担保権者が目的物を第三者に譲渡した場合、第三者は所有権を取得することができない。もっとも、第三者は善意取得により所有権を取得することが可能である。この場合、第三者は債務者等が直接占有する目的物につき譲渡担保権者から指図による占有承継（一般にいわれる指図による占有移転。一八四条）を受けるが、指図による占有承継の場合にも善意取得は成立するからである（本書六九〇頁(β)注(1)参照）。

(c)　債務者等や譲渡担保権者の破産の場合については、不動産譲渡担保権の場合と同じである（本書七〇九頁参照）。

(ハ)　債権譲渡担保権について

(a)　債務者等の債権者が目的債権を差し押さえた場合、譲渡担保権者は配当要求をしなくても優先弁済を受けることができる（本書七〇七頁参照）。債務者等が目的債権を第三者に譲渡した場合、第三者は譲渡担保権付の債権を取得する。

(b)　譲渡担保権者の債権者が目的債権を差し押さえた場合、債務者等は第三者異議の訴え（民執三八条）を提起することができる。譲渡担保権者が目的債権を第三者に譲渡しても、第三者は目的債権を取得することはできない。

(c)　債務者等や譲渡担保権者の破産の場合については、不動産譲渡担保権の場合と同じである（本書七〇九頁参照）。

(6)　譲渡担保権による物上代位

(イ)　譲渡担保権を仮登記担保権に類似の担保物権に準じる権利であると解する場合、譲渡担保権による物上代位が認められるべきであるのは当然である。判例も動産譲渡担保権についてこれを認めている（最決平一一・五・一七民集五三巻五号八六三頁）。

(ロ)　譲渡担保権による物上代位の具体的内容は、仮登記担保権の場合とほぼ同じであるが（本書六五三頁以下参照）、若干の注意すべき点を挙げてみると以下の通りである。

(a) (α) 債務者等により目的動産が譲渡され第三者が善意取得(一九二条)をした場合、譲渡担保権者は、目的動産に追及することができないから、売買代金に物上代位をすることができると解すべきである。第三者が善意取得をしない場合、譲渡担保権者は目的動産に追及することができるから、売買代金に物上代位をすることができないように見える。しかし、譲渡担保権者において第三者が善意取得をしたかどうかを判断するのは容易でない。それゆえ、譲渡担保権者は、第三者が善意取得をしない場合であっても売買代金に物上代位をすることができると解すべきである。結局、譲渡担保権者は、第三者の善意取得の有無を問わず、売買代金に物上代位をすることができると解される。

(β) 譲渡担保権の効力が売買代金に及んでいることは、目的動産の登記(動産譲渡登記ファイルへの登記)や占有改定により公示されているといえるが、しかし、過失なく譲渡担保権を知らないで売買代金を債務者等に弁済した買主は債権の準占有者に対する弁済(四七八条)に準じて保護されると解すべきである。譲渡担保権の登記がされている場合であっても、買主は、占有を公示方法として所有権を取得することができるとされているから、債務者等の占有を調査すれば登記を調査しなくても目的物を善意取得することができると解される。(1) それゆえ、譲渡担保権の登記がされている場合であっても、買主は、債務者等の占有を調査し譲渡担保権が存在しないと過失なく信じて売買代金を支払えば、債権の準占有者に対する弁済に準じて保護されると解してよいであろう。

(1) 石田(穣)・二六六頁以下参照。

(b) 目的動産につき保険金請求権や損害賠償請求権が発生した場合、譲渡担保権の効力がこれらの請求権に及んでいることは登記や占有改定により公示されているといえるが、しかし、過失なく譲渡担保権を知らないで債務者等にこれらの請求権を弁済した者は債権の準占有者に対する弁済(四七八条)に準じて保護されると解すべきである。目的動産が滅失し譲渡担保権の効力が保険金請求権や損害賠償請求権に及んでいることが占有改定により公示されているとはいえない場合、譲渡担保権者は、原則としてこれらの請求権をその弁済前に差し押さえて譲渡担保権の効力がこれらの請求権に及ぶことを公示しない限りこれらの請求権に物上代位をすることはできないと解される（本書一七五頁参照）。

目的動産の賃料につき物上代位の実行としての差押え（本書一四二頁以下参照）の前に差押後に生じる賃料が前払いされた場合、譲渡担保権者は、賃料の前払いを無視してその賃料に物上代位をすることができるが（本書三三四頁以下参照）、賃借人が過失なく譲渡担保権を知らないで前払いをした場合には債権の準占有者に対する弁済に準じて保護されると解すべきである。

(7)　譲渡担保権の侵害

(イ)　序　譲渡担保権が侵害されたり侵害されるおそれがある場合、譲渡担保権者には種々の救済手段が与えられる。その主なものは、物権的請求権、不法行為に基づく損害賠償請求権、期限の利益の喪失と増担保請求権、譲渡担保権の保全処分である。その内容は、基本的には抵当権の場合と同じであるので（本書三九六頁以下参照）、以下、簡単に説明するにとどめる。

(ロ)　譲渡担保権に基づく物権的請求権　譲渡担保権に基づく物権的請求権としては、妨害排除請求権、妨害予防請求権、明渡（引渡）請求権の三つが考えられる。その内容は、抵当権の場合と同じである（本書三九八頁以下参照）。債権譲渡担保権についても、その性質に反しない限り、以上の物権的請求権を認めてよいであろう。たとえば、第三者が目的債権の債権証書を不法に占有する場合、譲渡担保権者は債務者等あるいは自己あてにその引渡しを求めることができると解される。

(ハ)　不法行為に基づく損害賠償請求権　故意過失によって譲渡担保権が侵害され譲渡担保権者に損害が生じた場合、不法行為による損害賠償請求権が発生する（七〇九条）。その内容は、抵当権の場合と同じである（本書四〇二頁以下参照）。債権譲渡担保権についても同様に考えられる。たとえば、第三者が目的債権を無価値にするために第三債務者を無資力にした場合、譲渡担保権者は第三者に対し損害賠償請求権を取得する。

(ニ)　期限の利益の喪失と増担保請求権　債務者が故意に譲渡担保権の目的物や目的債権の目的物、第三債務者の一般財産などを滅失・損傷・減少させた場合、債務者は期限の利益を失い、譲渡担保権者は直ちに譲渡担保権の実行をすることができる（一三七条二号参照）。

また、譲渡担保権の目的物や目的債権の目的物、第三債務者の一般財産などが滅失・損傷・減少した場合、譲渡担保権者は、債務者等の故意過失の有無を問わず、債務者等に対し増担保請求権を取得する。以上の具体的な内容は、抵当権の場合と同じである（本書四〇四頁以下参照）。

(ホ)　譲渡担保権の保全処分　譲渡担保権者に競売申立権を認める私見（本書六九四頁参照）によれば、不動産譲渡担保権において譲渡担保権者が競売を申し立てようとしているか申し立てている場合には保全処分が認められるべきである。その内容は、抵当権の場合と同じである（民執一八七条・一八八条・五五条・五五条の二参照。本書四〇八頁以下参照）。その他の場合、たとえば、譲渡担保権者が目的物の所有権を取得する場合などにおいては、民事保全法上の民事保全が行われるべきである（本書六四五頁参照）。

(8)　減担保請求権

債務者等は、目的物や目的債権などの価額が被担保債権額に比較し不当に大きい場合、減担保請求権を行使することができる。その内容は、抵当権の場合と同じである（本書四〇九頁以下参照）。

(9)　法定借地権

(イ)　序　土地およびその上にある建物が同一の所有者に属するケースでその土地につき譲渡担保権が設定された場合、譲渡担保を登記原因とする所有権移転の登記に関し譲渡担保の実行などを登記原因とする所有権移転の登記に変更登記が行われれば（本書六九八頁参照）その建物所有を目的とする土地の賃貸借が結ばれたものとみなされるべきである（仮登記担保一〇条前段参照）。この場合、賃貸借の存続期間や借賃は、当事者の請求により裁判所が定める（仮登記担保一〇条後段参照）。これは、仮登記担保権の場合の法定借地権と同じものであるが、譲渡担保権が仮登記担保権に類似の担保物権に準じる権利である以上、譲渡担保権の場合にも法定借地権が認められるべきである。(1)

（1）　同旨、近江・三〇九頁、道垣内・三二四頁。

(ロ)　法定借地権　法定借地権の内容は、仮登記担保権の場合と同じである（本書六四五頁以下参照）。そこで、法定借地権は、土地に譲渡担保権権が設定された場合に発生し、建物に譲渡担保権が設定された場合には発生しない。

(ハ)　法定地上権　土地およびその上にある建物が同一の所有者に属する場合においてその土地、建物の一方または双方に譲渡担保権が設定され、譲渡担保権者が譲渡担保権に基づき競売の申立てをして土地、建物が別々の所有者に帰属した場合、抵当権による競売の場合と異なるところはなく、民法三八八条が類推適用され、法定地上権が発生すると解すべきである（本書三六八頁以下参照）。

(10)　民法三八七条の類推適用の有無

(イ)　民法三八七条によれば、抵当権の登記に後れて登記をした賃貸借であっても一定の場合には抵当権に優先する（本書四二五頁以下参照）。この民法三八七条は、譲渡担保権に類推適用されるであろうか。

(ロ)　民法三八七条は、抵当権の登記に後れて賃貸借の登記がされた場合にその適用が問題となる。譲渡担保権の場合、譲渡担保という登記原因によるとはいえ譲渡担保権者に所有権移転の登記がされており、これに後れて債務者等に対する賃貸借の登記がされるのは困難であろう。しかし、私見のように、借地権につき借地上の建物の登記を、借家権、農地の賃借権につき借家や農地の占有をそれぞれ賃貸借の登記に準じて扱うとする場合（本書四二六頁参照）、これらの場合には民法三八七条が譲渡担保権に類推適用されると考えてよいであろう。

(11)　民法三九五条の類推適用の有無

(イ)　序　民法三九五条によれば、抵当建物の賃借人は一定の場合に買受人に対し買受けの時から六か月の間建物を引き渡す必要がない（本書四二八頁以下参照）。この民法三九五条は、譲渡担保権に類推適用されるであろうか。

(ロ)　民法三九五条の類推適用

(a) 前に述べたように、民法三九五条は仮登記担保権に類推適用される（本書六四七頁参照）。そうだとすれば、民法三九五条は、仮登記担保権に類似する譲渡担保権にも類推適用されるべきである。(1) そこで、建物の賃借人は、民法三九五条一項の定める要件のもとに建物の譲渡担保権者が目的物を取得した時（譲渡担保を登記原因とする所有権移転の登記につき譲渡担保の実行などを登記原因とする所有権移転の登記に変更登記をした時）から六か月間は建物を引き渡す必要がない。その他については、仮登記担保権について述べたのと同じである（本書六四七頁参照）。

（1） 同旨、道垣内・三三四頁。

(b) 譲渡担保権者が建物の競売を申し立てた場合にも民法三九五条が類推適用される。この場合、建物の賃借人は、民法三九五条一項の定める要件のもとに買受人に対し買受けの時から六か月の間建物を引き渡す必要がない。

五 共同譲渡担保権

(1) 序 共同譲渡担保権とは、同一の債権を担保するために複数の目的物や目的債権などの上に設定される譲渡担保権である。

(2) 共同譲渡担保権の効力

(イ) 譲渡担保権者は、共同仮登記担保権の場合と同じく、譲渡担保権の実行としての債務者等に対する清算金の見積額の通知において、各目的物や各目的債権などの譲渡担保権者への移転によってそれぞれ消滅させようとする被担保債権等の額を明らかにしなければならないと解すべきである（仮登記担保二条二項参照。本書六四七頁以下参照）。そして、共同仮登記担保権の場合と同じく、この割当てによって被担保債権等は別々の債権になり、共同仮登記担保権は消滅すると解される（本書六四八頁参照）。割当ての額は、遅滞なく後順位担保権者に通知されなければならない（仮登記担保五条一項参照）。

(ロ) (a) 共同抵当権に関する民法三九二条・三九三条は共同譲渡担保権に類推適用されない。私見によれば、民法三九二条・三九三条は共同抵当権の登記がある場合に適用される（本書四九二頁参照）。しかし、譲渡担保権においては、登記のされた譲渡担保権の場合であっても共同譲渡担保権の登記を行うのは困難である。それゆえ、民法三九二条・三九三条は共同譲渡担保権に類推適用されないと解される。したがって、譲渡担保権者がある目的物や目的債権などから被担保債権等の全額の満足を受けた場合、譲渡担保権者が債務者等への通知において被担保債権等の各目的物や各目的債権などへの割当額を明示していなくても、後順位担保権者は他の目的物や目的債権などにつき譲渡担保権者に代位をすることはできないと解される。

(b)　しかし、たとえば、占有改定による動産譲渡担保権に関し、譲渡担保権者が債務者等への通知において被担保債権等の各目的物への割当額を明示した場合を除き、譲渡担保権者や後順位担保権者、一般債権者による競売申立てにおいて各目的物の売得金が同時に配当され、かつ、各目的物の価額に応じた配当、つまり、按分配当により利害関係人の利害が適切に調整される場合（各目的物に後順位担保権者がいる場合や各目的物に差押債権者がいるような場合）、按分配当が行われるべきである（本書四八六頁以下参照）。

(ハ)　後順位担保権者や一般債権者が共同譲渡担保権の目的物や目的債権などの一つにつき競売や担保権の実行を申し立てた場合、譲渡担保権者はその目的物や目的債権などについて任意に被担保債権等の額を割り当てることができる。しかし、譲渡担保権者が債務者等への通知において明示していた割当額があれば、その額について配当を受けると解すべきである。共同譲渡担保権は、この割当てにより消滅していたからである。以上の場合、譲渡担保権者は、ある目的物や目的債権などに割り当てた額を執行官あるいは執行裁判所に届け出なければならない（仮登記担保一七条一項参照）。

六　根譲渡担保権

(1)　序　根譲渡担保権とは[1]、一定の範囲に属する増減変動する不特定の債権のうち元本確定期日に存在する債権を極度額の限度で担保するために設定される譲渡担保権である（本書五一三頁以下参照）。

（1）　根譲渡担保権については、田原睦夫「根譲渡担保を巡る諸問題――主として被担保債権・確定について――」林良平先生献呈論文集（現代における物権法と債権法の交錯）二九一頁以下（平成一〇年）参照。

(2)　根譲渡担保権の公示

(イ)　(a)　不動産譲渡担保権や登記のされている動産譲渡担保権においては、根譲渡担保権の公示方法は根譲渡担保を登記原因とする所有権移転の登記（不動産）や動産譲渡の登記であると解すべきである。不動産譲渡担保権や登記のされている動産譲渡担保権の公示方法は譲渡担保を登記原因とする所有権移転の登記や動産譲渡の登記であるから（本書六八七頁、六八八頁参照）、根譲渡担保権の公示方法は根譲渡担保を登記原因とする所有権移転の登記や動産譲渡の登記であるとされるべきである。

(b)　登記のされている債権譲渡担保権においては、根譲渡担保権の公示方法は、根譲渡担保を登記原因とする債権譲渡の登記、および、登記事項証明書による第三債務者への根譲渡担保権設定の通知または第三債務者によるその承諾である（本書六九一頁以下参照）。

(c)　しかし、このように解しても、被担保債権の範囲や極度額の登記は困難であり、根譲渡担保権の公示が不完全であることに変わりはない。

(ロ)　占有改定や明認方法による動産譲渡担保権においては、根譲渡担保権の公示方法は、一定の範囲に属し増減変動する不特定の債権のうち元本確定期日に存在する債権につき債務者が債務を履行しない場合には所有権が移転する旨の公示としての占有改定や明認方法である。譲渡担保権設定の通知・承諾による債権譲渡担保権においては、一定の範囲に属し増減変動する不特定の債権のうち元本確定期日に存在する債権につき債務者が債務を履行しない場合には債権が移転する旨の通知または第三債務者によるその承諾である。明認方法や根譲渡担保権設定の通知・承諾による根譲渡担保権の公示においては、被担保債権の範囲や極度額が表示されるのが望ましいが、しかし、これらが表示されなくても、登記や占有改定の場合とのバランス上、根譲渡担保権が効力を生じるのを妨げないと解される。

(3)　根譲渡担保権の効力

(イ)　根譲渡担保権の効力は、根仮登記担保権の効力と同様に考えてよい（本書六四九頁以下参照）。

(ロ)　そこで、包括根譲渡担保権は禁止されるから、被担保債権の範囲は根抵当権の場合と同様に限定して定められなければならない（三九八条の二第二項第三項参照。本書五二二頁以下参照）[(1)]。これに反する根譲渡担保権は、無効である。

（1）　同旨、柚木＝高木・五五九頁、近江・二九七頁。

(ハ)　極度額も定められなければならず、極度額の定めのない根譲渡担保権は無効である（本書五二六頁以下参照）。譲渡担保権の本来的効力の場合、被担保債権等の額が極度額を超えれば、清算金は目的物の価額と極度額の差額である。この場合、根譲渡担保権者は、後順位担保権者がいれば極度額を超える被担保債権の部分と清算金を相殺することができない（本書六五七頁以下参照）。

(ニ)　根譲渡担保権は、他の債権者による強制執行手続きや破産手続きなどの場合においても効力を有するし、根譲渡担保権者が清算金請求権に物上代位をすることも可能である（本書六五一頁以下参照）。清算金請求権への物上代位の例としては、仮登記担保権の設定された目的物につき根譲渡担保権が設定された場合が考えられる。

七　流動動産譲渡担保権

(1)　序

(イ)　流動動産譲渡担保権の意義

(a)　流動動産譲渡担保権とは、あらかじめ定められた一定範囲内の増減変動する動産（以下、流動動産という）に設定される譲渡担保権である。たとえば、卸売業者の倉庫には、日々新しい製品が入荷する一方、日々そこから製品が出荷される。倉庫の中の製品は、絶えず入れ替わっている。このような倉庫の中の製品のようにあらかじめ定められた一定範囲内の増減変動する動産＝流動動産に設定される譲渡担保権が流動動産譲渡担保権である[(1)]。

（1）　流動動産譲渡担保権については、田島順「動産抵当の承諾」法叢三六巻一号一頁以下（昭和一二年）、我妻栄「集合動産の譲渡担保に関するエルトマンの提案」民法研究Ⅳ一四一頁以下（昭和四二年）、米倉明「『集合物』概念の有用性——集合物譲渡担保に関して——」譲渡担保の研究一一三頁以下（昭和五一年）、同「集合物譲渡担保における担保物の範囲の確定方法」同書一八七頁以下、吉田眞澄「集合動産の譲渡担保」ＮＢＬ二一五号六頁以下、二一六号三〇頁以下、二一七号四〇頁以下、二二二号四〇頁以下、二二五号二五頁以下、二二六号三三頁以下、二二八号三四頁以下、二二九号二九頁以下、二三〇号二二頁以下、二三三号二八頁以下（昭和五五年）、伊藤進「集合動産譲渡担保の法律関係」明治大学法学部創立一〇〇周年記念論文集一一七頁以下（昭和五五年）、同「集合動産譲渡担保の有用性の検討」手形研究三二一号六頁以下、三二三号六頁以下、三二五号六頁以下（昭和五七年）、伊藤眞「集合動産・債権担保と会社更生」債務者更生手続の研究三三〇頁以下（昭和五九年）、吉田眞澄「集合動産担保」担保法大系４六七二頁以下（昭和六〇年）、菅野佳夫「集合物」特殊担保——その理論と実務——九四頁以下（昭和六一年）、角紀代恵「商品や原材料等の担保化」金融担保法講座Ⅲ四五頁以下（昭和六一年）、松井宏興「集合物の譲渡担保——判例が提起した問題点を中心として——」同書七五頁以下、亀田浩一郎「流動集合動産担保と公示方法——ＵＣＣ第九編における登録制度を中心として——」明治大学大学院紀要二五集(1)七一頁以下（昭和六三年）、伊藤進「集合動産譲渡担保と個別動産上の担保権との関係——特に、動産売買先取特権との関係を中心として——」法論六一巻一号五七頁以下（昭和六三年）、シンポジウム「集合動産譲渡担保の再検討」金融法研究——資料編(5)——一二二頁以下（平成元年）、下森定「集合物（流動動産）の譲渡担保」物権法重要論点研究一〇八頁以下（平成三年）、千葉恵美子「集合動産譲渡担保の効力——設定者側の第三者との関係を中心にして——」判タ七五六号三三頁以下、七六一号一四頁以下、七六三号一二頁以下、七六六号四五頁以下（平成三年）、小山泰史「アメリカ法における浮動担保と売掛代金担保権の競合——わが国の流動動産譲渡担保論への参考として——」民商一〇五巻六号八四頁以下、一〇六巻一号五七頁以下（平成四年）、田髙寛貴「集合動産譲渡担保における目的物特定と『管理』」名法一四〇号四九三頁以下（平成四年）、道垣内弘人「イングランド浮動担保における個々の財産に対する担保権者の権利——わが国流動動産担保理論の参考として——」加藤一郎先生古稀記念（現代社会と民法学の動向）下五二一頁以下（平成四年）、古積健三郎「『流動動産譲渡担保』に関する理論的考察」法叢一三三巻二号一六頁以下、六号五一頁以下（平成五年）、同「『流動動産譲渡担保』と他の担保権の関係」彦根論叢二八七・二八八号三七九頁以下、二八九号一一三頁以下（平成六年）、小山泰史「アメリカ法における浮動担保と売主取戻請求権の競合」民商一一〇巻四・五号二三九頁以下、六号六四頁以下（平成六年）、池田雅則「集合財産担保に関する基礎的考察——日独諸制度の横断的比較——」北法四五巻四号五一頁以下、五号九一頁以下、四六巻一号七七頁以下、四号一一五頁以下、五号一四五頁以下、六号八三頁以下、四七巻一号二四五頁以下、二号三〇五頁以下（平成六年—八年）、古積健三郎「集合物の理論と特別法」滋賀大学経済学部研究年報二巻一一九頁以下（平成七年）、高木多喜男「流動集合動産譲渡担保の有効性と対抗要件——最三小判昭六二・一一・一〇を中心に——」金融取引の法理一巻九〇頁以下（平成八年）、小山泰史「カナダ法における浮動担保と売買代金担保権の競合」摂南法学一九号一頁以下（平成一〇年）、今尾真「流動動産譲渡担保と動産売買先取特権との優劣に関する一試論」明治学院六五号一九七頁以下、六六号一七九頁以下、六七号二六一頁以下（平成一一年）、小山泰史「流動性ある財産を目的とする個別担保——イングランド型浮動担保をめぐる新たな判例法理の展開——」石田喜久夫先生古稀記念（民法学の課題と展望）四六五頁以下（平成一二年）、亀田浩一郎「流動動産譲渡担保における特定性の緩和」伊藤進教授古稀記念論文集（現代私法学の課題）四一頁以下（平成一八年）、渡部晃「集合動産譲渡担保契約の目的動産についての債務者（譲渡担保設定者）の処分行為と相手方（目的動産の譲受人）の承継取得の可否——最一小判平一八・七・二〇（平成一七年（受）第九四八号）と最一小判平一八・七・二〇（平成一七年（受）第二八三号）——」金法一九七四号三〇頁以下、一九七五号五四頁以下（平成一九年）、田中克志「集合動産譲渡担保と目的動産の不適正処分等に関する一考察」静法一一巻一・二・三・四号一頁以下（平成一九年）、杉江隆司「集合動産譲渡担保をめぐる近時の展開——最高裁平成一八年七月二〇日第一小法廷判決を手がかりとして——」専修法研論集四一号一頁以下（平成一九年）、小山泰史「流動財産担保における『通常の営業の範囲内の処分』と固定化・再流動化——イングランド浮動担保における『処分の許可付きの個別担保』法理の終焉から——」立命三二五号一頁以下（平成二〇年）参照。

(b)　流動動産譲渡担保権には二つのタイプがある。

第一は、債務者等が流動動産を処分するには譲渡担保権者による個別的な同意が必要であるというタイプである。個別的な同意が必要であるというのは、流動動産を処分する都度同意が必要であるという趣旨であり、同意がなければ流動動産を処分することはできず、同意なしに処分しても第三者が善意取得をした場合を除き譲渡担保権は消滅しない。同意が流動動産譲渡担保権の設定の際に包括的あるいは概括的に与えられている場合は、個別的な同意が必要である場合に入らない。同意が包括的あるいは概括的に与えられている場合とは、債務者等が流動動産を自由に処分することができるとされた場合や債務者等が営業上の必要に応じて流動動産を処分することができるとされた場合などである。これらの場合は、次の第二のタイプになる。同意が包括的あるいは概括的に与えられているかどうかは、流動動産譲渡担保権の設定の際の当事者間の合意によって定まるが、合意の実質的内容を探究し、実質的に判断されなければならない。流動動産に譲渡担保権が設定された場合、同意が包括的あるいは概括的に与えられていると事実上推定してよいであろう。

第二は、債務者等が譲渡担保権者による個別的な同意なしに流動動産を処分することができるというタイプである。すなわち、流動動産譲渡担保権の設定に際し譲渡担保権者により債務者等の流動動産の処分につき包括的あるいは概括的な同意が与えられているタイプである。わが国で議論されている流動動産譲渡担保権は、主としてこのタイプについてのものであると考えられる。

(c) 第一のタイプの流動動産譲渡担保権は複数の動産の上に設定される通常の集合動産譲渡担保権(共同動産譲渡担保権)と変わりはない(本書六七〇頁以下参照)。債務者等が譲渡担保権者の同意をえて流動動産を処分すれば、その流動動産は流動動産譲渡担保権の目的物でなくなるが、これは当事者の合意で一定の動産につき譲渡担保権を消滅させる通常の場合と何ら変わりはないのである。

第二のタイプの流動動産譲渡担保権は、債務者等が流動動産を譲渡担保権者の包括的あるいは概括的な同意のもとに処分することができる点に特色がある。そのため、どの時点で流動動産を譲渡担保権の目的動産として確定させるか、目的動産が確定するまでの譲渡担保権をどのように扱うかなどの問題が生じる。

以上により、本書においては、第二のタイプを流動動産譲渡担保権として取り扱う。第一のタイプは通常の集合動産譲渡担保権として取り扱われれば十分である。

(ロ) 流動動産譲渡担保権の法的性質

(a) 学　説

(α) 流動動産譲渡担保権の法的性質については、分析論、集合物論、価値枠説が対立している。

(β) 分析論　分析論は、個々の流動動産に焦点を当て、個々の流動動産に譲渡担保権が設定されるとする。たとえば、前述の倉庫の中の製品の例でいえば、個々の製品が倉庫に入ることを停止条件にしてそれに対し譲渡担保権が設定され、個々の製品が倉庫から出ることを解除条件にしてそれに対する譲渡担保権が消滅するとする。分析論は、現在のドイツにおける支配的見解であり(1)、また、スイスにおける支配的見解でもあると思われる(2)。しかし、わが国において分析論を主張する者はほとんどいない(3)。

（1）　Müller, Sachenrecht, 4. Aufl. 1997, Nr. 2488 ff.; Staudinger, Vorbemerkungen zu §§ 90–103 Nr. 19 und § 1204 Nr. 35.

（2）　Vgl. Berner Kommentar, Systematischer Teil und Art. 884–887 ZGB, Systematischer Teil Nr. 259 und § 884 Nr. 394; Schmid, Nr. 1878.

（3）　古積健三郎「『流動動産譲渡担保』に関する理論的考察」法叢一三三巻二号一六頁以下、六号五一頁以下（平成五年）、松尾＝古積・四二一頁以下。加藤雅信「非典型担保法の体系」別冊NBL三一号七二頁以下（平成七年）も参照。

(γ)　集合物論　集合物論は、倉庫の中の変動する製品を全体として一個の集合物として把握し、この集合物に譲渡担保権が設定されるとする。製品が変動しても、それは集合物の内容が変動したにとどまり集合物自体に変動はないとする。もっとも、集合物論は、個々の製品にも譲渡担保権の効力が生じるとする（生じないとする見解もある）。そして、集合物に譲渡担保権が設定され、それに公示方法が備えられれば、その後に倉庫に入った製品にも当然に譲渡担保権の効力が生じ第三者にも主張することができるとする。この集合物論が現在の支配的見解であり、判例である(1)（最判昭五四・二・一五民集三三巻一号五一頁、同判昭六二・一一・一〇民集四一巻八号一五五九頁）。

（1）　集合物(Sachgesamtheit)論は、現在のドイツの支配的見解によって明確に否定されている(Staudinger, § 1204 Nr. 35)。すなわち、物権法的な処分行為は特定性の原則により完全に具体的な目的物に関して行われなければならないが、集合物論はこの要請に応えることができず、集合物それ自体に担保権を設定することは許されないとされる。そして、かつて唱えられた集合物論（支配的であったわけではない）は現在の支配的見解と根本において相容れないとされる(Staudinger, a. a. O.)。集合物論は、スイスにおいても明確に否定されている(Berner Kommentar, Systematischer Teil und Art. 884–887 ZGB,

Systematischer Teil Nr. 259 und § 884 Nr. 394; Schmid, Nr. 1878)。

しかし、フランスにおいては、集合物論に類似の見解が主張されている。二〇〇六年の担保権に関する民法改正において、「有体動産財産の集合」(en ensemble de biens mobiliers corporels)や「無体動産財産の集合」(en ensemble de biens meubles incorporels)に質権を設定することができるとされたが(フランス民法二三三三条一項・二三五五条一項)、有体動産財産の集合について、Aynès-Crocqは、現在および将来の複数の動産から構成される在庫品などの総体をいうとし、質権が個々の動産に設定される場合の複雑さは不要になるとしている(Aynès-Crocq, n°. 504)。もっとも、有体動産質権は目的物の数量、種類、性質を明らかにした書面を作成することにより成立するとされており(フランス民法二三三六条。有体動産を質権者に引き渡さない場合には質権は登記されるが(フランス民法二三三八条)、この場合、目的物の性質、品質、数量も登記される(二〇〇六年一二月二三日のデクレ二条三項四号))、在庫品などの総体に質権が設定されるとすることがどの程度の実質的意義を有するかは不明である。

(δ) 価値枠説　価値枠説は、流動動産譲渡担保権は物ではなく一定の価値枠を支配するとし、実行時にその価値枠内にある動産から優先弁済を受けることができる権能であるとする。[1]

(1) 伊藤進「集合動産譲渡担保の法律関係」明治大学法学部創立一〇〇周年記念論文集一一七頁以下(昭和五五年)参照。
下森定「集合物(流動動産)の譲渡担保」物権法重要論点研究一二〇頁(平成三年)は、流動動産譲渡担保権とは、債務者の所有する一般財産・責任財産中設定契約で定められた特定範囲の責任財産につき実行時にその範囲内にある目的物から優先弁済を受ける担保権であるとし、担保権者は目的物が特定する前であってもその範囲内の目的物については優先弁済期待権を有するとする。

(b) 検　討

(α) 分析論　分析論は、前述の倉庫の中の製品の例でいえば、製品が倉庫に入るたびにそれに対し譲渡担保権の効力が生じ、製品が倉庫から出るたびにそれに対し譲渡担保権の効力が消滅するとする。基本的には正当であると考えるが、しかし、分析論においては、流動動産譲渡担保権の内容について一層の検討が必要であると思われる。

流動動産譲渡担保権は、増減変動する倉庫の中の製品の例でいえば、倉庫の中の製品を譲渡担保権を実行する時点で目的物として確定(固定)し、それから優先弁済をえようとする担保権である(以下、流動動産が目的物として確定する期日を目的動産確定期日という)。流動動産譲渡担保権は、目的動産確定期日前においては、これを実行することができず、流動動産が目的動産確定期日に存在すれば、すなわち、目的動産として確定すれば、それから優先弁済を受けることができるという期待権として存在するというべきである。(1) 倉庫の中の製品の例でいえば、流動動産譲渡担保権は、目的動産確定期日前には製品が目的動産確定期日に倉庫の中にあればそれから優先弁済を受けることができるという期待権として存在しているというべきである。それゆえ、流動動産譲渡担保権は、目的動産確定期日前には期待権として存在し、目的動産確定期日以後には実行可能な確定した譲渡担保権（以下、確定譲渡担保権という）として存在すると考えられる。また、流動動産譲渡担保権の公示方法（占有改定、登記、明認方法）は、流動動産譲渡担保権が目的動産確定期日前には実行することができない以上、目的動産確定期日前には順位保全の仮登記（不登一〇六条）と同様の機能を有するにすぎないと解される。流動動産譲渡担保権は、分析論の立場に立ちつつ、以上のような内容のものとして把握される必要があると考える。

(1)　下森定「集合物（流動動産）の譲渡担保」物権法重要論点研究一二〇頁（平成三年）参照。

(β)　集合物論

(i)　集合物論は、流動動産譲渡担保権は集合物自体に設定され、製品が変動しても集合物自体に変動はないとする。これによれば、製品が終始倉庫の中に全くなかった場合や途中から全くなくなった場合、集合物自体に変動はないのであるから、流動動産譲渡担保権は変動なく存続するということになる。他方、集合物論は、目的動産確定期日に存在する個々の製品の上に譲渡担保権が成立し、これを実行することができるとする。そうだとすれば、倉庫の中に製品が終始全くなかった場合や途中から全くなくなった場合、一方で流動動産譲渡担保権は存続するとしながら、他方でそれは成立しないとすることになり、立論に矛盾があるといわざるをえない。

かりに、集合物論は、はじめ倉庫の中に製品が全くなかったがその後存在すればその時点で流動動産譲渡担保権が成立し、はじめ製品が存在したがその後全くなくなればその時点で流動動産譲渡担保権が消滅する（その後再び製品が存在すればその時点で再び成立する）と考えているとすれば、製品が変動しても集合物自体に変動はないとする立論に反する。

(ii) 集合物論は、集合物自体に譲渡担保権が設定されるとしながら、目的動産確定期日に存在する個々の製品に譲渡担保権が成立し実行されるとする。しかし、集合物自体に譲渡担保権が設定されるのであれば、譲渡担保権は目的動産確定期日における集合物の上に存続し、その集合物の価額として評価された金額から優先弁済を受けるということになるはずである。たとえば、清算金は右の集合物の価額と被担保債権等の額の差額となるはずである。それゆえ、集合物論の立論には一貫性がないといわざるをえない。

(iii) 集合物論は、集合物の構成要素である個々の製品にも譲渡担保権の効力が生じるとするが、個々の製品にも譲渡担保権の効力が生じるというのは、個々の製品にも譲渡担保権が成立する（設定される）ということに外ならない。それゆえ、集合物に譲渡担保権が設定されるとする集合物論にはこの点でも疑問がある。

(iv) 集合物論は、集合物の構成要素である個々の製品にも譲渡担保権の効力が生じるとするが、個々の製品にも効力が生じるとすれば個々の製品について譲渡担保権の効力を論じれば十分であり、集合物を観念する必要はないはずである。

集合物を観念すれば、集合物に譲渡担保権が設定され、それに公示方法が備えられれば、その後に倉庫に入った製品にも当然に譲渡担保権の効力が生じ第三者にも主張することができるとされるが、しかし、このことは、譲渡担保権が設定され公示方法が備えられた最初の時点でその後に倉庫に入る製品についても譲渡担保権が設定され公示方法が備えられたものとして扱うという当事者の合意、および、そのような取扱いが取引の安全を害さないという実質的な価値判断から導かれていると考えられる。すなわち、後に倉庫に入った製品にも譲渡担保権の効力が生じ第三者にも主張することができるという根拠は、後に倉庫に入る製品についても譲渡担保権が設定され公示方法が備えられたものとして扱うという当事者の合意と、そのような取扱いが取引の安全を害さないということにあるのであり、後に倉庫に入った製品が集合物の構成要素であるからではない。集合物論は、このような実質的な価値判断を正当化する単なる論理構成にすぎない。ドイツにおいても、分析論に立ちつつ、後に倉庫に入った製品にも譲渡担保権が設定され公示方法が備えられたことになるという根拠は譲渡担保権設定時の当事者の合意にあるとされている[1]（いわゆるあらかじめされた譲渡担保（Antizipierte Sicherungsübereignung）、あるいは、あらかじめされた占有改定（Antizipiertes Besitzkonstitut））。

（1）　Müller, Sachenrecht, 4. Aufl. 1997, Nr. 2488 b.

(v)　集合物自体に譲渡担保権が設定されればその構成要素である個々の製品についても譲渡担保権の効力が生じるとされるが、以下の場合、集合物自体への譲渡担保権の設定とは別に個々の製品について譲渡担保権の効力を問題とせざるをえない。

第一に、倉庫の中の増減変動する製品が集合物とされたケースで製品の中に第三者所有の物がある場合、当該製品について譲渡担保権の効力が生じるには譲渡担保権者が譲渡担保権を善意取得する必要がある。善意無過失の有無については、製品が倉庫に入った時点で譲渡担保権者がそれに気がついたとすれば当該製品が第三者所有の物であることを知ったか知ることができた場合、譲渡担保権者には悪意過失があると解すべきである（本書九六頁参照）。たとえば、譲渡担保権者が第三者所有の物であることを知っている製品が倉庫に入った場合、それが倉庫に入ったのに気がつかなかったとしても、善意取得は成立しない。譲渡担保権者が製品が倉庫に入ったのに気がついた時点で善意無過失の有無を判断するのは、製品が倉庫に入ったのに終始気がつかない場合も少なくなく、妥当でない。以上によれば、譲渡担保権者が製品が倉庫に入った時点でそれに気がついたとすれば当該製品が第三者所有の物であることを知ったか知ることができた場合、当該製品は集合物の構成要素であるが、当該製品について譲渡担保権の効力は生じない[1]。

第二に、製品が動産売買の先取特権の目的物である場合、先取特権と譲渡担保権の優劣は先取特権と質権の優劣に関する民法三三〇条に準じて決定されるという見解が有力であり、妥当である（本書一二〇頁以下参照）。この見解によれば、譲渡担保権者が製品が倉庫に入った時点でそれに気がついたとすれば当該製品に先取特権者があることを知ったか知ることができた場合、先取特権が譲渡担保権に優先する（三三〇条二項前段参照。前に説明したように、三三〇条二項前段は善意取得についての規定である（本書二一四頁以下参照））。この場合、当該製品は集合物の構成要素であるが、当該製品についての譲渡担保権の効力は、先取特権に劣後し、実質上当該製品に及ばないことになる。

第三に、債務者の支払停止後に倉庫に入った製品に関し、譲渡担保権者が製品が倉庫に入った時点でそれに気がついたとすれば支払停止後に倉庫に入ったことを知った場合、当該製品についての譲渡担保権は否認権（破一六二条）の対象になると解すべきである（本書七三〇頁注(1)参照）。そうだとすれば、この場合、当該製品は集合物の構成要素であるが、否認されればそれについて譲渡担保権の効力は生じないことになる。

以上のように、集合物自体とは別に個々の製品につき譲渡担保権を問題とせざるをえない場合があるのである。そうだとすれば、集合物自体に譲渡担保権が設定されその効力は個々の製品に生じるとする集合物論にはこの点でも疑問がある。

(1) 善意取得は占有改定によっても成立すると考える（石田(穣)・二七五頁以下参照）。

(vi) 流動動産譲渡担保権に類似する流動債権譲渡担保権においては集合物論あるいはこれに類似の議論はあまりされていないようであるが（本書七三八頁参照）、このことは集合物論が流動動産譲渡担保権においても有用な議論ではないことを示唆しているというべきである。

(γ) 価値枠説　価値枠説は、流動動産譲渡担保権は物ではなく一定の価値枠を支配しその枠内にある動産から優先弁済を受けることができる権能であるとする。しかし、流動動産譲渡担保権は、一定の範囲内で増減変動する動産を支配するのであり、価値枠を支配するのではないというべきである。また、価値枠内にある動産から優先弁済を受けるとは、目的動産確定期日に存在するあらかじめ定められた一定範囲内の動産から優先弁済を受けるという趣旨であると思われる。そうだとすれば、価値枠という概念を用いることにより流動動産譲渡担保権の内容が明確にされているとはいい難く、むしろ、目的動産確定期日に存在するあらかじめ定められた一定範囲内の動産という方が流動動産譲渡担保権の内容を明確に表しているというべきである。

(c)　私　見

(α)　流動動産譲渡担保権は、あらかじめ定められた一定範囲内の増減変動する動産＝流動動産のうち目的動産確定期日に存在する動産（以下、確定目的動産という）から優先弁済を受けることができる担保権である。流動動産譲渡担保権は、目的動産確定期日前には個々の流動動産が同期日に存在すれば個々の確定目的動産となりそれから優先弁済を受けることができるという期待権として存在し、目的動産確定期日以後には同期日に存在する個々の確定目的動産から優先弁済を受けることができるという通常の譲渡担保権(1)＝確定譲渡担保権として存在する。

倉庫の中の製品の例でいえば、期待権は、製品が倉庫に入ることを停止条件にして当該製品につき成立し、製品が倉庫から出ることを解除条件にして当該製品につき消滅する（倉庫の中にある他の製品についての期待権は消滅しない）。このような個々の製品についての期待権の成立や消滅の根拠は、流動動産譲渡担保権の設定の際の当事者の合意である。製品が目的動産確定期日に倉庫内にある場合、その製品についての期待権は確定譲渡担保権に転化する。

(1)　流動動産譲渡担保権は、根譲渡担保権でもあるのが普通である。

(β)　債務者等は、目的動産確定期日前には流動動産を処分することができる。この場合、その動産が目的動産確定期日に存在すればそれから優先弁済を受けることができるという期待権は消滅する。しかし、債務者等が譲渡担保権者を害するために目的動産確定期日の直前に流動動産をすべて処分したり、営業上必要でないのに流動動産を処分したような場合、期待権の不当な侵害という問題が生じる（一二八条。本書七三五頁以下参照）。

(γ)　(i)　流動動産譲渡担保権の公示方法は、原則として占有改定（一八三条）であるが、登記（動産債権譲渡特七条二項五号参照）や明認方法も公示方法になる。

(ii)　占有改定については、流動動産譲渡担保権の設定の際に流動動産につき包括的に占有改定により譲渡担保権を設定する旨の合意をすれば、個々の流動動産につき一々流動動産譲渡担保権設定と占有改定の合意をしなくてもよい（最判昭六二・一一・一〇民集四一巻八号一五五九頁参照）。

個々の流動動産については、債務者等が譲渡担保権者の占有代理人として占有を取得したと見られる時点で譲渡担保権が成立するが、その優先順位は当初の占有改定の合意の時によると解される。たとえば、倉庫の中の製品の例でいえば、債務者等が製品を倉庫に入れた時点で当該製品につき譲渡担保権が設定され占有改定も具備されるが、その優先順位は当初の占有改定の合意の時によると解される。

(iii)　右のように解する根拠は、次の通りである。

第一に、このように解するのが当事者の意思に合致するし、また、このように解しても第三者は善意取得によって保護されるから不都合はない。

第二に、動産及び債権の譲渡の対抗要件に関する民法の特例等に関する法律七条二項五号は、譲渡に係る動産を特定するために必要な事項を登記しなければならないと規定するが、これは、いうまでもなく、法人により流動動産に設定される譲渡担保権に関し、流動動産の範囲を明らかにする事項（たとえば、〇〇所在の倉庫内にある〇〇製品など）を登記しなければならないというものである。そして、このことは、右の一定範囲に属する動産が出現すればその時点で当該動産についての譲渡担保権の登記の要件が充足されたものとして扱うこと、および、当該動産についての譲渡担保権の優先順位は当初の特定に必要な事項を登記した時が規準になることを意味しているのである。これを倉庫の中の製品の例でいえば、製品が倉庫に入った時点で当該製品についての譲渡担保権の登記の要件が具備されたものとして扱うこと、および、当該製品についての譲渡担保権の優先順位は当初の特定に必要な事項を登記した時が規準になることを意味しているのである。そうだとすれば、占有改定も譲渡担保権の公示方法として認められているのであるから、登記の場合と同様に扱われるべきである。

第三に、仮登記においては、仮登記の後に権利が発生しても、その優先順位は仮登記の時とされている（不登一〇六条）。

第四に、フランス民法は、将来生じる債権の上に質権を設定した場合、質権者は債権が成立した時に債権の上に権利を取得するが（フランス民法二三五七条）、その優先順位は質権を設定した証書の日付によると規定している（フランス民法二三六一条）。

(δ)　流動動産譲渡担保権の公示は、目的動産確定期日前には順位保全の仮登記（不登一〇六条）と同様の機能を有するにすぎない。なぜなら、流動動産譲渡担保権は、確定目的動産についてのみこれを実行することができ、目的動産確定期日前にはこれを実行することができないからである。

(2)　流動動産譲渡担保権の設定と公示

(イ)　流動動産譲渡担保権の設定

(a)　序　流動動産譲渡担保権の設定は、当事者、すなわち、譲渡担保権者と債務者等の合意で行われるが、(1) ここで特に重要なのは、流動動産の範囲の特定と目的動産確定期日である。

(1)　債務者の支払停止前に譲渡担保権設定契約が締結され支払停止後に目的動産確定期日が到来した場合、譲渡担保権は否認権（破一六二条）の対象になるであろうか。

倉庫の中の製品の例でいえば、譲渡担保権設定契約は支払停止前に締結されていることを考慮し、譲渡担保権者が製品が倉庫に入った時点でそれに気がついたとすれば当該製品が支払停止後に倉庫に入ったことを知った場合、当該製品についての譲渡担保権が否認されると解すべきである。それゆえ、製品が支払停止前に倉庫に入った場合や製品が支払停止後に倉庫に入ったが譲渡担保権者が当該製品が倉庫に入った時点でそれに気がついたとしても当該製品が支払停止後に倉庫に入ったのを知らなかった場合、当該製品についての譲渡担保権は否認されない。

道垣内・三二九頁は、流動動産譲渡担保権は集合物自体について成立しその構成要素である個々の動産については成立しないとしつつ、集合物の価値を増加させる行為が否認権の要件を満たせばその行為が否認権の対象になるとする。しかし、集合物の価値を増加させる行為の否認とは、流動動産譲渡担保権の効力が集合物の価値を増加させる個々の動産に及ぶことの否認に外ならないのであり、流動動産譲渡担保権が個々の動産について成立することを実質的に前提にしているといわざるをえない。

(b) 流動動産の範囲の特定

(α) 流動動産譲渡担保権は、一定の範囲内の増減変動する動産＝流動動産の上に設定される。それゆえ、どのような動産が譲渡担保権の目的物になるのかがあらかじめ明らかにされていなければならない。これが流動動産の範囲の特定の問題である。

(β) 流動動産の範囲は、その所在場所や種類、数量などにより特定される。

第一に、所在場所が明確であれば流動動産の範囲の特定に欠けるところがない場合が多い。たとえば、○○所在の倉庫内の一切の動産という指定であっても流動動産の範囲は特定されている（最判昭六二・一一・一〇民集四一巻八号一五五九頁参照）。

第二に、種類による特定としては、石油製品、電化製品、絹織物などが考えられる。単に石油製品としただけであっても、それは当然債務者等が所有する一切の石油製品を指し、流動動産の範囲の特定に欠けるところはないと考えられる(1)。

第三に、数量による特定としては、○○所在の倉庫内にある乾燥ネギのうち二八トン、同じ倉庫内にある乾燥ネギのうちの二分の一などが考えられる(2)。

(1) 判例は、家財一切という場合、何が家財かは不明確であり、流動動産の範囲は特定されないとする（最判昭五七・一〇・一四判時一〇六〇号七八頁）。しかし、何が家財かは社会通念に照らし判断可能であり、流動動産の範囲は特定されていると解すべきである。

(2) ○○所在の倉庫内にある乾燥ネギのうち二八トンという場合、流動動産の範囲は特定されているであろうか（最判昭五四・二・一五民集三三巻一号五一頁は、消極的なようである）。この場合、倉庫内にある乾燥ネギのうち二八トンというのは、倉庫内にある乾燥ネギのうち中等の品質を有する乾燥ネギ二八トンと解すべきであり（四〇一条一項）、流動動産の範囲は特定されているというべきである（この場合、中等の品質の乾燥ネギとは、倉庫内にある乾燥ネギの品質を〇から一〇〇とした場合に五〇の前後に分布する二八トンに至るまでの乾燥ネギである）。乾燥ネギのうちの二分の一という場合も、中等の品質を有する（五〇の前後に分布する）二分の一に達するまでの乾燥ネギと解してよいであろう。

(c)　目的動産確定期日

(α)　当事者が目的動産確定期日を定めた場合

(i)　当事者が目的動産確定期日を約定した場合、その期日が目的動産確定期日になる。

(ii)　当事者が債務者等の債権者による流動動産の差押えなどがあった場合に目的動産が確定すると定めた場合、これらの事由が生じた時が目的動産確定期日になる。

(iii)　当事者が目的動産確定期日を定めた場合であっても、債務者等が破産手続開始の決定を受けた場合、目的動産を確定させる必要があり、その決定を受けた時が目的動産確定期日になると解すべきである。

(iv)　債務者等が流動動産を不当に処分し譲渡担保権者の期待権を侵害した場合、後述のように、債務者等は被担保債権につき期限の利益を失うと解される（本書七三五頁参照）。そこで、この場合、当事者が目的動産確定期日を定めていても、譲渡担保権者は、目的動産の確定を請求し、これにより確定した目的動産につき譲渡担保権を実行することができると解してよいであろう。したがって、この場合、目的動産の確定請求の時が目的動産確定期日になる。

(β)　当事者が目的動産確定期日を定めなかった場合

(i)　譲渡担保権者は、被担保債権の弁済期が到来すれば、いつでも目的動産の確定を請求することができると解されるが、この場合、その請求の時が目的動産確定期日になる。譲渡担保権者が流動動産のうちいずれかの動産の競売を申し立てた場合、それには目的動産の確定請求の意思表示が含まれているから、その時が目的動産確定期日になる。

(ii)　債務者等が流動動産を不当に処分し譲渡担保権者の期待権を侵害した場合、債務者等は被担保債権につき期限の利益を失い、譲渡担保権者は、目的動産の確定を請求することができると解される。この場合、その請求の時が目的動産確定期日になる。

(iii) 債務者等は、被担保債権の弁済期が到来すれば、いつでも目的動産の確定を請求することができると解されるが、この場合、その請求の時が目的動産確定期日になる。

(ロ) 流動動産譲渡担保権の公示

(a) 流動動産譲渡担保権の公示方法は、原則として占有改定や明認方法である。

当事者が流動動産譲渡担保権設定契約に際し流動動産の範囲を特定するために必要な事項を定め当該流動動産につき譲渡担保権を設定した旨を占有改定により公示すれば、その後に右の流動動産に該当する動産が出現した時点で当該動産につき譲渡担保権が設定され占有改定が行われたものとして扱われる（本書七二九頁参照。最判昭六二・一一・一〇民集四一巻八号一五五九頁も参照）。そして、右の動産についての譲渡担保権の優先順位は、当初の占有改定の時による（本書七二九頁参照）。

明認方法においては、流動動産譲渡担保権が設定される際の明認方法で流動動産の範囲を特定するために必要な事項が公示されなければならないところ、その後にこの一定範囲に属する動産が出現した時点で当該動産につき譲渡担保権が設定され明認方法が備えられたものとして扱われるが、当該動産についての譲渡担保権の優先順位は当初の明認方法の時であると解される。

(b) 法人の設定する流動動産譲渡担保権については、占有改定や明認方法の外に登記（譲渡担保を登記原因とする動産譲渡の登記）も公示方法になる（動産債権譲渡特三条一項参照）。この場合、流動動産の範囲を特定するために必要な事項が登記されなければならない（動産債権譲渡特七条二項五号参照）。流動動産譲渡担保権の設定後に右の一定範囲に属する動産が出現した場合、当該動産についての譲渡担保権はその時点で登記の要件を充足したものとして扱われ成立するが、当該動産についての譲渡担保権の優先順位は当初の流動動産の範囲を特定するために必要な事項の登記の時であると解される（本書七二九頁参照）。

(3) 流動動産譲渡担保権の効力

(イ)　流動動産譲渡担保権の目的動産　流動動産譲渡担保権の目的動産は、目的動産確定期日前にはあらかじめ定められた一定範囲内の増減変動する動産、すなわち、流動動産であり、目的動産確定期日以後には流動動産のうち目的動産確定期日に存在する動産、すなわち、確定目的動産である。流動動産譲渡担保権は、流動動産については期待権として存在する。流動動産が目的動産確定期日前に処分された場合、当該動産についての期待権は消滅する（他の流動動産についての期待権は消滅しない）。流動動産のうち目的動産確定期日に存在する動産＝確定目的動産についてのみ期待権は通常の譲渡担保権＝確定譲渡担保権に転化する。目的動産確定期日後に出現した動産は、目的動産にならない。

(ロ)　流動動産譲渡担保権の効力

(a)　目的動産確定期日前

(α)　債務者等は、譲渡担保権者から流動動産の処分につき包括的あるいは概括的な同意を与えられており、原則としてこれを自由に処分することができる。それゆえ、債務者等の債権者は原則としてこれを自由に差し押さえることができる(1)(2)。これらの場合、処分された流動動産についての譲渡担保権者の期待権は消滅する。

債務者等が流動動産を不当に処分した場合、次に述べるように期待権の不当な侵害の問題が生じる。

(1)　債務者等の債権者は、流動動産に対し先取特権を行使することもできる（同旨、伊藤進「集合動産譲渡担保と個別動産上の担保権との関係――特に、動産売買先取特権との関係を中心として――」法論六一巻一号九二頁以下（昭和六三年）、道垣内・三三五頁。最判昭六二・一一・一〇民集四一巻八号一五五九頁は反対）。なお、債務者等の債権者が確定目的動産に対し先取特権を行使する場合、先取特権と譲渡担保権の優劣については先取特権と質権の優劣に関する民法三三四条・三三〇条が類推適用されると解される（同旨、平野・二九一頁注三三七、道垣内・三三五頁以下。本書一二〇頁以下参照）。この場合、譲渡担保権者がある動産が流動動産の範囲に入った時点でそれに気がついたとすれば当該動産が先取特権の目的動産であることを知ったか知ることができた場合、当該動産が確定目的動産になっても先取特権が譲渡担保権に優先すると解される（三三〇条二項前段参照。三三〇条二項前段は善意取得についての規定である（本書一一四頁以下参照））。

(2)　債務者等の債権者は、流動動産に対し所有権留保に基づく権能を行使することができる。所有権留保付動産が流動動産譲渡担保権の確定目的動産になった場合、譲渡担保権者は所有権留保付の動産の上に確定譲渡担保権を取得し、先に成立した所有権留保者が優先する(最判昭五八・三・一八判時一〇九五号一〇四頁は、流動動産譲渡担保権に関するものではないが、所有権留保付の動産に譲渡担保権の設定を受けた者は、所有権留保者に対し譲渡担保権を主張できないとする)。しかし、譲渡担保権者が動産が流動動産に入った時点でそれに気がついたとしても当該動産が所有権留保付であることを知ることができなかった場合、譲渡担保権者は所有権留保に優先する譲渡担保権を善意取得すると解される(占有改定によっても善意取得は成立する(石田(穣)・二七五頁以下参照))。すなわち、譲渡担保権者は、所有権留保に優先する期待権を善意取得し、期待権が確定譲渡担保権になれば所有権留保に優先する確定譲渡担保権を取得する(期待権が確定譲渡担保権になる時点で所有権留保につき譲渡担保権者に悪意過失があってもよい)。

(β)　(i)　譲渡担保権者は、目的動産確定期日前には確定目的動産から優先弁済を受けることができるという期待権を有している。債務者等は、譲渡担保権者の期待権を不当に害する行為をしてはならない(一一八条)。たとえば、債務者等が目的動産確定期日の直前に譲渡担保権者を害するために流動動産の多くを処分したり、営業上の必要がないのに処分するというのがこれである。

(ii)　債務者等が譲渡担保権者の期待権を不当に侵害した場合の法律関係は、以下の通りである。

第一に、譲渡担保権者は、不当に処分された流動動産につき期待権を失わないと解される(1)。そこで、譲渡担保権者は、期待権に基づき、債務者等や第三者に対し、処分された流動動産を元の状態に戻すことを請求することができる。流動動産が元の状態に戻る前に目的動産確定期日が到来した場合、譲渡担保権者は、処分された流動動産が確定目的動産になったとして、これに対し確定譲渡担保権を実行することができると解してよいであろう。他方、第三者が不当処分につき善意無過失であれば、第三者は善意取得により期待権の伴わない動産を取得すると解される。

第二に、債務者等は、民法一三七条二号により被担保債権につき期限の利益を失うと解される。そこで、譲渡担保権者は、目的動産確定期日の定めのあるなしを問わず目的動産の確定を請求し、直ちに確定譲渡担保権を実行することができると解される(本書七三二頁参照)。あるいは、譲渡担保権者は、債務者等に対し相当期間を定めて流動動産の補充を請求し、債務者等がこれに応じなければ、目的動産の確定を請求して確定譲渡担保権の実行をすることもできると解してよいであろう。

第三に、期待権の不当な侵害により譲渡担保権者に損害が生じた場合、債務者等は譲渡担保権者に対し損害を賠償しなければならない（七〇九条）。

（1）判例は、債務者等が通常の営業の範囲を超えて流動動産を処分した場合、保管場所から搬出されるなどして集合物から離脱しない限り、相手方は所有権を取得しないとする（最判平一八・七・二〇民集六〇巻六号二四九九頁）。しかし、保管場所から搬出されるなどしても、譲渡担保権者は、相手方が善意取得しない限り期待権を失わないと解すべきである。

(b)　目的動産確定期日以後

(α)　流動動産が確定目的動産になれば、それに対し通常の譲渡担保権＝確定譲渡担保権が成立する。これは、通常、共同動産譲渡担保権である。

(β)　確定譲渡担保権の具体的な実行方法については、動産譲渡担保権や共同譲渡担保権について述べたのと同じである（本書六九九頁以下、七〇二頁以下、七一五頁以下参照）。

八　流動債権譲渡担保権

(1)　序

(イ)　流動債権譲渡担保権の意義

(a)　流動債権譲渡担保権[1]とは、あらかじめ定められた一定範囲に属する増減変動する債権（以下、流動債権という）を目的として設定される譲渡担保権である。

（1）流動債権譲渡担保権ないし集合債権譲渡担保権については、堀龍兒「『集合債権譲渡担保契約書』作成上の留意点」ＮＢＬ二〇一号一二頁以下、二〇四号三五頁以下（昭和五五年）、伊藤眞「集合動産・債権担保と会社更生」債務者更生手続の研究三三〇頁以下（昭和五九年）、吉田光碩「集合債権」特殊担保――その理論と実務――五〇三頁以下（昭和六一年）、久保井一匡「非典型担保（特に集合債権担保）について」日弁連研修叢書〈昭和六二年版〉(上)三頁以下（昭和六三年）、椿寿夫「集合債権担保論」集合債権担保の研究一〇九頁以下（平成元年）、

高木多喜男「集合債権譲渡担保の有効性と対抗要件」金融取引の法理一巻一〇八頁以下（平成八年）、松井敦子「集合債権譲渡担保をめぐる諸問題」米田實先生古稀記念（現代金融取引法の諸問題）二八三頁以下（平成八年）、堀龍兒「集合債権譲渡担保の今日的課題」伊藤進教授還暦記念論文集（民法における『責任』の横断的考察）二四一頁以下（平成九年）、三林宏「集合（流動）債権担保の有効性」玉田弘毅先生古稀記念（現代民法学の諸問題）三四三頁以下（平成一〇年）、千葉恵美子「集合債権譲渡担保再考――予約型をめぐる最近の判例を契機として――」西原道雄先生古稀記念（現代民事法学の理論）下七一頁以下（平成一四年）、藤井徳展「将来債権の包括的譲渡の有効性――ドイツにおける状況を中心に――」民商一二七巻一号二二頁以下、二号三六頁以下（平成一四年）、高須順一「集合将来債権譲渡担保契約の効力」内山尚三先生追悼（現代民事法学の構想）二七七頁以下（平成一六年）、堀龍兒「集合債権譲渡担保の変遷」早法八〇巻三号一九一頁以下（平成一七年）、同「集合債権論」伊藤進先生古稀記念論文集（担保制度の現代的展開）二五四頁以下（平成一八年）、上江洲純子「集合債権譲渡担保と倒産――ティーシーエム事件を手がかりに――」沖縄法学三六号一四七頁以下（平成一九年）、石口修「集合債権譲渡担保の対抗要件と目的債権の移転時期――最高裁平成一九年二月一五日判決を契機として――」久留米大学法学五八号一頁以下（平成一九年）参照。

(b)　たとえば、Aが継続的な取引関係により日々新たに売掛代金債権を取得するが、他方、この売掛代金債権は弁済等により日々消滅するというケースにおいて、この売掛代金債権を目的としてAよりAの債権者のために設定される譲渡担保権が流動債権譲渡担保権である。（1）そして、ここでも、Aは譲渡担保権者の包括的あるいは概括的な同意のもとに流動債権を処分することができるタイプのものを取り扱う（最判平一三・一一・二二民集五五巻六号一〇五六頁は、担保のために既発生、未発生の債権が一括譲渡された場合で、譲受人から譲渡人の債務者に対し取立ての通知があるまで譲渡人による取立てが許諾され、譲渡人は取立金を譲受人に引き渡す必要がない旨の特約がある事案を扱っている）。Aが流動債権を処分するたびに譲渡担保権者の個別的な同意をえなければならないタイプのものは、通常の集合債権譲渡担保権として扱われる（本書六七一頁参照）。

（1）　流動債権譲渡担保権は、ドイツやスイスにおいてもよく利用されている。

ドイツにおいては、Sicherungsglobalzession と呼ばれ、通常の譲渡担保権の場合と同様に債権が信託的に譲渡担保権者に移転するとされる（本書六八〇頁参照）。この場合、特に重要なのは将来生じる債権の特定であり、譲渡担保権設定の時点で、債権がその発生原因と範囲によって特定されなければならないとされている。債権質権の場合と異なり、第三債務者への設定の通知は不要であり（ドイツ民法一二八〇条参照。債権質権の場合には第三債務者への通知が必要であるが、債権譲渡の場合には債務者への通知は要求されない）、また、譲渡担保権者は債務者の協力なしに目的債権を取り立てることができるという大きな自由を有する（ドイツ民法一二八一条参照。債権質権の場合には債務者と共同して取り立てなければならない）。債務者は、通常、譲渡担保権者から債務者の名で目的債権を取り立てることができるという権限を与えられている（授権。ドイツ民法一八五条）。流動債権譲渡担保権においては、しばしば過剰担保（Übersicherung. 本書四〇九頁以下参照）の問題が生じる。以上については、Prütting, Nr. 401 und 846 ff.

スイスにおいては、Globalzession と呼ばれ、現在の債権および将来債務者の業務から生じる債権の全部が通常の譲渡担保権の場合と同様に信託的に譲渡担保権者に移転するとされる（本書六八〇頁参照）。将来の債権は、第三債務者、法律上の原因、額に関して十分に特定されるか特定可能でなければならない。第三債務者への設定の通知は要求されない。流動債権譲渡担保権を含む債権譲渡担保権の重要性は巨大であり、銀行業務においては債権質権をほとんど完全に駆逐している。流動債権譲渡担保権は無制限に認められるわけではなく、良俗に反するような場合には許されない。以上については、Schmid, Nr. 2022 ff.

フランスにおいては、前に説明したように、将来生じる債権を含む債権の集合に質権を設定することが認められている（本書一五二頁参照）。なお、変動する預金債権に質権が設定された場合、質権実行時における預金残高が質権の目的になるとされる（フランス民法二三六〇条一項）。

(ロ)　流動債権譲渡担保権の法的性質

(a)　流動債権譲渡担保権の法的性質については、あまり論じられていないが、分析論的に考える見解が多いようである。

(b)　(α)　流動債権譲渡担保権は、流動動産譲渡担保権の場合と同じく、あらかじめ定められた一定範囲に属する増減変動する個々の債権、すなわち、個々の流動債権に設定される譲渡担保権である(1)。そして、流動債権譲渡担保権は、流動債権を譲渡担保権を実行する時点で目的債権として確定（固定）し、それから優先弁済を受けようとする担保権である（以下、流動債権が目的債権として確定する期日を目的債権確定期日という）。

それゆえ、流動債権譲渡担保権は、目的債権確定期日前においては、これを実行することができず、流動債権が目的債権確定期日に存在すればそれから優先弁済をえることができるという期待権として存在する。これに対し、流動債権譲渡担保権は、目的債権確定期日以後においては実行可能な確定譲渡担保権として存在する。ある流動債権についての期待権は、その債権が目的債権確定期日に存在すれば、すなわち、目的債権として確定すれば（以下、目的債権として確定した債権を確権という）、その債権についての確定譲渡担保権になるのである。

（1）　流動債権譲渡担保権は、根譲渡担保権でもあるのが普通である。

(β)　流動債権譲渡担保権の公示方法は、譲渡担保権設定の登記（動産債権譲渡特八条二項四号参照）や通知・承諾であるが、流動債権譲渡担保権の設定に際し流動債権の範囲を特定するために必要な事項につき登記や通知・承諾が行われれば、その後に流動債権の範囲に入る債権が生じた時点で当該債権につき譲渡担保権が設定されて公示方法が充足されたものとして扱われ、当該債権についての譲渡担保権はその時点で成立する。しかし、当該債権についての譲渡担保権の優先順位は当初の登記や通知・承諾の時によると解される。

動産及び債権の譲渡の対抗要件に関する民法の特例等に関する法律八条二項四号は、法人により行われる譲渡に係る債権を特定するために必要な事項、すなわち、流動債権の範囲を特定するために必要な事項を登記しなければならないと規定するが、これは、流動債権の範囲に入る債権が生じればその時点で当該債権につき譲渡担保権が設定されて登記の要件が充足されたものとして扱うこと、および、当該債権についての譲渡担保権の優先順位は当初の特定するために必要な事項を登記した時が規準になることを意味しているのである。また、譲渡担保権設定の通知・承諾においても、流動債権の範囲を特定するために必要な事項につき通知・承諾が行われれば、登記の場合と同様に解してよいであろう。

以上のように、流動債権譲渡担保権に関しては、登記や通知・承諾においてあらかじめ公示された流動債権の範囲に入る債権が生じた時点で、当該債権につき譲渡担保権が設定されて登記や通知・承諾の要件が充足されたものとして扱われ、当該債権についての譲渡担保権が成立するが、その優先順位は当初の登記や通知・承諾の時によるのである（最判平一九・二・一五民集六一巻一号二四三頁は、将来成立する債権の譲渡担保権につき、通知・承諾の要件が国税の法定納期限前に備わっていた場合、債権が発生すれば通知・承諾の時点で当該債権を譲渡担保権のために取得したことになるとするようである）。

(2) 流動債権譲渡担保権の設定と公示

(イ) 流動債権譲渡担保権の設定

(a) 序　流動債権譲渡担保権の設定は、当事者、すなわち、譲渡担保権者と債務者等の合意で行われるが、ここで特に重要なのは、流動債権の範囲の特定と目的債権確定期日、債権の発生可能性である。

(b) 流動債権の範囲の特定

(α) 流動債権の範囲の特定は、どのような債権が譲渡担保権の目的になるかを明らかにするためのものである[1]。

（1） 債務者に将来生じる一切の債権という特定であっても、流動債権の範囲の特定として欠けるところはない（同旨、道垣内・三四九頁）。しかし、このような譲渡担保権は、債務者の営業活動を不当に制約するとして民法九〇条に反し無効とされる可能性がある（最判平一一・一・二九民集五三巻一号一五一頁参照）。

(β) 流動債権の範囲は、債権額や債権の種類、債権の発生原因、債権の発生期間[1]、第三債務者などにより特定される。

（1） 債権の発生期間は、原則としてどのような期間であってもよい。譲渡担保権設定時から一年間に発生する債権であってもよいし（最判昭五三・一二・一五判時九一六号二五頁）、譲渡担保権設定時から八年三か月間に発生する債権であってもよい（最判平一一・一・二九民集五三巻一号一五一頁）。

(c) 目的債権確定期日　これについては、目的動産確定期日と同様に考えてよい（本書七三二頁以下参照）。

(d) 債権の発生可能性　債権の発生可能性が全くない場合、そのような債権を目的とする譲渡担保権の効力を認める必要はない。しかし、債権の発生可能性があればその可能性が小さくとも、そのような債権を目的とする譲渡担保権は有効であると解すべきである（最判平一一・一・二九民集五三巻一号一五一頁）。

(ロ) 流動債権譲渡担保権の公示

(a) 流動債権譲渡担保権の公示方法は、原則として流動債権譲渡担保権設定の通知やその承諾である（最判平一三・一一・二二民集五五巻六号一〇五六頁）。この場合、流動債権の範囲を特定するために必要な事項につき通知・承諾が行われなければならないが、この通知・承諾が行われれば、流動債権の範囲に入る債権が生じた時点で当該債権につき譲渡担保権が設定されてその通知・承諾が行われたものとして扱われ、その時点で当該債権についての譲渡担保権が成立すると解してよいであろう。そして、当該債権の譲渡担保権の優先順位は、流動債権の範囲を特定するために必要な事項の通知・承諾が行われた時によると考えられる。

(b) 流動債権譲渡担保権設定の通知・承諾は、第三債務者についてのものであるから、第三債務者がいないのに流動債権譲渡担保権が設定された場合、第三債務者が現れた時点で流動債権譲渡担保権設定についての通知・承諾が行われなければならない。たとえば、貸ビル業者が建築中のビルにつき将来生じる賃料債権の上に流動債権譲渡担保権を設定する場合、未だ第三債務者は存在しないから、第三債務者が現れた時点で同人につき流動債権譲渡担保権設定の通知・承諾が行われなければならない。

(c) 債務者の支払停止などを停止条件として流動債権譲渡担保権が設定された場合、支払停止などの危機時期が到来した後に行われた譲渡担保権の設定と同視され、危機否認（破一六二条一項一号）の対象になるとされる（最判平一六・七・一六金法一七二一号四一頁、同判平一六・九・一四金法一七二八号六〇頁）。債務者の支払停止などを停止条件として流動債権譲渡担保権を設定するのは、その実質において支払停止などの危機時期が到来した後に流動債権譲渡担保権を設定するのと変わりはなく、危機否認の対象になると解してよいであろう。

(d) (α) 法人の設定する流動債権譲渡担保権については、流動債権譲渡担保権設定の通知・承諾が公示方法になるが、この外に、登記（譲渡担保を登記原因とする債権譲渡の登記）および登記事項証明書による通知または第三債務者の承諾も公示方法になる（動産債権譲渡特四条一項二項参照）。この場合、流動債権の範囲を特定するために必要な事項が登記されなければならない（動産債権譲渡特八条二項四号参照）。登記された流動債権の範囲に入る債権が生じれば、その時点で当該債権についての譲渡担保権が設定されて登記が具備されたものとして扱われ、当該債権についての譲渡担保権が成立すると解してよいであろう(本書七三九頁参照)。そして、当該債権についての譲渡担保権の優先順位は、流動債権の範囲を特定するために必要な事項の登記の時点が規準になると解してよいであろう。

(β)　登記の時点で第三債務者がいなくとも登記は可能である。この場合、第三債務者が生じれば、第三債務者への通知や同人による承諾が行われなければならない。そして、流動債権の範囲に入る債権が生じれば、その時点で当該債権につき譲渡担保権が設定されて登記および通知・承諾の要件が具備されたものとして扱われ、当該債権についての譲渡担保権が成立するが、その優先順位は登記の時によると解される。

(3)　流動債権譲渡担保権の効力

(イ)　流動債権譲渡担保権の目的債権　流動債権譲渡担保権の目的債権は、目的債権確定期日前にはあらかじめ定められた一定範囲内の増減変動する債権、すなわち、流動債権であり、目的債権確定期日以後には流動債権のうち目的債権確定期日に存在する債権、すなわち、確定目的債権である。流動債権譲渡担保権は、流動債権については期待権として存在する。流動債権が目的債権確定期日前に処分された場合、当該債権についての期待権は消滅する(他の流動債権についての期待権は消滅しない)。流動債権のうち目的債権確定期日に存在する債権＝確定目的債権についてのみ期待権は確定譲渡担保権に転化する。目的債権確定期日後に成立した債権は、目的債権にならない。

(ロ)　流動債権譲渡担保権の効力

(a)　目的債権確定期日前

(α)　債務者等は、譲渡担保権者から流動債権の処分につき包括的あるいは概括的に同意を与えられており、原則としてこれを自由に処分することができる。それゆえ、債務者等の債権者は原則としてこれを自由に差し押さえることができる。これらの場合、処分された流動債権についての譲渡担保権者の期待権は消滅する。

(β)　債務者等が流動債権を不当に処分した場合、次に述べるように期待権の不当な侵害の問題が生じる。

(i)　譲渡担保権者は、目的債権確定期日前には確定目的債権から優先弁済を受けることができるという期待権を有している。債務者等は、譲渡担保権者のこの期待権を不当に害する行為をしてはならない（一一八条）。たとえば、債務者等が目的債権確定期日が到来する直前に譲渡担保権者を害するために流動債権の多くを処分したり、営業上の必要がないのに処分するというのがこれである。

(ii)　債務者等が譲渡担保権者の期待権を不当に侵害した場合の法律関係は、以下の通りである。

第一に、譲渡担保権者は、不当に処分された流動債権につき期待権を失わないと解される。そこで、たとえば、譲渡担保権者は、目的債権確定期日が到来した場合、処分された流動債権が確定目的債権になったとして、これに対し譲渡担保権を実行することができると解してよいであろう。他方、第三者が不当処分につき善意無過失であれば、譲渡禁止の特約のある債権の善意の譲受人の場合（四六六条二項。譲受人は善意無過失でなければならないと解される）と同様、第三者は期待権の伴わない債権を取得すると解される(1)。

第二に、債務者等は、民法一三七条二号により被担保債権につき期限の利益を失うと解される。そこで、譲渡担保権者は、目的債権確定期日の定めのあるなしを問わず目的債権の確定を請求し、直ちに譲渡担保権を実行することができる（本書七三二頁参照）。あるいは、譲渡担保権者は、債務者等に対し相当期間を定めて流動債権の補充を請求し、債務者等がこれに応じなければ、目的債権の確定を請求して譲渡担保権の実行をすることもできると解してよいであろう。

第三に、期待権の不当な侵害により譲渡担保権者に損害が生じた場合、債務者等は譲渡担保権者に対し損害を賠償しなければならない（七〇九条）。

(1)　債務者等が流動債権につき不当に弁済を受けた場合、当該流動債権についての期待権は消滅しないと解される。そこで、譲渡担保権者は、目的債権確定期日が到来した場合、弁済された流動債権が確定目的債権になったとして、これに対し譲渡担保権を実行することができる。他方、第三債務者が不当弁済になることにつき善意無過失であれば、債権の準占有者に対する弁済の場合（四七八条）と同様、弁済は譲渡担保権者に対し主張することができるものになると解される。

(b)　目的債権確定期日以後

(α)　流動債権が確定目的債権になれば、それに対し通常の譲渡担保権＝確定譲渡担保権が成立する。これは、通常、共同債権譲渡担保権である。

(β)　確定譲渡担保権の具体的な実行方法については、債権譲渡担保権や共同譲渡担保権について述べたのと同じである（本書七〇〇頁以下、七〇四頁以下、七一五頁以下参照）。

九　後順位担保権者の地位

(1)　序

(イ)　後順位担保権者は、不動産譲渡担保権については考えるのが困難である。なぜなら、不動産譲渡担保権においては、譲渡担保という登記原因によるとはいえ譲渡担保権者に所有権移転の登記が行われているからである。

(ロ)　しかし、他の種類の譲渡担保権については後順位担保権者の出現が考えられる。このことは、登記のされている動産譲渡担保権や債権譲渡担保権についても同じである。動産譲渡担保権が登記されている場合であっても、動産質権の設定や占有改定による動産譲渡担保権の設定は可能であるし、債権譲渡担保権が登記されている場合であっても、質権設定の通知・承諾による債権質権の設定や譲渡担保権設定の通知・承諾による債権譲渡担保権の設定は可能であるからである。

(2)　後順位担保権者の地位　後順位担保権者の地位は、基本的に仮登記担保権の場合と同様に考えてよい。そこで、後順位担保権者の主たる権能は、清算金請求権への物上代位権（仮登記担保四条参照）と目的物や目的債権などについての競売や担保権の実行申立権（仮登記担保一二条参照）である。(1) 詳細は、仮登記担保権について述べたのや、動産質権や権利質権の流質契約における後順位担保権者について述べたのを参照されたい（本書六五二頁以下、一八四頁以下、二四八頁以下参照）。

（1）　譲渡担保権が二重に設定された場合、後順位の譲渡担保権者が譲渡担保権の実行として目的物や目的債権などを取得するのは許されるであろうか（最判平一八・七・二〇民集六〇巻六号二四九九頁は消極的なようである）。この場合、後順位の譲渡担保権者は譲渡担保権付の目的物や目的債権などを取得すると考えられ、先順位の譲渡担保権者は不利益を受けない。それゆえ、問題を積極的に解してよいであろう。

一〇　受戻権

(1)　序　譲渡担保権が仮登記担保権に類似した担保物権に準じる権利である以上、譲渡担保権についても受戻権が認められるべきである。すなわち、債務者等は、清算金の支払いを受けるまでは、被担保債権等の額に相当する金銭を譲渡担保権者に提供して、目的物の所有権や目的債権などを受け戻すことができる[1]（仮登記担保一一条本文参照）。他方、債務者等は、清算期間の経過後五年が経過した場合、あるいは、第三者が受戻権の存在につき善意で目的物の所有権や目的債権などを取得する契約を結び債務者等より先に公示方法を備えたような場合、受戻権を行使することはできない（仮登記担保一一条但書参照）。詳細は、仮登記担保権について述べたのを参照されたい（本書六五九頁以下参照）。

（1）　高木・三六三頁以下、平野・二七二頁、清水・二四六頁参照。

(2)　受戻権の行使　受戻権の行使については、仮登記担保権の場合と同様に考えてよい。そこで、詳細は仮登記担保権について述べたのを参照されたい[1][2][3]（本書六六〇頁以下参照）。

（1）　判例は、清算金が生じない場合、譲渡担保権者が債務者等に対し清算金が生じない旨を通知すれば、債務者等は受戻権を行使することができないとする（最判昭六二・二・一二民集四一巻一号六七頁）。しかし、譲渡担保権者は、債務者等に対し清算金が生じない旨を通知し、かつ、清算期間の経過後に公示方法を備えない限り目的物の所有権や目的債権などを取得することができないと解されるから（本書六九八頁、六九九頁以下、七〇〇頁以下参照）、それまでは受戻権の問題は生じず、その後は清算金がないから債務者等は受戻権を行使することができないと解すべきである。

（2）　判例は、譲渡担保権者が目的物を第三者に譲渡した場合、清算金が未払いであっても債務者等は受戻権を有せず（最判昭六二・二・一二民集四一巻一号六七頁）。このことは第三者が清算金の未払いにつき背信的悪意を有する場合であっても同じであるとする（最判平六・二・二二民集四八巻二号四一四頁）。しかし、仮登記担保権の場合と同じように、債務者等は清算金が支払われない限り受戻権を有し、第三者が受戻権の存在を知って譲り受け（清算金の未払いを知っていた場合、通常、受戻権の存在を知っていたといえよう）、かつ、譲渡担保権者において第三者の所有権取得により債務者等が害されるのを知っていた場合（ほとんどの場合、譲渡担保権者は知っている）には債務者等が優先し、そうでない場合には所有権の移転につき先に公示方法を備えた方が優先すると解すべきである（本書六六二頁以下参照）。なお、第三者が優先する場合であっても、債務者等は清算金請求権を被担保債権として留置権を行使することができるのは当然である。

(3)　判例は、債務者等は、譲渡担保権者が清算金の支払いやその提供をせず、清算金がない旨の通知もしない間は受戻権を放棄しても清算金請求権を取得することはできないとする（最判平八・一一・二二民集五〇巻一〇号二七〇二頁）。

私見によれば、債務者等は清算期間が経過しなければ清算金請求権を取得しない（本書六九八頁参照）。そして、債務者等は清算期間が経過すれば清算金請求権を取得するが、これは受戻権の放棄の有無と関係がない。

譲渡担保権者がいつまでも清算金の見積額や清算金がない旨を通知しない場合、清算期間は進行を開始せず、いつまでたっても債務者等に清算金請求権が生じない。それゆえ、債務者等が履行遅滞後に譲渡担保権者に対し相当期間を定めて右の通知を催告し、その期間内に通知がなければ通知があったものとして処理してよいであろう。この場合、相当期間が経過した時から二か月が清算期間になる（近江・二九九頁参照）。債務者等や後順位担保権者は、それぞれが主張する額の清算金請求権が存在するとして支払いを求めたり物上代位をすることができると解される（その額が妥当であるかどうかは裁判所の判断を受ける）。

二　譲渡担保権の消滅

(1)　序

(イ)　譲渡担保権は、担保物権に準じる権利であり、一般の担保物権と同様の原因で消滅する。たとえば、目的物の滅失、被担保債権等の消滅、譲渡担保権の放棄や混同などにより消滅する。

(ロ)　被担保債権等の弁済と譲渡担保権の登記の抹消は、抵当権の場合と同様、公平上同時履行の関係に立つと解すべきである[1]（本書四七三頁参照）。

（1）　判例は、被担保債権の弁済と目的物の返還は同時履行の関係に立たず、弁済の方が先履行であるとする（最判平六・九・八判時一五一一号七一頁）。

(2)　時効による消滅

(イ)　私見によれば、抵当権は民法三九七条の場合を除き被担保債権とは別個に消滅時効により消滅しないと解されるが（三九六条。本書四七三頁以下参照）、譲渡担保権も、実質上抵当権とあまり変わらぬ担保物権に準じる権利であり、民法三九七条の場合を除き被担保債権とは別個に消滅時効により消滅することはないと解すべきである。

(ロ)　抵当権は抵当不動産の占有者が取得時効に必要な要件を具備する占有をした場合に消滅するとされているが（三九七条。本書四七三頁以下参照）、譲渡担保権についても同様に扱われるべきである。この場合、占有者が債務者等であってもよいことや取得時効に必要な要件を具備する占有の意義についても抵当権の場合と同じである（本書四七六頁以下参照）。債権譲渡担保権についても同様に考えられる（一六三条参照）。

(3)　第三取得者による譲渡担保権消滅請求

(イ)　不動産譲渡担保権については、譲渡担保を登記原因とするとはいえ譲渡担保権者に所有権移転の登記がされており、第三取得者（債務者等から目的物を取得した者）が出現するのを考えるのは困難である。しかし、他の種類の譲渡担保権については第三取得者の出現が考えられる。このことは、登記のされている動産譲渡担保権や債権譲渡担保権についても同じである。登記のされている動産譲渡担保権の場合であっても、債務者等が引渡し（一七八条）により第三者に目的物の所有権を移転することは可能であるし、登記のされている債権譲渡担保権の場合であっても、債務者等が債権譲渡の通知・承諾（四六七条）により第三者に債権を譲渡することは可能であるからである。これらの第三取得者は、譲渡担保権消滅請求をすることができるであろうか。

(ロ)　(a)　動産譲渡担保権は、動産抵当権に類似する。しかし、農業用動産抵当権においては明文で第三取得者による抵当権消滅請求は否定されているし（農業動産信用法一二条二項但書）、航空機抵当権や建設機械抵当権などにおいても一般に第三取得者による抵当権消滅請求は否定されている。また、動産譲渡担保権や債権譲渡担保権は動産質権や債権質権に類似するが、動産質権や債権質権においては第三取得者による質権消滅請求は認められていない。

(b) 以上のように、動産譲渡担保権や債権譲渡担保権に類似の担保権については第三取得者による担保権消滅請求は認められていない。また、第三取得者による譲渡担保権消滅請求を認めれば、譲渡担保権者の地位が不安定になることは否定できない。それゆえ、第三取得者による譲渡担保権消滅請求は否定的に解するのが妥当であろう。第三取得者としては、第三者弁済（四七四条）により譲渡担保権を消滅させることは可能であるし、また、譲渡担保権が実行されても売主の担保責任（五六七条参照）により保護されると解すべきであり、譲渡担保権消滅請求が認められないとしてもやむをえないであろう。

第三節　権利移転型譲渡担保権

一　序

(1) 権利移転型譲渡担保権とは、当事者が権利を移転する意思を持って担保目的のために（被担保債権が弁済されれば返還するという義務を伴う）権利を移転することにより債権を担保する場合の担保権をいう。この場合、譲渡担保権者は、債務者が債務を履行しなければ、返還義務のない権利を取得したり、目的物や目的債権などに対する強制執行手続きや担保権の実行手続きなどにおいて優先弁済を受けることができるという仮登記担保権者に類似の地位を取得する。

(2) (イ) 権利移転型譲渡担保権は、担保目的を持つ買戻し（五七九条）や再売買の予約を包含する。(1)

（1） 生態長幸「買戻・再売買予約の機能と効用」担保法大系4四四六頁以下（昭和六〇年）、伊藤栄樹「売渡担保概念の意義について」片山金章先生追悼論文集（法と法学の明日を求めて）四〇九頁以下（平成元年）、平井一雄「担保目的でなされる買戻に関する一考察」独協大学法学部創設二十五周年記念論文集一四三頁以下（平成四年）、加藤雅信「非典型担保法の体系」別冊NBL三一号六四頁（平成七年）、高木・三三一

頁以下、平野・二四〇頁以下、道垣内・二九六頁以下、松井・一八五頁参照

(ロ)　一般に、担保目的を持つ買戻しや再売買の予約は、被担保債権を有しない点で譲渡担保権と異なるとされる。しかし、担保目的を持つということは、債権を担保するということであり、被担保債権の存在を前提にしているといわざるをえない。被担保債権が存在しないのに担保目的を持つということはありえない。担保目的を持つ買戻しや再売買の予約は、形式的に見れば被担保債権を有しないが、担保目的という点から見れば被担保債権の存在を前提としているといわざるをえないのである。それゆえ、権利移転型譲渡担保権は、当事者が権利を移転する意思を持って担保目的のために権利を移転する形式の担保権であるから、担保目的を持つ買戻しや再売買の予約を包含するというべきである（最判平一八・二・七民集六〇巻二号四八〇頁参照）。

(ハ)　担保目的を持つ買戻しや再売買の予約と譲渡担保権を目的物の占有（直接占有）によって区別する見解も有力である[1]。すなわち、買主が目的物の占有をするのが担保目的を持つ買戻しや再売買の予約であり、売主が目的物の占有をするのが譲渡担保権であるというのである。しかし、譲渡担保権は、当事者が権利を移転する意思を持って担保目的のために権利を移転する形式の担保権であり、譲渡担保権者が目的物を占有（直接占有）するかどうかを問わないというべきである。それゆえ、担保目的を持つ買戻しや再売買の予約と譲渡担保権を目的物の占有によって区別するのは妥当でない。もっとも、後述のように、譲渡担保権においては、譲渡担保権者が目的物を占有するのは許されないと解すべきである（本書七五二頁参照）。

（1）　三藤邦彦「不動産の譲渡担保・所有権留保」私法三四号四三頁以下（昭和四七年）、来栖三郎・契約法二二一頁以下（昭和四九年）、槇・三一一頁以下、近江・二七七頁。

(3)　以下においては、権利移転型譲渡担保権が非権利移転型譲渡担保権と異なって処理されるべき点を中心に説明する。その他の点については、非権利移転型譲渡担保権に関する説明を参照されたい。

二　公示方法

(1)　不動産譲渡担保権について

(イ)　原則として譲渡担保を登記原因とする所有権移転の登記が行われるべきである。この登記によって、担保目的のために、すなわち、返還義務を伴って所有権が移転されていることが公示されているといえるからである。この場合、虚偽表示ではないかという疑問はない。これに対し、仮登記担保権においては、清算期間の経過後に所有権が移転するとされ、さらに、所有権移転の登記と清算金の支払いは同時履行の関係に立ちこれに反する特約は原則として無効であるとされているのであるが（仮登記担保二条一項・三条二項三項本文）、返還義務を伴うとはいえ所有権移転の登記を行うのは仮登記担保権に関する右の諸規定の趣旨に反するのではないかという疑問がある。しかし、譲渡担保権者は、後述のように、清算期間が経過しなければ返還義務消滅の承諾を請求する（返還義務消滅の承諾の意思表示を請求する）ことができず、また、返還義務消滅の承諾および譲渡担保を登記原因とする所有権移転の登記の譲渡担保の実行などを登記原因とする所有権移転の登記への変更登記（これが返還義務の消滅の公示方法になる）と清算金の支払いは同時履行の関係にあると解されるから（本書七五四頁参照）、仮登記担保契約に関する法律二条一項・三条二項三項本文の趣旨に反しないと考える。

以上のように解せば、譲渡担保を登記原因とする所有権移転の登記は、権利移転型譲渡担保権と非権利移転型譲渡担保権の両者において公示方法になることになる。このように解しても、第三者は、調査によりいずれのタイプの譲渡担保権であるかを知ることができるから、不当に害されるわけではない。仮登記担保権においても、仮登記が担保仮登記であるか否かは第三者の調査により判明するのである。

(ロ)　売買などを登記原因とする所有権移転の登記をするのは、返還義務が公示されず、虚偽表示ではないかという疑問がある。また、売買などを登記原因とする所有権移転の登記を行うのは、仮登記担保契約に関する法律二条一項・三条二項三項本文の趣旨に反するのではないかという疑問もある。それゆえ、売買などを登記原因とする所有権移転の登記をした場合、譲渡担保権は、買戻権の登記や再売買の予約から生じる所有権移転請求権の保全の仮登記をした場合に限り効力を生じると解すべきである（これらの登記や仮登記が返還義務の公示方法になる）。そして、この場合、後述のように、譲渡担保権者は、清算期間が経過しなければ返還義務消滅の承諾を請求する（買戻権や再売買の予約から生じる所有権移転請求権の消滅の意思表示を請求する）ことができず、また、返還義務消滅の承諾および買戻権の登記や所有権移転請求権の保全の仮登記の抹消と清算金の支払いは同時履行の関係にあると解すべきである（本書七五四頁参照）。このように解せば、民法九四条一項や仮登記担保契約に関する法律二条一項・三条二項三項本文の趣旨に反するのを免れることができると考えられる。

(2) 動産譲渡担保権について

(イ) 登記のされている動産譲渡担保権については、不動産譲渡担保権の場合と同様に考えてよい。この場合、動産譲渡登記ファイルに買戻権の登記や再売買の予約から生じる所有権移転請求権の保全の仮登記をするのは可能であると解すべきである。

(ロ) 占有改定による動産譲渡担保権については、譲渡担保による所有権移転が合意された場合、非権利移転型譲渡担保権の場合と異なり、これを否定する理由はない（本書六八二頁以下参照）。この場合、返還義務は債務者等の目的物の直接占有により公示されていると考えられる。そして、譲渡担保権者は、清算期間が経過しなければ返還義務消滅の承諾を請求することができず、また、返還義務消滅の承諾や目的物の現実の引渡しと清算金の支払いは同時履行の関係にあると解される。他方、売買などによる所有権移転が合意された場合、買戻権や再売買の予約が合意されない限り譲渡担保権は効力を生じないと解すべきである。この場合、買戻権や再売買の予約から生じる所有権移転請求権は債務者等の目的物の直接占有により公示されていると考えられる。そして、譲渡担保権者は、清算期間が経過しなければ返還義務消滅の承諾を請求する（買戻権や再売買の予約から生じる所有権移転請求権の消滅の意思表示を請求する）ことができず、また、返還義務消滅の承諾や目的物の現実の引渡しと清算金の支払いは同時履行の関係にあると解される。

(ハ)　明認方法による動産譲渡担保権については、譲渡担保による所有権移転が公示された場合、非権利移転型譲渡担保権の場合と異なり、これを否定する理由はない(本書六八二頁以下参照)。この場合、譲渡担保権者は、清算期間が経過しなければ返還義務消滅の承諾を請求することができず、また、返還義務消滅の承諾や明認方法の抹消、目的物の引渡しと清算金の支払いは同時履行の関係にあると解される。他方、売買などによる所有権移転が公示された場合、買戻権や再売買の予約が明認方法で公示されない限り譲渡担保権は効力を生じないと解すべきである。そして、譲渡担保権者は、清算期間が経過しなければ返還義務消滅の承諾を請求する(買戻権や再売買の予約から生じる所有権移転請求権の消滅の意思表示を請求する)ことができず、また、返還義務消滅の承諾や明認方法の抹消、目的物の引渡しと清算金の支払いは同時履行の関係にあると解される。

(ニ)　譲渡担保権者の直接占有により譲渡担保権を設定する(直接占有により譲渡担保権を公示する)のは許されないと解すべきである。譲渡担保権者が目的物を直接占有するのは、清算期間の経過後に所有権が移転し、さらに、目的物の引渡しと清算金の支払いは同時履行の関係に立ちこれに反する特約は原則として無効であるとする仮登記担保契約に関する法律二条一項・三条二項三項本文の趣旨に反するといわざるをえない。そのような譲渡担保権は、効力を有しない(1)。

(1)　不動産譲渡担保権や登記により公示された動産譲渡担保権、明認方法により公示された動産譲渡担保権においても、譲渡担保権者が目的物を直接占有するのは、仮登記担保契約に関する法律二条一項・三条二項三項本文の趣旨に反し許されないと解される(本書六八三頁注(1)参照)。

(3)　債権譲渡担保権について

(イ)　登記のされている債権譲渡担保権については、譲渡担保を登記原因とする債権譲渡の登記がされた場合には問題がない。この場合、譲渡担保権者は、清算期間が経過しなければ返還義務消滅の承諾を請求することができず、また、返還義務消滅の承諾および譲渡担保を登記原因とする債権譲渡の登記の譲渡担保の実行などを登記原因とする債権譲渡の登記への変更登記(これが返還義務消滅の公示方法になる)と清算金の支払いは同時履行の関係にあると解される。譲渡担保権者は、返還義務消滅の承諾と変更登記、変更登記に関する登記事項証明書による第三債務者への通知またはその承諾により返還義務の消滅した債権を取得するが、右の通知を自ら行うことができるから（動産債権譲渡特四条二項参照）、右の通知と清算金の支払いは同時履行の関係に立たない。

売買などを登記原因とする債権譲渡の登記が行われた場合には、買戻権の登記や再売買の予約から生じる債権移転請求権の保全の仮登記が行われ、これらの登記に関する登記事項証明書による第三債務者への通知（譲渡担保権者が自ら行うことができる）またはその承諾がない限り、譲渡担保権は効力を生じないと解すべきである。そして、譲渡担保権者は、清算期間が経過しなければ返還義務消滅の承諾を請求する（買戻権や再売買の予約から生じる債権移転請求権の消滅の意思表示を請求する）ことができず、また、返還義務消滅の承諾および買戻権の登記や再売買の予約から生じる債権移転請求権の保全の仮登記の抹消と清算金の支払いは同時履行の関係にあると解される。譲渡担保権者は、返還義務消滅の承諾と登記の抹消、抹消登記に関する登記事項証明書による第三債務者への通知またはその承諾により返還義務の消滅した債権を取得するが、右の通知を自ら行うことができるから、右の通知と清算金の支払いは同時履行の関係に立たない。

(ロ)　譲渡担保による債権譲渡の通知・承諾が行われた場合には問題がない。この場合、譲渡担保権者は、清算期間が経過しなければ返還義務消滅の承諾を請求することができず、また、返還義務消滅の承諾および譲渡担保の実行などによる債権譲渡の通知・承諾（これが返還義務消滅の公示方法になる）と清算金の支払いは同時履行の関係にある。

売買などによる債権譲渡の通知・承諾が行われた場合には、買戻権や再売買の予約についても通知・承諾が行われた場合に限り譲渡担保権の効力が生じると解すべきである。この場合、譲渡担保権者は、清算期間が経過しなければ返還義務消滅の承諾を請求する（買戻権や再売買の予約から生じる債権移転請求権の消滅の意思表示を請求する）ことができず、また、返還義務消滅の承諾および第三債務者へのその通知または第三債務者によるその承諾（買戻権や再売買の予約から生じる債権移転請求権の消滅の通知・承諾）と清算金の支払いは同時履行の関係にある。

三　譲渡担保権の実行

(1)　不動産譲渡担保権について

(イ)　譲渡担保権の本来的効力の場合

(a)　目的物の所有権は、譲渡担保権の設定時に譲渡担保権者に移転しているが、それには債務者等が被担保債権等を弁済（または、第三者弁済）すれば債務者等に返還しなければならないという返還義務が伴っている。

それゆえ、譲渡担保権者は、清算期間が経過すれば、返還義務の消滅請求権（返還義務消滅の意思表示を求める請求権）と譲渡担保を登記原因とする所有権移転の登記の譲渡担保の実行などを登記原因とする所有権移転の登記への変更登記請求権を取得し、これにより返還義務の消滅した所有権を取得する。あるいは、譲渡担保権者は、清算期間が経過すれば返還義務の消滅請求権（買戻権や再売買の予約から生じる所有権移転請求権の消滅の意思表示を求める請求権）と買戻権の登記や再売買の予約から生じる所有権移転請求権の保全の仮登記の抹消登記請求権を取得し、これにより返還義務の消滅した所有権を取得する。

これに対し、債務者等は、清算期間が経過すれば清算金請求権を取得する。右の返還義務消滅の意思表示や変更登記、登記の抹消と清算金の支払いは、同時履行の関係に立つ。

そこで、譲渡担保権者は、債務者が履行遅滞に陥った場合、清算金の見積額を債務者等に通知し、その到達の日から二か月が経過すれば、清算金の支払いと引換えに返還義務消滅の意思表示および譲渡担保を登記原因とする所有権移転の登記につき譲渡担保の実行などを登記原因とする所有権移転の登記への変更登記を求めることができる。あるいは、譲渡担保権者は、清算金の支払いと引換えに返還義務消滅の意思表示および買戻権の登記や所有権移転請求権の保全の仮登記の抹消を求めることができる。

(b)　譲渡担保権者は、清算期間の経過後に清算金の支払いと引換えに目的物の引渡しを求めることができる。それゆえ、譲渡担保権者がこのような手続きを踏まずに真正な買戻特約付売買契約を所有権の取得原因として目的物の引渡しを求めるのは許されない（最判平一八・二・七民集六〇巻二号四八〇頁参照）。

(ロ) 譲渡担保権の抵当権的効力の場合　譲渡担保権者は、目的物の登記（譲渡担保を登記原因とする所有権移転の登記、あるいは、売買などを登記原因とする所有権移転の登記と買戻権の登記または再売買の予約から生じる所有権移転請求権の保全の仮登記）に関する登記事項証明書などを提出して目的物の競売を申し立てたり、先順位の担保権者の申立てによる競売手続きにおいて順位に応じた配当を受けることができる。

(2) 動産譲渡担保権について

(イ) 登記のされている動産譲渡担保権

(a) 譲渡担保権の本来的効力の場合については、不動産譲渡担保権について述べたのと同じである。

(b) 譲渡担保権の抵当権的効力の場合については、非権利移転型譲渡担保権の登記のされている動産譲渡担保権について述べたのとほぼ同じである（本書七〇二頁以下、七〇六頁以下参照）。譲渡担保権者は、目的物の登記（譲渡担保を登記原因とする動産譲渡の登記、あるいは、売買などを登記原因とする動産譲渡の登記と買戻権の登記または再売買の予約から生じる所有権移転請求権の保全の仮登記）に関する登記事項証明書などを提出して目的物の競売を申し立てたり、他の債権者の申立てによる強制執行手続きなどにおいて順位に応じた配当を受けることができる。

(ロ) 占有改定や明認方法による動産譲渡担保権

(a) 譲渡担保権の本来的効力の場合については、譲渡担保権者は、清算期間の経過後に清算金の支払いと引換えに返還義務消滅の意思表示や明認方法の抹消、目的物の引渡しを求めることができる。

(b) 譲渡担保権の抵当権的効力の場合については、非権利移転型譲渡担保権の占有改定や明認方法による動産譲渡担保権について述べたのとほぼ同じである（本書七〇三頁以下、七〇六頁以下参照）。

(3) 債権譲渡担保権について

(イ) 登記のされている債権譲渡担保権

(a) 譲渡担保権の本来的効力の場合については、不動産譲渡担保権について述べたことの外に、以下のようになるであろう。

譲渡担保権の本来的効力の場合、返還義務消滅の意思表示や譲渡担保を登記原因とする債権譲渡の登記につき譲渡担保の実行などを登記原因とする債権譲渡の登記への変更登記、買戻権の登記や再売買の予約から生じる債権移転請求権の保全の仮登記の抹消が行われるが、これらの変更登記や抹消登記に係る登記事項証明書による第三債務者への返還義務消滅についての通知あるいは第三債務者によるその承諾も必要である。登記事項証明書による第三債務者への通知は、譲渡担保権者が自ら行うことができる（動産債権譲渡特四条二項参照）。第三債務者への右の通知・承諾がなければ、譲渡担保権者は目的債権を取り立てることができないと解される。

(b)　譲渡担保権の抵当権的効力については、非権利移転型譲渡担保権の登記のされている債権譲渡担保権について述べたのとほぼ同じであるが（本書七〇四頁以下、七〇七頁以下参照）、譲渡担保権者は、譲渡担保権の登記（譲渡担保を登記原因とする債権譲渡の登記、あるいは、売買などを登記原因とする債権譲渡の登記と買戻権の登記または再売買の予約から生じる債権移転請求権の保全の仮登記）に関する登記事項証明書などを提出して目的債権に対する担保権の実行を申し立てたり、他の債権者の申立てによる強制執行手続きなどにおいて順位に応じた配当を受けることができる。

(ロ)　債権譲渡の通知・承諾による債権譲渡担保権

(a)　譲渡担保権の本来的効力の場合については、譲渡担保権者は、清算期間が経過すれば、債務者等に対し、清算金の支払いと引換えに、返還義務消滅の意思表示および譲渡担保の実行などによる債権譲渡の第三債務者への通知または第三債務者によるその承諾を求めることができる。あるいは、譲渡担保権者は、債務者等に対し、清算金の支払いと引換えに、返還義務消滅の意思表示および買戻権や再売買の予約から生じる債権移転請求権の消滅の第三債務者への通知または第三債務者によるその承諾を求めることができる。譲渡担保権者は、これらの通知・承諾がなければ目的債権を取り立てることができないと解される。

(b)　譲渡担保権の抵当権的効力の場合については、非権利移転型譲渡担保権の譲渡担保権設定の通知・承諾による債権譲渡担保権について述べたのとほぼ同じである（本書七〇五頁、七〇七頁以下参照）。ただ、若干、注意すべき点を述べておく。

四　その他

(1)　その他については、非権利移転型譲渡担保権について説明したのとほぼ同じであるが、若干、注意すべき点を述べておく。

(2)　債務者等が破産した場合、譲渡担保権者は別除権者として扱われる。譲渡担保権者は、担保目的のために（返還義務の伴う）権利を取得しており、取戻権者として扱うのは過ぎたるものであるし、また、別除権者として扱っても、破産手続きによらずに、本来的効力や抵当権的効力を実現することができ（本書七〇八頁参照）、何ら害されないからである。

譲渡担保権者が破産した場合、債務者等は取戻権者として扱われる。債務者等は、被担保債権等を弁済すれば権利を取り戻すことできる。しかも、この取り戻す権利は、譲渡担保を登記原因とする権利移転の登記や買戻権の登記、再売買の予約から生じる権利移転請求権の保全の仮登記などにより公示されている。それゆえ、債務者等は取戻権者として扱われるべきである。

(3)　債務者等の債権者が目的物（動産）や目的債権を差し押さえた場合、譲渡担保権者は、その強制執行手続きにおいて優先弁済を受けることができるにとどまり、第三者異議の訴え（民執三八条）を提起することはできないと解すべきである。譲渡担保権者は、担保目的のために目的物や目的債権を取得しており、他の債権者による強制執行手続きにおいて優先弁済を受ければそれで満足すべきだからである。譲渡担保権に類似の仮登記担保権においても同様に扱われている（仮登記担保一三条一項）。

譲渡担保権者の債権者が目的物や目的債権を差し押さえた場合、債務者等は第三者異議の訴えを提起することができると解すべきである。債務者等は、被担保債権等を弁済すれば目的物や目的債権を取り戻すことができ、しかも、この取り戻す権利は、譲渡担保を登記原因とする権利移転の登記や買戻権の登記、再売買の予約から生じる権利移転請求権の保全の仮登記などにより公示されているからである。

第八章　所有権留保

第一節　序

一　序

(1) (イ) 所有権留保の意義　所有権留保(1)とは、物の売主が代金債権を担保するために物の所有権を自己に留保する形式の担保権である。広く行われているが、問題点も多い。

(1) 所有権留保については、杉山直治郎「割賦払契約ヲ論ス」志林一三巻八・九号一四七頁以下(明治四四年)、三瀦信三「所有権留保論」法協三五巻四号一頁以下、五号六一頁以下(大正六年)、石田文次郎「担保的作用より見たる所有権留保契約」民法研究一巻二七四頁以下(昭和九年)、谷口知平「月賦販売の目的物――所有権留保の目的物――」経済学雑誌一巻七号三五頁以下(昭和一二年)、槇悌次「従物と物概念の拡張――従物供給者の所有権留保と主物不動産上の抵当権を中心として――」関大法学論集九巻五・六号五〇頁以下(昭和三五年)、幾代通「割賦販売――所有権留保売買」契約法大系Ⅱ二八九頁以下(昭和三七年)、谷川久「動産割賦売買契約における債権確保のための諸条項と問題点」法雑一〇巻三号六二頁以下(昭和三九年)、神崎克郎「所有権留保売買とその展開」神法一四巻三号四八三頁以下(昭和三九年)、船越隆司「期待権論――所有権留保の場合を主眼に――」新報七二巻四号二五頁以下(昭和四〇年)、山崎寛「所有権留保売買買主の所有期待権の譲渡について――留保買主の期待権――」法と政治一七巻四号九七頁以下(昭和四一年)、中野貞一郎「割賦販売をめぐる強制執行法上の問題――ドイツの理論と実務――」強制執行・破産の研究一九三頁以下(昭和四六年)、松本博之「所有権留保と強制執行――『強制執行法案要綱案(第一次試案)』第一一四を契機として――」法雑一九巻一号一〇七頁以下(昭和四七年)、石川明「所有権が留保された割賦販売の目的物に対する売主の強制執行」新報八〇巻一号三五頁以下(昭和四八年)、岡本詔治「所有権留保売買における占有をなす権利」松山商科大学創立五十周年記念論文集六〇九頁以下(昭和四八年)、新田宗吉「所有権留保売買における法律関係」上法二〇巻一号九七頁以下、二号一五一頁以下(昭和五一年―五二年)、米倉明・所有権留保の実証的研究(昭和五二年)、田中整爾「所有権留保売買をめぐる占有関係――主としてドイツ法を中心として――」民商七八巻臨時増刊号(1)二三七頁以下(昭和五三年)、大島和夫「所有権留保と条件付所有権移転」神戸外大論叢三〇巻二号六五頁以下(昭和五四年)、新井誠「今世紀ドイツにおける期待権概念と所有権留保との交錯――続・条件附法律行為概念の本質を索めて――」国学院法学二〇巻四号一八七頁以下(昭和五八年)、大島和夫「所有権留保売買と第三取得者の権利」民商九〇巻五号六一一頁以下(昭和五九年)、三上威彦「基本的所有権留保と破産手続」判タ五二九号二五頁以下、五三六号五〇頁以下(昭和五九年)、山野目章夫「フランス法における動産売主のための担保」法学四九巻二号九〇頁以下、三号九六頁以下(昭和六〇年)、安永正昭「所有権留保の内容・効力」担保法大系4三七〇頁以下(昭和六〇年)、増田晋＝山岸良太＝古曳正夫「所有権留保をめぐる実務上の諸問題」同書四〇二頁以下、小林昭彦「所有権留保と民事執行手続上の問題点」同書四三三頁以下、竹下守夫「所有権留保と破産・会社更生」担保権と民事執行・倒産手続二六七頁以下(平成二年)、小林資郎「所有権留保売買における買主の物権的期待権」北海学園二六巻二号一頁以下、三〇巻二号二五頁以下(平成二年―一六年)、大島和夫「条件理論と期待権」奥田昌道先生還暦記念(民事法理論の諸問題)上一〇三頁以下(平成五年)、松井宏興「所有権留保売買で残された基本的論点は何か――拡大された所有権留保の法的有効性と効力について――」講座・現代契約と現代債権の展望3一〇一頁以下(平成六年)、古積健三郎「従物上に存在する複数の担保権の優劣関係――所有権留保における期待権構成への疑問――」奥田昌道先生還暦記念(民事法理論の諸問題)下二二一頁以下(平成七年)、米倉明・民法研究一巻(平成九年)、林錫璋「所有権留保と目的物の第三取得者」債権と担保二四三頁以下(平成九年)、道垣内弘人・買主の倒産における動産売主の保護(平成九年)、石川智之「所有権留保に関する一考察」日本大学大学院法学研究年報三四号一一七頁以下(平成一七年)、石口修・所有権留保の現代的課題(平成一八年)参照。

(ロ)　主な問題点は、次の二点である。

第一は、所有権留保が代金債権を担保するために行われるとすれば、それは虚偽表示(九四条)ではないかという問題である。所有権留保においては、実質は買主の売主に対する担保権の設定であるのに所有権が売主に留保されるとされている。

第二は、所有権留保においてはその設定時に所有権の登記が売主に留保されるが、これは仮登記担保契約に関する法律二条一項・三条二項三項本文の趣旨に反しないかという問題である。これらの規定によれば、仮登記担保権においては、二か月の清算期間が経過しなければ所有権は仮登記担保権者に移転しないし、また、仮登記担保権者への移転登記は仮登記担保権者による清算金の支払いと引換えに行われこれに反する特約は原則として無効であるとされているのである。

学説は、所有権留保を担保権の設定として構成するが、しかし、以上の問題点を十分に視野に入れているとはいえない。

(2) 所有権留保の比較法的状況

(イ) フランス

(a) フランスにおいては、一九八五年一月二五日の法律により所有権留保(réserve de propriété)が認められていた。(1) これは、破毀院の判例と同じく、売買契約は条件付でなく結ばれたが所有権の移転は代金の支払いを停止条件にするという立場に立つものである。右の法律は、買主が破産した場合に売主の取戻権を認めていた。動産売買先取特権は買主が破産した場合には行使することができず、そのため所有権留保が行われることが多かった。

(1) フランスの所有権留保については、滝沢聿代「フランス法における所有権留保条項」野田良之先生古稀記念(東西法文化の比較と交流)四七五頁以下(昭和五八年)、道垣内弘人「フランス法」買主の倒産における動産売主の保護七一頁以下(平成九年)参照。

(b) 二〇〇六年の担保権に関する民法改正において、民法典の中に所有権留保についての規定が設けられた(フランス民法二三二九条四号・二三六七条以下)。(1) これらの規定は、所有権留保に対し判例によって付与されてきた担保権としての性質を明確に定めている。これらの規定は、所有権留保が担保権であるか否かの従来の論争に終止符を打つものである。(2)

所有権留保の法的構成は、一九八五年一月二五日の法律と同じである。所有権留保は、ドイツ(本書七六二頁参照)やスイス(本書七六四頁参照)と異なり不動産について行うことも可能である(フランス民法二三七三条二項)。

所有権留保は、被担保債権に付従する(フランス民法二三六七条二項)。所有権留保は書面によってなされるが(フランス民法二三六八条)、公示方法は要求されていない。動産については買主と取引した第三者の保護は善意取得により行われる(3)。ドイツにおける「拡大された所有権留保」(本書七六四頁参照)は否定されている(4)。しかし、所有権留保の効力は買主による再売買の代金や所有権留保の目的物に関する保険金にも及ぶとされる(フランス民法二三七二条)。売主には清算義務がある(フランス民法二三七一条三項)。買主が破産した場合、売主には取戻権がある(フランス商法L.六二四―一六条二項)。

フランスには、ドイツにおけるような買主の期待権――Anwartschaftsrecht という考え方はないようである。

(1) Aynès-Crocq, n° 805.
(2) Legeais, n° 728.
(3) Cf. Aynès-Crocq, op. cit.
(4) Legeais, n° 730. 平野裕之「二〇〇六年フランス担保法改正の概要――改正経緯及び不動産担保以外の主要改正事項」ジュリ一三三五号四八頁(平成一九年)参照。

(ロ) ドイツ

(a) ドイツにおいては、ドイツ民法四四九条が所有権留保(Eigentumsvorbehalt)について規定している(1)。所有権留保は、被担保債権に付従しないとされている。動産についてのみ認められている。

(1) ドイツの所有権留保については、米倉明「ドイツの所有権留保」民法研究一巻一四頁以下(平成九年)、田村耕一「ドイツにおける所有権留保の横断的考察――実体法・手続法をめぐる最近の動向を中心に――」広法二一巻四号二四五頁以下、二二巻一号一九七頁以下(平成一〇年)、同「債務法現代化法後のドイツ民法典における所有権留保」熊法一〇七号四九頁以下(平成一七年)参照。

(b) 目的物が買主の債権者により差し押さえられた場合、売主はドイツ民事訴訟法七七一条により第三者異議の訴えを提起することができる。買主が破産した場合、破産管財人が履行を選択すれば、破産管財人は残代金を支払うが、履行を選択しなかったり売主が解除すれば、売主は取戻権を取得する(1)。

(1) 以上については、Prütting, Nr. 397.

(c)　買主は、代金を全額支払えば目的物の所有権を取得することができるという期待権――Anwartschaftsrecht を有する。これは、物権的権利であり、処分することもできる。(1)

(1)　以上については、Prütting, Nr. 392 f.

(d)　所有権留保の諸形態(1)

(1)　所有権留保の諸形態については、Wilhelm, Sachenrecht, 3. Aufl. 2007, Nr. 2449 ff.; Prütting, Nr. 399 ff. 宮川聰「変型所有権留保の研究」産大法学一九巻一号一頁以下、三号一頁以下(昭和六〇年―)、三上威彦「所有権留保買主破産の場合における単純拡大所有権留保と交互計算留保」民事訴訟雑誌二九号二五頁以下(昭和五八年)、米倉明「ドイツの所有権留保」民法研究一巻三六頁以下(平成九年)も参照。

(α)　単純な所有権留保(Einfacher Eigentumsvorbehalt)　これは、代金債権が完済されるまで目的物の所有権が売主に留保される通常見られる所有権留保である。

(β)　延長された所有権留保(Verlängerter Eigentumsvorbehalt)　この場合、売主の法的地位は、買主の目的物の加工や譲渡により生じる他の対象物にも及ぶ。たとえば、売主が加工物の所有者になったり、買主による目的物の譲渡から生じる代金債権を事前に売主に移転するというのがこれである。この両方を行う場合が多い。

(γ)　所有権留保付目的物であることを秘して再度行われた所有権留保(Nachgeschalteter Eigentumsvorbehalt)　これは、買主が所有権留保付の目的物であることを秘してそれをさらに所有権留保付で第三者に譲渡した場合のものである。買主が売主の同意のもとに目的物を第三者に譲渡し、第三者が買主に代金を全額支払った場合、売主は所有権を失う。

(δ)　所有権留保付目的物であることを開示して再度行われた所有権留保(Weitergeleiteter Eigentumsvorbehalt)　これは、買主が所有権留保付の目的物であることを開示してそれを第三者に譲渡し、第三者の所有権取得が売主(当初の留保売主)

と買主（当初の留保買主）の両方の代金が完済されることに係っている場合のものである。買主がそのような譲渡をするためには、しばしば売主と買主の間の合意で売主によるドイツ民法一八五条一項の同意（無権利者の処分に対する権利者の同意）が必要とされている。

(ε)　交互計算留保（Kontokorrentvorbehalt）　これは、目的物の所有権は売主と買主の間の取引関係から生じる一切の、あるいは、一部の債権が弁済された場合に移転するというものである。この場合、目的物の代金債権とは別の債権のための担保も問題とされている。

(ζ)　コンツェルン留保（Konzernvorbehalt）　これは、所有権留保は売主の債権のみならず売主のコンツェルン会社の買主に対する債権も担保するというものである。これが許されるかどうかは長い間争われてきたが、ドイツ民法四四九条三項はこれを禁止した。

(η)　その他　拡大された所有権留保（Erweiterter Eigentumsvorbehalt）は、所有権留保の独自の形態ではなく、交互計算留保とコンツェルン留保の上位概念である。

(ハ)　スイス

(a)　スイスにおいては、スイス民法七一五条・七一六条が所有権留保（Eigentumsvorbehalt）について規定している。所有権留保は、被担保債権に付従するとされている。[1]　動産（家畜を除く）についてのみ認められている。

（1）　Schmid, Nr. 1113.

(b)　フランスやドイツの場合と異なり、所有権留保には所有権留保登記簿（Eigentumsvorbehaltsregister）という特別の登記簿が設けられ、これに登記をしなければ所有権留保は効力を生じないとされている（スイス民法七一五条一項）。

(c)　買主の債権者による目的物の競売においては、所有権留保は質権として扱われる。買主が破産した場合、売主は取戻権を有する。[1]

（1） 以上については、Schmid, Nr. 1116 f.

(d) ドイツにおける交互計算留保（本書七六四頁参照）は、無効であるとされている。延長された所有権留保（本書七六三頁参照）が有効であるかどうかについては争いがある[1]。

（1） 以上については、Schmid, Nr. 1988 und 1991.

二 所有権留保の法律上の問題点

(1) 序

(イ) 所有権留保においては、二つの場合が区別されなければならない。

第一は、売主と買主の間に目的物の所有権の移転がなく、売主は代金債権の支払いを確保するために所有権を留保しておく場合である。たとえば、売主が代金の支払いを受けるまで目的物を自己の直接占有下にとどめつつ所有権の移転を留保する場合がこれである。

第二は、売主と買主の間で目的物の所有権の移転が行われ買主が所有者になったが、売主の代金債権を担保するために売主が所有者であるという形式をとる場合である。これにも二つの場合がある。その一は、売主のために単なる担保権を設定し、当事者に所有権を売主に移転する意思がない場合である。その二は、当事者に担保目的のために、すなわち、返還義務を伴って売主に所有権を移転する意思がある場合である。

(ロ) (a) 第一の場合、買主が代金を支払わなければ売主は契約を解除することになるが、売主に清算義務が生じるとはいえない。売主は、買主が代金を支払わないため目的物を売却しないことにするだけであり、清算義務を負担しない。売主の清算義務は、買主所有の物が売主の代金債権の担保に供された場合に代金債権額を上回る価額部分を売主に帰属させるのは妥当でないということから生じるのである。それゆえ、第一の場合は、担保法理に従って処理されるべきではない。以下、第一の場合を単なる所有権留保と呼ぶことにする。

(b)　第二の場合のうち、売主のために単なる担保権を設定する場合であるが、担保権設定の当初から売主に所有権がある旨の公示をするのであるから、虚偽表示(九四条)に該当するし、また、清算期間の経過後に所有権が移転し、所有権移転の登記と清算金の支払いは同時履行の関係に立ちこれに反する特約は原則として無効であるとする仮登記担保契約に関する法律二条一項・三条二項三項本文の趣旨に反する。

第二の場合のうち、担保目的のために、すなわち、返還義務を伴って売主に所有権が移転される場合であるが、これは売主のために譲渡担保権(権利移転型譲渡担保権)を設定することに外ならない。それゆえ、この場合、買主の所有権移転請求権の保全の仮登記が行われるか(不動産や登記のされた動産)、買主の所有権移転請求権が目的物の直接占有により公示される(動産)のでない限り所有権留保の効力は生じないと解すべきである(本書七五〇頁以下参照)。以下、この場合を譲渡担保権としての所有権留保と呼ぶことにする。

(ハ)　そこで、このような前提に立ちつつ所有権留保の法律上の問題点を検討してみよう。

(2)　不動産の所有権留保

(イ)　一般的見解の問題点

(a)　一般的見解によれば、不動産の所有権留保においては、担保権の設定のために売主に所有権が留保されるとされる。しかし、この趣旨が所有権は買主に帰属するが代金債権を担保するために売主に所有権の登記が留保されるというのであれば虚偽表示(九四条)に該当するといわざるをえない。すなわち、売主は担保権しか有しない不動産に所有権の登記をしているのであり、明らかに虚偽表示に該当するといわざるをえないのである。

(b)　不動産の所有権留保においては、代金債権を担保するために売主が登記上の所有者名義を有する。しかし、仮登記担保権においては、所有権は清算期間の経過後に移転し、仮登記担保権者は清算期間の経過後に清算金の支払いと引換えに所有権移転の登記を受けることができるとされ、清算金の支払いと所有権移転の登記の間の同時履行に反する特約は原則として無効であるとされているのである（仮登記担保二条一項・三条二項三項本文）。所有権留保においては、担保権設定の当初から売主に所有権の登記がされており、これは明らかに仮登記担保契約に関する法律二条一項・三条二項三項本文の趣旨に反するといわざるをえない。

(ロ) 私　見

(a) 単なる所有権留保は、担保法理によってではなく、通常の売買法理によって処理されるべきである。この場合、仮登記担保契約に関する法律の定める準則は適用されない。それゆえ、売主の清算義務は認められない。買主が転売権限などを有する場合であっても、所有権は売主にあり、買主の権限は代理権や授権であると考えられる。

(b) 譲渡担保権としての所有権留保は、権利移転型譲渡担保権として処理されるべきである（本書七四八頁以下参照）。登記を物権変動の効力要件と解する私見[(1)]によれば、譲渡担保権としての所有権留保は、売主から買主に所有権が移転された不動産につき、買主から売主に担保目的のために、すなわち、返還義務を伴って所有権が移転されるが、一種の中間省略登記として売主に登記名義がとどまっている場合に考えられる。この場合、買主のための所有権移転請求権の保全の仮登記がされなければならないと解すべきである。そして、売主は、清算期間が経過すれば、買主に対し、清算金の支払いと引換えに返還義務消滅の意思表示および仮登記の抹消を求めることができ、これにより返還義務の伴わない所有権を取得することができると解される。このように解せば、仮登記により返還義務が公示されているから虚偽表示ではなく、また、仮登記担保契約に関する法律二条一項・三条二項三項本文の趣旨に反するところはないといってよいであろう。

(1) 石田（穣）・一三七頁参照。

(3) 動産の所有権留保

(イ) 一般的見解の問題点

(a)　動産の所有権留保に関する一般的見解についても、不動産の所有権留保の場合と同様の問題がある。

(b)　動産の所有権留保において、売主は担保権しか有しない動産につき占有（占有改定）や明認方法、登記により自己に所有権がある旨を公示しているとすれば、明らかに虚偽表示に該当するといわざるをえない。

(c)　売主が担保権設定の当初から自己に所有権がある旨を占有（占有改定）や明認方法、登記によって公示するのは、清算期間の経過後に所有権が移転し、目的物の移転登記や引渡し（所有権移転のための占有改定も含まれる（本書六三七頁参照））と清算金の支払いは同時履行の関係に立ちこれに反する特約は原則として無効であるとする仮登記担保契約に関する法律二条一項・三条二項三項本文の趣旨に反するといわざるをえない。

(ロ)　私　見

(a)　単なる所有権留保が担保法理ではなく通常の売買法理によって処理されるべきであるのは当然である。

(b)　譲渡担保権としての所有権留保は、権利移転型譲渡担保権として処理されるべきである。譲渡担保権としての所有権留保は、売主が買主に目的物を現実に引き渡して所有権を移転し、同時に買主が代金債権を担保するために、すなわち、返還義務を伴って所有権を売主に占有改定や明認方法で移転する場合、あるいは、売主→買主→売主という所有権の移転を一種の中間省略登記により売主に登記をとどめて行う場合に考えられる。この場合、買主の所有権移転請求権が買主の直接占有（所有権が占有改定により移転した場合）や明認方法（所有権が明認方法で移転した場合）、所有権移転請求権の保全の仮登記（所有権が一種の中間省略登記により移転した場合。動産譲渡登記ファイルに仮登記を行うのは可能であると解される（本書七五一頁参照））により公示されなければならないと解すべきである。そして、売主は、清算期間が経過すれば、清算金の支払いと引換えに返還義務消滅の意思表示や目的物の引渡し、明認方法の抹消、仮登記の抹消を求めることができ、これにより返還義務の伴わない所有権を取得することができると解される。このように解せば、返還義務は買主の直接占有や明認方法、仮登記により公示されるから虚偽表示ではなく、また、仮登記担保契約に関する法律二条一項・三条二項三項本文の趣旨に反するところはないといってよいであろう(1)。

（1） 明認方法や仮登記により返還義務が公示されている場合であっても、売主が目的物を直接占有するのは許されないと解すべきである。売主が目的物を直接占有するのは、所有権は清算期間の経過後に移転し、さらに、目的物の引渡しと清算金の支払いは同時履行の関係に立ちこれに反する特約は原則として無効であるとする仮登記担保契約に関する法律二条一項・三条二項三項本文の趣旨に反する。不動産の所有権留保についても同様に考えられる（以上につき、本書七五二頁注（1）参照）。

三　所有権留保の法的性質

(1)　単なる所有権留保は、通常の売買法理によって処理されるべきものであり、清算義務などの他の担保権のような法的性質を有しない。

(2)　譲渡担保権としての所有権留保は、権利移転型譲渡担保権である。

四　叙述について

以下においては、譲渡担保権としての所有権留保を中心に説明する。そして、譲渡担保権としての所有権留保は権利移転型譲渡担保権であるので、基本的叙述はそちらに譲り、ここでは特に注意すべき点のみを説明することにする。

第二節　所有権留保の設定

一　所有権留保は、売主と買主の合意、および、登記や占有改定、明認方法により設定される。その具体的内容については、不動産の所有権留保についての本書七六七頁の(ロ)(b)および動産の所有権留保についての本書七六八頁の(ロ)(b)を参照されたい。

二　(1)　ドイツで行われているような延長された所有権留保や交互計算留保も可能であると解すべきである（本書七六三頁以下

照参)。

(2)　延長された所有権留保としては、たとえば、買主が目的物の所有権移転請求権を第三者に譲渡し、それによって取得する代金債権につき売主のために権利移転型譲渡担保権を設定する場合が考えられる。この場合、買主は売主に右の代金債権を担保のために譲渡し、再売買の予約をして、債権譲渡と再売買の予約から生じる債権移転請求権を第三者に通知するか、それについての第三者の承諾があればよい。

(3)　交互計算留保としては、たとえば、買主が代金債権の外に売主の買主に対する貸金債権などを担保するために目的物に権利移転型譲渡担保権を設定する場合が考えられる。この場合、買主は売主に代金債権や貸金債権などを担保するために目的物を譲渡し、不動産であれば売買の予約をして所有権移転請求権の保全の仮登記をすればよい。同一の目的物により複数の債権が担保されるのは、譲渡担保権においても見られる。

第三節　所有権留保の効力

一　所有権留保の効力は、権利移転型譲渡担保権の不動産譲渡担保権や動産譲渡担保権の効力について述べたのとほぼ同じである(本書七五四頁以下、七五五頁参照)。

二　(1)　要点のみを挙げれば、買主が代金債権につき履行遅滞に陥れば、売主は、買主に対し清算金の見積額を通知し、それが到達した日から二か月(清算期間)が経過すれば、清算金を支払って返還義務の伴わない所有権を取得することができる。清算金の支払いと所有権移転請求権の保全の仮登記の抹消は、同時履行の関係にある。清算金の支払いと目的物の引渡しも、同時履行の関係にある。[1]売主は、また、競売を申し立てたり、買主に対する他の債権者による強制執行などの手続きにおいて優先弁済を受けることもできる。[2]

（1） 判例は、動産の所有権留保者が被担保債権の弁済期到来前は目的物の占有や使用の権原を有せず、弁済期到来後は債務者からその引渡しを受けて売却し被担保債権の弁済に当てることができる旨の合意がある場合、所有権留保者は目的物が第三者の土地上にあっても弁済期到来前は除去や損害賠償の義務を負わないが、弁済期到来後はその義務を負うとする（最判平二一・三・一〇民集六三巻三号三八五頁）。この場合、所有権留保者は担保のためにのみ目的物を所有しており、第三者に対し目的物の除去や損害賠償の義務を負わないと解してよいであろう。弁済期が到来しても、所有権留保者は清算期間が経過し清算金を支払わなければ返還義務の伴わない所有権を取得しないと解すべきであり（本書七五五頁参照）、それまでは清算金の支払いを怠っているような場合を除き目的物の除去や損害賠償の義務を負わないといってよいであろう。

（2） ディーラーがサブ・ディーラーに自動車を所有権留保付で販売し、次にサブ・ディーラーがユーザーにこれを所有権留保付で販売した場合、あるいは、サブ・ディーラーがユーザーに自動車を所有権留保付で販売し、次にディーラーがサブ・ディーラーにこれを所有権留保付で販売した場合、ユーザーがサブ・ディーラーに代金全額を支払えば、サブ・ディーラーがディーラーに代金を支払わなくても、ディーラーのユーザーに対する所有権に基づく自動車の引渡請求は権利の濫用になるとされる（最判昭五〇・二・二八民集二九巻二号一九三頁、同判昭五七・一二・一七判時一〇七〇号二六頁など）。

この場合、ディーラーとサブ・ディーラーの間の販売契約はサブ・ディーラーがユーザーに転売することができることを前提にして成り立っている。それゆえ、ディーラーは、ユーザーがサブ・ディーラーから自動車を購入し代金全額を支払えば所有権を取得することができる（ディーラーは所有権を失う）ことを容認しているといわざるをえない。なぜなら、ユーザーが代金全額を支払っても所有権を取得することができないとすれば、サブ・ディーラーによる転売は著しく困難となり、ディーラーとサブ・ディーラーの間でサブ・ディーラーによる転売を前提として販売契約が結ばれた趣旨に反するからである。それゆえ、ユーザーは代金を全額支払えば所有権を取得するから、ディーラーがユーザーに対し自動車の引渡しを請求することができないのは当然である。

前に説明したように、ドイツの所有権留保付目的物であることを秘して再度行われた所有権留保（Nachgeschalteter Eigentumsvorbehalt）においても、買主が売主の同意のもとに目的物を第三者に譲渡し、第三者が買主に代金を全額支払った場合、売主は所有権を失うとされている（本書七六三頁参照）。

以上については、米倉明「流通過程における所有権留保再論」民法研究一巻三三五頁（平成九年）、高木・三八五頁以下、近江・三二七頁参照。

(2)　売主が破産した場合、買主は取戻権を有する。買主が破産した場合、売主は別除権を有する（本書七五七頁参照）。買主の債権者が目的物を差し押さえた場合、判例（最判昭四九・七・一八民集二八巻五号七四三頁）は売主に第三者異議の訴え（民執三八条）を認めるが、売主は右の強制執行手続きにおいて優先弁済を受けることができるにとどまると解すべきである。売主は目的物の流通ルートなど目的物についてよく知っているので第三者異議の訴えにより売主に目的物を回収させた方がよいとする見解もあるが、(1)しかし、これでは差押債権者が害される。また、仮登記担保権者は、債務者等の債権者が目的物を差し押さえた場合、目的物について流通ルートなどをよく知っていても、抵当権者として右の強制執行手続きにおいて優先弁済を受けることができるにとどまるのであり（仮登記担保一三条）、仮登記担保権者に類似の所有権留保者（所有権留保者は譲渡担保権者であり、譲渡担保権者は仮登記担保権者に類似する）も仮登記担保権者と同様に扱われるのが妥当である。

（1）　中野貞一郎「判例批評」民商七二巻六号四二二頁（昭和五〇年）、川井・四八三頁。

【事 項 索 引】

き

け

こ

の

は

ひ

ふ

ほ

る

ろ

【判例索引】

［大審院判例］

大判明33・5・19民録6輯5巻64頁……………299
大判明33・9・27刑録6輯8巻18頁……………206
大判明37・4・5民録10輯431頁……………185
大判明37・10・14民録10輯1258頁……………473
大判明38・2・25民録11輯204頁……………299
大判明38・6・26民録11輯1022頁……………381
大判明38・9・22民録11輯1197頁……………389
大判明39・2・16民録12輯220頁……………389
大判明40・3・12民録13輯265頁……………329
大判明41・2・26民録14輯130頁……………500
大判明41・3・20民録14輯313頁……………354
大判明41・5・11民録14輯677頁……………376, 390
大判明41・6・4民録14輯658頁……………214
大判明44・3・20刑録17輯420頁……………188
大判大元・12・20民録18輯1071頁……………218
大判大2・3・12民録19輯151頁……………592
大決大2・6・21民録19輯466頁……………297
大判大2・7・5民録19輯609頁……………138
大決大2・10・2民録19輯735頁……………505
大判大3・4・14民録20輯290頁……………370
大判大3・7・4民録20輯587頁……………92
大決大4・6・24民録21輯1018頁……………297
大判大4・6・30民録21輯1157頁……………140
大判大4・7・1民録21輯1313頁……………371
大判大4・9・15民録21輯1469頁……………295
大判大4・10・4民録21輯1578頁……………469
大決大4・10・23民録21輯1755頁……………279
大判大4・12・23民録21輯2173頁……………132, 400
大判大5・5・31民録22輯1083頁……………358
大判大5・6・28民録22輯1281頁……………321
大判大5・9・5民録22輯1670頁……………242
大判大5・9・20民録22輯1813頁……………395
大判大5・11・11民録22輯2083頁……………500
大判大5・12・25民録22輯2509頁……………164, 216
大判大6・1・22民録23輯14頁……………322, 358
大判大6・2・9民録23輯244頁……………131
大判大6・4・12民録23輯695頁……………310
大判大6・7・26民録23輯1203頁……………96, 123
大判大6・9・19民録23輯1483頁……………218
大判大6・10・3民録23輯1639頁……………170
大判大6・10・23民録23輯1596頁……………498
大判大6・11・3民録23輯1875頁……………219
大決大7・1・18民録24輯1頁……………219
大決大7・4・17民録24輯707頁……………398
大判大7・10・29新聞1498号21頁……………58
大判大7・12・25民録24輯2433頁……………234, 242
大(連)判大8・3・15民録25輯473頁……………310
大判大8・8・25民録25輯1513頁……………233
大決大8・8・28民録25輯1524頁……………505
大判大8・10・8民録25輯1859頁……………400
大判大9・1・29民録26輯89頁……………472
大判大9・3・29民録26輯411頁……………214
大判大9・4・12民録26輯527頁……………236
大判大9・5・5民録26輯1005頁……………394
大判大9・6・29民録26輯949頁……………295
大判大9・10・16民録26輯1530頁……………40
大判大9・12・3民録26輯1928頁……………584
大判大9・12・18民録26輯1951頁……………298
大判大10・2・9民録27輯244頁……………470
大決大10・3・4民録27輯404頁……………473
大決大10・7・8民録27輯1313頁……………309-310
大決大10・7・25民録27輯1399頁……………534
大判大10・12・24民録27輯2182頁……………291, 469
大判大11・3・6民集1巻85頁……………284
大判大11・6・3民集1巻280頁……………89
大判大11・6・17民集1巻332頁……………233
大判大11・6・28民集1巻359頁……………395
大判大11・8・21民集1巻498頁……………40
大判大11・11・24民集1巻738頁……………482
大判大11・12・28民集1巻865頁……………503
大(連)判大12・4・7民集2巻209頁……………140
大(連)判大12・7・7民集2巻448頁……………281
大判大12・7・23民集2巻545頁……………280
大(連)判大12・12・14民集2巻676頁……………378
大判大13・6・12民集3巻272頁……………239
大判大13・7・17新聞2303号7頁……………266
大判大14・6・12民集4巻354頁……………224
大(連)判大14・7・14刑集4巻484頁……………188
大判大14・7・18新聞2463号14頁……………482
大判大14・12・21民集4巻723頁……………281
大判大15・2・5民集5巻82頁……………325
大判大15・3・18民集5巻185頁……………242
大(連)判大15・4・8民集5巻575頁……500, 507
大判大15・10・26民集5巻741頁……………347
大判昭2・6・29新聞2730号6頁……………20
大判昭2・10・10民集6巻554頁……………302

大判昭３・６・２民集７巻413頁……………87
大判昭３・８・25新聞2906号12頁…………297
大判昭３・10・16民集７巻792頁…………280
大判昭４・１・30新聞2945号12頁…………509
大決昭４・８・31新聞3042号16頁…………417
大判昭４・11・７裁判例(4)民７頁…………311
大判昭５・６・27民集９巻619頁…………242
大決昭５・９・23民集９巻918頁…………140
大判昭５・９・23新聞3193号13頁…………507
大判昭５・９・30新聞3195号14頁……………45
大判昭５・12・４民集９巻1118頁…………548
大判昭５・12・18民集９巻1147頁……309-310
大判昭５・12・27評論20巻民127頁…………285
大判昭６・１・14新聞3224号11頁…………586
大判昭６・１・17民集10巻６頁……………39
大判昭６・３・23民集10巻116頁…311, 400, 587
大決昭６・４・７民集10巻535頁…………290
大判昭６・６・９民集10巻470頁…………164
大判昭６・７・８新聞3306号12頁…………244
大判昭６・８・７民集10巻875頁…………282
大判昭６・９・８新聞3313号15頁……………70
大判昭６・10・29民集10巻931頁…………389
大判昭６・11・14新聞3344号10頁…………248
大決昭６・11・21民集10巻1081頁…………470
大決昭７・１・22民集11巻41頁…………244
大判昭７・２・23民集11巻148頁…………159
大判昭７・３・７民集11巻285頁…………312
大判昭７・４・20新聞3407号15頁…………400
大判昭７・５・27民集11巻1289頁…………403
大決昭７・８・29民集11巻1729頁……198, 442
大判昭７・11・29民集11巻2297頁…………502
大判昭７・12・20民集11巻2236頁…………356
大決昭８・３・３裁判例(7)民37頁…………417
大判昭８・３・18民集12巻987頁…………594
大判昭８・３・29民集12巻518頁…………285
大決昭８・３・31民集12巻533頁…………470
大判昭８・４・８新聞3553号７頁……………92
大判昭８・５・24民集12巻1565頁…………594
大決昭８・８・18民集12巻2105頁…………470
大判昭８・10・７新聞3622号９頁…………186
大判昭８・10・14新聞3622号12頁…………312
大決昭９・３・８民集13巻241頁…………309
大判昭９・３・９民集13巻256頁…………200
大判昭９・３・31新聞3685号７頁…………232
大判昭９・５・21新聞3703号10頁…………131
大判昭９・６・２民集13巻931頁…………161
大判昭９・６・27民集13巻1186頁……………32
大判昭９・７・２民集13巻1489頁…………313
大判昭９・10・10新聞3771号７頁…………295
大判昭10・４・23民集14巻601頁…………487
大判昭10・５・13民集14巻876頁……………45
大判昭10・５・31民集14巻1037頁…………211
大判昭10・８・10民集14巻1549頁…………373
大判昭10・11・29新聞3923号７頁…………389
大判昭10・12・24新聞3939号17頁……………45
大判昭11・１・14民集15巻89頁…………282
大判昭11・２・25新聞3959号12頁…………239
大判昭11・２・28法学５巻７号23頁…………280
大判昭11・３・13民集15巻423頁…………470
大判昭11・４・13民集15巻630頁……397, 403
大判昭11・５・26民集15巻998頁……………45
大判昭11・７・14民集15巻1409頁…………502
大判昭11・７・31新聞4077号14頁…………239
大判昭11・10・２民集15巻1756頁…………104
大判昭11・12・９民集15巻2172頁…………511
大判昭11・12・15民集15巻2212頁…………373
大判昭12・３・17裁判例(11)民71頁…………295
大判昭12・６・５民集16巻760頁…………393
大判昭12・６・14民集16巻826頁…………294
大判昭12・７・７民集16巻1112頁…………242
大判昭12・７・８民集16巻1132頁……………91
大決昭12・12・28新聞4237号11頁…………442
大判昭13・４・19民集17巻758頁……25, 46-47
大判昭13・５・25民集17巻1100頁…………373
大判昭13・５・28民集17巻1143頁…………586
大判昭13・10・29民集17巻2144頁…………393
大判昭13・12・13新聞4362号13頁…………307
大判昭14・４・28民集18巻484頁……25, 38
大判昭14・５・５新聞4437号９頁…………266
大判昭14・６・20民集18巻685頁…………199
大判昭14・７・26民集18巻772頁……381, 390
大判昭14・８・24民集18巻877頁……………38
大判昭14・11・25民集18巻1461頁…………396
大判昭14・12・19民集18巻1583頁…………392
大判昭15・１・18新聞4528号９頁……………46
大判昭15・５・14民集19巻840頁…………400
大判昭15・６・29民集19巻1118頁…………534
大判昭15・８・５評論30巻民13頁…………268
大判昭15・８・12民集19巻1338頁…………474
大判昭15・９・28新聞4627号９頁…………295
大判昭15・11・26民集19巻2100頁…………474
大判昭15・12・24新聞4679号６頁…………470
大判昭16・５・15民集20巻596頁…………395
大判昭16・６・18新聞4711号25頁…………120
大判昭18・２・18民集22巻91頁……………38
大判昭18・３・６民集22巻147頁……92, 120

大判昭18・3・31新聞4844号4頁…………234

[最高裁判所判例]

最判昭25・10・24民集4巻10号488頁………280
最判昭27・11・27民集6巻10号1062頁………44
最判昭29・1・14民集8巻1号16頁…………39
最判昭29・4・8民集8巻4号819頁…292, 546
最判昭29・12・23民集8巻12号2235頁……385
最判昭30・3・4民集9巻3号229頁………46
最判昭30・7・15民集9巻9号1058頁……285
最判昭31・8・30裁判集民23号31頁
……………34, 37, 223
最判昭32・12・27民集11巻14号2524頁
……………585-586
最判昭33・1・17民集12巻1号55頁…………63
最判昭33・3・13民集12巻3号524頁……38, 44
最判昭33・5・9民集12巻7号989頁………266
最判昭33・6・6民集12巻9号1384頁………44
最判昭34・9・3民集13巻11号1357頁………41
最判昭35・9・20民集14巻11号2227頁………46
最判昭36・2・10民集15巻2号219頁………371
最判昭36・9・15民集15巻8号2172頁
……………122, 595
最判昭37・1・18民集16巻1号36頁………606
最判昭37・3・15裁判集民59号243頁………282
最判昭37・5・10金法309号3頁……………585
最判昭37・9・4民集16巻9号1854頁……389
最判昭37・9・18民集16巻9号1970頁……545
最判昭38・3・1民集17巻2号269頁………449
最判昭38・5・31民集17巻4号570頁………62
最判昭38・6・25民集17巻5号800頁………369
最(大)判昭38・10・30民集17巻9号1252頁…69
最判昭40・3・19民集19巻2号473頁………395
最(大)判昭40・7・14民集19巻5号1263頁
……………224
最判昭40・7・15民集19巻5号1275頁………62
最判昭40・10・7民集19巻7号1705頁
……………239-241
最判昭40・12・3民集19巻9号2071頁……621
最判昭40・12・17民集19巻9号2159頁……696
最判昭41・1・21民集20巻1号42頁………382
最判昭41・3・1民集20巻3号348頁…363-364
最判昭41・3・3民集20巻3号386頁………30
最判昭41・4・28民集20巻4号900頁………709
最決昭41・9・6刑集20巻7号759頁………170
最判昭42・1・31民集21巻1号43頁………527
最判昭42・10・27民集21巻8号2110頁……476
最判昭42・11・16民集21巻9号2430頁……619
最判昭43・2・29民集22巻2号454頁………630
最判昭43・3・12民集22巻3号562頁………238
最判昭43・9・26民集22巻9号2002頁……476
最判昭43・11・21民集22巻12号2765頁………36
最判昭44・2・14民集23巻2号357頁………381
最判昭44・3・28民集23巻3号699頁………309
最判昭44・4・18判時556号43頁……………393
最判昭44・7・3民集23巻8号1297頁
……………502, 509
最判昭44・7・4民集23巻8号1347頁……285
最判昭44・9・2民集23巻9号1641頁………87
最判昭44・10・16民集23巻10号1759頁……629
最判昭44・10・28民集23巻10号1854頁……395
最判昭44・11・4民集23巻11号1968頁……386
最判昭44・11・6判時579号52頁……………48
最決昭45・3・27刑集24巻3号76頁………170
最(大)判昭45・6・24民集24巻6号587頁
……………242, 334
最判昭45・9・24民集24巻10号1450頁……619
最判昭45・12・4民集24巻13号1987頁
……………159, 609
最判昭46・3・25民集25巻2号208頁…697-698
最判昭46・5・20判時628号24頁……………662
最判昭46・10・21民集25巻7号969頁………89
最判昭46・12・21民集25巻9号1610頁……387
最判昭47・3・30判時665号51頁……………45
最判昭47・4・7民集26巻3号471頁………384
最判昭47・9・7民集26巻7号1314頁………87
最判昭47・9・7民集26巻7号1327頁………28
最判昭47・10・26民集26巻8号1465頁……627
最判昭47・11・2判時690号42頁……………372
最判昭47・11・16民集26巻9号1619頁
……………19, 36, 47
最判昭48・7・12民集27巻7号763頁………423
最判昭48・9・18民集27巻8号1066頁……376
最判昭48・10・4判時723号42頁……………534
最判昭48・12・14民集27巻11号1586頁……476
最判昭49・3・7民集28巻2号174頁………243
最判昭49・7・18民集28巻5号743頁………772
最判昭49・9・2民集28巻6号1152頁………43
最(大)判昭49・10・23民集28巻7号1473頁
……………619, 639
最判昭49・12・24民集28巻10号2117頁……282
最判昭50・2・28民集29巻2号193頁………771
最判昭50・9・9民集29巻8号1249頁……658
最判昭51・2・27判時809号42頁……………371
最判昭51・6・4金法798号33頁……………698
最判昭51・6・17民集30巻6号616頁……30, 37

最判昭51・9・21判時832号47頁……………698
最判昭51・9・21判時833号69頁……………696
最判昭52・3・25民集31巻2号320頁………650
最判昭52・9・22判時868号26頁……………508
最判昭52・10・11民集31巻6号785頁………373
最判昭53・7・4民集32巻5号785頁
……………………………340, 506, 511
最判昭53・9・29民集32巻6号1210頁……376
最判昭53・12・15判時916号25頁…………740
最判昭54・2・15民集33巻1号51頁…722, 731
最判昭56・12・17民集35巻9号1328頁……707
最判昭57・1・19判時1032号55頁…………473
最判昭57・3・12民集36巻3号349頁…317, 586
最判昭57・9・28判時1062号81頁…………672
最判昭57・10・14判時1060号78頁…………731
最判昭57・12・17判時1070号26頁…………771
最判昭58・3・18判時1095号104頁…………735
最判昭58・3・31民集37巻2号152頁…42, 664
最判昭58・6・30民集37巻5号835頁………234
最判昭59・2・2民集38巻3号431頁………143
最判昭60・5・23民集39巻4号940頁
……………………………291, 500, 508, 511
最判昭60・7・19民集39巻5号1326頁……143
最判昭61・4・11民集40巻3号584頁………632
最判昭61・7・15判時1209号23頁……695-696
最判昭62・2・12民集41巻1号67頁…698, 745
最判昭62・4・2判時1248号61頁……………145
最判昭62・11・10民集41巻8号1559頁
………………120, 722, 729, 731, 733-734
最判昭62・12・18民集41巻8号1592頁
……………………………………535, 570
最判昭63・1・26裁判集民153号323頁……394
最判昭63・4・8判時1277号119頁…………665
最判昭63・7・1民集42巻6号477頁………361
最判平元・10・27民集43巻9号1070頁……330
最判平2・1・22民集44巻1号314頁………380
最判平2・12・18民集44巻9号1686頁……159
最判平3・3・22民集45巻3号322頁
……………………………………362, 399, 401
最判平3・4・19民集45巻4号456頁………635
最判平3・7・16民集45巻6号1101頁………19
最判平3・10・1判時1404号79頁……………396
最判平3・11・19民集45巻8号1209頁……144
最判平4・4・7金法1339号36頁……………373
最判平4・11・6民集46巻8号2625頁
……………………………………502, 511
最判平5・1・19民集47巻1号41頁…………523
最判平5・3・30民集47巻4号3300頁……145
最判平5・12・17民集47巻10号5508頁
……………………………………361-362
最判平6・1・25民集48巻1号18頁…………309
最判平6・2・22民集48巻2号414頁………746
最判平6・7・14民集48巻5号1126頁……585
最判平6・9・8判時1511号71頁……………746
最判平6・12・20民集48巻8号1470頁……388
最判平7・11・10民集49巻9号2953頁
……………………………………417, 672
最判平8・11・22民集50巻10号2702頁……746
最判平9・1・20民集51巻1号1頁…………570
最判平9・2・14民集51巻2号375頁
……………………………………325, 374
最判平9・6・5民集51巻5号2096頁……417
最判平9・6・5民集51巻5号2116頁……375
最判平9・7・3民集51巻6号2500頁………61
最判平9・7・17民集51巻6号2882頁……696
最判平9・12・18民集51巻10号4210頁……124
最判平10・1・30民集52巻1号1頁…139-140, 147, 336, 339-340, 636, 653
最判平10・3・26民集52巻2号483頁………332
最判平10・7・14民集52巻5号1261頁…24, 57
最決平10・12・18民集52巻9号2024頁……138
最判平11・1・29民集53巻1号151頁………740
最判平11・4・16民集53巻4号740頁………242
最決平11・5・17民集53巻5号863頁
……………………………………678, 710
最判平11・9・9判時1689号74頁……………535
最(大)判平11・11・24民集53巻8号1899頁
……………………………………399, 401
最判平11・11・30民集53巻8号1965頁……330
最判平12・4・7民集54巻4号1355頁……246
最決平12・4・14民集54巻4号1552頁……332
最判平13・3・13民集55巻2号363頁
……………………147, 333-334, 340, 653
最判平13・10・25民集55巻6号975頁………343
最判平13・11・22民集55巻6号1056頁
……………………………………737, 740
最判平14・1・22判時1776号54頁……………109
最判平14・3・12民集56巻3号555頁………339
最判平14・3・28民集56巻3号689頁………334
最判平14・10・22判時1804号34頁…………499
最判平16・7・16金法1721号41頁…………741
最判平16・9・14金法1728号60頁…………741
最判平17・1・27民集59巻1号200頁………291
最判平17・2・22民集59巻2号314頁
……………………………………139, 141, 143
最判平17・3・10民集59巻2号356頁…399, 401

最判平18・2・7民集60巻2号480頁
……………………………………749, 755
最判平18・7・20民集60巻6号2499頁
……………………………………736, 745
最判平18・10・20民集60巻8号3098頁……709
最決平18・10・27民集60巻8号3234頁………49
最判平19・2・15民集61巻1号243頁………739
最判平19・7・6民集61巻5号1940頁……380
最判平21・3・10民集63巻3号385頁………771
最判平21・7・3民集63巻6号1047頁……333

［**高等裁判所判例**］

福岡高裁宮崎支判昭32・8・30下民集8巻
8号1619頁……………………………341

［**地方裁判所裁判例**］

鹿児島地判昭32・1・25下民集8巻1号
114頁…………………………………341

【条文索引(日本法)】

凡　例

〔法令は，民法，旧民法（明治23年），民法施行法の順とし，次いで，その他の法令を配列した。その他の法令は，原則として五十音順とし，政令，規則があるものは一括して表示した。〕

[民法・旧民法(明治23年)・民法施行法]

[その他の法令]

【条文索引 (外国法)】

［フランス法］

<著者紹介>
石田　穰（いしだ　みのり）
昭和15年　生れる
昭和46年　東京大学法学部助教授
平成13年　同上退職

＊主要著作＊
法解釈学の方法（昭和51年、青林書院新社）
民法学の基礎（昭和51年、有斐閣）
損害賠償法の再構成（昭和52年、東京大学出版会）
判例民法第1巻（昭和52年、東京大学出版会）
民法と民事訴訟法の交錯（昭和54年、東京大学出版会）
証拠法の再構成（昭和55年、東京大学出版会）
民法V（契約法）（昭和57年、青林書院新社）
民法総則（平成4年、悠々社）
物権法〈民法大系(2)〉（平成20年、信山社）

民法大系(3)

担保物権法

2010(平成22)年10月25日　第1版第1刷発行
1163-4:P832 ¥10000E-013:15-05-02

著　者　石　田　　穰
発行者　今　井　　貴
発行所　株式会社　信　山　社
〒113-0033 東京都文京区本郷 6-2-9-102
Tel 03-3818-1019 Fax 03-3818-0344
henshu@shinzansha.co.jp
笠間才木支店　〒309-1600 茨城県笠間市才木 515-3
Tel 0296-71-9081 Fax 0296-71-9082
笠間来栖支店　〒309-1625 茨城県笠間市来栖 2345-1
Tel 0296-71-0215 Fax 0296-72-5410
出版契約 No.2010-1163-4-01010 Printed in Japan

印刷・製本／亜細亜印刷・長野渋谷文泉閣
ISBN978-4-7972-1163-4 C3332　分類 324.204-a001 民法-担保物権法
1163-0101:013-0150-050-0020

◇塙浩　西洋法史研究著作集◇

1　ランゴバルド部族法典
2　ボマノワール「ボヴェジ慣習法書」
3　ゲヴェーレの理念と現実
4　フランス・ドイツ刑事法史
5　フランス中世領主領序論
6　フランス民事訴訟法史
7　ヨーロッパ商法史
8　アユルツ「古典期ローマ私法」
9　西洋諸国法史（上）
10　西洋諸国法史（下）
11　西欧における法認識の歴史
12　カースト他「ラテンアメリカ法史」
クルソン「イスラム法史」
13　シャヴァヌ「フランス近代公法史」
14　フランス憲法関係史料選
15　フランス債務法史
16　ビザンツ法史断片
17　続・ヨーロッパ商法史
18　続・フランス民事手続法史
19　フランス刑事法史
20　ヨーロッパ私法史
21　索　引　未刊